Peter Erichsen
Gartenstraße 27

PETER ERICHSEN

Gartenstraße 27

**Ein Leben nach 1945
in Schleswig-Holstein**

Roman

BOYENS

Für meine Mutter

Der, welchem ein bescheidenes Los genügt,
Hat einen Schatz, der nie versiegt.
Dem Unersättlichen in jedem Genuss
Wird selbst das Glück zum Überdruss.

(Frieda und Johannes Erichsen, Widmung im Fotoalbum
für den ersten Enkel, Weihnachten 1946

Leben ist, woran man sich erinnert.

In Kooperation mit der Gesellschaft für Rendsburger
Stadt- und Kreisgeschichte e. V.

BOYENS
BUCHVERLAG

ISBN 978-3-8042-1448-4

Inhalt

Die Wohnungskommission ist in Rendsburg unterwegs (1945)

Sadrinna war nicht gut gelitten.

Es lag auch an seinem Äußeren. Er war klein von Statur, aber aufrecht. Sein Gesicht verjüngte sich nach unten und hatte dennoch einen breiten Mund mit ledrig gemusterten Lippen. Auf der nackten Schädelplatte waren die wenigen langen Strähnen der Haare wie Jahresringe sorgfältig im Halbkreis angeordnet – die Vergeblichkeit dieses hartnäckigen Kampfes war rührend. Wenn sich hier eine Schwäche zu zeigen schien, so sprachen die braunen Augen, die wir bei vielen Menschen als bohrend empfinden, eine andere Sprache: Sie schienen die Schwächen ihres Gegenübers genauestens zu kennen, und die steilen Falten über den Mundwinkeln zeigten eine eingebildete Überlegenheit, die erschreckend war.

Obwohl die Zeiten mehr als schlecht waren, machte seine Kleidung einen guten Eindruck, zumindest auf den ersten Blick. Sadrinna war Stadtinspektor im Wohnungsamt. Anzug, weißes Hemd und Langbinder gehörten zu seiner Berufskleidung und wurden sorgfältig gepflegt. Und gegen übermäßige Abnutzung geschützt, wie die Stoffflicken an den Jakkettärmeln zeigten.

Helmut Sadrinna betrat mit seinen beiden Begleitern den Flur des Hauses in der Gartenstraße 27, klingelte an der Wohnungstür und wollte, da er kein Klingeln hörte, gerade klopfen, als seine wachen Augen hinter dem milchigen Ornamentglas eine Bewegung wahrnahmen. Langsam öffnete sich die Tür, und vor der Dunkelheit des Wohnungsflurs erschien der Stadtrentmeister Johannes Erichsen, einen halben Kopf größer, schlank, mit eindrucksvoller Stirnglatze und Nickelbrille.

„Komm rein, Helmut", sagte er müde.

„Ich darf Sie darauf aufmerksam machen, dass wir in offizieller Mission unterwegs sind und Bekanntschaft keine Rolle spielt!"

„Ich weiß", sagte Erichsen. Er öffnete die Tür weit und machte eine Armbewegung.

„Treten Sie ein!"

Doch Sadrinna machte keine Anstalten. Er hatte einen heiklen Auftrag, und er hatte die Form zu wahren. Natürlich kannte er Johannes Erichsen, der bis vor kurzem noch Leiter der Stadtkasse gewesen war. Er kannte ihn, wie man Kollegen kennt, aber Freundschaft wäre zu viel gesagt. Gott sei Dank hatte er der Versuchung widerstanden, Mitglied der Partei zu werden! Wie oft war ihm das nahe gelegt worden, nicht zuletzt vom Bürgermeister! Er weigerte sich, das zu tun, was die anderen wollten, egal ob gut oder schlecht, es war ein Charakterzug von ihm. Wahrscheinlich war er deshalb immer noch Stadtinspektor, er mit seinen doch schon 41 Jahren. Aber jetzt kam ihm das zugute, jetzt wurde er gebraucht, weil er sich nicht hatte überreden lassen.

„Ich bin von der Militärregierung beauftragt, eine Bestandsaufnahme der Wohnraumversorgung in Rendsburg durchzuführen, um die Flüchtlinge optimal unterzubringen. Ich darf Ihnen vorstellen: Sergeant Crompton, verantwortlich für diese Wohnungskommission. Corporal Springfield, Dolmetscher."

„How do you do?", sagte Sergeant Crompton und führte lässig seine Hand an die schwarze Baskenmütze.

Corporal Springfield salutierte, trat einen Schritt vor und gab Johannes Erichsen die Hand. „Guten Tag, Herr Erichsen!" sagte er mit übertriebener Betonung.

Sergeant Crompton reagierte verärgert, man sah es an seinem Gesicht. Es war besser, Distanz zu den Germans zu halten. Er machte einige Ausführungen auf Englisch.

„Die Militärregierung hat befohlen, Sie mussen alle Räume melden", übersetzte Springfield. „Die Lage ist sehr ernst wegen die viele Fluchtlinge. Sie, Herr Erichsen, sind Mitglied von die NSDAP gewesen. Sie haben mehr Pflicht als andere."

„Kommen Sie doch erst mal rein!", antwortete Erichsen.

„Wir sind so frei", sagte Sadrinna und marschierte voran.

„Ist hier kein Licht?"

„Stromsperre."

„Ach so! Ist doch noch gar nicht Abend!"

„Ist aber so. Wurde nicht angekündigt."

„Na. Dann zeigen Sie mal Ihre Wohnung."

* *Stadtrentmeister Erichsen wird bestraft*
Johannes Erichsen hatte den Besuch erwartet. Die Kunde von der Tätigkeit der Wohnungskommissionen hatte sich verbreitet wie die Nachrichten im afrikanischen Busch.

Normal war nichts mehr, eigentlich schon seit Jahren. Es gab nicht einmal mehr eine Tageszeitung – nur Schaukästen und jedes Wochenende das amtliche Nachrichtenblatt des Kreises Rendsburg.

Dass Sadrinna in der Eiderstraße, der Feldstraße und im Sommerkamp sein Unwesen trieb, hatte sich schnell herumgesprochen. Dazu brauchte Erichsen nicht einmal seine Kontakte zum Rathaus. Die Gartenstraße gehörte auch zu diesem jungen Stadtteil am Kaiser-Wilhelm-Kanal – ein Gebiet mit tiefen Gärten und etlichen Baulücken, weit ab von der dichten Bebauung der Stadt.

Sein ehemaliger Kollege war bisher wenig in Erscheinung getreten. Bei einem Betriebsfest hatten sie am gleichen Tisch gesessen und waren ins Gespräch gekommen. Seitdem duzten sie sich – nicht weil Erichsen einen Seelenverwandten entdeckt zu haben glaubte, sondern weil es angenehm war, sich einer Familie zugehörig zu fühlen. Das entsprach seinem Harmoniebedürfnis.

Das war wohl eine seiner Schwächen. Er wollte mit jedem gut auskommen.

In seiner Jugend in dem Dorf Gammelby[1] hatte er die Sau raus gelassen. Aber er gehörte zu den Menschen, die durch ihre Hormone zu Rüpeln werden, und die, sobald sich wieder ein Gleichgewicht bildet, schnell feststellen, dass es sich viel angenehmer leben lässt, wenn man die Normen der Gesellschaft akzeptiert. So wurde Johannes Erichsen fast über Nacht ein strebsamer, sparsamer Mensch, der Gefallen daran fand, anderen zu gefallen. Er sah blendend aus und versäumte keinen Tanz, nahm sich lieber mehrere Stehkrägen mit, schwitzte sie durch und wechselte sie.

Von den Ideen der Nationalsozialisten fühlte er sich herzlich umarmt, die nach innen gerichtete Harmonie in der Volksgemeinschaft war ein Ziel, das sein Lebensgefühl traf. Dass der Staat dabei eine dominierende Rolle spielen wollte, war ihm nur recht, hatte er doch selbst erlebt, wohin zügelloses Leben führen kann. Und die einfachen Urteile, die sich um das Für und Wider nicht scheren, die auf dem Lande leichter gedeihen als in der Stadt, die wurden ihm in die Wiege gelegt.

Als die Nationalsozialisten den alten Bürgermeister der Stadt Rendsburg absetzten und der neue seinen Mitarbeitern im Rathaus eifrig das Parteibuch empfahl, sah Erichsen die Gelegenheit, als kleiner Mann am Aufbau eines neuen Deutschland mitzuwirken. Im ersten Überschwang ließ er sich sogar zum Blockleiter machen, nahm an Schulungen teil und gab seine Kenntnisse weiter, half, das Winterhilfswerk zu organisieren, und hatte ein Auge auf Mitbürger, die noch Schwierigkeiten mit der neuen Zeit hatten. Oft war er am Wochenende durch die Straßen gegangen, um die 50 Pfennig einzusammeln, die jede Familie spenden musste, die sie beim Kochen von Eintopfgerichten angeblich sparte. Das war eine große Sache. Auf diese Weise unterstützte die Volksgemeinschaft die Armen und Bedürftigen.

Das war ihm aber genug. Als 1939 der Krieg begann, schob er seine beruflichen Pflichten und seine kränkelnde Frau vor und ließ sich von seinen Aufgaben entbinden.

Nach Stalingrad[2] kamen ihm Bedenken. Es war nicht die große Idee, an der er zweifelte, nicht das System. Aber er hatte Angst um seinen Sohn Rolf, der sich begeistert schon mit 18 an die Front gemeldet hatte, obwohl er noch drei Jahre hätte warten können, und der jetzt in einem Krieg stand, der verloren zu gehen drohte. Mit unabsehbaren Folgen für die große Idee.

Ein heftiger, noch nie vorher da gewesener Streit mit Rolf war die Folge, als der 1943 auf Heimaturlaub im Elternhaus weilte. Vater und Sohn schienen sich zu entzweien. Des Vaters Zweifel stieß auf helle Empörung: Der Dolchstoß aus der Heimat werde die kämpfenden Soldaten entmutigen und zu ihrem Tod führen! Ob sein Vater das wolle?

Bei Kriegsende war Johannes Erichsen immer noch Parteimitglied. Zur Politik der Besatzungsmacht gehörte die Entnazifizierung des täglichen Lebens, der gesamten geschlagenen, zerbrochenen Gesellschaft. Wer NSDAP-Mitglied war, konnte deshalb keine wichtigen gesellschaftlichen Funktionen mehr wahrnehmen. Der Stadtrentmeister und Beamte der Stadt Rendsburg wurde in den Ruhestand versetzt. Und Sadrinna hatte Oberwasser.

Erichsen hatte auf seinem Lieblingsplatz an der Fensterfront des Wohnzimmers in einem wulstigen Sessel gesessen, als er an den Blumentöpfen vorbei die beiden Uniformierten entdeckte. Ein dritter, etwas kleiner an Statur, war Sadrinna. Er stemmte sich gegen die weiße Grundstückspforte, bis sie mit einem dumpfen Schlag nachgab.

„Du weißt eben nicht, wie das geht!", dachte Erichsen mit leichtem Spott. Aber die Pforte konnte das Fremde nicht aufhalten.

Er drehte sich um. „Wir kriegen Besuch", sagte er in Richtung Bett. Seine Stimme klang gleichgültig.

„Wer denn?", antwortete seine Frau.

„Das weißt du doch! Wir haben heute Morgen darüber gesprochen."

„Sadrinna?"

„Ja."

„Oh Gott!"

Die drei Männer reckten die Hälse, als sie auf dem Plattenweg diagonal durch den Vorgarten zur linken Seite des Hauses gingen, wo sich der Hauszugang befand.

* *Die Wohnungskommission begutachtet das Haus in der Gartenstraße*

Die Küche wirkte vollgestellt, was insbesondere an dem Gartentisch lag, der mit einem bestickten Tischtuch bedeckt in der Mitte auf dem schwarzweißen Terrazzofußboden stand, um ihn herum einige Stühle. Auf einem saß eine junge Frau und las.

„Hilde, das ist die Wohnungskommission der Stadt", sagte Erichsen. „Sie wollen alle Räume sehen. – Meine Herren, das ist meine Schwiegertochter. Sie bewohnt das Zimmer vorne links. Mein Sohn ist noch in amerikanischer Kriegsgefangenschaft in Frankreich."

„Guten Tag", sagte Sadrinna, ohne der Schwiegertochter, die aufgestanden war, die Hand zu geben.

„Und wo führt die hin?", fragte er stattdessen und zeigte geradeaus auf die Tür zwischen Gasherd und NARAG-Heizung[3].

„Kannst du gerne sehen", erwiderte Erichsen und ging ein paar Schritte und öffnete die Tür. „Die Waschküche. Da kann nun wirklich keiner wohnen."

„Wenn Sie wüssten, wo Menschen heutzutage überall wohnen können!"

Ab und zu ließ sich Sergeant Crompton die Unterhaltung übersetzen. Ein Blick in die Waschküche schien ihn zu überzeugen. Er schüttelte stumm den Kopf.

Erichsen führte die Gruppe wieder aus der Küche und klopfte an die nächste Tür links.

„Dr. Schulz? Fräulein[4] Schulz? Darf ich Sie mal stören?"

Als keine Antwort kam, erklärte er: „Das ist unser Schlafzimmer, jetzt bewohnt von Dr. Schulz mit seiner Tochter, Flüchtlinge aus Neustrelitz. Etwa seit vier Monaten. – Dr. Schulz? Machen Sie mal auf, bitte?"

Es polterte, schrammte Holz auf Holz, als wenn eine schief sitzende Schublade geschlossen würde. Dann drehte sich ein Schlüssel im Schloss, und die Tür wurde energisch geöffnet. Dr. Schulz erschien, kahl rasiert und mit einer Gesichtshaut, die sich mühsam über die Schädelknochen spannte, so dass sein Kopf geschrumpft aussah.

„Sie müssen entschuldigen! Ich war gerade … ich hatte mich hingelegt."

Die Besucher hatten keine Entschuldigung verlangt und gingen nicht näher darauf ein. Sie schauten sich um. Es gab einen Schrank und einige Gepäckstücke an der Wand sowie ein Metallbett, daneben ein Matratzenlager auf dem Boden.

Sergeant Crompton zeigte Interesse. Es stellte sich heraus, dass Schulz wohl nicht Teil der kämpfenden Truppen gewesen war, sondern als Sanitätsoffizier gearbeitet hatte. Auf dem Rückzug der Truppen von der Oderfront hatte er sich nach Neustrelitz abgesetzt, um seine Familie mitzunehmen. Sein Haus hatte durch eine Fliegerbombe in der Nachbarschaft Feuer gefangen und war nicht mehr bewohnt, niemand wusste etwas über seine Frau. Seine Tochter fand er im örtlichen Gymnasium, das als Lazarett diente und wo sie als Krankenschwester tätig war und dabei half, einen Notbetrieb aufrecht zu erhalten.

Crompton verlangte, Papiere zu sehen. Schulz bedauerte. Sie hätten gemeint, besonders schlau zu sein, als sie ihre persönlichen Sachen in den Koffer steckten. Aber ein Tiefflieger hätte sie auf der Landstraße von Röbel nach Malchow beschossen, immer wieder sei er zurück gekommen. Bei ihrer wilden Flucht in Todesangst hätten sie den Koffer aufgeben müssen und später nicht den Mut gehabt, wieder umzukehren, um ihn zu suchen.

Von einem Sammellager in der Nähe von Lübeck sei er zusammen mit seiner Tochter nach Rendsburg verfrachtet worden. Erst hier hätten sie sich Ersatzdokumente beschaffen können. Wenn die Herren bitte einen Blick hinein werfen möchten!

Nein, seine Tochter sei momentan nicht hier. In der Königstraße gebe es eine Sonderlieferung für Kohl, wo sie sich gleich nach Dienstschluss habe anstellen wollen. Ja, sie arbeite im Krankenhaus gegenüber dem Kleinbahnhof. Als Bewohner der Gartenstraße 27 seien sie im Wohnungsamt der Stadt ordnungsgemäß gemeldet.

Hierauf nickte Sadrinna und zeigte auf seine Unterlagen im Klemmbrett.

Crompton verbarg seine Skepsis nicht. Aber es war nicht seine Aufgabe, die Identitäten der Flüchtlinge zu überprüfen und die Schmarotzer von den wahren Hilfsdürftigen zu unterscheiden. Die wenigen Monate nach dem Einmarsch der Besatzungstruppen hatten ihn gelehrt, dass ein zuweilen gnadenloser Kampf ums tägliche Überleben herrschte, in dem nur die einfachen Instinkte Erfolg versprachen.

Natürlich überwog die Wut auf das verbrecherische System, das so viel Leid über die Welt gebracht hatte. Aber wenn er ein Volk von unbeugsamen, arroganten Nazis erwartet hatte, so war er enttäuscht worden. Wie gern hätte er diesen Feind aus einer Position der moralischen Überlegenheit heraus prügeln mögen! Quälen mögen! Würgen, bis er um Vergebung winselt!

Leider war das nicht mehr nötig. Dieses Volk war bereits am Boden. Was er in Hamburg bei der kurzen Vorbeifahrt in den Norden gesehen hatte und was er jetzt von dort hörte, war an Not und Zerstörung kaum zu übertreffen, eine Unterwelt, die Hölle. Dagegen war Rendsburg nichts.

Aber auch hier war die Not unübersehbar. Crompton hatte gerade einen Brief an seine Frau in Brighton geschrieben und geschildert, wie ihn die hohlwangigen Kinder rührten, die sich auf den Straßen Rendsburgs ganz unbefangen den fremden Soldaten näherten und wie Straßenköter um ein Weißbrot kämpften, das einer von seinen Kameraden „aus Versehen" zurückgelassen hatte.

Trotz alledem: Irgendwo mussten die Nazis ja sein. Und der Erichsen und seine Schwiegertochter und der Schulz – hatten die nicht auf der Straße gestanden und mit ausgestreckten Armen den Nazis zugejubelt? Die Wochenschauen waren auch in England gezeigt worden!

Es war seine Pflicht, misstrauisch zu bleiben und das verderbte Gedankengut auszumerzen, wo immer es ging, damit die Welt besser werde. Darum waren sie hier.

Er gestattete sich den Hinweis, dass Dr. Schulz für die Linderung der Not als Arzt gebraucht werde. Warum er dann nicht arbeite? Schulz hatte auch hierfür eine Erklärung, aber Crompton hörte nur halb auf die Übersetzung und winkte dann ab. Er konnte sich nicht um alles kümmern. Unbefriedigend, aber es war so.

Die Besichtigung wurde fortgesetzt: der Keller, die beiden vorderen Räume für Erichsen Junior und Erichsen Senior, die obere Wohnung mit der dreiköpfigen Familie Sauer, der Ehemann Wilhelm war noch in der Gefangenschaft – insgesamt laut Sadrinna eine Wohnfläche von 110 Quadratmetern, jetzt bewohnt von acht Personen. Sollten die Kriegsgefangenen zurückkehren, wären es zehn.

Das war vergleichsweise komfortabel. Im letzten Kriegsjahr waren es vierzehn gewesen.

Zum Schluss standen die drei Männer in dem kleinen Hausflur, und Sadrinna hielt einen kurzen Schlussvortrag, während Johannes Erichsen noch auf der untersten Treppenstufe zur oberen Wohnung stand.

„Ich weise pflichtgemäß darauf hin, dass jeder Auszug oder Zuzug dem Wohnungsamt gemeldet werden muss. Die Situation in Ihrem Haus, Herr Erichsen, ist so, dass es für eine weitere Belegung in Frage kommt. Die bisherige Regelung, wonach pro Person zehn Quadratmeter zur Verfügung stehen müssen, wird nicht mehr zu halten sein. Der Zuzug nach Rendsburg ist enorm. Also richten Sie sich darauf ein. Auf Wiedersehen."

Die Wohnungskommission verließ das Haus. Die gelbe Glasscheibe im Holzrahmen der Haustür schepperte. Nicht zum ersten Mal wunderte sich Erichsen, dass sie nicht zersplitterte. Er sah die Gestalten schemenhaft, wie sie sich entfernten.

Einen Moment blieb er auf der Stufe stehen, dann setzte er sich stumm in Bewegung, trat in den dunklen Flur seiner Wohnung und öffnete die Tür zu dem einzigen Zimmer, das ihm wirklich zu gehören schien.

„Sind sie weg?", fragte seine Frau, die angezogen im Bett lag. Nähzeug und Strümpfe lagen vor ihr auf der Häkeldecke, in der Hand hielt sie ein Ei aus Holz.

„Ja", sagte Erichsen. Er ging zur Fensterfront und sah hinaus.

Die Wohnungskommission war nicht weit gekommen. Sie stand auf halbem Wege zur Straße mitten im Vorgarten und schien erregt. Die drei Männer hatten sich dem Haus zugewandt und schauten nach oben zum Giebel. Sadrinna fuchtelte mit den Armen und machte sich dadurch größer als er war. Er sah Sergeant Crompton fragend an. Der nickte.

Sie setzten sich wieder in Bewegung, zurück zum Haus.

Erichsens Herz klopfte heftig und signalisierte Gefahr. Als er zurück in den Flur ging, schloss er die Zimmertür wieder hinter sich. Frieda sollte sich nicht beunruhigen. Ihre Gesundheit war labil.

Er kam dem Klopfen zuvor.

Sadrinna hielt sich mit keiner Vorrede auf: „Was ist das für ein Fenster da oben am Giebel? Über der Wohnung von Sauer?"

Erichsen wusste nicht gleich, was er meinte.

„Über Sauer!"

„Ach so, Sie meinen den Boden!"

„Den haben Sie uns nicht gezeigt!"

Ja, aber das ist doch bloß ein Boden!"

„Kein Zimmer?"

„Nein. Nur eine Kammer, vollgestellt. Was man so hat, auf dem Boden."

„Mein Gott, Erichsen! Hören Sie denn nicht zu? Sie müssen uns jeden Raum zeigen! Das ist Ihre Pflicht! Zimmer, Kammer, Zimmer, Kammer … das spielt doch keine Rolle!" Sadrinna wurde laut.

„Aber da kann doch keiner wohnen!" Erichsen spürte das leichte Zittern in seinen Händen nicht mehr. Das war doch nur lächerlich! Er spürte jetzt Wut. Was nahm sich dieser Kerl heraus! Ein kleiner, ein ganz kleiner Stadtinspektor! Bis vor kurzem hinterm Schreibtisch gesessen, und jetzt der Speichel leckende Erfüllungsgehilfe der Besatzungsmacht! Ein mieser Verräter, was denn sonst!

Sadrinna sah den Zorn an der Gesichtsfarbe und den Schläfenadern seines ehemaligen Kollegen. Erichsens sonst so freundliche Augen, von leichten Schlupflidern abgeschrägt, blickten starr, und die feinen Lachfältchen an den Augenwinkeln waren verschwunden.

„Nun regen Sie sich nicht so auf, Herr Erichsen", sagte Sadrinna etwas verbindlicher. „Sowas kann ja mal passieren. Aber das sind nun mal die Vorschriften. Jeder Raum! Sonst machen Sie sich strafbar. So ist das."

Und als ihn Erichsen unterbrechen wollte: „Ich weiß, ich weiß! Ohne Heizung, ich weiß. Aber das geht! Das muss gehen! Viele wohnen so, glauben Sie mir!"

Als die Männer nach Öffnen der Tapetentür die steile Bodentreppe erklommen und die tatsächlich winzige Bodenkammer besichtigt hatten, machte sich Sadrinna auf seiner Liste eine Notiz.

Die Sehnsucht der Liebenden

„Allerliebstes Frauchen! Wenn ich nun heute wüsste, dass Du Nachricht hast, wäre ich überglücklich. Mir geht es wirklich gut, nur keine Sorgen und den Kopf hoch, nicht mit dem Leben hadern. Ich will Dich doch gesund und fröhlich wiederfinden. Nur mit tapferem, fröhlichem Herzen können wir unser Leben aufbauen, hörst Du, Liebstes? Vor allen Dingen auch zu Haus: Kopf hoch, komme, was da wolle. Ich hoffe, dass noch alles gesund und heil ist. Meine Gedanken sind nur bei Dir, Liebstes, ich schmiede Pläne und mein ganzes Trachten gilt unserer Zukunft. Wie wird es mit unserer Wohnung? Hoffentlich kann sich etwas einrichten lassen. In der Garten- oder Obereiderstraße? Hauptsache aber, Ihr bleibt alle gesund, dann ist alles andere gleichgültig. Meine Sachen hole vom Schneider, wie sie sind, möglichst viel unserer Sachen in die Kisten. Ich arbeite hier sehr viel für mein Studium. Mir fehlt nur eine Kladde. Möglichst viel Pakete, viel Keks senden. Ist in der Gartenstraße alles gesund? Brief ist immer für alle. Wie geht es Vati? Ich werde lange auf Post warten müssen. Trotz allem lasse ich aber nicht den Mut sinken und glaube fest an unser Leben, und Du hältst es ebenso, ja, mein Liebstes? Du willst mir doch auch keine weiteren Sorgen machen. Liebster Mensch, immer bin ich bei Dir und bei unseren lieben Eltern. Tröste auch sie mit Deinem fröhlichen Herzen. Über alles liebe ich Dich. Küsse! Dein Rolf"

Es war eine tränenreiche Lektüre, immer wieder ließ Hilde den eng beschriebenen, vom „U. S. ARMY EXAMINER" zensierten Brief aus Frankreich sinken, um sich zu fassen. Seine Worte ... waren ... so voller Liebe, so einfühlsam. Was musste er sich für Sorgen machen! Er schrieb, dass es ihm gut gehe, aber wollte er ihr nur Mut machen? Ein Gefangenenlager! Die Leute erzählten immer wieder schreckliche Sachen! Aber sie schob die Zweifel zur Seite, sie wollte auch an die Zukunft glauben. Aber dann wieder ... ein leises inneres Beben, eine dumpfe Angst, die sie bis in die Haarspitzen spürte.

Sie sehnte sich so sehr nach ihrem Mann.

Ihr Mann! Welch glückselig machende Vorstellung! Rolf war ihr Mann, seit einem Jahr. Aber Ehefrau zu sein, war immer noch so ungewohnt.

Und verwirrend: Mal hatte sie das unbeschwerte Gefühl, ein kicherndes junges Mädchen zu sein, das mit ihren Freundinnen Geheimnisse teilt, und dann schlug ihr auf einmal das Herz bis zum Halse, als ihr klar wurde, dass sie einem Mann verbunden war!

Einem so guten Mann wie Rolf. Er war fürsorglich, forsch, tatkräftig und schien sich seiner Sache immer sicher zu sein. Sie bewunderte ihn dafür, und sie genoss die Blicke der anderen, die, da war sie sicher, nicht ohne Neid waren.

Es hatte andere Bewerber gegeben. Hilde lächelte, als sie an Fiffi Beisenkötter dachte, der eines Tages unten auf der Straße pfiff und sang: „Clothilde, Clothilde, ich bin über dich im Bilde!" Aber irgendwie war sie damals noch nicht so weit gewesen, der Gedanke an eine Heirat schien zu groß und viel zu erwachsen. Sie stand im Wettbewerb mit den anderen Mädchen. Einen Freund zu haben, war das Größte.

Aber ihre Eltern behüteten sie, um Zehn war Zapfenstreich in der Obereiderstraße 19, wo sie mit ihren Eltern und beiden Schwestern über der Schlachterei wohnte. Es galten moralische Regeln, jeder Anschein von Zügellosigkeit war zu vermeiden. Dass Elise Krezek, die Mutter, selbst Opfer ihrer Unerfahrenheit geworden war, als sie mit 17 Jahren ihr erstes Kind unehelich gebar, war ein Geheimnis, ein Tabu. Ihre drei Töchter wussten nichts davon, und sie kamen auch nicht auf die Idee nachzurechnen.

Dieses erste Kind war, 16-jährig, an Tuberkulose gestorben. In dem Schmerz wuchs der Glaube an ein vorbestimmtes Schicksal, an eine höhere Fügung. Fortan war das gestorbene Kind kein Thema mehr. Aber es lebte fort in der Angst vor TBC und der Angst vor einer Wiederholung der Tragödie. Kontrolle war das Mittel, Aufklärung kam nicht in Frage, und noch mit elf Jahren behauptete Hilde voller Überzeugung, sie sei hingefallen, als ihre erste Blutung geschah.

Als sie zusammen mit ihrer Schwester Elfriede Mitglied im Rendsburger Ruderverein wurde, entstand ein Freiraum, über den Vater und Mutter keine Kontrolle hatten. Das gesellige Zusammensein mit den Jungs, die große Reden schwangen, darunter besonders Rolf, in deren Augen Aufbruchsstimmung glänzte! Ihr unbändiger Optimismus hatte auch die jungen Frauen erfasst.

Ohne dass sie es sich recht eingestanden, war der Ruderbetrieb etwas ungemein Erregendes. Der Geruch von Schweiß und Schmiere war nicht unangenehm, er setzte sinnliche Empfindungen frei, ja die Sinnlichkeit selbst, mühsam gebändigt vom Tuscheln und Kichern über die Breite und die Muskulatur der männlichen Heldenbrüste. Die Fantasie der Männer stand dem in nichts nach.

Und wenn die jungen Leute in ihren Trainingsanzügen nach Geschlechtern getrennt die heilige Handlung des Flaggenappells zelebrierten, indem sie am großen Wimpelmast stramm standen und wie selbstverständlich ihre Arme zum deutschen Gruße streckten, trafen sich die Blicke der Liebenden und der sehnsuchtsvoll nach Liebe Dürstenden.

Rolf und Hilde hatten sich dort gefunden und mussten sich doch ein paar Jahre gedulden, denn der Krieg hatte für viele nur Entsetzen übrig, und so schlich sich große Angst in die Träume.

Rolf nutzte seinen Urlaub von der Front, um zielstrebig seine Zukunft vorzubereiten, lernte für seine Hochschulzulassung, hatte sogar zwei Semester Volkswirtschaft studieren dürfen, bevor er wieder in den Kampf geschickt wurde. Damit war eine gute Grundlage gelegt.

Wenn nur der Krieg gnädig mit den Menschen wäre! Das Schicksal war zu ungewiss. Viele Männer waren verschollen oder tot. – Wer weiß, was wird! Lasst uns heiraten in diesen unsicheren Zeiten, trotzig unser Versprechen einlösen, solange wir es noch können!

Das war vor einem Jahr, eine materielle Kraftanstrengung beider Familien in einer verzweifelten Zeit des Mangels. Lebensmittelkarten wurden getauscht und geschenkt, Elises eiserne Reserven aus dem „Wunderschrank" wurden geplündert, Beziehungen zu Geschäftspartnern wurden genutzt, und Schlachtermeister Karl Krezek nahm jede Möglichkeit der Manipulation wahr, um beim Zerlegen der Tiere den Ertrag von Fett, Muskelfleisch, Knochen und Innereien gewichtsmäßig herunter zu rechnen, damit das Wirtschaftsamt nichts merkte.

Es war eine bemerkenswerte Hochzeit im Lager der Möbelfirma Bergemann in der Grünen Straße. Bohnenkaffee, Hochzeitstorte von Bäcker Klingsör mit zwei Tauben aus Marzipan und dazu Musik. Die Not war vergessen, für ein paar Stunden blieb die Welt stehen und das Leben feierte sich.

Frieda Erichsen ist krank

Hilde schrak auf.

Eine Stimme, die sie noch nie gehört. Eine Stimme, die klagend an- und abschwoll und nach kurzer Pause erneut ansetzte, melodramatisch wie in einem billigen Theater. Sie kam von vorn aus dem Zimmer ihrer Schwiegereltern.

Wenn Hilde nicht gewusst hätte, dass es nur Frieda Erichsen sein konnte – sie hätte es nicht geglaubt. Sie stürzte in das Zimmer und sah ihre

Schwiegermutter, die sich in ihrem Bett stöhnend von einer Seite auf die andere wälzte.

„Mutti, Mutti, was ist denn?", rief Hilde. Sie beugte sich leicht herab, als wolle sie die Stöhnende packen und festhalten, und hielt auf halbem Wege hilflos inne. Frieda stand Schweiß auf der Stirn, ihr Haarnetz war verrutscht und gab dünne blonde Strähnen frei.

Jetzt drückte ihr Hilde die Schultern doch ins Kissen, und Frieda schlug die Augen auf und sah ihre Schwiegertochter gepeinigt an.

„Ich halt das nicht aus! Hilde, Hilde! Ich halt das nicht aus!"

„Mutti, wo denn? Wo denn?"

„Hier an der Seite, am Rücken, überall!", wimmerte Frieda und begann wieder laut zu stöhnen und sich zu wälzen. „Es ist die Niere, glaub ich. Ich hab das schon mal gehabt", stieß sie hervor. „Hol Hanne!"

„Ist gut! Ich komm gleich wieder!", antwortete Hilde und lief auf den Flur, schlug, einer Eingebung folgend, mit der flachen Hand krachend gegen die Tür von Dr. Schulz und seiner Tochter und eilte, da sie von innen keine Antwort auf ihr Rufen vernahm, durch die Küchentür über die Waschküche in den Garten.

„Vati, komm schnell! Mutti geht's schlecht!"

Johannes Erichsen stand im hinteren Teil des Gartens mit dem Spaten in der Hand und blickte auf. Er hatte die letzten Kartoffeln des Jahres geerntet und bereitete das Land auf den Herbst vor. Reihe für Reihe hatte er die Erde umgegraben und den Hühnermist, den er den Sommer über gesammelt, eingearbeitet.

Er ließ den Spaten stecken und lief zum Haus, zog hastig seine Gummistiefel aus und rutschte gefährlich auf dem Küchenfußboden, als er zu seiner Frau eilte. Frieda saß auf der Bettkante, ihre plumpen Beine baumelten, und sie bog ihren Oberkörper rhythmisch vor und zurück.

Es stellte sich heraus, dass ihre Selbstdiagnose stimmte. Lotte, die Tochter von Dr. Werner Schulz, kam fünf Minuten später nach Hause und ordnete heiße Umschläge aus Kartoffelbrei an, um, wie sie sagte, die Muskulatur zu entspannen.

In der Küche stand eine Emaille-Schüssel, in die Hilde am Vortag rohe Kartoffeln hinein gerieben und sich dabei ihre Fingerkuppe verletzt hatte. Das weißliche Mus wurde schnell in ein Sieb gegeben, die milchige Flüssigkeit aufgefangen. Sie würde noch eine Weile stehen bleiben, bis sich am Boden die weiße Stärke absetzte, die nach der Trocknung zusammen mit Brotresten und Kaffee-Ersatz und einem Hühnerei einen passablen Backteig ergab.

Ob der Brei auch ohne Stärke wirksam war? Lotte Schulz wusste es nicht. Johannes Erichsen schob den Topf mit den ewigen Steckrüben zur

Seite, die seit einer halben Stunde für schwüle Küchenluft sorgten, zog mit dem Feuerhaken die Eisenringe von der Feuerstelle und legte ein paar Aststücke nach. Gas hatte es zum letzten Mal vor drei Wochen gegeben, und das auch nur für wenige Stunden, der Gasherd diente jetzt als Abstellfläche.

Sodann hütete er die Kartoffelmasse, damit sie nicht anbrannte.

Besorgt registrierte er das Jammern seiner Frau. Er hatte keine Distanz zu ihrem Leiden, er litt mit jedem Schrei und jedem Heulen. Besonders erschreckte ihn diese fremde Stimme, die so gar nicht zu seiner Frieda passte.

Hilde hatte sich in der Zwischenzeit das Rad aus dem Stall geholt, um die Hausärztin zu holen. Es stellte sich heraus, dass Frau Dr. Firgau selbst erkrankt war, und so alarmierte Hilde Dr. Ida Behre, die Ärztin von Johannes, die in der Nobiskrüger Allee wohnte. Sie hatte Medizin studiert, fand aber dabei nicht die Antworten auf ihre Fragen und machte Zusatzausbildungen in Homöopathie und Biochemie. Damit durfte sie sich ab 1939 auch Heilpraktikerin nennen, und sie war es gerne und in erster Linie.

Als Ida Behre am späten Abend doch noch erschien, waren die Schmerzattacken abgeklungen. Frieda lag erschöpft und ließ eine gründliche Befragung und Untersuchung über sich ergehen. Behre interessierte sich besonders für die Gesichtshaut der Kranken und nahm besorgt die Schwellungen in den Füßen und Beinen zur Kenntnis.

Lotte Schulz wurde hinzugezogen, sie konnte als Krankenschwester wertvollen Beistand leisten. Sie war etwa 30 Jahre alt, und ihr Gesicht unter den dicken blonden Haaren war von durchschnittlicher Schönheit, wären da nicht die Hasenzähne gewesen, die in grotesker Größe ständig über der Unterlippe lagen.

Sie war sehr hilfsbereit und patent. Vielleicht zeigte sie auf diese Weise auch ihre Dankbarkeit – schließlich wohnte sie als Flüchtling hier umsonst und profitierte zusammen mit ihrem Vater von der Ernährungslage im Hause Erichsen. Die Hühner, der Garten, die Erweiterung der Familie durch den Schlachtermeister Krezek – das alles linderte die Not, die woanders schier unerträglich war.

Dr. Schulz kam spät nach Haus und schleppte einen staubigen Jutesack in sein Zimmer, dann steckte er den Kopf zur Tür herein. Es wäre sehr merkwürdig gewesen, wenn er sich als Arzt nicht hätte blicken lassen. Er entschuldigte sich für seine Abwesenheit und verwickelte Ida Behre in einen kurzen Diskurs über die Wirksamkeit von Schüßler-Salzen und zog sich dann mit den besten Wünschen für eine weitere Erholung der Kranken zurück.

Behre verordnete kräftiges Trinken und empfahl, den Urin mit einem Teesieb zu filtern, um mögliche feste Bestandteile zu sichern, die Aufschluss geben könnten über die weitere Behandlung. Dann zog sie aus ihrer ledernen Arzttasche ein braunes Fläschchen und ließ eine abgezählte Menge von weißen Kügelchen heraus rollen. Frieda nahm sie in den Mund, nahm einen Schluck Wasser dazu und kippte den Kopf nach hinten wie ein Huhn, das trinkt.

Behre lächelte. „Die Globuli hätten sich auch so im Mund aufgelöst", meinte sie milde.

„Ach ja", sagte Frieda Erichsen. Jetzt kicherte sie sogar: „Ich hab mir das so angewöhnt. Tabletten krieg ich einfach nicht anders runter!"

Draußen setzte sich die Ärztin noch eine Weile mit Ehemann und Schwiegertochter an den Küchentisch.

„Die Wasseransammlungen in den Beinen Ihrer Frau müssen wir sehr ernst nehmen", raunte sie verschwörerisch. „Ihr Herz ist weiterhin schwach, besonders die rechte Seite. Ich schreibe Ihnen hier etwas auf, damit der Körper entwässert wird. Viel trinken für die Niere, aber auch viel auf die Toilette gehen. Kopf hoch! Wenn wir Glück haben, ist der Stein schon raus!"

Behre steckte vorsichtig ein frisches Hühnerei in ihre Tasche. Sie wollte morgen im Laufe des Tages noch einmal vorbeikommen.

Für ihre Dienste stellte Erichsen ihr zusätzlich eine Lebensmittelkarte in Aussicht. „Mit Abschnitt K der Eierkarte können Sie Ei-Sparpulver vorbestellen."

„Seit letzter Woche bei Lübker in der Obereiderstraße", fügte Hilde hinzu.

„Da, wo Ihre Eltern die Schlachterei haben?", fragte Behre.

„Genau da!", lächelte Hilde.

„Danke. Das kann ich gut gebrauchen", sagte Ida Behre und stand auf.

Rolf kehrt zurück aus der Gefangenschaft und sucht den Neuanfang (1945/46)

Die überraschende Entlassung von Rolf aus der Kriegsgefangenschaft in Frankreich war wie ein Leuchten aus grauem Himmel, wie ein tiefer, Leben spendender Atemzug, der die bleierne Decke der Gleichgültigkeit für einen kurzen Moment anhob und frische Luft in die Straßen sog.

So empfanden jene, die ihn kannten, und sie vergaßen ihre Sorge um ihre Familien und den oft rücksichtslosen Kampf um ihr tägliches Brot, indem sie vom Leben sprachen, das es neben dem Tod doch noch gab.

Rolf war an Ruhr erkrankt, mit seiner Entlassung entledigte man sich eines Problems. Man genehmigte ihm einen Bahntransport. Doch die Züge fuhren, wenn überhaupt, nur äußerst unregelmäßig. Zerstörte Streckenabschnitte hielten die Heimfahrt auf und mussten zu Fuß bewältigt werden, freundliche LKW-Fahrer zeigten Erbarmen – aber der Weg zeigte stetig nach Norden.

Und so stand Rolf eines Tages im Herbst 1945 vor seinem Elternhaus in der Gartenstraße, als sei er nur eben mal weg gewesen. Aber etwas hatte sich doch verändert: Dieses Heimkommen war anders, es war wie ein Anfang, der ihn trotz seiner verschmutzten Landser-Kleidung, trotz seiner heruntergekommenen körperlichen Verfassung mit Tatendrang erfüllte. Er wollte alles anders und besser machen. Er hatte eine Zukunft.

Das Wiedersehen war voller Tränen. Gefühle, lange Zeit nicht zugelassen, weil sie ein Gegenüber brauchten, weil der Mensch, dem sie galten, nicht da war – sie konnten sich jetzt entfalten und in wohliger Wärme miteinander verschmelzen. Nicht wie eine wilde Woge, die vergeblich anrennt gegen die festen Mauern, sondern die freiwillig bricht und sanft in den Strandsand sinkt.

Seine Eltern hatten ihren einzigen Sohn wieder. Ihr Albtraum, nach dem Tod ihres ersten Kindes im Alter von zwei Jahren nun auch ihren zweiten Sohn zu verlieren, hatte ein Ende. Und Hilde musste ihn immer wieder anfassen, umarmen und liebkosen und mit den Fingern durch seine strohblond gewordenen Haare streifen.

„Iiiih! Bist du dünn geworden! Überall nur Knochen!", neckte sie ihn. Und er legte ihr seinen knochigen Finger auf die Lippen und rief lachend: „Dann gib dir Mühe, kleine Hexe, dass ich wieder fett werde!"

In der Tat hatte sich die Familie auf seine Ankunft vorbereitet, wenn sie auch nicht wusste, wann genau er kommen würde. Köstlichkeiten waren aufgespart, Kuchen waren gebacken worden, Bohnenkaffee wurde gemahlen. Doch als Rolf das frische Weißbrot mit der braungelben Kruste erblickte, das morgens gerade beim Bäcker auf Marken gekauft worden war, da spürte er seinen übermächtigen Hunger, der seit Monaten tief in seinen Eingeweiden nagte und der jetzt unerträglich wurde, als er daran roch.

„Darf ich davon essen?", fragte er und hatte schon entschieden, dass er es essen müsse. Die erste Scheibe wurde noch andächtig geschnitten, doch dann verloren alle guten Regeln ihre Bedeutung, und während Frau und Eltern ihn lachend anfeuerten, hielt Rolf schützend seine Hände über das Brot und kroch mit der Nase hinein und brach einen Brocken nach dem anderen heraus, schaute fasziniert auf seine Finger, die den Teig wendeten und kneteten und schließlich in die feuchte Mundhöhle schoben, wo er lustvoll eingespeichelt wurde. Rolf mochte kaum schlucken, zu ungern trennte er sich von der sinnlichen Freude. Aber da war ja noch mehr!

Der Verzehr des ganzen Brotes war der Höhepunkt des Wiedersehens. Maria Sauer kam mit ihren beiden Jungs herunter, angelockt von dem Trubel; Schulz und seine Tochter wurden hereingebeten, andere Nachbarn und Freunde zeigten ihre Verbundenheit, und zur großen Freude von Rolf tauchte auch sein Schwiegervater Karl Krezek auf, Hildes Mutter Elise war im Laden unabkömmlich. Alle mussten sich erst mal anhören, was der entlassene Kriegsgefangene mit dem Brot gemacht hatte.

Allmählich geriet das Gespräch in ruhigere Zonen und wurde ernst. Dicht gedrängt saßen sie alle in der Küche mit den Ohren möglichst nah an der Hauptperson. Für Rolfs Mutter war ein Stuhl besonders bequem hergerichtet worden, damit sie nicht ausgeschlossen war. Es gab viele Fragen, die Rolf gern beantwortete. Er erzählte von dem kleinen Büchlein mit Gedichten von Goethe, das ihm fürs Überleben sehr gewesen, von einem guten Freund, der auch jetzt frei und wohl zur gleichen Stunde mit seinen Lieben in Schleswig sei, und von dem Kameraden, der in Friedenszeiten Schlachtergeselle gewesen sei und ihm allerhand beigebracht habe.

Zum Beweis ließ er sich seine alte Uniformjacke geben und zog ein Päckchen abgerissener Papiere heraus. In beschädigten, verblichenen Farben waren Bohnen und Karotten darauf zu sehen, zur Bestätigung mit „Beans" und „Carrots" beschriftet, auch andere Gemüse und Suppen und „Cornedbeef".

„Und was, meine sehr verehrten Herrschaften, haben diese entzückenden Landschaftsaufnahmen mit meinem Metzgerlehrgang zu tun? Hokus, pokus, fidibus! Dreimal schwarzer Kater!" Und er drehte die Blätter um.

Die Rückseiten waren mit Bleistift eng beschrieben, auch Umrisszeichnungen von Rind und Schwein gab es, in Körperzonen eingeteilt und beschriftet. Rolf fing an zu referieren, bis er sich selbst unterbrach und – an seinen Schwiegervater gewandt – Augen zwinkernd fragte: „Na, Vati, reicht das, um bei dir in die Lehre zu gehen?"

Karl Krezek, ein kleiner stämmiger Mann mit wenigen dünnen Haaren, grinste hinter seiner Brille etwas verlegen und meinte dann: „Du wirst bestimmt etwas Besseres finden!"

„Nein, nein! Ich mein das ernst!", sagte Rolf, und wie zum Beweis erlosch jedes Lachfältchen in seinem Gesicht. Er löste damit ein allgemeines Geplapper aus, das recht fröhlich klang, hier und da wurde gelacht, und es schien, als habe sich das Bedürfnis durchgesetzt, das Thema zu variieren oder zu wechseln. Lange genug hatte man zugehört, nun sollte Rolf sich einfach nur wohlfühlen und richtig zu Hause ankommen.

Doch der schien keinen Gefallen an der neuen Stimmungslage zu finden, die Farbe war aus seinem Gesicht gewichen, und es dauerte nicht lange, dass er hastig in Richtung Flur verschwand. Hilde, die ihn kaum aus den Augen gelassen und neugierig an seinen Lippen gehangen hatte, auch immer auf der ängstlichen Suche nach Veränderungen in seinem Gesicht, seinem Wesen – Hilde also folgte ihm sofort.

Das lebhafte Durcheinander der vielen Stimmen in der kleinen Küche setzte sich noch eine Weile fort, bis Frieda fragte: „Wo ist denn Rolf?" und die Frage die Runde machte und Johannes schließlich ging, um nachzusehen.

Als er die Küche wieder betrat, wandten sich ihm alle Köpfe zu. „Rolf geht es nicht gut", sagte Johannes. „He hett woll dat Eeten nich affkunnt."

Er hat das Essen nicht vertragen, übersetzte man für Maria Sauer von oben, die aus Hessen stammte. „Des wunnert mich gar net!", rief sie aufgekratzt in die Runde, was ungewöhnlich war, da sie sonst eher hinter der vorgehaltenen Hand tuschelte. „Des ganze Weißbrott! Un denn uff nüchtern Mage!"

* *Unerwartete Probleme in der Schlachterlehre*

Der Geruch von Blut.

Zuerst diese Ruhe in der Märzsonne auf dem Granit. Ihr wärmt euch die nackte Brust und raucht genüsslich eine Zigarette. Unten herum murmelt und blitzt das fließende Wasser wie flüssiges Glas in Weiß und Grün und Braun. Du stellst dir vor, wie hier im Sommer die Kinder baden und kreischen und lachen. In der Flussbiegung im Schutze des Felsens, auf dem du gerade liegst, ist eine winzig kleine Sandfläche, ein kleiner Strand, während doch sonst alles bewaldet ist und grün ins Wasser hängt.

Eineinhalb Tage später zwei aufgeschlitzte Kameraden in der warmen Märzsonne auf der Granitbank am Ufer des Flusses. Die Köpfe mit den starrenden Augen zur Seite gedreht und durch die hoch geschobenen Uniformjacken halb verdeckt. Die Bauchdecken an rot-verschmierten Schnittstellen auseinander klaffend, gelblich-weiße Därme mit schwarzen Fliegen. Darunter im Schritt zwischen den nackten Oberschenkeln ein roher Krater, gebettet auf geronnenem Blut. Die Geschlechtsteile als blutige Klumpen achtlos neben den Kadavern.

Der Soldat erblickte die Schlachtbank erst, als er die Sträucher zur Seite bog, um den winzigen Sandstrand am Ufer der Luech zu betreten. Augenblicklich reagierte sein Körper und sonderte einen tierischen Schrei ab. Dann holte er heftig Luft für einen zweiten Schrei, und dann für einen dritten, bis das Zwerchfell wellenartig krampfte und ein Schluchzen den ganzen Körper erfasste und schüttelte. Dann brach er zusammen und würgte seinen Mageninhalt in den kalten, klaren Fluss.

Das war vor zwei Jahren in Südfrankreich östlich von Lezignan.

Rolf hatte viele Verwundete und Leichen gesehen. Wenn der Krieg überhaupt etwas Positives hervorbrachte, dann war es die Erfahrung, wie verletzlich ein menschlicher Körper war und wie dankbar man sein konnte, selbst unverletzt zu sein. Rolf glaubte daran, dass der Krieg eine „Feuertaufe", ein „Stahlgewitter" war, das den jungen Kerl erst zu einem ernsten jungen Mann machen konnte, der ihn „stählte" für das künftige Leben, wenn es denn noch eins geben sollte.

Auch die Schlachtbank am Fluss hatte er in seinen Erfahrungsschatz eingefügt wie ein Foto in das Album. Das Entsetzen und die zunächst hilflose Wut fanden schnell ein Ziel: Die erbarmungslose Jagd nach Partisanen, diesen erbärmlichen Verbrechern, die schlimmer als Tiere waren. Raubtiere schlugen ihr Opfer und zerrissen es auch, aber sie taten es, weil sie es fressen mussten. Fressen und gefressen werden, das war das Gesetz. Aber diese Menschen mordeten und schändeten, sie fraßen ihre Opfer nicht, sondern wollten ihre Feinde demütigen. Kein Tier war so grausam.

Als Rolf an diesem Morgen selbstgewiss das Schlachthaus seines Schwiegervaters betrat, glaubte er an seine eigene Härte und Unverwundbarkeit. Er meinte zu wissen, was ihn erwartete, hatte er sich doch in der Gefangenschaft gewissenhaft mithilfe eines Schlachters aus seinem Lager auf diese Berufsperspektive vorbereitet.

Aber er wusste nichts von seiner verletzten Seele, die sich wund gescheuert hatte, immer wieder aufs Neue am Hass und Gegenhass und an Gewalt und Angst. Sie durfte sich nicht zeigen und wurde betäubt von starken Sprüchen und rohem Soldatengeschwätz.

Rolfs erster Blick fiel auf das sauber rasierte Schwein, das in der Mitte des Raums mit ausgebreiteten Hinterläufen an zwei Haken hing, dem der Geselle, geschützt von der langen blutigen Schlachterschürze, den Bauch aufschlitzte, so dass augenblicklich die gelblich-weißen Gedärme heraus stürzten und pendelnd auf halber Höhe hängen blieben.

Rolf erstarrte in seiner forschen Bewegung, zitternd ruckte sein Kopf in den Nacken und er sog dabei so verzweifelt die Luft ein, als drücke ihm jemand den Hals zu. Dann schüttelten ihn lautlose Weinkrämpfe, und während er zu Boden ging, nahm er undeutlich wahr, dass der Geselle sich grinsend umdrehte und dass es ekelhaft nach Blut roch. Aber es war nicht nur Blut, es war noch etwas anderes, es war verbranntes Haar und Kot und Verwesung.

Rolf fand sich wieder auf dem Hof, auf einer roh gezimmerten Holzbank sitzend, neben ihm der andere Lehrling, 16 Jahre alt, ein blasser Blondschopf vom Lande, der ihn besorgt ansah.

„Geht's wieder?", fragte er.

„Na klar!", sagte Rolf tapfer, obwohl er sich unglaublich schwach fühlte.

„Was war denn los?"

„Nicht, was du denkst." Der Lehrling über ihm sah ihn fragend an.

„Ich war fünf Jahre Soldat! Weißt du, was das heißt?" Der Lehrling nickte.

„Ich hab genug Leichen gesehen. Und schwer verletzte Menschen! Und Blut! – Das ist es nicht. Es ist … mir geht es nicht so gut … der Kreislauf." Wieder nickte der Lehrling. Was sollte er auch sagen? Dieser Mann da vor ihm auf der Bank war 24 Jahre alt, ein Mann, zu dem er aufsah. Er glaubte ihm.

Rolf versuchte, diesen Vorfall zu verdrängen, aber er konnte ihn nicht ungeschehen machen. Er wusste, dass ihm das jetzt anhängen würde, zumindest im Betrieb. Er hatte eine Schwäche gezeigt, eigentlich hatte er sich blamiert.

Verbissen kämpfte er gegen die Bilder der Vergangenheit. Er wappnete sich jedes Mal, wenn er das Schlachthaus betreten musste. Aber er war jetzt darauf vorbereitet, wenn jemand mit dem Hammer der Sau auf die Stirn schlug und das Tier zappelnd umfiel und das Blut aus der Halsarterie aufgefangen wurde. Mit großer Selbstdisziplin ertrug er den Geruch, wenn er das Tier nach dem Eintauchen in heißes Wasser mit der Glocke enthaaren durfte und anschließend die restlichen Borsten abgebrannt wurden. Wenn der Geselle den Körper öffnete und den Strang mit Zunge, Speiseröhre, Herz und Leber für den Fleischbeschauer präparierte.

Sein Ehrgeiz redete ihm gut zu und nährte seinen unbedingten Willen. Alles hinter sich lassen, eine Zukunft bauen, für sich, für Hilde und das Kind, das sie unter ihrem Herzen trug. Nur das zählte.

Umso enttäuschter war er, als sein Schwiegervater ihn bremste. Das, worauf es ihm ankam, wo er sich bewähren musste, nämlich das Betäuben und Toten des Schlachtviehs, blieb ihm untersagt.

„Nun mal langsam!", sagte Karl Krezek, als sein Schwiegersohn ihn bedrängte. „So weit bist du noch nicht. Das ist für das dritte Lehrjahr."

„Und was ist mit Willi Breuer? Der ist ja wohl noch nicht im dritten Lehrjahr, oder?"

Krezek wurde zornig. Das Gespräch nahm eine falsche Richtung. Er war der Meister, sein Wort galt, kein Lehrling hatte ihm dreinzureden.

„Halt dich zurück", sagte er drohend. „Du wolltest diese Lehre. Und jetzt halt dich an die Regeln!"

„Vielleicht ziehst du mal in Erwägung, dass ich kein Kind mehr bin, dass ich für unser Vaterland fast sechs Jahre lang mein Leben riskiert habe! Ich bin ein erwachsener Mann und kein 16-jähriger Knabe!"

„Du bist trotzdem ein Lehrling! Und damit Schluss!", schrie Karl Krezek und drehte sich um. Das Blut war ihm in den Kopf geschossen.

Es blieb nicht die einzige Auseinandersetzung, und Rolf hatte den begründeten Verdacht, dass sein Schwiegervater ihm den Anfall von Schwäche vor einiger Zeit im Schlachthaus nachtrug, dass ihm das nötige Vertrauen fehlte.

Zwei Monate später kam es zu einem Zwischenfall, der Rolf ernsthaft daran zweifeln ließ, ob er nach der Entlassung aus der Gefangenschaft die richtige Entscheidung für seine Zukunft getroffen hatte.

Er war dabei, ein Rinderhinterviertel zur zerlegen und auszubeinen, als der kleine Meister hereinkam und ihm kritisch zusah. Lehrling und Meister wurden zusehends unruhig, bis Krezek ausrief: „Rolf, pass doch auf! Du machst mir das Filet kaputt!"

Und als sein Lehrling weiter mit dem Messer hantierte, rief er „Nein, nein!" und nahm es ihm ungeduldig aus der Hand und fing selbst an zu schneiden.

Rolf wusste nicht, wie er sich verhalten sollte. Eine offene Auseinandersetzung mit seinem Schwiegervater wäre nur peinlich gewesen, aber seine Selbstachtung verlangte eine Reaktion, wenn man ihn als dummen Jungen behandelte. Es gab natürlich auch die Möglichkeit, dass seine Geschicklichkeit mit dem Messer tatsächlich zu wünschen übrig ließ, aber das wollte er nicht mehr gelten lassen. Er war in der Defensive und auf dem Weg in die Resignation und schwieg.

Am meisten traf es ihn, dass sein Schwiegervater ihn im Beisein der zwei Gesellen und des jungen Lehrlings niedermachte. Er fühlte sich schlichtweg schikaniert.

* Hilde und ihr erstes Kind

Hildes Schwangerschaft war wie eine lange Wanderung den Hang hinauf. Ihre Sehnsucht galt dem höchsten Punkt, der sie unwiderstehlich zog und den sie zum ersten Mal in ihrem Leben erreichen würde. Etwas Neues würde beginnen.

Natürlich war der Weg beschwerlich, aber er war berechenbar und stieg stetig an und würde zum Ziel führen. Die Ausblicke waren erregend, und der Blick zurück zeigte jedes Mal, wie viel sie schon geschafft hatte. Dass es in den Niederungen Hunger und Verzweiflung gab, konnte ihren Optimismus nicht schmälern.

Das war auch das Verdienst ihres Mannes, der sie umsorgte und liebkoste und am Ende des Weges bereits wartete, um sie zu empfangen und mit ihr und mit ihrem Kind das Neue zu wagen.

War also die Schwangerschaft eine Zeit der frohen Erwartung, so zeigte die Geburt, dass das Leben nicht so einfach war.

Als Hilde heftige Bauchschmerzen verspürte, kam Käthe Engelhardt, die Hebamme. Das war eine große Beruhigung, denn das Unbekannte nahte, und da mochte niemand schutzlos sein. Freundlich, aber bestimmt horchte sie mit dem hölzernen Stethoskop, kontrollierte den Blutdruck, tastete den Kugelbauch und bestätigte dann: Ja, es geht los. Die Bauchschmerzen wurden nun Wehen genannt, die sich planmäßig entwickelten und verstärkten.

Es folgten endlose Stunden, in denen Hilde das Zeitgefühl verlor. Schicksalsergeben lag sie auf dem Rücken, spürte wohl die Anwesenheit ihres Mannes, der sie streichelte und mit ihr sprach, befolgte aber mehr im Dämmerzustand Engelhardts Anweisungen und horchte in sich hinein. Anspannung und Entspannung, Hitze und Durst und unerklärliches Frieren und der Druck, bis der Körper sie unwiderstehlich zur Öffnung zwang.

„Ein Junge!", war der Jubelschrei ihres Schwiegervaters.

Alles schien glücklich gelaufen, doch das erste Anlegen des Säuglings an die Brust wurde zur Qual. Schon in den letzten Stunden vor der Geburt war das Gewebe äußerst empfindlich und hart geworden. Doch sie glaubte, das gehöre zu den Schmerzen, mit denen man ein Kind bekommt, und fragte nicht nach. Jetzt aber trat die Sensation nicht ein, von der ihr berichtet worden war und von der sie in „Die deutsche Mutter und ihr erstes Kind"[5] gelesen hatte: Dieses wunderbare Gefühl, wenn das saugende Kind den „Milchflussreflex" auslöst und im Inneren der beiden Brüste ein „prickelndes, vibrierendes Gefühl" entsteht, „als würde Sekt in Ihren Adern fließen".

Schnell war klar, dass an ein Stillen nicht zu denken war. Die Brustdrüsen waren entzündet, und Dr. Stechmann wurde gerufen. Die umsichtige Hebamme hatte Milchersatznahrung aus der Apotheke dabei und bereitete ein Fläschchen vor.

Dr. Stechmann war ein hagerer, hoch gewachsener Mann mit distanziertem Auftreten. Hilde Erichsen war einmal bei ihm im Krankenhaus gewesen, um sich schulmedizinisch abzusichern. Gegen eine Hausgeburt hatte der Doktor dann auch keine Bedenken, obwohl er gerade im Begriffe war, eine eigene, private Geburtsklinik zu gründen, die in Zukunft auf Wöchnerinnen angewiesen sein würde.

Stechmann hielt sich nicht mit Nebensächlichkeiten auf. Er kam herein, als sei er schon mehrfach hier gewesen, ließ sich von Engelhardt, mit der er beruflich viel zu tun hatte, kurz erklären, worum es ging, und sagte zu Hilde Erichsen: „Na, dann zeigen Sie mal."

Nach einer kurzen Untersuchung des Säuglings und dem vorsichtigen Abtasten der beiden Brüste sowie der rechten Achselhöhle, wobei Hilde kurz aufstöhnte, sagte er ausdruckslos, an die Hebamme gewandt: „Mastitis puerperalis. Da kommen wir wohl nicht drum herum."

„Warum tut das so weh, Herr Doktor?", fragte seine Patientin kleinlaut.

„Beide Brüste sind entzündet. Bei den Schmerzen, die Sie haben, werden Sie nicht stillen können." Und an die Hebamme gewandt: „Sie sollten trotzdem noch einmal versuchen, das Kind anzulegen."

„Aber das tut doch so weh!". Hildes Stimme klang jetzt kläglich.

„Das ist durchaus nachvollziehbar", sagte Stechmann. „Sie würden jedoch die Heilung erheblich fördern, wenn Sie dafür sorgen würden, die Brüste vollständig zu entleeren. Frau Engelhardt hat sicherlich eine Milchpumpe dabei. Der Kleine macht übrigens einen ausgezeichneten Eindruck." Dabei wies er mit dem Daumen auf das Wiegenbettchen, in dem der kleine Peter zu schreien begonnen hatte.

Er verschrieb ein Sulfonamid gegen die Entzündung, ein modernes Mittel gegen bakterielle Infektionen, wie er sagte, das schon vorzügliche Dienste geleistet habe. Außerdem ordnete er an, die Brüste mit Kompressen zu kühlen. Dafür eigne sich entweder Quark oder Weißkohl oder Arnika. Was eben zur Verfügung stehe. Auch essigsaure Tonerde eigne sich, sofern die Warzen nicht verletzt seien, bei auftretenden Schmerzen sei der Versuch sofort abzubrechen. Vor dem Abpumpen oder Stillen müsse jedoch der Milchfluss durch feuchtwarme Umschläge angeregt werden. Gegen das Fieber und Spannungsschmerzen verschrieb er Aspirin.

Die ruhig und emotionslos vorgetragenen Anordnungen beeindruckten und beruhigten Hilde. Der Doktor war sich sicher, sie fühlte sich bei ihm in guten Händen. Und doch weinte sie still in sich hinein, weil das Glück sie verlassen hatte.

Der kleine Peter vertrug das Milchpulver aus der Sonnenapotheke nicht, sein Stuhlgang erinnerte eher an Kaninchen-Kot. So kam es, dass Dr. Schulz zu Rate gezogen wurde, der widerstrebend einen leicht angewiderten Blick auf die schwarzen Perlen in der Stoffwindel warf und vor sich hinmurmelte, er sei schließlich für Wöchnerinnen und Säuglinge nicht so recht zuständig.

Seine Tochter Lotte schien die unausgesprochenen Gedankengänge ihres Vaters zu verstehen und übersetzte sie in Sprache: Der Junge habe eine Eiweißunverträglichkeit, er müsse deshalb alle vier Stunden mit Wassernahrung gefüttert werden. Die Herstellung war simpel: Getreidemehl wurde in Wasser gekocht und das Filtrat daraus mit Pflanzenöl versetzt, so dass ein weißes Emulgat entstand – die so genannte Getreidemilch.

Hilde und Rolf zweifelten nicht an der Weisheit des Ratschlags, aber das Schreien ihres Kindes war nur schwer zu ertragen. Es verging kein Tag, an dem nicht sorgenvoll immer wieder die gleiche Frage gestellt und nicht befriedigend beantwortet wurde: Was hat unser Kind nur?

Für Dr. Schulz war das Schreien normal, junge Eltern hätten fast immer Probleme damit. Ihm selbst gehe das Schreien auch auf die Nerven, das könnten sie ihm glauben. Besonders des Nachts sei an normales Schlafen ja kaum noch zu denken. Wie gesagt, das gehe vorüber. Aber bitte, wenn sie ihm nicht glauben wollten, es gebe ja noch andere Ärzte.

Aber auch Ärzte waren Mangelware. Die Hebamme empfahl eine Rückkehr zum Milchpulver, Ida Behre besorgte Globuli – doch letztlich kam man wieder auf die Wassernahrung zurück. Und das Kind schrie und schrie und produzierte keine Hasenköttel mehr, sondern Durchfall. Damit die Eltern dem Geschrei nicht direkt ausgesetzt waren, kam die Wiege in die Küche. Da hatten alle Bewohner der unteren Wohnung in etwa den gleichen Abstand und die gleiche Chance auf Schlaflosigkeit. Das war irgendwie gerecht.

* *Der Besuch der Tanten aus Schacht-Audorf*

An einem Samstagmorgen fand Hilde ihre Schwiegermutter schlafend auf einem Korbstuhl in der Küche neben dem Kinderbettchen, die Beine lagen auf einem Fußschemel.

„Mutti, was machst du denn da?", sagte sie leise, um den nun endlich schlafenden Peter nicht aufzuwecken. Frieda blinzelte, hatte Mühe, die Augen zu öffnen, und schaute ihre Schwiegertochter für einen kurzen Moment groß an, als hätte ihr eine fremde Frau einen Schrecken eingejagt. Dann besann sie sich und nahm schwerfällig ihre geschwollenen Beine vom Schemel.

„Ich konnte nicht schlafen", sagte sie. „Wir müssen was machen. Das Kind. Ich habe ein ganz schlechtes Gefühl."

„Wie lange sitzt du schon hier?"

„Das weiß ich nicht."

„Komm", sagte Hilde. „Ich helf dir. Du musst ins Bett!"

„Aber das geht doch nicht! Ich muss backen!"

„Nein. Ich kann backen. Du sagst mir, wo alles ist. Du musst dich jetzt ausruhen und vielleicht noch etwas schlafen. Wenn der Besuch kommt … du hast doch sonst nichts davon!"

„Was ist hier denn passiert?" Rolf kam in die Küche mit Schlaf in den Augen.

„Nichts", sagte Hilde. „Nur dass deine Mutter die halbe Nacht neben Peter gesessen hat!"

Der Säugling war aufgewacht und nickerte vor sich hin. Johannes schlurfte in seinen Pantoffeln und seinem gestreiften Schlafanzug neugierig zur Tür herein, und nebenan bei Dr. Schulz hörte man das Plätschern von Wasser in der Waschschüssel.

„Geh du man wieder ins Bett", sagte Rolf zu seiner Mutter. „Ich bin spät dran. Ich muss mich beeilen!"

„Sieh zu, dass du heute Nachmittag zeitig wieder da bist, wenn die Audorfer kommen!", bat Hilde.

„Wenn dein Vater mich lässt!"

Die morgendliche Unruhe legte sich, als Rolf sich auf das Rad geschwungen hatte, um zur Schlachterei in die Obereiderstraße zu fahren. Frieda und Johannes zogen sich in ihr Zimmer zurück, und Hilde wärmte auf dem Eisenherd, wo der Kessel mit dem Muckefuck leise summte, die Wassernahrung für den kleinen Sohn.

Obwohl nun die Routine Oberhand gewann, die Bewohner der Wohnung nach und nach in der Speisekammer in ihren Vorräten kramten, als könne ein Zufallsfund den Speiseplan überraschend bereichern, sodann ihr wenig aufregendes Frühstück einnahmen, dazu den dampfenden Kaffee-Ersatz tranken, der für alle Bewohner gemeinsam aufgebrüht wurde – so war es doch ein besonderer Tag. Hilde spürte eine Leichtigkeit wie schon lange nicht mehr, eine Fröhlichkeit, die ihr die Arbeit leicht von der Hand gehen ließ. Die Wäsche verschob sie auf Morgen, Handtücher, Unterwäsche Hemden und Laken verstaute sie neben dem Kessel in der Waschküche. Dafür war heute keine Zeit.

Und während ihr Schwiegervater seinem Vorgarten den letzten Schliff gab, indem er alte Blätter unter der japanischen Quitte entfernte und noch einmal die Auffahrt im Zickzack-Muster harkte, fegte und wischte Hilde in der Wohnung und stellte schließlich die Zutaten für den Kuchen bereit.

Eine vernünftige Torte konnte nur gelingen, wenn vorher mit dem Essen gespart wurde. Durch die Lebensmittelkarten der 92. Zuteilungsperiode standen etwas Roggenmehl und etwas Fett und Blaumilch zur Verfügung. Hilde hatte von ihren Eltern Flomen mitgebracht, damit wurde der Fettgehalt gesteigert. Für den Teig wurde alles genommen, was die Masse vermehren konnte oder überhaupt vorrätig war: Brotreste, selbst hergestelltes Kartoffelmehl, sogar gemahlene Eicheln, denen man durch Wässern die Bitterstoffe entzogen hatte.

Schließlich stieg Hilde die offene Holztreppe in den Keller hinunter. Hier in der kühlen Luft roch es nach feuchter Erde und schimmeligen Wänden, ein wenig auch nach den kläglichen Resten von Braunkohlebriketts, die nebenan auf der Erde lagen. Die Kartoffelkiste war fast leer und gab der Kellerluft eine weitere Note, die zu dem Gesamteindruck „muffig" beitrug.

Den köstlichen Duft der „Wahr-Äpfel" gab es schon seit einigen Monaten nicht mehr, aber bei jedem Gang in den Keller wurde die Vorstellung davon so lebendig, dass Hildes Blick wie selbstverständlich auf die leeren Regale fiel, wo die Früchte gelegen hatten. Die Bretter waren noch mit den alten Zeitungen ausgelegt. In wenigen Wochen würde Johannes dort die neue Ernte lagern, vorsichtig Stück für Stück nebeneinander, hin und wieder kontrollieren und Exemplare mit brauner Fäulnis entfernen.

Auf dem Ziegelsteinboden stand unter der Treppe ein brauner Steinguttopf. Hilde entfernte den Deckel und griff behutsam in die farblose, gallertige Masse von Wasserglas, und als sie nicht fand, was sie suchte, zog sie die Hand wieder heraus und krempelte mit der anderen die Blusenärmel hoch. Beim zweiten Versuch tauchte sie tiefer ein und zog zwei Hühnereier heraus.

Eier waren knappe Kostbarkeiten, mit denen sich mancherlei eintauschen ließ. Sie waren fast so wertvoll wie einzelne Zigaretten, die als inoffizielles Zahlungsmittel galten. Johannes hatte in seinem Drahtgitterverschlag sieben Hühner und einen Hahn. Das hatte der Kontrolleur vom Wirtschafts- und Ernährungsamt festgestellt. Dafür musste er einen Anteil seiner Eier an der Sammelstelle in der Gerhardstraße abgeben. Und wenn die Tiere einmal schlecht legten, und das ließ sich leicht behaupten, gab er eben weniger. Aber am Ende half ihm das nicht: Pro Henne hatte er in einem Jahr 40 Eier zu opfern.

Es blieben Gott sei Dank so viele, dass sich die Erichsens reich fühlen konnten.

Und wenn so seltener Besuch erwartet wurde, dann ließ sich mit etwas Glück auf dem Schwarzmarkt am Bahnhof auch Bohnenkaffee eintauschen.

Alles war also vorbereitet, als Johannes gegen 13 Uhr sein Grundstück verließ. Die Mischlingshündin Pussi sprang voller Freude an ihm hoch und rannte dann die fünfzig Meter voraus bis zum Kanal.

Bei dem ehemaligen Kriegslazarett, dem „weißen Haus", bogen beide nach links ab. Hier hatte Rolf vor ein paar Jahren seine Lungenentzündung auskuriert. Johannes musste immer daran denken, wenn er vorbei ging. Es war trotz aller Sorge auch eine große Freude gewesen, ihren geliebten Sohn so sehr in der Nähe zu wissen und ihn jeden Tag besuchen zu können, während an der weit entfernten Front im Osten die Söhne anderer Leute starben. Nun lebten Flüchtlinge im weißen Haus. Angeblich hatte die evangelische Landeskirche die Liegenschaft erworben. Aber das war ihm egal.

Von hier konnte man die Drehbrücke sehen, Endstation für den Bus von Timm Heinrich Sievers, der erst seit drei Monaten seinen Betrieb wieder aufgenommen hatte. Wenn er pünktlich war, dann waren die Besucher jetzt bereits ausgestiegen, und sie würden bald am Kanalufer zusammen treffen.

Johannes hatte Anna Bruhn und ihre vielen Töchter bisher nur einmal gesehen – auf der Hochzeit 1944 in dem Bergemannschen Möbellager in der Grünen Straße. Hildes Großmutter und die Tanten aus Schacht-Audorf! Ein ganz besonderer Besuch, weil Anna Bruhn ihren ersten Urenkel besichtigen wollte.

Pussi war im dichten Gestrüpp der Böschung verschwunden. Zeit, ihn mal wieder herbei zu pfeifen. Johannes legte seine rechte Hand auf das weiße Holzgeländer und schaute dabei auf den Kanal hinaus. Seine gerade Haltung, seine korrekte Kleidung mit Schlips und Anzug und Weste, die Nickelbrille, das asketisch wirkende Gesicht, eine flüchtige Ähnlichkeit mit Hermann Hesse – so stand er da wie so oft an der schlafenden Schifffahrtsstraße. Die markante Drehbrücke überspannte das Wasser und musste sich nur selten für ein Schiff öffnen.

„Herr E-e-e-richsen!" – Eine kehlige Stimme ließ ihn herumfahren. Er war in Gedanken gewesen und hatte nicht einmal die lebendige Unterhaltung der fünf Frauen wahrgenommen, die ihm jetzt unter den Linden entgegen kamen. Zwei von ihnen winkten mit ganzem Körpereinsatz. Es war das Bild einer bunten, fröhlichen Frauenschar, komponiert aus hellen Blusen, lebhaften Kleidern und lachenden Gesichtern. In ihrer Mitte die deutlich ältere Anna Bruhn – sie hatte ihren schweren Körper in ein dunkles, knöchellanges Kleid gehüllt und bewegte sich nicht mit der Leichtigkeit ihrer Töchter.

Johannes ging auf sie zu und gab ihr die Hand: „Frau Bruhn! Kennen Sie mich noch?" Ja, sie kannte ihn noch. Und sie hatte den Anstand und die treffliche Idee, Johannes Erichsen ihre vier Töchter vorzustellen, denn so viele neue Gesichter, selbst wenn er sie schon einmal gesehen haben sollte, verwirrten ihn: Emma, Ella, Grete und Tine. Die Schlachtersfrau Elise, Hildes Mutter, war im Laden; Anna Klein, die Frau des Gärtners, wohnte nicht mehr in Schacht-Audorf und würde vielleicht heute Nachmittag noch hinzustoßen; Frieda war aus anderen Gründen unabkömmlich. Eine wahrhaft große Familie!

Die Gäste bekamen gleich den richtigen Eindruck von Anna Bruhns erstem Urenkel: Der kleine Peter schrie mit hochrotem Kopf und war nicht zu beruhigen. Die Tanten standen im Kreis an der Wiege und schauten betroffen. Wie gern wollten sie, wie in dieser Situation üblich, das kleine Kerlchen loben, die Speckröllchen an den Ärmchen, die Ähnlichkeit mit der Mama feststellen, die Augen mit denen der Uroma vergleichen oder einfach nur ausrufen: Wie süß!

Nun brachten sie erst mal ihre Geschenke dar: Ein Strickjäckchen, ein Leibchen, alles bereits in der Familie zu Ehren gekommen. Und für die lieben Eltern ein kleines Leinensäckchen mit kostbaren getrockneten Apfelstücken aus der letzten Ernte, und für die Schwiegereltern ein Strauß frischer Gladiolen.

Die Mutter des kleinen Peter wurde gebührend bedauert und ausgefragt und wie von den weisen Feen aus dem Dornröschen-Schloss mit zahlreichen guten Ratschlägen versehen. Sie hielten ein ernsthaftes Kolloquium und waren sich zum Schluss einig: Das Kind ist nicht krank, das Kind hat Hunger! Ganz normal füttern ist das Gebot der Stunde! Der Dr. Schulz von nebenan hat keine Ahnung!

Dann ging man in den Garten und war hoch erfreut über den kostbaren Kuchen. Und der Bohnenkaffee! Wie lange hatte man den nicht mehr getrunken!

Die Engländer besetzen das Haus in der Gartenstraße

An einem späten Augusttag 1946 brummten zwei Willys Jeeps über das Kopfsteinpflaster des Paradeplatzes in Richtung Drehbrücke. Die vier Offiziere waren in Ausflugsstimmung, und das lag nicht nur an den Strahlen der wärmenden Sonne. Sie hatten einen Auftrag, der ihren gequälten Seelen Genugtuung versprach.

Es gab kaum Verkehr an diesem frühen Nachmittag. Motorisiert waren vor allem die Fahrzeuge der Militärregierung, ein Bedford mit Mannschaften rumpelte ihnen entgegen. Zwei einheimische Frauen, die einen Leiterwagen zogen, ein Pferdegespann mit einem Berg von Möbeln, mehrere Fahrräder, Passanten.

Bei beiden Jeeps waren die Windschutzscheiben nach vorn auf die Motorhaube geklappt, ein lässiger Wind nahm durch die 60 Stundenkilometer Fahrt auf und erfrischte die lachenden Gesichter.

In der Hindenburgstraße auf Höhe der Einmündung der Alten Kieler saß ein Mensch auf dem Straßenpflaster. Lieutenant Jack Withers sah ihn zuerst.

„Was zum Teufel macht der denn da?"

„Oder die!", meinte sein Beifahrer.

„Nee, das ist ein Mann!"

Es war in der Tat manchmal schwer zu erkennen. Mode und Schönheit hatten an Bedeutung verloren, besonders im Winter trugen manche einfach alles, so lange es seinen Zweck erfüllte. Jetzt im ausgehenden Sommer hätte die Gestalt mit ihren nackten Unterschenkeln und dem bunten, kurzärmeligen Hemd auch eine Frau sein können, wären da nicht die kurzen blonden Haare gewesen, die völlig verfilzt nach allen Seiten abstanden.

Als die Jeeps hielten, hob der etwa vierzigjährige Mann den Kopf, stand umständlich auf und rief aufgeregt etwas auf Deutsch. Er zog sein rechtes Bein nach, als er sich schwer atmend näherte, und die Offiziere nahmen verwundert zur Kenntnis, dass er geweint hatte. Er gestikulierte, schrie, rang verzweifelt die Arme, verbarg seine geröteten Augen unter seinen Händen und gestikulierte wieder.

Passanten traten hinzu, und mit einigen wenigen englischen Wortbrocken erschloss sich den englischen Soldaten das Geschehen: Ein Fremder hatte den Mann vom Rad gerissen und war damit in Richtung Alte Kieler davon gefahren, zusammen mit einer Einkaufstasche, die am Lenker gehangen hatte. Der Mann war noch ein Stück hinterher gelaufen, vergeblich. Der Verlust war immens.

„Hinterher fahren?", sagte Andi McKinnan, der Fahrer des zweiten Jeeps.

„Keine Chance", antwortete Lieutenant Withers. „Wir haben was anderes vor, schon vergessen?"

„Das war ein Pole aus dem Lager!", wurde ihnen übersetzt. „You have to do something!"

„Wir müssen überhaupt nicht!", erwiderte Withers gereizt. „Wir werden den Vorfall melden. Mehr können wir nicht tun." Und zu seinen Leuten: „Los, weiter!"

Das war etwas, das ihm ständig zu schaffen machte: Die Deutschen besaßen die Frechheit, sich über etwas zu beklagen, das sie selbst angerichtet hatten. Wenn es denn ein Pole war, wie dieser Mann behauptete, dann war das ein DP, eine „displaced person", also ein ehemaliger Zwangsarbeiter aus Polen, der von den Deutschen aus seiner Heimat entführt worden war, um hier als Sklave zu schuften und nicht selten als Sklave zu sterben. Seit gut einem Jahr waren die Zwangsarbeiter befreit, aber lebten immer noch in den Barackenunterkünften, statt in ihre Heimat gebracht zu werden. Ihre Sehnsucht war unerträglich. Viele von ihnen nutzten das Vakuum der Macht, um sämtliche Hemmungen abzulegen – aus Hass, aus materieller Not oder weil sie jetzt kriminelle Neigungen ausleben konnten.

Aber auf der anderen Seite: Die Briten waren hier nicht nur Besatzungsmacht, sondern auch moralische Instanz. Den „Krauts" ihre Verbrechen vor Augen zu halten und den Nationalsozialismus auszurotten. Zu dieser großen Aufgabe der Umerziehung gehörte der Aufbau einer Zivilgesellschaft, und gegenwärtig waren die britischen Soldaten die einzigen, die für Recht und Ordnung sorgen konnten. Die Polizei war noch zu schwach.

Also hätten sie helfen müssen?

Was war das überhaupt für ein Mann, der mit dem Fahrrad? Der war doch Soldat gewesen! Hatte noch vor kurzem auf sie geschossen und wollte jetzt ihre Hilfe wegen eines beschissenen Fahrrads? Unglaublich!

Withers konnte diese Gedanken nicht von dem Schicksal seiner eigenen Familie trennen. In einer Bombennacht in London vor nun schon über fünf Jahren waren seine Mutter und sein jüngerer Bruder getötet worden. Trauer und Wut und Hass waren seit dem seine ständigen Begleiter, sie waren noch nicht durch die Zeit verblasst. Deswegen bereitete ihm der heutige Auftrag eine besondere Freude: Den Deutschen ihre Häuser wegnehmen, wenigstens ihre Häuser! Er freute sich auf die entsetzten Gesichter.

Seine Kameraden hatten auf unterschiedliche Weise das Leiden geteilt. Sergeant Beckham hatte ebenfalls einen Bruder verloren, bei der Invasion östlich von Marseille vor zwei Jahren, und MacKinnan war Jude. Das sagte wohl alles. Nur der junge Simpson, der Beifahrer im Jeep hinter ihm, war ein unbeschwertes Vögelchen. Jedenfalls hatte er bisher nichts Schlimmes erwähnt.

Bei einer Gärtnerei bogen sie rechts ab in die Preußerstraße, die anschließend in die lange Eiderstraße überging. Aus dem Kopfsteinpflaster wurde ein fester Schotterweg. Die Jeeps reagierten auf jede Unebenheit, schüttelten die Männer kräftig durch und zogen eine zarte Staubwolke hinter sich her.

* *Das Haus in der Gartenstraße wird beschlagnahmt*

Johannes Erichsen wagte nicht, sein Grundstück zu verlassen. So beugte er sich über die weiß gestrichene Gartenpforte und sah, was er befürchtet hatte. Das markante schnarrende Brummen, das er gehört hatte, als er hinter dem Haus im Garten arbeitete, kam natürlich von einem Jeep der

Engländer. Es waren sogar zwei, wie er jetzt feststellte. Sie standen rechts ein Stück weiter auf der anderen Straßenseite vor dem Grundstück von Anni Kraft. Von den Engländern war nichts zu sehen.

Als er sich zurückziehen wollte, bemerkte er gegenüber seinen Nachbarn Andreßen. Sie begrüßten sich stumm, als könnte jedes laute Wort den Dämon wecken. Andreßen hob seine Unterarme und ließ die Hände in einer Geste der Resignation zur Seite fallen. Dann schüttelte er den Kopf und ging in sein Haus zurück.

„Was machen wir bloß, wenn sie kommen? Hanne! Hanne! Wo sollen wir denn wohnen?", jammerte Frieda aus dem Hintergrund. Nebenan greinte leise der kleine Peter.

„Ich weiß nicht. Ich weiß es einfach nicht", antwortete ihr Mann, der vorn an der Fensterbank stand und durch die Gardinen auf den kleinen Ausschnitt der Straße starrte, den man von hier sehen konnte. „Vielleicht geht ja der Kelch an uns vorüber."

„Was ist denn mit dem Gartenhaus von Bydekarken? Hast du dich da mal drum gekümmert?", fuhr sie fort.

„Natürlich hab ich das. Ich hab dir doch erzählt, dass es noch nicht einmal fertig gebaut ist. Und sehr klein!"

„Das mein ich nicht. Ob du im Rathaus warst!", beharrte Frieda.

„Nein."

„Und warum nicht?"

„Herrgott, Frieda! Wir wissen doch nicht mal, ob die unser Haus haben wollen! Außerdem habe ich Angst. Das wäre geradezu eine Einladung an die Engländer! Wohnungsamt und Militärregierung – die haben einen kurzen Draht! Der Erichsen, der rechnet schon damit, der hat sich schon um eine Ersatzwohnung bemüht, heißt es dann!"

„Ach, Hanne!"

Und dann Sadrinna! Du weißt, wer Sadrinna ist! Das ist mir so zuwider, zu Sadrinna gehen zu müssen!"

„Ach Hanne! Was bleibt uns denn übrig? Ich kann nicht in einer Garage leben, oder in einer Bodenkammer. Das könnte uns aber passieren! Denk an den Winter! Denk an die Döhlers! Mit sechs Personen in zwei winzigen Zimmern!"

Johannes hatte einen Fensterflügel geöffnet und lauschte. „Sie kommen", sagte er. „Sie halten, bei Andreßen!" Durch eine Lücke im Wurzelbereich der Buchenhecke sah er das dunkle Olivgrün eines Jeeps, das sich nicht bewegte. Die Motoren waren ausgestellt. Eine Männerstimme rief ein lautes Kommando, die Antwort war Gelächter. Eine Tür schlug zu, dann war es still. Verkehr gab es auf der Straße sonst nicht.

Hilde hatte sich nebenan mit ihrem Kind beschäftigt, spürte aber die Anspannung ihrer Schwiegereltern und trat jetzt mit ans Fenster. Flüsternd wurde sie informiert.

Sie warteten ungefähr eine halbe Stunde. Dann waren wieder Stimmen zu hören, gedämpft zunächst, dann öffnete sich eine Tür und das Stimmengewirr entwich ungebremst, dazwischen der Bass von Andreßen, erregt, es klang wie ‚Ich werde mich beschweren!‘. Gelächter. Das Anspringen der Motoren. Der dunkelgrüne Fleck hinter der Buchenhecke verschwand, ein zweiter huschte vorbei, dann holperten die beiden Fahrzeuge durch das Blickfeld von Johannes und Hilde Erichsen und verschwanden in Richtung Kanal.

„Wenn sie jetzt beim weißen Haus links abbiegen, fahren sie zurück in die Stadt", meinte Hilde.

Johannes antwortete nicht. Es war ihm, als sei die Welt um ihn herum zu einem Stillstand gekommen. Sein Blick war starr ins Unendliche gerichtet, seine Schwiegertochter war weit weg, und in seinen Ohren schienen seine Körperfunktionen zu rasseln und zu rauschen, aber er bemerkte nichts von seinen kurzen, schnellen Atemstößen.

„Doch nicht. Sie sind umgekehrt!", sagte Hilde.

Wieder waren die Jeeps für ein paar Sekunden zu sehen, dann bewegten sich ihre Schatten schemenhaft hinter dem grünen Blattwerk nach rechts. Johannes war aus seiner Erstarrung erwacht und spürte jetzt das Klopfen seines Herzens hoch oben am Hals. Als sich die Lücke in der Buchenhecke verdunkelte und so blieb, wussten sie, dass die Fahrzeuge erneut zu einem Halt gekommen waren.

Dann legten sie den Rückwärtsgang ein.

In einer Staubwolke bremsten sie vor der Grundstückseinfahrt, und die Soldaten schauten neugierig zum Haus. Johannes und Hilde wichen zurück. Für einen flüchtigen Moment fühlte sich Hilde wie ein Kind, das etwas Verbotenes gesehen hatte und nun mit Bestrafung rechnen musste.

Das Fenster war noch offen, und so hörten sie die vier Männer miteinander reden. Sie gestikulierten, und der Beifahrer des ersten Wagens studierte seine Unterlagen, die offensichtlich auf seinem Schoß lagen. Dann sprang einer nach dem anderen heraus. Der Fahrer des ersten Wagens nahm Anlauf und versuchte einen Flankensprung über das weiß gestrichene Tor der Einfahrt. Es gelang ihm leidlich, und er landete auf dem Geharkten. Seine Kameraden johlten und klatschten Beifall. Sie fühlten sich herausgefordert und sprangen ihrerseits. Sie lachten und nutzten den Schwung und liefen diagonal mit angewinkelten Armen durch den Vorgarten auf die Haustür zu, als müssten sie eine Sportdisziplin absolvieren.

Johannes Erichsen schwebte, er hatte kein Gefühl für oben und unten, kein Gefühl für den festen Kontakt mit den Füßen auf der Erde. Es war unwirklich, was vor seinen Augen geschah. So musste es sein, wenn der Tod zu dir kam und nicht zu den anderen. So sehen die Sieger aus, dachte er, und wir haben verloren. Und jetzt betrifft es dich und deine Familie. Du bist jetzt dran.

Automatisch reagierte er auf das Dauerklingeln, auf das Hin- und Herdrehen des Klingelgriffs, und er wankte zur Tür und öffnete sie, weil es unvermeidlich war.

Der Offizier mit dem schwarzen Barett auf den Segelohren, der vor ihm stand, konnte sich ein Lachen kaum verkneifen. „Mister Nazi, your house has been occupied!", grinste er und schob ihn mit seinem linken Arm zur Seite, so dass Johannes gegen die Wandtäfelung stolperte, und die drei Kameraden prusteten los, als hätte er einen grandiosen Witz gemacht.

Die vier Männer füllten die Räume mit ihrer lauten Präsenz, nahmen mit weit ausladenden Bewegungen Besitz von ihnen und genossen den harten Klang ihrer Stiefel. Sie ignorierten die Bewohner und schienen sich Witze zu erzählen. Oder nein, sie schienen sich lustig zu machen über die ohnmächtigen Deutschen.

* *Die Bewohner fühlen sich machtlos*

Es war ein Albtraum.

Als er vorüber war, blieb ein Hauch von Unwirklichkeit.

Konnte es sein, dass man ihnen alles nahm? Das Haus, das Frieda und Johannes vor zehn Jahren unter Opfern erbauen ließen und mit Stolz in Besitz genommen hatten? Der Garten, gepflegt mit so viel Liebe und Arbeit? Ihre Würde sogar?

Im Krieg, ja im Krieg hätten sie alles verlieren können. Sie hatten vor gar nicht langer Zeit in einer gespenstischen Nacht die „Weihnachtsbäume"[6] über Hamburg gesehen und anschließend ein stummes Wetterleuchten wie von einem entfernten Gewitter, 100 Kilometer entfernt! Sie hatten die Bombergeschwader in der Nacht gehört: Hunderte von Maschinen brummten behäbig in großer Höhe in Richtung Kiel, und ein fernes Donnern ließ die Erichsens erschauern. Und als die Flugzeuge zurückkehrten, im April vor einem Jahr kurz vor Ende des Krieges, hatten sie noch einzelne Luftminen übrig und ließen sie auf Rendsburg fallen und brachten den Tod.

Aber jetzt? Der Krieg war doch vorüber! Das Schlimmste war doch überstanden! Nun musste es doch einen Neuanfang geben!

Sie trafen sich alle in der Küche im Erdgeschoss, Maria Sauer, die Erichsens und Lotte Schulz, ihr Vater war nicht da, und rührten in ihren Tassen, niedergeschlagen und wortkarg wie nach dem Tod eines lieben Menschen. Die Nachricht von der Besetzung des Hauses war so groß, dass sie darüber nicht sprachen. Ab und an sagte jemand etwas wie „Gibst du mir auch einen Löffel?", „Hätten Sie noch etwas heiß Wasser?" und „Du wolltest noch die Hühner füttern." Und „Wie geht es dem Kleinen?"

Als Rolf kam, erstattet ihm sein Vater einen Bericht im Stile eines ärztlichen Bulletins. Sein Sohn reagierte kampfbereit, wollte sich beschweren, kannte den einen oder anderen, der anzusprechen wäre. Das Verhalten der Engländer war doch unbeschreiblich! Sie hatten seinen Vater gedemütigt, wie eine nichtswürdige Ratte seien sie über ihn hinweg gestiegen! Und müssten sie bei der Besetzung nicht auf kranke Menschen Rücksicht nehmen?

Aber die Luft war unrein geworden von Ohnmacht und Trauer, er musste sie einatmen wie die anderen, und seine Rebellion versiegte.

Resignation jedoch war seine Sache nicht. Er belebte in der müden Runde das Gespräch mit seinen Fragen, und jeder konnte den einen oder anderen Gedanken dazu beitragen: Wie viel Zeit blieb ihnen möglicherweise noch? Welche Transportmöglichkeiten gab es? Sollten sie gleich am nächsten Tag im Wohnungsamt vorsprechen? Wer kannte jemanden, der noch Platz hatte?

Nachbar Andreßen klingelte, schloss sich der Runde an und wurde ausgefragt.

„Haben Sie bei dir eine Liste gemacht, Ernst?", fragte Johannes.

Andreßen schüttelte den Kopf.

„Bei uns auch nicht."

„Das ist doch gut!", meinte Rolf. „Dann können wir was beiseite schaffen!"

„Und wenn sie was merken?", gab Maria Sauer zu bedenken.

„Militärgericht und Gefängnis", sagte Johannes.

„Haben sie was gesagt, wann sie wiederkommen?", wollte Lotte Schulz wissen.

Johannes schüttelte den Kopf.

„Ich weiß aus Eckernförde ... also das kann ganz schnell gehen. Heute besichtigt, morgen ausziehen, 24 Stunden und aus!", sagte Andreßen.

„Aber das geht doch nicht!" Frieda flüsterte vor Erschütterung. „Wo sollen wir denn hin? Wir wissen doch gar nicht, wo wir hin sollen! Dann sitzen wir auf der Straße! Wo sollen wir schlafen? Wie sollen wir essen? Was ist mit Waschen?"

„Das kommt überhaupt nicht in Frage!" Rolf wurde laut. „Da setz ich Himmel und Hölle in Bewegung!"

„Das ist den Engländern völlig egal. Die können das machen. Auch mit Gewalt. Die sagen einfach: Seht zu, wie ihr klar kommt! Geht zu Nachbarn, zu Freunden, zu Verwandten!", sagte Andreßen.

„Mir könne die Ströhs ja mal frage", meinte Maria Sauer.

„Ich geh morgen zum Wohnungsamt", sagte Johannes Erichsen.

* *Retten, was zu retten ist*

Als die Erichsens nachher in einem der vorderen Zimmer unter sich waren, machten sie sich gegenseitig Mut.

Nur Frieda war untröstlich. Sie war von Natur aus eine fröhliche, lebenslustige Frau, aber in ihre ebenmäßigen Gesichtszüge hatte sich der Kummer geschlichen. Sie war jetzt 56 Jahre alt und zu nichts zu gebrauchen. Mehr und mehr hatte die Schwäche ihres Herzens ihr die Kraft genommen, die man brauchte, um einen Mann gut zu versorgen und einen Haushalt gut zu führen.

Ihre Furcht vor Gewitter und Luftangriffen mochte noch hinnehmbar sein, obwohl es ihr peinlich war. Sie konnte es nicht ändern: Wenn es so weit war, verkroch sie sich in die dunkelste Ecke des Flurs oder in den Keller, und ihr lieber Mann machte es ihr so bequem wie möglich und wickelte sie in Decken ein. Dort saß oder lag sie dann, schloss die Augen, wagte sich nicht zu bewegen, und ihre Gedanken waren chaotisch. Es war nicht die abgeklärte Schicksalsergebenheit, mit der wir uns innerlich wappnen und auf alles gefasst sind, sondern eine wilde, kindische Angst.

Aber das ging vorbei und gab Anlass zu manch lieb gemeintem Spott.

Ihre Hinfälligkeit ging nicht vorbei, und es war nicht zu hoffen, dass ihr Leben noch einmal eine Wende nehmen würde. So entwickelten sich auf fast natürliche Weise ihre handwerklichen Talente, für die körperliche Anstrengungen nicht nötig waren. Die Tugenden der Sorgfalt und der Geduld waren das Fundament.

Auf diese Weise fand Frieda ein wenig Ablenkung und Bestätigung. Sie bestickte Leinentücher mit bunten Fäden in der Kelim-Technik, häkelte kunstvolle Deckchen und sogar Gardinen und begab sich auch gerne in die Niederungen der Reparatur- und Änderungsschneiderei und leistete immerhin damit einen Familienbeitrag. Strümpfe gab es immer zu stopfen.

Es war für sie möglich, ihr Schicksal anzunehmen und ein Leben in aller Bescheidenheit zu führen, trotz der Momente tiefer Niedergeschlagenheit. Aber was jetzt auf sie zukam, erinnerte sie an ihre dunkelsten Gedanken: dass sie nutzlos war und für alle nur eine Last. Wäre sie gesund gewesen, hätte sie sich eingraben können wie die entwaffneten Soldaten in den Sperrzonen[7], und ein Zeltdach hätte genügt, um zu überleben.

Ihr Sohn verbreitete Optimismus: „Die Militärregierung besetzt unser Haus, na und? Irgendwann gehen die Besatzer auch wieder! Es bleibt unser Haus. Und wir kriegen eine Entschädigung, das steht fest!". Rolf hatte in seinem kurzen Leben festgestellt, dass es wichtig war, sich nicht unterkriegen zu lassen. Pläne machen! Nicht in Untätigkeit erstarren! Das war seine Devise.

„Aber all die schönen Sachen! Die können doch nicht alle hier bleiben!", sagte Hilde. „Was ist, wenn sie kaputt gehen oder einfach verschwinden? Wir wissen doch nicht, was die Engländer damit machen!"

„Du hast ja gehört, was sie gesagt haben: Wir dürfen keine Möbel mitnehmen!", erwiderte Johannes.

„Sie haben doch noch keine Liste gemacht, hast du gesagt", sagte Rolf. „So genau können sie sich gar nicht gemerkt haben, was hier alles steht. Lasst uns mal überlegen, was wir retten können!"

„Selbst wenn – wohin damit?"

Für Johannes war das eine schwere Entscheidung. Es widerstrebte ihm, etwas Unrechtes zu tun. Andererseits spürte er die Verantwortung, die er trug. Es war ohnehin kaum vorstellbar, wie er mit Frieda in einer Notunterkunft überleben sollte. Aber nun musste er alles tun, damit sie es irgendwie schafften. Und als er auf den Gedanken kam, Friedas Chaiselongue beiseite zu schaffen, hatte er das Gefühl, dass dies ein sehr wichtiger Gedanke war. Friedas Existenz war fast reduziert auf dieses gepolsterte Liegegestühl. Es zu retten hieß auch, ein Stück Zuhause zu retten, ein Stück Sicherheit.

Und das hohe Nähtischchen, das vor der Fensterbank stand. Geradezu ein Symbol für Friedas bescheidenen Beitrag zur Bewältigung des Familienalltags. Und der schüsselgroße Aschenbecher aus gehämmertem Messing, unverzichtbar für den leidenschaftlichen Zigarrenraucher Johannes Erichsen, der auf bessere Zeiten hoffte. Es war mindestens schon vier Jahre her, dass er das letzte Mal eine Zigarrenkiste aus Zedernholz in den Händen gehalten und den köstlichen Geruch beim erstmaligen Öffnen genossen hatte! Dannemann aus Brasilien!

Johannes hatte eine innige Beziehung zu diesem Aschenbecher-Schmuckstück. Das war ihm noch nie so bewusst gewesen wie jetzt.

„Und unser schönes Schlafzimmer?", sagte Hilde.

„Du kannst die Engländer ja mal fragen", meinte Rolf.

„Aber das haben meine Eltern uns zur Hochzeit geschenkt!" Hildes Stimme klang hilflos. Sie sagte es nur so dahin, ohne rechte Hoffnung auf eine rettende Idee.

Sie waren sich einig, dass sie gleich morgen damit beginnen wollten, den Kleinkram zusammen zu stellen, dazu gehörten Haushaltsgeräte, Wäsche, Decken und Porzellan. Und alles, was sie jetzt schon entbehren konnten, sollte irgendwo untergebracht werden. Johannes wollte seine Nachbarn in der Nr. 29 fragen, vielleicht hatten die Platz auf ihrem Boden?

* *Eine gefährliche Aktion in der Nacht*

Johannes Erichsen klingelte noch am selben Abend bei Bernhards an der Tür. Sie wohnten in dem weiß verputzten Mehrfamilienhaus nebenan, das den Harbecks gehörte. Man hatte gemeinsame Bekannte, sich hin und wieder privat getroffen. So war eine gewisse Vertrautheit vorhanden, die für die illegale Auslagerung von Wohnungseinrichtungen auch nötig war. Zuwiderhandlungen gegen die Anordnungen der Besatzungsmacht konnten empfindliche Strafen nach sich ziehen: nicht abgegebene Kameras oder Feldstecher, unerlaubter Wohnungswechsel oder Verstöße gegen die nächtliche Ausgangssperre. Mehrmonatige Haft, hohe Geldstrafen – das sprach sich schnell herum.

Erst vor drei Wochen wurde ein Urteil des Militärgerichts in Rendsburg im Anzeigenblatt bekannt gegeben. Danach hatte der Jevenstedter Erich Gehlsen sich geweigert, von seinen vier Zimmern zwei an eine vierköpfige Flüchtlingsfamilie abzugeben. Er war nur zum Verzicht auf einen kleinen Raum bereit. Der Bürgermeister machte darüber Meldung an die Behörden, worauf ein Gerichtsverfahren eingeleitet wurde. Gehlsen musste seine eigene Wohnung aufgeben und bei einer anderen Familie unterschlüpfen.

Die Sache war also heikel.

Bernhard und seine Frau waren verständige Leute. Sie waren sofort zur Hilfe bereit, stellten jedoch Bedingungen. Sie hatten Erfahrungen mit den niederen Instinkten von Nachbarn, die, von Missgunst und Neid zerfressen, eines kleinen Vorteils wegen „denen da oben" gern einen Hinweis gaben.

Sie hatten Glück, dass es nicht regnete in der folgenden Nacht. Und es war dunkel, die Straßenlaternen brannten schon lange nicht mehr, weil dafür das Gas fehlte. Der Mann mit der langen Stange, der früher mit seinem Fahrrad in der Dämmerung seine Runde machte, war also arbeitslos.

Allerdings war der Mond auf dem Weg in die Sonne und warf schon gefährliche Schatten.

Die Ausgangssperre war erheblich gemildert worden, sie galt jetzt erst ab 23 Uhr. Man war sich einig, die Aktion kurz vorher zu wagen, um 22

Uhr war es zu dieser Jahreszeit bereits dunkel genug. Pussi wurde eingesperrt. Johannes stellte sich vorne an den Pfeiler der Pforte und tat so, als würde er die Abendruhe genießen.

Am Nachmittag hatten sie schon alte Möbel aus der Bodenkammer herunter geschafft, um sie gegen andere auszutauschen. Jetzt begann der Transport in aller Stille, kein einziges Wort sollte gesprochen werden.

Dr. Schulz kam aus seinem Zimmer, er hatte gehört, wie etwas gegeneinander stieß. „Kann ich helfen?", fragte er. „Nein, nein", sagte Rolf. „Wir tauschen nur ein paar Möbel aus. Kein Problem. Gehen Sie ruhig wieder in Ihr Zimmer." Unter dem Eindruck ihrer heimlichen Absprache war seine Stimme leiser als sonst, aber die Anstrengung gab ihr eine Schärfe, die Dr. Schulz zusammenzucken ließ. Er spürte, dass er sich hier nicht einmischen durfte, und schloss wieder die Tür.

Hilde begleitete die Männer auf ihrem Weg an die linke Grundstücksseite, dort, wo unter dem Rotdorn und dem Goldregen die Buchenhecke nicht gut gediehen war und Lücken hatte.

Sie befanden sich gerade mitten auf dem Rasen, als Johannes Erichsen sich umdrehte und mit dem Finger nach rechts zeigte. Sofort hielt Hilde die Männer an. Sie stellten die Chaiselongue ab und zogen sich in die Dunkelheit der Hauswand zurück und rührten sich nicht mehr. Johannes versteckte sich hinter der Hecke an der Straße und lauschte. Sie hörten das Knirschen von Schuhen auf Kies und Schotter, hier schritt jemand energisch aus und kam näher.

Als dieser Jemand in das Mond beschienene Blickfeld kam, erkannten sie die Gestalt eines Mannes mit breitkrempigem Herrenhut mit schweren Taschen an beiden langen Armen. Er ging mitten auf der Straße, atmete hörbar, und als er kurz seinen Kopf wendete, sah er auf dem Mond beschienen Rasen eine Chaiselongue. Sah er sie wirklich? Hatte er die Augen geöffnet? Waren sie fokussiert auf verräterische Schatten?

Er ging vorbei, ohne zu zögern.

Als das Knirschen auf dem Schotter verhallte, kam wieder Bewegung in die Schatten. Die Chaiselongue gelangte glücklich bis zu Bernhardts im ersten Stock. Man hatte beschlossen, zunächst die Wohnung voll zu stellen, so gut es ging. Das kam dem Flüchtlingsehepaar zu gute, dessen Zimmer karg möbliert war. Die freuten sich und wussten nichts von den Hintergründen und fragten auch nicht.

Als die Männer die Treppe wieder herunter kamen und die Haustür öffneten, hörten sie eine laute Stimme und sie erstarrten in ihrer Bewegung.

„...hier draußen? Ich hab dich durchs Fenster gesehen! Bist du unter die Nachtschwärmer gegangen?"

„Nee, dazu ist die Lage wohl zu ernst. Ich komm aus dem Grübeln nicht raus."

Friedel Bünz, die Tochter von Ernst Andreßen. Sie stand ebenfalls an der Pforte vor ihrem Haus und hatte ausgerechnet jetzt beschlossen, ein nachbarschaftliches Gespräch zu führen. Sie war eine herbe Frau mit Pagenfrisur und einem Hüftschaden. Ihr Mann war SS-Mann gewesen und im Krieg gefallen. Von Zeit zu Zeit luden sie sich gegenseitig ein und pflegten eine gute Nachbarschaft.

„Ja, schrecklich. Mein Vater war heute schon im Wohnungsamt und hat sich beschwert. Unmöglich haben sich die Engländer benommen! Bei euch ja auch. – Wisst ihr schon, wo ihr unterkommt?"

Erichsen schüttelte den Kopf. „Es ist alles so … so …"

„Wir kommen bei Verwandten unter. Zwei Zimmer. Geht schon."

„Aha."

„Die beim Wohnungsamt haben gesagt, wir kriegen den Besetzungsbefehl schnell zugestellt. Wir müssen aber nicht sofort raus."

„Das ist gut. Ich muss da auch hin."

„In Eckernförde haben die Menschen nur 24 Stunden Zeit! Ist das nicht furchtbar?"

„Ja, furchtbar. Du, ich muss rein. Die Ausgangssperre fängt gleich an."

Friedel Bünz lachte. „Curfew? Wer will das denn hier kontrollieren! Guck dich doch mal um!"

„Mag sein. Aber ich wollte sowieso. Schlaf gut, Friedel!" Johannes drehte sich um und verließ seinen Posten.

„Du auch. Grüß Frieda!" Sie wandte sich um und humpelte auf ihr Haus zu. „Hoffentlich knipsen die bald mal wieder die Laternen an. Zustände!"

Sie warteten, bis die Haustür der Nachbarin ins Schloss fiel. Dann setzten sie ihre Rettungsaktion fort.

Eine halbe Stunde später saßen sie bei Frieda Erichsen in der Stube. Alles war gut gegangen. Langsam löste sich die Anspannung.

Unvermittelt sagte Johannes: „Die Klärgrube ist voll." Alle guckten ihn fragend an.

„Fast voll", fuhr Johannes fort. Ihm schien der Themenwechsel nicht aufgefallen zu sein. „Es muss bald jemand kommen von der Stadt. Abpumpen."

„Hast du keine anderen Sorgen?", sagte sein Sohn.

Hilde verstand etwas nicht. Die Besatzungsmacht war gerade im Begriff, ihren Schwiegereltern alles zu nehmen, was sie sich erarbeitet hatten und ihnen trotz aller Not ein menschenwürdiges Leben erlaubte – und Johannes Erichsen machte sich Sorgen um die Fäkalienabfuhr?

„Lass doch die Engländer die Scheiße abpumpen!", platzte es aus ihr heraus.

Frieda lachte zuerst. Es war ein übertriebenes Lachen, hysterisch fast, mit dem sie sich die drohende Ungewissheit von der Seele spülten. Danach fühlten sie sich ungemein erleichtert. Frieda liefen die Tränen, und dann fiel sie schwer atmend in ihr Kissen.

* *Der vertraute Weg in die Stadt*

Bevor Johannes Erichsen sich am nächsten Tag aufmachte, um die bedrückende Wohnungsfrage zu klären, einen Tag später als geplant, kam ein Bote von der Stadt. Er überbrachte den „Accomodation Demand" der Militärregierung, aus dem hervor ging, dass alle Bewohner der Gartenstraße 27 bis zum 12. September morgens 9 Uhr unter Zurücklassung des gesamten Mobiliars das Gebäude und das Grundstück zu verlassen hatten.

Das war zunächst einmal eine gute Nachricht. Sie hatten tatsächlich vierzehn Tage Frist! Doch die Beklommenheit ließ sich nur kurz betäuben. Sie war ja immer da, und schon der nächste Gedanke schlug ein tief in die Eingeweide wie ein kalter Schreck: Sie sollten ihr Heim verlieren, nein, ihre Heimat! Noch einmal frei durchatmen! Die Freude spüren! Im Garten sein und im ewigen Rhythmus des Lebens den Boden bearbeiten für die Blumen und Früchte des nächsten Jahres! Es ging nicht mehr. Vorbei!

Johannes stiegen die Tränen in die Augen, wenn er daran dachte, dass nun alles vergeblich gewesen war. Die liebevoll gezogenen Blumenstauden, der prächtige Rhabarber, die gepflegten Obstbäume, das Obst, das nun nicht mehr eingelagert werden konnte. Die Kartoffeln für den Winter – wohin damit? Wer erntete nun die roten und schwarzen Johannisbeeren und die Himbeeren und die Stachelbeeren? Und das Heim, das eigene Heim! Vorbei! Vorbei!

Bedrückt ging er die Gartenstraße hinunter und bog am Ende rechts in die Eiderstraße ein. Nach etwa 200 Metern ging er durch das wilde „Spülfeld", vorbei an den Kleingärten mit den Elendsbaracken rüber zu den Blottnitz-Kasernen in der Lilienstraße. Daneben lag die Mädchen-Oberschule mit der Turnhalle, wo er schon mehrmals an einem festgesetzten Tag zu einer festgesetzten Uhrzeit die ihnen zustehenden Lebensmittelkarten für die jeweilige Zuteilungsperiode abgeholt hatte.

Er war jetzt im Stadtteil Neuwerk. Hier, gegenüber der mächtigen Christkirche, kaufte er für gewöhnlich ein, bei Milchmann Schultz, bei Kaufmann Delfs, mit Pussi an der Leine. Hinter der Kirche lag der Paradeplatz, auf dem im Gegensatz zu anderen Stadtteilen ein geradezu geschäftiges Treiben herrschte: Militärfahrzeuge aus der nahe liegenden Eiderkaserne sowie uniformierte Engländer aus den englischen Dienststellen belebten ihn. Ein alter Opel Blitz des neu aufgenommenen Stadtverkehrs stand an der Haltestelle mit rauchendem Holzvergaser und machte seine Pause. Erichsen durchquerte den so genannten „Kindergarten", eine Grünanlage, die sich an den ehemaligen Festungsgräben entlang zog. Eine weiße Holzbrücke führte über den schmalen Wasserarm, der ob seines Zustandes auch „Schlickeider" genannt wurde, hinüber zur alten Bastion, auf deren Höhe das ansehnliche Jungen-Gymnasium stand. Von hier, am Rande der Altstadt, war es nicht mehr weit bis zum Altstädter Markt mit dem alten und dem neuen Rathaus.

Fast 30 Jahre lang war er diesen Weg gegangen, die schmale Aktentasche mit Brotdose und Thermoskanne in der Hand, ein verlässlicher und treuer städtischer Beamter, mit einer Lust für Zahlen und dem Talent für eine gestochene Handschrift.

In einem immer wiederkehrenden Traum geht er in die Apotheke am Altstädter Markt, um Medizin für seine Frau zu holen. „Dass Sie immer noch zu mir kommen, Herr Stadtrentmeister!", sagt der alte Apotheker Max Klöpf. „Die Sonnenapotheke liegt doch jetzt viel näher für Sie!"

„Ich verstehe nicht ganz", sagt Erichsen und eine dumpfe Traurigkeit breitet sich in seinen Eingeweiden aus.

„Na, Sie sind doch pensioniert! Sie arbeiten doch gar nicht mehr!"

„Aber wieso denn!", bricht es aus Erichsen heraus. „Ich bin doch noch gar nicht so alt!"

„Ja, ja. Das hätten Sie sich früher überlegen sollen!", sagt mahnend der Apotheker. Er trägt eine merkwürdige Uniform aus grün-braunem Stoff und schüttelt bedauernd den Kopf. Und Johannes Erichsen fängt an zu weinen.

* *Wüstenberg macht seinem Kollegen Mut*

Vor den Diensträumen des Wohnungsamtes war viel los. Als Erichsen nach einer halben Stunde an der Reihe war, sah er sich einer Frau Schütt gegenüber und fühlte sich erleichtert und war ärgerlich zugleich. Der Gedanke, sich von Sadrinna helfen lassen zu müssen, von ihm abhängig zu sein, versetzte ihn jedes Mal in Aufruhr. Er ärgerte sich über diese Stiche in der Bauchgegend, diese Beklommenheit, die Unsicherheit und die Fluchtgedanken. War es Angst? Quatsch! Verdammt noch mal! Er war Leiter der Stadtkasse und war dem Inspektor Sadrinna durchaus gewachsen, sogar überlegen!

Und doch, die blonde Frau Schütt mit ihrer angenehmen Körperfülle war ihm im Moment durchaus lieber. Für einen flüchtigen Moment stellte er sich vor, mit der strammen Vierzigjährigen über den Tanzboden zu wirbeln. Mein Gott, wie lange war das schon her!

Er zeigte ihr den Besetzungsbefehl der Militärregierung.

„Sie haben bis zum 9. September Zeit", sagte Frau Schütt, mehr zu sich selbst. „Da wird sich schon was machen lassen. Ich kann Ihnen Adressen geben. Aber Sie müssen sich selbst drum kümmern. Für wie viele Personen suchen Sie?"

„Für meine Frau und für mich. Ich habe vor einiger Zeit eine Frau Bydekarken kennen gelernt. Sie hat in der Flurstraße ein Grundstück mit Gartenhaus. Können Sie mal nachsehen, ob das noch frei ist?"

„In der Flurstraße? Warten Sie mal …", sagte Frau Schütt und strich mit dem Finger durch eine abgegriffene Kartei. „Flurstraße. Hier. Hausnummer?"

„Das weiß ich nicht. Der Eigentümer heißt Bydekarken."

„Bydekarken, ja. Aber das ist nur ein Gartengrundstück. Da steht kein Haus."

„Es ist auch nur ein Gartenhaus, ich habe es selbst gesehen."

„Aber da ist keine Wohnung gemeldet. – Warten Sie mal, ich frag mal meinen Kollegen. Der war mit der Wohnungskommission da." Frau Schütt ging mit der Karteikarte durch die offen stehende Tür in das Nachbarbüro. „Herr Sadrinna, darf ich mal kurz stören?"

Allein die Erwähnung des Namens verursachte bei Johannes Erichsen eine körperliche Reaktion. Er riss sich zusammen und versuchte Wortteile aus der Unterhaltung nebenan zu verstehen. Vergeblich.

„Also, Sie haben recht", sagte Frau Schütt, als sie zurück kam. Es gibt da ein Gartenhaus. Mein Kollege hat es sich angesehen. Aber er sagt, es ist unbewohnbar. Offenes Dach und so weiter. Im Rohbau, sozusagen."

„Und wenn ich es winterfest machen könnte?"

Frau Schütt lachte. „Ja, wenn! Wenn! Könnten Sie das denn? Da müssten Sie schon sehr, sehr gute Beziehungen haben!"

„Vielleicht hab ich die", antwortete Erichsen.

„Dann wünsche ich Ihnen viel Glück", sagte Frau Schütt. „Meinen Segen haben Sie. Brauchen Sie die Adresse von Bydekarken?"

Erichsen verneinte. Familie Sauer und Familie Schulz müssten sich selbst her bemühen, erfuhr er noch. Und wenn Rolf und Hilde mit ihrem Säugling in die Schlachterei in der Obereiderstraße ziehen wollten, dann müsse Meister Krezek dafür die Erlaubnis vom Wohnungsamt einholen.

Erichsen bedankte sich und verließ das Büro. „Der Nächste, bitte!", hörte er noch und eilte in den Treppenflur, als werde er von Sadrinna verfolgt.

„Hannes, wie schön, dich zu sehen!", dröhnte es ihm von unten entgegen. Der Stadtdirektor Ernst Wüstenberg kam die Treppe herauf, ein kräftiger Mann mit hoch rasiertem Schädel und gescheiteltem Haar und kräftigen Augenbrauen über eng stehenden Augen – etwas Angst einflößend für jemanden, der ihn nicht kannte. Er war nach dem Krieg als unbelasteter Verwaltungsfachmann von den Engländern zum Übergangsbürgermeister ernannt und nach einem halben Jahr solider Arbeit von Adolf Steckel abgelöst worden.

Sie blieben auf halber Strecke stehen und schüttelten sich die Hände und zeigten Interesse füreinander. „Wie geht's?" war keine leere Formel.

Wüstenberg legte jovial seinen Arm um die Schulter seines Kollegen und schob ihn sanft die Treppe hinauf. „Komm, wir gehen in mein Büro!"

Die beiden Männer saßen am Schreibtisch, tranken heißen Muckefuck, tauschten Informationen aus und brachten sich gegenseitig auf den neuesten Stand. Als Wüstenberg hörte, was Erichsen im Rathaus zu tun hatte, riet er: „Sollte das mit Bydekarken nicht klappen, dann sag mir Bescheid. Vielleicht kann ich helfen. Was macht dein Sohn?"

„Rolf hat bei seinem Schwiegervater eine Lehre angefangen." Und als Wüstenberg fragend guckte, fügte er hinzu: „Karl Krezek, Schlachterei. Obereiderstraße!"

Und einer Eingebung folgend fuhr er fort: „Glücklich ist Rolf nicht. Die verwandtschaftliche Nähe ist nicht gut. Und die Arbeit ist schwer, sein Rücken macht ihm zu schaffen. Ich würde ihn gern hier im Rathaus unterbringen."

„Hmmm", murmelte Wüstenberg.

„Ihr könnt doch Leute gebrauchen?"

„Oh ja!", lachte Wüstenberg. „Wir haben allein in der Stadtverwaltung über 40 Beamte und Angestellte auf Befehl entlassen müssen. Aber das weißt du, du hast ja auch dazu gehört. Also, ja, Nachwuchs brauchen wir."

„Und? Soll er sich mal bewerben?"

„Tja. – Hat er nicht studiert?"

„Du erinnerst dich richtig, Ernst. 1941 war er beurlaubt und hat seine Sonderreifeprüfung gemacht. Anschließend Studium. Zwei Semester Volkswirtschaft an der Christian-Albrechts-Universität. Dann wieder zurück an die Front."

„Sehr zielstrebig, dein Sohn! – Ist er entnazifiziert?"

„Noch nicht."

Ernst Wüstenberg schaute Johannes Erichsen mit seinen bohrenden Augen eine Weile an und sagte dann: „Das ist ein Problem, Hannes."

„Ich weiß", antwortete der. „Aber wie lange sollen wir denn warten? Das Leben muss weiter gehen! Rolf hat wie viele an das Gute geglaubt, hat dafür sein Leben riskiert. Sicher, er war für die Nationalsozialisten. Aber er war nicht einmal Parteimitglied, wie ich!"

„Nicht in der Partei? Aber warum …"

„Er hat sich darum beworben. Aber er war nie Mitglied!"

„Hör zu, Hannes", sagte Wüstenberg. Er hatte einen Entschluss gefasst. „Das können wir alles überprüfen. Ich biete deinem Sohn an, probeweise in der Stadtkasse anzufangen. Nicht als Lehrling, nur so, zum Kennenlernen. Steckel hat sicherlich nichts dagegen. Besprich das mit ihm!

So weit es die Lehre betrifft, müssen wir uns absichern. Wir können nicht einerseits Leute entlassen, weil sie die Nationalsozialisten unterstützt haben, und andererseits ohne Prüfung einstellen! Ich hoffe, du verstehst das.

Aber man könnte auch auf dem Standpunkt stehen, dass eine Lehre ja noch keine Festanstellung bedeutet. Und wenn der Ausschuss ihn nicht entlasten sollte, dann muss er sich eben wieder was Neues suchen. Fertig.

Ich bespreche das mal mit dem Bürgermeister. Dein Sohn soll schon mal eine Bewerbung vorbereiten. Ich geb dir dann Bescheid."

Wüstenberg erhob sich und kam mit ausgestreckter Hand auf Erichsen zu.

„Ich muss mich verabschieden, Hannes, hab gleich eine Besprechung. Grüße deine Frau von mir! Und das mit deinem Sohn: Wenn alles gut geht, dann kann das noch im September was werden! Da wird nicht lange gefackelt!"

Wüstenberg schmunzelte gutmütig, als Johannes Erichsen um einiges erleichtert das Büro verließ.

* Die Militärpolizei sucht Kriegsverbrecher

In der Folgezeit schien sich einiges zum Guten zu wenden.

Elfriede Bydekarken, die Besitzerin des Grundstücks in der Flurstraße, war mit der Nutzung durch die Erichsens einverstanden, wenn die es schafften, das Gartenhaus bezugsfertig zu Ende zu bauen. Das freilich war ein Riesenproblem, es fehlten ja nicht nur Lebensmittel zum Sattwerden, sondern es gab auch einen Mangel an Rohstoffen und Materialien.

Für das Gartenhaus wurde Holz gebraucht. Holz war für die große Mehrheit der Bevölkerung ein lebenswichtiger Brennstoff, Latten und Bretter für den Hausbau zu nutzen, eher Luxus. Das Satteldach musste mit witterungsbeständigem Material gedeckt werden, zwei Fensterelememente fehlten außerdem. Und Nägel! Neue Nägel gab es nicht – vielleicht alte, die mühsam gerade geschlagen wurden? So musste es Hannes auch mit dem Drahtverschlag für die Hühner machen, den er aus der Gartenstraße hierher bringen wollte: auseinander bauen und die Nägel retten! Und die Wände waren ohne Hohlschicht gemauert – wie konnte man so der Winter überstehen?

Und sie hatten keine Zeit. Zumindest das Dach musste innerhalb von zehn Tagen regenfest sein.

Der Notruf aus der Gartenstraße stieß bei Karl und Elise Krezek in der Obereiderstraße auf große Hilfsbereitschaft und löste eine fast hektische Aktivität aus. Betriebe, vor allem die aus dem Nahrungsmittelbereich, hatten vielerlei Geschäftsbeziehungen, nicht nur innerhalb der Stadt, sondern sie reichten weit ins Land hinaus.

Die Krezeks hatten als Geschäftsleute ein Telefon und einen alten Opel P4 mit einer kleinen Ladefläche, das erleichterte die Kontakte und den Transport. Zwei Zimmerleute wurden für die Arbeit mit illegal abgezweigten Naturalien entlohnt. Und so nahm die Arbeit einen guten Lauf, auch wenn das nötige Baumaterial nur nach und nach angeliefert werden konnte.

Dr. Schulz und seine Tochter Lotte verabschiedeten sich schon kurz nach dem Räumungsbefehl. Sie sagten, sie hätten außerhalb etwas gefunden, beluden eine Handkarre mit zwei Koffern und einigen Neuerwerbungen und verschwanden.

Als am Tag danach plötzlich Militärpolizisten der Engländer vor der Tür standen, war Frieda allein zu Haus. Beim Anblick der Uniformierten auf der Auffahrt im Vorgarten ergriff sie das schiere Entsetzen. Sie hatten doch noch sechs Tage, und die brauchten sie auch! Es war so viel zu bedenken, zu überlegen, zu packen, zu transportieren! Nein, bitte nicht! Nicht jetzt schon!

„Ja?", sagte sie, als sie die Tür öffnete.

Ein uniformierter Hüne blickte hinunter auf die kleine Frau. „Excuse me", sagte er. „Dr. Schulz?"

Frieda war so von ihrer Angst beseelt, dass sie nur stammeln konnte. „Wir können noch nicht ausziehen", wollte sie sagen. „Bitte, bitte, lassen Sie uns noch etwas Zeit!" Aber die MP's sahen nur in ein verzweifeltes Gesicht, in dem ein Mund tonlos zuckte. Sie sahen sich an, und als die Frau vor ihnen sich umdrehte und in die Wohnung zurück ging, rief ein anderer in seinem englischen Akzent hinterher: „Sind Sie Frau Erichsen?"

Als keine Antwort kam, folgten sie ihr durch die geöffnete Wohnungstür bis in die Stube, wo sich Frieda aufs Bett gesetzt hatte.

„Frau Erichsen, Entschuldigung. Doktor Schulz, zu Hause?"

Es dauerte eine Weile, bis Frieda begriff. Dann teilte sie den Engländern mit, dass Dr. Schulz mit seiner Tochter gestern fortgezogen sei.

„Neu Adress?", fragte der Engländer.

Frieda hob die Schultern: „Haben sie nicht gesagt."

Die Engländer berieten sich auf Englisch, fragten mehrmals nach, und als Frieda nicht mehr sagen konnte, untersuchten sie das Zimmer der Schulzens und verabschiedeten sich.

Rolf und sein Vater fanden bei ihrer Rückkehr von der Baustelle eine verstörte Frieda vor, die sich nur langsam erholte.

Der rätselhafte Besuch der Militärpolizei gab Anlass zu mancherlei Spekulation. Der Gedanke an einen Zusammenhang mit dem Prozess in Nürnberg[8], wo Göring und andere vor Gericht standen, schien albern. „Eins steht fest", meinte Rolf als Resümee, „der muss irgendwas ausgefressen haben. Vielleicht Schwarzhandel."

„Oder doch ein Kriegsverbrecher", sagte Hilde, die von einem Spaziergang mit dem Kinderwagen zurück gekehrt war.

Das konnte Frieda nicht so stehen lassen, und so fügte sie hinzu: „Aber die beiden waren doch eigentlich ganz nett."

Rolf Erichsen beginnt bei der Stadt und wird entnazifiziert

Maria Sauer kroch mit ihren beiden Söhnen in eine Bodenkammer schräg gegenüber bei den Ströhs. Sie hatten dort keine Heizung und für die beiden Jungen kein Bett. Dennoch waren sie froh, in einer vertrauten Umgebung bleiben zu können. Sie berichtete aber von einer unglaublichen Enge, sie seien 15 Personen in dem doch recht kleinen Haus. Bisher habe es dort allerdings ein erstaunlich friedliches Zusammenleben gegeben.

Rolfs Umzug in die Obereiderstraße wurde vom Wohnungsamt genehmigt und war auch nur möglich, weil dort Angestellte der Schlachterei auszogen. Es waren die beiden ehemaligen Jungmädchenzimmer im zweiten Stock, die Hilde so vertraut waren. Dennoch war ihnen klar, dass es sich um eine Notlösung handelte, zu sehr sehnten sie sich nach Unabhängigkeit. Sie waren jetzt Mann und Frau und hatten ein Kind! In der Gartenstraße hatten sie nicht einmal eine Wand zwischen sich und Rolfs Eltern, und hier in der Obereiderstraße mussten sie Bad und Küche mit Hildes Eltern teilen.

Karl Krezek besaß schräg gegenüber in der Münzstraße ein Mehrfamilienhaus, das im vergangenen Jahrhundert einmal ein „Civilhospital" gewesen war, ein Vorläufer des Krankenhauses in der Hindenburgstraße. Anfang der dreißiger Jahre war es aufgestockt worden. Auf dem Hinterhof, der über eine überbaute Einfahrt zu erreichen war, stand das neue Schlachthaus, in dem Rolf seine Ausbildung begonnen hatte.

Karl Krezek nahm mit seinen sechs Mietern Kontakt auf – er suchte nach einer einvernehmlichen Lösung für einen Wohnungstausch.

Die Aussicht war sehr gering. Jeder war froh, eine Wohnung zu haben, die so klein war, dass keine oder höchstens zwei Flüchtlinge akzeptiert werden mussten. Jeder hatte auf halber Treppe sogar ein eigenes Klo mit Spülvorrichtung und einen Bretterverschlag auf dem Boden und einen kleinen Kellerraum. Wer hier auszog, musste schon ganz spezielle Gründe haben.

Dass sein Schwiegersohn die Schlachterlehre abbrechen wollte, traf Karl Krezek sehr. Zwar hatte er von Anfang an von dieser Berufswahl abgeraten, konnte doch letztlich nicht nein sagen zu dem enthusiastischen jungen Mann, der nach seiner Rückkehr aus der Gefangenschaft keine Zeit verlieren wollte. Da Rolf wegen des laufenden Entnazifizierungsverfahrens nicht studieren durfte, schien sein Wunsch vernünftig zu sein.

Er ging also darauf ein. Und eine einmal getroffene Entscheidung verändert das Denken. Alte Befürchtungen dürfen keine Rolle mehr spielen, sonst ist das Ziel gefährdet. Und so schlüpfte Karl Krezek in die ihm bekannte Rolle des Lehrmeisters, der mit eiserner Gerechtigkeit alle Lehrlinge gleich behandelt und weder Freunde noch Verwandte kennt. Das war seine Bedingung, sonst hätte er sich höchst unwohl gefühlt.

Nun also das! Krezek war zunächst sprachlos, als Rolf und Hilde bei ihnen in der guten Stube im ersten Stock hinter dem Balkon saßen und damit herausrückten. Die Aussicht auf eine Lehre in der Stadtverwaltung war ihm als Begründung nicht genug.

„Was man anfängt, macht man auch zu Ende!", war sein trotziger Kommentar.

„Ick heff dat doch glieks seggt, dat is nix för em", sagte Elise.

„Ja, ihr hattet recht. Aber wer weiß, wozu das gut war! Ein Jahr lang hab ich einen tiefen Einblick in das Handwerk bekommen. – Und ihr müsst bedenken: Ich hatte doch nichts anderes, als ich zurück kam! Ich wollte doch meine Zeit sinnvoll nutzen! Und deine Bemühungen, Vati", fuhr Rolf fort, „mich in die Geheimnisse deiner Handwerkskunst einzuweihen, werde ich dir nie vergessen. Du hast mir damals sozusagen eine Perspektive gegeben. Du hast mich – irgendwie – gerettet."

Krezek schwieg.

„Rolf hat auch schon seine Bewerbung abgegeben", fügte Hilde hinzu. Jetzt bloß keine unangenehme Pause, kein falsches Wort!, dachte sie. Sie wollte ihrem Vater helfen, über die Enttäuschung hinweg zu kommen.

„Johannes mit seinen Beziehungen ins Rathaus! Und er ist ja auch Beamter", sagte Elise. „Vilich is dat gor ni so verkeert."

„Das in der Stadtkasse ist erst mal nur zur Probe. Aber Rolf kriegt dafür schon 40 Reichsmark im Monat!", sagte Hilde.

„Na, denn alles Gute!" Überraschend neigte sich Karl Krezek vor und reichte seinem Schwiegersohn die Hand. „Hiermit ist der Lehrvertrag aufgelöst!"

„Der berühmte Handschlag!", grinste Rolf. „Du kannst den erfolgreichen Viehhändler eben nicht verbergen!"

* *Der Entnazifizierungsausschuss sperrt sich*

Hinter den Kulissen gab es Gerangel.

Die Verwaltungslehre für Erichsen war keine Selbstverständlichkeit. Bürgermeister Adolf Steckel war zwar mit einer Probezeit in der Stadtkasse einverstanden, aber niemand mochte sich darüber hinaus zu sehr engagieren. Am besten war es, einen streng formalen Weg einzuhalten, der keine persönlichen Präferenzen verriet.

Deshalb schrieb Wüstenberg an den Entnazifizierungsausschuss des Kreises, der in einem Büro der Krügerkaserne in der Herrenstraße residierte. Die Stadt Rendsburg wolle Herrn Rolf Erichsen eine Verwaltungslehre anbieten, der Ausschuss möge dazu Stellung nehmen.

Als er nach ein paar Tagen noch keine Antwort hatte, gab er seiner Vorzimmerdame den Auftrag, dort anzurufen. Die Telefoniererei war ihm zuwider, ständig gab es den Summton als Besetztzeichen oder die Leitung war stumm, manchmal eine reine Zeitverschwendung. Das ganze Netz war marode, und die Post war nicht einmal in der Lage, ganz normale Telefonkabel in der notwendigen Menge aufzutreiben.

„Mach mir mal ne Verbindung, Ännchen", säuselte er, und sein Blick ruhte mit Wohlgefallen auf der gut gefüllten Bluse. „Entnazifizierungsbehörde, Krügerkaserne, Emil Jahn."

„Ich kanns versuchen, Herr Wüstenberg. Aber manchmal denk ich, man geht lieber zu Fuß!"

„Ernst heiß ich, Ännchen! Wie oft hab ich dir das schon gesagt! Wenn keiner hier ist!"

„Aber es kann doch jeden Moment jemand kommen!"

„Da passen wir eben etwas auf, wir beiden Hübschen! Also, was ist mit dem Telefonat?"

Sie hatten Glück. Am anderen Ende meldete sich eine Schreibkraft. Wüstenberg ergriff den Hörer und wollte mit dem Ausschussvorsitzenden verbunden werden.

„Herr Jahn ist außer Haus, Herr Stadtdirektor. Kann ich Ihnen weiter helfen?"

„Ja, das können Sie vielleicht. Ich warte auf eine Antwort. Ich möchte einen jungen Mann als Lehrling einstellen und brauche dafür eine Stellungnahme von Herrn Jahn. Es geht um Rolf Erichsen."

„Rolf Erichsen? Ja, hier liegt was. Hat mir Herr Jahn gerade heute Morgen auf den Tisch gelegt. Ich mach das heute noch fertig. Sie haben die Antwort spätestens übermorgen."

„Das ist schön, meine Beste. Aber ich wäre Ihnen sehr verbunden, wenn Sie mir die Antwort jetzt schon mal mündlich geben würden. Wären Sie so nett?"

„Ja, natürlich, ja selbstverständlich, Herr Stadtdirektor!", stammelte die Schreibkraft am anderen Ende. „Also, Herr Jahn lehnt eine Einstellung ab. Herr Erichsen gilt als belastet. Nicht geeignet. Das kann ich Ihnen schon mal sagen!"

„Und Sie sagen bitte Herrn Jahn, dass ich das nicht akzeptiere. Ich möchte dringend mit ihm sprechen, sagen Sie ihm das. So lange können Sie auch mit der Antwort warten. Ich schlage vor ... hallo? Hallo? Sind Sie noch in der Leitung?"

Wüstenberg fluchte. „Abgebrochen! Einfach abgebrochen!" Er knallte den Hörer auf die Gabel.

„Sie haben gleich die Besprechung. Denken Sie dran?", sagte Anne Burmeister.

„Nur wenn du auch daran denkst, Ännchen", antwortete Wüstenberg.

* **Bürgermeister Steckel kämpft gegen die Wohnungsnot**
In jenen Tagen ging es im Rathaus drunter und drüber.

Es waren nicht nur die drängenden Probleme der Wohnraumbeschaffung, die durch Planung neuer Wohngebiete angegangen wurden; nicht nur die verzweifelte Suche nach Unterbringungsmöglichkeiten für die befreiten Zwangsarbeiter, deren Rückkehr in die Heimat sich hinzog; nicht nur der Versuch, den Schulbetrieb für die Kinder in den immer noch belegten Gebäuden wieder aufzunehmen; nicht nur die unglaubliche Bürokratie im Wohnungsamt, wo man sich vor Anträgen, Einsprüchen, und Beschwerden kaum retten konnte; nicht nur die Vor- und Nachbereitung der ersten Kommunalwahlen nach dem Krieg im September.

Es war vor allem auch eine Folge der Entlassungen: Der Aderlass von etwa vierzig, zum Teil hoch qualifizierten Kollegen aus der Verwaltung war überall spürbar. Unter den Flüchtlingen gab es einige Frauen, die eingestellt werden konnten, meist als Schreibkräfte. Aber das Rathaus wartete auf das Ende weiterer Entnazifizierungsverfahren – war doch anzunehmen, dass viele Entlassene als unbelastet gelten würden und in die Verwaltung zurück kehren durften.

Der verantwortliche Ausschuss war erst seit gut sechs Monaten im Amt und schien manchmal den Überblick zu verlieren. Schon seine Zusammenstellung war schwierig gewesen, sollte er doch möglichst nur aus Anti-Nationalsozialisten bestehen. Jetzt wurde er aus allen Richtungen mit Empfehlungen und Vorschlägen und Vorschriften eingedeckt: Die Militärregierung verlangte, nicht nur ehemalige Parteigenossen von ihren Positionen zu entfernen, sondern auch jene, die sich bei ihren Mitmenschen „verhasst gemacht" hatten. Und auch, wenn bei der Auswertung des üblichen Fragebogens kein Verdacht entstehe, so sei dennoch nicht auszuschließen, dass es sich bei der Person um „einen begeisterten Nazi" handele, der genauso behandelt werden müsse.

Aber wie sollte der Ausschuss die Gesinnung erkennen? Die Glaubwürdigkeit jener, die sich positiv oder negativ über die Beschuldigten äußerten? Entscheidungshilfen waren bisher nicht gegeben worden. Stattdessen wurde das Gremium dafür kritisiert, sich zu sehr zu verzetteln.

Es war offensichtlich, dass die Militärregierung selbst noch nicht den rechten Weg gefunden hatte.

Bürgermeister Adolf Steckel war es gelungen, angesichts der überbordenden Probleme in der Stadt die gegensätzlichen Ziele der Parteienvertreter in der Ratsversammlung zu überwinden und alle zu einer fast familiären Kooperation zu verpflichten. Zu dem örtlichen Vertreter der Militärregierung, Oberstleutnant Cornell[9], pflegte er einen freundlichen Kontakt, und über die Unzufriedenheit innerhalb der Entnazifizierungsbehörde war er über die Herren Dr. Lange, Emil Jahn und Adolf Boldt bestens informiert, zumal Letzterer gleichzeitig Mitglied des Senats war.

Steckel setzte auf Gespräche und Vermittlung. Als er mit Ernst Wüstenberg an seiner Seite eines Tages im September das Besprechungszimmer im Alten Rathaus betrat, waren zwei Herren bereits anwesend: Franz Baller, der Vorsitzende des Ausschusses für Wohnungsangelegenheiten, sowie Helmut Sadrinna.

Sadrinna erklärte, sein Chef sei heute Morgen aus Krankheitsgrunden nicht zum Dienst erschienen, deshalb werde er ihn vertreten.

„Gut, meine Herren", sagte Steckel, „kommen wir gleich zur Sache. Herr Baller, Sie hatten um die Besprechung gebeten. Wollen Sie anfangen?"

„Ja, gerne. Wir haben uns im Ausschuss mit der Eingabe von Herrn Söhrnsen, Hohe Straße 21, beschäftigt. Es ist eine etwas verwickelte Geschichte. Erlauben Sie, dass ich etwas aushole."

Baller berichtete nun von dem Ehepaar Braack, das aus Mecklenburg stamme und bei der befreundeten Familie Söhrnsen kostenlosen Unterschlupf erhalten habe. Zwei Dinge hätten sich aber jetzt verändert: Die befreundeten Familien hätten sich zerstritten, und die alte Frau Söhrnsen sei gestorben. Söhrnsen wolle die Braacks los werden, und die Braacks hätten zunächst auch nichts dagegen gehabt. So weit, so gut.

Das Wohnungsamt habe drei Vorschläge für neue Mieter gemacht, Söhrnsen habe sich für die Familie von Dr. Köster entschieden. Aber plötzlich habe Braack in der Wohnung bleiben wollen und habe sich mit Captain Hawley von der Militärverwaltung und dem amerikanischen Konsul mächtige Unterstützung gesichert. Seine Frau sei nämlich amerikanische Staatsbürgerin.

„Der Ausschuss ist nach Rücksprache mit der Verwaltung der Meinung, dass wir uns diesem Druck nicht beugen sollten", beendete Baller seinen Vortrag. „Wir sind der Meinung, dass die Gesetze für alle gelten!"

Die Herren schwiegen für einen Moment. Das war sicherlich ein Zeichen von Seriosität – keine voreilige Zunge, sondern abwägende Ruhe.

„In der Tat. Eine mächtige Unterstützung", meinte Wüstenberg sinnierend. „Ich glaube nicht, dass wir da viel ausrichten können."

„Ach so", sagte Baller. „Ich hab noch vergessen zu erwähnen: Braack hat vor dem Krieg ein erhebliches Vermögen erworben. Das, in Verbindung mit der Tatsache, dass er Parteimitglied war, finde ich schon pikant."

„So, so". Steckels Neugier war geweckt. „Oberst Cornell hat mehrfach deutlich gemacht, dass unbelastete Bürger auf jeden Fall bei der Wohnungszuteilung zu bevorzugen sind!"

„Und ich möchte", mischte sich Sadrinna ein, „noch auf einen anderen Aspekt aufmerksam machen! Wenn Sie erlauben, Herr Bürgermeister!"

Steckel nickte ihm aufmunternd zu.

„Wir haben im Wohnungsgesetz des Kontrollrates vom März 46 nachgesehen: In Artikel VII Absatz 1c heißt es sinngemäß, dass Ausländer wie Deutsche zu behandeln sind, wenn sie eine längere Zeit in Deutschland gelebt haben. Frau Braack ist Sängerin und lebt seit mindestens vier Jahren in Deutschland!" Sadrinna triumphierte.

„Donnerwetter!", sagte Steckel. „Das haben Sie rausgefunden?"

„Nicht allein", erwiderte Sadrinna bescheiden.

„Da lässt sich doch was machen, oder?", warf Baller ein.

„Aber sicherlich, meine Herren! Ich übernehme das. Baller, setzen Sie mir ein Schreiben auf, in dem Sie den Fall schildern. Der geht dann mit meiner Unterschrift an Oberst Cornell. Das ist so ein Fall, da müssen wir uns durchsetzen. Ganz Ihrer Meinung."

Steckel räusperte sich. Mitarbeiter, die sich engagierten, das gefiel ihm. Und eine Entscheidung zu treffen, die leichten Herzens zu treffen war, weil sie ihm ein gutes Gefühl gab. Das waren erhebende Augenblicke. Es durchströmte ihn eine warme Freude. Trotz aller Probleme – oder sogar wegen der Probleme? – war ihm nach dem Zusammenbruch des Dritten Reichs klar geworden, dass er zum ersten Mal in seinem Leben etwas Sinnvolles für die Gemeinschaft zu leisten im Begriffe war.

Zwei Söhne hatte er im Krieg verloren, ja, und das tat weh, immer würde es schmerzen. – Nicht zu sehr daran denken! Hier und jetzt!

Jetzt, endlich, hatte Deutschland die Gelegenheit, an das Reformwerk des Freiherrn vom Stein anzuknüpfen! Goethe kam ihm in den Sinn: Irrungen und Wirrungen! Ja, nach den Irrungen und Wirrungen dieses Jahrhunderts gab es nun Hoffnung auf eine bessere, ehrlichere, auf eine demokratische Zukunft!

„Da ist noch was", sagte Steckel, als er merkte, dass ihn alle ansahen.

Es klopfte. Wüstenberg stand auf und ging an die Tür.

„Peters ist da", sagte er, als er sich wieder setzte. Er wartet so lange. Ich nehme an, wir sind gleich am Ende?"

„Ja", sagte Steckel. „Ich muss nur noch was los werden. Mir sind Beschwerden zu Ohren gekommen, gegen das Wohnungsamt. Ich weiß, ich weiß, Sadrinna! Das ist nun wirklich nichts Neues, ich weiß. In diesen Zeiten!

Aber Sie kennen mich ja mittlerweile. Verschweigen nützt nichts. Ignorieren auch nicht. Auch wenn es Zeit kostet: Wir müssen uns immer wieder der Kritik stellen, das schärft unsere Sinne.

Konkret: Die Witwe Klages aus der Eckernförder Straße hat angeblich bei Ihnen im Wohnungsamt durchgesetzt, dass sie privat vermieten darf. Der Flüchtlingsbeirat weist darauf hin, dass die Wohnungsnot unverändert schlimm ist und hält eine derartige Bevorzugung für unverantwortlich. Ich übergebe Ihnen den Brief und bitte Sie, der Beschwerde nachzugehen. Nach Abschluss der Untersuchung Bericht an mich.

Sonst noch was?"

Baller und Sadrinna schüttelten den Kopf.

„Ach ja! Ich hab noch keine Rückmeldung wegen der Bestechungsvorwürfe. Gibt es da was Neues?"

„Der Bericht geht Ihnen morgen zu. Nur so viel: Es kommt immer wieder vor, dass Wohnungssuchende eine bestimmte Zuweisung wünschen und wie aus Versehen ein paar Zigaretten auf dem Schreibtisch liegen lassen, wenn sie gehen. Das ist mir auch schon passiert."

„Ist ja verständlich, Sadrinna", meinte Steckel. „Aber wenn es immer wieder vorkommt, dann müssen Sie eben gezielt zum Ende des Gesprächs darauf achten, dass nichts liegen bleibt, keine Zigarette, kein Stück Schokolade, nichts! Wir dürfen nicht einmal den Anschein erwecken, wir würden mit zweierlei Maß messen. Die Menschen müssen uns vertrauen, damit der Frieden gelingt!"

* Die Regeln bei der Entnazifizierung sind umstritten

Der Ausschuss für die Entnazifizierung kam nicht zur Ruhe. Auf Geheiß der Militärregierung war er nach der Kommunalwahl aufgelöst und anschließend sofort wieder konstituiert worden. Emil Jahn ergriff die Gelegenheit und dankte als Vorsitzender ab. Niemand wollte so recht seine Nachfolge antreten, bis sich Johann Peters erweichen ließ. Er betrachtete sich selbst als Notlösung.

„Mensch, Peters, was ist nur bei Ihnen los? Warum kommen Sie nicht voran?", eröffnete Steckel nach dem Austausch einiger freundlicher Belanglosigkeiten das Gespräch.

„Es stimmt ja", bestätigte Peters. „Ich will da gar nichts beschönigen. Wir sind selbst durchaus nicht glücklich mit der Situation. Aber lassen Sie mich gleich zu Beginn feststellen: Wir arbeiten wie verrückt! An unserem Fleiß liegt es nicht!"

Wüstenberg versuchte zu unterbrechen: „Das wollten wir auch nicht …"

„Entschuldigen Sie", fuhr Peters fort. „Ich sage das nicht, um an Ihr Mitleid zu appellieren. Ich sage das nur, um auf die wahren Ursachen aufmerksam zu machen. Meines Erachtens …", und dabei legte er sich seine rechte Hand auf die Brust, „wissen die Engländer selbst nicht, was sie wollen."

„Was ist an dem Vorwurf dran, der Ausschuss würde sich mit Mengen von Leuten befassen, die politisch und beruflich unwichtig sind?", fragte Steckel.

„Pah!", zischte Peters. „Das ist doch die Sauerei! Cornell hat uns doch selbst die Anweisung gegeben, über die Kontrollrats-Direktive Nr. 24 hinauszugehen! Wir sollen uns ausdrücklich auch mit Beschäftigten in untergeordneten Positionen beschäftigen!"

„Lieber Peters", sagte Steckel. „Lassen Sie uns hier mal einen Schnitt machen. Ich habe vollstes Verständnis für Ihre Probleme. Aber ich will mich nicht zu sehr hinein mischen. Ich möchte Ihnen nur deutlich machen, dass unser Interesse darin besteht, unsere Mitarbeiter wieder einstellen zu können, die nach unserer Einschätzung – und die ist nicht ganz unwichtig, denn schließlich haben wir, also die Leute vor meiner Zeit, jahrelang Seite an Seite für das Wohl der Stadt gewirkt – die also nach unserer Einschätzung schnellstens rehabilitiert werden müssten. Können wir irgendetwas tun, um das Verfahren zu beschleunigen? Wir könnten Ihnen Leumundszeugnisse beschaffen! Würde Ihnen das helfen?"

„Leumundszeugnisse, interessanter Gedanke. Wenn man bedenkt, wie wenig wir oft von den Leuten wissen. Das wurde schon diskutiert. Aber so weit sind wir noch nicht. Nein, ich glaube nicht, dass Sie momentan die Entscheidungen beschleunigen können. Das können nur die Briten, wenn sie uns klare Anweisungen geben würden."

„Ein anderer Punkt!", ergriff Wüstenberg das Wort. „Wir müssen weiter denken. Um mittelfristig arbeitsfähig zu bleiben, müssen wir ausbilden. Was ist mit der Anfrage bezüglich Rolf Erichsen? Ihr Büro hat uns mitgeteilt, dass Bedenken bestehen? Dürfen wir erfahren, welcher Natur?"

„Gerne. Ich habe mir die Unterlagen daraufhin noch einmal angesehen. Rolf Erichsen ist einer von denen, die Cornell meint: Er war vor dem Krieg groß in der HJ und hat die Partei offenkundig unterstützt. Ein begeisterter Nazi!"

„Ist das Ihr Ernst?" Wüstenbergs Stimme klang ärgerlich. „Ist Ihnen klar, dass nach dieser Definition achtzig Prozent aller Rendsburger ihrer Posten enthoben werden müssten? Dann können wir einpacken, Herr Peters!"

„Meinetwegen. Aber hinzu kommt noch, dass Erichsen in seinem Fragebogen möglicherweise gelogen hat." Er lehnte sich zurück und ließ seine Worte wirken.

Eine kleine Pause entstand. Die beiden Stadtvertreter streiften sich kurz mit ihren Blicken, dann zwang sich Wüstenberg zu äußerster Ruhe und legte seine Frage tonlos auf den Tisch des Besprechungszimmers: „Wieso möglichweise? Hat er, oder hat er nicht?"

„Sehen Sie", fuhr Peters fort, „in seinem Fragebogen gibt er an, er habe sich um Mitgliedschaft in der NSDAP beworben, aber er sei über den Status eines Anwärters nicht hinaus gekommen. Interessant ist aber, dass er mitten im Krieg im Oktober 41 Fronturlaub erhielt, um in Kiel eine Sonderreifeprüfung abzulegen. Mehr noch: Er durfte anschließend zwei Semester an der Christian Albrechts-Universität Volkswirtschaft studieren! Wissen Sie, was das heißt?"

„Nee", sagte Wüstenberg.

„Das heißt: Rolf Erichsen war Parteimitglied! Sonst hätte er niemals diese Erlaubnis erhalten!" Peters hatte seine Trumpfkarte ausgespielt.

„Gut", sagte Steckel. „Nehmen wir mal an, das war so. Obwohl: Sie wissen schon, dass sie damit nicht im juristischen Sinne bewiesen haben, dass Erichsen gelogen hat? Das ist Ihnen schon klar, oder?

Nehmen wir das also mal an. Ein Parteimitglied. Während des Krieges. Hat studiert, hat gekämpft. Hatte kein Amt in der Parteihierarchie. Kommt zurück aus der Gefangenschaft. Hat nichts. Kann deshalb auch nicht aus einer verantwortlichen Position entfernt werden. Will neu anfangen. Ganz unten. Ist schon 25 Jahre alt und will jetzt Lehrling sein."

Steckel machte eine Pause und ließ seinen Blick von Wüstenberg zu Peters wandern, um dort zu verweilen.

„Die Kleinen hängen und die Großen laufen lassen, Peters! Darüber haben wir vorhin gesprochen. Es steht der Vorwurf im Raum, dass sich der Ausschuss mit unwichtigen Personen befasst und sich dabei verzettelt!

Ihr Kollege Boldt hat neulich etwas sehr Bemerkenswertes gesagt. Sinngemäß: Wenn man den Faschismus ausrotten will, muss man die ökonomischen Wurzeln des Faschismus ausrotten, die wirklich Schuldigen bestrafen und die Masse der nominellen Parteimitglieder für die demokratische Erneuerung und den friedlichen Aufbau unseres Landes gewinnen.

Das ist es doch, Peters!

Und wenn ich Oberst Cornell richtig verstanden habe, gehen die Engländer auch in diese Richtung."

„Oberst Cornell? Wann hat er was gesagt?"

„Ach Gott, Peters. Eine Besprechung vor einer Woche. Na ja, dass es eben nicht ausreicht, wenn jemand in der Partei war. Dass man an die demokratischer Erneuerung denken muss."

„Und warum haben wir bisher nichts davon gehört?", fragte Peters.

„Sie haben doch die Kritik der Engländer an dem Vorgehen des Ausschusses zur Kenntnis genommen", erwiderte Steckel. „Das spricht doch Bände, hier ist ganz klar ein Umdenken im Gange. Sie werden sehen!"

„Was ist eigentlich mit der Jugendamnestie?", fragte Wüstenberg. „Warum wird die nicht für Rolf Erichsen geltend gemacht? Er war doch bei Kriegsausbruch erst 18 Jahre alt!"

„Das könnte auf ihn angewandt werden, das ist richtig", antwortete Peters.

„Könnte? Muss!", warf Steckel ein. „Also, Peters. Sehen Sie mal, was sie machen können. Erichsen soll im nächsten Monat hier anfangen."

Die junge Familie fasst Fuß in Rendsburgs Neuwerk (1947)

Dem Kind ging es besser.

Nach dem Besuch der guten Feen aus Schacht-Audorf hatte sich, Dr. Schulz und seiner Tochter Lotte zum Trotz, die Einsicht durchgesetzt, dass Hunger den kleinen Säugling plagte, zumal er nicht recht zunehmen wollte.

Das ewige Schreien drang bis nach Kappeln an der Schlei. Dort lebte die Schwester von Johannes mit ihrem Mann, Magda und Heini Kruse. Die hatten Beziehungen zum dortigen Nestle-Werk, und ihnen gelang, was den Apotheken in Rendsburg unmöglich schien: Sie schickten das erste Paket mit Pelargon, einem keimarmen Milchpulver auf Buttermilchbasis, das der Kleine vertrug. Das war die Wende.

Ob der Mangel an Eiweiß oder Calcium und anderer Inhaltsstoffe bei dem Kind irgendwelche langfristigen Schäden hervorgerufen hatte, ließ sich naturgemäß noch nicht erkennen. Allerdings hatten sich auf dem kleinen Rücken zwei Zentimeter große Abzesse gebildet, die bedrohlich aussahen. Sie taten dem Kind offensichtlich weh.

Guter Rat war teuer, wenn man ihn bezahlen musste. Und so holte sich Rolf den guten Rat woanders. Nicht nur die Familien waren in diesen Zeiten eng zusammen gerückt. Auch Freundeskreise gaben Trost und Hilfe – und war es auch nur, um sich gegen künftige Not, die niemand ausschließen konnte, abzusichern. Es waren Inseln der Selbsthilfe in einem mörderischen Meer, von dem großen Gedanken der Volksgemeinschaft waren nur sie geblieben.

Rolfs Schulfreunde boten ein solches Netz, in dem sich nur schwer einer dem anderen verweigerte. Erich Thiele, Hans-Heinrich Beisenkötter, Karl-Heinz Suhr, Werner Tönsfeldt. Wenn auch schon ein wenig älter, gehörte der Krankenhausarzt und Anthroposoph Hellmuth Jörck ebenfalls zum Kreis der Ehemaligen des „Staatlichen Reform-Realgymnasiums". Zwar hatte Rolf Bedenken gegen die Vorliebe seines Freundes, Edelsteine bei der Behandlung einzusetzen, aber er nahm zur Kenntnis, dass er ansonsten einen vorzüglichen Ruf genoss. Und er war eben ein Freund, der ihm einen Gefallen nicht abschlagen wurde.

Bei Gelegenheit wurde Jörck gefragt, und er sah sich die „Schweinsbeulen" an.

„Das ist nicht schlimm", sagte er. „Das mache ich für euch."

„Mit Edelsteinen?", fragte Rolf.

Jörck lachte: „Nein! Ich weiß, du traust eher der Schulmedizin. Aber eine Therapie mit Edelsteinen ist hier gar nicht angebracht. Ich muss hier als Ursache keine seelischen Probleme vermuten. Nach dem, was du mir über die Ernährung in den vergangenen Wochen erzählt hast, haben wir es hier wohl eher mit den Folgen von Mangelernährung zu tun. Ich werde die Schweinsbeulen öffnen, und dann werden sie ganz schnell verheilen."

Sie verabredeten sich für den nächsten Tag. Das war ein Mittwoch, dessen Nachmittag für die städtischen Beamten und Angestellten traditionell frei war – der so genannte „Beamtensonntag". Dafür war der halbe Sonnabend wiederum Arbeitszeit.

Der Tisch im Wohnzimmer wurde leer geräumt. Die Eltern des kleinen Kerls waren angewiesen, am Kopf- bzw. am Fußende den Körper zu fixieren. Rolf hatte die sichere Zuversicht, dass sein Freund das Richtige tat. Hilde dagegen fühlte sich wie eine dumme Gans, ausgeliefert den Männern, die sich ihrer Sache so sicher waren. Ihre Zweifel an der Unfehlbarkeit der Fachleute waren in den letzten Monaten gewachsen, zu sehr war sie zwischen den guten Ratschlägen hilflos umhergeirrt. Und nun wieder: Nicht einmal ein bestellter Arzt, sondern ein Freund! Peters Wohlbefinden hatte sich gebessert, ja, aber jetzt fing er wieder an zu schreien, was bei der Mutter neue Ängste auslöste.

Jörck blieb ungerührt, rieb den Rücken mit einer braunen Flüssigkeit ein, so dass die Haut zwischen den sechs erhabenen Blasen sich gelb einfärbte. So gut es ging, wurden die gesunden Hautflächen mit Handtüchern abgedeckt und dann griff er zu seinem Skalpell.

„Aber das tut doch weh!", rief Hilde. „Das kannst du doch nicht machen!"

Jörck hielt inne und sah die junge Mutter an. „Du kannst ganz beruhigt sein", sagte der junge Arzt mit der Abgeklärtheit einer langen Erfahrung, „Säuglinge in diesem Alter empfinden noch keinen Schmerz."

„Keinen Schmerz? Hellmuth, ist das dein Ernst?" Das kam nun auch Rolf etwas merkwürdig vor. Seine Frau schaute mit offenem Mund und war unfähig zu sprechen.

„Selbst wenn", fuhr Jörck fort. „Ich ritze nur die Haut der Blasen an. Da sind keine Nerven, da ist sowieso kein Schmerz. Wir sollten anfangen. Halt fest!"

Eine kleine Fontäne spritzte aus dem ersten Abzess und ließ die Beule erschlaffen. Jörck brummte ein unterdrücktes Schimpfwort, seine Anzugjacke hatte etwas abbekommen. Nach kurzem Zögern schnitt er mit größerer Vorsicht, aber geschickt in schneller Abfolge alle Beulen auf, während Hilde beruhigende Worte sprach, die so gar nicht zu ihrem rot geschwitzten Gesicht passten und die auch keinerlei Wirkung entfalteten.

„Es tut ihm natürlich weh! Das hörst du doch!", entlud sich ihre Anspannung.

„Ach was", sagte Jörck. „Er hat doch vorher auch schon geschrien!"

Er nahm sich die vorbereitete Schüssel mit dem Kamillensud und reinigte vorsichtig die Wunden mit einem Tupfer, strich sie mit einer Salbe ein, legte Kompressen darauf und fixierte sie mit Mullbinden, die er um den Leib des Säuglings wickelte.

„Einmal am Tag. Genau so macht ihr das, wenn ihr frisch verbindet! Verbandsmaterial auskochen, aber das ist ja klar."

Hilde brachte ihr Kind eine Treppe hoch zurück in das Bettchen. Peter schien sich zu beruhigen. Es war vorbei. Viel länger hätte sie das auch nicht ausgehalten, den mitfühlenden Schmerz und das Geschrei.

„Glaubst du ihm?", fragte sie ihren Mann, als er sich von Jörck verabschiedet hatte.

„Ich weiß nicht", sagte Rolf. „Er ist Arzt. Er muss es eigentlich wissen."

„Aber ein Baby ist doch kein Regenwurm!", ereiferte sich seine Frau. „Wenn er sich stößt! Oder wenn er Bauchweh hat! Oder wenn der Po wund ist! Dann schreit er doch auch! Das ist doch abwegig!"

Rolf erinnerte sich an seine Zeit als Jugendlicher. Als HJ-Jungzugführer betrieb er zu Hause Rassenkunde, und dabei ging es am Rande auch um Abstammung und Entwicklung der Tierwelt. Regenwürmer! Die waren nun wirklich ganz unten anzusiedeln! Sein Sohn – auf einer Stufe mit dem Regenwurm?

„Das arme Wurm!", sagte er mitfühlend mit dem Blick auf seinen Sohn. „Na, das sagt man doch so!", entschuldigte er sich und lachte. „Du hast ja recht!", fügte er hinzu und nahm seine Frau in den Arm.

Es klopfte an der Tür. Hildes Mutter Elise war besorgt und konnte nun beschwichtigt werden. „Aber der Junge hat doch so geschrien! Dat het sogoor de Kundschapp hört!"

* *Das erste Kind wird in der Obereiderstraße getauft*
Im Oktober wurde getauft.

Ein unbedeutender Streit ging dem voraus.

„Lass uns das in unserer Stube machen!", meinte Elise. „Dat is doch dumm Tüch, dar baben bi ju!"

Aber Rolf war sehr auf seine Unabhängigkeit bedacht. Das ehemalige Mädchenzimmer eine Treppe höher war zwar klein, aber es war ihre Wohnung.

Pastor Iversen vollzog die schlichte Amtshandlung. Anna Bruhn aus Schacht-Audorf ließ es sich nicht nehmen, und auch Hannes und Frieda aus der Flurstraße waren dabei. Eine Taufpatin war Hildes Schwester Elfriede, deren Mann seit den letzten Kriegstagen als vermisst galt. Die andere war Anna Engeling, eine hilfsbereite Freundin der Krezeks mit Familienanschluss, die zuckersüß „Engelein" genannt wurde.

Die Männer hatten sich festlich hergerichtet: schwarze Anzüge mit Fliege, Hannes einen Stehkragen dazu. Die Frauen trugen dunkel gemusterte Kleider. Broschen oder ein Chemisette verbargen den Ausschnitt. Die älteren Frauen hatten ihre Haare mehr oder weniger stramm durch Haarnetze an den Kopf gedrückt, während die jungen stolz ihre frischen Dauerwellen trugen. Die gewagte Stirn- oder Olympiarolle saß Hilde wie ein Diadem oben drauf und machte sie glatt sechs Zentimeter höher.

„Urgroßmutter, Großmutter, Mutter und Kind! Würdet ihr euch mal hier auf das Sofa setzen?", rief Rolf.

Es wurde gekichert, die meisten verstanden die Anspielung auf Heinz Erhardt, der sich während des Krieges und jetzt seit kurzem im Nordwestdeutschen Rundfunk in einer Unterhaltungssendung einen Namen als Komiker gemacht hatte. In seinem Gedicht, das sich über Gustav Schwabs Ballade „Das Gewitter" lustig machte, hieß es allerdings „Urahne, Großmutter, Mutter und Kind". Urahne mochte Rolf die Oma Bruhn nun doch nicht so gerne nennen, das klang zu sehr nach einem Familienmitglied, das sich bereits in die ewigen Jagdgründe verabschiedet hatte.

Urgroßmutter Bruhn und ihre Nachfahren – das war ein gutes Fotomotiv. Die Klappkamera, die Rolf benutzte, hätten sie eigentlich bei den Militärbehörden abgeben müssen. Stattdessen wurde sie bei Kriegsende zusammen mit einigen anderen Wertgegenständen auf dem Sägemehlboden drüben in der Münzstraße versteckt und war jetzt für den jungen Vater von großem Wert.

* *Zu allem Überfluss ein strenger Winter*

Einige Wochen später hielt der Winter Einzug mit strengem Dauerfrost. Die Not der Bevölkerung erreichte einen neuen Höhepunkt. Die Wälder waren leer geräumt, die Brennstoffversorgung war katastrophal, die Lebensmittel produzierenden Betriebe standen vor dem Stillstand, die Stromversorgung vor dem Aus. Die Carlshütte in Büdelsdorf hatte ihren Betrieb bereits eingestellt, aber auf ihrem Gelände eine Wärmehalle eingerichtet, um den Menschen die Möglichkeit zu geben, sich einmal am Tag aufzuwärmen. Aus Kiel wurden Hungertote und Erfrierungsopfer gemeldet, wobei unerheblich war, ob der Hunger oder der Frost getötet hatte, sie hatten sich wohl beide Mühe gegeben.

Frieda und Johannes Erichsen lebten nun mehr schlecht als recht in ihrem Gartenhaus. Zu essen hatten sie ausreichend dank der Unterstützung der Familie, aber sie froren. Zwar stand nun in einem Zimmer ein alter Ofen, aber er hatte zu kämpfen gegen die einfache Ziegelwand, die sich eisig anfühlte und in den Nachbarzimmern silbern schimmerte. Die Eisblumen an den Scheiben waren so dick geworden, dass sie am Tage nur wenig Licht herein ließen.

Die beiden behalfen sich mit übereinander gezogenen Textilien, und Frieda hatte eine weitere Nierenkolik zu überstehen und fühlte sich auch sonst so schwach, dass sie die meiste Zeit im Bett verbrachte und ihr Mann die Wohnung in Ordnung hielt.

Jeder Tag, der anbrach, musste irgendwie überstanden und zu Ende gebracht werden, denn er war nicht mit Sinn und Verstand zu füllen. Die Alltagsverrichtungen bestanden ja nur aus Körperpflege, dem Zubereiten von Essen auf einer Brennhexe und dem Schüren des Feuers und waren auf nichts Höheres gerichtet. Ein paar Bücher lenkten sie ab und enthielten doch selbst oft düstere Gedanken.

Es galt, den Lebenswillen in diesem Gefängnis zu erhalten und sich an den Frühling und den Sommer zu erinnern, wie er war und wie er vielleicht einmal wieder sein könnte. Diese Hoffnung vor allem gab Johannes ein wenig Kraft. Immer wieder sagte er sich, dass sie nur den Winter überstehen müssten, und dann hätten sie hier vielleicht sogar ein bescheidenes Paradies, ein Häuschen im Garten. Ein Häuschen im Garten – welch eine romantische Vorstellung!

* *Endlich eine eigene Wohnung für die junge Familie*
Der zweite Nachkriegswinter wollte nicht enden, Eis und Schnee hielten sich bis tief in den März. Dann kam der Frühling ganz schnell.

Im Mai 1947 konnte der Stadtverwaltungslehrling Rolf Erichsen mit seiner Familie umziehen in die Münzstraße Nummer eins.

Die neue Wohnung war gerade einmal fünfzig Meter von Krezeks Laden entfernt, in dem Schlachthaus auf dem Hof hatte Rolf noch vor einem Jahr mitten in einer höchst unerfreulichen Schlachterausbildung gesteckt.

Die Gegend gehörte zum Neuwerk – einem Stadtteil, der Ende des 17. Jahrhunderts angelegt und mit weiteren Festungsanlagen umgeben wurde. Von der Altstadt war er damals durch Arme des Eiderflusses getrennt, und auch heute noch waren Reste davon, wenn auch arg verschlickt, zu sehen. Die Häuserquartiere waren kleinräumig von den Straßen umgeben und bildeten Innenräume, die jedoch im Laufe der Jahrhunderte von allerlei Stallungen und Werkstätten zergliedert wurden. Die meisten Gebäude waren in einem schlechten Zustand, und ihre Bewohner Arbeiter und Handwerker, die von der Hand in den Mund lebten.

Das Ehepaar Lynsche aus der obersten Wohnung neben dem Drogistenehepaar Köhler erklärte sich in einem Antrag an das Wohnungsamt der Stadt Rendsburg zum Schein bereit, mit der jungen Familie Erichsen zu tauschen. In Wirklichkeit hatten die beiden eine Möglichkeit gefunden, zu ihren Kindern nach Kiel zu ziehen.

Die kleine Wohnung lag im zweiten Stock, gleich unter einem Trockenboden, der für alle sechs Mietparteien da war und auf den eine steile, ächzende Holztreppe führte. Beim Öffnen der Wohnungstür sah man einen winzigen Flur, in dem vier Garderobenhaken Platz fanden. Geradeaus ging es in die Wohnstube, in der unter dem rechten Fenster zur Straße hin zwei Sessel standen. Vor dem linken Fenster war Platz für einen Esstisch mit vier Stühlen und einen Kohleofen.

Wandte man sich von der Wohnungstür aus nach links, kam man in das Schlafzimmer. Für die Eltern stand hier ein Behelfsbett, denn das Hochzeitsgeschenk war in der Gartenstraße zurück geblieben und wurde von den englischen Offizieren benutzt. Das kleine Gitterbett war für den Säugling.

Das Zimmer hatte einen schmalen Fortsatz, der zum Fenster an der Rückseite des Hauses führte. Hier befanden sich ein Handwaschbecken und ein Tisch zum Wickeln des Kindes.

Links daneben, also auch an der Rückseite des Hauses, war die Küche mit Kohleherd, Küchenschrank und Speisekammer. Der Küchentisch stand vor dem Fenster, von dem man den Hof überblicken konnte. Der Tisch war ausziehbar, dabei kamen zwei Waschschüsseln zum Vorschein, in denen das Geschirr gespült oder Wäsche gewaschen wurde, denn dazu war das Waschbecken zu eng und zu tief.

„Auf halber Treppe" war das Klo, das man erreichte, indem man die Wohnung verließ und ein halbes Stockwerk die Treppe hinabstieg. Es war eine Kammer mit einem richtigen Becken und einer Wasserspülung, was in dieser Gegend nicht zum Standard gehörte. Die Abwässer wurden unten auf dem Hinterhof in einer Klärgrube gesammelt, die mit mehreren Betonbalken abgedeckt war. Klopapier gab es nicht, aber altes Zeitungspapier, sauber zurecht geschnitten und aufgespießt.

Rolf war glücklich. Es ging voran. Im Rathaus fühlte er sich wohl, seine freundliche Art, auf andere Menschen zuzugehen, machte es leicht, Kontakte zu knüpfen und Vertrauen zu wecken. Dabei kam ihm zugute, dass er nicht das Milchgesicht eines 16-jährigen Lehrlings hatte und kaum jemand auf den Gedanken kam, ihn zu duzen. Er hatte „Abitur mit Lebenserfahrung", wie es von den zurückgekehrten Soldaten hieß.

Stolz zeigte er sich an der Seite seiner jungen Frau und dem eierförmigen Korbkinderwagen, wenn sie spazieren gingen.

Johannes Erichsen lernt, sein Schicksal zu relativieren

Die Männer waren wie kleine Jungs. Sie alberten herum, riefen und lachten in die Wohnung hinein und wieder hinaus. Die Haustür mit dem scheppernden, gelben Ornamentglas wurde aufgerissen und wieder zugeschlagen. Militärstiefel trappelten auf dem Plattenweg halb zur Straße hinunter. Der darin steckende Mann in seiner Offiziersuniform stoppte, drehte sich um, nahm Anlauf und sprang von einer Rampe vorbei an seinen johlenden Kameraden hinein durch die weit geöffneten Fenster in den Raum dahinter, der wie ein schwarzes Loch erschien, ohne Gardine und ohne Blumentopf, der deutschen Gemütlichkeit beraubt.

Der Nächste nahm Anlauf, von lauten Rufen angefeuert. Niemand nahm Notiz von dem Mann auf der anderen Straßenseite, der, mit seinem Hund an der Leine, wie gebannt hinüber starrte.

„Geh weiter!", sagte ihm seine innere Stimme. „Tu dir das nicht an! Quäle dich nicht! Du bist ja doch machtlos gegen die! Nachher, zu Hause – zu Hause? Ja, mein Gott! Nachher, zu Hause, weinst du wieder stumme Tränen, wo du doch stark sein musst für deine kranke Frau, und kannst nicht schlafen."

Aber das, was uns böse erscheint, zieht uns in seinen Bann. Es ist der Spiegel, in dem wir uns erkennen und auch wieder nicht, der uns zeigt, wie viel von uns in den anderen steckt und von den anderen in uns. Die ewige Frage, wer der Bessere sei, muss beantwortet werden, so schwer es auch fällt.

„Ist es nicht", so dachte Johannes Erichsen, „ein Albtraum, dass man tatenlos zusehen muss? Diese Ohnmacht im Angesicht des Bösen, keine Heldentat ist möglich, nicht einmal um den Preis des eigenen Lebens! Was ist schlimmer, als wehrloser Zeuge zu sein?"

Für einen kurzen Moment qualte ihn die Vorstellung, dass seine Frau von Soldaten vergewaltigt werde, und er, gefesselt, konnte nichts tun. Dieser Gedanke drängte sich ihm auf mit einer Macht, die ihn kurz aufschreien ließ. Hatte er geschrien? Oder war ihm nur so, als hätte er?

„Komm, Pussi", sagte er. Endlich hatte er die Kraft, sich abzuwenden.

„Warst du schon wieder am Haus?", fragte Frieda, als ihr Mann das kleine Wohnzimmer betrat.

Erichsen nickte stumm. Es hätte dieses Zeichens nicht bedurft, genau wie die Frage überflüssig war.

„Ach, Hanne! Es ist doch nur ein Haus!", sagte sie. Aber ihr war klar, wie schwach dieser Trost für ihn war. Sie hatte mit ihm diesen Lebenstraum gelebt und mit ihm die Entbehrungen getragen. Ihre kleine Erbschaft war nur ein Anfang gewesen, und das Darlehen eines Westerrönfelder Bauern, aufgenommen in besseren Zeiten, als ihr Mann noch Arbeit hatte und ein furchtbarer Krieg jenseits seines Denkens lag, hatte beide von Anfang an zu großer Bescheidenheit gezwungen.

Vielleicht, dachte Frieda manchmal, hatte dieser unbändige Wille zur eigenen Scholle etwas zu tun mit der Vergangenheit ihres Mannes, der auf dem elterlichen Hof in Gammelby aufgewachsen war und seinem zwei Jahre älteren Bruder das Erbe überlassen musste, während er selbst das Dorf verließ, um etwas zu werden.

Was war geblieben? Alles schien verloren, und zu allem Überfluss war sie selbst eine Last.

„Die Wurzeln sind rausgekommen", sagte sie, um das Thema zu wechseln. „Und die Schalotten sehen gut aus!"

Johannes schwieg, während Pussi ihre quietschenden Jungen ableckte und anschließend aus ihrer Schüssel das Wasser schlapperte. Vier kleine zusätzliche Tiere, die nicht mehr gesäugt wurden, sondern fressen mussten. So niedlich sie auch waren.

„Vielleicht können wir morgen draußen sitzen, wenn die Kinder kommen. Wenn das Wetter so bleibt."

Die Kinder, das waren Rolf, Hilde und Peter. Mindestens einmal in der Woche kamen sie, entweder am „Beamtensonntag" oder am richtigen Sonntag. Johannes war begierig darauf, Neues aus dem Rathaus zu hören. Vor allem aber konnten sie alltägliche Informationen austauschen und sich an Rolfs nicht nachlassender Fröhlichkeit wärmen. Und der Kleine würde, wenn das Wetter so blieb, auf der Wolldecke im Garten sitzen, vor sich den bauchigen Steinguttopf gefüllt mit interessanten Dingen, die es immer wieder neu zu entdecken galt: eine Bürste, ein Schlüsselbund, eine Rassel, ein Stofftier, ein Stück Band, eine leere Garnrolle aus Holz. Oder er würde eifrig den Hundekindern hinterher krabbeln, bis er den Gemüsebeeten zu nahe kam und der Vater ihn mit einem Schwung durch die Luft zurück auf die Wolldecke zwang.

Es waren die Höhepunkte in ihrem Leben.

* *Johannes Erichsen quält sich*

Aber er konnte es nicht lassen.

Immer wieder zog es ihn bei seinen verzweifelten Spaziergängen zu seinem Haus. Wenn er sich der Gartenstraße 27 näherte, spürte er sein Herz gegen die Rippen schlagen, und er schalt sich einen Narren, dass er wie ein Pennäler fühlte, der die Obrigkeit herausforderte und doch ständig mit der Versuchung kämpfte zu fliehen.

Sie hatten sich eingenistet, die Engländer, und kümmerten sich nie um den hageren, hochgewachsenen Mann auf der anderen Straßenseite, der seinen Schritt leicht verzögerte, damit er einen Blick auf die Auffahrt werfen konnte. Der Rasen vor dem Haus war eine ungepflegte Wiese geworden, die sandige Auffahrt zertrampelt und übersät mit dem Abwurf der hohen Kiefern, und das schmale Blumenbeet gleich hinter der Straßenpforte hatte nichts Frisches, wenn das Steinkraut vergangen und die japanische Quitte verblüht war.

Aber das war es ja nicht allein, was ihn innerlich verzehrte. Man hatte ihn nicht nur aus seinem Paradies vertrieben, sondern auch aus dem Ort, der für ihn öffentliche Bestätigung und Anerkennung war, wo man ihn brauchte. Wenn er, selten genug, seine alte Wirkungsstätte betrat, fühlte er sich nicht mehr als Stadtrentmeister, der er doch war, nicht einmal als Gast, sondern als Vertriebener mit Dreck an den Händen. Bis ein alter Kollege ihm über den Weg lief und ihn mit Herzlichkeit begrüßte. Das tat ihm gut, und er verließ jedes Mal das Rathaus mit einem bittersüßen Gefühl.

Der unfreiwillige Ruhestand hatte ihm viel freie Zeit beschert, die er als Belastung empfand. Natürlich war es gut, dass er sich um Frieda kümmern konnte. Und das behelfsmäßige Gartenhaus in der Flurstraße, in der kalten Jahreszeit eher eine lebensfeindliche Notunterkunft, schien im Sommer ein Segen. Da hatte es Nachbarn von ihnen viel schlimmer getroffen, die in Dachkammern ohne Heizung oder in Garagen und in Aufenthaltsräumen von Werkstätten hausten.

Doch es fehlte ihm die Mitte, das sichere Gefühl, einer Bestimmung zu folgen. Einmal, als er seine Schritte wieder beschleunigte und sich von seinem Haus entfernte, sah er sich von außen wie ein Wandergesell, dem es verboten war, sich seiner Heimat mehr als fünfzig Schritte zu nähern – mit dem Unterschied, dass er sie nicht freiwillig verlassen hatte. Und er bildete sich ein, Vater, Mutter, Frau und Kind waren da druben, und er rief, aber auch das Rufen war ihm verboten, und er wurde stumm. Der Schmerz trieb ihm die Tränen ins Gesicht.

In der Mitte des Jahres 1947 entdeckte er eine Veränderung. Kein Willy-Jeep vor der Tür, keine lässigen Soldaten, die kamen und gingen und bei offenen Fenstern ihre gestiefelten Beine auf die Fensterbank legten, während von innen eine Big Band „In the Mood" spielte. Stattdessen Ruhe, gelegentlich ein Kind, das vor dem Haus spielte, und eine Frau, die es rief, während sie eine Topfgeranie goss.

Johannes erzählte seinem Sohn davon. Über Umwege fand Rolf heraus, dass die Gartenstraße 27 jetzt von einer Offiziersfamilie bewohnt war. Ähnliche Entwicklungen gab es in anderen Teilen der Stadt und sorgten für Empörung, besonders bei den Hausbesitzern, die nach wie vor keinen unwesentlichen Einfluss hatten. Beispiele wie das der Familie Kühn, die ganz in der Nähe in der Mittelstraße ein Haus mit 14 Zimmern besaß, das jetzt nur von einem Ehepaar mit vier Kindern bewohnt wurde, erregten die Einheimischen und führten in Flensburg zur Gründung einer Interessengemeinschaft. Manche Gebäude standen leer und waren das Ziel umher ziehender Diebesbanden. Gleichzeitig wurde die Wohnungsnot immer größer.

Politisch gab es Zeichen, dass nicht alles bleiben sollte, wie es war. Im Lande bemühte sich seit April eine gewählte Landesregierung um Eigenständigkeit, und der neue Ministerpräsident Lüdemann gab bekannt, dass die Entnazifizierungsausschüsse nunmehr unter seiner Aufsicht stünden. In zartem Aufbegehren hatte die Kreisfeststellungsbehörde von der Besatzungsmacht Listen von Einrichtungsgegenständen angefordert, um den Eigentümern der besetzten Häuser Entschädigungsansprüche zu sichern.

Im Juli 1947 fasste die Wohnungskommission der Stadt Rendsburg ihren Ärger in einem Beschluss zusammen, der so auch vom Senat der Stadt übernommen wurde:

„Die Überfüllung unserer Stadt und die damit verbundenen Unterbringungsverhältnisse haben die Wohnungskommission zu einer totalen Zuzugssperre veranlasst. Trotz dieser Maßnahme werden täglich viele berechtigte Zuzugsanträge gestellt, die von Seiten der Menschlichkeit aus gesehen unbedingt genehmigt werden müssten. Dem steht die unmögliche Frage der Wohnraumbeschaffung und die Bemühungen des Ministerpräsidenten Lüdemann, Schleswig-Holstein von Flüchtlingen zu entlasten, gegenüber.

Die Wohnungskommission kann die Verantwortung nicht mehr übernehmen, diese berechtigten Zuzugsanträge abzulehnen oder zu genehmigen. Der Senat wird daher gebeten, bei der Landesregierung und Militärregierung vorstellig zu werden, damit

1. die Möglichkeit einer Freigabe der Häuser, die zurzeit nicht bewohnt oder nicht voll ausgelastet sind, aber von der Militärregierung beschlagnahmt wurden,

2. die Freigabe der beiden Blocks Wrangelkaserne und die der beiden Blocks, die zum Krankenhaus, Blottnitzkaserne, hinzukommen sollen,

geschaffen wird.

Nachfolgend eine Aufstellung der in Frage kommenden Häuser …"

Zusammen mit seinem Sohn verfasste Johannes Erichsen einen Antrag an die Militärregierung auf Freigabe seines Hauses. Er wies darauf hin, dass es für eine Familie doch viel zu groß sei. Vor allem aber leide seine schwer kranke Frau Frieda Erichsen unter den ungesunden Wohnbedingungen in dem Gartenhaus in der Flurstraße.

Wer sich eine überregionale Zeitung wie „Die Welt" leisten konnte, las dort, dass die Rückgabe beschlagnahmter Häuser gut voran komme. Doch davon war in Rendsburg und Umgebung nichts zu spüren. Der Antrag von Johannes Erichsen wurde abgelehnt.

* *Der Kampf, der mit jedem Tag neu beginnt*
Der Sommer ging dahin.

Für die meisten Menschen war das Überleben ein Kampf, der mit jedem Tag neu begann. Die Erfahrungen mit den überaus harten Wintern, die sogar den Kanal zufrieren ließen, hätten sie deshalb klüger machen können. Aber es ist wohl so, dass oft das Eichhorn schlauer ist als der Mensch. Der warme Sommertag lässt die dunklen Schatten schmelzen. Heißt es doch „Heute ist heut" in einem Volkslied, komme, was da kommen mag.

Regierung und Behörden waren sich ihrer Verantwortung bewusst und riefen dazu auf, das Gas, sofern es überhaupt in den Leitungen war, keinesfalls zum Erhitzen von Wasser zu verwenden. Für einen Stromverbrauch über die zugeteilte Menge hinaus wurden Strafen angedroht.

Und zum Torf graben wurde dringlichst aufgerufen, denn schon jetzt war abzusehen, dass die Versorgung mit Steinkohle und Briketts im kommenden Winter nicht reichen würde. Ja, es wurde sogar mit einer Schwerarbeit-Zulage geworben, und die Firma A. Denker bot ab Juli Busfahrten zum Stadtmoor, Abfahrt morgens um 7 Uhr am Paradeplatz. Der Zuspruch jedoch war gering. Man konnte denken, den Menschen ginge es noch nicht schlecht genug. Aber sie wollten nur vergessen und hatten die große Sehnsucht nach dem unbeschwerten Tag.

Auch Frieda und Johannes hatten die graue Zeit vergessen. Nur an kalten und regnerischen Tagen wurde ihnen bewusst, wie feucht und dunkel ihr Gartenhaus war, und dass es ihrer Gesundheit nicht zuträglich sein konnte.

Eines Tages entdeckte Johannes, als er durch den morgenfrischen Garten ging, hinter den Feuerbohnen, die an hohen Stangen empor gerankt waren und reiche Früchte trugen, das halb zerstörte Möhrenbeet. Die Wurzeln, wie er sie nannte, hätten noch eine Weile an Gewicht zulegen müssen. Doch jetzt waren sie wahllos und in aller Eile herausgerissen und gestohlen worden. Die völlig zerwühlte Erde zeigte Abdrücke von nackten Füßen, die wegen ihrer Größe wohl nicht von Erwachsenen stammen konnten.

Augenblicklich wallte Zorn in ihm auf. Er widerstand dem Impuls, sofort an die Arbeit zu gehen, um die Ordnung wieder herzustellen, und eilte zurück ins Haus, um seiner Frau diesen Frevel anzuzeigen. Wenn er auch immer daran dachte, sie zu schonen, so wusste er doch instinktiv, dass ihre abwägende Art seinen Mut kühlen konnte. Und das gab ihm die Gelegenheit, die erste Blindheit abzulegen und sich dem Vorfall mit größerer Ruhe zu nähern.

Gemeinsam erinnerten sie sich daran, dass Pussi in der Nacht, es konnte auch in der Morgendämmerung gewesen sein, geknurrt und gebellt hatte. Das kam hin und wieder vor, wenn ein Igel unterwegs war, auch die Ratten vom nah gelegenen Müllplatz hatten sie im Verdacht.

Eine Untersuchung des Tatorts ergab, dass die primitive Einfriedigung des Grundstücks an einer Stelle herunter getrampelt war. Johannes stellte sich auf den zertretenen Wall und bog die Zweige des Haselstrauches zur Seite. Hinter einer verwahrlosten Brachfläche erkannte er die lang gestreckten Baracken des Eider-Lagers. Die Flüchtlinge dort waren für ihn ein fremdes Volk. Er vermied es, ihnen zu nah zu kommen, und wenn es nicht anders ging, grüßten sie nicht, und er sah deshalb auch keine Veranlassung zu nachbarschaftlicher Freundlichkeit.

In den nächsten Tagen suchte er die Nähe der Baracken und warf scharfe Blicke auf die Menschen.

* *Das Schicksal eines Flüchtlingsjungen*

Der Sack war noch nicht einmal viertel voll. Aber das war genug, hier in den Kleingärten musste man vorsichtig sein, konnte man nicht weit genug sehen. Deswegen bevorzugte Friedrich Helm die Morgendämmerung kurz vor Sonnenaufgang, da schliefen die Leute noch. Draußen auf den Feldern des Bauern von Hoheluft, oder – noch besser – auf den Feldern von Nübbel, da sah und hörte man die heranstürmenden Wächter sehr schnell.

Friedrich trat auf den Wall. Der alte Mann, der in dem Gartenhäuschen wohnte, hatte die Einfriedigung nach seinem ersten „Besuch" repariert, aber es war überhaupt kein Problem gewesen, den Drahtverhau wieder zu zertreten. Jetzt schob sich Friedrich vorsichtig durch die Haselhecke. Als sich der Sack verhakte, drehte er sich um und löste ihn.

Plötzlich spürte er den eisernen Griff einer Hand an seinem Nacken. Der Schreck zuckte durch seinen Körper wie ein Stromschlag. „Hab ich dich, Freundchen!", hörte er eine männliche Stimme.

Ohne nachzudenken, stieß Friedrich seinen Kopf nach hinten und legte das Gewicht seines Körpers in diesen Stoß. Er fiel rückwärts den Wall hinunter gegen den Körper des Mannes, der überrascht aufschrie. Dann lag Friedrich im Gras, aber wie eine Feder schnellte er wieder hoch und wandte sich zur Flucht.

Johannes Erichsen versuchte vergeblich, ihn festzuhalten. Aber den Sack konnte er greifen. Der Junge drehte sich zu ihm um und zog wie besessen. Er hatte kurze, mittelblonde Haare, seine Stirn glänzte feucht über böse verkniffenen Augen.

„Komm, Junge! Gib auf!", keuchte Erichsen. Die ungewohnte Aufregung und Anstrengung hatte auch seinen Körper erfasst. „Ich kenn dich doch jetzt!"

Das Kräfte messen dauerte einige Sekunden, in denen Erichsen sich abwartend verhielt. Eigentlich hatte der Junge keine Chance, irgendwann würde er loslassen müssen. Aber er kämpfte, als ginge es um sein Leben. Sein Mund war ein schief erstarrtes Loch, die Augen weit aufgerissen mit einem Ausdruck höchster Not und Angst. Erichsen hatte die Vision eines Todgeweihten, eines Bergsteigers, der in der Steilwand den letzten Halt verliert. „Warum kämpft er so? Das hat doch keinen Sinn!", dachte Erichsen, und dann bemerkte er die Tränen.

Er wurde völlig überrascht, als der Junge dem Zug plötzlich nachgab und in ihn hinein stürzte. Erichsen fiel, und augenblicklich war der Dieb mit seiner Beute in Richtung Straße unterwegs, überquerte sie und verschwand in einem Seitenweg. Verdammt, dachte er ärgerlich. Doch dann hatte er das Gesicht des Jungen vor Augen. Diese Verzweiflung! Die Tränen! Was ging in diesem Jungen vor?, wunderte sich Erichsen. Langsam ging er um seinen Garten herum zurück zu seinem Haus.

Schwer atmend und aus sicherer Entfernung beobachtete Friedrich Helm den alten Mann.

Er hatte Angst. Er hatte Angst, seit er denken konnte. Jedenfalls erinnerte er sich nicht an eine Zeit des Friedens und des Glucks. Oder doch – er war mal mit anderen Kindern an einer Badestelle am Ufer der Deime, da hatten sie gelacht und mit Wasser gespritzt, und Erwachsene waren nicht dabei gewesen.

Aber zu Hause war er nicht gern.

Manchmal durfte er nicht zur Schule gehen. „Heute bleibst du hier!“, sagte sein Vater dann in seinem typischen Kommandoton. „Ich brauch dich beim Heu.“

Einmal hatte er seine Enttäuschung nicht verbergen können und geantwortet: „Aber heute ist doch unser Sportfest!“ Kaum hatte er das ausgesprochen, riss ihm eine gewaltige Ohrfeige das Gesicht zur Seite, und er hörte seinen Vater brüllen. Als er die Augen wieder öffnete, sah er seine Mutter am Küchentisch wie ein gefangenes Tier mit großen, traurigen Augen.

Dann musste der Vater doch noch seinen Dienst fürs Vaterland leisten, obwohl er schon recht alt war. „Pass auf deine Mutter auf!“, sagte er beim Abschied. „Du bist jetzt der Mann im Haus.“

Friedrich wusste nicht recht, was sein Vater damit meinte. Er war doch mit seinen zwölf Jahren noch gar kein Mann. Und was sollte er jetzt tun, was er vorher nicht auch getan hätte? Und außerdem stimmte es ja gar nicht mit dem Mann im Haus. Da waren ja Stanislaw und Jerzy, die beiden Polen. Die mussten zwar draußen in der Waschküche essen, wenn die Familie in der Küche saß. Aber sie waren richtige Männer und hatten unglaubliche Kraft.

Im Dezember lag tiefer Schnee, und auf dem Hof war nicht viel zu tun. Seit Tagen hörten sie ein fernes Grollen, und manchmal des Nachts sahen sie Blitze, die wie ein Unwetter den Horizont im Osten beleuchteten.

Alle wussten, dass die Russen kamen. Jeder hatte Angst vor ihnen. Sie waren primitive Biester, gewalttätige Untermenschen aus dem Osten, die Kinder quälten und Frauen töteten. Alle erzählten das, die Lehrer in der Schule, die Jungvolkführer und die Leute auf der Straße im Dorf.

Mitte Januar hielt es der Ortsgruppenführer nicht mehr aus. „Alles raus!“, rief er voller Entsetzen, als ihm telefonisch übermittelt wurde, wie nah die feindlichen Truppen standen. Die Pregel westlich von Insterburg lag schon in Reichweite der Geschütze.

Darauf hatten die Leute nur gewartet. Die Planwagen mit den Pferden wurden nun fertig gepackt und zu Gruppen zusammen gestellt. Friedrichs Heimatdorf bildete einen Treck von zwölf Wagen, der sich sofort in Bewegung setzte. Jerzy und Stanislaw nahmen die Zügel in die Hand.

Für den Jungen brachte der Aufbruch nur ein kurzes Aufflackern von Abenteuerlust, wie es die Pimpfe vom Jungvolk genossen. Die Menschen auf dem Treck waren angespannt und ernst, kein fröhliches Wort flog zwischen den Planwagen hin oder her. Sehr schnell spürte Friedrich die mühsam verborgene Panik der Frauen, und als seine Mutter weinte, glaubte er ihr nicht mehr, dass es die Kälte sei, die ihr Gesicht gerötet und die Tränen in die Augen gezwungen habe.

Was dann folgte, war ein wochenlanger Schrecken.

Friedrich wollte nicht mehr daran denken. Er verzog sein Gesicht zu einer Zähne fletschenden Fratze und schlug die Handknöchel der geballten Faust mehrmals gegen seinen Schädel. Die Bilder der Flucht überfielen ihn immer wieder ohne Vorwarnung und lähmten, nahmen ihm die Konzentration.

Das war gefährlich. „Pass auf deine Mutter auf! Du bist jetzt der Mann im Haus!" Verdammt noch mal! Er versuchte es ja! Er gönnte sich keine Ruhe, er durchstreifte wie ein Raubtier die Gegend auf der Suche nach Fressen. Friedrich grinste schief: Wie ein Raubtier auf der Suche nach Fressen! Das gefiel ihm! So wollte er gesehen werden! Er wollte keine Angst mehr haben!

* *Johannes Erichsen geht in das Flüchtlingslager*

„Ja, ja, die Flüchtlinge!", seufzte Bauer Mohr. „Ick glöv, denn Jung kenn ick. Dee hett bi mi ook schon krumme Finger maakt. – Aber zäh und schnell wie ein wildes Tier!"

Der Hof des Bauern von Hoheluft lag nördlich der Flurstraße, ganz in der Nachbarschaft. Mohr hatte Erichsen drei der jungen Hunde abgenommen. Ab und zu trafen sie sich, der blasse Bauernsohn ohne Land und der rotwangige Landmann, und tauschten sich aus.

„Aver de Flüchtlinge sünd nich de Schlimmsten. Dee hebbt nur Hunger, Herr Erichsen. Die Fremdarbeiter! Plünnern und Moord! Dat is rein to dull! Worüm ward dee nich torüch bröcht in eere Heimat?"

Bauer Mohr hatte keine Vorstellung davon, was sich während des Krieges in der Lagern für Fremdarbeiter abgespielt hatte. Seine Erfahrungen mit den „Displaced Persons", wie sie jetzt hießen, waren durchaus positiv. Zwei Frauen hatten auf seinem Hof gearbeitet, sie waren fleißig, nur ein wenig zu unterwürfig, wie er meinte. Er habe sie gut behandelt.

Es gab tatsächlich Banden, die einbrachen und plünderten. Und es stimmte, was man sich erzählte: Dass die Tötungsdelikte im Kreisgebiet deutlich zugenommen hatten. Die Mörder waren meistens Einzeltäter, und viele von ihnen beglichen offene Rechnungen. Genaues wusste niemand, denn die Landeszeitung war noch nicht wieder zugelassen. So waren alle auf Hörensagen angewiesen. Möglich war auch, dass sich die Zahl der Gewaltverbrechen noch im Rahmen hielt – gemessen an dem Leid der aus ihrer Heimat verschleppten Menschen. Johannes Erichsen nahm sich vor, bei Gelegenheit den Leiter der Kriminalpolizei Karl Jöhnk zu fragen, der zu seiner alten Nachbarschaft in der Gartenstraße gehörte.

„Kümmt dee Jung ut dat Eider-Looger?", fragte Mohr. Und als Erichsen nicht sofort reagierte: „Der, von dem Sie erzählt haben."

„Ick glööv. – Ick moot mit sien Öllern schnacken. So geiht dat doch nich! Un hee weer ook so merkwöördig."

Bauer Mohr fand, das sei eine gute Idee. Aber er riet ihm, vorsichtig zu sein: „Veel Lüüt ut dee Lagers maakt lange Fingers. Männichmool schick see de eegene Kinner. Un denn heet dat: Unterstah di un kumm trüch mit leddige Hänn!"

Für Johannes Erichsen war das kein leichter Gang. Es hatte ihn schon große Überwindung gekostet, sich mit dem Jungen anzulegen. Lächerlich, wie er jetzt fand, mit einem Halbwüchsigen an einem Gemüsesack um die Wette zu zerren. Jetzt musste er einen Schritt weiter gehen: Mit den Erziehungsberechtigten ein ernstes Wort reden, möglichweise sich mit ihnen streiten. Das lag ihm nicht. Vielleicht hätte er sich davor gedrückt. Aber Bauer Mohr gegenüber hatte er sich festgelegt. Daran fühlte er sich gebunden.

Der Regen in der vergangenen Nacht war gut für den Garten gewesen. Jetzt am Vormittag nieselte es leicht in feuchtwarmer Luft aus dem gleichförmigen Grau des Himmels.

Wie die Priele im Wattenmeer zogen sich die schmalen und breiten Wasserströme schwungvoll durch das sandige Gelände zwischen den Baracken und sammelte sich in ausgedehnten Pfützen. Ein paar Kinder liefen mit nackten Füßen hindurch und kreischten und wirbelten die Arme hoch in die Luft.

Erichsen betrat zum ersten Mal das Flüchtlingslager und sprang hier und da über die Wasserflächen, um sich seine Schuhe nicht gar zu sehr einzusauen. Nebenan in seinem Gartenhaus hatte er Gummistiefel stehen, aber dazu war es nun zu spät. Eine junge Frau mit Kopftuch und Schürze kam ihm entgegen.

„Entschuldigen Sie", rief er ihr entgegen, „ich suche einen Jungen hier aus dem Lager. Er ist ungefähr so groß", und dabei hielt er seine Hand in Schulterhöhe, „und er hat meistens ein braunes Hemd an, oder eher rotbraun, und er hat kurze blonde Haare. Ein hübscher Bengel. Wissen Sie, wen ich meine?"

„Nee", meinte die junge Frau. „Aber gehen se doch mal zur Lagerleitung da hinten! Da könn se geholfen werden. Ludwig Brammer heißt der."

Als Erichsen die kleine Baracke erreicht hatte, waren seine Füße nass. Dankbar balancierte er auf den Trittsteinen, die durch den eingefriedeten Garten auf die Schreibstube zuführten. Er klopfte.

Als er nichts hörte, öffnete er die Tür. „Füße abtreten!", dröhnte eine ärgerliche Stimme. Gehorsam trat Erichsen einen Schritt zurück und benutzte den Fußkratzer, stampfte zwei Mal heftig auf und schloss die Tür hinter sich. „Herr Brammer?"

Ludwig Brammer war ein kerniger Vierzigjähriger mit kräftiger Gesichtsfarbe und rotblonden Haaren, die wie gerupft aussahen. Er war gar nicht so unfreundlich, wie seine Stimme geklungen hatte. Er blickte zunächst etwas erstaunt auf seinen Gast und zeigte sich dann sehr auskunftsbereit.

Nein, wer der Junge sei, könne er so auf Anhieb wirklich nicht sagen. Ob Erichsen wisse, dass hier weit mehr als hundert Menschen lebten? Ja, da staune er, was? Wo er doch nebenan in der Flurstraße wohne! Na ja, für die Flüchtlinge interessiere man sich nicht besonders in der Bevölkerung, das sei ja auch verständlich. Aber hochanständige Leute seien darunter! Wenn man bedenke, was die hinter sich hätten!

„Natürlich ist noch nicht alles so, wie es sein soll", fuhr Brammer fort. „Ich zeig Ihnen mal was", sagte er und zog seinen Gast ans Fenster. Von hier aus sah man drei der lang gestreckten Wehrmachtsbaracken mit sechs Sprossenfenstern an den Längsseiten und den Abzugsrohren auf den Dächern. Die schmutzig grau-braunen Holzwände sahen aus, als hätten sie sich stellenweise mit Wasser voll gesogen. Unter den Fenstern hatten die Bewohner ihre Gärten angelegt oder Drahtgestelle für die Stallhasen aufgestellt. Ein alter Mann war dabei, Kanäle zum Abfließen des Wassers zu graben.

„Das ist Endrikeit. Verdient sich bisschen was dazu. – Seit zwei Jahren kämpfe ich dafür, dass vernünftige Wege angelegt werden! – Und da, weiter links! Sehen Sie den Abfallhaufen? Der kommt jetzt weiter weg, hat mir die Stadt zugesagt, nachdem ich wieder und wieder vorstellig geworden bin. Komm Sie mal vorbei, hab ich denen gesagt, da können Sie Ratten sehen, den ganzen Tag über! Na ja, nun wollen sie das machen. Und dann soll gleich ein vernünftiger Kompost …"

„Da ist er!", rief Erichsen dazwischen und zeigte nach draußen. „Der Junge, nach dem ich gefragt hab!"

„Der? Ja, den kenn ich. Das ist der Friedrich. Friedrich Helm. Der hat was erlebt auf der Flucht! Arme Mutter! – Übrigens, wenn Sie die besuchen wollen: Ich erwarte die Ungezieferleute, die sollen die Stuben mal wieder ausgasen. Wanzen! Nur, dass Sie Bescheid wissen!"

* *Johannes Erichsen lernt etwas über Flüchtlinge*
Baracke 2, dritte Tür links. Der Eingang lag an der Giebelseite zur Straße.

Das erste, was Johannes Erichsen wahrnahm, als er eintrat, war der überwältigende Gestank. Er konnte es nicht anders nennen.

Es traf ihn unvorbereitet und gab ihm unmittelbar das Gefühl, ein Eindringling zu sein. Gestank ist fast immer sehr intim.

Es stank nicht nach Exkrementen, es hatte auch keine Ähnlichkeit mit dem Inhalt der Klärgrube, wenn die Leute von der städtischen Abfuhr in die Gartenstraße kamen und den halb zersetzten Schlick abpumpten.

Aber es war auch nicht besser. Es war eine üble Mischung aus gekochten Rüben und gebratenen und angebrannten Kartoffeln, dazu ein Geruch nach Gurken und ungewaschenen, durchgeschwitzten Lumpen und Seifenlauge.

Was ihm noch auffiel: Vor ihm lag ein breiter dreckiger Gang, der irgendwo in der Dunkelheit endete, erleuchtet nur von dem schmalen Oberlicht über dem Eingang hinter ihm und einer einzigen funktionierenden Deckenlampe im vorderen Bereich. Die Bretterwände hatten zur Decke hin unter den Spinnenweben noch einen weißen Anstrich, aber in Menschenhöhe schienen Jahrhunderte an ihnen entlang gescheuert zu sein. Ein Bettrahmen aus Metall, eine Zinkwanne auf einem hölzernen Kasten, ein zerlegtes Fahrrad engten den Weg ein, und der Fußboden hatte die Farbe von nassem Sand angenommen.

Es war ein Summen und Murmeln in der Luft wie von einer großen Menschenmenge, eine zaghafte Stimme sang irgendwo, eine andere lachte, eine andere schrie auf, nachdem ein metallener Gegenstand auf den Fußboden gepoltert war.

Erichsen ging zögernd weiter und schaute rechts und links auf die Namen an den Türen. „Fenske" war mit Kreide geschrieben, „Familie Strehlow" stand auf einem angeklebten Zettel, „Podszun" war in eine Holzscheibe geschnitzt, was in dieser Umgebung ordentlich etwas hermachte.

An der dritten Tür links war kein Name zu lesen. Erichsen klopfte.

Er löste damit ein Gespräch aus, das er deutlich verfolgen konnte: „Hä? Da klopft jemand?" – „Vielleicht Herr Brammer. Geh, mach schon auf!" – „Glaub ich nicht, das hat er noch nie gemacht." – „Oder unsere Nachbarn!" – „Ja, aber dann sagen sie doch immer, wer sie sind!"

Das Gespräch war beendet, und doch hörte er ein aufgeregtes Flüstern.

Völlig überraschend wurde die Tür aufgerissen, und im selben Augenblick rief eine Mädchenstimme triumphierend: „Friedrich!". Als das Kind seinen Irrtum erkannte, riss es die Augen auf, ließ die Türklinke los und lief zurück ins Zimmer. Erichsen hörte, wie sie halblaut flüsterte: „Oma, da ist ein Mann!"

„Ja?"

Der Kopf der Oma tauchte hinter dem Türblatt auf, ein mageres Gesicht, kleine runde Augen in den Knochenhöhlen, die den Fremden skeptisch ansahen. Die silbernen Haare verschwanden widerstrebend unter einem schwarzen Häkelnetz.

„Entschuldigen Sie! Sind Sie vielleicht Frau Helm?"

„Frau Helm ist meine Schwiegertochter. Was wollen Sie?"

„Es tut mir Leid, wenn ich störe", sagte Erichsen. „Ich bin ein Nachbar aus der Flurstraße. Es geht um Ihren Enkel, den Friedrich. Ich würde gern mal mit Ihnen sprechen."

Stumm zog die alte Frau die Tür vollends zurück und bat ihn mit einer Handbewegung herein.

Spätestens jetzt fragte sich Johannes Erichsen, was um Himmels Willen er hier eigentlich wollte. Das Gefühl, in den intimen Mittelpunkt einer fremden Existenz eingedrungen zu sein, machte ihn fassungslos.

Scham und Verlegenheit verengten seinen Blick, und doch reichte es aus, was er schemenhaft am Rande seiner Wahrnehmung spürte: Die jüngere Frau, die, halb verdeckt von aufgehängter Wäsche, grau und traurig mit geschlossenen Augen auf dem Bettgestell lag, die er nicht direkt anzublicken wagte. Daneben, aufgetürmt unter dem Fenster, mehrere Strohsäcke. Zwei Mädchen im Grundschulalter, die ihn neugierig anstarrten. Eine rostige Brennhexe mit Kochstelle und Bratröhre, die eiserne Kälte ausstrahlte – vielleicht auch, weil Wasser auf das Ofenrohr tropfte. Die verschmutzten Wände, an denen alles hing, was die Familie zu besitzen schien: Ein Pfannenmesser, ein Schöpflöffel, Kartoffelstampfer, eine Handtasche, ein Einkaufsnetz, eine Reibe und aufgespießte Fotos.

Erichsen ahnte, dass Armut und Not Begriffe waren, die sich einer klaren Definition entzogen. Am liebsten hätte er sich umgedreht und wäre geflohen. Und so kostete es ihn große Überwindung, sein Anliegen vorzubringen, Friedrich des Mundraubs zu bezichtigen. Er fühlte sich schlecht dabei, und als er in seiner Unsicherheit sich bemüßigt fühlte, die eigene Bedürftigkeit anzuführen, er müsse für seine kranke Frau sorgen und brauche das Gemüse für den Eigenbedarf, da begann er sich zu hassen.

„Sag dem Herrn, wie es ist!" Erichsen drehte sich um zu der Frau auf dem Bett. Sie hatte die Augen aufgeschlagen und sich auf die Ellenbogen gestützt. Ihre grau werdenden Haare waren stramm nach hinten gekämmt und endeten in einem struppigen Knoten. Sie blickte gleichgültig und furchtlos wie jemand, dem man nichts mehr antun konnte.

„Sag dem Herrn, dass wir nicht genug zu essen haben! Sag ihm, dass wir hungern! Sag dem Herrn, dass meine Kinder nicht zur Schule gehen können, weil sie ohne Schuhe sind!" Ihre Stimme wurde lauter, anklagend. „Sag dem Herrn, dass wir in Ostpreußen eine große Landwirtschaft hatten! Sag ihm, dass wir unsere Heimat verloren haben! Sag ihm…" Ihre Stimme ging in Schluchzen über. Sie ließ ihren Oberkörper zurück sinken auf den Strohsack, der als Matratze diente, und mit einem Ruck drehte sie ihren Kopf zur Wand und schob sich die geballte Hand in den Mund. Leise bebte ihr Körper.

Die beiden Kinder hatten unterdessen ihr Interesse verloren und spielten auf dem Fußboden unbekümmert mit grob geschnitzten Figuren. Sie stießen tierische Laute aus und schienen in keiner Weise irritiert. Im Nachbarzimmer murmelten Stimmen, bis ein lautes „Nein!" erklang.

„Sie müssen meine Schwiegertochter entschuldigen", sagte die alte Frau. „Das Schicksal hat es nicht gut mit ihr gemeint. – Darf ich Sie bitten, mit nach draußen zu kommen?"

„Natürlich!", sagte Erichsen. „Es tut mir so leid. Ich hätte das nicht sagen dürfen."

„Friedrich ist ein guter Junge!", sagte Frau Helm mit brechender Stimme gegen die Wand. „Friedrich ist ein guter Junge!"

Draußen im Dämmerlicht des Flurs entfernten sie sich ein Stück vom Zimmer der Familie. Der Sand knirschte.

„Ich werde mit meinem Enkel reden", begann die alte Frau. „Wir wollen in Frieden mit unseren Nachbarn leben."

„Das ist nicht so schlimm!", versuchte Erichsen nachzugeben.

„Doch, doch, doch! Eigentum eines andern muss man achten! – Wissen Sie, es ist nun schon über zwei Jahre her. Aber es ist so schwer … die Bilder, wissen Sie? Sie sind immer da. Der Treck, in Eiseskälte, und dann stirbt ihr das Kind in den Armen. Und sie hat es noch nicht mal gemerkt! Die Windeln, sie waren nass, sind dann gefroren. Und dann haben wir das Kind in den Schnee gelegt. Wir mussten ja weiter. Die hinter uns riefen: Los, los, los! Die Russen, die sind schon da hinten! – Da waren so viele tote Menschen, steif gefroren am Rand der Straße! Das vergessen Sie niemals, niemals."

Erichsen schwieg, weil ihm nichts einfiel, was er sagen konnte.

„Mein Sohn musste noch in den letzten Tagen an die Front. Wir haben bis heute nichts von ihm gehört. Und mein Mann wollte nicht mit, der sture Kerl. Er wollte seinen Hof bewachen. Die Russen gehen auch wieder, hat er gesagt. Wie 1914, hat er gesagt."

„Und wie sind Sie da raus gekommen?", fragte Erichsen.

„Ach, Herr Erichsen. Das ist eine lange Geschichte. Vielleicht sehn wir uns mal wieder. Ich muss jetzt zurück, mich um meine Schwiegertochter kümmern."

Und so endete diese Begegnung, die Johannes Erichsen tief erschütterte.

Als sein Sohn Rolf mit Familie am Mittwochnachmittag zu Besuch kam, versuchte er allen davon zu erzählen.

„Ja, ja. Die Flüchtlinge!", sagte Rolf und grinste. Sein Vater wirkte auf ihn sehr bedrückt, und er wollte ihn gern etwas aufmuntern. „Kennt ihr den? Ein Vater macht sich Sorgen um seine minderjährige Tochter, sie wirkt niedergeschlagen. Eines Tages stellt er sie zur Rede, und da gesteht sie ihm unter Tränen: Ich bin schwanger! – Was?, sagt der Vater. Und wer ist der Vater? – Ein Schwarzer!, schluchzt die Tochter. Nun ist die Wahrheit raus! – Gott sei Dank!, rief der Vater. Ich dachte schon, es wär ein Flüchtling!"

Rolf lachte sein ansteckendes Lachen, und Frieda und Hilde fielen ein.

„Du hast das nicht verstanden", sagte Johannes Erichsen.

Ein Junge sollte wie ein Junge aussehen

„Einen wunderschönen guten Tag, Heinrich! Hab dich lange nicht gesehen! Ich glaub, du brauchst dringend einen feschen Haarschnitt!"

Der rotlockige Frisör Mahler stand in seinem weißen Kittel auf den Stufen seines Geschäfts vor der Fassade mit den Rundbogenfenstern und lachte. Dabei ließ er seine Schere in schneller Abfolge mit einem leisen „Klack-Klack-Klack" die warme Luft zerschneiden.

„Keine Arbeit, kein Geld!", rief Heinrich zurück, ohne seinen Schritt zu bremsen.

„Habt ihr euer Kopfgeld schon auf den Kopf gehauen?", fragte Mahler. Die Währungsreform[10] vor zwei Wochen hatte auch den Arbeitslosen zunächst einmal 40 neue Deutsche Mark beschert. Plötzlich waren die Schaufenster der Läden verführerisch gefüllt mit lang vermissten Waren, und die meisten konnten der Versuchung nicht widerstehen. Wer wusste schon, wie lange dieses Schlaraffenland bestehen würde? Und so war das kostbare Geld bald ausgegeben.

„Dazu sag ich nichts!", rief Heinrich, der jetzt kurz stehen geblieben war. „Aber n Frisör kann ich mir momentan nicht leisten. Das macht jetzt meine Frau. Sie setzt mir den Pisspott auf und schneidet drum rum!"

„Oh, oh, oh!", rief der Frisör. „Wo soll das noch enden! – Komm trotzdem mal vorbei, vielleicht kann ich dir entgegen kommen! Und pass auf, wo du hintrittst! Hagström hat mal wieder seine Kuhfladen liegen lassen!"

Heinrich lachte und ging weiter auf dem Kopfsteinpflaster die Prinzessinstraße hinunter in Richtung Paradeplatz.

Bauer Hagströms Rinderhaltung waren ein Relikt aus alter Zeit, wahrscheinlich aus der Festungszeit, als selbst in Neuwerk das Leben noch etwas ländlicher war. Die Tiere standen auf einem Hof in der Kanzleistraße und wurden jeden Morgen über den Paradeplatz in die Eiderwiesen getrieben.

„Hat der Hagström wieder mal nicht sauber gemacht?" Frau Paternoster schob sich mit ihrer frischen Dauerwelle an Frisör Mahler vorbei, der ihr galant die Hand reichte, um sie die Stufen hinunter zu geleiten. „Dass er überhaupt noch Rinder hat!", sagte sie streng.

„Er hat nur noch drei", antwortete Mahler. „Und von der Kuhflade ist seit heute Morgen nichts mehr zu sehen. Fein säuberlich abgekratzt von einem Gartenfreund – Ich wollte doch den Heinrich nur ein bisschen hochnehmen!"

„Sie sind mir aber einer!", sagte Frau Paternoster. Dann ging sie zur Straßenkreuzung, wo sie über ihrer ehemaligen Schlachterei in einem Eckhaus im ersten Stock wohnte. Das Geschäft hatte Schlachter Harms übernommen.

Der Paradeplatz, dem Heinrich entgegen strebte, war der Altstadt vorgelagert und bildete das Zentrum des Neuwerks. Wie die Speichen eines Rades führten von hier die Straßen nach außen, einst benannt nach den Mitgliedern der königlichen Familie in Kopenhagen, wie sie zu Tische saßen: Neben der Königstraße die Königin- und die Prinzenstraße. Zur anderen Seite die Kronprinzen und die Prinzessinstraße. Dazwischen waren Verbindungen und Parallelstraßen, so dass sich in dem Arbeiterviertel mehrere Häuserblöcke gebildet hatten.

Bei Frisör Mahler wurde die Prinzessinstraße von der Kanzleistraße gekreuzt, die in die Obereiderstraße überging. Und von dort, drei Häuser weiter, wo Rolf Erichsens Schwiegervater seinen Schlachterladen hatte, ging es rechts rum in die Münzstraße.

An jenem Tag Anfang Juli 1948 hatte Rolf sich vorgenommen zu handeln.

Sein zweijähriger Sohn war ein goldlockiges Kind, das die Frauen in die Verzückung trieb. Sie konnten sich immer wieder und unter Verzicht auf jedwede neue Information in Hymnen ergehen. Sie sangen ihre Begeisterung über das goldige Kerlchen und schnappten nach Luft, wenn es im Kontrast zu den üppigen, weit in den Nacken und über die Ohren wachsenden Röllchen so keck durch die Welt lief, als habe es die rätselhafte Weisheit eines Wunderkindes. Sie merkten nicht, dass hier der normale Stolz einer jeden Mutter durch die Schmeicheleien der anderen eine Überhöhung erfuhr, deren Symbol die barocke Haarpracht war. Und sie merkten nicht, dass der Vater nur gequält eine gute Miene zeigte, und geradezu verstummte, wenn Fremde seinen Sohn für ein Mädchen hielten.

Es war nicht so, dass er unbedingt einen Sohn hatte haben wollen, als seine Frau schwanger war. Zwar war der Wunsch nach einem „Stammhalter" durchaus ein weit verbreitetes männliches Konzept, und der Ausruf seines Vaters „Ein Junge!", der ihm bei der Geburt entfuhr, war dafür eine Bestätigung. Aber das Drama der schrecklichen Verirrung in der Hitler-Zeit war für Rolf nur durch einen radikalen Neuanfang zu verarbeiten, und dazu gehörte das neue Leben, egal ob Junge oder Mädchen.

Aber es war nun einmal ein Junge geworden. Diese Götzenverehrung musste ein Ende haben, auch im Interesse seines Jungen. Das war nicht durch Überzeugungsarbeit oder Überredungskünste zu schaffen, das hatte Rolf leider festgestellt. Es mussten Fakten geschaffen werden, und er als Vater hatte ein Recht darauf.

Und so hüpfte der kleine Peter die Straße entlang, an der Hand seines Vaters, der in seinen weiten Anzughosen groß und schlaksig wirkte.

„Heute bekommst du eine neue Frisur!", hatte Rolf seinen Sohn neugierig gemacht, als sie das Haus in der Münzstraße verließen. „Ich will zu Oma!", sagte Peter aber, als sie am Schlachterladen vorbei kamen. Durch die Schaufensterscheibe konnten sie nur Tante Engeling erkennen, die gerade Kundschaft hatte. „Ja, später", antwortete sein Vater. Dann zeigte er mit dem ausgestreckten Arm auf die silberne Scheibe, die als Zunftzeichen an dem Haus des Frisörs leicht im Wind schaukelte. „Siehst du den silbernen Teller? Da wollen wir jetzt hin!"

Peter fühlte sich zunehmend unwohl. Der Frisör hieß Herr Mahler und fuchtelte mit seiner Schere herum. Eine Schere kann weh tun, das wusste er. Und Herr Mahler hatte ungekämmte rote Haare und Sommersprossen im Gesicht und an den Händen und guckte ihn an, als würde er sich vor seinen Locken ekeln. Peter versuchte sich aus dem Kinderstuhl heraus zu winden, doch sein Vater und Herr Mahler hielten ihn fest. „Nicht doch, kleiner Mann!", sagte Herr Mahler. „Du musst jetzt still sitzen", sagte sein Vater. Es hörte sich an wie „Es wird nicht einfach. Du musst jetzt tapfer sein". Das beruhigte ihn überhaupt nicht, und deshalb fing er an zu weinen und um sich zu schlagen.

Am Ende hatten die beiden Männer gewonnen. Der kleine Rauschgoldengel hatte jetzt Ähnlichkeit mit einem Jungen, nur oben auf dem Kopf waren noch ein paar schwer zu bändigende Locken übrig geblieben. Alles andere lag auf dem Linoleumboden und bewegte sich federleicht in dem Wind, der von der Prinzessinstraße durch die geöffnete Tür hereinwehte.

„Na siehst du!", sagte der Herr Mahler freundlich. „Da wird sich die Mama aber freuen, wenn sie dich so sieht!"

Als Frisör hätte Herr Mahler ein besserer Menschenkenner sein müssen.

Die Mama schrie auf, als sie ihr Kind sah, und schien das erste Mal an ihrem Mann zu zweifeln: „Wie kannst du mir das nur antun!" Sie zog Peter an sich, fingerte fassungslos an seinem Kopf herum und weinte.

Aber das war nichts im Vergleich zu dem vernichtenden Zorn der Schwiegermutter. „Rolf Erichsen", zischte sie, und ihre Augen nahmen eine unheilvoll dunkle Farbe an, „du hattest kein Recht, so rücksichtslos zu sein. Du bist mit meiner Tochter verheiratet, merk dir das!"

Besatzungsoffizier Cornell hat Interesse am Rudern

Ein Zufall kam zur Hilfe.

Oder war es mehr als das? Jedenfalls kam es zu einer Begegnung mit Colonel Cedrick A. Cornell, dem örtlichen Repräsentanten der Militärregierung in Rendsburg, mit dem Stadtverwaltungslehrling Rolf Erichsen.

Gespräche zwischen dem britischen Offizier und der Stadt gab es fast regelmäßig. Meistens kam Bürgermeister Adolf Steckel in die Residenz von Colonel Cornell in das ehemalige Landratshaus am Kanalufer. Aber der Brite kehrte durchaus nicht den Herren heraus, der er ja eigentlich war, sondern beehrte auch gern das Rathaus mit seinem Besuch. Er zeigte Interesse an der deutschen Kommunalverfassung, die sich von der englischen unterschied, und Steckel griff seine Fragen zu Angelegenheiten der Genehmigungspraxis, der kommunalen Steuern, der sozialen Probleme, der Wohnungsnot und dergleichen auf, um seinem hohen Gast Einblicke in die verschiedenen Abteilungen zu geben.

Für den Lehrling Erichsen gehörten diese Einblicke zur Ausbildung. Er war auf seinem Weg durch die Amtsstuben des Rathauses gerade im Wohnungsamt gelandet, als Cornell in Begleitung des Bürgermeisters dem Amtsleiter Helmut Sadrinna einen Besuch abstattete. Der höchste Vertreter der Besatzungsmacht nahm seine Uniformmütze ab und entblößte eine beeindruckende Stirnglatze. Das Gesicht wirkte nackt, die Augen lagen tief in knöchernen Höhlen. Um so mehr wirkte der Schnurrbart, den man bei vielen Engländern sah.

Sie saßen am Schreibtisch von Sadrinna auf abgenutzten dunkelbraunen Holzstühlen, und wenn der britische Gast mit seinen Deutschkenntnissen an seine Grenzen kam, stand ihm Corporal Springfield zur Seite.

„Darf ich Ihnen eine Tasse Kaffee anbieten?", sagte Sadrinna, nachdem er den Herren einen ersten Überblick verschafft hatte. Sein Schreibtisch war aufgeräumt, vier Kaffeegedecke standen im Halbkreis auf gehäkelten Deckchen, und eine Schale mit Keksen und eine winzige Vase mit fünf vorwitzigen Gänseblümchen waren der rührende, aber vergebliche Versuch, ein wenig Kaffeehaus-Atmosphäre zu schaffen.

Colonel Cornell wusste diese kleine Freundlichkeit zu schätzen. „Egte Coffee?", fragte er mit gespieltem Erstaunen, denn der köstliche Duft hatte schon in der Luft geschwebt, als sie das Büro betraten. „Echter Kaffee!", lächelte Sadrinna bescheiden. „Donnerwetter!", dröhnte der Colonel. Das war eines seiner deutschen Lieblingswörter, und er genoss die Aussprache, was mit Heiterkeit zur Kenntnis genommen wurde.

„Lotti, du kannst einschenken!", rief Sadrinna und stellte seine Mitarbeiterin vor, die mit einer mächtigen Porzellankanne Aufstellung genommen hatte.

Dolmetscher Springfield nahm zuerst das Gedeck seines Vorgesetzten und drehte sich zu Lotti um. Als sie die Kanne senkte, rasselte plötzlich der Deckel von der Öffnung und fiel mit hellem Klingen in die leere Tasse. Lotti schrie ein lautes „Ohh!" und riss die Kanne zurück, und fast hätte sie das kostbare Stück fallen lassen, als der heiße Kaffee in Bauchhöhe über ihr geblümtes Kleid schwappte. „Ach du meine …", rief Sadrinna und erhob sich halb, und Cornell und Steckel schreckten zurück mit entgeistertem Gesicht.

Und da stand Rolf Erichsen plötzlich da, als hätte er nur auf seinen Auftritt gewartet, nahm Lotti die Kanne aus der Hand: „Komm, Lotti, ist nicht so schlimm! Ich mach das schon. Sieh zu, dass du das wieder rauskriegst!" Drehte sich um und lachte den Herren ins Gesicht: „Da sehen Sie mal, wie das ist! Alles eine Frage der Organisation! Ich bin der Ersatzkellner. Und wir haben extra mehr gekocht als nötig, um auf alles vorbereitet zu sein! Auf Ihr Wohl, meine Herren!" Füllte die Tassen mit großer Selbstverständlichkeit.

Anschließend bestand der hohe Gast darauf, dass der Ersatzkellner sich eine eigene Tasse holte und ebenfalls am Schreibtisch von Sadrinna Platz nahm.

* *Rolf Erichsen sorgt sich um den Rendsburger Ruderverein*
Der freundliche Kinderarzt Dr. Otto Andresen war die Rettung. Das war
eine Erleichterung für die alten Hasen im Rendsburger Ruderverein!
Nichts war jetzt wichtiger als eine sichere Führung!

Bei der Besichtigung des trostlosen Bootslagers nach dem Krieg im
Erdgeschoss des Bootshauses am Wickenhagenweg waren ihre Herzen
verzagt gewesen. Die einst so glänzenden Rümpfe, Spanten, Rollsitze
und Riemen lagen, teils zerbrochen, durch- und übereinander wie weggeworfen unter stumpfem Staub. Kleinmütig waren die Ruderkameraden.
Aber da sie mit dem Vorsatz gekommen waren, wieder von vorn zu beginnen, versuchten sie das zu sehen, was noch unbeschädigt war. Seht,
der Rollsitz! Wenn man ein wenig wischt! Der sieht ja noch ganz gut aus!
Das kriegen wir wieder hin!

Im Obergeschoss hatte sich während des Krieges die Marine eingenistet, der Verein RRV galt im Rahmen der nationalsozialistischen
Gleichschaltung als aufgelöst, und obwohl es nie einen offiziellen Bescheid gegeben hatte, musste nach dem Krieg eine Neugründung erfolgen. Doch der hoffnungsvolle Alf Jörges gab seinen Vorsitz schon nach
zwei Jahren wieder auf.

Zwar waren neue Mitglieder gewonnen und durch Kastenrudern trainiert worden. Zwar waren erste Rennboote hergerichtet und mit der 22.
Landes-Ruderregatta in Rendsburg auf der Obereider ein landesweit be-
achtetes Sportereignis durchgeführt worden.

Doch ironischerweise hatte der Gedanke der Führung an Strahlkraft
verloren. Das lag wohl auch daran, dass offiziell das Führerprinzip durch
demokratische Verantwortung abgelöst worden war, und nur wenige verstanden, worum es jetzt ging in der neuen Zeit. Aber alle verstanden, dass
die Übernahme von Verantwortung Zeit kosten würde.

Zeit! Wer konnte sich schon diesen Luxus leisten! Familien trauerten
um ihre Toten und kämpften um ihr tägliches Brot. Und wer – wie die
Geschäftsleute – auf eine Existenz zurückgreifen konnte, hatte genug zu
tun, sie zu sichern.

Und Rolf Erichsen? Er war mit seinen 27 Jahren ein Verwaltungslehr-
ling. Er musste erst einmal was werden, noch war für den energischen
und freundlichen Ruderkameraden die Zeit für höhere Aufgaben nicht
gekommen. Immerhin ließ er sich in den Vorstand wählen.

Er fühlte sich nach dem nahezu unwürdigen Gebuhle um Mitarbeit in
Vorstand und Beirat alt und erfahren genug, großväterlich mahnend auf
die „Kinder" des Vereins einzuwirken. Er nannte seinen Aufruf „Gedanken eines alten Rudermannes", der im April 1948 an die Mitglieder des
Vereins verteilt wurde:

„Es war immer unser Stolz", schrieb er, „dass unten in unserem herrlichen Bootshaus eine Familie bestand, ja, eine große Vereinsfamilie, wo jeder jeden gut kannte und auch all' die, die nicht zur Familie passten, sehr schnell wieder verschwanden. So kam es ganz von selbst, dass die Einsatzfreude viel größer war als heute. Ja, auch die Liebe zu unserem guten, alten Bootshaus war viel stärker. Es war tatsächlich unsere zweite Heimat. Wie kam das?

Ja, sehen Sie, es ist eine alte Jacke: Wenn man eine Sache selbst erarbeitet und anpackt, so hat man später viel mehr Freude und ein ganz anderes Verhältnis zu den selbst geschaffenen Dingen. Wir waren früher z. B. immer recht stolz auf unsere sauberen Boote, auf die Sauberkeit in unseren Räumen, auf die gepflegten Rasenflächen vor unserem Bootshaus und vor allem auf den kameradschaftlichen Geist der alten R.R.V.er. Wir hatten ja auch alles selbst geschaffen. Wissen Sie, eben dies Gefühl, tatkräftig mitgearbeitet zu haben, macht erst den Familiensinn aus. Aber auch unsere unterstützenden alten Herren arbeiteten im Sinne des Wortes mit. Sie waren aus den alten aktiven Reihen und hatten manchen Kilometer im Boot abgerissen, sie hatten ebenso oft mit Schaufel und Besen die Einsatzbereitschaft bekundet. Sie gehören also zur Familie schon lange, lange Jahre.

Nach geleisteter Arbeit feierten wir manch' schönes Fest, auch in der harmonischen Familie. Ja, Sie werden staunen, da tanzte man nicht nur mit seiner angetrauten Ehehälfte oder höchstens in der Tischrunde, wie heute … nein … wie eben in einer Familie, auch mit Tanten, Cousinen und Schwestern!!

Wie sieht es nun heute in unserer Familie aus??? Wir alten Rudersknechte meinen: recht, recht dürftig!! Gewiss, wir haben im vergangenen Jahr viel geschaffen. Aber wer? Ein ganz kleiner Stamm von alten, erprobten Mitgliedern, gewissermaßen die wenigen Großeltern der Familie. Wir stehen auf dem Standpunkt, dass aber nur die Familie wieder zu schaffen ist, wenn alle das Gefühl haben, mitgearbeitet zu haben. Gelegenheit wird sich in der kommenden Zeit genügend bieten.

Wollen Sie Familienmitglied werden?"

* *Der Betrieb im RRV nimmt wieder Fahrt auf*

„Wir sind uns also einig, dass Hugo und Rolf ab sofort in die Vorbereitungen für die Landes-Ruderregatta 1949 einsteigen", fasste Otto Andresen die Besprechung zusammen. „Auf ein gutes Gelingen, ihr beiden! Ich habe mir erlaubt, euch mit einem Trunk edlen Eichenbräus die vor euch liegende Arbeit zu versüßen! Prost!"

„Auf den edlen Spender!", antwortete Carl Clement, und die anderen murmelten Zustimmung. Sie hoben die Gläser und tauchten mit ihren Lippen ein in den bitteren Schaum. Im Clubraum des Bootshauses waren für einen Moment nur noch die leisen Schluckgeräusche zu hören, und die Adamsäpfel der Männerhälse zuckten.

Der eine oder andere seufzte nach dem langen Schluck und fuhr sich mit dem Handrücken über den Mund. Die Gläser wurden abgestellt.

„Und nun zum nächsten Punkt", sagte Andresen. „Manöverkritik. Wie beurteilt ihr den Besuch von Cornell?"

„Positiv!", meldete sich Fredi Horst. „Entspannt. Humorvoller Mann."

„Das sehe ich auch so", bemerkte Hugo Dittmer.

„Und seine Anfrage? Trainingsmöglichkeiten für seine Leute? Ich habe ihm wohlwollende Prüfung zugesagt!"

„Gar keine Frage!", sagte Clement. „Erstens stört es uns nicht, wenn wir ein zusätzliches Training einplanen. Und zweitens kann es nur von Vorteil sein, wenn wir uns mit der Militärregierung gut stellen. Übrigens, Rolf, ihr scheint euch gut zu kennen, das war sehr hilfreich. Kennt ihr euch von der Stadt?"

Jetzt war es an Rolf, von seiner ersten Begegnung im Wohnungsamt zu erzählen, und er tat es so effektvoll, dass dieser Punkt der heutigen Vorstandssitzung im Gelächter abgeschlossen wurde. In der Tat hatte der Besuch des örtlichen Repräsentanten der Militärregierung im Bootshaus des RRV von Anfang an einen schwungvollen Verlauf genommen. Cedric A. Cornell war dabei, den fast vollständig angetretenen Vorstand zu begrüßen, als sein Lächeln plötzlich zu einem breiten Grinsen wurde: „Oh yes! We know each other! Häa … Ärrsasskellnerr!" Er schüttelte heftig Rolfs Hand. „Erichsen", grinste der zurück. „Häa Äriksen! Serr erfreut!"

Im Laufe der Begegnung hatte Rolf erwogen, den britischen Oberstleutnant auf die Freigabe des Hauses in der Gartenstraße anzusprechen. Sein Vater hatte bereits den zweiten Antrag gestellt und als Begründung die Auswirkung der Feuchtigkeit und des Schimmelbefalls auf den Krankheitsverlauf bei Frieda in den Mittelpunkt gestellt. Doch Rolf verwarf den Gedanken. Aufgrund einer zufälligen Bekanntschaft sofort zum Bittsteller zu werden, erschien ihm doch zu plump. Immerhin fand er heraus, dass der Colonell bei entsprechenden Anträgen das letzte Wort hatte.

„Kommen wir zum letzten Tagesordnungspunkt", fuhr Otto Andresen fort. „Rolf, du hast das Wort."

„Ja. Wie ihr alle wisst, hatten wir im Frühjahr auf meinen Antrag hin die Durchführung eines Familientages beschlossen. Und es ist – wieder einmal – eine alte Jacke: Wer sich die Mühe des konstruktiven Mitdenkens macht und Ideen hat, wird vom dankbaren Vorstand meistens damit bestraft, die Idee auch umzusetzen!"

Der dankbare Vorstand schmunzelte, und Rolf fuhr fort: „Ich hab das gerne getan. Aber – um es gleich vorweg zu nehmen – das Ergebnis war nicht berauschend. Otto, du hast dich auch sehen lassen und wirst das bestätigen können."

Otto Andresen war anderer Meinung. Immerhin wären fünfzehn Personen anwesend gewesen, davon zehn Kinder, die meisten von denen das erste Mal am Wickenhagenweg, das sei doch ein schöner Erfolg, immerhin ein Anfang. Hugo gab zu bedenken, dass es zu wenige freiwillige Helfer gebe und man das Ehrenamt nicht überfordern solle. Fredi fragte, wie viele Familien denn vertreten gewesen seien, bei fünfzehn Personen könnten das ja wohl höchstens vier gewesen sein. Rolf bestätigte das. Otto fand jedoch die Spiele mit den Kindern allerliebst. Und Rolf erzählte von der Bootstour mit dem Außenborder, der seinem Sohn eindeutig zu laut gewesen sei, er habe wie am Spieß geschrien, aber irgendwann müsse man doch mit dem Wassersport anfangen.

Worauf alle versöhnlich lachten und eine Wiederholung des Familientages im nächsten Jahr befürworteten.

„Aber dann nimmt das jemand anders in die Hand", sagte Rolf. Mit der Vorbereitung der Regatta im nächsten Jahr haben Hugo und ich genug zu tun. Ich muss auch vorsorglich darauf hinweisen – ich hab das vorhin vergessen – , dass meine Ausbildung im nächsten Jahr auf der Zielgeraden ist. Zwei Monate Verwaltungsseminar in Bordesholm, sechs Monate Gemeinde- und Sparkassenschule in Kiel – meine Herren, das könnte schwierig werden mit der Regatta!"

„Das schafft ihr schon!", beruhigte der Vorsitzende. „Wir sind ja auch noch da. Wichtig ist, dass die Ausschreibung rechtzeitig in den Ruderverbandsnachrichten erscheint."

„Dein Wort in Gottes Ohr!", fügte Rolf hinzu.

Elise Krezek hält ihre Tochter für verwöhnt

„Im Germania gibt's ‚Die Drei von der Tankstelle'. Kommst du mit?" Rolf neckte seine junge Frau. Als wenn er es jemals fertig brächte, allein oder mit anderen ins Kino zu gehen!

„Hast du wieder Karten?", fragte sie unnötigerweise. Sie lachte und freute sich. „Wann?"

„Heute Abend! Garderobe: Cocktailkleid und Pöms!"

Das war der Vorteil im Steueramt. Mit dem Einzug der „Vergnügungssteuer" saß man gewissermaßen an der Vergnügungsquelle. Freikarten sorgten für ein gutes Geschäftsklima zwischen den Lichtspieltheatern und der Stadt, und selbst der Lehrling kam von Zeit zu Zeit in den Genuss einer kostenlosen Aufführung.

Und es war ein Genuss! Nicht nur, weil er nichts kostete, sondern weil das Lachen wieder Einzug hielt in das Leben. Es gab fast nichts Schöneres, als hingebungsvoll zu lachen, alle Kontrollinstanzen im Gehirn, alle ernsten Erinnerungen waren abgeschaltet, und es herrschte pure Lust. Sie hatte manchmal hysterische Züge, als sei man dem Tod mit knapper Not entronnen. Und war man das nicht auch?

Die Lichtspieltheater hatten sich auf diesen Bedarf eingestellt. Zwar gab es auch Filmproduktionen mit Anspruch, aber die wurden kaum gezeigt. Musik und Spaß mit Theo Lingen, Hans Moser, Paul Hörbiger, Hans Söhnker, Willy Fritsch und Hildegard Knef, oft auch schon ältere Produktionen wie „Die Feuerzangenbowle" oder eben auch „Die Drei von der Tankstelle" mit Heinz Rühmann und Lilian Harvey.

Rolf Erichsen beendete seine kurze Mittagspause und machte sich auf den Weg zum alten Rathaus. Zum Steueramt, das links vom Torbogen in zwei kleinen Räumen untergebracht war. Außen hing der eiserne Ring im Gemäuer, an dem in früheren Zeiten die Übeltäter dem Gespött der Bevölkerung ausgesetzt wurden.

Seiner Frau ging an diesem Nachmittag alles leicht von der Hand. Besonders abwechslungsreich war ihr Leben in den Nachkriegsjahren bisher nicht gewesen. Wenn sie einmal herauskam aus ihrem Alltag mit Einkaufen, Kochen, Hausarbeit und Kindbetreuung, dann hatte sie es meist ihrem Mann zu verdanken. Seine Freunde, seine Kameraden im Bootshaus des Rendsburger Rudervereins bescherten ihr vergnügte Stunden, und wann es immer ging, waren sie als kleine Familie draußen, besuchten die Schwiegereltern in der Flurstraße oder erschlossen sich ihre Heimat am Nord-Ostsee-Kanal, wie der Kaiser-Wilhelm-Kanal nach Kriegsende genannt worden war, ganz neu mit ausgedehnten Spaziergängen in die Westerrönfelder Heide, in das Nobiskrüger Gehölz oder gar nach Schacht-Audorf, wo Hildes Großeltern mit ihrer verzweigten Familie wohnten.

Was in Rendsburg los war, sprach sich allenfalls herum. Die Rendsburger Tageszeitung war auf Betreiben der Militärregierung noch nicht wieder erschienen, zu sehr hatte sie und ihr Chefredakteur Herbert Puhlmann, der zeitweilig lokaler Chef der NSDAP-Propaganda gewesen war, auf der Seite der Nazis gestanden.

Nun also ins Kino! Es wehte ein laues Lüftchen an diesem Sommerabend, als die beiden die Prinzessinstraße hinunter gingen. Das Germania-Kino lag am Ende, wo der Paradeplatz begann – das Eckhaus beherbergte auch das Germania-Hotel.

Als sich die Schwingtür des Kinos nach der Vorstellung wieder öffnete und die schwatzenden und lachenden Menschen auf die Straße entließ, fühlte sich auch das junge Paar wieder ein wenig mehr gereinigt und gerüstet. Sie verabschiedeten sich laut scherzend von flüchtigen Bekannten, hakten sich ein und marschierten im Gleichschritt nach Hause. „Ein Freund, ein guter Freund, das ist das Schönste, was es gibt auf der Welt!", sang Rolf mit aller Kraft und amüsierte sich über die verwunderten Blikke derer, denen diese öffentliche Fröhlichkeit dann doch etwas zu weit ging. Und Hilde erlebte wieder einen dieser Momente, in denen sie von der Präsenz ihres Mannes völlig überwältigt war, und stimmte zart ein in seinen Gesang.

Der Himmel strahlte noch hell im Glanz einer fast untergegangenen Sonne, und die Giebel der Häuser von Neuwerk reckten sich hier und da in das letzte rotwarme Licht. Bei Frisör Mahler bogen sie links in die Obereiderstraße ein und dann nach rechts in die Münzstraße. „Wie schön, dass …", sagte Hilde immer noch vergnügt, als sie sich selbst unterbrach und abrupt stehen blieb. „Oh Gott, Rolf!", flüsterte sie und starrte zu den Fenstern ihrer Wohnung im zweiten Stock.

Das linke Fenster stand offen, und die Gardine bauschte sich leicht und war verhakt an den Triebspitzen einer Topfblume. Ein blonder Kinderkopf leuchtete daneben und bewegte sich heftig, und ein zierlicher Oberkörper schob sich langsam auf die Fensterbank.

Hildes Lippen formten einen Schrei, den sie selbst mit der freien Hand erstickte. Dann ließen sie sich los und stürzten beide über das Kopfsteinpflaster auf die andere Straßenseite, Hilde noch schneller als Rolf, in wilder Hast die beiden Granitstufen hoch, prallten gegen die Haustür, drückten sie auf, dass sie gegen die gefliesten Wände knallte, und nahmen in großen Sprüngen die Treppen zum ersten Absatz und dann zum zweiten im ersten Stock, und dann zum dritten und zum vierten im zweiten Stock. Nun waren Rolfs Beine doch stärker, und er hatte ja auch die Wohnungsschlüssel und stand als erster auf der Fußmatte und zitterte den Schlüssel mühsam in das Schloss. „Peter! Peter! Komm da runter!", riefen sie nun beide, und als sie über den winzigen Flur in das etwas größere Wohnzimmer stürzten, drehte sich der Hemdenmatz zu seinen Eltern um und lachte.

* Das Kind hat was mit den Augen

Die ersten Sorgen hatten sich geregt, als der Junge im vergangenen Jahr auf der Wolldecke im Garten herumkrabbelte und sich von Pussi lecken ließ.

„Ich glaube, Peter schielt etwas", meinte Hilde. „Ach was", sagte ihre Schwiegermutter. „Das ist doch kaum zu sehen! Das wächst sich raus. Das haben viele in dem Alter."

Damit war das Thema vorerst abgehakt. Hilde wollte sich nicht dem Verdacht aussetzen, zu „püttjerig" zu sein. An neuen Sorgen war niemand wirklich interessiert. Es war immer noch wichtig, von einem Tag zum nächsten zu denken und die Bezugsscheine für die Winterkartoffeln zu sichern.

Monate später war Hilde nicht mehr davon überzeugt, dass sich das Schielen „herauswachsen" würde. Ihre Freundin Eka hatte bestätigt, was sie beunruhigte: Ja, der kleine Peter schielte. Und es war sogar stärker geworden, glaubte Hilde.

Als sich ihr Mann eines Abends neben sie gelegt hatte und sie noch ein wenig plauderten, wie sie es gern taten, und sich wieder einmal ausmalten, wie es wäre, wenn sie ihr eigenes Bett hätten, das immer noch in dem besetzten Haus in der Gartenstraße stand und von fremden Leuten benutzt wurde, sagte Hilde unvermittelt: „Peter schielt."

„Ich weiß."

„Du weißt das?"

„Na ja. Ich hab das schon gesehen."

„Und dann sagst du nichts?"

„Ich wollte dich nicht beunruhigen. Meistens wächst sich das raus."

„Sagt deine Mutter."

„Woher weißt du das?"

„Ich habe auch mit ihr darüber gesprochen. Ungefähr vor einem halben Jahr."

Rolf schwieg eine Weile. Irgendwie hatte er das Gefühl, etwas versäumt zu haben. Oder etwas war an ihm vorbei gelaufen. Und wenn schon! War es überhaupt wichtig? Musste man sich Sorgen machen, wenn ein zweijähriges Kind ein bisschen schielte?

Dann sagte er: „Du hast mit meiner Mutter darüber gesprochen, aber nicht mit mir."

„Dito!"

Nach einer Weile fügte sie hinzu: „Ich dachte … vielleicht hat deine Mutter ja recht … ich wollte mich nicht so anstellen. Aber jetzt ist das Schielen stärker geworden."

„Weißt du was, mein Liebes?", lenkte Rolf ein. „Geh mit Peter zu Dr. Arndt. Kann ja nicht schaden."

Wenige Augenblicke später hörte Hilde tiefe, regelmäßige Atemzüge. Auch Peter in seinem Gitterbett hatte das Elterngespräch ohne erkennbare Störung überstanden.

* *Die Diagnose macht Hilde Angst*

Dr. Arndt lobte die junge Mutter mit dem Kind auf dem Schoß: „Es war richtig, dass Sie gekommen sind. Meine Untersuchungen zeigen mir, dass der kleine Peter mit dem rechten Auge schlecht sieht. Und das ist auch das schielende Auge. Wir müssen es zwingen zu fixieren und die Sehsinneszellen stimulieren. Sonst wird es blind. Das hätte erhebliche Folgen für eine spätere Berufswahl."

Hilde erstarrte. Was hatte sie erwartet? Dass der Doktor sie beruhigen würde? Das wächst sich raus? Dass er sagen würde, sie solle sich nicht so anstellen? Für einen Moment sah sie Rolfs Freund Jörck vor sich und hörte seine Stimme: Kleine Kinder haben noch keine Schmerzen. Kleine Kinder können noch nicht richtig sehen!

Nichts von alledem! Blind! Erhebliche Folgen für die Berufswahl! Hilde Erichsen war schockiert.

Dr. Arndt schien es nicht zu bemerken, denn er fuhr nach einer Pause ungerührt fort: „Das verstehen Sie doch, Frau Erichsen?" Und als sie mit nassen Augen nickte: „Was wir machen, ist Folgendes: Sie müssen Ihrem Kind das gute Auge zeitweilig abkleben. Dazu verschreibe ich ihm eine Brille, damit das schwache Auge unterstützt wird."

Die Stimme des Arztes wurde schwächer und wich einem inneren Rauschen. Die Sinne der jungen Mutter waren betäubt, und sie fühlte sich in einem unwirklichen Schwebezustand zwischen Traum und Alarm. „… gut?", hörte sie. „… nicht gut? Ist Ihnen nicht gut?"

Sie öffnete die Augen und sah vor sich das besorgte Gesicht von Dr. Arndt. „Frau Erichsen? Geht es Ihnen gut?"

Es dauerte eine Weile, bis sie zurückgekehrt war. Sie bemühte sich um eine feste Stimme und sagte: „Aber er ist doch noch so klein!"

„Aber das ist doch gerade gut!", sagte Dr. Arndt. „Kopf hoch, Frau Erichsen! Wir schaffen das schon!"

Hildes erster Weg führte sie von der Augenarztpraxis am Gymnasiumsberg in die Obereiderstraße in die Schlachterei ihrer Eltern. Sie musste jetzt mit jemandem sprechen.

Als sie die Ladentür mit dem typischen, dreistufigen Klingelton öffnete, wurde ihr klar, dass der Moment unpassend war. Die weiße Marmorplatte des Fleischertresens war aus hygienischen Gründen durch Glasplatten vom Kundenraum getrennt. Eine Kundin hatte mit beiden Händen den oberen Rand der Scheiben umklammert und nörgelte lautstark. „Karl Krezek! Dat heff ick mi dacht! Du beschitts uns ümma!"

Karl Krezek, der kleine Schlachtermeister mit Schlips und Kragen unter weißem Kittel, der Brille mit den kreisrunden Gläsern und der Stirnglatze mit adrett zurück gekämmten Haarresten, sah durchaus seriös aus und fühlte sich auch so. Die Kränkung stand ihm ins Gesicht geschrieben, und wer ihn kannte, sah die Zornesader an der Schläfe als Vorbote einer heftigen Erwiderung.

„Trude Herbs", sagte er mit eisiger Stimme. „Du kannst mir ruhig glauben, dass ich die nötige Erfahrung habe. Heute sind es zehn Gramm mehr, morgens sind es zehn Gramm weniger! Da gleicht sich alles aus!"

„Ich will das aber genau abgewogen haben, Karl. Du schmeißt das ümma auf die Waage und lässt das nich auspendeln!"

„Pass auf", sagte Karl Krezek. Er hatte sich entschieden, den Streit nicht eskalieren zu lassen. „Ich leg dir zur Entschädigung ein Stück dazu. Ist das recht?" Und ohne eine Antwort abzuwarten, drehte er sich um zu seinem Haublock und schlug mit geübtem Schwung ein schmales Stück von der Schweinerippe. Das Fleischerbeil verursachte einen stumpfen Ton im Holz.

„Auf Wiedersehen, Frau Jürgensen!", sagte nebenan Elise Krezek besonders freundlich zu der anderen Kundin. Misstöne waren nicht gut fürs Geschäft.

Frau Jürgensen hatte sich das Wurstpaket aus braunem Packpapier in das Einkaufsnetz gestopft und drehte sich zum Gehen. Dabei streifte sie Frau Herbs mit einem verächtlichen Blick.

Hilde hatte mit ihrem kleinen Peter geduldig gewartet. Jetzt sah Elise ihre Tochter an und ahnte weiteres Ungemach. „Änne", sagte sie zu Anna Engeling, ihrer Mitarbeiterin und Freundin der Familie, „ wir gehen mal für'n Moment nach nebenan. Nimmst du mal so lange den Kleinen?" Das war keine Frage, sondern ein Befehl.

Als Hilde Erichsen im Kontor ihrer Mutter gegenüber saß, bewahrte sie mühsam die Fassung und überbrachte die schlechte Nachricht. Schließlich brach sie in Tränen aus.

„Was willst du eigentlich?" Elises Stimme wurde schroff und unerbittlich. „Du hast einen gesunden Sohn! Und dann heulst du, nur weil er eine Brille haben soll?"

* *Elise Krezek ist von ihrer Herkunft geprägt*
Manchmal versuchen Mütter auch ihre erwachsenen Kinder noch zu erziehen. Dazu gehört, dass sie ein wenig schauspielern, um ein Ausrufe-

zeichen zu setzen, oder dass sie heftiger schimpfen, als ihnen wirklich zumute ist.

Doch Elises Empörung war echt. Was hatte sie nicht alles durchmachen müssen! Als älteste Tochter von Anna und dem Käthner Detlev Bruhn aus der „Kohschiet-Allee" in Schacht-Audorf hatte sie früh die Erziehung ihrer fünf Schwestern, die beiden Brüder waren schon gestorben, übernehmen müssen. Ihr Vater fuhr mit Pferd und Wagen Milch aus und bewirtschaftete mit seiner Frau ihre kleine Räucherkate in der „Alten Straße" – wie die Sackgasse im alten Kern des Dorfes in den zwanziger Jahren genannt wurde, sowie einige wenige Felder in der Umgebung bis Ostenfeld. Das Leben für die einfachen Leute damals war hart und nahm keine Rücksicht auf geistige Bedürfnisse. Die Schule besuchte Elise nur so lange wie nötig – mit vierzehn ging sie „in Stellung".

Noch vor dem Ersten Weltkrieg musste die Siebzehnjährige den zugewanderten Gesellen aus Böhmen heiraten, damit das erste Kind nicht unehelich geboren wurde. Karl kämpfte an der Seite des Habsburger Kaisers, kehrte unversehrt aus dem Krieg zurück und konnte nach der Währungsreform in den zwanziger Jahren durch den geschickten Verkauf zweier Schweine den Grundstock für ein eigenes Geschäft in Neuwerk legen.

Elise hatte es schwer, in die Rolle einer Geschäftsfrau hinein zu wachsen – Schreiben vermied sie, so weit es ging, aber das Rechnen war unverzichtbar, und es gelang ihr, die Schwächen hinter einem großen Willen zu verbergen.

1930 verloren sie ihr erstes Kind. Die wunderhübsche Anneliese starb 16-jährig an Tuberkulose, und wenn Elise auch drei weitere Mädchen gebar, so war der langsame Tod der geliebten Tochter dennoch dramatisch. Es wurde nicht mehr von ihr gesprochen.

Ob hier der Grund zu finden ist für die übergroße Sorge um das Wohlergehen der drei Nachgeborenen?

Als Hilde ihre Tränen vergoss über die Brille für ihren kleinen Sohn, als wäre es ein schwerer Schicksalsschlag, da sah ihre Mutter vor sich ein von dem nachsichtigen Vater verwöhntes Kind, das – wie ihre Schwestern – nie in der Schlachterei helfen musste und den Wohlstand ihrer Eltern in dem armen Arbeiterviertel offen zur Schau stellte. Wenn die ziemlich erwachsenen Tochter 1937 den gerade bei Auto-Ahrendt in der Grünen Straße neu erworbenen Mercedes nutzen durften, um im schicken Dress zum Tennisplatz zu fahren, wenn für die musische Bildung ein Klavier über den vorderen Balkon in den ersten Stock gehoben wurde – dann reagierten einige Bewohner des Viertels mit Unverständnis und kaum verhohlener Wut, und gelegentlich zeigte ein Arbeiter seine politische Neigung mit erhobener Faust, wenn er vorüber ging.

Das alles sorgte für Streit bei den Schlachtersleuten, denn die bodenständige Elise teilte nicht die schwärmerischen Zukunftspläne ihres Mannes. Sie fand, sie hätten viel erreicht, und sie sah absolut keinen Grund dafür, nach mehr zu streben. Um das Glück nicht unnötig herauszufordern, wollte sie sich lieber bescheiden geben. Es war ein wenig Aberglaube dabei, aber auch die Überzeugung, das Wohlwollen der Kundschaft erhalten zu müssen. Was sollten denn die Leute denken? Dass die Krezeks sich für was Besseres hielten? Nichts wäre ihr unangenehmer und peinlicher gewesen als das.

Wenn sie erfuhr, dass eine ihrer Kundinnen entbunden hatte, sorgte sie für eine kräftigende Wöchnerinnen-Suppe und zeigte damit ihre Verbundenheit für die Menschen in der Gegend. Armut rührte ihr Herz, und sie vergaß auch nie ihre große Familie in Schacht-Audorf, der es in den Nachkriegsjahren nicht besonders gut erging. Ihr Mann ermahnte sie nicht selten, dass er sich strafbar mache, wenn er Fett und Knochen und Fleisch von seinem eingekauften Kontingent abzweigte. Die eingenommenen Lebensmittelkarten mussten an das Wirtschaftsamt weitergereicht werden, und so ließ sich leicht errechnen, ob die im Laden verkauften Mengen dem Gewicht des eingekauften Viehs entsprachen.

Was sollten denn die Leute denken, wenn sie – mal angenommen – erfuhren, dass die verwöhnte Tochter der Krezeks Tränen vergoss, weil ihr Sohn eine Brille brauchte?

Das große Bauernsterben in Rendsburg (Juni 1949)

„Rolf? Was machst du denn hier?", rief Paul Gosch, der Leiter des Ordnungsamtes, als er seinen Noch-Lehrling in der geöffneten Tür erblickte.

„Sie haben mich rausgeschmissen!", sagte Rolf Erichsen mit ernstem Gesicht.

„Was? Das kann nicht sein!", rief Gosch. Er sah besorgt aus. „Unmöglich!", fügte er hinzu.

„Stimmt!", grinste Erichsen. „Du hast mal wieder recht!"

Gosch schüttelte den Kopf und lachte. „Typisch!! – Heute ist doch nicht der erste April, Rolf! – Trotzdem: Heute ist Freitag, du solltest in Kiel sein!"

„Hitzefrei!", sagte Erichsen ohne Schalk im Gesicht.

„Komm, Rolf, erzähl keinen Blödsinn!"

„Na gut", räumte Erichsen ein, „Krankheit, Unterrichtsausfall, früher nach Hause fahren. Ich dachte, ich guck mal, was ihr so macht."

Eine Weile schauten sich beide grinsend an. Dann sagte Gosch: „Na, was werden wir schon machen! Anträge bearbeiten, Genehmigungen erteilen, den Bauhof auf Trab halten. Du weißt schon. Außerdem haben wir gerade eine Veranstaltung von überregionaler Bedeutung. 600 Bauern aus ganz Schleswig-Holstein im Schützenhof."

„Deswegen die Beflaggung, ich weiß. Vor dem Bahnhof bis hierher! Ist ja nicht zu übersehen."

„Ja, genau. Und von der Flensburger Straße im Norden über die Holsteiner Straße, den Schiffbrückenplatz, die Wallstraße und den Jungfernstieg im Zentrum und weiter über den Paradeplatz, die König- und die Hindenburgstraße bis zur Drehbrücke. – Und was ist mit deiner Prüfung?"

„Läuft gut", sagte Erichsen. „Die Verwaltungsgehilfenprüfung in Bordesholm habe ich hinter mir, aber das weißt du ja vielleicht. Und Ende August folgt die erste Verwaltungsprüfung in Kiel."

Die beiden waren vertieft in ihren Gedankenaustausch über die Probleme der Verwaltungsangestellten-Ausbildung, als der Bürgermeister sich in das Büro schob und dazwischenrief: „Gosch, haben Sie mal ne Minute?"

Der Dienststellenleiter erhob sich und ging auf seinen Vorgesetzten zu. Sie diskutierten eine Weile, schauten zwischendurch hin und zurück durch das Büro, als suchten sie etwas, bis beide auf Erichsen zugingen, der mit einer Kollegin schäkerte.

Adolf Steckel streckte seine Hand aus zur Begrüßung: „Tach, Erichsen! Höre gerade, dass Kiel Ihnen einen Tag frei gegeben hat! Die Sache ist die: Ich könnt Sie gut gebrauchen. Mein Fahrer hat sich krank gemeldet. Sie haben doch'n Führerschein. Ob Sie mich in den Schützenhof bringen könnten? Und wieder zurück? Das wäre nett!"

Erichsen fühlte sich überrumpelt, aber auch geehrt. So fiel ihm eine schnelle Entscheidung schwer. „Meine Frau ...", fing er an.

„Ihre Frau erwartet Sie?", unterbrach ihn der Bürgermeister.

„Nicht direkt", antwortete Erichsen. „Sie weiß noch nicht ... deswegen dürfte das kein Problem sein. Herr Bürgermeister, ich helfe gerne!"

* Sechshundert Bauern tagen im Schützenhof
Als sie den Saal betraten, und sie kamen aus der Hitze eines überaus sonnigen Junitages, schlug ihnen der feuchtwarme Mief von sechshundert Männern entgegen, die dicht gedrängt an den Kaffeetafeln saßen. Die weit geöffneten Fenster führten die Feuchtigkeit von den Gesichtern nur unzureichend ab.

„Darf ich Sie bitten, Herr Bürgermeister?", sagte der Vorsitzende der Genossenschaft in den Lärm der schnatternden Männer hinein und führte seinen Gast mit einer ausladenden Bewegung zum Podium. Sodann trat er ans Mikrofon, und als die allgemeine Unruhe sich gelegt hatte, eröffnete er den 58. Verbandstag der landwirtschaftlichen Genossenschaften Schleswig-Holsteins. Artig bedankte er sich für die bunten Fahnen und gab einen langen Rückblick auf die Tätigkeiten der Genossenschaftlichen Organisationen, die Kreditvergabe, dem gemeinschaftlichen Einkauf und der Vermarktung landwirtschaftlicher Produkte.

Alsdann wandte er sich der Zukunft zu: „Wir leben in einer Zeit der großen Veränderungen. Mit großer Spannung erwarten wir den Wahlkampf zum ersten deutschen Bundestag am 14. August. Dann wird sich entscheiden, ob die Kommunisten bei uns noch eine Chance haben!"

Beifall brandete auf, vereinzelt wurde gepfiffen.

„Große Strukturveränderungen kommen auf uns zu. Die Technik wird die Landwirtschaft verändern. Wir haben hier Nachholbedarf. Die Motorisierung ist unaufhaltsam, die Engländer haben es uns vorgemacht. Die Traktoren werden die Pferde verdrängen. Und ich nenne die Melkmaschine, die uns einiges an Personal einsparen wird! Aber dazu morgen mehr."

Die Bauern brüteten geduldig vor sich hin. Die gesunde Gesichtsfarbe war den meisten von ihnen auch im Tausendjährigen Reich nicht abhanden gekommen. Sie hatten die Zeit des Mangels oft nicht als solche wahrgenommen, jedenfalls hatten sie zu essen gehabt. Sie waren als Reichsnährstand hofiert worden und hatten sich nicht selten mit großer Treue bei der Partei bedankt. Jetzt sollte es so weiter gehen. Sie wussten, dass sie wichtig waren.

Dann, so war es abgesprochen, hieß der Bürgermeister die Volksernährer in der Bauernstadt willkommen.

„Wir wollen unserem Ruf als Stadt der Bauern im Herzen unseres Landes auch in Zukunft gerecht werden!", rief Bürgermeister Steckel den Delegierten zu. „Und die Stadt Rendsburg lädt Sie alle ein, auch im Namen der Firma Fahrenkrog, im September die erste Landwirtschaftsschau auf dem Nordmarkplatz zu besuchen. Die neuesten Traktoren und Melkmaschinen werden natürlich auch zu sehen sein!"

Die Ausführungen des Rendsburger Bürgermeisters wurden freundlich beklatscht. Er hatte den richtigen Ton getroffen und allen das warme Gefühl gegeben, willkommen zu sein.

Anschließend wurde erst einmal Kuchen gegessen und der durch allerhand Ersatzmittel gestreckte Bohnenkaffee getrunken. Dann vertrat man sich die Beine und traf sich wieder zum Abendessen. Es gab gepfefferten Kartoffelsalat und Würstchen.

Es begann der gemütliche Teil: Der Wirt Karl Staack servierte Wein und Bier, so manch heimlicher Schnaps wurde hervorgezaubert, und die Stimmung stieg. Als vorne die Kapelle Platz genommen und den „Fehrbelliner Marsch" in die schwitzende Bauernschaft blies und die „Alten Kameraden" folgen ließ, strebte alles einem Höhepunkt zu. Die Strophen von „Deutschland, Deutschland über alles" waren noch gut bekannt und machten diebischen Spaß, weil die Besatzungsmacht in dieser Beziehung als humorlos bekannt war.

Das kriegten Steckel und Erichsen nicht mit. Sie waren schon nach der Kaffeetafel gegangen.

* Kartoffelsalat und Würstchen

„Es zieht sich zu", sagte Rolf. „Wenn wir noch gehen wollen, dann jetzt!"

„Nicht so laut!", flüsterte Hilde. „Nimmst du den Schirm?"

Dann schlüpften die beiden durch die Wohnungstür, zogen sie vorsichtig zu und gingen die Treppen hinunter.

Nur ein bisschen an die Luft, nachdem der Tag so heiß gewesen. Der Beginn eines langen Wochenendes, endlich wieder zusammen. Und heute war erst Freitag! Herrlich!

Vor der Wallhalle in der Herrenstraße war etwas los. Ein alter, klobiger Sanitätskraftwagen mit dem roten Kreuz links und rechts auf den Kotflügeln stand mit laufendem Motor vor der Tür. Leute standen auf dem Bürgersteig und schauten hinüber zur anderen Straßenseite. Dort, am Rande des Mittelstreifens mit den beiden Baumreihen, saß ein Mann auf dem Bordstein, den Kopf zwischen den Knien. Neben ihm, hoch aufragend, in einem weißen Kittel vielleicht ein Arzt oder Sanitäter, der mit ihm zu sprechen versuchte.

„Dem geht's aber schlecht!", meinte Rolf und zog Hilde an der Gruppe vorbei. Doch sie blieb stehen. „Lass doch mal!", sagte sie zu ihrem Mann. Und dann zu einer der Frauen: „Wissen Sie, was mit dem Mann los ist?"

Die Frau war Käthe Jähde, zwei Häuser weiter, aus Nummer drei. Sie hatte einen Mann zu Hause mit nur einem Bein. Jetzt war sie auf ihrem Weg zum CC, wo sie kellnerte, deshalb konnte man ihrem Kennerblick Glauben schenken. Sie starrte mit ihrem von langen Nächten gezeichneten Gesicht auf die dort drüben hockende Gestalt, als wollte sie sich selbst ergründen, und meinte dann mit tonloser, rauer Stimme: „Der is dune!"

„Der ist von da gekommen!", sagte Fritz Schmidt und zeigte in Richtung Baronstraße. Schmidt betrieb die gutbürgerliche Speisewirtschaft Wallhalle, vor der sie alle standen, und es war ihm wichtig, selbst den kleinsten Schatten einer Mitschuld an dem Zustand der jämmerlichen Gestalt da drüben von sich zu weisen. Betrunkene waren nicht gut fürs Geschäft, wenn man sich der gehobenen Klasse zugehörig fühlte, besonders nicht so früh am Abend.

„Dann is er aus'm Leuchtturm", meinte eine Frau, die Hilde nicht kannte.

„Nee, dafür is er zu fein", sagte Käthe Jähde. „Aber soll ich euch mal was sagen? Das is sowas von egal, wer er is, und woher er is! Er is dune! Weil er ein genomm hat, inner Kneipe! Dafür sind Kneipen da, oder nich? Ich muss jetzt weida."

Jetzt war es dem jungen Mann im weißen Kittel mithilfe seines Kollegen, der aus dem Sanitätskraftwagen zu ihm geeilt war, gelungen, den Betrunkenen hochzuziehen, der sich, kaum in der Waagerechten, urplötzlich nach vorne krümmte und gottserbärmlich würgte. Aber aus seinem weit aufgerissenen Mund kam nichts.

„Da hinten is noch einer!", rief die resolut davoneilende Frau Jäde. Alle blickten ihr hinterher, auch der Weißkittel. Tatsächlich stand da, wo die Herrenstraße in die Baronstraße überging, ein zweiter Mann an einem Baum der zweiten Reihe und krümmte sich mit deutlichem Würgegeräusch.

Sofort eilte der Weißkittel hinüber, während sein Kollege den Patienten in das Wageninnere verfrachtete, wo jener sich unter Gestöhne auf eine Pritsche legte.

„Lauter Besoffene, am helllichten Tag!", sagte anklagend die fremde Frau. „Und die Kinder sitzen zu Hause und fressen trocken Brot!"

„Sagen Sie mal", wandte sich jetzt Fritz Schmidt an den Sanitäter, „wer hat Sie eigentlich gerufen? Seit wann kümmern sich Sanis um Betrunkene auf Rendsburgs Straßen?"

„Großeinsatz!", sagte der Weißkittel. „Wir suchen ganz Neuwerk ab. Hunderte von Bauern sind im Schützenhof vergiftet worden. Die laufen jetzt hilflos durch die Straßen, und wir müssen sie finden und ins Krankenhaus bringen!"

„Vergiftet? Wie das denn?", wollte Fritz Schmidt wissen, doch die fremde Frau übertönte ihn. „Quatsch!", rief sie. „Warum sollen die denn weglaufen, wenn sie Hilfe brauchen!"

„Das weiß ich auch nicht", sagte der Sanitäter und zog die Schultern hoch.

„Und dann so weit vom Schützenhof weg! Das glaub ich nicht!"

„Wenn Sie wüssten!", war die Antwort. „Kollegen von uns haben sogar zwei Männer aus dem Bahnhofsklo gezogen!"

Hilde hatte genug gehört. Das war ja nun wirklich interessant! Geradezu aufregend! „Weißt du was davon?", fragte sie ihren Mann.

„Natürlich nicht", antwortete Rolf. „Als wir gingen, war es vielleicht 16 Uhr. Da war alles in Ordnung."

„Ist der Wirt nicht der lustige Karl?"

„Allerdings", bestätigte Rolf. „Verdammt unangenehm. Möchte wissen, was da passiert ist!"

Der lustige Karl! Er hieß eigentlich Karl Staack. Wie oft hatte Hilde schon als junges Mädchen seine Stimme auf der Straße gehört, die Stimme des Straßenmusikanten Karl Staack, ein Meister auf der Quetschkommode. Der nicht nur Musik machte und dazu sang, sondern die Menschen mit seinen zum Teil recht derben Redensarten in eine heitere Stimmung zu versetzen verstand. Der nach der großen Arbeitslosigkeit als Varietee-Künstler „Lustiger Karl" auf der Reeperbahn Erfolge feierte.

Jetzt war er Gastwirt geworden und bewirtschaftete erfolgreich den Schützenhof. Und hatte seinem bunten Leben eine weitere Facette hinzugefügt. Er war verantwortlich gewesen für die Verköstigung der 600 Bauern des 58. Verbandstags der landwirtschaftlichen Genossenschaften und hatte über eintausend Knackwürste bei Schlachter Heitmann bestellt und gewaltige Mengen würzigen Kartoffelsalats in zwei Zinkwannen angerichtet.

Alles schmeckte hervorragend, die pfeffrige Majonäse verschärfte die Trinklust, und der gesellige Abend schien zu einem unvergesslichen Ereignis zu werden. Ja, er wurde unvergesslich, denn die Säure in der Majonäse reagierte mit dem Zink der Wannen, und die Katastrophe nahm ihren Anfang, als ein Bauer aus Segeberg plötzlich erbleichte und den Ausgang nicht mehr erreichte und die köstlichen Speisen und Getränke nahezu unverdaut auf den Saalboden klatschen ließ.

Was nun folgte, war eine rätselhafte Flucht in alle Himmelsrichtungen, als habe man in ein Wespennest gestochen oder eine Stinkbombe in einem Ameisenbau platziert. Die Lebewesen quollen aus dem Bau und folgten einem nie gekannten Instinkt, der ihnen vorschrieb, sich a) möglichst weit von dem Nest zu entfernen und b) sich möglichst von den Leidensgenossen fern zu halten – was zu einer Vereinzelung in Rendsburgs Straßen, Hausfluren und Schrebergärten führte. Die Wirkung der Zinksalze war insofern verheerend, als dass sie jedes Gemeinschaftsgefühl auslöschte, überhaupt jedes Fühlen und Denken, bis auf den programmierten Wunsch, einen Ort zum Sterben zu finden.

Ganz so schlimm kam es dann doch nicht. Nach und nach wurden die Flüchtenden eingefangen und in der Blottnitz-Kaserne von Professor Mahnke und seinen Assistenzärzten notversorgt. Wie am Fließband wurden Mägen ausgepumpt und Rhizinusöl verabreicht. Ein kräftiger Regen in der Nacht brachte Kühlung und beseitigte die Spuren der Katastrophe.

Die bedauernswerten Opfer konnten – bis auf zehn, die noch intensivere Betreuung brauchten – am nächsten Tag wieder in den Schützenhof zurückkehren.

Rendsburgs Bevölkerung wurde nur nach und nach und eher gerüchteweise über die wahren Hintergründe informiert, denn das Rendsburger Tageblatt hatte immer noch keine Genehmigung zum Wiedererscheinen. Einige Informationsträger verwechselten in der Anfangszeit den „Schützenhof" mit dem „Schützenheim" an der Südseite des Kanals und belebten damit unfreiwillig den Konkurrenzkampf der beiden Gaststätten.

Die Kripo unter Polizeihauptkommissar Karl Wilhelm Jöhnk nahm die Ermittlungen auf. Es bestand der Verdacht auf „Verkauf gesundheitlich schädlicher Speisen in Tateinheit mit fahrlässiger Körperverletzung und fahrlässiger gemeingefährlicher Vergiftung". Sechs Tage später erschien eine Ausgabe des Nachrichtenmagazins „DER SPIEGEL", das es erst seit 1947 gab, berichtete süffisant von dem „Bauernsterben mit Kartoffelsalat" und unterstrich damit die überregionale Bedeutung Rendsburgs.

Wie bändigt man ein dreijähriges Kind?

„Stell dich nicht so an!", rief Rolf. Er war nun richtig ärgerlich. Sein dreijähriger Sohn hatte sich das Augenpflaster schon wieder abgerissen. „Hat dir dein Dr. Arndt auch gesagt, wie man den Bengel bändigt?"

„Lass mich mal!", mischte sich Hilde ein. Ihr Mann wollte ihr gerne helfen, aber Geduld im Umgang mit dem Kleinen war nicht seine Stärke. Hier war Ablenkung gefragt, Zornesausbrüche waren ihrer Meinung nach nicht hilfreich. Das hatte ihr auch der Augenarzt geraten. „Demnächst ist Jahrmarkt auf dem Paradeplatz. Weiß Peter schon, was eine Lutschstange ist?" Hilde hatte genickt. „Na, also! Dann wissen Sie, wie Sie vorgehen müssen! Ohne ein wenig Bestechung werden Sie Kinder in diesem Alter nicht überzeugen können. Ein paar Stunden pro Tag sollte er das Pflaster tragen. Denken Sie daran: Das schielende Auge muss gezwungen werden, beim Sehen mitzuhelfen. Sonst wird das Gehirn faul, was zur einseitigen Blindheit führen kann."

Es war ein mühsamer Kampf, und auch Hilde kam an ihre Grenzen. Oder fühlte sie sich geschwächt? Sie war in anderen Umständen, die Familie war hoch erfreut, es gab Ratschläge von allen Seiten, die Entbindung war irgendwann im Frühjahr zu erwarten.

Ach was! Hilde wollte nicht behütet werden wie ein junges Ding. Schließlich war sie bereits Mutter, hatte eine konkrete Vorstellung davon, was es bedeutete, schwanger zu sein, wusste, dass es nicht immer nur ein beglückendes Gefühl war, sondern auch körperliche Beschwerden und dunkle Gedanken dazu gehörten. Und die Geburt war nicht so schlimm gewesen, wie sie als unerfahrene Frau befürchtet hatte. Sie hoffte nur, dass sie diesmal ihr Kind stillen konnte.

An die Brille hatte sich Peter einigermaßen gewöhnt. Es war eine Kinderbrille mit kugelrunden Gläsern und einem Rahmen aus eiergelbem Bagelit. Ab und zu kam es vor, dass er nicht daran dachte und sie beim Spielen in einer unbedachten Bewegung herunter riss. Dabei war schon zweimal der Drahtbügel abgebrochen. Aber wenn dann am Nachmittag das Augenpflaster an die Reihe kam: Man konnte doch nicht ständig neue Belohnungen in Aussicht stellen! Rolf hatte gemahnt: Der Junge werde ja völlig verwöhnt!

Bei den Kontrollbesuchen in der Augenarztpraxis klagte sie über den widerspenstigen Sohn. Ob es nicht ein Pflaster gebe, das sich leichter lösen lasse. Ob es nicht ein gewölbtes Pflaster gebe, damit das Auge geöffnet bleiben könne und die Wimpern sich nicht daran scheuerten? Und das Auge schiele immer noch – ob es denn vorangehe mit der Behandlung? Sie habe da ihre Zweifel, und ihr Mann denke auch so.

Sei es, dass Dr. Arndt die Verantwortung gerne teilen wollte, sei es, dass er tatsächlich fachlich an seine Grenzen gekommen war: Er empfahl die Universitätsaugenklinik in Kiel unter Professor Meesmann, dort gebe es eine „Schielabteilung" für Kinder, und dort gebe es andere diagnostische Untersuchungsmöglichkeiten. Man sei dort näher an der Wissenschaft.

Jetzt nahm Rolf die Sache in die Hand. Er telefonierte vom Büro aus mit der Klinik und machte einen Termin für Ende 1949. Bei seinem Vorgesetzten erbat er sich zwei freie Tage, damit er seinen kleinen Sohn nach Kiel bringen konnte, der dort etwa zehn Tage verbleiben musste, um anschließend wieder abgeholt zu werden. Nicht ohne Stolz brachte er diese Nachricht mit nach Hause. Es befriedigte ihn, „etwas zu regeln", „Nägel mit Köpfen zu machen".

Aber nicht zum ersten Mal musste er die Erfahrung machen, dass Frauen ihren eigenen Kopf hatten. Frau und Schwiegermutter erhoben Einspruch: Die Weihnachtszeit sei für die Familie die wichtigste Zeit im Jahr, da sei ein Klinikaufenthalt so kurz vor dem Fest ganz und gar ausgeschlossen, man wisse doch auch gar nicht, wie das Ganze ausgehe! Und überhaupt: Zehn Tage von zu Hause weg, ob das denn nötig sei? Jedenfalls, wenn Klinik, dann nach Weihnachten.

Johannes und Frieda Erichsen dürfen wieder zurück in ihr Haus (1949)

Johannes Erichsen hatte einen Traum.

Er fuhr mit dem Fahrrad an Feldern und Wiesen vorbei auf dem Weg zum Dienst. Dann tauchten die ersten Häuser auf, eine Schotterstraße mit Gaslaternen. Johannes tastete mit der einen Hand nach hinten zum Gepäckträger: Ja, seine Aktentasche war noch da, eingeklemmt auf dem Gepäckträger. Rechts erschien eine weiße Pforte, dahinter eine Auffahrt zu einem Haus, das er sehr gut kannte. Hier in Gammelby hatte er mit seinen Eltern und fünf Geschwistern gelebt, als er noch sehr klein gewesen. Jetzt wohnten dort fremde Leute, und ein fast unerträglicher Sehnsuchtsschmerz ließ ihn laut und heftig einatmen. Aber den folgenden Weinkrampf konnte er unterdrücken und fuhr tapfer bis zum nächsten Haus. Plötzlich sah er sich in der Kassenhalle, er stellte sich an den Schalter und bediente einen älteren Herrn, hatte aber das unbehagliche Gefühl, gar nicht befugt zu sein. Er erinnerte sich, dass er zwangsweise pensioniert worden war. Aber dann durfte er doch gar nicht hier sein! Und der Herr vor ihm trug plötzlich die Züge seines ehemaligen Vorgesetzten aus Husum, sein Monokelglas fiel ihm aus dem Gesicht und er wackelte tadelnd mit seinem gestreckten Zeigefinger: Aber Johannes, was machst du hier? Hast du denn dein Berichtsheft schon auf Vordermann gebracht?

Nach diesem Traum, der so oder so ähnlich seit Jahren zu ihm kam, wachte er regelmäßig auf. Er war zunächst verwirrt und spürte eine große Trauer, bis der tickende Wecker oder das frühe Tageslicht in sein Bewusstsein drangen und für Erleichterung sorgten.

Seit dem ersten Juli 49 fuhr er wieder täglich in das Rendsburger Rathaus, jetzt durfte er wieder als Stadtrentmeister arbeiten, seine Zwangspensionierung war aufgehoben. Karl Picht, sein Stellvertreter, hatte all die Jahre die Stellung gehalten, während Albert Peters auf der Lauer gelegen hatte, um sein Nachfolger zu werden. Aber die Stadt war fair geblieben, Johannes musste nicht zurück ins zweite Glied, eine schmachvolle Bestrafung wäre das gewesen.

Und doch dauerte es eine Weile, bis er dieses beklemmende Gefühl überwunden hatte: Wie ein Täter, der seine Strafe abgesessen, aber nun unter misstrauischen Blicken beweisen musste, dass er wirklich geläutert war. Er betrat jeden Morgen die Schalterhalle, korrekt gekleidet wie immer, Anzug mit Weste und Schlips, und doch war ihm, als könne man ihm ansehen, dass er vier Jahre fort gewesen, und er schaute flüchtig an sich hinunter, als trage er den Makel mit sich herum. Und dann dachte er an seinen Traum und fand, dass er doch immer eine Wahrheit enthalten hatte. Es war nicht vorbei.

Mitte 48, also vor etwa einem Jahr, war er endlich vorgeladen worden. Es sei alles halb so schlimm, hatte er gehört, von denen, die es hinter sich hatten. Entnazifizierung war trotzdem ein Wort, das ihm Angst gemacht hatte! Entnazifizierung – das war etwas wie Desinfizierung, etwas Technisches, bei dem mit ihm etwas geschah, über das er keine Gewalt hatte.

Aber dann hatte man ihn wieder ausgeladen. Die Verhandlung in der Krügerkaserne fand trotzdem statt, ohne ihn. Das war ein gutes Zeichen, zwei Leumundszeugnisse waren eingegangen, die positiv für ihn waren. In einem hieß es, Herr Erichsen sei durch den damaligen Bürgermeister Krabbes mehr oder weniger zum Eintritt in die Partei genötigt worden. Wie auch immer, mit Bescheid vom Januar 1949 wurde er in die Kategorie IV eingestuft, mit dem Zusatz, diese Einstufung führe nicht zu Berufs- und Vermögensbeschränkungen, und damit war der Weg frei gewesen für die Rückkehr ins Rathaus.

Aber diese neue Situation brachte auch neue Sorgen. Bisher hatte er sich täglich um Frieda kümmern können, Einkäufe erledigen, den Garten pflegen und Pussi ausführen.

Jetzt mussten Hilfen organisiert werden, vielleicht sogar eine ständige Haushaltskraft eingestellt, und das in einem engen, feuchten Gartenhaus, in dem sich Friedas Zustand immer weiter verschlechterte. Ja, es war an der Zeit, zum dritten Mal einen Antrag auf Freistellung ihres Hauses in der Gartenstraße zu stellen.

Sein Sohn Rolf war ihm hierbei eine große Hilfe. Er kannte ein paar wichtige Leute, und er wusste aus guten Quellen, wie der Antrag zu formulieren war. Und diesmal sollte die behandelnde Ärztin eine Begutachtung beisteuern.

Und so saßen sie wieder zusammen und tüftelten an einem dramatischen Appell, der mit den Worten schloss: „Ich bitte noch einmal ergebenst und inständig, mein Haus freizugeben. Nur so sehe ich eine Möglichkeit, die Gesundheit und das Leben meiner Frau zu erhalten". Und Frau Dr. Firgau schrieb in ihrer fachärztlichen Bescheinigung: „Frau Frieda Erichsen, 57 Jahre alt, steht bei mir in Behandlung wegen dekompensiertem Herzfehler mit Herzdilatation und chronischer Stauungsleber sowie wiederholten Gallenstein- und Nierensteinkolliken. Die sehr beengten Räumlichkeiten, die sie jetzt bewohnt, sind für ihren Gesundheitszustand recht ungünstig, zumal dieselben feucht und kalt und ohne Sonne sind. Da Frau Erichsen den größten Teil des Tages liegen muss, braucht sie dringend eine ständige Hilfskraft […]"

Am 2. August 1949 wurde dieser Antrag vom Hauptamt der Stadt Rendsburg befürwortend der britischen Militärregierung zur Kenntnis und Entscheidung vorgelegt. Zur selben Zeit brachte sich Rolf bei Oberstleutnant Cederic Cornell in Erinnerung.

Die örtliche Militärbehörde tat sich schwer mit der Entscheidung. Noch zeichnete sich kein Ende der Besatzung ab. Ohne Not wollte man keine Häuser aufgeben, die für Offiziere und ihre Familien geeignet waren. Und die Deutschen wurden hier und da wieder frech und forderten selbstbewusst die Einsetzung in ihre alten Rechte, als sei ihre Schuld vier Jahre nach Kriegsende getilgt. Krankheiten und Existenznöte wurden gewaltig übertrieben, um die Beschlagnahmungen rückgängig zu machen – so wie der Brunnenbaumeister Ivers, für den sein „Arbeitsboot" angeblich unverzichtbar war, bis Cornell sich persönlich und eher durch Zufall davon überzeugen konnte, dass es sich in Wirklichkeit um ein zierliches Segelboot handelte.

Im November fiel die Entscheidung: Die Gartenstraße 27 wurde vom „Quartering Officer" vorläufig freigegeben, der norwegische Offizier von der Tyskland-Brigade, der jetzt dort wohnte, kehrte ohnehin wieder in seine Heimat zurück. Allerdings galt der Vorbehalt, dass die Freigabe alle zwölf Monate erneut bestätigt werden musste. Der Hausbesitzer wurde aufgefordert, anhand der Inventarliste zu überprüfen, ob Schadensersatzansprüche geltend gemacht werden mussten.

Als Johannes Erichsen nach so langer Zeit sein Haus wieder betrat und das gelbe Glas in der Eingangstür schepperte und klirrte und immer noch nicht gebrochen war, da setzte er sich stumm auf die grau gewordenen Holzdielen.

Sehr lange saß er da, bis seine Augen getrocknet waren.

Kieler Augenklinik

Im Januar 1950 war es soweit.

Peters erste Zugfahrt über die Hochbrücke. Das glatte Kindergesicht mit der eiergelben Brille und den Drahtbügeln hinter den Ohren, blonde Haare, die sich immer noch kringelten und von zwei Haarklammern zur Seite gezwungen wurden, jetzt von einer Strickmütze fast bedeckt, auch den dunkelblauen Mantel mit dem aufgesetzten weißen Kragen musste er anbehalten, denn es war kalt im Abteil. Sein Vater saß neben ihm und erklärte eifrig, was man von hier oben sehen konnte: Das ist der Bahndamm, der macht eine große Schleife, auf dem sind wir mit dem Tut-Zug bis auf diese Brücke gefahren! Und auf der anderen Seite, guck mal hier, durch dieses Fenster, der Kanal! Ein Holzfrachter aus der Richtung des Gerhardshaines kam auf sie zu. Im Kreishafen hatte ein Küstenmotorschiff angelegt. Der kleine Peter schien mäßig interessiert.

Die Kleidung seines Sohnes missfiel Rolf, aber auch hier waren die Frauen stur, besonders Elise Krezek, seine Schwiegermutter, die sich vehement dafür einsetzte, dass ihr erster Enkel nicht frieren musste. Dafür sorgte eine Strickhose mit Gamaschen von der Strickerei Neumann aus der Herrenstraße, die aussahen, als trage der Junge alberne Schnabelschuhe.

Aber Rolf musste einsehen, dass diese Geschenke eine nicht unwesentliche finanzielle Hilfe darstellten. Der Mangel war in den letzten Jahren ein ständiger Begleiter gewesen. Mit 50 Reichsmark war er angefangen, vor zwei Jahren hatte er in einem Antrag auf Verkürzung seiner Lehrzeit höflichst erwähnt, dass er doch schon 27 Jahre alt sei und eine kleine Familie zu versorgen habe. Zwar hatte man seinem Antrag aus grundsätzlichen Erwägungen nicht entsprochen, aber sein Lehrlingsgehalt auf 100 Reichsmark erhöht. Das war kurz vor der Währungsreform gewesen.

Im vergangenen Jahr hatte er seine Ausbildung erfolgreich abgeschlossen und war zum Stadtsekretär ernannt worden, was mit 250 D-Mark auch nicht gerade üppig entlohnt wurde. Nein, diese Kröte musste er schlucken, natürlich war er dankbar für die Hilfe seiner Schwiegereltern, und auch dafür, dass Hilde hin und wieder etwas für den Suppentopf zugesteckt bekam.

Die Bahnstrecke war nach dem Krieg wieder hergerichtet worden, aber der Bahnhof in Kiel sah noch schlimm aus mit seinem geborstenen Glasfensterdach. Am Ende des Bahnsteigs gingen die Fahrgäste an einem filigranen Baugerüst vorbei, das die Vorhalle bis zur Stahlkuppel ausfüllte, als wollte sie sie tragen. Holzleitern schienen in den grauen Himmel zu führen, und dort oben in atemberaubender Höhe versuchten Arbeiter, das Dach mit Brettern zu verschalen.

Draußen war es bedeckt, aber trocken, und, da der Winter eine Pause machte, nur mäßig kalt. Rolf beschloss, den weiten Weg mit Peter zu Fuß zu gehen.

Überall gab es Ruinen, aber die gefährlichen Überhänge, die jederzeit zu stürzen drohten, und die Trümmergrafik aus zerborstenen Dachstühlen und Fußböden waren weitgehend verschwunden, damit niemand zu Schaden komme – der Krieg hatte ein Übermaß an Leid hervorgerufen, da sollte jetzt im Frieden nichts mehr hinzu kommen. Aber auffällig waren auch die vielen Baugerüste, um auszubessern, wo es noch möglich war, oder neu zu bauen.

An einer Stelle führte eine Holzbrücke über die Holstenstraße. So konnten die Arbeiter das Baumaterial von einem Trümmergrundstück im Westen zum Neubau des Modehauses „Hartung" auf die Ostseite schaffen, ohne den Verkehr zu stören: Verkehr – dazu gehörten vor allem die vielen Menschen in ihren langen Mänteln, mit Hüten, Kopftüchern und Aktentaschen, die an den Verkausbuden entlang gingen und nach irgendwas suchten. Zum Verkehr gehörte auch die Straßenbahn, Metall hämmerte auf Metall, wenn sie fuhr, als seien die Schienen verbogen, und an den Oberleitungen funkte es.

Das Karstadt-Gebäude mit den vertikalen, hoch aufstrebenden Fassadenelementen war nur noch ein Skelett aus leeren Geschossdecken und Metallträgern. Aber im Erdgeschoss waren die Schaufenster wieder hergerichtet und stellten aus.

Auf dem Marktplatz vor der Nikolaikirche mit ihrem kopflosen Turm machte Peter schlapp. Rolf hatte ihn schon einige Minuten ziehen müssen, aber jetzt hing er eher an seinem Arm als dass er ging. „Meine Beine tun weh", sagte er. Kurzerhand hob Rolf seinen Sohn auf die Schultern. Das war eine Erleichterung! Jetzt konnte er ausschreiten, wie er es gewohnt war.

Am Ende der Dänischen Straße blickte er neugierig nach rechts. Vor dem Wasser der Förde mit dem völlig zerstörten Ostufer sah er die Überreste des Stadtschlosses: ein halbwegs erhaltenes Gebäude, und daneben ragte einsam der reichlich beschädigte Turm.

Rolf wunderte sich nicht. Kein Bedauern. Er nahm zur Kenntnis. Ein trotziges „Es ist, wie es ist – mach was draus!" war seine unterkühlte Grundstimmung, und er marschierte, ohne innezuhalten.

Hinter der Ruine des Kieler Stadtschlosses führte die Brunswik vom Wasser der Förde weg durch den Park. Die dann folgenden alten Universitätsgebäude sahen trostlos aus. Aber die Augenklinik unweit der Kunsthalle war gerade wieder hergerichtet – eine Streubombe hatte das Dach zerstört und das zweite Obergeschoss erheblich beschädigt.

Nun hob Rolf seinen Sohn von den Schultern und nahm ihn wieder an die Hand. Sie gingen von der Brunswik auf dem ansteigenden Weg zum achteckigen, dreistöckigen Turm der Klinik und rechts davon die Holztreppe hoch auf die Terrasse, die der gesamten Gebäudefront vorgelagert war.

Der Flur zog sich um das untere Turmzimmer herum und führte zur Anmeldung und zum Wartezimmer, das gut gefüllt war. Aber es war kalt, auch hier wurde mit Heizung gespart, und nachdem er Peter auf einen Stuhl gesetzt hatte, ging Rolf zu dem kleinen Viereck in der Wand, über dem in „urdeutscher" Frakturschrift „ANMELDUNG" zu lesen war. Es war eine Klappe, von innen verschließbar, eingebaut in eine ehemalige Tür. Eine groß gewachsene Frau in einem langen braunen Pelzmantel stand davor und verhandelte mit der Schwester, die auf der anderen Seite der Wandöffnung saß, und musste sich dabei etwas hinunter beugen, den Kopf im Nacken, um Blickkontakt herzustellen, und stieß dabei mit ihrem Kompotthut gegen die Wand.

„Könnten Sie noch mal wiederholen, was Sie eben gesagt haben?", sagte sie mit erhobener Stimme. Rolf kam es vor, als stoße sie dabei eine feine Atemwolke aus. Aber vielleicht täuschte er sich. Er spürte einen leichten Luftzug. Das Wartezimmer war einfach ein schmuckloser kalter Raum mit schmucklosen, grauen Menschen. Wie eine Bahnhofsvorhalle, dachte Rolf.

„Red ick Chinesisch, beste Frau? Oder sind Se schwerhörig?", kam es aus der Wand zurück. „Ich bin nicht schwerhörig. Das Zuhören hier draußen ist … etwas schwierig", antwortete die Frau mühsam beherrscht, und dabei geriet der lange Pelzmantel vor Rolf in nervöse Schwingungen. „Gehen Se nach oben in den zweiten Stock. Schwester Irene. Habn Se mich jetz verstandn?" Als die Frau nickte und umständlich zur Seite trat, durfte Rolf einen Blick in den Machtbereich der Universitätsaugenklinik werfen, aus dem deutlich wärmere Luft entwich. Das strenge Gesicht von Ambulanzschwester Ilse Busch, umkränzt von üppigen blonden Dauerwellen, hatte sich gleichgültig über ein Notizbuch gesenkt, während sie ohne Eile etwas schrieb.

Als Rolf unüberhörbar munter grüßte, ohne dass Schwester Ilse irgendeine Reaktion zeigte, entschloss er sich zu der defensiven Strategie und wartete. Nach einer Weile stand Ilse Busch auf, schob mit einem lauten Scharren den Holzstuhl nach hinten und ging nach nebenan. Der nunmehr leere Raum war winzig. Licht kam durch ein hohes Sprossenfenster, dessen untere Hälfte aus Milchglasscheiben bestand. An der linken Wand, der Tür gegenüber, aus der sie Schwester gerade entschwunden war, stand ein sehr hoher Aktenschrank. Und dann kam schon der Arbeitstisch hinter der Klappe, ein schäbiges Stück Möbel, eine Schreibunterlage, darauf das Meldebuch, ein Becher mit Bleistiften und anderen Utensilien, ein schwarzes Telefon und eine Bürolampe.

Rolf schaute sich um.

Peter hatte sich vom Stuhl geschoben und zog als jüngster Patient die Blicke auf sich. So klein – und schon eine Brille! Er tippelte an der Stuhlreihe entlang und starrte neugierig in geschwollene, entzündete Augen und auf eindrucksvolle weiße Verbände.

Das Bild eines Kriegslazaretts drängte sich auf, das Rolf einmal erlebt hatte, Gott sei Dank nicht als Patient! Das Schreien und Stöhnen, die Verbände schmutzig und rot!

Peters Brille. „Du hast aber eine schöne Brille!" Betuliche Kinder-freundlichkeit, die sich um Wahrheit nicht schert. Was weiß das Kind schon! Peter hatte vergessen, dass er ein gelbes Gestell auf der Nase hat-te. Jetzt wusste er es wieder.

„Der Nächste!", brummte Ilse Busch. Rolf fuhr herum. Die Schwester war unbemerkt zurückgekehrt, hatte das nur so vor sich hin gesagt, ohne den Kopf zu heben, in einem Ton, der ihn als lästigen Bittsteller vorführ-te. „Wenn Sie so weit sind?", sagte Rolf. Überrascht blickte Ilse Busch auf. „Ah, da sind Sie ja! Darf ich mich vorstellen?", grinste Rolf, mög-lichst jungenhaft und unbefangen. „Nun wer'n Se bloß nich komisch, junger Mann. Wolln Se sich anmelden oder was?"

Von da an verlief das Gespräch sachlich.

* *Rolf Erichsen lässt seinen Sohn in Kiel allein*

Was getan werden muss, wird getan. Lieber agieren als reagieren. So hat-te er die „Sache" in die Hand genommen und durchgeführt. Der Moment, als die Rotkreuzschwester Peter mit dem Malbuch ablenkte und Rolf sich unauffällig verdrückte, verursachte jedoch eine seelische und körperliche Reaktion, die für Rolf überraschend kam. Ein leichter Schwindel ließ ihn nach dem Treppengeländer greifen, und unwillkürlich zog er scharf die Luft ein, und beim Ausatmen zitterte seine Brust.

Der Moment war nur flüchtig. Aber er rief einen Zweifel hervor, den er in der Folgezeit kraftvoll niederringen musste. War das hier richtig? Wie musste sich Peter fühlen, wenn er merkte, dass keine vertraute Person mehr in der Nähe war, nicht heute, nicht morgen, nicht übermorgen… natürlich hatte er seinem kleinen Sohn gesagt, dass er nun fort müsse, aber er werde ihn bald wieder abholen. Das machen wir nur, damit deine Augen gesund werden! Das verstehst du doch, oder?

Peter hatte genickt und sich neugierig in dem Kinderzimmer umgese-hen. Drei unglaublich hohe Sprossenfenster ließen freundliches Licht herein, und ganz hoch oben an der Wand über den vielen Kinderbetten jagten sieben ängstliche Schwaben mit ihrer langen Lanze einen fröhli-chen Hasen. „Hier an den Tischen kannst du sitzen und malen, und wenn das Wetter gut ist, geht jemand mit euch spazieren", hatte Schwester Hanni gesagt. Peter nahm das gut auf. Die Schwester hatte eine Stimme wie seine Mama und auch Haare wie sie. Aber sie sah wie eine Kranken-schwester aus, war wohl auch eine, wie Papa sagte.

Schwester Hanni trug eine Schwesternhaube und eine längs gestreifte Bluse in hellem Blau und mit weißem Kragen. In der Mitte über der Knopfleiste schien eine Brosche mit einem roten Kreuz alles zusammen zu halten. „Und hier", sagte sie und klopfte mit der rechten Hand auf die

Tasche in ihrer weißen Schürze, „habe ich immer etwas Süßes für Kinder, die brav sind!" – „Und was ist das?", fragte der Junge. – „Das verrate ich noch nicht!", lachte die Schwester. – „Und was ist brav?", fragte Peter. Jetzt lachten beide Erwachsenen. „Brav ist, wenn du immer alles machst, was Schwester Hanni sagt!", sagte sein Vater und strich über die blonden Locken und spürte dazwischen den harten Draht der beiden Haarklammern.

Professor Alois Meesmann hatte nur wenig Zeit, und auch nur, weil Rolf Erichsen hartnäckig darauf bestand. Er war ein großer, bedächtiger Mann mit einer fleischigen Nase und wenigen glatten Haaren. Mit seiner randlosen Brille schaute er Rolf Erichsen offen ins Gesicht. Er war „der" Schielexperte in Schleswig-Holstein und hatte offensichtlich keinen Zweifel an seiner Autorität.

„Schauen Sie, Herr Erichsen, ich kann Ihnen jetzt nur so viel sagen: Mein Kollege aus Rendsburg hat mich informiert. Ich werde mit Ihrem Sohn weitere Untersuchungen anstellen, habe aber nach allem, was ich bisher weiß, keine Sorge, dass wir das hinkriegen. Rufen Sie in – sagen wir – drei Tagen wieder an, dann wissen wir mehr. Wenn Sie mich bitte entschuldigen … Sie sehen ja selbst …", und damit machte er eine weit ausholende Bewegung mit seinem weißen Kittelarm, der auf das volle Wartezimmer deutete und ihm gleichzeitig die Tür wies.

Als Rolf drei Tage später vom Dienst aus anrief, wurde er von dem Oberarzt darüber informiert, dass Peter auf dem schielenden Auge weitsichtig sei und künftig ständig eine Brille tragen müsse. Das Schielen werde wie bisher mit dem zeitweiligen Abkleben behandelt, die Wirkung werde sorgfältig kontrolliert. Dann kam Schwester Hanni an den Apparat.

„Wir haben große Schwierigkeiten mit dem Kleinen", sagte sie nicht ohne Vorwurf in ihrer Stimme. „Im Behandlungszimmer hat er um sich geschlagen, so dass wir ihn zu zweit festhalten mussten. Im Krankenzimmer hat er ständig Streit mit den anderen Kindern, wirft mit Stiften und hat sogar eine Vase vom Tisch gefegt. Die werden Sie wohl ersetzen müssen. Gestern mussten wir ihn in seinem Gitterbett festbinden, weil er während der Nachtruhe ständig aus dem Bett heraus turnte. Ich muss schon sagen, sowas hab ich bisher noch nicht erlebt! Wenn er sich nicht benimmt, werden Sie ihn wohl früher abholen müssen als geplant."

Widerstreitende Gefühle. Hatte er als Vater versagt? Konnten die in der Klinik überhaupt mit so kleinen Kindern umgehen? Wenn er an die arrogante Ambulanzschwester bei der Anmeldung dachte! Aber Schwester Hanni hatte einen durchaus kompetenten Eindruck gemacht. Sollte er seiner Frau erzählen, was los war? Das mit der Weitsichtigkeit war nicht

zu vermeiden, aber das andere? Er entschloss sich, gewisse Verhaltens-
probleme nur anzudeuten. Es musste nicht jeder wissen, dass Rolf Erichsen seinen Sohn möglicherweise nicht richtig erzogen hatte.

Eine Woche später holte er Peter aus Kiel ab. Die Klinik hatte sich
nicht wieder gemeldet, und er selbst hatte kein Bedürfnis, von sich aus
dort anzurufen.

Sein Sohn wirkte verstört, blass, in sich gekehrt. Als sie auf dem
Rendsburger Bahnhof durch die untere Absperrung gingen, wollte seine
Frau ihr Kind an ihren schwangeren Bauch drücken, ihn wieder spüren.
Sie breitete ihre Arme aus und schaute ihn glücklich an. Rolf zog ihn lä-
chelnd ein wenig in die Richtung und ließ ihn frei: „Nun geh schon zu
deiner Mama!"

Doch Peter blieb stehen und bohrte gedankenverloren mit einem Finger wie aus Porzellan in seinem Näschen. Er schien sich nicht zu freuen.

Große Suchaktion: Peter und Norbert gehen verloren (1950)

„Darf ich runter?", fragte der vierjährige Peter, und schon war er die
Treppe hinunter getrappelt. „Aber nicht so lange!", rief seine Mutter hinterher. Rolf kam jeden Mittag zum Essen nach Hause, und dann musste
Peter wieder da sein. Der Weg vom Steueramt im alten Rathaus am Altstädter Markt bis zur Etagenwohnung im „Nachtjackenviertel" dauerte
mit dem Fahrrad höchstens zehn Minuten, da lohnte es sich schon. Es
war für Rolf eine geliebte Gewohnheit geworden, und nach dem Essen
legte er sich fünfzehn Minuten aufs Ohr. Es gelang ihm, sofort einzu-
schlafen. Meistens wachte er von selbst auf und fühlte sich herrlich erfrischt. Er hatte das im Krieg gelernt.

Gegen halb zwölf schnitt Hilde noch ein paar gare Kartoffeln in die
frische Suppe und stellt sie zum Aufwärmen auf den Gasherd. Die kleine
Hilke schlief im Gitterbettchen im Schlafzimmer. Zeit, Peter hoch zu rufen. Hilde ging durchs Wohnzimmer an das Fenster, öffnete es und lehnte
sich hinaus. Es wehte ein laues Lüftchen jetzt im Mai. „Peter! Hoch kommen!" Und lieber noch einmal: „Peter! Hoch kommen!" Sehen konnte
sie von hier oben aus der Dachgaube nur einige Kinder auf der gegenüber
liegenden Straßenseite, ihr Sohn war nicht dabei. Aber er würde sie gehört haben.

Das Kindergeschrei war wie ein permanentes Zwitschern, aber im Unterschied zu den Spatzen, die um das Dach herum flitzten, hatte es mehr

Höhen und Tiefen. Das hörte sie schon gar nicht mehr, das war die normale Geräuschkulisse in dem alten Wohngebiet von Neuwerk mit den jungen Familien. Auch das helle „ping-ping-peng" aus der Schmiede gehörte dazu.

Gestern, ja gestern war es anders, da platzten die Trompeten und Posaunen plötzlich um die Ecke. In ihren schicken Anzügen und Zylindern marschierte die Neuwerker Scheibenschützen-Gilde dem Schellenbaum und der Blasmusik von Kapellmeister Kruse hinterher. Alles angeführt von dem schwachsinnigen Klaus. Nur einen kurzen Ausschnitt der quer laufenden Herrenstraße kann man von hier oben sehen, und bald war der bunte Umzug hinter der Ecke des Schreibwarengeschäfts wieder verschwunden. Da hielt man doch schon mal inne und mochte am liebsten hinunterlaufen und zusehen. Doch „vorbei ist die Musike". Das sonntägliche Wunschkonzert im Radio kam ihr in den Sinn: „...noch aus der Ferne tönt es schwach, ganz leise bumbumbumbum tsching; zog da ein bunter Schmetterling, tschingtsching, bum, um die Ecke?"

Summend schloss Hilde das Fenster. Ihre Tochter kreischte, ihr war das Stofftier durch die Stäbe gefallen. Sie war schnell beruhigt. Hilde ließ die Schlafzimmertür offen und kümmerte sich wieder um die Suppe. Einmal umrühren. Nach einem Blick auf die Küchenuhr beschloss sie, das Gas auszustellen. Es war noch zu früh. Ihr Mann kam höchstens in einer halben Stunde, da hatte sie noch Zeit, in der Küche herum zu wirtschaften. Ihr fiel ein, dass der Ofen ausgeräumt werden musste. Sie hatten in der vergangenen Woche überraschend kalte Tage und mussten noch einmal heizen. Aber jetzt konnte der Schütter wohl endgültig in den Keller gestellt werden. „Das kann Rolf machen", dachte sie, „bevor er wieder zum Dienst fährt."

Und wo war ihr kleiner Junge? War da ein Geräusch an der Wohnungstür? Sie guckte um die Ecke, schaute hinaus in den Treppenflur. „Peter?" Keine Antwort. Ob er sie vorhin nicht gehört hatte? Das wäre das erste Mal. Sie ging noch einmal zum Stubenfenster und rief auf die Straße hinab: „Peter! Hoch kommen!" Nach weiteren zehn Minuten warf sie sich eine leichte Strickjacke um und ging hinunter.

Auf der Straße schien Mittagsruhe eingekehrt zu sein. Zwei Jungen, schon etwas älter, vielleicht sieben oder acht, saßen schräg gegenüber am Bordstein vor dem Fachwerkhaus. Aus einem geöffneten Fenster von Nummer 5 drang das Geklapper von Töpfen. Vor der Tordurchfahrt zum Hinterhof lag ganz ruhig eine braun-weiß gestreifte Katze in der Sonne. Aus der Richtung Obereiderstraße kam eine junge Frau mit einer Milchkanne in der einen und einer Einkaufstasche in der anderen Hand. „Haben Sie meinen Jungen gesehen?", fragte Hilde. Die andere schaute sie etwas ratlos an. Man kannte sich nur vom Sehen. „Er heißt Peter. Vier Jahre alt, blonde krause Haare. Er trägt eine Brille!" – „Ach der ist das! Ja, nein, heute habe ich ihn noch nicht gesehen! Ist er weg gelaufen?" – „Ich weiß nicht. Er sollte hoch kommen. Aber das ist schon fast eine Stunde her." – „Ja, so sind sie. Vergessen die Zeit. Viel Glück. Ich muss dann …"

Hilde fühlte etwas sehr Unangenehmes in sich wachsen, einen Druck unter der Bauchdecke, wie damals, als der kleine blond gelockte Kerl oben auf der Fensterbank saß und zu ihnen hinunter sah und lachte. Schon merkte sie, dass sie rannte, der erste Impuls, ihren Eltern Bescheid sagen, die dort in Sichtweite in der Obereiderstraße ihren Schlachterladen haben. Dann plötzlich der Gedanke: Hilke ist oben allein, ich muss mich um sie kümmern. Was ist jetzt wichtig? Was mach ich zuerst? Die widerstreitenden Gefühle zeigen sich in ihrem Gesicht. Sie zögert. Dann beschließt sie, nach oben zu gehen. Gott sei Dank ist Frau Köhler da, die Nachbarin. Ob sie mal nach Hilke schauen könnte? Sie müsse Peter suchen gehen.

Dann wieder runter. Die Katze ist immer noch da. Die beiden Jungen sind verschwunden. Gerade verlässt jemand die Schlachterei, das typische Glockengeläut einer Ladentür, die haben also noch auf. Ihre Mutter Elise ist oben in der Küche. Alle Mütter sind in der Mittagszeit in der Küche. Hilde redet schnell, zu schnell, sie verhaspelt sich, aber ihre Mutter begreift sofort, legt ihre Schürze ab und ruft Änne Engeling aus dem Laden, Karl ist hinten in der Wurstmacherei, den will sie nicht stören.

Und dann suchen sie zu Dritt die Obereiderstraße und die Münzstraße ab, merken schnell, dass sie sich trennen müssen, sonst dauert es zu lange, die Suche, besonders auf den Hinterhöfen, davon gibt es viele. Sie rufen in die Gänge zwischen den Häusern immer das Gleiche. Zuerst ist es ihnen etwas peinlich, aber mit zunehmender Unruhe wird es ihnen zunehmend egal.

Hilde hört ein rostiges Klingeln hinter sich, dreht sich um. „Was macht ihr denn hier?", hört sie. Es ist Rolf. Du meine Güte, das hatte sie ja vollkommen vergessen! Auf dem Rad, geradewegs vom Steueramt an den Mittagstisch, mit Schlips und Kragen und Klammern in den Hosen. Schnell ist die Situation erklärt. „Ich stell schnell das Fahrrad auf dem Hof ab. Dann geh ich die Kaiserstraße runter. Vielleicht ist er am Kanal." Am Kanal? Das stellt sich Hilde besonders schlimm vor. Aber ihr Mann ist zupackend und kann gut organisieren. Es ist beruhigend, dass er da ist.

„Engelein" hat die Münzstraße abgegrast – nichts. Jetzt treffen sie wieder an der Schlachterei zusammen. „Er ist oft mit einem Norbert zusammen. Wenn ich nur wüsste, wo der wohnt", jammert Hilde. „Ich kenne eine Frau Reimers, sie hat mehrere Kinder. Aber einer heißt, glaube ich, Norbert", sagt ihre Mutter, die Geschäftsfrau. Sie kennt ihre Kunden gut. „Sie wohnt auf dem Hinterhof in der Nummer 10. Geht ihr beiden da mal schnell hin. Ich warte hier."

Auf den Hinterhöfen sieht es nicht immer gut aus. Sie sind verwinkelt und ungepflegt. Vierkantige Wäschepfähle aus Holz, zwischen denen Leinen gespannt sind, an denen die „Schinkenbeutel" hängen. Ställe oder Lagerschuppen mit Fassaden aus Brettern, die nicht mehr alle an ihrem Platz sind. Unrat, der eigentlich in die Zinktonnen gehört, Eimerdeckel und Fahrradteile, die einiges im Schrotthandel von Hövelmann einbringen könnten. Und dazwischen bewohnte Gebäude mit dicken Rohrleitungen an den Außenwänden, heraus gefallenem Fugenmörtel und rissigen Fensterrahmen ohne Farbe.

So ähnlich sieht es auf dem Hof von Norbert aus. Ein zehnjähriges Mädchen öffnet die Tür. „Hast du einen Bruder, der Norbert heißt?", fragt Hilde. Plötzlich schiebt sich Frau Reimers resolut in den Vordergrund. Sie füllt den Türrahmen aus und schwitzt. „Was wollen Sie?", schnauzt sie.

„Norbert?", denkt sie laut nach, nachdem sie informiert worden ist. „Der ist spielen. Der kommt schon zurück. Da machen Sie sich mal keine Sorgen! – Sonst noch was?" – „Ist er schon mal weiter weg gewesen?" – „Ja, am Paradeplatz – aber das ist ja nicht so weit." – „Und sonst?" – „Er hat mal was vom Bahnhof erzählt. Ich hab ihm gesagt, er soll da nicht allein hin, sonst zieh ich ihm die Ohren lang! – So, ich muss wieder. Heute ist Wäschetag. Auf Wiedersehen."

Die Frauen besprechen sich. Engelein übernimmt den Paradeplatz, Hilde sucht Prinzessinstraße und Kanzleistraße ab. Elise, die energische Geschäftsfrau, hält den Bahnhof für einen guten Tipp. Der ist aber ziemlich weit für einen kleinen Jungen. Sie eilt die Münzstraße hinunter und biegt um die Ecke bei Schneider Clausen in die Herrenstraße. Die Doppelreihe der Linden trägt schon grünes Laub, aber das sieht Elise Krezek nicht, sie hat jetzt einen Auftrag. Sie rückt ihre Brille zurecht und blickt streng hinüber zu der langen Reihe von Kasernen. In einer davon ist jetzt die Strickerei Neumann untergebracht, Feinstrickwaren, damit versorgt Elise Krezek den Sohn ihrer Tochter, weil das Qualität ist. Wahrscheinlich trägt Peter auch heute, wo immer er sein mag, die Feinstrickhose mit den Trägern.

Elise schaut in jeden Hauseingang und ruft, bei Schuster Bruhn, bei der „Scala", dem Nachtlokal, der Gaststätte „Zur Eiche". Ein Blick in die Grüne Straße genügt ihr, sie will weiter zum Bahnhof. Aus den Sprossenfenstern der Zeitungsdruckerei dringt kein Laut, die Maschinen ruhen.

Vor dem Hotel am Bahnhofsvorplatz stehen nur wenige Fahrzeuge, hoch auf die Bahnsteige kommen die Lütten nicht, da gibt es eine Schranke. Ohne Bahnsteigkarten kommt man da nicht durch. Die Lütten! Ja, sie geht jetzt davon aus, dass die beiden gemeinsam etwas anstellen. Irgendwie beruhigt sie dieser Gedanke ein wenig.

Sie eilt die Bahnhofstraße hinunter und will bei Greens Hotel wieder nach links, in einem weiten Bogen wieder zurück. Erfolglos. Aber vielleicht haben Rolf und Hilde und Engelein die beiden schon gefunden? Sie zögert. Soll sie jetzt aufgeben? Natürlich, auch hier kann sie die beiden noch finden. Aber wenn sie nun doch weiter gelaufen sind? Sie wendet sich nach rechts. Hinter dem Prachtbau des Stadttheaters kann man den Bahndamm unterqueren. Dahinter ist links auf einer Anhöhe, über eine Treppe zu erreichen, das Eiland, ein Park, der bis zum Wasser der Obereider reicht. Elise eilt, die Zeit verrinnt. Sie sieht ganz klein aus unter dem mächtigen Backsteingewölbe der Unterführung. Was macht sie hier eigentlich? Man kann doch nicht die ganze Stadt absuchen! Es ist eigentlich sinnlos, sie sollte umkehren. Sie hätten die Polizei informieren sollen. Aber es geht um ihr Enkelkind! Ihr erstes! Für dieses Kind würde sie alles tun. Das Geschäft ist ihr egal. Vielleicht ist Engelein jetzt da und kann die Ladentür wieder aufschließen. Das muss gehen.

Sie steigt die Treppe hoch.

In dem Moment sieht sie oben über sich den Lockenkopf mit der gelben Bakelit-Brille und daneben den kleinen Norbert mit seinen dunkelblonden Haaren, die in glatten Strähnen über das Gesicht fallen. Sie reden laut und angeregt miteinander und lachen und sind so voller Leben, dass Elise sprachlos stehen bleibt. „Oma!", schreit Peter und stürmt ihr entgegen. Auf jeder Stufe macht er einen Zwischenschritt, weil die Beine noch nicht lang genug sind, und dann wirft er sich ihr entgegen. „Wir sind am Wasser gewesen!", ruft er, als wäre seine Oma noch weit weg. „Wir sind den Berg runter gerutscht! Und wir haben Segelboote gesehen! Norbert hat sich an der Hand weh getan! Aber es ist nicht so schlimm." Er scheint sich überhaupt nicht darüber zu wundern, hier seine Oma zu treffen. Und Norbert zeigt ihr seine Hand: „Guck mal! Meine Stelle! Aber ist nicht so schlimm!" – „Wir gehen jetzt nach Hause. Kommst du mit, Oma?", ruft Peter. Beide sind noch immer richtig in Fahrt, die beiden Gesichtchen sind erhitzt und verschmiert und rot.

Peter greift die Hand seiner Oma, Norbert trottet nebenher. „Du meine Güte! Deine Hand ist aber schmutzig!", bemerkt sie. „Jaaa!", strahlt der Kleine sie stolz an, als sei der Dreck eine Auszeichnung. Herr Gott! Elise fühlt sich irgendwie befangen. Das ist aber gar nicht ihre Art. Sie hat keine Probleme damit, ihre Meinung zu sagen, da macht sie keinen Unterschied zwischen Mann und Frau und arm oder reich. Sie kann recht wütend werden, sie hat dann schwarze Augen, wie ihr Schwiegersohn Augen zwinkernd festgestellt hat.

„Ihr seid gerutscht? Wie denn?", fragt sie. „Aufm Po!", antwortet Peter. Elise zieht ihren Enkel vor sich, damit sie den Po sehen kann. „Nein! Das kann doch nicht wahr sein! Ja, seid ihr denn von allen guten Geistern verlassen?" Jetzt wird Elise doch noch laut. Was sie da sieht, empört sie, kleiner süßer Junge hin, kleiner süßer Junge her. Von der guten Feinstrickhose ist nicht mehr viel zu sehen. Fette schwarze Erde hat die Wollstruktur zugekleistert, und an zwei Stellen schimmert es verdächtig hell hindurch. „Was habt ihr euch nur dabei gedacht?" Jetzt hat sie schwarze Augen. Energisch schreitet sie aus und zieht die Kinder hinter sich her.

Peter bemerkt den Stimmungsumschwung. Mit seiner Hose ist wohl irgendwas nicht in Ordnung, daran hatte er nicht gedacht. Aber kann man sie nicht einfach waschen? Als er Norberts Hose von hinten sieht, wird er nachdenklich. Das ist zwar eine Lederhose, aber ganz schön schwarz.

Vor dem Laden in der Obereiderstraße überwiegt die Erleichterung. Norbert ist schon vorher abgehauen, ab in den Hinterhof von Nummer 10. Hilde geht in die Hocke und umarmt ihren Sohn: „Wir haben uns solche Sorgen gemacht!" Rolf steht daneben und schweigt. Er wird sich seinen Sohn später vorknöpfen. Elise ist im Laden verschwunden, die Mittagsruhe ist schon längst vorbei.

Oben in der Wohnung muss Peter seine Hose ausziehen. Hilde sitzt in der Küche neben dem Abwaschtisch und hat sich das arme Textil auf den Schoß gelegt. Die Löcher im Dreck sind nicht zu übersehen. Plötzlich löst sich etwas in ihrem Bauch, alles gibt nach und wird ganz weich. Sie atmet heftig ein und lässt die Luft mit jedem Schluchzer nach und nach wieder hinaus. Ihr Oberkörper bebt und die Tränen machen ihr Gesicht nass.

Da stößt Peter sie an. Er hat aus dem Nähkasten ein kleines Knäuel Wolle genommen und hält es ihr hin: „Das kannst du wieder heile machen!", sagt er.

Der Leichtsinn der jungen Eltern

„Wie siehst du denn schon wieder aus!" Hilde griff sich ihren Jungen und wischte und rieb an dem kurzen Ärmel der weißen Bluse. „Wo bist du schon wieder gewesen!"

„Ich bin an die Wand gekommen!", antwortete Peter und zeigte mit ausgestrecktem Arm auf die braune Holztür der Toreinfahrt.

„Und die Kniestrümpfe auch!", stöhnte Hilde. „So kannst du nicht mitkommen. Komm mit hoch! Umziehen!"

So war es oft. „Mach dich nicht erst schmutzig!", rief Hilde ihrem Sohn hinterher, wenn er mit seinen Sonntagssachen auf die Straße hinunter lief. Und sobald er unten ankam, vergaß er, dass heute Sonntag war.

Wenn es dann endlich losging, hatte Peter keine Probleme, sich von den anderen Kindern zu trennen. „Tschüss!", rief er ihnen zu und fuhr auf seinem Dreirad seinen Eltern hinterher.

Rolf schob die Kinderkarre, in der Hilke saß. Ein gut aussehender Mann mit einer lockigen Tolle rechts über der hohen Stirn, während links vor dem scharfen Scheitel eine leichte Geheimratsecke ihren Anfang nahm. Um die schlanke Gestalt wehte eine weit geschnittene Anzughose, und an dem Revers des hellen Jacketts trug Rolf die Anstecknadel des Rendsburger Rudervereins. Schlips und Kragen waren nicht nur Berufskleidung, sondern auch in der Freizeit obligatorisch. Und da der Kleiderschrank nicht üppig gefüllt war, musste Hilde täglich ein Oberhemd für den nächsten Tag bügeln.

Auf den Herrenhut hatte er heute verzichtet, denn es war ein fast windstiller und warmer Junisonntag. Aus dem gleichen Grunde hatte Hilde nicht ihr graues Kostüm gewählt, sondern ihr kariertes Sommerkleid. Ihre Frisur war seit Jahren unverändert: Eine Dauerwelle mit mächtigem Volumen, gekrönt von einer luftigen Olympiarolle über der Stirn.

Sie bogen bei Herrmann Clausen um die Ecke in Richtung Bahnhof. Vor dem Schuhgeschäft verzögerten sie kurz ihren Schritt, damit Peter Gelegenheit hatte, die Buchstaben über dem Schaufenster zu lesen. Es war schon fast ein Ritual, als Peter seinen Kopf in den Nacken schob, durch seine Brille blinzelte und stammelte: „B…B…r…ru…run… Brun!" Dann strahlte er, und seine Eltern lobten ihn.

Erklären konnten sie sich diese vorzeitige Fähigkeit nicht, aber es schmeichelte ihnen. Als sie vor ein paar Wochen am Conventgarten vorbei in Richtung Gartenstraße gingen und einem bekannten Ehepaar begegneten, da verweigerte Peter wie gewohnt den Handschlag mit dem Argument „Die kenn ich nicht!" Aber diese Peinlichkeit ließ sich gut kompensieren, indem seine Eltern ihn aufforderten: „Zeig doch der Tante und dem Onkel mal, wie du lesen kannst!", und sie zeigten auf die Villa von Karl Staack. Peter hob das Kinn etwas, blinzelte und stammelte eifrig: „Wie…wie…la K…Kättchen!" Der Onkel und die Tante spendeten übertriebenes Lob und tätschelten den blonden Kopf. Das Stammeln gehörte zur Vorführung, denn natürlich kannte Peter diese Hausinschriften mittlerweile auswendig. Er wusste sogar, dass es in Wirklichkeit „Villa Käthchen" hieß – das hatten ihm seine Eltern mehr als einmal korrigierend mitgeteilt. Aber er wusste auch, was man von ihm erwartete.

„Wollen wir zum Bootshaus?", fragte Peter, als sie vor dem Bahnhof auf den Bahndamm zusteuerten. „Nein", sagte Rolf. Und als sie in die dunkle Unterführung mit all den gusseisernen Säulen eintauchten, hob er seine Stimme und fuhr fort: „Wir wollen zu On-kel-Lan-ge!!" – „Onkel Lange! Onkel Lange!", rief Peter und lachte über das Echo.

Hinter der Berufsschule benutzten sie den Weg, der durch die Hausgärten der parallelen Straßen „Röhlingsweg" und „Idstedtstraße" führte.

Peter trat unablässig in die Pedalen seines Dreirads und schaute nach oben in den Himmel, an dem Schäfchenwolken schwammen, und an den Zweigen hoher Sträucher konnte er erkennen, dass er sich fortbewegte, schwebend fast, und dabei saß er doch und spürte seine Beine kaum. Es war einfach wunderbar, nicht gehen zu müssen.

„Halt! Wohin fährst du denn?", rief sein Vater, und im selben Moment fand die selige Fahrt an einem Maschendrahtzaun ihr Ende. Aber das machte nichts, die Richtung wurde korrigiert, und weiter ging's.

Der Besuch bei Onkel Lange war eine Enttäuschung. Der Laden war geschlossen, und in der Wohnung darüber roch es nach Zigarrenrauch, und als Erfrischung wurde ihnen frisches Wasser angeboten – und das auch nur auf Wunsch. Willi Lange war kein guter Gastgeber. Vielleicht fühlte er sich auch überrumpelt.

Sein Haus in der Idstedtstraße stand fast unter der Hochbrücke. Wenn ein Zug kam, kündigte sich das durch ein langsam anschwellendes Rumpeln und Dröhnen an. Peter lief sofort ans Fenster, als das geschah, konnte jedoch nur schwarzen Qualm oben über der Brücke erkennen, und die zahlreichen Öffnungen in der Metallkonstruktion wurden rhythmisch verdunkelt. Das war aufregend. Er wollte auf die Straße, näher heran an diese unheimliche Erscheinung, doch als sie gingen, war alles wieder ruhig.

Auf dem Rückweg sorgte der Besuch für Gesprächsstoff. „Wie kann man nur so geizig sein!", regte sich Hilde auf. „Er hat doch nun wirklich Geld genug!"

Das stimmte, so weit man es von außen beurteilen konnte. Willi Lange hatte sich vor kurzem ein Auto gekauft, einen dunkelroten VW-Export mit glänzenden Radkappen und verchromten Zierleisten, mit Blinkern und einer Heckscheibe, die wie ein Bretzel aussah. Den Krieg hatte er als Bäcker und Kaufmann gut überstanden, Mehl- und Zuckersäcke hatte er vorausschauend und illegal ausgelagert bei guten Bekannten, und vielleicht hatte seine Ehefrau Trudel auch etwas beigesteuert.

Aber so war er nun einmal. Als Freund von Karl und Elise Krezek war er fast so etwas wie ein Familienmitglied. Schon vor dem Krieg waren die beiden Männer durch merkwürdige Unternehmungen aufgefallen – das geheim gehaltene Schlürfen von angebrüteten Hühnereiern gehörte dazu und wurde nur durch einen dummen Zufall ruchbar. Das alberne Potenzgehabe der alten Männer wurde verspottet. So etwas schweißt zusammen.

Zwicker-, Romee- und Rum-Grog-Runden waren ein angenehmer Zeitvertreib der beiden Ehepaare geworden. Ab und zu war die Familie Krezek-Erichsen schon in den Genuss des neuen Transportmittels VW-Export gekommen, und so fiel die Bilanz der Freundschaft insgesamt doch vorteilhaft aus.

Zu Hause angekommen, wurden die beiden Kinder bettfertig gemacht. Während Hilke, nachdem sie abgefüttert war, in ihrem Gitterbettchen nuckelnd entschlummerte, musste in der Küche der allabendliche Widerstand gebrochen werden: „Komm, nun mach schon den Mund auf! Oder muss ich Vati rufen?" Meistens genügte dieser sanfte Druck, und Peter öffnete den Mund so weit, dass gerade so eben der Löffel mit der gelblichen Flüssigkeit hineinpasste. Manchmal waren die Lippen so angewidert nah beieinander, dass der Lebertran verschüttet wurde und an den Wangen herunter tropfte.

Hier waren die Eltern unerbittlich. Die Nachkriegszeit hatte so manche Mangelkrankheit entstehen lassen, und Peters rachitische Brust war möglicherweise einem Vitaminmangel aus der Säuglingszeit geschuldet. Vielleicht ließ sich noch einiges korrigieren.

Während Hilde sich ausgehfertig machte, horchte Rolf an der Schlafzimmertür. Alles schien still zu sein. Vorsichtig griff er sich seinen Sommermantel und schlich mit seiner Frau hinaus in den Hausflur und drückte die Wohnungstür ins Schloss.

Erleichtert und übermütig sprangen sie die Treppen hinunter und kicherten, als Rolf so tat, als wolle er rittlings das Geländer reiten. Sie überquerten die Herrenstraße und marschierten eingehakt an den ehemaligen Kasernen entlang durch den hellen Sommerabend.

„Das hieß hier mal Richard-Menzel-Straße", dachte Hilde, als sie auf der anderen Seite der Baronstraße „Schumanns Gasthof" sah. Der SA-Mann Menzel war hier 1932 in Zusammenstößen mit Sozialdemokraten und Kommunisten durch einen Steinwurf zu Tode gekommen. An jenem Tage war Hilde mit ihren Eltern von einem Ausflug nach Louisenlund südlich des Kanals zurück gekommen. Die „Nazischlacht" war schon vorbei gewesen, aber die Erregung darüber hatte das ganze Viertel erfasst. Sie war damals ein junges Mädchen von elf Jahren gewesen, aber sie spürte noch heute die Angst ihrer Eltern.

Diese alten Nazi-Geschichten führten in den Köpfen der Menschen nur ein verhuschtes Dasein, und auch Hilde hütete sich, davon zu reden. Es war besser, nicht daran zu rühren.

Rolf und Hilde gingen die Moltkestraße hinunter am Wasserturm vorbei. Rechts lag die Klinik von Dr. Heise. Sie hatte einmal Dr. Bamberger gehört, der Hildes Schwester Elfriede vor dem Krieg das Leben gerettet hatte. Auf ihn ließen die Krezeks nichts kommen, den Arzt, von Herkunft Jude, der sich 1941 unter dem Druck der Nazis das Leben genommen hatte.

Es folgte die alte Moltkeschule, die nach den langen Jahren als Flüchtlingsunterkunft erst vor drei Monaten am 14. März 1951 feierlich wiedereröffnet worden war. Dann waren sie da.

„Kommt doch mal vorbei", hatte Gottfried Meier gesagt. „Nein, nein. Kein besonderer Anlass. Einfach so!" Das war ganz im Sinne von Rolf. Einfach so, wenn möglich auch ohne Einladung, daraus entstanden oft die schönsten Stunden. Diesmal also mit Vorankündigung. Auch gut.

„Wir sind im Juli zwei Wochen nicht da. Ihr könnt gern für die Zeit unser Zelt in Eckernförde benutzen. Wie wär's?", sagte Gottfried im Laufe des Abends. Hilde war skeptisch: „Urlaub in einem Zelt? Hilke ist doch noch so klein!" Die anderen lachten, sie fanden diesen Einwand süß. Und Hilde und Rolf versprachen zum Abschied, sich dieses großzügige Angebot zu überlegen.

Als sie, nun doch etwas müde geworden, die letzte Treppe in den zweiten Stock der Münzstraße hinauf stiegen, wurden sie am oberen Treppenabsatz von ihrer Nachbarin erwartet. „Nanu! Frau Köhler! Was machen Sie denn hier noch so spät?", fragte Rolf verwundert.

Emmi Köhler hatte mit ihrem Mann eine Drogerie in der Königstraße links neben Papier-Albers. Sie war eine fürsorgliche und verlässliche Nachbarin, aber da sie einen kropfartig verdickten Hals hatte, umgab sie ein Hauch von Tragik.

„Ihre Kinder haben über eine Stunde geschrien!", berichtete sie, und ihre Stimme klang so atemlos, als hätte sie, und nicht die Erichsens, einen langen Weg hinter sich. „Oh mein Gott!", rief Hilde. „Und wo sind sie jetzt?"

„Na ja, in der Wohnung oder im Schlafzimmer, nehm ich an", sagte Emmi Köhler. „Ich konnte sie ja nicht rausholen!"

Es hatte wohl einen ziemlichen Aufruhr gegeben. Peter und seine kleine Schwester hatten hinter der Wohnungstür gestanden. Hilke hatte geschrien, Peter hatte nach seiner Mutter gerufen. Frau Köhler war aufmerksam geworden und hatte versucht, die beiden hinter der Tür zu beruhigen, durch den Briefschlitz einen Blick auf die beiden zu werfen.

Irgendwann fing auch Peter an zu weinen. Die Hoffmanns von unten versuchten zu helfen, Frau Engeling schien nicht zu Hause zu sein, denn sie öffnete nicht auf ihr Klingeln.

Schließlich kam Köhler auf die Idee, zwei Hustenbonbons durch den Briefschlitz fallen zu lassen.

Besorgt öffneten sie die Tür und fanden die beiden Kinder friedlich schlafend in ihren Bettchen.

Nach diesem Schock bedankten sich Rolf und Hilde wortreich und versprachen ihrer Nachbarin für die Zukunft einen Wohnungsschlüssel.

„Wir sind aber auch …! Das ist schon peinlich", sagte Hilde, als sie im Bett lagen. „Wir müssen vorsichtiger werden."

„Das walte Hugo!", antwortete Rolf.

Verhalten zu ändern war schwer, das wurde ihnen bewusst. Beide dachten an Elise Krezek, die im letzten Jahr geklingelt hatte, feststellte, dass die Wohnungstür nicht abgeschlossen war, sich Zugang verschaffte und im Wohnzimmer ihre Tochter zusammengesunken und schlafend im Sessel vorfand – und das am hellen Tage!

Mutter bleibt man immer. Also räumte Elise die Garderobe leer und schlich sich aus der Wohnung. Strafe musste sein!

Die Währungsreform hat das Vermögen aufgefressen (Juni 1951)

„Ich rate dir dringend, dich nicht in Schulden zu stürzen!", sagte Johannes Scharfenberg. Er sagte das mit der Autorität eines selbstbewussten Studienrats, gut aussehend, wohl genährt, Mittel-Scheitel. Elfriede, Hildes ältere Schwester, hatte ihren Jugendfreund vor zwei Jahren geheiratet, nachdem ihr erster Mann in den letzten Kriegstagen in der Eifel gefallen war, und war mit ihm nach Elmshorn gezogen.

„Selbst wenn ihr von dem Verkauf der Schlachterei den Neubau finanzieren könntet, was ich nicht glaube: Wovon wollt ihr dann leben? Von deiner Rente? Das kannst du vergessen!"

„Macht doch noch ein paar Jahre weiter!", mischte sich jetzt Helmut Stietzel ein. „Dann kannst du wieder Rücklagen bilden. Es kann doch nur noch besser werden mit der Wirtschaft. Es geht aufwärts, glaub mir! Und als Geschäftsmann bekommst du bessere Konditionen bei der Sparkasse."

Der pausbäckige Helmut, der unter seinen blonden Haarwellen immer so verschmitzt und spitzbübisch aussah, wenn er lachte, hatte im vergangenen Jahr Hannelore, Hildes jüngere Schwester geehelicht. Er war der Junior-Chef von „Stietzel Haushaltswaren" und war durch und durch Kaufmann.

„Ist denn wirklich gar nichts mehr übrig?", fragte Rolf Erichsen, der dritte Schwiegersohn in der Runde.

„Zehn Prozent!", antwortete Karl Krezek. „Alles andere ist futsch!"

In der Tat hatten die Guthaben auf der Bank durch die Währungsreform vor drei Jahren dramatisch gelitten, für je einhundert Reichsmark waren 6,50 Deutsche Mark gutgeschrieben worden. Der Wunsch nach einem eigenen Haus war kaum noch zu realisieren. Ein Grundstück in der Königinstraße neben Helmut und Hannelore hatten sie zwar schon. Aber jetzt ging es um die Frage, ob der Verkauf der Obereiderstraße den Neubau eines Hauses und ein anständiges Leben in demselben ermöglichen würde.

Karl Krezek sah sich vor eine schwere Entscheidung gestellt. Er hatte immer Großes im Leben vorgehabt, vor allem für seine Töchter. Als die drei Gymnasiastinnen mit Klavier, Flöte und Akkordeon Hausmusik machten, schien alles den richtigen Weg zu gehen.

Aber das Leben war nicht so gnädig gewesen. Die älteste Tochter war vorher schon gestorben, Elfriede, jetzt die Älteste, hatte ihr Medizinstudium abgebrochen, war Lehrerin geworden, aber musste auch diesen Beruf ihrem Mann zuliebe aufgeben. Hilde hatte vorzeitig die Schule verlassen, im Erzgebirge ihren Arbeitsdienst abgeleistet, anschließend im Wehrbezirkskommando in der Alten Kieler Landstraße Büroarbeit gemacht und war dann an Tuberkulose erkrankt. Und Hannelore machte mühsam ihr Abitur und stieg ohne Lohn als Verkäuferin in das Stietzel-Geschäft ein.

Immerhin hatten seine Töchter anständige Ehemänner bekommen.

Aber für sich und seine Elise sollte das Leben auch noch etwas Schönes bereit halten.

Gearbeitet hatten sie genug, fand er. Karl selbst war unter dem Dach der österreichischen Doppelmonarchie 1910 mit vierzehn Jahren in die Lehre gegangen. Jetzt war er 63 Jahre alt – eigentlich noch recht jung. Aber er hatte 41 Jahre Kriege und Arbeit hinter sich und wollte sein Berufsleben beenden, um noch „etwas vom Leben zu haben". Elise war mit 55 Jahren deutlich jünger, aber auch ihre Vergangenheit war hart gewesen. In der Landwirtschaft musste sie als Kind arbeiten, ihre fünf jüngeren Schwestern beaufsichtigen und mit vierzehn „in Stellung" gehen. Im

Geschäft war sie über sich hinaus gewachsen und hatte den Laden, das Personal und die Kindererziehung im Griff gehabt.

Nein! Er wollte jetzt Schluss machen! Genug war genug. Schlachter Riemer hatte Interesse, da musste man zugreifen.

Seine Schwiegersöhne warnten davor, Schulden zu machen. Auch Elise hatte Angst vor einem finanziellen Abenteuer. „Ich muss kein eigenes Haus haben", sagte sie. „Lass uns in eine Wohnung ziehen! Am liebsten eine moderne Wohnung – mit Zentralheizung und Badewanne, das reicht mir!"

Nun gut, dann eben nicht. Dann eben eine Wohnung. Die Eheleute hatten in ihrem Leben so manche Krisen durchlebt, von einigen Eskapaden des jungen Schlachtermeisters einmal ganz abgesehen. Karl hatte gelernt, dass er ein ruhiges Leben hatte, wenn er seiner Elise das Kommando überließ.

Karl Krezek einigte sich mit seinem Nachfolger neben einer kleinen Summe in Bar auf eine lebenslange Leibrente. Zusammen mit seinen eigenen Altersbezügen sollte es für ein angenehmes Leben reichen. Dass Elise formal nie seine Angestellte gewesen und deshalb auch nie für eine Rente „geklebt" hatte, musste im Nachhinein als schwerer Fehler betrachtet werden, war jedoch von alters her so selbstverständlich, dass alles andere ehrenrührig war.

Sie fanden das, was sie suchten, in einem kleinen Vierfamilienhaus in der Alten Kieler Landstraße in der Nähe des Kreishafens, südlich des alten Kasernenkomplexes, den man Wrangelkaserne nannte. Im Juni 1951 zogen sie ein.

Von dem Fenster ihrer kleinen Küche aus sahen sie auf der anderen Straßenseite hinter dem erhöht liegenden Kleingartengelände den mächtigen Uhrenblock, in dem immer noch die ehemaligen Zwangsarbeiter hausten. Die meisten von ihnen hatten vor einer Rückkehr Angst, denn ihre polnische Heimat war jetzt von den Kommunisten beherrscht.

Zelten am Strand von Altenhof

„Deine Mutter kommt nicht mehr zurück. Komm, mein Sohn!"

In diesen dürren Worten war die ganze Tragik des Lebens, das Wissen um den Tod. Es blieb ihnen nichts anderes zu tun, als ihrer Bestimmung zu folgen: zu leben, zu zeugen, zu sterben. Mehr gab es nicht zu sagen.

Der Fürst des Waldes streifte Bambi mit einem kurzen Seitenblick nach unten und setzte sich in Bewegung. Mühelos trug er sein mächtiges Geweih, streng und erhaben schaute er in die Ferne.

Bambi hatte erfolglos versucht, den Blick seines Vaters festzuhalten. Seine Augen angstvoll aufgerissen, nach Antworten gesucht. Was meinte er mit „Deine Mutter kommt nicht mehr zurück?" Warum hatten die Menschen geschossen?

Nie in seinem kurzen Leben war Bambi so verwirrt gewesen wie jetzt.

Auch Peter war verwirrt gewesen. Damals, im Kino Germania, mit Engelein an seiner Seite. Ein ungeheuerliches Gefühl von Verlust hatte sich in seine kleine Brust geschlichen, ein dumpfes Gefühl von traurig sein. Es war ganz anders als verlieren, enttäuscht sein oder Schmerzen haben – das alles hatte er schon kennen gelernt. Das ging vorbei.

Er hatte sich an die Tante geklammert und sich erst allmählich entspannt. Die Geschichte ging weiter, Gott sei Dank, Bambi wurde älter und erlebte so einiges. Zwar war er nicht mehr so ausgelassen wie früher, als er mit seinen Freunden im Wald herumtollte, aber er verliebte sich in die Freundin aus Kindheitstagen, und das war irgendwie schön.

Die dumpfe Traurigkeit kam wieder, wenn Peter den Wald betrat. Aber sie war immer vermischt mit Bildern von glücklichen Tagen und einem guten Ziel, das man im Leben hat. Alles gehörte zusammen. Das weiche Moos, die wild wuchernde Waldwiese, der schräg einfallende Sonnenschein, in dem die Insekten flitzten und surrten. Der mächtige Baum mit seiner glatten, grauen Rinde, wie ein großer Beschützer. Und das Glück, weit hinten ein flüchtendes Reh zu sehen. Das musste Bambi gewesen sein. Wer sonst?

Dieser Wald bei Altenhof an der Eckernförder Bucht war so schön wie im Film. Er reichte bis an den Rand des hohen Ufers. Darunter begann der für die Ostsee typische steinige Strand, der nach Süden hin so breit war, dass er einen Zeltplatz aufnehmen konnte. Meistens spielte Peter mit den anderen Kindern hier am Rand, wo Buchen hinabgestürzt waren und der gelbe Sand der Böschung zum Hineinspringen einlud. Manchmal waren sie auch hinter dem Zeltplatz, wo die richtige Steilküste begann.

Und Verstecken spielen! Bis zwanzig konnte Peter noch nicht zählen, da waren ihm Maren, Ingo und Karl Heinz voraus, aber die waren ja auch schon älter. Aber bis zehn! Wenn er dran war, musste er ganz langsam zählen, damit die anderen genug Zeit hatten.

Am schönsten war es, wenn er sich verstecken durfte. Er lief dann meistens tief in den Wald hinein, mit dem er sich so befreundet hatte, es war sein Revier. Er hörte von weitem das Zählen und hockte sich in irgendeine verwunschene Ecke, in der vielleicht sogar die Sonne schien, und schaute schwitzend und erwartungsvoll zum Ufer, wo hier und da das

Wasser der Ostsee hindurch schimmerte. Und dann: Eins, zwei, drei, vier Eckstein! Alles muss versteckt sein! Hinter mir und vorder mir gildet nicht! Ich komme!

Ein triumphales Grinsen: Hier finden die mich bestimmt nicht!

Peter wartete lange und vergaß die Zeit und wurde nicht gefunden. Wieder fing jemand an zu zählen, und Peter wunderte sich, dass sie ohne ihn weiter spielten. Aber sie hatten ihn nicht gefunden! Darum ging es doch!

Er verließ sein Versteck und lief zurück, um sich von den anderen bewundern zu lassen. Doch die waren nicht beeindruckt. „Du musst rauskommen, wenn wir dich rufen!", sagte Maren. „Sonst spielst du nicht mehr mit!"

* *Peter heißt jetzt Ollenhauer*

Karl Heinz war ein Jahr älter als Peter und ging schon in die erste Klasse. Sein Bruder Gerd war etwas jünger. Für die Mädchen waren sie kleine Bubis. Im Juli 1951 verbrachten sie hier gemeinsam ihre Ferien.

Rolf und Hilde hatten diese Gelegenheit ihrem Freund Gottfried Meier zu verdanken. „Wir sind im Juli zwei Wochen nicht da. Ihr dürft gern unser Zelt benutzen, Wie wär's?"

Für den Stadtsekretär mit der Gehaltsstufe A7a und einem Monatseinkommen von 250 Mark war die Aussicht, im Urlaub irgendwohin zu fahren, sehr verlockend. Zuerst hatte Rolf das nette Angebot lachend zurückgewiesen, zu ungewohnt, zu schwierig erschien ihm das Vorhaben, jenseits seiner Möglichkeiten. Sie hatten doch gar nichts, um zelten zu können. Und wie sollten sie da hinkommen?

Aber ihr Freund, der Steuerberater Gottfried Meier, hatte ihn beruhigt: „Es ist alles da, was man so braucht. Töpfe, Pfannen, Luftmatratzen, Decken, Handtücher, Seife – einfach alles! Ihr müsst euch nur selbst verpflegen!"

Er hatte natürlich recht. Und als der wohlhabende Kaufmann Willi Lange, ein Freund der Familie, sich anbot zu fahren, weil er so stolz war auf seinen neuen VW mit der brezelartigen Heckscheibe, da fiel die Entscheidung nicht mehr schwer. Im Grunde genommen war das Zelten ein fast kostenloser Urlaub, genau das Richtige für bescheidene Leute.

Sie wurden fröhlich begrüßt von der Rendsburger Kolonie, die sich hier am Strand von Altenhof zusammen gefunden hatte, von Karl Hamsch aus Schacht-Audorf und seinem Kollegen Paul Rehder, beide Handelsvertreter von der LoLa-Bürstenfabrik aus Lokstedt, und von Ernst Baller, der in der Kanzleistraße eine Kaffeerösterei hatte. Und von ihren Familien natürlich, den Frauen, den Kindern.

Die Männer waren vor fünf Jahren aus dem Krieg zurück gekehrt. Sie waren verbunden durch gemeinsame Erfahrungen, durch Begegnungen mit dem Tod und der schier unerträglichen Sorge um die Lieben zu Haus. Einige hatten in der Waffen-SS gedient und trafen sich regelmäßig zur Traditionspflege und zur Wahrnehmung ihrer Interessen. Allen gemeinsam war, dass sie von der Nazi-Zeit geprägt waren, und sie konnten auch jetzt nicht so tun, als wäre das alles abgeschlossen. Sie fühlten sich wohl in der Gesellschaft ihresgleichen, wärmten sich aneinander, sangen alte Lieder, sprachen alte Sprüche und zogen ihre Flaggen hoch.

Das einfache Leben auf dem Zeltplatz erinnerte an das mühsame Leben in der Etappe und war doch ein Aufatmen nach den ersten Nachkriegsjahren. Hier ließ es sich Abstand gewinnen von der immer noch großen Flüchtlingsnot und dem Mangel, das Zelt war wie eine Zweitwohnung und damit ein ungeheurer Luxus.

Hilke wackelte mit ihren fünfzehn Monaten unbeholfen durch die Sandlöcher des Zeltplatzes und war als jüngstes Mitglied der Kolonie schnell Mittelpunkt mütterlichen Entzückens.

„Und dasss ist dein Sohnemann, Rolffff?", dröhnte Karl Hamsch. „Herzlich willkommen, junger Mannnn!" Hamsch hatte die Angewohnheit, nicht nur laut und prägnant zu sprechen, sondern die Konsonanten am Ende der Wörter ausklingen zu lassen, was dem Gesagten Bedeutung verlieh, aber auch unpersönlich wirkte.

Peter ignorierte die ausgestreckte Hand. Sein Vater, bisher mit dem Austausch von freundlichen und scherzhaften Bemerkungen ganz so, wie er sich gerne sah, spürte, wie urplötzlich seine Stimmung zu kippen drohte.

„Willstt du mir nichtt die Handd gebenn?", sagte Karl Hamsch überflüssigerweise.

„Gib doch dem Onkel die Hand!", bettelte seine Mutter.

„Nein", sagte Peter. „Ich kenn den nicht."

„Das ist leider so eine Marotte von ihm in letzter Zeit", sagte Rolf entschuldigend. Das Verhalten seines Sohnes machte ihn wütend. Am liebsten hätte er ihn hart angefasst. Aber das ging natürlich jetzt nicht, vor allen Leuten.

Die Grüßpflicht hatte er bisher nicht durchsetzen können. Wenn sie auf ihren Spaziergängen in Rendsburg Bekannte trafen, war es genauso. Sie blieben stehen, begrüßten sich und führten ein höfliches Gespräch. Und wenn sie sich getrennt hatten und außer Hörweite waren, wurde Rolf schon mal laut: Hör mal, wenn Mama und Vati Bekannte treffen, dann geben wir uns die Hand zur Begrüßung. Das gehört sich so! Das gilt auch für dich! Ist das klar? Hast du mich verstanden?

Und wenn Peter auf diese Ansprache nicht angemessen reagierte, gab's auch schon mal ein „Fell voll".

Genützt hatte es nichts.

Karl Hamsch wurde weitere Male Zeuge, wie Peter nein sagte. Als seine Frau Irmgard den kleinen Kerl aufforderte, sich die Nase zu putzen. Als Hilde aus dem Zelt rief: „Zieh dir die nasse Badehose aus!" Oder: „Musst du mal?" Die Antwort war immer dieselbe.

Bei dem gemeinsamen Kaffeetrinken der Erwachsenen im Zelt der Familie Hamsch war es eng. Anhaltendes Lachen ließ die Luft vibrieren und erregte das Interesse der draußen spielenden Kinder. Gerd und Karl Heinz verschwanden zuerst, dann näherte sich Peter neugierig dem lustigen Treiben und schaute durch die offene Zelttür.

„Oh guck maal, wer da kommtt!", rief der Vater von Karl Heinz und benutzte zusätzlich zu den ausklingenden Konsonanten auch einen schnarrenden Langvokal. „Ist das nicht der Ollenhauer?" Die Männer prusteten und meckerten ein mächtiges Lachen, die Frauen kreischten und holten schwer Luft und wischten sich die Tränen von den geröteten Wangen.

Peter schaute ratlos durch die Gläser seiner gelben Bakelit-Brille, während der Wind seine blonden Locken durcheinander wirbelte. Das rechte Brillenglas war besonders dick und ließ das Auge größer wirken als das linke. Als die übergroße Heiterkeit abgeebbt war, stand Hilde auf und zog Peter hinein: „Möchtest du auch einen Keks?"

Fortan wurde Peter auch „Ollenhauer" genannt.

Als die Männer in einer Gemeinschaftsaktion die Steine am Wassersaum zur Seite räumten, damit die Badenden nicht wie taumelnde Irrlichter ins Meer balancieren mussten, und auch Peter sich bückte, hieß es „Seht, seht! Ollenhauer macht mit!"

Und wenn die Erwachsenen durch trickreiche Fragetechnik dem Jungen ein „Ja" entlocken konnten, riefen sie entzückt: „Ollenhauer hat ja gesagt!" und lachten sich schlapp. Manchmal genügte nur ein Blick in das bebrillte Gesicht.

Das Witzige entsteht meist im Auge des Betrachters. Erich Ollenhauer war der Oppositionsführer im Deutschen Bundestag. Mit etwas Fantasie war eine gewisse Ähnlichkeit mit dem kleinen Peter tatsächlich gegeben. Aber warum sollte man über ihn lachen?

Nun, in bestimmten Kreisen hatte er den Ruf weg, zu den Gesetzesvorhaben der CDU/CSU-geführten Bundesregierung unter Konrad Adenauer stets nein zu sagen, egal wie sehr sie der SPD entgegen kamen, allein aus Prinzip. Tatsächlich war die SPD gegen die Westintegration der jungen Bundesrepublik und hielt an den Idealen einer Arbeiterpartei fest.

Aber sie trug auch viele Gesetzesvorhaben mit, zum Beispiel die Montan-Mitbestimmung und die Rentenreform. Wer sich also über Ollenhauer lustig machte, kam offensichtlich aus einem politischen Lager, in dem Kritik und Ablehnung einer Majestätsbeleidigung gleich kam. Wie wichtig eine Opposition im Parlament für die Demokratie war, musste erst noch gelernt werden.

Aber vielleicht war es auch die Sucht nach Spaß. Musikfilme, Operetten. Heinz Rühmann. Heinz Erhardt. Und Karl Hamsch, an dessen Fahnenmast eines Morgens ein roter Wimpel flatterte. „Was hat das denn zu bedeuten?", rief Paul Rehder, als er vom Waschraum zurück kam. Karl Hamsch hatte auf dieses Stichwort nur gewartet und antwortete so laut, dass auch die Erichsens und die Ballers Anteil nehmen konnten: „Meine Frau hat die Tage!"

Und der Zeltplatz-Wart, der jeden Morgen die bestellten Brötchen verteilte: „Zehn nackte Mädchen!", rief er vor dem Zelteingang. „Zehn nackte Mädchen … ähh … Brötchen!" Das ging immer. Der Witz wurde nicht alt.

Ein Garten für den Enkel (1952)

Es war, als hätte er einen Motor, der ihn antrieb. Er, so klein noch, und rollte durch die Straßen und über alle Wege mit einer Leichtigkeit, als habe er die Macht und die Kraft der Großen.

Er stand auf einem Trittbrett und verlagerte seine Gewicht vor und zurück. Das genügte! Peter gurgelte und summte vor Vergnügen. Er spürte die Geschwindigkeit auf seiner Haut und in den Haaren, die sich von der Haarklammer nicht bezwingen ließen.

An der Bushaltestelle auf dem Paradeplatz musste er nicht lange warten, aber beim Einstieg hinten fand er nur mit Mühe einen Platz für sich und seinen Tretroller. Er gab dem grauen Schaffner mit der Uniformmütze seine Pfennige, und der steckte das Geld in seine Rechenmaschine, die er vor dem Bauch trug, und gab ihm dafür einen zerrissenen Zettel.

Vor dem rot gestrichenen Kiosk am Martinshaus wartete der große Opa mit Pussi auf ihn. Peter musste seinen Tretroller auf die Erde legen, um den freudig auf den Hinterbeinen tanzenden Hund ausgiebig zu begrüßen. Dann stellte er sich wieder auf das Trittbrett. Die Gartenstraße mit ihrem Kiesbelag trübte ein wenig den Fahrgenuss.

„Warum hast du deinen Roller mitgebracht?", fragte Opa Erichsen. „Den kannst du hier doch gar nicht richtig nutzen!" – „Doch!!", sagte Peter. Damit war für ihn alles gesagt. Letztlich war es auch egal, sein Tretroller musste immer dabei sein, er war sein tollstes Geburtstagsgeschenk. Das Dreirad konnte Hilke haben. Da saß man so tief, dass einen die Hunde beschnüffelten, und strampeln musste man, und man fuhr nur so langsam.

Johannes Erichsen ging steif neben seinem Enkel her, aber er lächelte nachsichtig. Es war wunderbar, einen Enkel zu haben, auch wenn es ihm durchaus schwer fiel, sich auf die kindliche Argumentation einzustellen.

„Aber der kann doch gar nicht richtig rollen!", versuchte er es noch einmal. „Doch!!", antwortete Peter. Johannes spürte den Schatten einer Verärgerung. Was soll's! Kinder sind nun mal so! Aber sein Enkel schien ihm besonders stur.

Die kleine Oma mit ihrem gütigen Gesicht empfing ihn in der Küche mit ausgebreiteten Armen und lächelte ihn an: „Bist du schon wieder größer geworden?" – was natürlich Unsinn war, denn sie sahen sich jede Woche. Aber für Frieda war es eine Möglichkeit, ihre Freude auszudrükken. Statt einer Antwort zog Peter seine Oma durch die Waschküche hinaus vor die Außentür: „Ich will dir meinen Roller zeigen!"

Nach der stolzen Präsentation nahm die kleine Oma ihrem Enkel die Brille von der Nase: „Du kannst ja gar nichts mehr sehen!", und putzte sie an ihrem langen dunklen Kleid mit den weißen Punkten. Dann drückte sie ihm ein Glas mit Johannesbeersaft in die Hand. Peter trank es aus in einem Zug, stellte sich dann mit seinem roten Bart atemlos auf den Roller und fuhr auf dem Sandweg in den Garten, der hinter der Waschküche begann.

Der Garten bestand aus zwei Teilen, die durch einen Mittelweg getrennt waren: Links war ein Rasen zum Trocknen der Wäsche. Dahinter begann der kleine Gemüsegarten der Familie Sauer von oben und reichte ungefähr bis zur Hälfte des Weges, da, wo unter einem Wasserhahn eine Betonwanne stand. Das war fremdes Land, das nicht betreten werden durfte, es sei denn, ein Ball flog auf die Beete oder die mehligen Birnen lagen herum, als wollte sie keiner haben.

Dann begann das eigene Gebiet, das jetzt im Hochsommer 1952 mit Bohnen und Erbsen und Gurken überwuchert war. Nur an einigen Stellen sah man noch die exakt getrampelten Wege zwischen den Beeten. Die Erdbeerreihen waren kaum zu erkennen, weil sich lange Ausläufer gebildet hatten und das Beet netzartig überzogen. Die Wurzeln standen in drei Reihen, dazwischen ragten in regelmäßigen Abständen kräftige Zwiebelpflanzen hervor.

Die schmalen Hartgummiräder wühlten sich in den Sand, sobald Peter zu nah an die Wegeinfassung aus Buchsbaum geriet. Er ließ seinen Roller an der Wassertonne stehen und steuerte auf die Beete zu.

Am Anfang stand ein Baum mit Augustäpfeln, die Johannes auch Klaräpfel nannte, erste reife Früchte lagen am Boden, und Peter suchte sich eine schöne gelbe aus und biss sofort hinein. Sie war nicht so fest und saftig wie erwartet, und so ließ er sie, nachdem er sich verstohlen umgesehen, wieder fallen.

Dann lief er alle Wege ab, als wollte er das Land nach seinem letzten Besuch wieder kontrollieren, riss, nachdem er vorsichtig zum Haus gesehen hatte, eine dünne Erbsenschote ab, weil er wusste, dass sie süß schmeckte, hockte sich dann eine Zeitlang in die Erdbeeren und suchte nach späten Früchten, fand aber keine mehr. Die Pflaumen an der linken Grundstücksgrenze waren noch nicht so weit, ihre bläulichen Früchte mit dem weißlichen Überzug hatten noch grüne Flächen und hingen ohnehin zu weit oben.

Ganz hinten am Ende des Mittelweges vor der Ligusterhecke standen Gartenmöbel auf einem Rasen, geschmiedete Gestelle mit Holzlatten, von denen die weiße Farbe abblätterte. Hier saßen sie oft bei schönem Wetter zum Kaffee trinken. Rechts von der kleinen Sitzgruppe stand ein Stall, in dem viel Holz und Gerätschaften lagerten – auch die alten Fensterrahmen, die Opa für sein Frühbeet benutzte, um schon im kühlen März Salat und Blumen vorzuziehen.

Hierhin zog es den kleinen Jungen, hier war er in der rechten Hälfte des Gartens, wo er nicht mehr gesehen werden konnte. Sträucher ragten höher als sein blonder Schopf, rote und schwarze Johannisbeeren, Himbeeren, dazwischen eine Schneise mit den riesigen Rhabarberblättern, und Peter streckte sich und sah zurück zu dem Haus, wo sein Opa jetzt an der Wand neben dem Spalierobst auf dem Haublock Buschholz zerhackte. Wenn Johannes Erichsen sich nach einem neuen Gezweig bückte, sah er kurz in den Garten. Peter zuckte zurück und quietschte vor Vergnügen, war er sich doch sicher, wunderbar verborgen zu sein. Er hielt kurz die Luft an, bis das Glücksgefühl in seinem Bauch verebbte.

Dann stromerte er durch die Reihen mit dem Himbeergesträuch, das an einem gespannten Draht Halt fand. Hin und wieder fand er eine Frucht, zog sie vorsichtig von dem weißlichen Zapfen und schaute ängstlich in die Öffnung, denn nicht selten krümmten sich darin kleine Maden. Manchmal saß seine Brille schief oder sie wurde ihm von den Zweigen heruntergerissen, und als sie beschlug und er nicht mehr sehen konnte, nahm er sie ab, um sie mit dem Hemdzipfel zu wischen. Da spürte er die nasse Schnauze von Pussi an seinen Knien.

„Komm mal her!", sagte der große Opa vom Weg her. „Ich will dir was zeigen."

Peter schob sich aus dem Gebüsch, machte einen großen Schritt über den Buchsbaum und reichte seinem Opa die Hand. Sie gingen den Weg zu Ende und bogen dann unter zwei Apfelbäumen hindurch nach links. Hier hatte Opa Buschbohnen angepflanzt. Am Ende des Beetes lag am Zaun des Nachbarn das Frühbeet, in dem noch ein paar krumme Grünkohlpflanzen übrig geblieben waren.

„Möchtest du auch einen Garten haben?" Peter sah schräg zu ihm nach oben. Er war sich nicht sicher, wie das gemeint war. Er war doch ein Kind. Kinder hatten keine Gärten.

„Da in der Ecke!", sagte der große Opa und zeigte rechts neben das Frühbeet auf ein paar Quadratmeter schwarze Erde. „Das kannst du haben, ganz für dich alleine. Du darfst pflanzen, was du möchtest. Möchtest du?"

Peter war überrascht und starrte bewegungslos auf die Gartenecke.

„Möchtest du?", sagte sein Opa noch einmal. Da schaute Peter schräg zu ihm nach oben und nickte stumm. Aufmunternd lächelte der große Opa ihn an und drückte ihm die Hand ganz sachte. Dann ließ er sie los und ging langsam mit Pussi zurück zum Haus.

Johannes war stolz auf seine Eingebung. Schon lange hatte er seinen Enkel beobachtet, sah sein Interesse, dachte an sich selbst zurück, als er klein war in Gammelby, als der Bauernhof an der Au seine Welt war, die er sich erschloss, spielend zunächst mit den Kindern im Dorf und seinen sechs Geschwistern, Streiche ausheckend, als er älter war. Die Liebe zum Land, das allerhand zum Leben hervorbrachte, war hier gewachsen. Sein Bruder Hermann hatte 1923 den Hof geerbt, das war von vornherein klar gewesen, er selbst war städtischer Beamter geworden, aber seine Sehnsucht war geblieben und letztlich erfüllt. Was uns selbst wertvoll erschien im Leben, sollte weiter gegeben werden an die Erben. So tiefe Gedanken bewegten ihn an diesem Tage, als er seinem Enkel ein Stück Gartenland zusprach.

Peter wurde gerufen, als es Abend wurde. Aus seinem zarten Gesichtchen entfernte die kleine Oma mit einem feuchten Geschirrhandtuch den Schmutz zwischen den blutigen Schrammen. Dann drückte sie ihm eine alte Einkaufstasche in die Hand und zeigte ihm den Inhalt: Selleriekraut, Lauch, Schalotten und erste, zarte Wurzeln, die andere Leute Möhren nannten.

„Damit kann deine Mutti eine sehr schöne frische Suppe kochen!", sagte sie. „Und nun ab nach Hause! Der Bus fährt gleich. Opa bringt dich zur Haltestelle!"

„Das kann ich alleine!", sagte Peter. „Ich weiß", antwortete seine Oma. „Aber Opa muss sowieso noch mit Pussi spazieren gehen. Nun geh, und grüß Vati und Mutti von uns!"

Karl Krezek schreibt Verse (Sommer 1952)

Drei Wochen Urlaub bekam Karl Krezek von seiner Frau Elise.
„Fahr du man", hatte sie gesagt. Seine Abenteuer mit der Hausange-
stellten im Kohlenkeller der Münzstraße und mit der Frau von gegenüber,
die Damenwäsche und Korsettagen verkaufte und häufig bei ihm im
Kontor auf der Couch gesessen hatte – ach, das war noch nicht vergessen! Aber es war lange her. Vor dem Krieg.

Nie wagte sie es, ihren Ehegatten direkt anzusehen, wenn er morgens
halbnackt in das Badezimmer ging, nur flüchtig von der Seite. Was sie
sah, beruhigte sie: Die wenigen silbernen Haare, die noch auf dem Schädel wuchsen, der ständige Husten und die Plautze, die sich unter dem
Brustbein plötzlich wölbte – nein, der Lack war ab! Sollte er ruhig auf
seine geliebte Insel fahren.

„Die Nordseeluft wird dir guttun!", fügte sie hinzu. „Aber übertreib
das nicht mit dem Schwimmen! Rubbel dich sofort ab, wenn du raus-
kommst. Und was Warmes anziehn."

„Zu Befehl, Frau Generalmajor!", wollte Karl antworten und in komischer Manier salutieren. Aber er beherrschte sich. Es genügte, dass er vor
seinen Kindern und Schwiegerkindern mit seiner Rolle als „armer
Knecht" und Befehlsempfänger kokettierte. Elise lächelte dazu säuer-
lich. Aber hier zu Hause hatte seine Frau kein Verständnis für seine komi-
schen Anwandlungen.

Elise hatte kein Bedürfnis zu verreisen. Nie gehabt. Sie war gern zu
Haus, in ihrer neuen Wohnung in der Alten Kieler Landstraße. Sie liebte
das Nähen und Flicken, das Stopfen der Strümpfe über dem Holzei, das
Kochen und Einkochen, die Pflege der Blumenkästen an der kleinen Terrasse. Und mindestens einmal in der Woche half sie ihren Töchtern, der
Hilde mit ihren beiden Kleinen in der Münzstraße, der Hannelore in ihrem frisch bezogenen Haus in der Königinstraße. Außerdem hatte sie vor,
bei ihrer Mutter Anna Bruhn in Schacht-Audorf einige Tage zu verbringen, die nach dem Tod ihres Mannes 1950 dort allein in einer strohge-
deckten Kate inmitten eines herrlichen Gartens wohnte – allerdings betreut von den vielen Töchtern, die in der Nähe wohnten.

Hinter ihrer Erdgeschosswohnung lag ein Rasen zum Wäsche trocknen, der von einem hohen Maschendrahtzaun umgeben war. Daran rank-
ten jetzt die blutrot blühenden Bohnen. Wenn Karl zurückkam von List
auf Sylt, würde allmählich die Ernte beginnen. Dann brauchte sie ihren
Mann. Er musste pflücken, sie würde kochen, und er würde mit den gefüllten Dosen in die Klüterkammer auf dem Hof in der Münzstraße fah-

ren, um sie dort mit der Bördelmaschine zu verschließen. Das war seine Aufgabe.

In List auf Sylt erreichte Karl Krezek die Nachricht, dass sein Schwiegersohn seine zweite Verwaltungsprüfung, seine „Inspektorenprüfung", bestanden hatte. Wenn er zurück kam, sollte das gefeiert werden. Und da er bekannt dafür war, dass er gerne lustige Reime schrieb, erwartete man von ihm einen Beitrag.

Sylt! Das war für ihn eine erfüllte Zeit! Regen und Wind, sonst für einen Urlauber eher ärgerlich, ließen sich angenehm überstehen. Auf den Wegen durch die Heide und die riesigen Wanderdünen hin zum Strand grübelte er heiter vor sich hin und setzte sich auch einmal in den Strandhafer, wenn er einen Einfall hatte, und brachte ihn gleich zu Papier.

Selbstironie war ihm nicht fremd. So schrieb er zunächst, wie befohlen, von seiner Reise, aber in einer Weise, von der er in diebischer Vorfreude annahm, dass seine Elise daraufhin nach Luft ringen würde:

„Jeden Tag ein bisschen Regen,
jeden Tag ein bisschen Wind.
Das ist des Urlaubs Segen.
Ein Glück, dass wir geduldig sind.
Scheint wirklich einmal die Sonne –
welche Wonne!
Dann laufen wir über Heide und Dünensand
hinaus zum Strand.
Dort sieht man jenes,
dort sieht man dies
wie einst im Paradies.
Männlein und Weiblein springen und lachen
ohne alles, wie Gott sie geschaffen.
Vergessen ist jede Hemmung,
aus mit der Pietät,
man zeigt sich in jeder Stellung,
wenn auch einer „vons Land"
es kaum versteht.
Wehmutsvoll steht man am Rande,
es wird einem heiß und kalt.
Schade, dass man ist vom Lande
Und keine zwanzig Jahre alt."

Karl Krezek schrieb über den Alltag im Steueramt, wo Rolf schon einige Zeit arbeitete, über die mehr oder weniger geschickten Versuche der

Kundschaft, die „Vergnügungssteuer" herunter zu rechnen, und den angenehmen Nebeneffekt, an günstige Eintrittskarten für Kino, Theater und Zirkusvorstellungen heranzukommen. Und er erinnerte an die zentrale Bedeutung des echten Kaffees, dessen Duft einmal am Tag das Büro durchwehte.

Und an das ewige Loch in der Haushaltskasse! Wie sein Schwiegersohn seine Tochter kurz hielt mit dem Hausstandsgeld! Musste Hilde nicht ein Haushaltsbuch führen vor gar nicht so langer Zeit? Milch 51 Pfennig! Stopf-Twist 1, 20 DM? Bohnermasse 1,10 DM? Knöpfe 60 Pfennig? 60 Pfennig für die Reparatur von Peters Schuhen? Und hatte dann der „Lehrer" Rolf Erichsen nicht eine „Fünf" drunter geschrieben, mit der Bemerkung „Wo sind die Ausgaben v. 13.–19.10.??"

Das musste man mal kritisieren, mit Humor versteht sich!

Und so schrieb der Schlachtermeister Karl Krezek seinem Schwiegersohn ins Stammbuch, er müsse eben auch mal auf Fleisch verzichten:

„Das Essen von viel Fleisch ist gar nicht gesund.
Man wird davon nur dick und rund.
Hilde geht an ihre Aufgabe heran und denkt:
Mi schittst du schon lang nich an!
Holt ein Pfund Knochen, vier Pfund Kartoffeln,
nimmt fünf Liter Wasser und zwei Brühwürfel daran –
das gibt für zwei Tage Suppe,
von der man satt werden kann!
Kartoffeln sind billig,
Suppenkraut holt Peter von der kleinen Oma dazu.
Ja, Rolf! Hilde kann auch fix rechnen, nicht nur du!"

Die kleine Familienfeier in der Münzstraße wurde dann wie gedacht: Es wurde über den kleinen Opa viel gelacht.

Die Wohnung in der Münzstraße wird zu klein (Advent 1952)

Der Winter kam mit viel Schnee.

Die Hausbesitzer mussten dafür sorgen, dass die Bürgersteige benutzbar blieben, und schaufelten und streuten Ofenasche. Die Schlachterlehrlinge hatten den Zugang zum Schlachthaus auf dem Hinterhof der Münzstraße Nummer 1 frei zu halten. Die Schweine wurden durch die Toreinfahrt getrieben und schrien entsetzt auf, wenn ein Tritt oder Stockhieb sie traf.

Es war ein Aufruhr auf dem Hof. Das Schreien brach sich an den Ziegelwänden ringsum, der Weg der widerstrebenden Tiere färbte sich gelb und braun von Urin und Kot. Schließlich endete alles in behäbigem Grunzen, sobald die Tiere an der rückwärtigen Gebäudewand in einem Gatter zur Ruhe kamen. Sie schienen schnell zu vergessen.

Die Bewohner im Vorderhaus waren an diesen Auftrieb gewöhnt. Kaum einer war so zartfühlend, dass er sich um die leidende Kreatur Gedanken gemacht. Die Tiere waren Lebensmittel, die man schlachten musste, um sie zu essen. Der Krieg lag gerade sieben Jahre zurück, und jeder wusste, was Hunger war.

Aber das Geschrei der Schweine oder das Gebrüll der Rinder auf dem Weg ins Schlachthaus am nächsten Tag, am Schlachttag, gingen doch an die Nerven, und die einfach verglasten Fenster konnten diese Wirklichkeit nicht wirklich ausblenden.

Wenn alles vorbei war, trugen die Männer die Tierteile auf ihren Schultern hinüber in das Ladengeschäft der Obereiderstraße Nummer 19. Dort fand in den hinteren Räumen die Verarbeitung statt.

Vorn an der Straße nahmen die Kinder kaum Notiz von den Männern mit ihren gestreiften Blusen und verschmierten Langschürzen, sondern trudelten durch die seltsam gedämpfte Schneelandschaft wie durch ein Kinderland, in dem die Erwachsenen nur Gäste waren. Sie wälzten sich, schubsten einander, warfen mit Klumpen und schaufelten an den Schneewällen herum, um sie zu formen – und das alles mit großer Intensität. Kein einziges Fahrzeug störte ihr Spiel.

Peter hatte seine kleine Schwester an die Hand genommen und war mit ihr vorsichtig die Treppen hinunter gegangen, eine Hand am Geländer. Er durfte Hilke zeigen, wie das war im Winter im Schnee, und hatte dafür versprechen müssen, sie nicht allein zu lassen. Unten an der Hoftür bedeutete er ihr, stehen zu bleiben, und ging dann selbst in den Keller, wo vor den Bretterverschlägen der Schlitten stand.

Gemeinsam gingen sie nach vorn zur Haustür hinaus.

Schneefall hatte wieder eingesetzt.

Für eine Weile vergaß Peter den Schlitten und ließ mit offenem Mund die kalten Flocken im Munde schmelzen, und Hilke tat es ihm gleich. Millionen taumelnder Punkte erfüllten den Himmel über ihnen. Wenn eine Flocke Hilkes Augen traf, blinzelte sie. Es tat manchmal sogar etwas weh, aber wenn sich die Augenlider öffneten, war alles wieder gut. Peter jedoch konnte schnell nichts mehr sehen. Er wischte mit seinem Strickhandschuh über die Brillenscheiben, aber viel half es nicht.

„Da seid ihr ja!", sagte eine Stimme hinter ihnen. Erschrocken drehte sich Peter um und erblickte seine Mutter. Sie stand in der geöffneten Haustür, nur mit einer leichten Strickjacke bekleidet, und man sah es ihr an, dass sie fröstelte. Ihr war doch nicht ganz wohl gewesen bei dem Gedanken, dass ihre zweieinhalbjährige Tochter mit ihrem Bruder allein nach unten gegangen war. „Immer schön zusammen bleiben, ja? Und nur hier in der Straße! Nachher kommen Oma und Opa, dann kommt ihr mit hoch!"

Peter nickte und entdeckte wieder den Schlitten. „Setz dich da drauf", sagte er zu Hilke, „ich zieh dich." In dem federleichten Schnee zogen die Kufen immer noch eine rostige Spur, allerdings schwächer schon als gestern.

Es war wie beim Roller fahren, dachte der Junge. Man brauchte fast gar nichts tun und kam trotzdem wie durch Zauberei voran. Gehen war mühsam. Wenn es lange dauerte, wurden die Beine so schwer und taten weh. Wenn er mit Vati und Mutti spazieren ging und seinen Roller nicht mitnehmen durfte. Aber seine Schwester, die konnte jetzt dieses Gefühl genießen, und er freute sich, dass er es war, der ihr das gab.

Hilke jedoch saß eher angestrengt auf den Holzleisten, ließ sich noch nicht anmerken, ob es ihr gefiel.

Vor Nibbes Laden war eine Öffnung in dem Wall, und Peter zog den Schlitten auf die Straße. Hier war mehr Platz, wenngleich der Schnee nicht geräumt, die wenigen Wagenspuren waren fast schon zugeschneit. Vor Nummer Drei versuchten Almut, Christa, Renate und noch zwei kleinere Mädchen Klumpen im Schnee zu wälzen, auf dass sie größer wurden. Am Ende der Straße flogen Schneebälle von links und rechts, begleitet von schadenfrohem Gelächter und Geschrei der großen Jungs um Günter und Heinz.

Peter kehrte und lief zurück. Er lief sein „Schnellstes", und das gefiel seiner Schwester.

Schräg gegenüber des Wohnhauses Münzstraße Nummer 1 befand sich eine weitere Toreinfahrt. Von hier aus konnte man über die Hinterhöfe an die Schlachterei Harms und zu Fisch-Meier kommen, die beide in der parallelen Prinzessinstraße ihre Geschäfte hatten. Meistens war das hölzerne Tor mit der eingelassenen Tür verschlossen, so auch heute.

Hier war ein besonders hoher Schneeberg aufgehäuft. Die Kinder von gegenüber hatten eine Rampe gebaut und stiegen wieder und wieder hinauf, um auf dem Hosenboden hinab zu rutschen.

„Kann ich mal deinen Schlitten haben?", sagte Horst Dieter forsch und griff nach der Leine. Widerwillig gab Peter ihm nach. „Geh da mal runter", sagte Horst Dieter zu Hilke und drückte sie an der Schulter zur Seite. Umständlich und viel zu langsam krabbelte sie herab. Dann rannte der Junge mit einem Schrei davon. „Wir haben einen Schlitten!", schrie er frech, und drei andere liefen ihm triumphierend hinterher, versuchten das Gefährt zu entern, stürzten halb daneben, fielen, purzelten, lachten. Am Ende der Straße wurden sie fast unsichtbar in dem Gestöber der fallenden Flocken. Sie gerieten in einen Hagel von Schneebällen und kehrten wieder um.

Peter schaute ihnen ratlos hinterher. Er hatte den Schlitten doch gar nicht weggeben wollen! Er fühlte, dass das nicht richtig war, was die da machten. Sie taten so, als gehörte er ihnen! Liefen einfach davon ohne zu fragen!

Sie kamen wieder an und machten keine Anstalten zurück zu geben, was ihnen nicht gehörte. Einer kam auf die Idee, damit auf den Schneeberg zu klettern und hinunter zu fahren. Das gelang noch nicht so gut, die Abfahrt war etwas steil, und die geschwungenen Kufen prallten hart in den Untergrund. Schnell hatten sie erkannt, dass sie mehr Schnee heranschaffen mussten. Während die einen an der Abfahrt bauten, wechselten sich die anderen mit dem Schlitten ab, ohne auf die Erichsen-Kinder zu achten.

Peter sann auf Rache. Oder wenn schon keine Rache – er hatte keine Idee, wie man sowas machte – so wollte er doch den Schlitten zurück. Unauffällig brachte er sich in eine günstige Position, und als bei der Abfahrt wieder jemand lachend in den Schnee fiel, griff er nach der Leine und rief: „Das ist meiner!"

„Blödmann!", rief Horst Dieter. Die anderen fielen ein: „Blödmann! Blödmann!" Und: „Du kannst das ja gar nicht!" – „Kann ich wohl!" – „Kannst du nicht! Mach doch! Mach doch!"

Und Peter kletterte, wütend jetzt, auf den Schneeberg und setzte sich auf seinen Schlitten, fuhr hinunter, wurde jäh von dem Aufprall gebremst und fiel halb hinunter, stieß mit dem Kopf an die Holzkante.

Hässlich klang das Gelächter in seinen Ohren, während er im Schnee nach seiner Brille suchte. Schließlich hielt er zwei Teile in der Hand. Das hämische Gelächter schwoll noch einmal an. Dann rief jemand dazwischen „Brillenschlange!"

Nach Hause, war sein einziger Gedanke. Etwas unbeholfen wirkte er, denn er musste die Teile der Brille halten, die Schlaufe zu fassen kriegen und seine Schwester an die Hand nehmen. Er nahm den Weg durch die Toreinfahrt.

„Brillenschlange, Brillenschlange, Brillenschlange!" Die Kinder da draußen hatten sich geeinigt. Dieses Schimpfwort schien ihnen am besten geeignet, Schaden anzurichten.

* Die Wohnung ist für vier Personen zu klein

Es war nicht die erste Brille, die kaputtgegangen war. Rolf Erichsen zeigte schon Betroffenheit über den Verlust und wies seinen Sohn darauf hin, dass das Geld knapp sei und er deshalb besser aufpassen müsse. Aber dann – Schwamm drüber! Junge bleibt Junge!

Er legte die Teile in eine Zigarrenkiste, die er in den Wohnzimmerschrank zurück stellte. Hilde musste nun morgen wieder los mit ihm, eine neue Brille besorgen.

Rolf schüttete ein paar Kohlen in die Brennkammer des Ofens und ordnete anschließend mit dem Schürhaken die Glut, so dass das frische Brenngut schneller anbrannte. Hilde hatte den Esstisch mit Kaffeegeschirr gedeckt, um den Adventskranz herum, in dem schon zwei rote Kerzen brannten.

Es klingelte an der Wohnungstür. Die große Oma und der kleine Opa aus der Alten Kieler! Die Begegnung war herzlich und von kindlicher Berechnung nicht zu trennen: Hatte die große Oma doch immer eine Einkauftasche dabei! Hast du was mitgebracht?

Doch Geduld! Zunächst musste die Begrüßung ausgekostet werden, Opas Hut und Omas Mütze ausgeklopft, die Mäntel von den Schneeflokken befreit und aufgehängt. Erst dann folgten sie brav der Oma in die Küche, wo die Tasche auf den Abwaschtisch gehoben und geöffnet wurde. Der Kochherd verbreitete eine wohlige Wärme, so dass die Eisblumen an den Scheiben schon längst geschmolzen waren. Auf den Eisenringen summte ein Wasserkessel leise vor sich hin, daneben stand die Kaffeekanne mit dem Porzellanfilter obendrauf. Für Rolf war das Aufgießen langjährige Routine.

„Aber Mutti! Das wäre doch nicht nötig gewesen! Ihr habt doch selbst nicht viel!", sagte Hilde, als ihre Mutter einen Kanten geräucherten durchwachsenen Speck und ein Stück Mettwurst auspackte.

„Ach was, Kind! Wir haben unser Auskommen! – Der Speck ist übrigens von Riemer. Ja, mit unseren Nachfolgern haben wir wirklich Glück. So tüchtig! Die beiden haben uns am Wochenende besucht und das mitgebracht. Das haben die doch gar nicht nötig! Aber so sind sie. – Leg das bloß gleich in die Speisekammer!"

Und dann tauchten aus den Tiefen der Wundertasche zwei hellblau gemusterte, spitze Papiertüten auf, und sie hielt sie den lauernden Kindern hin. Rote runde Lutscher mit weißem Plastikstiel, wunderbar, passten genau in Kindermünder!

Im Esszimmer zog Peter seine Oma, die sich nach seinem Gefühl zu sehr mit der kleinen Hilke beschäftigte, zum Fenster, an dessen Scheiben die Adventskalender klebten. „Guck mal! Das hab ich heute aufgemacht!"

Eine alte Fachwerkstadt, der Marktplatz mit der Zwiebelturmkirche und Menschen um einen Tannenbaum herum – alles mit viel Schnee, der alles bedeckte wie dicker Teig. Das Bild war wie eine spannende Geschichte und verströmte die Gewissheit, dass ein großes Ereignis bevor stand, und Peter fühlte sich mittendrin.

Einige Fenster waren geöffnet. Das warme Licht aus den Häusern des Marktplatzes war verlockend und ließ in keinster Weise das trübe Schneelicht dahinter erahnen, das allmählich in Dämmerung überging.

„Das ist aber schön", sagte die große Oma und bewunderte den roten Ball mit weißen Punkten auf gelbem Hintergrund, den das heutige Fenster frei gegeben hatte. „Und wie das glitzert!", sagte Peter bewundernd. Er meinte damit den Silberglimmer auf dem romantischen Winterbild. Das flackernde Kerzenlicht ließ den Schnee rötlich funkeln.

Das weihnachtliche Kaffeetrinken nahm seinen Lauf, und die Erwachsenen wurden ernst. „Auf jeden Fall müssen wir uns was überlegen. In der Küche geht es nicht, das Schlafzimmer ist so eng, dass man sich durchschlängeln muss. Bleibt die Wohnstube", sagte Rolf. „Ja", ergänzte Hilde, „aber nur für kurze Zeit. Spätestens, wenn Peter ein größeres Bett braucht, müssen wir hier raus." – „So ist es", sagte Rolf.

„Aber ihr wisst doch, wie schwer es ist, eine Wohnung zu finden!", entgegnete Elise Krezek. „Und warum wollt ihr meinen Vorschlag nicht annehmen?", fragte Karl Krezek.

„Peter ist doch noch so klein!", meinte Hilde.

Der hiermit Angesprochene saß vor dem großen Sessel nebenan am Couchtisch und war mit Buntstiften beschäftigt. „Ich bin nicht klein!", rief er jetzt. „Ich komm bald in die Schule!"

„Komm mal her, Peter!", sagte sein Vater sehr bestimmt und drehte sich auf seinem Stuhl zu ihm. Peter trat an ihn heran. „Hör mal gut zu! Du bist ja nun schon groß, wie du selbst sagst. Bald brauchst du ein neues Bett, wenn du so weiter wächst. Aber das passt dann nicht mehr in unser Schlafzimmer. Was hältst du davon, wenn Opa dir ein eigenes Zimmer auf dem Trockenboden baut?"

„Oh ja!" Peter strahlte.

„Aber du schläfst da ganz allein. Vati und Mutti und Hilke sind unten, und du bist da oben. Ganz allein! Möchtest du das?" Hilde konnte nicht schweigen, wenn ihr Mann diese Lösung schön redete. Sie bezweifelte, dass Peter auch nur im Entferntesten ahnte, worauf er sich einlassen würde.

Doch Peter war fasziniert von dieser plötzlichen Idee. Er nickte heftig.

„Und wenn er mal muss?", fragte Hilde.

„Dann geht er im Treppenhaus runter bis zum Klo. So wie wir. Und für das kleine Geschäft kriegt er einen Topf", erwiderte Rolf.

„Darüber könnt ihr reden, wenn wir wieder weg sind", warf Elise ein. Ein Gespräch über Ausscheidungen fand sie grundsätzlich unschicklich. Wie sollte sich der Junge im Winter gegen die Kälte schützen? Das interessierte sie viel mehr!

Aber Hausbesitzer und Bauherr Karl Krezek hatte alles geplant. Er sah das Ständerwerk schon vor sich, da, wo jetzt noch die Abstellkammern der Mieter waren. Heraklit-Platten von innen und außen dagegen genagelt, mit Glaswolle dazwischen. Links am Schornstein ein Ofen angeschlossen, daneben eine Tür zur Abseite. Und geradeaus ein Fenster in den Giebel gebrochen, mit einem Schreibtisch davor, wo sein Enkel die Schulaufgaben machen konnte. Und rechts unter der Schräge das Bett. Für ihn als Handwerker war alles klar, und er war voller Ungeduld.

Wie Anna Engeling sich weiter unentbehrlich macht

Engelein war nun auch im Ruhestand.

Fast drei Jahrzehnte hatte sie hinterm Ladentisch bei Krezeks gestanden, eine Freundin mit Familienanschluss, ohne je einen Lohn verlangt zu haben.

In fast drei Jahrzehnten war sie von dem Organismus der Familie unbemerkt aufgesogen worden, war in ihre feinsten Verästelungen eingedrungen, kannte die geheimsten Regungen – wie ein Kuckuck lebenslang in fremdem Nest.

Sie stammte aus Sachsen-Thüringen, was ihre Mundart verriet, und pflegte schon in den zwanziger Jahren den Kontakt mit ihrer alten Heimat in dem Rendsburger Sachsen-Thüringer-Verein, gegründet 1905 von ehemaligen Arbeitern, die den Kaiser-Wilhelm-Kanal ausgehoben hatten.

Ihr Mann war Justizvollzugsbeamter an der städtischen Strafanstalt gewesen, privat ein freundlicher Kamerad und passabler Musiker, aber schon vor dem Krieg gestorben.

Karl Krezek, dessen Bruder in Bautzen lebte, hatte sich dem Traditionsverein wegen der Nähe zu seiner ursprünglichen Heimat im Tschechischen ebenfalls angeschlossen, und so kam es zu der nachhaltigen Begegnung im Vereinslokal. Schnell wurden sie Freunde, Anna wurde „Änne" genannt, und für die Kinder war sie bald das „Engelein". Und da sie selbst kinderlos blieb und ihre eigene Verwandtschaft in und um Halle an der Saale ansässig war, wurde diese Freundschaft die große Gelegenheit, in eine neue Familie hinein zu wachsen.

Ihre Hilfsbereitschaft war überwältigend und schon nach ein paar Jahren nicht mehr wegzudenken. Der Geschäftsfrau Elise sprang sie im Laden bei, so dass sie bald eine vollwertige Verkäuferin war, und der Mutter Elise war sie bald in manchen Dingen voraus, so dass die Mädchen sich ihr anvertrauten, wenn sie die strenge Mutter zu fürchten hatten.

Als Anneliese, die Erstgeborene, 1930 oben über der Schlachterei in ihrem Bette lag und von der Tuberkulose immer schwächer wurde, war Engelein an ihrer Seite bis zum Tode.

Und als Rolf und Hilde ein Jahr nach dem Krieg Taufpaten für ihr erstes Kind brauchten, mussten sie nicht lange überlegen. Engelein, wer sonst?

Engelein freute sich, aber nicht mehr wie über einen selbstverständlichen Liebesbeweis, wie er in Familien üblich war. Doch war es ein ganz besonderes Kind – ihr erstes Enkelkind, sozusagen – und sie fühlte sich mit Elise auf einer Stufe. Und weil es ein besonderes Kind war, fühlte sie sich berechtigt, ihm ihre besondere Aufmerksamkeit zu widmen. Deshalb schenkte sie ihm zur Geburt einhundert Reichsmark, eingetragen in ein Sparbuch der Spar- und Leihkasse Rendsburg, und stockte den Betrag zu Weihnachten und zum ersten Geburtstag auf, so dass der kleine Peter kurz vor seinem zweiten Geburtstag 1948 dreihundertsechzig Reichsmark sein Eigen nennen konnte. Bei jeder dieser Wohltaten wedelte sie freudestrahlend mit dem Sparbuch vor dem kleinen Gesichtchen und erzählte: „Guck mol, mei Hase, isch war wieder bei der Sparkasse!" Dann blätterte sie bis zur richtigen Seite und fuhr fort: „ Da hat der Onkel am Schalter wieder soooviel Reischsmark dazu geschrieben! Das ist dei Jeld, mei Hase!"

Was würde er Augen machen, wenn er erst alt genug wäre, um zu verstehen, welch ein Schatz sich hier sammelte! Das plötzliche Leuchten der Erkenntnis würde sein Antlitz veredeln, und vor Glück würde er stammeln „Oh Engelein, oh Engelein!" und ihr um den Hals fallen.

Anna Engeling hatte Tränen in den Augen, wenn sie zu Hause am Esszimmertisch saß und innehielt mit dem Zählen ihrer eigenen Schätze, die sie in einer Metallkasse aufbewahrte, und sich die Dankbarkeit vorstellte, die ihr ganz gewiss zuteil werden würde.

Durch ihre Sparsamkeit konnte sie Gutes tun! Und ein Blick in ihr Sparbuch erfüllte sie mit Stolz: Sie war reich! Ihr Mann war schon längst verstorben, von seiner Pension konnte sie gut leben. Und die Lebenshaltung war günstig: Die ermäßigte Miete in der Münzstraße 1 und das regelmäßige Essen am Tisch von Karl und Elise gegenüber in der Obereiderstraße hatten es ihr ermöglicht, so manches beiseite zu legen.

Ihre Leidenschaft für Geld und Zahlen machte sie blind. Hatte sie im Laden nicht erlebt, wie wenig die Reichsmark galt? Ernährten sich die Leute nicht eher von Lebensmittelmarken und Zigaretten, mit denen getrickst und getauscht wurde? War nicht der Schwarzmarkt vor dem Bahnhof und anderswo meist die einzige Möglichkeit, an begehrte Waren zu gelangen? Nein, in dieser Welt lebte sie nicht, davon bekam sie wohl nicht viel mit.

Die Währungsreform im Juni 1948 war für die Menschen ein Schock, aber sie war doch auch begleitet von der schmerzlichen Einsicht, dass es einen Neuanfang brauchte, und dass hier etwas geschah, das dann doch auf lange Sicht ein Segen sein könnte. Anna Engeling jedoch war zutiefst erschrocken, dass Sparsamkeit und Güte so bestraft wurden. Sie sah nur die Zahlen: Aus ihren sechzigtausend Reichsmark wurden kümmerliche sechstausend D-Mark, und ihr kleiner Hase besaß nun, so kurz vor seinem zweiten Geburtstag, statt dreihundert sechzig gerade mal sechsunddreißig Deutsche Mark.

Gutes tun und Dankbarkeit ernten – war das nun in Gefahr? Das durfte nicht geschehen, und so verstärkte Engelein ihre Bemühungen. 1951 hatten Karl und Elise die Schlachterei verkauft, und Engelein wurde nicht mehr gebraucht. Jetzt half sie bei den Erichsens und den Stietzels, pflückte Beeren und machte ein, war sich für nichts zu schade. Und sie nutzte jede Gelegenheit, ihrem kleinen Patenkind den Wert des Geldes deutlich zu machen, und wenn sie ihm etwas zusteckte – und nur ihm –, erfüllte es sie mit großer Befriedigung und auch Hoffnung.

Doch der triumphale Moment, in dem ihr Patenkind die Größe ihrer Tat erkannte, ließ auf sich warten. Peter wuchs heran, freute sich wohl auch auf seine kindliche Art über die Zuwendung, die er erfuhr, besuchte Engelein auch gern einmal in ihrer Wohnung eine Treppe tiefer, aber war danach auch schnell mit den Gedanken wieder anderswo.

Anna Engeling ließ nicht ab von dem Jungen. Gerade jetzt, wo ihr Leben einen neuen Rhythmus bekommen hatte, oder vielmehr durch den Wegfall desselben, den Wegfall ihrer zentralen Rolle als Familienmitglied, war ihr Patenkind ein Sinn stiftender Orientierungspunkt. Rolf und Hilde freuten sich, hatten sie doch nun einen hilfsbreiten Geist in unmittelbarer Nähe. Nur die einseitige Bevorzugung ihres Sohnes störte sie ein wenig. Der Eindruck verstärkte sich, dass Engelein geizig war und Peter aus eigennützigen Motiven verwöhnte.

Der Sohn wird nun Moltkeschüler (2. Mai 1953)

Zur Einschulung Peters in die Neuwerker Knabenschule stellte Anna Engeling klar, dass sie ihren Patensohn zusammen mit den Eltern begleiten würde. Sie kleidete sich ganz in Schwarz – wie zu einer Beerdigung, wie Rolf fand, aber natürlich nicht laut sagte. Aber das galt wohl als besonders elegant: Von den schlanken Damenschuhen, dem Kostüm mit den dezent heraus ragenden Spitzen des Unterrocks, den Lederhandschuhen bis zum glänzenden Topfhut – alles war schwarz, ja sogar die Nylonstrümpfe waren dunkel. Dagegen die weiße Bluse, die helle Haut in dem wohlgeformten Gesicht und die weißen Haare – insgesamt eine gepflegte Erscheinung, umweht von einem Hauch Mottenpulver.

Es war ein Samstagmorgen im Mai. Einige Bäume zögerten noch, grün zu werden, aber sie fanden Zuspruch im hellen Sonnenlicht.

Mehr als hundert Kinder mit ihren bunten Schultüten spazierten über Moltkestraße, Wehrautal und Alte Kieler Landstraße auf ihre künftige Schule zu, begleitet von Vater und Mutter und anderen aus der Familie, fröhlich und gespannt, unter ihnen Peter, herausgeputzt mit einer dreifach geknöpften Anzugjacke über kurzen Hosen und Kniestrümpfen. Rolf, der sich für dieses Ereignis Urlaub genommen hatte, zückte seine Agfa und machte ein Foto von Tante und Patenkind. Dann stellten sie die dreijährige Hilke in ihrem bunten Kleidchen dazu, und Rolf drückte noch einmal auf den Auslöser. Hier, wir haben noch ein zweites Kind!, sollte es wohl heißen. Fast schien es, als sei die Mutter in den Hintergrund getreten.

Hinter dem Schulgebäude wiesen ihnen die meist männlichen Lehrer den Weg quer über den Schulhof zur alten Turnhalle, und dort am Eingang stand auch Georg Faschin, der Kamerad „aus alten Tagen", der Fähnleinführer und Schwarm aller Mädchen.

„Nein, nicht aller Mädchen", dachte Hilde bei seinem Anblick. „Mein Fall ist er nicht." Sie dachte an Georgs kurze Hosen, die stets so knapp geschnitten waren, dass sie aufreizende Signale an die Mädchenwelt sandten, aber auch genau so gut für aufdringlich und angeberisch zählen konnten.

„Guten Morgen, mein lieber Schorsch!", lachte Rolf und gab seinem Jugendfreund die Hand. „Ich hoffe, du weißt, worauf du dich da einlässt!" – „Worauf du dich verlassen kannst!", antwortete Faschin grinsend. Er hatte sich an diesem Festtag schweren Herzens von seinen legeren Trainingsklamotten und seiner Trillerpfeife getrennt, die er sonst ständig an einem Band um den Hals trug, und war in seinem Anzug erschienen. „Dein Sohnemann ist zufällig in meiner Klasse gelandet", sagte er, „genau wie du es wolltest! Geht schon mal rein! Die Jungs vorn zu den Bänken!"

„Ja, ja. Der fesche Schorsch! Schön und zackig wie immer", seufzte Hilde leise. „Nur schade, dass er heute seine kurze Hose nicht an hat! Ist es nicht so, meine liebe Frau?", antwortete Rolf.

Während sich der Raum zwischen Kletterwänden und Turngeräten und Sitzbänken füllte, war von den regen Gesprächen und dem Rufen und dem Scharren der Stühle ein Brausen in der Luft, das sich nur langsam beruhigte. Irgendwann hatten sich die 123 Jungen in drei Gruppen geteilt und vorne auf langen Bänken niedergelassen, und die Angehörigen auf den Stühlen. Dann trat Rektor Rohtert nach vorne, und eine erwartungsvolle Stille legte sich über die Versammlung.

„Liebe Mütter und Väter der Kleinen! Liebe Großeltern oder Verwandten!", begrüßte er alle.

„Es gibt ein Buch, das heißt ‚Heideschulmeister Uwe Karstens'. Es ist ein Tagebuch. Da steht an einer Stelle: ‚Sechzig Kinder kommen heute! Sechzig Menschenseelen! Und in jeder ein heiliger Gottesfunke, in jeder ein Durst, ein Verlangen nach Licht. In jeder eine rührende Bitte, dass man den Funken anblase, wachsen lasse, unablässig schüre, bis er zur reinen Flamme werde."

„Oh ja!", rief da eine helle Knabenstimme.

Die Versammlung lachte, die Jungen kicherten. Doch der Rektor schaute missbilligend in die Richtung des Zwischenrufers. Diese Stelle seiner Rede sollte Erhabenheit ausstrahlen, Ehrfurcht ob der Weisheit, die darin enthalten war, andächtiges Nicken der Köpfe. Und er erhob die Stimme, um die letzten Lacher zu ersticken.

„Und der Heideschulmeister fährt fort: ‚Und mir gilt diese Bitte, ich darf der Erfüller sein! Gibt es etwas Köstlicheres? Schulmeister. Man spricht es so gedankenlos hin, und doch sollte niemand so vermessen sein, sich so zu nennen. – Des einzigen großen Schulmeisters Handlanger! Das bin ich…' – So schreibt der Heideschulmeister in seinem Buch."

Rohtert machte eine bedeutungsvolle Pause. Diesmal sah er in ernste, aufmerksame Gesichter. Mit Befriedigung ihr zustimmendes Nicken. Es sollte der rechte Geist in die jungen Eltern fahren! Er hatte als des großen Schulmeisters Handlanger einige Weisheit gesammelt in seinem langen Leben! Wozu werden wir alt, wenn unser Wissen um das Wesenhafte nicht gebraucht würde? Unsere reinen Flammen brennen bis zum gnadenvollen Ende!

Dann sprach er die Eltern an:

„Heute löst sich die Hand deines Kindes von deiner Hand, und du legst sie in die Hand eines anderen, der nunmehr auch zu deinem Kinde sagt ‚Mein Kind! Mein Junge!‘, und der es gewinnen will."

Rohtert nahm das aufkommende Murmeln als Zustimmung. Eigentlich, führte er aus, komme dieser Moment reichlich spät. Die Jahre vor der Einschulung seien für die Erziehung der Menschen viel wichtiger als die meisten Eltern meinten. Und davon erführen die Lehrer viel zu wenig.

„Doch nun ist diese Zeit vorüber. Nun warten Sie auf den Lehrer, auf die Klasse, auf den Stundenplan und vielleicht schon auf das Lernen. Wenn das nun man bald anfängt! Oh, du besorgtes Elternpaar!"

Doch an dieser Stelle müsse er die Erwartungen der Eltern zurechtrücken: „In der Schule lernt man gar nicht zuerst ‚etwas‘, sondern ‚man lernt das Lernen‘, und das ist die größte Kunst, aus der sich alles andere entwickelt. Dieses Lernen geschieht in der heutigen Schule nicht von heute auf morgen, sondern in Anknüpfung an das spielerische Leben, das Kindern in diesem Alter noch ganz eigen ist. Außerdem geschieht der Anfangsunterricht heute in einer ganz anderen Weise als früher. Es gibt nicht Stunden für Religion, Deutsch, Rechnen, Singen, Turnen, sondern es wird ein Sachverhalt in den Unterricht gestellt und von ihm aus alles strahlenmäßig erfasst, was für das Kind wertvoll ist.

Wir gehen auch gemeinsam hinaus. Es könnte dann sein, wenn die Eltern davon hören, dass sie sagen: ‚Lernt ihr denn gar nichts, geht ihr nur spazieren?‘ – Diese Frage ist schon deshalb falsch, weil sie ein Misstrauen enthält, ein Misstrauen gegen den Lehrer, der seiner wahren Verpflichtung nicht nachkomme.

Kritik bleibt unbenommen, liebe Mütter und Väter! Aber nie in Gegenwart des Kindes! Der Lehrer möchte wie Sie Ihrem Kinde alles sein, da bedarf er des Vertrauens: ‚Nur einen Schlüssel gibt es, der das Herz der Kinder dir erschließt: Er heißt Vertrauen! Gewinnst du ihn, kannst du bei Freud und Schmerz bis in der Kinderseele Tiefe schauen‘.

Und das muss der Lehrer: Jedes Kind ist ein unbekannter Erdteil, nie ganz zu entdecken, in dem man sich nur mit Liebe zurechtfinden kann.

Und nun Ihr Kleinen!

Mancher von euch hat seinen Schulranzen mit einer neuen Tafel und einem neuen Schwämmchen daran schon Weihnachten gekriegt. Und ihr seid schon mit eurem Ranzen durch die ganze Wohnung gezogen. Gestern war sicher Generalprobe. Und ihr wart so stolz wie euer großer Bruder oder wie eure Mutter auf ihre neue Handtasche.

Ihr seid von heute an keine Babys mehr, ihr seid von heute an Schuljungen oder Schüler! Moltkeschüler. Ihr bekommt einen eigenen Platz an einem Tisch. Und ihr dürft euer Butterbrot jetzt mit zur Arbeit nehmen wie die Großen."

So sprach Wilhelm Rohtert. Und die Kleinen hörten gut zu, und keiner rief mehr dazwischen. Der alte Mann da vorn schien zu wissen, was sie schon alles konnten: Sie konnten sich alleine waschen und alleine anziehen und bald auch alleine zur Schule gehen. Das war fein! Aber sie konnten auch manches noch gar nicht: Die Ohren waschen und die Schuhe putzen und alle Knöpfe zumachen. Woher er das wohl wusste? So ganz stimmte es doch gar nicht!

Dann kam der Rektor zum Ende: „Ihr seht nun hier eine Ecke. Dahinter sind auch solche Rendsburger Jungen wie ihr; aber die sind schon größer, die sind hier schon zwei Jahre.

Die wollen euch mal zeigen, was sie schon können und gelernt haben. Sie spielen eine Geschichte. Das ist die Geschichte von einer Ziegenmutter. Die heißt hier ‚Geiß‘, und die hat viele kleine Geißlein, und da ist der Wolf gekommen. Und was da alles passiert ist, das sollt ihr jetzt sehen!"

Nun schauten alle längst nicht mehr den Herrn Rohtert an, sondern gespannt auf die weißen Laken, die da an einer Wäscheleine hingen. Dann regte sich da etwas, und die weiße Wand wurde zur Seite gezogen und die Ziegenmutter mit ihren sieben Kindern kam zum Vorschein. Sie verabschiedete sich, denn sie musste für Nahrung sorgen, und warnte vor dem bösen Wolf. Und als der hässliche Wolf kam, erschraken nicht nur die sieben Geißlein, sondern alle Kinder in der Turnhalle, und sie lernten, dass sich das Böse in allerlei Gestalt nähern konnte, und dass man auf der Hut sein musste und dass am Ende alles gut wurde.

Es gab brausenden Beifall, Herr Rohtert sprach anschließend einen Segensspruch und schickte dann die neuen Klassen mit ihren neuen Lehrern hinüber in das mächtige Schulgebäude: „Ich darf sie nun bekannt machen mit den Lehrern Ihrer Kinder. Wir machen es von vornherein in schöner Ordnung. Hier stehen die Kinder der Klasse 1a. Die gehen jetzt mit ihrem Lehrer Herrn Kühn."

Die Eltern warfen einen letzten Blick auf ihre Zöglinge. Dann setzte sich die 1b mit Erich Pliquett in Bewegung. Und dann die 1c mit Georg Faschin. Peter mit seiner silberfarbenen Schultüte im Arm drehte sich noch einmal um und winkte schwach, bevor er in der Türöffnung verschwand. Schmuck sah er aus mit seiner Anzugjacke und dem blonden Gewuschel auf dem Kopf. Nur die gelbe Brille wirkte etwas deplatziert. Ein kleiner Junge in dem Alter – mit einer Brille? Das gab es sonst nicht.

Die Hand ihres Kindes in der Hand eines anderen. Hilde fühlte ein Schluchzen aufwallen aus großer Tiefe und hielt mit der Hand schnell ihre Lippen fest.

Die Drehbrücke ist ein Ärgernis

Gleich hinter Jevenstedt gerieten sie in die Schlange. Sie waren auf Besuch im Alten Land gewesen, und sie wussten, was sie bei ihrer Rückkehr erwartete. Aber als der Mann den Motor ausgestellt hatte, seufzte er.

„Du meine Güte!", rief seine Frau auf dem Beifahrersitz. „So lang war die doch noch nie!" – „Sonntagabend", fügte der Mann hinzu.

Dann schwiegen sie. Die beiden Kinder auf dem Rücksitz waren unruhig. „Wann sind wir zu Hause?", fragte der vierjährige Junge. Doch seine Eltern antworteten nicht.

Dann sah der Mann, wie weit vorn die ersten Räder wieder rollten und ab und zu die Bremslichter aufleuchteten. „Es geht weiter", murmelte er und startete seinen Opel.

Die Freude währte nur ein paar Minuten. Sie waren einige hundert Meter voran gekommen. Aber während sich die meisten ergeben ihrem Schicksal fügten, draußen rauchend hin und her gingen, durch die herunter gedrehten Scheiben mit anderen Leidensgenossen schwatzten oder einfach nur schweigend vor sich in dösten, wollte die Frau ihren Ärger nicht mehr für sich behalten.

„Helmut! Nun tu doch was!", rief sie. „Das können wir uns doch nicht gefallen lassen! Das wird ja immer schlimmer!"

„Ich wüsste nicht, was wir daran ändern könnten", sagte ihr Mann ausdruckslos vor sich hin. „Die Drehbrücke öffnet sich, wenn die Schiffe kommen. Sie schließt sich nicht, wenn wir kommen."

„Jetzt nicht!", schrie die Frau nach hinten, als die ältere Tochter etwas sagen wollte. Es störte sie nicht der leise Spott ihres Mannes, sondern seine Untätigkeit. Immerhin galt sein Wort etwas in der Stadt, er saß am Stammtisch mit anderen lokalen Größen. Diese Warterei an der Hauptverkehrsader Schleswig-Holsteins war doch ein Skandal! Das nannte sich „Europastraße"!

„Steck unser Arzt-Schild an die Windschutzscheibe!", sagte sie im Befehlston.

„Wie bitte?", sagte der Mann in einem Ton, als wäre seine Frau jetzt verrückt geworden.

„Nun stell dich nicht so an! Du weißt schon, was ich meine!", erwidert sie empört.

„Ich denke nicht daran!", antwortet ihr Mann, der Arzt.

„Wir müssen morgen früh raus!", versucht sie weiter. „Wir erfüllen eine wichtige Aufgabe für die Menschen. Für die Frauen. Da ist es wichtig, gesund und ausgeschlafen zu sein!"

Und als sie ihren Mann von der Seite sieht, wie er schweigt und seinen Kopf schüttelt: „Vielleicht wirst du jetzt, in diesem Augenblick, gebraucht! Das kann dir doch nicht egal sein! – Du meine Güte! Nun steck schon das Schild an die Scheibe! – Hast du das hier? Im Handschuhfach?"

„Jetzt lässt du mal die Hände da weg!" Der Mann bäumte sich auf und schlug dann mit den Händen aufs Lenkrad. Seine heisere Stimme war jetzt sehr laut. „Und du hörst jetzt auf mit diesem hanebüchenen Unsinn! Ich werde nicht – nicht! – eines schnöden Vorteils wegen den Arzt herauskehren!"

Die Kinder auf dem Rücksitz schauten mit großen Augen auf die streitenden Eltern.

Wie gesagt, die meisten in der Warteschlange fügten sich in das Unabänderliche, und doch war die Auseinandersetzung ein Symptom für wachsendes Unverständnis. Verabredungen, Liefertermine konnten nicht eingehalten werden, kränkelnde Menschen gerieten in Panik und Vorgärten und Knicks mussten als Nottoiletten herhalten. Und das in einer Gesellschaft, die sich gerade aus dem Elend befreite! In der es voran ging!

Auf der Nordseite des Kanals war es sogar noch schlimmer. Fast vier Kilometer war der alltägliche Stau, der sich durch die enge Altstadt krümmte.

Aber es war nicht so, wie die Frau an diesem Sonntagabend auf der Itzehoer Chaussee vermutete, dass niemand sich um das Verkehrsproblem kümmerte. Die Kunde von dem Hindernis, dass den Wirtschaftsaufschwung in den fünfziger Jahren bedrohte, war schon bis nach Bonn gedrungen. Nur – entschieden war noch nichts.

In dieser geradezu „historischen" Situation kam dem Schulleiter der Neuwerker Knabenschule, oder auch Moltkeschule genannt – eine Idee: Das jährliche Vogelschießen Ende Juni 1953, ohnehin ein Höhepunkt des Schuljahres, konnte sozusagen den Vogel abschießen, wenn es sich dieses Themas annahm, das alle Menschen bewegte! Warum nicht? Einfache Schüler – und einfache Lehrer, wie er mit erregtem Herzen hinzufügte – konnten den Finger in die Wunde legen! Wenn die großen Politiker es nicht vermochten, so konnte es der unverstellte Blick von unten von der Volksschule, aus dem Volke sozusagen!

Das Kollegium stöhnte leise, als Wilhelm Rohtert seine Idee vortrug. Er tat es so, als gebe es keine Alternative, als sei sie höheren Ortes längst abgesegnet, und zwar als heldenhafter Eingriff in das Weltgeschehen. Und wie immer mussten die kleinen Leute die Lasten tragen, das Heer der kleinen Knaben, geführt von den ebenfalls geknechteten Klassenlehrern, die nun das Rechnen und Schreiben wochenlang einem höheren Ziel unterzuordnen hatten.

Aber sei es, dass die Lehrerschaft in treuer Pflichterfüllung ihren Rektor noch zu übertrumpfen suchte oder auch, sich in das Unvermeidliche fügend, sich in eigener Kreativität gefiel: Das Organisationskomitee entwickelte eine derartige Eigendynamik, dass aus der politischen Demonstration noch viel mehr wurde – nämlich ein Umzug aus 800 Schülern mit einem Spielmannszug und zwei Blaskapellen, mit einem flammenden Bekenntnis zur niederdeutschen Sprache („Jungs, mokt mal'n beeten Höög, sunst ward de School to dröög!"), mit einem Appell zur Einheit des Landes („Op ewig ungedeelt!") und für mehr Verkehrserziehung („Man mutt sik vöörsehen!"). Wilhelm Busch mit Max und Moritz wurde geehrt, Karl May ebenfalls, „De Schildbörgers" stellten sich szenisch vor. Und die Freude am Wandern, am Schwimmen, am Schulgarten, am Kasperlespiel, an der deutschen Treue – die Lehrerschaft ließ sich nicht lumpen.

Gelobt wurde in der Zeitung der „Einfallsreichtum der Kinder" in edler Verkennung der wahren Machtverhältnisse. Das kannten die Lehrer schon. Aber ihr leises Stöhnen war verstummt.

Mit Befriedigung registrierte Wilhelm Rohtert, dass der selbst gebastelte Tunnel in der Presse besondere Aufmerksamkeit erlangte, eine dritte Klasse trug ihn zwei Stunden lang durch die Straßen, begleitet von erregten Menschen der Stadt, die den festlichen Umzug als großes Ereignis feierten. Und die Tagespost zitierte auch den plattdeutschen Spruch, der die Unzufriedenheit auf den Punkt brachte: „Laat uns doch den Tunnel muern un nich meer vöör de Dreibrüch luern!"

Der Geruch von Hühnersuppe

Die alte Henne hieß Gertrud. Johannes Erichsen hatte sie schon länger auf dem Kieker. Zwar war sie zutraulich und pickte ihm die Maiskörner aus der Hand, aber sie war schon mindestens drei Jahre alt, hatte einen schlaffen Kamm und legte keine Eier mehr.

Johannes war ein empfindsamer Mann und hatte eine Beziehung zu Grete und Anna und Gertrud und wie sie alle hießen, acht insgesamt. Nicht ganz so eng wie zu Pussi, die ein richtiges Haustier war, weil sie mit im Haus lebte – aber doch so, dass er seinen Lieblingen hinter dem Maschendraht nichts zuleide tun mochte.

Andererseits hatten er und Frieda schwere Zeiten erlebt, da waren sie dankbar gewesen für die paar Eier, die sie behalten durften, und für das gelegentliche Fleisch, wenn eine Henne nutzlos geworden war. Da hatten sie sich sentimentale Gefühle nicht leisten können.

Mit dem Frieden, der über sie gekommen war, fiel auch die Härte von ihnen ab, aber Johannes suchte dennoch die Entscheidung zu verschieben, bis sich im Gespräch mit Rolfs Schwiegereltern eine sehr nahe liegende Lösung eröffnete: Das kann Karl doch machen, meinte Elise, er als Schlachtermeister!

Und so kam es, dass der Schlachtermeister, der auch ein Tötemeister war, am Sonnabendnachmittag sein Rad in die Gartenstraße steuerte.

Es war ein Sommertag im August. Die Luft war unendlich klar, vor dem stolzen Blau des Himmels zogen eilige weiße Wolken von West nach Ost, und ihre Schatten huschten über den Garten, als hätten sie etwas Verbotenes getan, und gaben schnell wieder die ungebremste Sonne frei.

Johannes zog den Kopf ein wenig ein, als er in den Hühnerverschlag ging, und drückte die Maschendrahttür hinter sich zu. Arglos unterbrachen die Tiere ihr beiläufiges Picken und Scharren im Sand und liefen auf ihn zu. Johannes hatte sich in die „Italiener" verliebt: Es war das Farbenspiel der Federn von Schwarz über Dunkelbraun und Hellbraun bis Goldgelb, gekrönt von dem leuchtenden Rot des Kamms und der Kehllappen. Die Hennen hatten nicht die elegante Form des Fasans, aber die Farben erinnerten doch sehr an das königliche Tier. Sie bildeten nicht die einfachen Kontraste wie die aus Rot und Weiß in der dänischen Fahne, konnten nicht mithalten mit dem Blau-Weiß-Rot Schleswig-Holsteins, nein, sie erinnerten eher an Feuer und Erde und stimmten Johannes auf eine angenehme Art melancholisch. Was sein musste, musste sein.

Er griff zielstrebig nach den Läufen und schob dann die Finger zuerst unter die linken, dann unter die rechten Schwungfedern der Flügel und hatte nun einen sicheren Halt. Damit verließ er den Verschlag. An der Hauswand wartete Karl Krezek vor dem Hauklotz mit dem Beil.

Johannes bückte sich nach dem Buschholz, das dort in einem großen Haufen lag, nahm sich einen etwas dickeren Knüppel und schlug Gertrud auf den Kopf. Die Henne schien benommen, doch als Karl seine Hand ebenfalls unter die Flügel schob, was sich als kompliziert herausstellte, weil dort Johannes noch das Tier umklammert hielt, und er erst mit der anderen Hand einen festen Griff suchen musste, schlug Gertrud überraschend stark mit den Flügeln. Johannes erschrak und war nun doch erschüttert über den Lebenswillen seines Lieblings und ließ los.

Karl Krezek gelang es gerade noch zuzupacken, und da er Angst hatte, dass es ihm wieder entglitt, ließ er das Beil auf das Tier niedersausen und verfehlte den zuckenden Hals. Mit einer Hast, die ihm sonst nicht eigen war und für einen Schlachter ein schlechtes Bild abgab, schlug er nochmals zu, und jetzt spritzte das Blut aus der klaffenden Wunde.

Der Kopf hing nur noch an der Haut. Das Wichtigste war nun also getan, doch der Rumpf wollte sich nicht beruhigen. Die beiden Männer standen bedrückt und starrten auf das Federbündel, aus dem nur langsam das Leben entwich.

Auf Peter achtete niemand. Der Junge hatte sich aus dem Hintergrund heran geschoben, nicht zufällig, sondern durch ein Gespräch seiner Eltern auf dem Herweg neugierig gemacht, die davon sprachen, heute solle ein Huhn geschlachtet werden. Verwirrt schaute er auf diesen Ausbruch von Gewalt. Er hatte sich das etwas einfacher vorgestellt, vielleicht so wie zu Hause in der Münzstraße: Die Schweine schrien zwar ganz fürchterlich, wenn sie ins Schlachthaus getrieben wurden, doch später kamen sie als saubere Schweinehälften wieder heraus, von den Gesellen über den Hof getragen, und hatten nun keine Ähnlichkeit mehr mit dem Tier, das sie vorher gewesen.

Peter wich langsam zurück, als habe er Angst, dass man ihn entdecke. Andere Gedanken kamen: Derselbe Hauklotz, dasselbe Beil, sein Vater, der Holz spaltet, und einmal zu stark ausgeholt und den Hausklotz verfehlt, ein Aufschrei, sein stöhnender Vater auf dem Weg in die chirurgische Klinik von Heise in der Moltkestraße 12. Peter war nicht dabei gewesen vor zwei Jahren, er hatte seinen Vater nur in der Klinik besucht und ihn später am Stock gehen sehen. Aber in diesem Moment sieht er, wie es geschah, und er dreht sich um und läuft den Gartenweg hoch nach hinten in den Garten, versteckt sich zwischen den riesigen Rhabarberblättern und spielt versunken mit den Ameisen, die dort ein Nest haben.

Später kommt die kleine Hilke mit den Betz-Schwestern aufgedreht schnatternd in den Garten, Kirsten und Dagmar schauen sich neugierig um und entdecken bald die roten Johannisbeeren und naschen. Peter schließt sich an. Sie zeichnen ein Zimmer in den Sand und setzen die mitgebrachten Puppen neben den Buchsbaum, der für sie jetzt ein richtiger Baum ist, und sie stecken Grasnelken in den Sand, damit die Puppen einen richtigen Garten haben.

„Was spielt ihr denn da?", rief die Nachbarstochter Hille. Sie war aufgetaucht aus dem dichten Grün der Sträucher und leuchtete wie eine Erscheinung am Zaun des Nachbargrundstücks der Familie Jacobsen. „Willst du mitspielen?", rief Dagmar zurück. „Kann ich rüberkommen?", fragte Hille.

Natürlich durfte Hille, die eigentlich Hildrun hieß. Sie passten auch prima zusammen. Bis auf Hilke waren sie fast gleich alt, die Mädchen trugen einen leichten Spielanzug aus kariertem Stoff mit Trägern und

Gummizug an den Oberschenkeln und hatten blonde Haare. Aber die lange Mähne von Hille fand Peter am schönsten, er war mächtig beeindruckt von der Nachbarstochter.

Dann entdeckten sie den Wasserhahn in der Mitte des Gartens, und Peter füllte mit dem Gartenschlauch Wasser in die Tonne aus Beton, und die Mädchen schöpften es, um die Blumen zu begießen.

Rolf betrachtete das Treiben der Kinder mit Wohlgefallen. Kinder, die friedlich miteinander spielen. Pure Lebensfreude. Und seine Kinder mittendrin. Ja, das wünschte er sich. Er holte seinen Fotoapparat und schlich sich an.

Als sie nichts bemerkten, nahm er mit der hohlen Hand Wasser aus der Tonne und bespritzte den gebückten Kinderrücken, der ihm am nächsten stand. Kirsten kam hoch wie eine Sprungfeder und stieß einen überraschten Schrei aus. „Ach, da muss mir die Hand ausgerutscht sein!", lachte der Vater von Hilke und Peter. „Aber du hast ja einen ganz schwarzen Po!", fuhr er fort. „Ich?", fragte Kirsten, immer noch ein wenig unsicher. „Ja", sagte Rolf.

Das Mädchen drehte den Kopf nach hinten und versuchte vergeblich, einen Blick auf den schwarzen Po zu werfen. Dabei drehte sie sich um die Achse wie ein kleines Hündchen, das sich in den Schwanz beißen möchte. Die anderen Mädchen kicherten. „Da ist gar nichts!", rief Hille. „Da ist gar nichts", wiederholte Hilke und grinste nun auch. „Wo denn?", rief Kirsten. „Na da!", sagte Rolf und stieß ihr leicht in die Hüfte, wo es kitzelte. Nun hatte auch Kirsten begriffen, dass der Erwachsene sie neckte, und lief kreischend ein paar Schritte den Gartenweg hinauf.

„Soll ich mal ein Foto von euch machen?", fragte Rolf nun wieder etwas ernsthafter. „Oh ja!", sagte Hilke. „Komm, Kirsten! Ein Foto!", rief Dagmar ihrer Schwester zu. Schnell standen sie erwartungsvoll neben der Gartentonne, nur Peter schien kein Interesse zu haben.

„Wisst ihr was?", sagte Rolf. „Ich hab eine Idee: Steigt mal alle in die Tonne. Da will ich euch fotografieren!"

Die Mädchen waren eifrig zu Diensten und kreischten, als es aus der Tonne spritzte. Peter musste ausdrücklich aufgefordert werden und zwängte sich widerwillig dazwischen. Die Tonne war doch viel zu voll! Acht Kinderbeine, und dann auch noch er! Und überhaupt: Dass sein Vater diese Witze machte und die anderen deshalb so vergnügt waren! Er fand es peinlich. Oder war er eifersüchtig?

„Und jetzt guckt mal alle hierher! Gleich kommt ein kleines Vöglein hier aus dem Apparat!" Fröhlich lachten die Kinder, und Hille griff nach hinten und legte sich den Haarschopf in einer weichen Bewegung über die Schulter nach vorn. Peter fühlte ein Kitzeln seitlich am Hals und senkte den Blick. Die Haare waren am Ende mit einer Spange verziert, und Hille wollte, dass man sie sah.

Als es Abend wurde, verschwanden die Nachbarskinder, und Peter und Hilke gingen ins Haus. Ein merkwürdiger Geruch hing in der Küche und in den anderen Räumen. Die Erwachsenen waren fleißig gewesen: Frieda hatte mit Hilfe ihrer Schwiegertochter die Henne in heißes Wasser getaucht und dann gerupft, anschließend wurde das nackte Tier über den Gasherd gehalten, was nach verbranntem Haar roch. Und als Frieda, bequem auf einem Küchenstuhl sitzend, damit begann, den Hals aufzuschneiden, flüchtete Hilde in das Wohnzimmer, wo Bügelwäsche auf sie wartete. Keine angenehme Tätigkeit für sie, aber immer noch tausendmal besser, als ein Tier zu schlachten!

Als Gertrud schließlich in einem großen Topf mit Suppengemüse und Salz vor sich hin köchelte, vermischten sich Verbrennung und Leichenöffnung und Hühnerfleischaroma zu einer Komposition, die sich als unerträglich in Peters Gehirn einnistete.

Urlaub in Büsum (1953)

Opa Lembrecht schlug ein Ei in die Schale, schüttete ein Häufchen Zucker hinzu und fing an, die Masse mit einer Gabel rhythmisch zu schlagen. Das schnelle Scharren von Metall an Porzellan und die wild bewegte Hand waren maschinengleich, und dabei grinste Lembrecht den Jungen an, der durch seine riesigen Brillengläser staunend zusah.

„So was", sagte er nach zwei Minuten, schon etwas aus der Puste, „hast du wirklich noch nie gegessen?" Peter schüttelte den Kopf. Er mochte den alten Mann. Opa Lembrecht war kleiner als sein Vater, aber viel älter. Er hatte kurze, graue Haare und einen Schnauzer auf der Oberlippe. Und vor allem: Er sprach mit ihm ganz normal.

„Peter, kommst du? Wir wollen los!", rief seine Mutter aus dem Schlafzimmer, das die Erichsens als Fremdenzimmer benutzten. „Und vergiss deine Tasche nicht!"

„Ich kann noch nicht!", rief Peter zurück. „Was heißt das, du kannst noch nicht!" Rolf erschien in der Tür zur Holzveranda. „Nun mal los! Zack, zack!"

„Daran bin ich wohl Schuld", sagte Opa Lembrecht. „Ich heff em dat vörschnackt! Ich hab Ihrem Sohn versprochen, dass er noch schnell das Zuckerei probieren darf. Wir brauchen noch ungefähr fünf Minuten. Geht das?"

Rolf zog die Augenbrauen hoch. „Höchst ungern", sollte es wohl heißen. „Na gut", sagte er. „Wir warten draußen." Opa Lembrecht zwinkerte
mit dem rechten Auge, was nur Peter sehen konnte. Der Junge verzog
keine Miene.

Die hellgelbe Masse in der Schale wurde allmählich cremig. Lembrecht ließ sie von einem Löffel laufen und nickte. „So geht's. Jetzt pro-
bier mal!"

Peter schloss unwillkürlich die Augen, als die kühle Köstlichkeit zwischen Zunge und Gaumen zerdrückt nach hinten rutschte. Dabei spürte er
feine Zuckerkristalle, die sich noch nicht ganz aufgelöst hatten. „Hmmm!
Lecker!" Und noch einen Löffel voll. Und noch einen.

„Tööf, tööf!", lachte Opa Lembrecht. „Du muss los. Heute Abend kriss
du mehr. Einverstanden?"

Dann gingen sie vors Haus, wo Rolf und Hilke tatsächlich warteten.
Hilde kam gerade hinzu, voll bepackt mit Taschen.

„Viel Spaß am Strand!", rief Lembrecht. „Ebbe ist erst heute Nachmittag gegen drei. Und dat hier", und er zeigte auf die Schale, die er in der
Hand hielt, „dat giff dat hüüt Ab'nd as Grog. Mit'n lütt beeten Rum!"

Hilde und Rolf lachten. „Abmarsch!", rief Rolf, und die kleine Familie
setzte sich auf der Deichstraße in Büsum in Bewegung. Der lang ersehnte
Urlaub hatte gerade erst begonnen. Fast zwei Wochen an der Nordsee!
Und das Wetter spielte mit!

Für den Stadtsekretär Rolf Erichsen war das ein Kraftakt. Die Unterkunft bei den Lembrechts, wirklich ganz nette Menschen, war günstig,
schon vor dem Krieg hatten seine Schwiegereltern dort gewohnt. Aber
mit einem Gehalt von nicht einmal 300 Mark! Na, ja. Immerhin war Rolf
seit April Beamter auf Lebenszeit, die Ernennung zum Stadtinspektor
nur eine Frage der Zeit. Es ging aufwärts. Also!

Kurz vor dem Südstrand benutzten sie die Brücke über den Entwässe-
rungsgraben, der parallel zum Deich lief und links in das Hafenbecken
mündete. Der Plattenweg führte nun hoch auf den Deich, vorbei an dem
Schaukasten des Fotografen Knüppel, der mit den Kurgästen gutes Geld
verdiente. Und vorbei an dem Deichposten, einem bärtigen Dithmarscher
mit weißer Kapitänsmütze, der die Kurtaxe einzog.

Hinter der Deichkrone kam die Nordsee hervor, hell in der Morgenson-
ne, mäßig bewegt, leer und flach bis zum Horizont wie das Land, das sie
berührte. Erst dann, wenn die Augen zufrieden waren, öffneten sich die
Ohren: Viele Stimmen kamen von unten, Kinderstimmen, Lachen, Rufen, aber alles vom Wind gedämpft wie eine Melodie von Smetana, eine
Möwe, die einsam schrie. Auf der abfallenden Seeseite des Deichs lagen
Menschen auf Decken, weiter unten standen Strandkörbe und davor auf

der breiten Promenade wurde gespielt, spaziert und geschwatzt. Oder man schaute den Badenden unterhalb der gewölbten Felssteinböschung zu, von denen die meisten jetzt schon stehen konnten. Das Wasser hatte seinen sechsstündigen Rückzug angetreten.

Rolf war stehengeblieben und hatte die Taschen abgesetzt. Er streckte die Arme aus, und ein langes „Ahhh!" entrang sich seiner Brust. Willkommen, Nordsee, meine Perle! Seine Frau schmunzelte. Sie trödelte mit Hilke weit hinterher, war jetzt erst auf der Brücke. So war er, ihr Rolf! Aber genauso konnte er ein zorniges „Scheiße!" in den Himmel schreien, wenn es tagelang regnete.

Sie bereiteten sich auf ein paar unbeschwerte Stunden vor. Der Strandkorb wurde besiedelt. Und der Strandtag begann mit der etwas heiklen Prozedur des Umziehens. Ein notwendiges Übel, eine letzte Barriere, die es zu überwinden galt, bevor man sich den Elementen Sonne, Wind und Wasser hingab. Eine Konzession an Sitte und Anstand, die nur schwer zu erbringen war, seit es keine getrennten Strände für Herren und Frauen mehr gab, und keine Badekarren und Liegewiesen mit Sichtschutz.

Das Umkleiden war doch eine intime Angelegenheit. In den Köpfen gab es immer noch diese Ängste vor der Obrigkeit, das schreckliche Wort von der Unzucht trieb – halb verstanden – sein Unwesen, und hinter der Deichkrone schien die Sittenpolizei zu lauern, um bei Erregung öffentlichen Ärgernisses sofort einzuschreiten.

Die Folgen waren lächerliche Verrenkungen unter Badetüchern und Bademänteln. Wie sollte man auch einen Badeanzug über die Brüste ziehen oder das Gemächt ordentlich in der Hose anordnen, ohne in den geöffneten Bademantel zu greifen? Und wenn nun ein Windstoß kam? Um Gottes Willen, nur das nicht! Und so wurden die wundersamsten Techniken erfunden und praktiziert.

Rolf und Hilde verhielten sich konform. Aber etwas unbekümmert waren sie schon, nicht so sehr fixiert auf das, was die anderen denken könnten. Und so war hier und da etwas Fleischliches zu sehen. Besonders bei den Kindern wurde die Vorsicht vernachlässigt, aber nur ganz kurz. Selbst das dreijährige Mädchen wurde schnell in einen karierten Spielanzug gehüllt.

„Pass auf", raunte Rolf seiner Frau ins Ohr, „der Herr in dem rotweißen Strandkorb hinter uns – weiße Haare, kleines Bäuchlein – hat Stielaugen!" – „Ich weiß!", sagte Hilde und grinste.

„Und jetzt ab ins Wasser!", rief Rolf.

* *Wattenpolonäse mit Onkel Pelle*

Gegen Mittag hatte der Wind gedreht. Er kam jetzt direkt von der See und trieb einige Wolken zur Küste. Immer wenn die Sonne eine Weile hinter ihnen verschwand, war der Wind unangenehm kühl auf der Haut. Die meisten Urlauber zogen sich etwas über.

Hilke wurde zum Schlafen quer in den Strandkorb gelegt. Peter ging mit seinen Eltern ins Watt, die Queen Mary aus Plastik unter dem Arm, auf der Suche nach einem Priel.

„Kannst du dich noch daran erinnern, dass wir vor vier Jahren schon einmal hier waren?", fragte seine Mutter. – „Ja, glaub ich", antwortete Peter. – „Weißt du noch, wer mit dabei war?" – „Nein." – „Oma und Opa! Und Onkel Lange!" – „Weiß ich nicht." – „Das ist schon zu lange her!", mischte sich nun Rolf ein. – „Doch! Ich war schon mal hier. Da waren ganz viele Maulwurfshaufen im Gras!" – „Stimmt!" Hilde lachte.

Auf Decken hatten sie gesessen. Die Männer mit Schlips und Anzughose. Aus den ledernen Aktentaschen hatten sie Thermoskannen und Butterbrotdosen und Saftflaschen gezogen und am schrägen Außendeich zwischen zahlreichen Maulwurfshügeln gemütlich gegessen und getrunken. Es war nur einer von vielen Tagesausflügen und Erholungsaufenthalten gewesen.

Erholung! Ja, dieser Gedanke spielte immer eine Rolle.

Die Nordseeluft war gesund. Davon waren die Krezeks überzeugt. Der Heilpraktiker hatte Elise bestärkt: Vor allem für die Lungen. Sie wurden gekräftigt, der beste Schutz gegen Tuberkulose[11]! Hätten sie das nur vor dem Krieg gewusst! Bevor ihre geliebte Tochter, ihr erstes Kind, nach langem Krankenlager gestorben war. Seitdem Nordsee!

Gute Luft! Deshalb gab es ja die Sanatorien in den Bergen. Auch Hilde erkrankte an TB und war 1941 für ein halbes Jahr in Todtmos im Schwarzwald. Nie würde sie vergessen, als im Dezember ein Besucher in die Klinik kam und berichtete: Die USA haben uns den Krieg erklärt! Das ist das Ende! Das schaffen wir nie! – Krieg und Tuberkulose! Wie haben wir das alles nur ausgehalten!

Tuberkulose, das war eine Schicksalskrankheit. 1947 kam sie wieder, Hilde wurde im Hilfskrankenhaus Osterrönfeld behandelt. „Der linksseitige Pneumothorax ist vorzeitig aufgegangen", bescheinigte der Arzt. „Frau Erichsen ist angewiesen, zu Hause noch strenge Liegekuren durchzuführen." Daraus wurde natürlich nichts, wie sollte sie Liegekuren durchführen mit einem einjährigen Kind in der Wohnung? Aber Büsum! Gute Luft, so oft es nur ging.

So wurde Büsum ein Synonym für Nordsee und gute Luft und Erholung.

Als die kleine Familie aus dem Watt stieg, um nach Hilke zu sehen, erklang Blasmusik vom Strandübergang. „Darf ich da hin?", rief Peter. „Ja, geh!", sagte sein Vater. „Wir kommen gleich nach. Das ist die Wattenpolonäse mit Onkel Pelle."

Keine Ahnung, was Wattenpolonäse war! Und wer war Onkel Pelle? Musik, die nicht aus dem Radio oder von Opas Schallplatten kam, war einfach elektrisierend. Wo Musik unter freiem Himmel gespielt wurde: dahin liefen alle! So wie jetzt: Die noch unsichtbare Musik saugte die Menschen an. So war es, wenn zu Hause die Gilde durch die Herrenstraße marschierte. Und noch besser: So war es im Juni, als Peter zum ersten Mal als Erstklässler den großen Umzug zum Vogelschießen mitmachen durfte und die Leute aus den Häusern kamen, um ihnen zuzusehen. Es war eine Sensation.

Der dichte Haufen der Strandgäste öffnete sich und heraus trat ein hoch gewachsener Mann in kurzen Hosen und mit einem weißen Kittel, in der rechten Hand einen Bambusstecken, der sogar seinen Träger überragte, und er bewegte sich im Takt der Musik, die ihm folgte.

Im Volksmund hieß er Onkel Pelle, aber eigentlich war er nur ein Nachfolger des Berliner Originals, der bis in die dreißiger Jahr hinein die Polonäse angeführt hatte, ein Schausteller und Spaßmacher, hoch von Gestalt, aber mager, so dass sich seine Haut wie „Pelle" über die Knochen spannte.

Horch, was kommt von draußen rein! Trompeten, eine Posaune, eine Tuba, Trommeln vor dem Bauch und eine Pauke. Fein gekleidet, die Musikanten vom Kurorchester, Kapitänsmützen und Elbsegler auf den Köpfen. Geradewegs auf die hölzerne Treppe zu, die ins Watt führte. Kurze Aufstellung davor, bis Lied zu Ende. Dann der Wattenpräsident, dreimal mit seiner Bambusstange aufstampfend wie ein Zeremonienmeister, mit donnernder Stimme: „Und nun hinab in das Reich Neptuns! Erzürnt ihn nicht, den Gott des Meeres!"

Die Musiker nun ohne Marschrhythmus die Stufen hinab getrappelt, etwas unbeholfen mit ihren Instrumenten, unten mit ihren nackten Füßen hinein geplatscht ins weiche Watt, wieder Formation aufgenommen und mit trockenen Paukenschlägen ein Stück vom Ufer entfernt. Platz schaffen für den Schweif von Kurgästen, der ihnen über die Böschung folgt. Geduldig wartend der Wattenpräsident, bis die letzten lachenden und schwatzenden Menschen im Matsch stehen. Ein schräger Blick nach oben: Ob Neptun heute friedlich bleibt? Dann drei, vier: Wohlauf in Gottes schöne Welt, und sechshundert Beine nehmen den Rhythmus auf, und was sich kennt, hakt sich ein. Auf geht's! Der Priel ist nicht mehr weit! Dort werden die Menschen mit Meerwasser getauft!

Bei der Taufe tröpfelt es von oben. Nun schnell zurück. Der Himmel hält dicht, der Wind weht frisch. Wohlweislich haben die meisten Wattwanderer etwas übergezogen. Zeit für eine Pause, ein paar Spiele machen warm. Die Männer nehmen ihre Frauen huckepack, ganz schön mutig, es ist nicht mehr so wie damals, als er sie über die Schwelle trug. Auch Rolf nimmt die Hilde, aber das ist leicht, die Hilde ist schlank. Ein Gejuchze, das kein Ende nimmt, die Kinder sind begeistert, so haben sie ihre Eltern noch nie gesehen. Fotograf Knüppel wieselt zwischen den Grüppchen hin und her mit seinem schwarzen Bauchladen, aus dem er hin und wieder seine Ausrüstung variiert, und knipst und knipst. Schöner wär's gewesen bei Sonnenschein. Oder ein Fischkutter im Hintergrund, liegend im trocken gefallenen Meer.

Dann dürfen die Kleinen Eierlaufen, Peter mit der bespritzten Brille, Hilke in ihrem Spielanzug und dem Hahnenkamm auf ihrem lockigen Kopf. Und dann für alle: Wo die Nordseewellen trecken an den Strand! Ein Walzer im Matsch, Vater mit Mutter, Frau mit Kind, vielstimmiger Schrei, wenn jemand fällt! Und dann haken sich alle ein: Und mit den Füßen macht es trapp, trapp, trapp, und mit den Händen macht es klapp, klapp, klapp! Besonders schön das Trapp, Trapp, Trapp! Da sind nun vollends alle voller Schlick!

Und plötzlich bricht ein Starkregen aus den Wolken, und die Trompeten- und Posaunentöne sterben regelrecht. Der Wattenpräsident möchte noch einen launigen Spruch rufen, den ihm Neptun zugeflüstert hat, und damit zum Rückzug blasen, aber da hört schon keiner mehr auf ihn. Alles rennt schwerfällig über Schlick und Pfützen und hält über den Kopf, wenn man etwas hat, zum Beispiel eine Tuba oder eine Pauke.

Lachend kommt Rolf am Strandkorb an, mit Hilke huckepack. Es war doch schön, sollte es heißen. Nur keine schlechte Stimmung! Die Truppe bei Laune halten! Das bisschen Regen bringt uns nicht um! Am liebsten würde er bleiben, der Regen hatte nun auch aufgehört. Ordentlich abrubbeln, ein paar trockene Sachen sind noch in der Tasche. Eingehüllt in Bademäntel im Strandkorb kuscheln zu Viert! Butterbrote essen!

Aber Hilde ist bedient. Alle sind sie nass, die Sonne nicht da. Sie fröstelt im Wind. Wer weiß, vielleicht geht es gleich wieder los! Und die Kinder holen sich was weg! Nein, lass uns zurück, was Trockenes und Warmes anziehen. Und wenn die Sonne wieder rauskommt: Wir können ja noch spazieren gehen!

Rolf weiß: Wenn seine Frau sich nicht wohlfühlt, kann sie bockig sein. Nichts zu machen. Also los. Alles zusammenpacken. Abmarsch.

Am Abend, als die Kinder in ihren Betten waren, gab es in der grün-weiß gestrichenen Veranda in der Deichstraße 18 heißen Eiergrog.

Der überraschend verregnete Nachmittag blieb eine Ausnahme. Das stark riechende Tiroler Nussöl wurde in den folgenden Tagen als Sonnenschutz dringend gebraucht und konnte doch den Sonnenbrand nicht völlig verhindern. Hildes Schwester Elfriede aus Elmshorn und ihre Eltern Karl und Elise kamen zu Besuch, und die Tage flossen angenehm dahin.

Beim Abschied schnitzte Opa Lembrecht über Peters Kopf eine Kerbe in den Türrahmen des Gästezimmers. „Mal sehen, ob du gewachsen bist, wenn ihr im nächsten Jahr kommt!", meinte er. Und mit Blick auf die verbrannte Oberlippe, die mit schneeweißer Penatencreme abgedeckt war: „Einen Bart hast du ja schon. Genau wie ich!"

Dann wurde vor der Haustür ein Foto gemacht. Auf der obersten Treppenstufe rechts Opa Lembrecht mit Dithmarscher Schädel und dem kräftigen Oberlippenbart, mit den Händen den kleinen Peter umfassend, links daneben seine Frau, die wie eine freundliche Hexe mit tief liegenden Augenhöhlen in die Kamera grinst. Dann Rolf, der seine lächelnde Frau von hinten an den Schultern hält. Hilde mit hochgeschlossener Puffärmel-Bluse und einer hoch gekämmten Frisur aus krausem Haargestrüpp. Und davor, ganz brav wie ihre Mutter, die Kleinste von allen: Hilke mit hängenden Armen und einem großen Kopf, den eine Haartolle ziert, eine kunstvoll gedrehte Röhre, in die man von vorn hinein sehen kann. Ohne „Hahnekamm" ging die Kleine nicht aus dem Haus.

„Wir sind pleite", gestand Rolf seiner Frau, als sie wieder zu Hause in der Münzstraße waren. „Diese Art von Urlaub können wir uns einfach nicht leisten."

Gedenktage in der Neuwerker Knabenschule (September 1953)

Peter hüpfte und rannte mit roten „Backen" die Baronstraße entlang. Unter seinen Brillengläsern leuchtete frohe Erwartung.

Ein Grund dafür war ganz gewiss die Erinnerung seiner Mutter vorhin: „Denk daran, heute Nachmittag gehen wir baden!" – Das war im Normalfall immer der schönste Tag der Woche: Oma und Opa in der Alten Kieler hatten eine Badewanne, und nach dem Baden gab es Kieler Semmeln mit Butter und Honig, eine Köstlichkeit, die es nirgendwo sonst gab, und die, sollte es sie woanders geben, auch nirgendwo so schmecken würde.

Vielleicht war er auch gespannt auf Herrn Faschin, wenn der seine voll geschriebene Tafel sah! Peter hatte sich große Mühe gegeben, richtige Sätze in Druckbuchstaben aus der Fibel: „Dora holt die Seife für die Wäsche, sie holt auch Soda für das Wasser, sie holt einen Eimer für das Wasser, sie holt viele Eimer für das Wasser, sie holt viele Eimer Wasser für den Kessel, sie holt auch Kohlen für den Kessel. Nun kann Mutter waschen." Damit war die Tafel voll.

Dem Lehrer zeigen, was man schon alles konnte! Darauf freute sich Peter.

Das zu lernen, war nicht einfach gewesen. Georg Faschin hatte seinen Freund Rolf Erichsen kurz nach der Einschulung beiseite genommen und gesagt: „Du weißt, dass dein Sohn Linkshänder ist?" – Rolf war überrascht: „Du meinst, er schreibt mit links?" – „Nicht nur schreiben! Er macht alles mit links! Das müsst ihr doch bemerkt haben!" – „Na ja, manchmal schon. Er malt manchmal mit links, glaube ich."

Es folgte ein belehrendes Gespräch, in dem Rolf Erichsen erfuhr, dass Peters Linkshändigkeit für seine Entwicklung und spätere gesellschaftliche Anerkennung von größtem Nachteil und deshalb ein Umlernen mit Unterstützung des Elternhauses von größter Wichtigkeit sei. Musikinstrumente, Füllfederhalter, Scheren, überhaupt alle Werkzeuge, Fotoapparate, ja sogar Waffen – die ganze Welt sei für Rechtshänder eingerichtet. Es gebe Untersuchungen, die nicht nur eine Benachteiligung und größere Verletzungsgefahr für Linkshänder belegten, sondern Anhaltspunkte für eine geringere Lebenserwartung und größere Anfälligkeit für bestimmte Krankheiten boten.

„Nimm diese Schere zum Beispiel", sagte Faschin. „Richtig, du bist Rechtshänder! Du schaust auf die Innenseite der oberen Schneide. Wenn du schneidest, drückst du auf diese Weise die geschliffenen Flächen zusammen. – Siehst du? Es funktioniert. Jetzt nimm die Schere in die linke Hand und schneide! – Siehst du? Es geht nicht!"

Rolf war besorgt. Er brachte das Thema in der Familie zur Sprache. Dabei kam heraus, dass seine Frau die Kartoffeln nur mit links schälen konnte, was ihm bisher nicht aufgefallen war. Hildes Großvater, Opa Bruhn aus Schacht-Audorf, sollte sogar mit links geschrieben haben. Jetzt war er tot.

Peters Eltern waren dem Lehrer Georg Faschin sehr dankbar für seine Entdeckung und hielten sich eine Zeit lang in der Nähe auf, wenn ihr Sohn Schularbeiten machte, bis sie sicher waren, dass der kleine Kerl die Lektion gelernt hatte, die er zunächst nicht lernen wollte. „Den Willen muss man brechen", sagte Rolf und bestand auf äußerster Konsequenz.

Trotz der erzwungenen Rechtshändigkeit war Peters Schrift bald ganz passabel. Vielleicht wurde er dafür von dem Lehrer etwas mehr gelobt als die anderen, und deshalb war er froher Erwartung, als er an jenem Morgen der Schule zueilte.

Und er war stolz auf das hohle „Klack – Klack" hinter ihm, das mit jedem Laufschritt aus dem Ranzen erklang, die fliegende Schachtel mit dem Griffel und den Buntstiften, die Schiefertafel im Tafelschoner, die Blechdose mit dem Butterbrot, nur gedämpft von der Fibel und dem Wischtuch. Der Ranzen auf seinem Rücken war wie eine kleine Schatzkiste, die beiden Schnallen öffnete und schloss er gerne und genoss dabei den Geruch von Leder. Innen war es aufgeraut und außen hellbraun und glatt – ein sehr wertvoller Ranzen, da war sich Peter sicher.

Bald hatte er seine Schulfreunde eingeholt, Norbert Iser, Klaus Lindner, Bernd Kastler. Andere hatten das Schulhaus schon erreicht, Thomas Schwieger kam von der anderen Seite, er wohnte gleich neben der Schule an der Ecke zur Alten Kieler Landstraße.

Zunächst wurden die Schüler von ihren Lehrern in die Turnhalle dirigiert. Das war nicht ungewöhnlich. Montags gab es in der Regel vor dem Unterricht eine Morgenfeier, da wurde erzählt und gesungen, Lieder wie „Im Frühtau zu Berge" oder „Schön ist die Welt". Für Schulleiter Rohtert war dies eine neuzeitliche Bereicherung der Schularbeit, man konnte sich an das Gemüt der Kinder wenden, man konnte die zahlreichen Gedenktage begehen wie den Tag der Mutter oder den Tag der Blinden, oder man konnte an wichtige Personen erinnern wie Klaus Groth, Matthias Claudius oder die Gebrüder Grimm.

Gerne nutzte er diese Gelegenheiten auch, den Kindern in altersgemäßer Sprache Werte zu vermitteln. Er hielt eine Rede über das Schöne und den Schund oder über die Höflichkeit oder er erzählte von einem braven Jungen, der zu ihm gekommen, weil er in der Lilienstraße einen Zwanzig-Mark-Schein gefunden hatte – aus diesem Anlass rief Wilhelm Rohtert die „Ehrlichkeitswoche" aus.

Heute aber war ein besonderer Tag: Vor vier Jahren war zum ersten Mal in der Geschichte die Bundesversammlung zusammengetreten und hatte Theodor Heuss zum Bundespräsidenten gewählt. Daraus wurde in der Folgezeit ein „Nationaler Gedenktag". Die Schüler der Neuwerker Knabenschule sollten den Hauch der Geschichte spüren. Das war Rohterts letzte Mission. Leider nur eine Gedenkstunde, anschließend musste unterrichtet werden – eine neue Auflage, die Rohtert für falsch hielt.

Aber er hatte seine Enttäuschung verarbeitet und sich wie immer in Wort und Schrift gewissenhaft vorbereitet.

„Liebe Kinder!", begann er. „Vor vier Jahren haben wir einen Anfang mit Deutschland gemacht. Alle deutschen Gebiete, die nicht von Russland besetzt wurden, haben sich zusammen getan zu einem Bund, und diese Länder – Schleswig-Holstein, Nordrhein-Westfalen, Bayern und andere – haben einen Mann zum Bundespräsidenten gewählt. Sein Bild seht ihr hier und sonst immer in der Schule.

Einige von euch wissen das schon: Unser Bundespräsident heißt Bundespräsident Heuss. Er wohnt in Bonn, weil in Berlin, das ja die Hauptstadt Deutschlands bleiben soll, die Russen zu nahe sind.

Dieser große Teil Deutschlands ist einig und frei. Aber im Osten, dort müssen Männer gewählt werden, die Russland will, dort müssen Menschen glauben, was Russland ihnen erzählt, dort ist das Menschsein verschandelt, dort ist den Menschen das Kostbarste genommen, das ihnen der Schöpfer gegeben hat: Die Freiheit des Wortes und des Handelns. Man hat uns beraubt, als wir arm und schwach und verblendet waren!

Es gibt einen Wunsch, den wir alle in unserem Herzen mit uns tragen: Deutschland soll wieder ein Volk, ein Land sein, frei von fremden Soldaten, frei von fremden Gesetzen. Wir sehnen den Tag herbei. Er soll kommen, er muss kommen, so wahr, wie es eine Gerechtigkeit gibt!

Denn unser deutsches Vaterland ist schön. Wir lieben es!

Unser Chor will es besingen, und die Jungen werden unser Land preisen und ihm Treue geloben."

Dann sang der Chor unter der Leitung des Musiklehrers Helmut Starsetzky „Lobet der Berge leuchtende Firne" und „Wach auf, du deutsches Land". Ältere Schüler lasen Texte von Rosegger und Freiligrath, sie sprachen von deutschen Menschen, die in der Fremde merkten, was sie verloren und aufgegeben hatten, und von der Heimatliebe gepackt wurden.

Rohtert sprach die verbindenden Worte: „Ein anderer deutscher Dichter – er hieß Heine – hat einmal Ähnliches erlebt. Er sah in einer französischen Hafenstadt deutsche Menschen, die nach Nordafrika auswandern wollten. Da empfand er selbst, der damals auch nicht in Deutschland lebte, eine große Liebe zu Deutschland. Hört jetzt, was Heine über diese Liebe aufgeschrieben hat!"

Und die großen Jungen wechselten sich ab beim Sprechen und taten sich schwer mit dem Text, den ihnen der Schulleiter ausgesucht hatte: „Es ist eine eigene Sache mit der Vaterlandsliebe. Man kann sein Vaterland lieben und achtzig Jahr dabei alt werden und es nie gewusst haben; aber man muss dann auch zu Hause geblieben sein. Das Wesen des Frühlings erkennt man erst im Winter, und hinter dem Ofen dichtet man die besten Mailieder. Die Freiheitsliebe ist eine Kerkerblume, und erst im Gefängnis fühlt man den Wert der Freiheit. – Das ist es. Deutschland, das sind wir selber."

Die Jungen setzten sich wieder, bar jeden Ausdrucks von Gefühl auf ihren Gesichtern und ohne den wachen Blick des Rezitators, der seine Wirkung an seinen Zuhörern getestet hat.

Der Schulleiter ergriff wieder das Wort.

„Deutschland ist euer Vaterland", führte er Heines Gedanken fort. „Für dieses Heimatland schlägt euer Herz. Deutschland, hörten wir, das sind wir selber. Wenn es in unserem Lande so bleiben soll, dass wir es lieben, dann müssen wir selbst mithelfen. Wir alle helfen mit an seinem Bau. Der Schulchor wird singen, was ich meine."

Und der Musiklehrer scheuchte seine Kinder aus ihren Tagträumen, und sie sangen „Wir Werkleut all schmieden ein neues Reich", und eine Klasse hatte ihren Auftritt und sprach das „Gelöbnis der Jugend" von Adolf Bartels. Mit „Einigkeit und Recht und Freiheit" fand die Feierstunde ihren angemessenen Schluss, und die Jungen gingen in ihre Klassen.

Wilhelm Rohtert gab sich zufrieden, wenngleich er den Glanz in den Augen der Schüler vermisste, jenes Glühen, das zum Kampf für die Zukunft bereit war. Es war ihm nie ganz gelungen. Aber er hatte nie aufgegeben, seine Ideale in die jungen Menschen zu pflanzen, und, ja, es musste doch einiges geblieben sein in den Herzen, auch wenn man es von außen nicht so sah. Diese Gewissheit hatte er gespürt all die Jahre, wenn er an seinem häuslichen Schreibtisch saß und ihm glückliche Einfälle für neue Zugänge zum kindlichen Gemüt zugeflogen kamen! Er wusste und hatte es erlebt: Es war möglich! Wenn er nun im nächsten Monat seinen Ruhestandshut nahm, so konnte er ohne Selbstüberschätzung sagen, dass er prägende Spuren hinterlassen hatte.

Das sahen die Frauen und Männer seines Kollegiums ähnlich, auch wenn sie manche Spuren lieber heute als morgen verwischen wollten. Der Schulleiter hatte gar zu sehr seine eigenen Marotten gepflegt und ihnen so manche Arbeit aufgebürdet, die dem Unterricht abträglich gewesen war. Es gab auch die Meinung, der katholische Schulleiter habe viel zu lange die Tatsache verdeckt, dass Norddeutschland zu 90 Prozent protestantisch war.

An diesem Morgen nun wunderten sich nicht wenige über den Verlauf der stattgefundenen Gedenkstunde. Mit dem Pathos des eigenwilligen Schulleiters hatten viele kein Problem, und den unglückseligen Zustand des besiegten Vaterlandes beklagten sie auch, und sie waren überzeugt, dass nur die Heimatliebe die Wunden heilen konnte. War es dann nicht geradezu ein Geschenk der Geschichte, dass vor drei Monaten die Brüder und Schwestern in der Ostzone aufgestanden waren gegen ihre russlandhörigen Herren? Hatte nicht der deutsche Bundestag diesen Tag einstimmig – nur die Kommunisten waren natürlich dagegen gewesen – zum „Tag der deutschen Einheit" bestimmt? Wie konnte Rohtert nur sich diese Gelegenheit entgehen lassen? War er überhaupt noch bei Verstand?

Tatsächlich hatte der Schulleiter um diesen Punkt gerungen, allerdings nur mit sich selbst. Die Ereignisse am 17. Juni 1953 beunruhigten ihn aus mehreren Gründen, und er war sich nicht sicher, welchen er mit Überzeugung in einer öffentlichen Stellungnahme benennen würde.

War es die Heimatliebe, die die Menschen am 17. Juni auf die Straße getrieben hatte? War es der Wunsch, wieder ein Volk und ein Land zu sein? Frei von fremden Soldaten und fremden Gesetzen? Nein! Und abermals nein! Sie wollten schlicht zu weiterer Mehrarbeit nicht mehr gezwungen werden und protestierten gegen die mangelhafte Versorgung mit Lebensmitteln! Löblich zwar, dieser Protest. Aber warum um alles in der Welt machte der Bundestag daraus einen „Tag der deutschen Einheit"?

War dies nun eine Erkenntnis, die Rohtert mit Überzeugung dem Bundestag entgegensetzen konnte, so war es auch ein diffuser Ärger, der in seinen Eingeweiden für eine ketzerische Stimmung sorgte. Wurde hier nicht mit einem Federstrich der nationale Gedenktag überflüssig gemacht, für den er sich so sehr einsetzte? Und wohin käme man in Deutschland, wenn man einfach auf die Straße ginge, weil es in den Läden nicht alles gab? Hatten sie nicht alle gemeinsam schwere Notzeiten überstanden? Und gab es sie nicht immer noch, die hungernden Flüchtlinge in jämmerlichen Behausungen? Sollten wir für den bescheidenen Fortschritt nicht alle dankbar sein?

Beunruhigt war Rohtert auch ausgerechnet über eine Bemerkung von Heinrich Heine, dem so sehr geschätzten Dichter, der unweit der Textstelle, die er für die Gedenkstunde aussuchte, sich ausgelassen hatte über Revolutionen. Er hatte mit armen deutschen Auswanderern gesprochen, die in Frankreich auf ein Schiff warteten und, gefragt nach ihren Gründen für das Verlassen der Heimat, in müder Resignation von der Willkür der „allerhöchst nobelen Sippschaften" berichteten. „Ich schwöre es allen Göttern des Himmels und der Erde", hatte Heine geschrieben, „der zehnte Teil von dem, was jene Leute in Deutschland erduldet haben, hätte in Frankreich sechsunddreißig Revolutionen hervorgebracht und sechsunddreißig Königen die Krone samt Kopf gekostet." – Das machte dem Schulleiter Angst.

Und so war es Mischung aus allerlei Einsicht und Gefühl, das ihm eingab, die Unruhen am 17. Juni zu unterschlagen. Mochte die Geschichtsschreibung zu einem späteren Zeitpunkte darüber richten!

Die Klasse 1c machte an diesem Morgen unbeeindruckt von so schwierigen Abwägungen ihre Arbeit beim Rechnen und Lesen und Schreiben. Die Hausaufgabe, auf die Peter so stolz war, fand nicht die gebührende

Beachtung. Dem Kind fehlte die Einsicht, dass der Lehrer zweiundvierzig Kindern gerecht werden musste.

Und was in der Gedenkstunde alles gesprochen wurde, war dem Kind schon längst entfallen. Rohtert war, wie viele andere Lehrer auch, einer Selbsttäuschung erlegen: Seine hehren Absichten, methodisch und didaktisch untermauert und gründlich vorbereitet, zielten auf nachhaltige Veränderungen in den Kinderköpfen, und er tat es in einer kindgemäßen Sprache – oder die er für kindgemäß hielt. Die Kinder jedoch dachten an das Frühstücksbrot und die nächste Pause.

Baden bei den Großeltern

Der Riesenkomplex der ehemaligen Infanteriekasernen lag in dem Viereck zwischen Baronstraße, Kaiserstraße, Alte Kieler Landstraße und Moltkestraße. Der in der Mitte liegende Exerzierplatz war riesig und nahezu an allen Seiten von Gebäuden und Begrenzungsmauern umschlossen. In den Kasernen wohnten jetzt Flüchtlinge, in den Nebengebäuden hatten sich Firmen niedergelassen, so unter anderen Lucy Hövelmann, die Flaschen, Schrott und Lumpen sammelte, Tille, ein Hersteller von kleinen, runden Lutschern und der Farbhandel Timpe.

Hilde ging einmal die Woche mit ihren Kindern von der Münzstraße über die Herrenstraße in die Kaiserstraße, dort unter der Spitzahornallee an den Kasernenmauern entlang in Richtung Kreishafen und bog dann rechts in die Alte Kieler Landstraße ein, wo ihre Eltern an der Südseite der Straße in einem Vierfamilienhaus lebten.

Hilke blieb immer wieder stehen und schaute zu den gelben Blättern hinauf, die vor dem blauen Himmel leuchteten. Ihre Mutter seufzte. „Nun komm schon", rief sie, „Oma und Opa warten! Oder möchtest du dich in die Karre setzen?" Doch Hilke schüttelte den Kopf.

Also blieb Hilde auch stehen. Eigentlich war es ja ganz schön, wie sich ihre Kinder für alles interessierten. Hilkes Bruder hatte eine der geflügelten Ahornfrüchte aufgehoben, den Samenknoten vorsichtig auseinander gezogen und sich die klebenden Teile auf den Nasenrücken gesetzt. Dafür wollte er gebührend bewundert werden und lief auf seine Schwester zu und grunzte so wild, wie er sich ein Nashorn vorstellte. Hilke war nicht beeindruckt und zeigte mit ihren Fingerchen auf Peter: „Das will ich auch!"

So ging das Spiel eine Weile, bis Hilde sich ihre Tochter griff und in die Sportkarre setzte. Sie waren heute spät dran. Das Baden würde eine Stunde dauern, und bis sie dann nach dem Kaffeetrinken wieder zu Hause waren, konnte schon die Dämmerung einsetzen, Rolf schon zu Hause sein. Die Kinder abgefüttert und bettfertig, wenn er nach einem langen Arbeitstag nach Hause kam, das schätzte er sehr. Einen ruhigen Abend mit seiner Frau verbringen, ein wenig Radio hören, reden und lesen.

Als die Wanne halb voll gelaufen war, stieg Hilde als erste hinein. Sie genoss das heiße Wasser mindestens so sehr wie ihre Kinder und entspannte sich. Wasser, das ihren Körper umschloss! Wann gab es das schon! Ja, wenn sie einmal am Strand waren! Büsum! Eckernförde!

Und dann das Gefühl, einmal in der Woche richtig sauber zu sein. Nicht, dass sie schmutzig gewesen wäre. Aber die tägliche Katzenwäsche an dem kleinen Waschbecken im Schlafzimmer, mit dem Waschlappen in der Hand, der den Boden voll spritzte. Wenn ein kalter Schauer ihre nackte Haut ergriff, die rau wurde wie ein See in einer plötzlichen Brise!

Karl und Elise waren es zufrieden. Aus dem Bad hörten sie Wasser plätschern und das gelegentliche Rufen und Jauchzen der Kinder. Sie waren jetzt an der Reihe. Hilde hatte sich halb angezogen und sorgte dafür, dass die Kleinen gewaschen wurden.

Elise stand im Schlafzimmer und ordnete ihre Haare. Die sich flach über den Kopf wölbenden Wasserwellen lösten sich auf, sie musste mal wieder zum Frisör. Sie zog das Haarnetz über, rückte die Brille zurecht, warf noch einen prüfenden Blick in den Schrank und ging in die Küche. Dort stand Karl, schmierte die Kieler Semmeln und goss den Kaffee auf. Die beiden fühlten sich wie die Eltern, die sie immer gewesen, zuverlässig, beschützend und helfend.

So wie Hilde mit den Kindern recht spät zum Baden in die Alte Kieler gekommen, setzte sich der Verzug in den Abend fort, denn das Ritual war das gleiche geblieben: Nach dem Kaffee trinken in der engen Küche waren die Kinder in die unwiderstehliche Nähe des Schlafzimmers geraten, denn hier befand sich hinter der Schranktür eine Schatzkammer mit Süßigkeiten. Die große Oma hatte Spaß daran, die Magie dieses Ortes zu zelebrieren, achtete jedoch streng auf Gerechtigkeit. Danach setzte sich Peter ins Wohnzimmer und las im Hamburger Abendblatt den Comic-Streifen über „Tim und Struppi" oder „Petzi und seine Freunde". Der kleine Opa ging an seinen Plattenschrank und ließ wieder einmal „Das alte Försterhaus" erklingen. Die kleine Hilke stand nachdenklich vor dem drehenden Plattenteller und schien darüber nachzudenken, wie denn die Musik entstünde.

Elise füllte den Topf, den ihre Tochter gerade wieder zurück gebracht, mit Weißkohl, Kartoffeln und Hack und wischte den schüchternen Einwand „Das musst du doch nicht!" harsch zur Seite mit „Ach was, Deern! Ich hab gleich ein bisschen mehr gemacht." Dann packte sie ihr noch eine Fleischwurst in die Tasche. Seit ihr Geschäftsnachfolger Riemer um die Ecke in der Friedrich-Voß-Straße eine Filiale aufgemacht hatte, half sie dort zweimal in der Woche aus. So hatte sie zu den so vertrauten Wurst- und Fleischwaren einen günstigen Zugang und besserte die Rente ihres Mannes etwas auf.

Ist der Junge noch zu klein für ein eigenes Zimmer?

Es dämmerte schon, als Hilde und die Kinder zu Hause waren. Rolf erwartete sie ohne Vorwurf, war sogar recht guter Stimmung. „Es gibt etwas zu feiern!", verkündete er und nahm seine Frau in den Arm. „Und ihr macht schnell, dass ihr ins Bett kommt!", sagte er über Hildes Schulter. „Mutti und Vati gehen noch mal weg. Aber nicht lange." Dann zeigte er ihr das Schreiben von Bürgermeister de Haan: Mit Wirkung vom 1. Oktober wurde er zum Stadtinspektor ernannt, das bedeutete ein Brutto-Gehalt von 380 DM.

Rolf war die Genugtuung anzusehen. Während Hilde sich fertig machte, übernahm er die Verabreichung eines Löffels Lebertran in seiner sehr bestimmten Art, die keinen irgendwie gearteten Widerstand duldete. Dann ein Stück Brot, Zähne putzen und ab ins Bett. Tante Köhler hat den Schlüssel. Keine Fisimatenten! Jetzt wird geschlafen!

Die Treppe zum Boden konnte man betreten, wie man wollte, das Holz antwortete mit lauten Spannungsschmerzen. Die Nachbarin hörte es sicherlich jedes Mal. Aber Peter hatte sich daran gewöhnt. Es war auch besser, zügig nach oben zu gehen, denn das Drei-Minuten-Licht im Hausflur war ihm auf der obersten Stufe schon einmal ausgegangen, und dann musste er in völliger Dunkelheit die Tür zum Trockenboden öffnen und nach dem Lichtschalter tasten.

Das war jetzt nicht nötig, aber als er die Türklinke herunter drückte, erschrak er doch ein wenig ob der schwarzen Welt, die sich vor ihm auftat. Damit hatte er nicht gerechnet zu dieser Jahreszeit. Und auch nicht mit dem Geräusch der aufgehenden Tür. Es hallte aus der Dunkelheit heraus wie aus einem hohlen Gewölbe. Peter war froh, als er den schwarzen Bakelitschalter zu fassen bekam und drehte und es Licht wurde.

Er sah sofort nach links zu seinem Zimmer hinüber. Wäsche! Bettbezüge, Laken, Handtücher! Seine Tür in der rohen Lattenkonstruktion war gerade noch zu sehen, aber geradeaus die Bodenkammern für die anderen Mieter waren verdeckt. Und nach rechts mochte er jetzt nicht blicken, nur aus den Augenwinkeln sah er über den leeren Dielenbrettern zunehmende Dunkelheit. Vielleicht eine Glühbirne durchgebrannt?

Hatte er Angst? Natürlich nicht!

Er eilte an der Wäsche vorbei und öffnete seine Zimmertür. Wieder die Dunkelheit vor ihm, von der er sich schnell befreite. Rechts unter der Schräge das vertraute Bett, geradeaus vor dem Fenster der Tisch mit seinen Schulsachen, links der Ofen, er würde bald Wärme schenken müssen. Ein Griff zurück zum Schalter, die Wäsche hinter ihm war ausgelöscht. Hastig zog er die Tür ins Schloss.

Heute Abend hatte er sich in der Küche nur die Hände gewaschen. Es musste ja alles schnell gehen, und sauber war er ohnehin. Jetzt zog er sich aus, knipste die Bettlampe an und das große Licht aus, fühlte sich nun sicher in der beleuchteten Zimmerecke und schaute sich um. Keiner von seinen Freunden aus der Klasse hatte ein Zimmer für sich allein! Freude und Stolz erfüllten ihn und ließen ihn laut lachen.

In dieser Nacht träumte Peter, dass er auf die Toilette musste. Alles war so, wie es wirklich war: Er knipste die Bettlampe an, dann das große Licht, öffnete die Zimmertür und starrte in die Finsternis. Das Licht flammte auf, und Peter huschte auf seinen Pantoffeln an der Wäsche vorbei und machte die Tür zur Bodentreppe auf. Sie schlug an die Dachsparren, zwischen den Dachziegeln rieselte Staub. Holz schlug gegen Holz, und der Schall brach sich merkwürdigerweise, als sei er in einer Halle mit nackten Wänden.

Eine knarzende Holztreppe führte hinaus in den Hausflur, vorbei an der Milchglasscheibe von Tante Köhler, auf die von innen ein schwacher Lichtschein fiel. Daneben seine eigene Wohnungstür, alles schien ruhig. Peter drehte den Drei-Minuten-Schalter. Erleichtert sah er nun die Treppe, die nach unten zum Klo führte. Er eilte weiter, die Stufen knarzten, und er wunderte sich darüber, denn sie waren doch aus Stein.

Er schloss sich ein in die Kammer rechts auf halber Treppe und erledigte sein Geschäft, wischte sich trocken mit dem Zeitungspapier, das für diese Zwecke dort zurechtgeschnitten lag, und lauschte mit steigender Unruhe. Als er an der langen Schnur zog und das Spülwasser aus dem Wasserkasten nach unten in das Becken stürzte, spürte er Erleichterung: Ein Geräusch, so echt!

Aber die Stille danach war wie eine Drohung. Er musste zurück in sein Zimmer, da konnte er sich sicher fühlen. Also öffnete er vorsichtig die Klotür. Irgendwas war da draußen auf der Treppe, die nach unten in die Dunkelheit führte. Es schien näher zu kommen. Stimmen? „Mutti?", rief Peter. Keine Antwort. Schnell lief er zum nächsten Schalter, erst dann wagte er das Licht im Klo auszuknipsen. Er schaute über das Geländer, aber da war nichts. Gerade das beunruhigte ihn. Wenn sich jemand beim Heraufgehen an die Wand drückte, war er von hier oben nicht zu sehen!

Vor seiner Wohnungstür zögerte der Junge. Er war doch hier zu Haus, warum sollte er nicht klingeln? Vielleicht waren Mutti und Vati schon zu Haus! Aber dann schliefen sie schon, genau wie seine Schwester Hilke, und wollten nicht gestört werden! Was sollte er sagen, wenn sie öffneten? Dass er Angst hatte? Dass er zu klein war für ein eigenes Zimmer auf dem Boden?

Oder sollte er nebenan bei Köhlers klingeln? Nein, er schlich lieber weiter, musste nun auf die lauten Holzstufen treten. Erschrocken drehte er sich um: Stand da jemand hinter Tante Köhlers Milchglasscheibe? Von unten Schritte?

Mit einem lauten Klack ging das Flurlicht aus. Peter rannte jetzt die letzten Stufen nach oben, riss die Bodentür auf, Gott sei Dank, das Licht war noch an!

Aber hinter ihm war es jetzt ganz nah, ein unsichtbares Gespinst suchte ihn zu fassen, nahm ihm jetzt schon die Luft zu atmen. Panik überwältigte ihn endlich. Er schaffte es nicht mehr, die Tür zur Treppe zu schließen, um das Böse auszusperren. Es war schon längst da, es blähte die Laken, es hatte sich verfangen in den Fugen der Bodendielen und kletterte zwischen den Dachsparren an den Dachziegeln entlang.

Peter hatte sein Zimmer erreicht, in höchster Angst stürzte er hinein und warf die Tür hinter sich zu. Entsetzt bemerkte er, dass er wieder in völliger Dunkelheit stand. Er hatte doch vorhin das Licht angelassen! Ich bin in der Falle, dachte er, und im gleichen Moment fuhr ihm das Böse von allen Seiten an den Hals. Das Ende! Ein letzter Schrei in höchster Not!

Davon wachte er auf. Von seinem Schrei. Seine Mutter saß an seinem Bett und streichelte ihn. „Schlecht geträumt?", fragte sie. Peter war noch zu sehr verwirrt, um antworten zu können. Die Morgendämmerung war schon im Zimmer, ein neuer Schultag begann. Seine Mutti hatte ihn geweckt, wie fast jeden Morgen, damit er nicht verschlief.

Klaus Möller marschiert immer mit (1955)

Der schmächtige Mann mit dem hageren Gesicht ging an der Spitze des Zuges, als werde er dafür bezahlt. Er marschierte den Takt, den die Männer von Kapellmeister Kruse hinter ihm zuverlässig stampften, und dennoch war es ein seltsames Bild: Wie der siebente Zwerg in Walt Disneys Zeichentrickfilm „Schneewittchen" schien er nicht recht zu den Musikern zu passen, als lebte er in einer eigenen Welt. Zierlich waren seine mageren Beine und eckig seine Bewegungen, immer ein paar Zehntelsekunden zeitversetzt. Das blieb auch so, wenn das Stück zu Ende war, dann gab die Pauke mit dumpfem „Bomm! Bomm!" den Pausentakt.

Hinter der Musik zogen fröhlich schwatzende Kinder in Dreierreihen die Straße entlang. Sie trugen brav ihre schönsten Sachen an diesem Festtag, die meisten Jungen lange Anzugjacken über kurzer Hose oder zweireihig geknöpfte Kurzmäntel. In den Händen hielten sie Holzstangen, mit buntem Kreppppapier umwickelt. An der Spitze saß inmitten flatternder Bänder ein Schmetterling, er war aus Karton geschnitten und so schön bemalt, wie es die Fantasie der kleinen Künstler erlaubte.

Sie waren zum Gleichschritt angehalten, um ein festliches und würdiges Bild zu bieten. Schließlich war dieser Umzug ein Ereignis. Nicht nur für die beiden Schulen, nicht nur für die Eltern und Verwandten, sondern für das ganze Neuwerk. Am Straßenrand freuten sich die Passanten, meistens Frauen in langen Frühjahrsmänteln, und die kleinen Kinder natürlich, die noch nicht zur Schule gingen, und der Straßenhändler, der sein Gemüse vom Dreirad verkaufte. An den Straßeneinmündungen warteten geduldig die Kraftfahrzeuge, von einem eifrigen Polizisten zum Anhalten gezwungen.

Wer war der schmächtige Mann am Anfang des Zuges, der jetzt mit heiterer Entschlossenheit die rechte Hand erhob, um eine Melodie zu dirigieren, die er noch im Kopfe hatte? Vielleicht freute er sich bereits auf das nächste Stück, denn der Pausentakt mit dem dumpfen „Bomm! Bomm! Bomm!" wurde allmählich unheimlich, je länger er dauerte. Die Spannung übertrug sich auch auf die Kinder. Nun musste es doch mal wieder losgehen! Die da hinten, die ABC-Schützen aus den ersten Klassen, die hatten jetzt Musik vom Spielmannszug! Wann sind wir wieder dran? Blasmusik ist ja auch viel besser – laut und mächtig!

Drei Jungen hatten sich abgesprochen. „Links, links! Wenn der Hauptmann kommt, dann stinkt's!", riefen sie einige Male zu dem unheilvollen „Bomm! Bomm!" der Pauke und lachten über sich selbst. Und hinter ihnen rief jemand „Links ne Pappel, rechts ne Pappel, in de Mitt n Pferdeappel!", worauf die ganze Klasse einfiel und feixend den Gleichschritt probte. „Bomm! Bomm!" machte die Pauke. Und plötzlich die Trompete! Ihr schneidendes Vorspiel brachte die albernen Jungen zum Verstummen, zwei Takte nur: „Dam dadada! Dam dadada!". Drei Paukenschläge. Dann: „Denkste denn, denkste denn, du Berliner Pflanze, denkste denn, ich liebe dir, weil ich mit dir tanze!"

Der Mann an der Spitze schien zufrieden. Außenstehende mochten ihn für eine offizielle Person halten, einen Ordner vielleicht, von der Schule gestellt. Oder von der Polizei, hätte er eine Uniform getragen.

Aber wer genau hinsah, bemerkte an ihm eine Wichtigtuerei, die dem heiteren Anlass nicht angemessen war, so wenn er herrisch den Fahrradfahrer von der Straße winkte, der schon längst selbst auf den Gedanken gekommen war. Wer genau hinsah, ahnte in seinem zierlichen Schritt Unsicherheit und in seinen linkischen Handbewegungen eine ungefestigte Persönlichkeit. Er bemerkte in dem blassen Gesicht und den etwas hervorstehenden Augen eine Verlorenheit, die entsteht, wenn man nicht dazu gehört, aber hartnäckig darum kämpft, gebraucht zu werden.

Aber die Menschen am Straßenrand kannten Klaus, der immer dort auftauchte, wo etwas los war. Er fragte nicht, sondern tat, was er für richtig hielt. So war er unvermeidlich geworden und daher geduldet, denn einem Schwachsinnigen konnte man nicht erklären, was normal war. Stattdessen befriedigte er unfreiwillig die Schaulust der Menschen.

Die Kinder erkannten in ihm schnell einen der Ihren, dem man nicht mit Respekt begegnen musste. Klaus konnte nicht verstehen, dass sie sich über ihn lustig machten, und es war wohl schon vorgekommen, dass er richtig wütend wurde, wenn ihm die Quälgeister gar zu nahe kamen, und er dann schrie „Hol dat Muul!" oder „Klei mi an Mors!" Auch daran erkannten die Kinder, dass er nicht zu den Erwachsenen gehörte.

Wer ihm wohlgesonnen war, gab ihm kleine Aufträge, die er pflichtbewusst erledigte. Die Mitarbeiter des Kaufhauses Grimme am Altstädter Markt hatten keine Bedenken, ihm ihre Lottoscheine samt Geld anzuvertrauen, und so war er mit seiner schäbigen Aktentasche ein regelmäßiger Kunde in der Lotto-Annahmestelle Schweim in der Schleifmühlenstraße.

Besuch bei der Verwandtschaft in Schacht-Audorf

Der hohe Bahndamm zog sich endlos an der Kieler Straße entlang. Die Abzweigung zur Gasanstalt und zum Ruderverein und auch die Strafanstalt hatten sie schon weit hinter sich, jetzt sah man auf der linken Seite die Kräne der Werft.

Und rechts den Bahndamm. Er führte die Züge von der Hochbrücke in einer langen Schleife hinunter bis zum Bahnhof, ab und zu unterbrochen durch mächtige Viadukte aus Ziegelsteinen, die in das Innere dieser Schleife führten, wo nach dem Krieg ein neuer Stadtteil entstanden war.

Sie hatten am Bahnhof den Bus zur Fähre Nobiskrug verpasst. „Dann gehen wir eben", hatte Rolf forsch entschieden, für ihn war das ein Klacks.

Für die Kinder nicht.

Hilke durfte ab und zu in der Sportkarre Platz nehmen. Peter war schon zu groß dafür. Wie gern hätte er jetzt seinen Roller dabei gehabt! Wenn er gewusst hätte, dass sie zu Fuß gehen müssen! Er war wütend.

Mindestens einmal im Jahr besuchten die Rendsburger die Schacht-Audorfer in der alten Kate an der Kohschiet-Allee, wie die „Alte Straße" im alten Ortskern genannt wurde, als es noch keine Namen gab.

Hildes Opa Detlef Bruhn hatte die Stroh gedeckte Kate zusammen mit etwas Land 1908 gepachtet, baute Getreide an, handelte mit Milch, die er bis zur Düngerfabrik in Rendsburg brachte, um auf dem Rückweg in Nobiskrug einen zu nehmen. Wenn er dann müde wurde, zogen Fanni und Liese den Wagen allein auf die Kanalfähre und strebten in den heimatlichen Stall in der Kohschiet-Allee. Detlefs Frau Anna räucherte die Schinken und Würste aus der Nachbarschaft, und so hatten sie beide zusammen ein Auskommen.

Als die beiden heirateten, war Anna eine geschändete und geächtete Frau. Sie war in Stellung auf einem Hof in der Nähe gewesen, und der Sohn des Bauern hatte sich nach Gutsherrnart die 17-jährige Magd Anna gegriffen und sie geschwängert. Daraufhin war sie entlassen worden. Ihre eigene Mutter hatte wenig Verständnis für ihre Tochter, und der Pastor verbot ihr, sich sonntags beim Gottesdienst zu setzen. 1892 brachte sie Friedrich zur Welt.

Die Heirat 1894 gab ihr die Ehre zurück, aber leichter wurde das Leben nicht: In den folgenden 15 Jahren war sie fast ununterbrochen schwanger: Sie brachte weitere acht Kinder zur Welt, und in den Pausen dazwischen hatte sie zahlreiche Fehlgeburten. Dennoch betrieb sie das Geschäft mit der Räucherkate, hängte die Waren ihrer Kunden um und kalkte ab und zu die Wände der verrußten Diele.

Im Alter von 32 Jahren wollte der Körper nicht mehr schwanger werden. Das war ein Segen für Anna Dorothea. Aber die Söhne starben, der Älteste 1910 an TBC und der erste gemeinsame Sohn 1914 im Frankreich-Feldzug.

Jahrzehnte später seufzte Anna Bruhn beim Anblick ihrer schon erwachsenen gewordenen Enkelinnen Elfriede und Hilde Krezek in einem der seltenen Momente von Schwäche und kritischem Rückblick: „Ihr habt es gut, ihr jungen Frauen! Wie oft hab ich am Waschbrett gestanden und habe geweint, weil ich schon wieder schwanger war!"

Als die junge Familie Erichsen die „Alte Straße" erreichte, wie die Kohschiet-Allee jetzt hieß, waren Eltern und Kinder recht erledigt – die Eltern vor allem deswegen, weil sie die nörgelnden und auch weinenden Kinder kaum noch aufmuntern konnten, und da Rolf für die Kinder kaum Verständnis zeigte, gab es Streit mit Hilde. „Das mach ich nicht noch mal mit!", sagte sie am Ende, und Rolf war auch so weit, dass er ihr ein wenig recht gab.

Doch nun tauchten sie ein in die Welt der alten Reetdachkate. Über den geharkten Vorplatz mit der alten Eiche und den Stallungen auf der linken Seite gingen sie nach rechts um den Anbau herum zur Wasserpumpe und von dort in die Küche. Sie betraten eine Welt der Heinzelmännchen, einer wunderbaren Geschäftigkeit, in der die Frauen umherliefen, mit Geschirr klapperten und Bestecke klingen ließen, den summenden Kessel von Zeit zu Zeit anhoben, um den Kaffeefilter nachzufüllen, Holz nachlegten, hier etwas räumten und dort etwas wischten und den selbst gebackenen Kuchen schnitten und wirkungsvoll auf einer Platte drapierten.

Alles schien einem geheimen Plan zu folgen, und wenn es stockte, halfen sachliche Fragen: Wo is de Melk? Häs du dat Handdook sehn? Lang mi mol dat Mess röver! In vollständiger Harmonie schien sich der Haushalt auf den großen Besuchstag vorzubereiten.

Wenn Rolf charmant sein wollte, geriet ihm das oft etwas derb, aber den „Tanten", womit die Töchter von Oma Bruhn gemeint waren, gefiel es sehr. „Na, ihr Blindgänger?", rief er aufgekratzt und meinte damit Tine und Anna, die kinderlos geblieben waren. „Mensch, Tine! Du büs ja noch jünger as in Fröhjoor!" Die Frauen kicherten. Schön, dass Rolf da war! Sie lachten doch für ihr Leben gern! „Anna, dien Dutt opn Kopp is ja gor nich wussen!", setzte er noch einen drauf, denn nichts ist motivierender als ein kicherndes Publikum, und jetzt hatte er sie da, wo er sie haben wollte, obwohl er doch gerade eben erst gekommen war!

Sie gingen von der Küche in den schmalen Flur, der den kleinen Wohnbereich auf der linken Seite von der Diele abtrennte. Durch ein schmales Sprossenfenster konnten sie in die gute Stube sehen, wo Tante Emma dabei war, den festlich gedeckten Kaffeetisch kritisch zu überprüfen.

Die Tür stand offen, und so traten sie ein, um Oma Bruhn zu begrüßen, die in ihrem Sessel saß. Die drei niedrigen Sprossenfenster mit den roten Geranien davor verbreiteten ein gedämpftes Licht. Die Balkendecke, die dunklen Möbel – es war eine alte Bauernstube, in der die Menschen seit jeher zusammenrückten, wenn sie Geborgenheit und Trost suchten.

„Peter, Hilke! Kommt her und begrüßt eure Uroma!", rief Hilde. Die Kinder hatten beim Eintreten gleich den großen Spiegel entdeckt, der zu einer alten Frisierkommode gehörte. Diese rechte Seite der Stube hatte lange Zeit als Schlafecke für die Eltern gedient, damit die vielen Kinder im Nachbarzimmer und in den Abseiten der Diele untergebracht werden konnten. Links und rechts vom Spiegel standen zwei braungelbe Porzellanhunde und schienen darum zu betteln, gestreichelt zu werden.

Peter war der erste Urenkel. Oma Bruhn erinnerte sich sehr gut an den Besuch in der Gartenstraße 1946, als sie und einige ihrer Töchter sorgenvoll um das kleine Kinderbett herumgesessen hatten, weil das Baby zu verhungern drohte. Wohlwollend betrachtete sie den siebenjährigen Blondschopf in seiner Anzugjacke, der ihr brav die Hand gab.

„Und das ist eure Tochter? Wie heißt sie?", wandte sich Oma Bruhn dem kleinen Mädchen zu. „Hilke!", antwortete Hilde. „Ahh! Hilke! Sie sieht nett aus."

Das Ganze hatte etwas von einer Audienz.

Die beiden Schwiegersöhne schauten freundlich interessiert zu: Ernst Harder, der Mann von Tante Frieda, der nur noch einen Zahn am Oberkiefer hatte, weil ihm der Zahnarzt Angst einflößte, und der deswegen einigen Spott ertragen musste. Und der dicke Willi Koppenhöhl, der Mann von Tante Emma. In Haushaltsdingen waren beide ausgesprochen ungeschickt und infolgedessen von ihren Frauen irgendwann einmal aus der Küche verjagt worden. Und nun saßen sie hier und ertrugen ihr Schicksal, indem sie ihrer Schwiegermutter Gesellschaft leisteten.

Während die Erwachsenen sich in die gute Stube zurück zogen, saßen die Kinder in der Eckbank der Küche und suchten sich bekannt zu machen, denn sie kannten sich ja kaum. Jeder zeigte, was er konnte, und war so albern wie möglich. Zum Schluss wetteiferten sie darin, wer am lautesten schmatzen konnte, und waren mucksmäuschenstill, wenn Tante Grete kam und nach dem Rechten sah.

„Wollen wir raus? Spielen?", sagte Elisabeth, und das war das Signal, die Küche zu verlassen. Peter schlich sich unbemerkt in die gute Stube, denn das Stimmengewirr und das Lachen hatten ihn neugierig gemacht. Dicht gedrängt unter dem eindrucksvollen Lampenschirm, grün und beige bespannt und mit einem Saum aus langen Glasstäben, Perlen und lang gezogenen Glastropfen, sah er jetzt die Erwachsenen sitzen, von der Wärme und dem Lachen erhitzt und gut gelaunt. Sein Vater blätterte in einem braunen Notizbuch, in das er Witze notiert hatte, und während noch das eine oder andere Glucksen nachklang, bemerkte der Vater in der offenen Tür seinen Sohn.

„Was willst du denn hier!", sagte er – nicht schroff, aber doch so, als fühlte er sich ein wenig gestört. „Können wir raus?", fragte Peter. – „Na klar!", sagte Rolf. Hilde fügte hinzu: „Aber macht euch nicht schmutzig!" Damit war Peter entlassen, er schloss die Tür hinter sich.

Die Mädchen saßen in der Sandkiste und backten Kuchen. „Wo wohnst du?", fragte Peter Elisabeth. Sie zeigte auf den Anbau, wo sie mit ihren Eltern Luise und Hans Harder zu Hause war. „Und Frieda ist meine Oma!". Wer war nun wieder Tante Frieda? Für Peter waren die gesamten Verwandtschaftsbeziehungen undurchschaubar, und die Tanten, mit Ausnahme von Tante Anna, nicht auseinander zu halten. Es interessierte ihn auch nicht.

Elisabeth fand er interessant: Herrlich blonde Haare und braune Augen dazu in einem ungewöhnlichen Kontrast. Aber Kuchen backen war langweilig, und er zerstörte die Sandgebilde so lange, bis er die Mädchen aufgescheucht hatte und sie gemeinsam durch den Garten streiften.

Nachdem sie den Hühnern allerlei Grünzeug durch den Maschendraht gesteckt hatten, zeigte ihnen Elisabeth, wo die letzten schwarzen Johannisbeeren hingen, die besonders süß schmeckten. Und sie naschten an den Stachelbeeren. „Das dürfen wir nicht!", sagte Elisabeth, als Peter „Wurzeln" zog, die von anderen Leuten Möhren genannt wurden. Die Wurzeln waren noch jung, aber wieder einpflanzen ging nicht, das wusste Peter von Opa Erichsen, und so spülten sie das Gemüse an der Pumpe und teilten sich die Beute – nicht ohne vorsichtshalber über die Schulter zu sehen. – Aus gutem Grund, denn plötzlich riss Tante Emma die Küchentür auf und schaute mit schwarzen Augen auf das viele Wasser, das auf dem Boden verspritzt war, und polterte: „D-d-die Pumpe ist ni-ni-nicht f-f-für euch! G-G-Geiht door w-w-w-ech! K-K-Köönt ji nich hörn?" – Die Wurzeln hatte sie nicht gesehen.

Schließlich landeten die Kinder bei ihrer Besichtigungstour auf der großen Diele. Sie war wie ein Hofplatz mitten im Haus, denn sie hatte keinen Fußboden, wie er in einem Zimmer üblich, sondern gestampften Lehm. Licht kam nur durch das offen stehende Dielentor zur Straße hin und aus den Kammern und ehemaligen Ställen an den Längsseiten. Überall hingen und lagen Gerätschaften herum, deren ursprüngliche Verwendung sich den Kindern nicht immer erschloss. Alles schien verlassen, wie in einem Museum ohne Zeit, und durch das hohe Dielentor war schon lange kein Heuwagen mehr herein gefahren.

Von hier aus gelangte man wieder in den Flur vor der guten Stube. Der Flur war 1931 von der Diele abgetrennt worden, als die Räucherei über dem Schwibbogen[12] aufgegeben wurde.

Und vor drei Jahren, als Oma Bruhns Mann Detlef gestorben war, wurde eine alte Truhe aus der Seitenkammer in die Mitte gestellt und der Leichnam, gekleidet in Opa Bruhns besten Anzug, darauf gelegt.

Von hier aus wurde er an einem regenschweren Junitag zur Friedhofskapelle gebracht, und kaum hatte sich der Sarg glücklich in die Erde gesenkt, wurde aus dem mehr oder weniger heftigen Landregen ein mächtiger Gewittersturm, der die schwarzen Gestalten immer wieder mit Blitzen erhellte, ihnen die Schirme davon riss und sie in die Friedhofskapelle und unter Baumkronen flüchten ließ. Helmut Stietzel, Elise Krezeks Schwiegersohn, hatte als einziger ein Auto, einen roten DKW, mit dem er nun einen Pendelverkehr einrichtete. Es dauerte eine Weile, bis alle Trauernden durchnässt in der alten Kate der Alten Straße angekommen waren, wo die Beerdigung mit einem Trauerschmaus endete. Nicht wenige spekulierten über dieses ungewöhnliche Ereignis und über die Sinnhaftigkeit seiner Umstände. „Dat is bestimmt dat Water, dat he mang de Melk mischt hett!", sagte eine Nachbarin.

Von all dem wussten die Kinder nichts. Selbst Elisabeth hatte nur eine undeutliche Erinnerung.

Die lustige Kaffeerunde in der guten Stube war so intensiv, dass mittlerweile die Fensterscheiben beschlagen waren, und man beschloss, der frischen Luft im Garten zu frönen. Das war natürlich nur ein Vorwand, denn nun begann eine sehr wichtige Prozession durch die Rabatten, die Ähnlichkeit mit einer Kommission hatte, die den „schönsten Garten des Dorfes" ausloben sollte. Außer entzückten Ausrufen der Bewunderung hörte man vor allem fachliche Fragen, die von der besonders aktiven Gärtnerin Tante Tine und ihrer ehrwürdigen Mutter beantwortet wurden. Für Tine war das eine besondere Herausforderung, denn wie ihre Schwester Emma litt sie von klein auf unter Stottern. „D-D-Dat is de suure A-Appel", sagte sie und zeigte nach links. „Een Holtappel", fügte Oma Bruhn hinzu. „De hett nich veel Saff. Den köönt wi in Aven dröögn. Schmeck fein inne Wintertied."

Demonstrativ unauffällig folgten die Kinder den Erwachsenen bis hinunter zum alten Backhaus und wieder zurück. Dann verabschiedeten sich die ersten Gäste und lobten noch einmal den wunderbaren Kuchen.

Die Tanten lebten mit ihren Männern und Kindern vorwiegend in Schacht-Audorf, und so hatten sie es nicht so eilig. Außerdem wollten sie noch „klar Schiff" machen. Die ersten Teller schwammen in der Abwaschschüssel, und Tante Grete griff unter das Paradehandtuch, um das Geschirr abzutrocknen.

Rolf und Hilde und Peter und Hilke waren die Letzten und hatten einen weiten Weg vor sich. So standen sie zum Abschied alle in der Küche. „Du hess uns so'ne Froid mookt, Rolf!" bedankte sich Tante Grete. Und Tante Emma fügte hinzu: „Ka-ka-kanns du uns noch een va-va-vatelln?" Und Rolf zog sein Notizbuch heraus, und die Tanten jubelten.

„Kommt ein Mann zur Wahrsagerin und setzt sich vor die Kristallkugel. – Wie ich sehe, sind Sie Vater von zwei Kindern, sagt die Wahrsagerin. – Das glauben SIE!, erwidert er. Ich bin Vater von drei Kindern! – Die Wahrsagerin lächelt und antwortet: Das glauben SIE!"

Nun saßen sie alle lachend am Küchentisch, und als Rolf die Tränen in einigen Augen sah, nutzte er die Gunst dieses Augenblicks, indem er ein Lied intonierte:

„Un Vadder hett Modder dat Oog utpedd,
un weet nich, wo he dat hinlecht hett.
Int Kökenschapp! Int Kökenschapp!
De Katt, de lickt dat aff."

Und dann noch einmal! Alle mitsingen! Aber wie kann man mitsingen, wenn man doch so lachen musste? Tante Emma lag halb auf dem Tisch und konnte nicht mehr.

Und noch einmal! „Un Vadder hett Modder dat Oog utpedd!"

Es war für Hilde nicht leicht, in diesem Rausch die Stimme der Vernunft zu sein. „Du, Rolf!", sagte sie und stieß ihren Mann an. „Wir müssen! Der Bus!"

Nun wurden noch einmal Hände geschüttelt und fröhliche Worte gewechselt, und Grete steckte Hilde einen weißen Leinensack mit getrockneten Äpfeln zu.

Draußen verabschiedete sich Inge Harder von Hilde, ihrer Cousine: „Um deinen Mann bist du zu beneiden. Ohne ihn wäre das heute nur halb so schön gewesen!" Sie wunderte sich, als Hilde antwortete: „Du, glaub nicht, dass er zu Hause so ist!"

Vogelschießen im Schützenhof (1955)

Seit 1954 hatten die beiden Neuwerker Schulen, die Moltkeschule für Jungen und die Lornsenschule für Mädchen, ihr gemeinsames Vogelschießen. Die Jungen waren gegen 13 Uhr zunächst zur Christkirche am Paradeplatz gezogen, wo die herausgeputzten Mädchen mit ihren Blumenbögen und Haarkränzen bereits auf sie warteten. Von dort ging es mit 1500 Kindern und drei Musikkapellen durch die Straßen von Neuwerk. Die Königstraße war die Hauptgeschäftsstraße und gleichzeitig Europastraße und führte vom Paradeplatz nach Süden, zur Mittagszeit 1955 gefüllt mit wartenden Fahrzeugen, weil die Drehbrücke am Nord-Ostsee-Kanal sich gerade wieder einmal für den Schiffsverkehr geöffnet hatte.

Die Kinder hatten zur Hälfte die Königstraße schon gekreuzt und waren mit Klaus Möller an der Spitze in die Kanzleistraße eingebogen, als sich die Fahrzeugkolonne in Bewegung setzte. Die Europastraße war also

wieder frei in Richtung Süden, und die Polizei entschied, den Vogel-
schießerzug zu unterbrechen, damit der Stau sich auflösen konnte. Das
war für den hinteren Teil des Umzugs kein Problem, man blieb eben stehen.

Aber der vordere Teil marschierte weiter, und es dauerte eine Weile, bis
sich die Nachricht von dem abgeschnittenen Schwanz herumgesprochen
hatte. Glücklicherweise war die Fahrradabteilung dabei – das waren ältere Jungen, die ihre Räder mit Krepppapier geschmückt hatten. Ein Lehrer
erteilte den Auftrag, den Befehl zum Anhalten nach vorne zu tragen, und
sofort fühlten sich mehrere Rennfahrer als Nothelfer angesprochen und
rasten mit wehenden bunten Bändern nach vorn. „Halt!", rief der Lehrer,
„einer genügt!" Aber es war schon zu spät.

Die Bläser von Kapellmeister Kruse spielten gerade das Lied von der
„Berliner Luft" und hörten nicht die Fahrradklingeln, nicht einmal die
zum Ziehen mit dem schnarrenden Dauerton und auch nicht das Rufen,
und so steuerten vier Jungen auf Klaus Möller zu, der erschrocken zur
Seite sprang. Er ruderte mit den Armen durch die Luft, als müsste er einen Schwarm Honigbienen abwehren. Seine entsetzten Augen schienen
noch mehr vorzustehen als sonst. „Idiot!", stieß er hervor. „Hol dat
Muul!" Immer wieder, indem er sich um die eigene Achse drehte: „Idiot!
Hol dat Muul!"

Die schöne Blasmusik zersprang in der frischen Frühlingsluft.

„Wir müssen warten! Wir müssen anhalten! Die andern sind nicht mitgekommen! Die Polizei hat die Mädchen nicht durchgelassen!" Die Jungen redeten aufgeregt durcheinander, zwei Musiker hatten ihre Instrumente abgesetzt und kamen hinzu, die Jungen aus den vorderen Reihen
des Umzugs näherten sich neugierig, ihre Lehrer folgten besorgt, und die
Frauen auf den Bürgersteigen reckten die Hälse, und einige legten ihre
Hände über die unwillkürlich geöffneten Münder.

Mitten in dem Pulk hatte der schmächtige Klaus sich der Übermacht
ergeben und saß zitternd auf dem Kopfsteinpflaster, den Kopf zwischen
den Knien. Nach gutem Zureden konnte der Tubaspieler ihn hochziehen,
nahm ihn in den Arm und führte ihn zur Seite auf den Bürgersteig und
sprach zwei Passanten an, die ihn anschließend in ihre Mitte nahmen und
sich in Richtung Paradeplatz entfernten.

Noch nie war es vorgekommen, dass Klaus Möller einen Umzug versäumt hatte, ausgenommen an Krankheitstagen, die jeder einmal hat.

Aber es ging auch ohne ihn. Die Kinder der beiden Schulen fanden
bald wieder zusammen, und weiter ging es durch die Obereiderstraße,
die Herrenstraße rauf und runter bis zur Bahnhofstraße und von dort über
den Jungfernstieg und die Königstraße und die Hindenburgstraße bis

zum Schützenhof, vorbei an Kraftfahrzeugen verschiedenster Art, die wieder einmal vor der Drehbrücke warten mussten, und die Menschen in den skandinavischen Reisebussen hatten das Glück, ein schönes Beispiel norddeutschen Brauchtums bestaunen zu können.

Am Ende der Hindenburgstraße, wo man in der Ferne schon die Drehbrücke sehen konnte, ging es nach eineinhalb Stunden Fußmarsch gegenüber von Kolonialwarenhändler Katzmann und Café Weber quer über die Schienen der Kleinbahn „Rosa" hinein in den Schützengrund.

Zur Festungszeit war man an dieser Stelle schon weit außerhalb der sternförmig angelegten Befestigungen und Bastionen – da, wo der Weg in den Süden das Flüsschen Wehrau überquerte. Diese Kreuzung war wohl der Grund für die Errichtung einer vorgeschobenen Befestigungsanlage, die im 19. Jahrhundert hier errichtet worden war und wie eine Warft aus dem sumpfigen Land hervorragte.

Heute stand auf dem Hügel das Ausflugslokal Schützenhof, nach Süden von dem ehemaligen Graben umgeben, in dem die beiden Rendsburger Gilden ihr jährliches Königsschießen austrugen.

Rektor Einfeldt, der neue Schulleiter, begrüßte die Schar und wies auf den Lageplan hin, der überall an die Bäume und Tafeln geheftet war. Für jede Klasse war ein Spiel aufgebaut, das sie zu betreuen hatte. Eierlaufen gehörte dazu, eine Wippe, ein Klettermast, sogar ein Karussell wie auf dem Jahrmarkt, dann Ringstechen, ein Glücksrad und anderes mehr. Zum Schluss der Wettkämpfe, die in wenigen Minuten beginnen sollten, wurde sogar ein Pony angekündigt, auf dem man unterhalb der Lokalterrasse reiten durfte.

Dann war kein Halten mehr, und die Kinder liefen jubelnd in das Gelände hinein, erfüllten es mit ihren Rufen und Schreien. Ihre Blumen und Farben flitzten durch das Gebüsch und leuchteten durch das grüne Laub.

Die älteren Jungen begannen ganz hinten im Schützengrund mit dem Bolzenschießen. Sie saßen an Tischen und legten ein richtiges Gewehr mit dem Lauf in eine Führung und schossen auf eine Zwölferscheibe, jeweils zwei Erwachsene waren dabei und passten auf.

Peter ging mit seiner Klasse 3b auf den Platz neben dem Lokal, wo sie „den Vogel werfen" durften. Das Holztier hing an einer langen Schnur und musste so geschickt ausbalanciert werden, dass es nach dem Loslassen mit seiner Nagelspitze in der Mitte der Zielscheibe stecken blieb.

Im Schulgarten hinter dem Schulhof hatten sie das geübt, und es war ganz leicht gewesen. Peter stellte sich nur vor, wie das Pendel mit dem Vogel idealerweise schwingen musste, bevor er losließ. Als er nach mehreren Versuchen auf eine Ringzahl von 102 kam und damit König seiner Klasse wurde, kam das für ihn nicht unbedingt überraschend. Er hatte es für möglich gehalten, und so war seine Reaktion eher eine stille Freude, die nicht hinausgeschrien wurde.

Aber dieser Erfolg beseelte ihn, und er rannte mit seinen Freunden glücklich von Stand zu Stand, genoss es, dass die Beine fast alleine liefen auf dem schrägen Weg, der vom Lokal hinunter in der Grund führte, trank die gelbe Brause, die ihm in der Nase kitzelte, bis die Brille beschlug. Seine Mutter saß mit anderen Frauen an den Gartentischen und trank Kaffee und aß Kuchen, und er stellte sich vor, dass sich auch dort herumgesprochen hatte, dass er Klassenkönig geworden war, und alle Blicke ihm folgten.

Dazu spielte von Zeit zu Zeit die Kapelle.

Einmal wurden sie aufgefordert zu tanzen. Sie standen links, und von rechts kam jeweils ein Mädchen und musste seinen Fuß auf das Knie des Jungen stellen. Dann spielte die Musik „Mein lieber Schuster du, flick du mir meine Schuh! Die Schuh, die sind entzwei, der Schuster macht sie neu!" Der Junge sollte Handbewegungen machen, als prüfe oder repariere er den Schuh. Dann sprangen sie auf, fassten sich bei den Händen und hüpften im Seit-Galopp und sangen dazu „Wer weiß, wie das noch kommen kann! Wer weiß, wie das noch kommt! Wer weiß, wer mich noch nehmen wird! Wer weiß, wer mich noch nimmt!" Und dann ging's wieder von vorne los.

Eigentlich war ihm das peinlich. Die Erwachsenen tanzten manchmal. Auch Mädchen, wenn sie unter sich waren. Aber Jungen? Er hatte noch nie getanzt. Wozu auch? Indianer tanzten manchmal um das Feuer oder wenn es Krieg gab. Aber niemals mit ihren Frauen. Oder mit Mädchen.

Und doch fand er es merkwürdig berührend, dass ein Mädchen ihm einen Fuß auf sein Knie stellte. So zutraulich.

Die Lehrer sorgten dafür, dass niemand in den Büschen verschwand, und so fand Peter sich damit ab, im nächsten Tanz nachzumachen, was die Älteren schon konnten: einem Mädchen mit dem Zeigefinger zu bedeuten, es solle zu ihm kommen, und dann wieder ganz gemein zu gestikulieren, es solle gefälligst verschwinden: „Go von mi, go von mi, ick mach di ni seen! Kumm to mi, kumm to mi, ick bün so aleen! Fiderallala! Fiderallala! Kumm to mi, kumm to mi, ick bün so aleen!"

Das machte sogar Spaß, und Peter zog dazu die passenden Grimassen. Wer das Mädchen war, hatte er sofort vergessen, er hatte es gar nicht richtig angeguckt. Als seine Mutter ihn nachher fragte „Na, war das Mädchen nett?", antwortete er wahrheitsgemäß: „Weiß ich nicht."

Am Abend zog sich der Himmel zu, der Wind frischte auf, und es wurde unangenehm kühl. Über die Lautsprecher wurde an die Siegerehrung erinnert.

Die Majestäten der Klassen hatten sich vorher ihr Geschenk ausgesucht. Die Preise waren vor dem Saal auf einem Tisch ausgestellt. Eingekauft hatte sie Karl Staack, der Wirt des Schützenhofs, in Hamburg. Er hatte da eine Quelle. Er sorgte auch für das Pony, das Karussell, das Glücksrad und die Wippe. Insgesamt eine großzügige Vereinbarung, die davon zeugte, dass Karl Staack nicht nur Geschäftsmann war.

Peter wählte eine Indianerausrüstung, dazu gehörten die Häuptlingsfedern, eine Friedenspfeife und ein Tomahawk.

Noch einmal kam die Lautsprecherdurchsage. Die meisten hörten darauf und versammelten sich im Schützengrund bei der Tanzfläche, die anderen wurden von den Lehrern in den verschwiegenen Winkeln des Geländes aufgeschreckt und ermahnt. Die besorgten Mütter gaben ihren Kindern Jacken und Westover zum Überziehen. Angestellte von Staack begannen, die Decken von den Gartentischen zu ziehen. Es begann zu tröpfeln.

Auf dem Podest über der Tanzfläche, wo die Kapelle saß, standen jetzt die beiden Rektoren Albert Einfeldt und Irma Oltmanns und baten die Königinnen und Könige herauf und hängten ihnen unter großem Beifall die Schärpen um.

Es war mittlerweile trotz der Sommerzeit recht dunkel geworden, und die Blicke der Verantwortlichen nach oben in den Ausschnitt des Himmels waren wenig hoffnungsvoll. Als der Regen einsetzte, besprachen sich die beiden kurz, und Rektorin Oltmanns gab bekannt, der Auszug mit Musik zurück zu den Schulen müsse nun leider in diesem Jahre ausfallen, man müsse sich nun hier verabschieden und getrennt nach Hause gehen. Auch auf das Abschiedslied „Schleswig-Holstein meerumschlungen" wolle man mit großem Bedauern verzichten.

„Aber am Montag sehen wir uns wieder in alter Frische!", fügte sie zum Schluss hinzu, aber da hatten sich schon alle abgewandt und sahen ihren erhobenen Zeigefinger nicht mehr.

Der Kampf der Brillenschlange

Woher kam sein Interesse für Flugzeuge? Waren es die Bücher aus der Nazi-Zeit, die er eines Tages im Wohnzimmerschrank entdeckt hatte? Freiherr von Richthofen, der „rote Baron"? Immelmann, der „Adler von Lille"? Die Helden der Luft aus dem ersten Weltkrieg? Waren es die Erzählungen von der Berlin-Blockade und den Rosinenbombern – ein Ereignis, das noch frisch in Erinnerung war und die Angst vor den Russen verstärkt hatte? Oder die Geschichte von dem Baron Münchhausen, der auf einer Kanonenkugel durch die Luft geflogen war?

Jedenfalls kaufte sich Peter, wann immer er Geld hatte, von Engelein zugesteckt oder von dem kleinen Opa, süße Zuckerlollies an der Bude am Jungfernstieg in der Nähe des Lornsen-Denkmals, schräg gegenüber von dem Porzellangeschäft Stietzel, wo Onkel Helmut als Juniorchef arbeitete.

Es war der Verkaufswagen von Eva Haarhaus, er stand neben dem Eiswagen von Minchen Maak. Es gab auch begehrte Salmis in kleinen Papiertüten, die mit einem zarten blauen Blümchenmuster bedruckt waren. Sie mit Spucke anzufeuchten und sternförmig auf den Handrücken oder sogar den Unterarm hoch zu kleben und daran zu lecken, war einfach herrlich und machte die Zunge schwarz.

Die Lollies jedoch, kegelförmig wie Brummkreisel, hatten als Griff Flugzeuge aus Plastik: Spitfire, amerikanische Bomber, Heinkel HE, Focke-Wulf, Junkers Ju, die Messerschmitt – Namen, die er in Erfahrung brachte, Plastikprägungen, die er in einer Zigarrenkiste von Opa Erichsen sammelte.

Auf dem Schulhof rannte er mit ausgebreiteten Armen durch die Kindermenge und machte Brummgeräusche wie die Flugzeuge, die gelegentlich über Rendsburg dahin zogen. Und wenn auch die größeren Jungen sich über ihn lustig machten, so war es für ihn eher ein Ansporn, möglichst geschickt und schnell an seinen Feinden entlang zu fliegen und ihnen schließlich zu entkommen.

Das konnte nicht immer gut gehen. Sei es, dass er mit seinen Tragflächen jemanden berührte, sei es, dass auch jemand berührt werden wollte, um sich in gespielter Empörung zu wehren – er hatte manchen Schlag einzustecken und fühlte sich dann seinerseits berechtigt, wütend zu werden.

So geschah es, dass ihm im Vorbeiflug ein Bein gestellt wurde und er auf dem schmutzigen Grandplatz stürzte und sich ein Knie blutig riss. Schlimmer noch, seine Brille war zerbrochen, und die beiden Gläser lagen einzeln im Dreck. In unbeherrschtem Zorn rappelte Peter sich auf und ging los auf den vermeintlichen Täter. Der war nun fast einen Kopf größer und bestimmt aus der achten Klasse und konnte sich mit langen Armen den Wüterich vom Leibe halten. Als aber die kleinen Fäuste nicht aufhörten, ihn zu bedrängen, und er den wilden Körper nicht zu fassen bekam, wich er lachend zurück und ließ den Kleinen ins Leere laufen. Bald beteiligten sich auch andere an diesem Spiel, und erst die Schulhofklingel machte dem Spaß ein Ende.

Peter mochte nicht aufhören, zu sehr fühlte er sich verletzt und ohnmächtig dazu, und brüllte den Jungen auch im Schulhaus noch hinterher, bis ein Lehrer ihn hart am Arm packte. „Hier wird nicht geschrien! Weißt du das nicht?", sagte er streng. – „Aber die haben mir ein Bein gestellt!" – „Das kommt davon, wenn man tobt", antwortete der Lehrer. „Ihr sollt euch in der Pause erholen!"

Davon hatte Peter auch schon gehört, in der Morgenfeier war oft genug davon die Rede gewesen. Aber der Lehrer hatte nicht verstanden, was hier los war. Er versuchte sich loszureißen und stieß hervor: „Die haben das absichtlich gemacht!"

Nun wurde der Lehrer ärgerlich: „Na, na, na, na! Leere Töpfe klappern, leere Köpfe plappern!" Dann griff er sich das linke Ohr des Jungen, verdrehte den Knorpel bis über die Schmerzgrenze und brüllte: „Jetzt gehst du friedlich in deine Klasse, aber hopp! Hast du mich verstanden? Ob du mich verstanden hast!"

Da kühlte sich Peters Mut dann doch schnell ab, aber er war an diesem Morgen äußerst missmutig.

Als er gegen Abend die Prinzessinstraße entlang ging, war der Vorfall am Morgen noch nicht vergessen. Seine Mutter hatte ihm Vorwürfe gemacht, als er die Reste seiner Brille aus dem Ranzen zog. „Wenn Vati das sieht! Mach dich auf was gefasst!", sagte sie. Seitdem war er beunruhigt, es zog sich etwas unangenehm zusammen in seinen Eingeweiden, wenn er an seinen Vater dachte.

Vielleicht war er auch deshalb sofort bereit, für Engelein bei Fisch-Meier etwas einzukaufen. Er wollte etwas wieder gutmachen, obwohl er davon überzeugt war, nichts Unrechtes getan zu haben. Die Erwachsenen wollten einfach, dass er sich schuldig fühlte. Warum nur? Warum konnten sie nicht sehen, wie es wirklich war?

Vor ihm ging der kleinwüchsige Walter. Das heißt, von Gehen konnte man eigentlich nicht sprechen, er hüpfte vielmehr bei jedem seiner kleinen Tippelschritte. Er trabte einen langsamen Dauerlauf – aber so ungeschickt, dass jeder Außenstehende sofort erkannte, dass Walter irgendwie nicht normal war.

„Walter! Walter!", rief es von der anderen Straßenseite. Doch Walter blickte sich nicht um. Er hatte jetzt die Treppe erreicht, die in die Kellerwohnung von Nummer sechs führte. Zwei Fenster lugten ein wenig über die Straßenebene hinaus. Man nannte das „Souterrain" – von diesen Wohnungen gab es einige in dem Viertel. Walter wohnte dort mit seiner ebenfalls kleinwüchsigen Schwester, die doch so lebenstüchtig war, dass sie kochte und die Wohnung versorgte, während ihr Bruder draußen herumspazierte und Besorgungen machte. Bei den Geschäftsleuten war der harmlose Walter gut bekannt und wurde freundlich behandelt, und fast jeder hatte eine Kleinigkeit, die er ihm mitgab. Im Winter sammelte Walter Brennmaterial. „Ha du Tatong?" war eine seiner häufigen Fragen, denn er wusste, dass oft Verpackungsmaterial anfiel.

Die Kinder von gegenüber brachen plötzlich in ein brüllendes Gelächter aus, als sei ihnen ein besonderer Streich gelungen. Peter konnte nicht erkennen, worum es ging. Er hatte die Fisch-Räucherei erreicht und trat in einen dunklen Gang zwischen den zwei Häusern. Aus der rechten Hauswand klaffte ein tiefschwarzes Viereck, aus dem es aromatisch roch nach verbranntem Holz und geräuchertem Fisch. Nach links ging es in den Laden.

Er kaufte zwei Fischfrikadellen. „Bring mir auch eine mit!", hatte seine Mutter gesagt, Fischfrikadellen waren für sie eine besondere Leckerei. „Und frag, ob sie Bücklingsbruch haben!" – Nein, Bücklingsbruch hatten sie nicht. Seine Mutter würde enttäuscht sein. Der wurde nämlich oft kostenlos abgegeben, oder sehr günstig wie Milch und Rogen. Hilde musste nach wie vor rechnen, das Haushaltsgeld war knapp.

„Wo ist denn deine Brille?" – Peter hatte den Laden verlassen und war auf dem Weg zurück, als er hinter sich die Stimme hörte. Sie klang schadenfroh und gemein. Er drehte sich um. Zwei von den dreien erkannte er wieder, vom Schulhof heute Morgen. „Ja, wo hat denn der kleine Peter nur seine Brille?", rief der eine und breitete seine Arme aus wie ein Flugzeug. „Aus dem Flugzeug fallen lassen!", rief der andere, und alle drei prusteten los. Der erste lief auf Peter zu und stieß mit seinen ausgebreiteten Armen gegen Peters Kopf. „Na, Brillenschlange? Was machst du nun? Kannst du uns überhaupt sehen?" – „Nun mal hopp in die Klasse! Wird's bald?" Gelächter.

Da war sie wieder, die Wut. Zuerst schlug Peter mit der freien Hand nach seinem Feind. Es war hoffnungslos, Die Angriffe, die Schubserei, sie kamen von allen Seiten und trieben ihn immer mehr die Straße hinunter.

Als er das Eisenrohr in einem Müllhaufen erblickte, den die Handwerker am Straßenrand hinterlassen hatten, war er von keinem klaren Gedanken gesteuert. Er griff danach. Es war wie das automatische Schlagen mit der Faust – eine erzwungene Abwehr, deren Erfolglosigkeit ihn frustrierte, seine Wangen erhitzte und ihm Tränen in die wütenden Augen trieb.

Jedenfalls hatte er diese Stange plötzlich in der Hand. Sie war gar nicht mal sehr schwer und sauste wunderbar durch die Luft.

Und als einer der Jungen aufschrie, stellte Peter verwundert fest, dass sich etwas geändert hatte. Der Ton, die Aggressivität der Angreifer ließ nach, ja sie waren plötzlich keine Angreifer mehr, sondern riefen: „Bist du verrückt? Lass die Stange fallen! Der ist verrückt geworden! Wir haben gar nichts gemacht!"

Und Peter setzte nach.

Bis jemand von hinten seine Arme umklammerte und ruhig sagte: „Jetzt hörst du aber auf, junger Mann!"

So endete der verzweifelte Kampf gegen den Unverstand der Welt. Der fremde Mann brachte Peter nach Hause und berichtete kurz von der Gefahr, die von ihm ausgegangen war. Der Vater war früh aus dem Dienst gekommen und schon von der Mutter über den Brillenbruch informiert. Jetzt sah er sich zusätzlich genötigt, sich für seinen Sohn zu entschuldigen, was ihm unangenehm war.

Kaum, dass er den Fremden mit überschwänglichem Dank verabschiedet hatte, griff er sich übergangslos das Kind und schrie: „Was fällt dir ein? Wie oft hab ich dir schon gesagt, du sollst mit deiner Brille vorsichtiger sein? Weißt du, was das wieder kostet? Und dann mit einer Stange auf andere Kinder losgehen!" Und dann ließ er ein paar Schläge hinten auf die Lederhose niedergehen, und da er mit der gedämpften Wirkung unzufrieden war, zielte er auf die Oberschenkel, denn dass sein Sohn die Schmerzen spüre, war doch das Ziel der Züchtigung.

Kaum hatte der Vater losgelassen, stürmte der heulende Junge aus der Wohnung die Bodentreppe hinauf in sein Zimmer und ließ sich an diesem Abend nicht mehr sehen.

Sein Vater beruhigte sich nur langsam. Er war überzeugt von der Sinnhaftigkeit seiner Aktion. Hier galt es Zeichen und Normen zu setzen, sein Sohn musste lernen, was recht und unrecht war! Und er hatte verdammt noch mal Rücksicht zu nehmen auf materielle Werte, die ihm nicht gehörten. Wieder eine Brille! Die Debeka war nicht bereit, für diese Zügellosigkeit geradezustehen!

Andererseits – der Fall schien nicht hoffnungslos. Die Gewalt war wohl nicht nur von Peter ausgegangen. Hatte er sich gewehrt? Dazu gehörten unter Umständen Tapferkeit und Mut.

Nachdenklich legte er die Überreste des Brillengestells in die Zigarrenkiste, die schon mit allerhand Bruchstücken gefüllt war. Für einen kurzen Moment zogen sich seine Mundwinkel in die Breite, als wollte er lächeln. Er wusste, er hatte die Lacher auf seiner Seite, wenn er seinem Besuch die Kiste zeigte: Seht her! Das ist mein Sohn!

Spielen im Nachtjackenviertel (1955/56)

Die Großen stromerten durch die Straßen und sammelten Zigaretten-stummel und machten Rauchversuche mit den vergifteten Resten. Von den weggeworfenen Packungen trennten sie die Vorderseiten heraus und trugen die Stapel wie Geldbündel zum Handeln und Tauschen: Golddol-lar, Eckstein, Lucky Strike, Juno, Overstolz.

Oma Krezek hatte für Peter und Hilke je einen Marmelbeutel genäht, der mit einem Band zugezogen wurde. Die glasierten Tonkugeln wurden mehr und mehr ersetzt durch Glaskugeln mit bunten Spiralmustern im Innern, ja sogar durch silberne Metallkugeln aus irgendwelchen Kugella-gern.

Dann kamen die Papschies auf. Das waren dunkelblaue oder dunkelro-te Pappscheiben, die Mittelstücke der Singles, die bei Teldec in Nortorf produziert wurden, Abfälle, die irgendjemand mit nach Hause gebracht und damit eine Sammelleidenschaft ausgelöst hatte. Um sie zu vermeh-ren, wurden die Spielkameraden herausgefordert: Ein Papschi auf dem Handrücken, in die Luft gewuppt und dann mit der offenen Hand ge-grapscht – das war noch leicht. Aber vier oder gar zehn, da fielen schon ein paar daneben, und die gehörten dann dem anderen.

Die Kinder zogen ihre Schätze auf Sachsband auf, und die besonders erfolgreichen unter ihnen trugen sie wie Patronengürtel um den Oberkör-per.

Sammeln! Sammeln war eine Leidenschaft. Der Ursprung war die Not, nichts wurde weggeworfen. „Eers mal op'n Böön!", hieß es, wenn man etwas nicht sofort brauchte. Elise Krezek hatte immer noch Vorräte in ihrem „Wunderschrank", auch wenn sie sich jetzt in besser gewordenen Zeiten auf Süßigkeiten und ein paar Kurzwaren beschränkten.

Sammeln war die Devise, wenn in den ersten Nachkriegsjahren die Lastwagen der Kohlenhandlung Seyer und Lentz vom Bahnhof kom-mend die Herrenstraße entlang rumpelten und so manche Brocken des schwarz glänzenden Brennstoffs verloren! Und Metall-Schrott! Fla-schen! Das lohnte sich auch jetzt noch: Peter und Norbert und Klaus nah-men mit, was sie erwischen konnten, horteten es in einem Versteck in der Obereiderstraße und fuhren dann von Zeit zu Zeit mit dem Blockwagen über die Herrenstraße auf das Gelände der Wrangelkaserne, da, wo die Flüchtlinge wohnten und wo es in den geräumigen Treppenfluren der ehemaligen Truppenunterkünfte nach Gurken roch. Im hintersten Winkel des ehemaligen Exzerzierplatzes, in der Schrotthandlung von Lucy Hö-velmann, wurde das Gesammelte gewogen und bezahlt.

Es gab noch ein anderes Spiel, das indirekt und auf eine unverbesserliche Art an das Sammeln erinnerte: Land gewinnen mit dem Stechmesser! Jeder Mitspieler hatte in der Herrenstraße unter den Bäumen ein Rechteck Land und warf mit dem Messer in den Herrschaftsbereich des Nachbarn. Wenn es dort wippend stecken blieb, konnte man der Linie der Schneide folgend einen Strich ziehen und ihm damit ein Stück Land entreißen.

Ob Zigarettenstummel, Marmeln oder Papschies – den Kindern war es egal, womit sie ihren Wettbewerb betrieben. Mit dem Land schien es anders zu sein. Materiell wurde mit dem Strich im Sand nichts gewonnen, und dennoch war es aufregend. Waren es die Erwachsenen, die hier ihren Einfluss hatten, wenn sie über den verlorenen Krieg und das verlorene Land im Osten klagten? War es der Nachhall einer Ideologie vom „Volk ohne Raum"? Sollten nicht vor gar nicht langer Zeit der Nordsee in heldenhaftem Kampf dreihundert Quadratkilometer Land abgerungen werden – dem Führer Adolf Hitler zur Ehre? Land gewinnen! Das war ein faszinierender Gedanke!

Die Straßen in Neuwerk waren zum Spielen ideal. Es waren immer Kinder da, und Kraftfahrzeuge gab es wenig.

Klaus und Peter hatten Kippel-Kappel geübt und die Lust verloren, als der an beiden Enden zugespitzte Kippel in ein vergittertes Kellerloch gefallen war. Sie setzten sich bei Malermeister Milde mit ihren Lederhosen auf den Bordstein, holten ihre Brenngläser hervor und beugten sich weit vor, um die zerfransten Enden ihrer Schnürsenkel zu bestrahlen. Klaus hatte seines für zehn Pfennig in einer Wundertüte gefunden, es war aus Plastik und ließ sich nicht gut fokussieren. Peter hatte ein Brillenglas aus der Zigarrenkiste seines Vaters, es hatte einen Sprung. Aber es dauerte nicht lange, bis sich dünne Rauchlinien in die Luft drehten. Zufrieden schnupperten die beiden.

Heddi bog bei Hellwig um die Ecke und fuhr in die Münzstraße ein. Peter und Klaus hoben die Köpfe und schauten sich um. Waren keine von den großen Jungs in der Nähe? Die Großen, ja, die waren mutig und frech, und wenn die Heddi sahen, dann gab es was!

Der aufgedunsene, sommersprossige Mann war Rollstuhlfahrer. Er hieß eigentlich Bruno Benn und hatte von Geburt an keine Kniegelenke. Das hatte Peter gesehen, als Heddi einmal vor dem Laden von Kaufmann Ahrendsen seinen Rollstuhl verlassen und auf Holzkrücken die seltsam verkürzten Beine hinter sich her gezogen hatte. Offensichtlich war da drinnen nicht bemerkt worden, dass er etwas kaufen wollte, und so musste er auf sich aufmerksam machen.

Heddis Beine steckten in einem dunklen, rissigen Fußsack aus Leder, das war auch das Versteck für den Flachmann, aus dem er gern einen Schluck nahm, wenn er sich unbeobachtet fühlte.

Vorn hatte sein Fahrzeug nur ein Rad, hinten saß er stabil auf einer Radachse, die er scheinbar mühelos mit zwei Armhebeln in Bewegung hielt.

Almut, Renate und Liselotte, die auf den gelben Klinkern des Bürgersteigs mit einem Hüpfspiel beschäftigt waren, machten respektvoll Platz, der gelbe Terrier-Mischling an Heddis Seite nahm keine Notiz von ihnen, genau wie sein Herrchen.

Aber wehe, wenn sich die bösen Bengel von hinten oder von der Seite näherten und dumme Bemerkungen machten, dann konnte der Hund aggressiv bellen und hätte sich auf die Angreifer gestürzt, wenn er nicht angeleint gewesen wäre.

Klaus und Peter hätten das Schauspiel genossen, aber allein hatten sie noch nicht den Mut. Mitläufer waren sie, und sie liefen auch jetzt hinterher mit gehörigem Abstand, und Klaus machte „He!", aber nur halbherzig, und niemand nahm Notiz davon. Am Ende der Münzstraße bei der Kneipe „Zur Laterne" bog Heddi rechts in die Obereiderstraße ab, vorsichtig setzte er mit dem Wagen über den hohen Bordstein und rumpelte über das Kopfsteinpflaster und dann bei der Schlachterei, die jetzt „Riemer" hieß, wieder hinauf.

Da rief Peter laut „Heeediii!", er fand das sehr mutig und wollte Klaus damit imponieren. Der Hund drehte flüchtig seinen Kopf zur Seite, mehr geschah nicht. „Kuddl" Ahrens, der Schmied, saß mit seiner Frau zusammen auf der Bank vor dem Haus, da, wo er heute Morgen noch den Kaltblüter von Bauer Gloyer beschlagen hatte, und ließ seine Zigarre zwischen den schmatzenden Lippen ein wenig tanzen. Sein Blick war teilnahmslos.

Ein Haus weiter war der Milchmann Ernst Lübker dabei, auf der Ladefläche seines „Tempo" Ordnung zu schaffen, indem er an der Kiste mit den Flaschen rüttelte. Heddi fuhr an ihm vorbei und verschwand in dem nächsten schmalen Gang, der zu einem der Hinterhöfe führte. Lübker hatte wohl bemerkt, was die beiden Jungen da gerade versucht hatten, und hob warnend seine Stimme: „Jungs, lasst den Heddi in Ruh! Das hat er nicht verdient!" Dann ging er zurück in den Laden.

Peter stand etwas ratlos. Klaus, immer noch mit seinem Kappel-Stock in der Hand, ebenso. Der Himmel hatte sich hellgrau zugezogen. Der Wind rauschte in den Blättern der beiden gestutzten Linden, die gegenüber vor der Bäckerei standen. Irgendwie hatte der Tag seine Bestimmung noch nicht gefunden.

Sie könnten rüber gehen zu Mutter Thede. Die Ladentür würde bimmeln, Mutter Thede würde hinter ihrer Ladentheke aufblicken und mit ihrer weichen Stimme sagen: „Guten Teig!" Dann würde sie die beiden Jungen erkennen und hinzufügen: „Na, was kann ich für euch tun?" – „Haben Sie Kuchenbruch?", würde Peter sagen. Mutter Thede würde lächeln, ihren kleinen, fülligen Körper kommentarlos drehen und die Tür zur Backstube öffnen. „Jürgen? Haben wir heute Kuchenbruch?", riefe sie nach hinten. Und als Antwort käme dann vielleicht „Mome-ent!" – „Ich glaube, wir haben Glück!", sagte Mutter Thede und ließ die Tür zur Backstube einen Spalt offen. „Ihr müsst nur einen Augenblick warten." Dann strich sie sich ihre gepflegten Haare zurück und wandte sich einer neuen Kundin zu.

Kuchenbruch, das waren meist die Randstreifen vom Blechkuchen, und die wurden verschenkt. Lecker!

„Wollt ihr beiden mit?" Ernst Lübker riss die Jungen aus ihren Tagträumen. „Ich muss was in die Strafanstalt liefern."

Die Jungen wunderten sich. „Dürfen wir da denn mit rein?" – „Na klar. Ich muss da doch auch rein!"

Diese Wendung der Dinge brachte Leben in die beiden. Sie mussten sich auf die Pritsche setzen, zwischen Kisten und Kartons, die nach Milch und Butter rochen. Ernst Lübker startete seinen Tempo Hanseat, dessen Fahrerkabine wie ein Vogelschnabel aussah und auf nur einem Rad ruhte. Mit 15 PS war es eine gemächliche Fahrt, zu der das ruhige, blecherne Tuckern des Zweitaktmotors passte.

Am Bahnhof durchfuhren sie die gusseiserne Unterführung und folgten der Kieler Straße. Hinter der Christian-Timm-Schule auf der linken Seite begann das Zuchthausgelände, erkennbar an den Gittern und roten Backsteinpfeilern. Auf Höhe des Röhlingsweges war das zweiflügelige Eingangstor, auf den Eisenstäben saßen hoch oben gefährlich aussehende Hellebardenspitzen. Dort bogen sie ein und rumpelten auf das Torhaus zu. Es sah aus wie der Eingang zu einer Burg, zwischen zwei Türmen erstreckten sich Zinnen, und Fenster- und Türöffnungen waren vergittert. Dahinter war der Giebel eines noch mächtigeren Gebäudes zu sehen.

Ihre Erwartungen wurden mehr als erfüllt. Neugierig zogen sich die Jungen an den Pritschenwänden hoch und zeigten aufgeregt, was sie entdeckten. Nun waren sie im Zuchthaus, glaubten sie.

Peter war mit seinen Eltern schon ein paar Mal hier vorbeigekommen – auf dem endlos langen Weg zur Audorfer Fähre. „Das ist das Zuchthaus", hatte sein Vater gesagt. „Böse Männer sind hier eingesperrt", hatte seine Mutter hinzugefügt, und Peter hatte fast gleichgültig durch die Gitterstäbe geguckt wie auf eine fremde Welt, die ihn nichts anging. Vielleicht war auch der schwarze Mann hier oder Störtebeker – aber nein, der war ja schon lange tot, dem hatten sie den Kopf abgeschlagen. Am alten Rathaus war neben der Tür zum Steueramt, in dem sein Vater arbeitete, ein Eisenring in die Mauer eingelassen. Dort wurden in früheren Zeiten die Verbrecher angekettet, und dann mussten sie sich die Schmähungen der vorbeigehenden Menschen gefallen lassen. Aber das war früher.

Richtige Verbrecher hatte Peter noch nie gesehen. Auch in seinen schlechten Träumen hatten sie kein Gesicht. Aber nach und nach war eine Ahnung entstanden, dass es das Böse gab. Es kam näher und näher und schlug dann zu, dass man schreien musste. Und jetzt, auf dem Gelände der Strafanstalt, waren sie dem Bösen einen entscheidenden Schritt nähergekommen. „Da!", flüsterte Klaus jetzt. Vor einem hohen Wohngebäude hatte er drei Männer in Arbeitskleidung entdeckt. „Das sind Sträflinge! Wir müssen aufpassen, dass die uns nicht sehen!"

Unter einem überhängenden Apfelbaum brachte der Milchmann Ernst Lübker sein Dreirad zu einem Halt und stellte den Motor aus. Der spuckte noch zweimal. Es hörte sich an wie Pupsen. Lübker öffnete die Heckklappe und griff sich eine Kiste. „Na, ihr beiden? – Bleibt man lieber hier oben. Ich bin gleich wieder zurück."

Während er die Ware ins Haus trug, beobachteten Peter und Klaus angespannt die Männer. Doch die schnitten in aller Ruhe Blumenstauden und harkten frühes Laub.

Dann entdeckten die Jungen die Äpfel.

Sie sahen sich an, und ohne ein Wort streckten sie ihre Arme nach den herunterhängenden Zweigen, pflückten eine Frucht, hockten sich zufrieden auf die Pritsche und bissen hinein. Die Äpfel waren grün und hatten zahlreiche Schorfflecken, aber sie waren schon saftig und schmeckten nicht übel. „Wir können ja noch welche mit nach Hause nehmen", sagte Peter. Sie standen wieder auf und rissen ohne Vernunft herunter, was sie kriegen konnten.

„Kiek di dat an! De Bengels!", rief jemand. Es klang sehr laut in der Stille des Strafanstaltsgeländes, und die Jungen zuckten zurück. Einer der Sträflinge hatte sie entdeckt und stand da, den Harkenstiel wie eine Waffe in der Hand. Seine Kollegen schauten in dieselbe Richtung, und der eine setzte sich in Bewegung, und sein linker Arm stach drohend in die Luft. „Ji sünd wohl ni ganz kloog! Wech van den Boom, aver dalli!"

Entsetzt waren die beiden Jungs abgetaucht. Im gleichen Moment hörten sie Milchmann Lübker: „Schon gut, schon gut!" Und zu den Jungs: „Habt ihr die Männer geärgert? Wollt ihr, dass ich meine Kunden verliere? Ab geht's!" Die Fahrertür klappte, und der Motor sprang hustend an.

Der Tempo wendete vor dem burgähnlichen Torhaus, und die beiden Jungen wagten keinen einzigen Blick mehr zurück.

„Das war also der Grund!", rief Milchmann Lübker, als er die Kinder mit ihren Äpfeln sah. „Ihr seid wohl nicht richtig bei Trost! – Na ja, im nächsten Jahr ist sowieso Schluss."

Und so erfuhren Peter und Klaus, dass die Strafanstalt vor der Schließung stand, viele Gefangene jetzt schon verlegt waren. Irgendwie war das enttäuschend, auch dass die Männer keine Sträflingskleidung getragen und plattdeutsch geredet hatten. Aber das hielt sie nicht davon ab, ihren Freunden und Klassenkameraden zu erzählen, wie sie von Zuchthäuslern verfolgt wurden und nur knapp mit dem Auto entkommen waren.

* *Auf dem Hinterhof*

Der Hof in der Münzstraße Nummer eins war ein Schonraum für die Kleinen, hier konnten sie ungestört spielen, ihre Sachen ausbreiten, die sie dafür brauchten. Hierher konnten sie die Kinder einladen, die sie mochten.

Da draußen lebten sie von der Großmut der Großen, von ihren Launen und Neidgefühlen und ihrer Sucht zu sticheln und zu ärgern. Schnell war ein Ball verschwunden, mit dem sie den Zehnten an der Hauswand spielten, oder wurden übervorteilt beim Schieben der Marmeln in die sandige Kuhle. Am ehesten fühlten sie sich sicher, wenn sich große Mädchen zusammen taten und mit wohligem Schauer über die Straße riefen „Wer hat Angst vorm schwarzen Mann?" und dann tüchtig schrien, wenn der schwarze Mann sie abschlug, bevor sie die andere Straßenseite erreicht hatten. Oder, ganz ähnlich, sie fragten den Fährmann, wie tief das Wasser sei und wie man hinüber käme, und sie hinkten und sprangen und krabbelten über das Kopfsteinpflaster, wie der Fährmann es angewiesen hatte.

Aber auf dem Hof war es still. Und wenn sie doch einmal übermütig wurden und schrien, oder wenn sie in der Mitte des Hofes auf den Betonbalken der Jauchekuhle wippten und das dumpfe „Klonk – klonk" gar nicht enden wollte, dann riss schon einmal Frau Schöttler oder Engelein das Küchenfenster auf und mahnte Ruhe an.

An einem Sonntagnachmittag war das ja auch verständlich. Schließlich hatte man in der Woche genug auszuhalten.

Die Kinder beschlossen, Mutter und Kind zu spielen, und holten die Kindermöbel vom Boden und stellten sie auf den hinteren Teil des Hofes, wo die Sonne noch schien, am Fuße der Treppe, die an den rückwärtigen Mauern hinauf führte zum Trockendach über dem Schlachthaus.

Hilke war nun schon sechs Jahre alt, ein Schulkind der Lornsenschule in der Prinzenstraße gegenüber der Christkirche. Sie hatte nicht die krausen Haare ihres Bruders, die durch Klammern gebändigt werden mussten. Ihr rundes Gesicht war ein Krezek'sches Erbe, wie ihre Mutter halb belustigt, halb bedauernd feststellte, und wurde betont durch die Kurzhaarfrisur mit dem gerade geschnittenen Pony.

Hilke lachte gerne, aber war im Spiel doch auch sehr ernsthaft, was ihr besonders gut in der Rolle der Mutter gelang. Sehr bestimmt und pflichtbewusst regelte sie den Haushalt und wies an, wie ihr Kind Inge Lindner aus der Obereiderstraße den Tisch zu decken hatte. Die rotbraun gestrichenen Kindermöbel standen links an der weißen Wand am Fuße der Treppe. Ein Eisenring verriet, dass hier manchmal Schlachttiere warten mussten.

Nebenan stand der Kaufmannsladen mit den pastellfarbenen Regalen und Schubfächern und dem Tresen mit den Bonbongläsern und der Bizerba-Waage. Allein die Behältnisse mit den Vorräten aus Hildes Küche zu füllen, war ein Spiel für sich: Sternchennudeln und Hörnchennudeln und Mehl und Zucker und Reis und Gries. Ein Bonbonglas war noch vom letzten Mal mit roten Liebesperlen halb gefüllt.

Auch der große Bruder konnte sich in dieses Spiel vertiefen, indem er die Wünsche der Kunden erledigte, mit der Schaufel das staubende Mehl in die kleine Papiertüte gleiten ließ, bis die Waage zufrieden war, ein Paket Persil oder Imi auf den Tresen stellte und dafür einen echten Pfennig in Rechnung stellte.

Auf der untersten Holzstufe der Treppe stand ein Puppenherd, mit Esbit beheizt. Es war der Höhepunkt eines jeden Spiels, wenn auf einem echten Feuer ein echtes Essen gekocht und anschließend verspeist wurde. Die Speisekarte war sehr begrenzt: Nudeln mit Zucker, Haferflocken mit Zucker und goldbraun gebratene Pfannkuchen mit – Zucker.

Als Opa Krezek sein Fahrrad durch die Toreinfahrt auf den Hof schob, gab es eine Unterbrechung. Neugierig verfolgten die Kinder jede Bewegung, denn wenn der kleine Opa kam, kam er zum „Klütern" – das war seine zweite Berufung und hatte was mit seiner Werkstatt zu tun. Hier hatte er das duftende Holz für die Sandkiste in der Alten Kieler zugeschnitten. Und hier hatte er die Kasperlebude gebaut, mit der die Kinder vor ein paar Monaten sogar ein Stück mit dem Titel „Räuber Knollennase und das Krokodil" aufgeführt hatten. Zettel waren in der Straße verteilt worden, der Eintritt betrug einen Pfennig, und Hilke und Peter waren stolz auf die Einnahmen von sechs Zuschauern.

Hilde erschien kurz unten im Hof mit einer Einkaufstasche und einem Topf mit vorgekochten Bohnen aus dem Garten der Gartenstraße. Sie hatte vorher schon in der Waschküche den Kessel angefeuert.

Die Kinder folgten dem kleinen Opa in seine Werkstatt. Sie war im Erdgeschoss des kleinen Fachwerkhauses am rechten Hofrand eingerichtet, in dem es außerdem noch hinten zum Schlachthaus hin eine alte Garage gab und vorne zum Wohnhaus neben der Ascheimer-Ecke die Gemeinschafts-Waschküche.

Dieses alte Haus zu betreten war ein Erlebnis. Dunkelheit unter dem geschwärzten Holz der niedrigen Decke umfing den Gast, eine steile Stiege mit durchgetretenen Stufen stand gleich hinter der Tür und führte in geheimnisvolle Kammern. Mit dem Atmen stieg ein staubiger Duft aus Öl und Gewürzen zu Kopf und weckte eine intensive Vorstellung von Wurst, die mit Kardamom, Pfeffer, Koriander, Nelken oder Majoran gemacht sein mochte.

Reste dieser Zutaten lagen oben wohl noch. Riemer, Opa Krezeks Nachfolger, hatte dieses Lager nicht mehr haben wollen.

Rechts von der Stiege begann die Werkstatt, die trotz Staub und Dämmerlicht wohl geordnet war. Die sauberen Werkzeuge an der Wand glänzten matt im Lampenlicht. Auf der massiven Werkbank stand ein Stativ, in das man die gebrauchte Konservendose einspannte. Mit einer Kurbel wurde sie zwischen zwei scharfen Schneideflächen gedreht, so dass ein schmaler Blechring als Abfall herunterfiel und ein glatter oberer Rand entstand. Nun konnte die kleiner gewordene Dose erneut mit gegartem Gemüse befüllt werden.

Heute wurde die fest mit Bohnen gefüllten Dose auf den Metallteller der Bördelmaschine gestellt, sauberes Wasser bis zum Rand nachgefüllt, so dass es überlief, ein neuer Dosendeckel drüber gelegt und der Teller hochgedreht, bis der Dosenrand von einem Metallrad erfasst wurde. Dann drehte Opa Krezek an dem großen, gusseisernen Rad. Dabei wurde der Deckelrand umgebogen und fest mit dem Dosenrand verbunden, es entstand eine Naht, die wie gestichelt aussah.

Die Kinder hatten genug gesehen und huschten wieder hinaus in die Sonne, in ihrer Fantasie das Leben neu zu erfinden.

Nur Peter blieb. Und wenn er auch nicht viel helfen konnte, so war ihm die Nähe seines Opas angenehm. Die fertig verschlossenen Dosen wurden in die Waschküche gebracht und in dem Wasser des Kessels versenkt, wo sie durch Kochen sterilisiert wurden. Das gelang nicht immer: War Luft in der Dose oder waren die Keime nicht vollständig zerstört, so wölbte sich nach einiger Zeit der Deckel, und der Inhalt war verdorben.

Zwischen dem Eingang zur Waschküche und dem Mehrfamilienhaus hatte Opa Krezek eine Bude gebaut, sie diente zum Unterstellen der Ascheimer, die natürlich nicht nur Asche, sondern den gesamten Hausmüll aufnahmen. In dieser Hofecke spielten die Kinder ebenfalls gern, denn die Bude schützte vor unerwünschten Blicken der Erwachsenen, die aus den Fenstern schauen mochten.

Die Kleinen hatten gelernt, ihre Körperteile zu benennen, sie hatten Hände und Finger und eine Schulter und einen Bauch. Aber sie hatten keine ehrlichen Namen für das, was in ihren Schlüpfern steckte. Piescher, Piephahn, Pullermann, Schniedelwutz, Muschi, Muschel, Ritze – die Erwachsenen waren sich nicht einig und sprachen die Wörter aus mit derartig komischer Distanz, als verberge sich dahinter ein großes Geheimnis.

Dass die Großen auf der Straße unter Hohngelächter erzählten, die Erwachsenen würden ihren Piephahn in die Muschi stecken, war so unwahrscheinlich wie faszinierend. „Banane, Zitrone! An der Ecke steht ein Mann!", sangen oder summten die Großen, wenn sie gewisse Erwachsene beobachteten, und viele lachten aus sicherer Entfernung, obwohl sie keine Ahnung hatten.

Dass die Frechsten und Verrufensten unter ihnen ein großes „W" und darunter ein „V" in die Baumrinde ritzten, erschien den meisten Jüngeren wie das Zeichen eines geheimen Bundes, und wenn sie nachfragten und einen großzügigen Erklärer fanden, dann waren sie verwirrt, denn die wenigsten konnten das abstrakte Zeichen mit dem abgleichen, was es darstellen sollte. Nacktheit, zumal von Erwachsenen, war ein Tabu.

Und so kamen sie auf die Idee, dass zum Spiel „Mutter und Kind" auch der Besuch eines Arztes gehören könnte. Und sie suchten sich einen geheimen Ort für diese Begegnung, denn sie hatten verstanden, dass ihre Neugier einem ganz und gar verbotenen Tun galt – denn warum sonst wurde darüber so viel geredet und gewitzelt, ohne dass die Eltern dazu Stellung bezogen? Ja, manchmal schien es, als würden die Erwachsenen die Kinder verdächtigen, etwas zu wissen, was sie eigentlich nicht wissen durften, und sie erhoben den Zeigefinger und sagten, wenn ihre Kinder spielen gingen: „Aber macht keinen Schweinkram!"

Die Ascheimer-Ecke lag also versteckt genug, um dem Rätsel näher zu kommen. „Nun zieh dir mal die Hose aus", sagte Peter, und dann tippte er seiner kleinen Patientin vorsichtig mit dem Finger auf die weiche Vulva. „Aha", sagte er. „Du kannst dich wieder anziehen."

Wenn der Junge abends zu Bett ging und im Licht der Nachttischlampe an der schrägen Wand herumturnte und an seinem erigierten Glied rieb, weil es einfach ein schönes Gefühl war, hatte er keine Ahnung von den Zusammenhängen. Und doch knickte die geturnte Kerze blitzschnell zusammen, als sich die Tür zu seinem Zimmer öffnete. Es war schön, aber irgendwie nicht erwünscht, was er da tat.

Hatte sein Vater etwas gesehen? Das durfte er auf keinen Fall! Die Ungewissheit war Peter sehr unangenehm. Schämte er sich? Gab es ein natürliches Schamgefühl, das ihn zur Geheimhaltung zwang und ihn daran hinderte, das Offensichtliche anzusprechen? Oder war es nur ein Tabu, das die Erwachsenen in einem Nebel aus ererbtem Halbwissen und eigener Unsicherheit errichteten und nun an ihre Kinder weitergaben?

„Licht aus! Jetzt wird geschlafen! Morgen ist Schule!", sagte Rolf Erichsen und ließ sich nichts anmerken.

Bei Zigarren und Kalter Ente wird eine umwälzende Idee geboren (1956)

Heini Kruse hatte viele Jahre geübt. Er strich sich übers Gesicht, als wollte er eine leichte Müdigkeit vertreiben und sich auf das Bevorstehende entschlossen konzentrieren. Dabei rutschte ihm das Gebiss unbemerkt in die rechte Hand und wechselte unter dem Tisch nach links, wo die andere Hand bereits mit einem Stofftaschentuch wartete und mit einer routinierten Bewegung die verhüllten Zähne in der Jackettasche verschwinden ließ.

Familienmitglieder kannten seinen Taschenspielertrick. Aber sie hüteten sich, das offen zu zeigen. Heini hatte einen Weg gefunden, die Prothese, die ihm peinlich war, zu verbergen und sich im gleichen Augenblick auf weiche Speisen vorzubereiten, die er am liebsten mit dem zahnlosen Gaumen zerdrückte.

Es war halb sechs, und es gab Kaffee und Kuchen für die Gäste.

Heini blickte wie immer prüfend in die Runde: Hatte jemand etwas gemerkt? Erna Reimers, Friedas Schwester, schien einen Moment irritiert. In seinem feisten Gesicht zeigte sich ein flüchtiges Lächeln, dann widmete er sich der Apfeltorte, die unter einem mächtigen Klacks Schlagsahne fast verschwunden war.

„Frieda! Was soll ich sagen: Wunderbar! Wie immer!",schwärmte Hein Gummi, Ernas Mann und Friedas Schwager, der so hieß, weil er einen auffallend federnden Gang hatte. „Ach, das liegt an den Äpfeln", sagte Frieda bescheiden. Ihre Küchenäpfel! Ein kräftiger Baum vor dem Stall auf der linken Grundstücksseite, ein großer, aber unscheinbar grüner Apfel, der so saftig war, dass der leichteste Stoß einen brauen Fleck verursachte. Sie steckte die Apfelstücke ganz eng auf den Teig in der runden Form und bestreute sie mit Mandeln und Zucker.

„Ich denke immer noch an die Mokkatorte vom letzten Mal!", sagte Magda Kruse. „Oh ja!", erinnerten sich Erna Reimers und Amanda Frey-

tag. Ihre Augen strahlten, und dann kicherten sie über die Gleichzeitig-
keit ihrer Reaktion.

Frieda wurde nach dem Rezept der Mokkatorte gefragt. Mit leisem,
gurgelndem Zischen sog sie die Luft ein, was sie immer tat, wenn die
Oberkieferprothese drohte herauszufallen. Dann schaute sie kurz an die
Zimmerdecke und zählte dann auf: Sechs Eigelb und ein halbes Pfund
Zucker zwanzig Minuten verrühren, ein Viertel Pfund Kartoffelmehl, ein
halbes Backpulver, steife Sahne … „Halt, halt, liebe Schwester!", rief
Erna Reimers. „Das kann ich mir nicht merken!"

Frieda versprach, das Rezept für Erna aufzuschreiben – ja, und auch
gleich für Magda.

Dann wurde das Thema gewechselt. Heini freute sich über die
Schwarzdecke auf der Straße, vor zwei Jahren erstmalig aufgetragen. Ein
Vergnügen sei das, dort mit dem Krad zu fahren, und Magda wurde zum
wiederholten Mal gefragt, ob ihr die Fahrt im Beiwagen nicht die Frisur
verderbe. Ja, die Kruses waren schon etwas Besonderes, ein Ehepaar mit
Fahrzeug, und dazu noch in einem BMW-Motorrad! Ganz von Kappeln
bis hierher!

Nur über Religion durfte man nicht mit ihnen sprechen. Sie gehörten
zu den Zeugen Jehovas, versuchten Gott ergeben den „Wachturm" zu
verkaufen, und, einmal darauf angesprochen, ließen sie nicht locker, bis
sie ihre Gesprächspartner missioniert hatten – oder das Gespräch endete
höchst unerfreulich mit einem abrupten „So, wir müssen!". Da half nur
die Flucht.

Hannes Erichsen erzählte von einer anderen Neuigkeit in der Gartenstraße, der Geschäftseröffnung von Milchmann Müller im letzten Jahr.
Endlich hatten sie nun einen Laden in der Nähe, wo neben Milchproduk-
ten auch Lebensmittel verkauft wurden. Es war doch immer ein langer
Weg gewesen, von Schultz und Delfs bei der Christkirche am Krankenhaus vorbei übers Spülfeld bis in die Gartenstraße! Fast drei Kilometer!
„Un büs du to Huus, is de Melk suur!", fügte er hinzu. „Dat Loopen fallt
mi tosehens swoor!"

Die Frauen räumten das Kaffeegeschirr ab. Frieda hatte sich ins Schlafzimmer zurückgezogen, es ging ihr nicht gut. Ihre Gäste kannten das.

Es folgte der Schnaps aus der brauen Steinhäger-Flasche. Gustav, Heini und Johannes bedienten sich aus der flachen Zedernholzkiste mit Zigarren und stellten zwischen sich den mächtigen Aschenbecher aus gehämmertem Messing. Sie zelebrierten das Herausgreifen mit spitzen Fingern, das fast beiläufige Entlangführen an den Nasen, das Entfernen der
Bauchbinde, die vorher gründlich studiert wurde, und schließlich das
Abschneiden und Anstecken. Bald hingen kräftige Rauchwolken über

dem Esstisch, die sich ineinander verdrehten und genüsslich eingeatmet wurden.

Das Gespräch kreiste um das Leben der Kinder, mit denen besonders die Freytags, über einige Ecken mit den Erichsens verwandt, und die Reimers-Familie reich gesegnet waren. Natürlich wurden die Gastgeber nach Rolf und Hilde und den Enkelkindern gefragt.

Unweigerlich mündete alles in die ausführlichste Erörterung zahlreicher Krankheiten. Ausgelöst durch die Frage nach Friedas Zustand gab Johannes geduldig Auskunft. Seine Frau hatte lange keine Koliken gehabt, aber die Erschöpfungszustände nahmen zu, das Herz wollte einfach nicht mehr richtig pumpen. Zu diesem Thema konnten alle Anwesenden von weiteren Beispielen erzählen, bis Johannes schließlich nach seinem eigenen Befinden befragt wurde.

Mittlerweile stand die Bowleschüssel auf dem Tisch, mit einem Gemisch aus Weißwein, Sekt, Zitrone, das man „kalte Ente" nannte. Von dem Weinbrand verriet Johannes nichts. Weinbrand verfeinerte den Geschmack und trug nach seinen Erfahrungen erheblich zur Stimmung bei und vertrieb die trüben Gedanken an krankhafte Zustände, von denen die Menschen geplagt wurden.

Aber noch hatte die Wirkung nicht eingesetzt, und so berichtete Johannes von seiner Luftnot, die ihm gelegentlich Sorgen machte. Der weite Weg zum Rathaus, sechsmal am Tag zurückgelegt, war ihm eine Qual, selbst mit dem Rad. Im vergangenen Jahr hatte er einige Wochen zu Hause bleiben müssen, ein Lehrling aus der Stadtkasse ihm täglich die Post und die Unterschriftenmappe gebracht. Und die nie versiegende Arbeit im Garten, die ihm doch früher eine so große Lust gewesen war, schien nun eher eine Last. Das machte ihn traurig. Und dass Rolf und Hilde mittwochs und samstags regelmäßig in die Gartenstraße pilgerten, um zu graben und zu harken und zu bügeln und zu waschen, war ihm nicht selbstverständlich. Er fühlte sich in ihrer Schuld.

„Vielleicht, wenn ich im nächsten Jahr pensioniert bin … dann muss ich wohl den Haushalt machen." „Quatsch!", sagte Erna Reimers resolut. „Wenn ich Frieda richtig verstanden habe, kannst du gerade mal zwei Dinge: Schnüsch[13] und Sauermilch!" Die andern lachten. „Ihr braucht wieder eine Angestellte. Wie damals, die Lotti!"

„Zu teuer", sagte Johannes. Die andern schwiegen. Mein Gott! Wenn Not am Mann ist, ist nichts zu teuer!, dachten sie. Wo ein Wille ist, ist auch ein Weg! Manchmal war Johannes wirklich knickerig. Hier ging es doch nicht um Kinkerlitzchen! Hier ging es um ein würdiges Leben im Alter! Mein Gott!

„Und warum ziehen deine Kinder nicht einfach hierher?", warf Gustav Freytag ein. „Wie meinst du das?", fragte Johannes erstaunt. „Soll ich die Sauers rauswerfen?" – „Nee, anbauen! Der Garten ist doch wohl groß genug! Und er macht nur Arbeit!"

Johannes starrte seinen Freund an, er war sprachlos. Die zustimmenden Kommentare hörte er kaum. Völlig absurd, war sein erster Gedanke.

Und das sagte er dann auch. „Völlig absurd, Gustav, alter Freund. Das könnte sich Rolf doch gar nicht leisten."

Doch das sah Gustav, der Handwerksmeister und Inhaber von Leder-Freytag, ganz anders. Diese Beamten! Die wurden doch von hinten und vorne alimentiert! Mittwochs am Nachmittag frei, das musste man sich mal vorstellen! „Beamtensonntag" war dafür zu Recht die spöttische Beschreibung! Und er als Geschäftsmann? Er stand von Montagsfrüh bis Samstagsabend in der Werkstatt und im Laden! Und bekamen Beamte nicht sogar von ihrem Arbeitgeber Gehaltsvorschüsse und sogar Kredite? Zu Konditionen, von denen er als Geschäftsmann nur träumen konnte? Beamte! Die sollen bloß nicht jammern!

Gustav Freytag konnte sich innerlich echauffieren, aber zu deutlich durfte er nicht werden, der Freundschaft wegen.

„Du bist doch in der Stadtkasse!", sagte er. „Du musst dich doch auskennen mit günstigen Darlehen für Mitarbeiter. Und das Grundstück schenkst du deinem Sohn."

„Das wäre wirklich die beste Lösung", sagte Erna. „Stell dir mal vor! Hilde und Rolf jeden Tag hier! Die können sich dann um euch kümmern, wenn es schlimmer wird. Und mach dir mal keine falschen Hoffnungen: Besser wird es nicht!"

„Und bevor ihr jetzt wieder anfangt, über Krankheiten zu schwadronieren", erhob Hein Gummi seine dröhnende Stimme, stand auf und begann einen Stapel Hefte zu verteilen, „wird jetzt gesungen!"

„Oh ja!", rief Magda Kruse und klatschte in die Hände. „Lasst uns singen!" Dann lachte sie etwas albern und leierte mit ihrer Kopfstimme: „Kein schöner Land in dieser Zeit!"

„Halt!", rief Hein Gummi. „Das muss alles seine Ordnung haben! Wir beginnen auf Seite vier. Ein Heller und ein Batzen!"

* *Aus der Idee wird ein Plan*

Nun ging alles ganz schnell.

Als Frieda und Johannes Erichsen beide krank daniederlagen, sich also die Situation in der Gartenstraße krisenhaft zuspitzte, sprach Johannes aus, was ihm lange als undenkbar erschienen war, kostete ihn das doch einen Teil seines Lebenstraums: „Der Garten ist groß genug. Ihr könntet anbauen."

„Meinst du das im Ernst?"

Johannes nickte. Er sah nicht aus, als wollte er seinem Sohn eine Freude machen, sondern Trauer und Selbstmitleid rangen um die Vorherrschaft.

In die Gartenstraße ziehen! Das Leben in einer neuen Bahn! Welch schicksalhafter Gedanke!! Nicht, dass er noch nie gedacht worden wäre – aber es gibt Träume, über die man nie spricht, flüchtige Bilder, geheime Wünsche, gesteuert von verruchten niederen Instinkten oder romantischen Gefühlen! Was ist ein Mensch? Doch nur zum Teil, was er zeigt! Und in seiner Seele eine ganz eigene Welt, die nie jemand je ergründen kann.

Aber jetzt war ein Gedanke aus seinem Versteck befreit. „Was hältst du davon", sprach Rolf am Abend zu seiner Ehefrau mit mühsam unterdrückter Begeisterung, „wenn wir in die Gartenstraße ziehen?"

Hilde erschrak. Sie stammelte unhörbar und zog es vor, zunächst zu schweigen.

„Was ist? Warum sagst du nichts?" Rolf war irritiert.

„Können wir nach dem Abendbrot darüber reden?", sagte Hilde. „Du könntest noch Kohlen aus dem Keller holen. – Nein!", unterbrach sie sich ungewohnt laut, als sie Hilke sah, wie sie ihre Puppensachen auspackte. „Jetzt wird nicht mehr gespielt! Wasch dir die Hände, und dann geh nach oben und hol deinen Bruder. Es gibt bald was zu essen."

Es war nicht Hildes Art zu klagen. Sie akzeptierte, dass ihre Schwiegermutter Hilfe brauchte, weil sie krank war. Regelmäßig machten sie sich zweimal die Woche auf den Weg in die Gartenstraße, und während Rolf im Garten schuftete, erledigte sie alles, was im Haushalt liegen geblieben war – neben dem Hausputz war es vor allem Waschen und Bügeln. Sie konnte noch froh sein, dass Frieda im Sitzen oder Liegen die Handarbeiten gut und gern erledigte, denn sie selbst tat das nicht nur höchst ungern, sondern sie hielt sich auch für äußerst ungeschickt.

Wenn ihr Schwiegervater erst pensioniert wäre, so ihre Hoffnung, könnte er einen gerechten Teil dieser Arbeit übernehmen und die jungen Eltern entlasten, die an ihrem eigenen Leben genügend trugen.

Doch diese Hoffnung hatte sich zerschlagen, als mehr und mehr deutlich wurde, dass Johannes Erichsens Kräfte schwanden. In die Gartenstraße ziehen? Um Gottes Willen! Tag für Tag bei den beiden Alten, und nach und nach die Verantwortung für zwei Haushalte tragen! Nein! Nein! Nein!

Dieses Nein trug sie im Gesicht, doch offener Widerstand war ihre Sache nicht. Sie gab nur zu bedenken. Spürte ihr Mann, wie ihr zumute war?

Nein. Seine Frau schien nicht begeistert, das erkannte Rolf. Aber das waren Bedenken, die er zerstreuen konnte. Sprach nicht so viel dafür? Wie lange wollten sie noch in zwei Zimmern leben, mit einem Sohn, der ausquartiert worden war? Im Nachtjackenviertel mit einer oft zweifelhaften Nachbarschaft? – Dagegen: Ein eigenes Haus! In einem Garten! Traumhaft musste das sein! Und hatte er als Sohn nicht allen Grund, seinen Eltern dankbar zu sein? Das konnte Hilde nicht ignorieren.

Ja, das mit den Krankheiten! Nun gut, vielleicht ein Hausmädchen? Für den Fall, dass Hilde es nicht schaffte. Aber dieses Hin- und Herfahren mit dem Bus, das fiele doch weg! Kurz mal nach nebenan gehen, falls notwendig. Und die Kinder könnten auch schon einiges übernehmen, Peter war doch schon zehn!

Die Finanzen? Ja, das war wohl die größte Hürde, das musste er zugeben. Seit zwei Jahren Leiter des Steueramts, eine Laune des Schicksals, sein Vorgänger Hagström war wegen Urkundenfälschung versetzt worden. Aber dennoch, er war immer noch Stadtinspektor, von dem Gehalt war ein Haus nicht zu bauen. Allerdings, in dieser Laufbahn gab es Beförderungsmöglichkeiten. Da sollte man wagen, ein Darlehen aufzunehmen, das die Stadt ihren Mitarbeitern gewähren konnte. Zu sehr günstigen Konditionen: niedrige Zinsen, lange Laufzeit! Da hatte er sich schon erkundigt.

Und war er nicht im Rathaus sozusagen an der Quelle? Wen kannte er nicht alles? Für'n Appel und n' Ei oder sogar als Freundschaftsdienst! Zeichnungen und Berechnungen vom Bauamt, da sah er keine Schwierigkeiten. Handwerker vom Bauhof oder von den Stadtwerken, die er gut kannte! Vorzugspreise von Unternehmern, die ihn schätzten! Beton-Peters zum Beispiel. Und war er nicht mit Otti Rettich befreundet? Siehst du, da haben wir schon mal eine Baufirma!

Hilde hatte es geahnt, Rolf hatte auf alles eine Antwort. Manches von dem, was er vorbrachte, klang sogar beruhigend. Außerdem: In Vermögensangelegenheiten hatten die Männer sowieso das letzte Wort – und viel mehr Ahnung. Das war so.

Also war es beschlossen. Im Frühjahr 1957 sollte es losgehen.

Die Krezeks wollen ihrem Enkel ein Fahrrad schenken (1957)

Es kam schon einmal vor, dass im Treppenhaus laut gestritten wurde.

Es dauerte eine Weile, bis Hildes Neugier siegte. Es waren die Stimmen, die sie hörte, die ihr im Unbewussten bekannt vorkamen, anders als sonst. Sie lauschte an der Wohnungstür, und plötzlich klopfte ihr Herz schneller, als sie die Stimmen erkannte und es doch nicht glauben konnte. Karl Krezek, ihr Vater, gegen Peter, ihren kleinen Sohn?

Sie öffnete die Tür und sah die beiden am unteren Treppenabsatz, wie sie einander gegenüber standen in offensichtlicher Feindschaft, in steifer Distanz, wohl wissend, dass sie nicht übereinander herfallen konnten, Enkel und Opa, das verbot sich von selbst.

Ihr Vater hatte ein wütend verzerrtes Gesicht, bleicher als sonst, und ihr Sohn wich vor seinem Opa zurück, strebte rückwärts der Treppe zu, die zur elterlichen Wohnung führte.

„Dann will ich überhaupt kein Fahrrad!", schrie Peter. Seine Kinderstimme schwankte. „Oma und Opa wollen dir etwas schenken, und du …", brüllte Karl Krezek, und sein Enkel fiel ihm heulend ins Wort: „Ich will so ein Fahrrad nicht! Ich will überhaupt kein Fahrrad!" – „Und du schreist mich an? Wir wollen dir etwas schenken, und du schreist mich an?"

Karl Krezek war ganz außer sich. Dieser Bengel hatte es geschafft, dass er die Kontrolle verlor. Die geduldige Überlegenheit eines Erwachsenen – hinweg gefegt von sturer, von penetranter Uneinsichtigkeit eines fast Elfjährigen!

„Das ist eines der besten Räder, die es überhaupt gibt!", hatte er seinem Enkel gesagt und stolz das Hollandrad präsentiert. Der Junge hatte ihn ungläubig angeschaut. „Aber …" – „So ist es, Herr Krezek! Die Kundschaft fragt die Hollandräder mehr und mehr nach!", sagte Fahrradhändler Rohwer aus der Holsteiner Straße. „Und wie ist es mit der Garantie?", fragte Karl Krezek. „Zehn Jahre auf den Rahmen", antwortete der Fahrradhändler und hob die Stimme, „da haben Sie wirklich Qualität! – Einen Moment bitte, Herr Krezek, ich muss mal eben die Tür schließen. Dieser Lärm!"

Und als Herr Rohwer zur Ladentür ging, um sie zu schließen, denn es war wirklich sehr laut durch den dichten Verkehr, der sich hier durch die Stadt schob, und die verwirbelten, schwarzen Abgaswolken aus alten Lastkraftwagen stanken zudem, setzte Karl Krezek dem Verkaufsgespräch die Krone auf, indem er sagte: „Das ist eine Anschaffung fürs Leben!"

„Aber ich will ein Sportrad!"

Wer was will, kriegt was auf die Brill!, dachte Karl Krezek leicht verärgert, doch er nahm sich zusammen. „Dann zeig mir mal, was du dir so gedacht hast!"

„Das da!" Peter streckte die Hand aus und zeigte auf ein Jugendrad links vom Ladentisch. Es war hellblau lackiert, silbern glänzten der gerade Sportlenker und die Lampe und die Felgen, und an den silbernen Radnaben hingen bunte, flauschige Textilringe.

Krezek war augenblicklich entschlossen, dieses Rad auf keinen Fall zu kaufen. Er gab doch kein Geld aus für Tand! Bunten Flitter! Damit mochte ein Zirkusclown seine Runden drehen, und es war klar, dass die Kinder darauf flogen. Aber die Erwachsenen mussten auf das Wertbeständige achten, auf solide Handwerksarbeit, die ihr Geld wert war.

„Na, junger Mann?", sagte der Fahrradhändler und richtete damit erstmals das Wort an den rotwangigen Brillenträger. „Ich sehe, du schaust dich um? Das ist immer gut. Dann kann man vergleichen, nicht Herr Krezek?"

„Herr Rohwer, ich frage Sie jetzt als Handwerksmeister. Wenn Sie das Hollandrad mit diesem, diesem Sportrad vergleichen: Was würden Sie dazu sagen?" Im Grunde war diese Frage überflüssig, er war der Geldgeber, und er bestimmte, welches Rad geschenkt wurde, einem geschenkten Gaul schaute man nicht ins Maul, so war das. Dennoch lag es Krezek daran, seinen Enkel zu überzeugen – was nicht leicht war, das wusste er aus Erfahrung. Aber Peter war jetzt fast elf Jahre alt, da konnte man doch schon auf eine gewisse Vernunft setzen.

Rohwer war ein alter Kunde, dessen Frau den weiten Weg nach Neuwerk nicht scheute, um in der Schlachterei Krezek einzukaufen. Und jetzt würde er die richtige Antwort geben, da war sich Karl Krezek sicher. Sie hatten gemeinsame Werte.

„Also diese Jugendräder sind bei den jungen Leuten sehr gefragt, wahrscheinlich wegen der bunten Lackierung. Sie haben natürlich bei weitem nicht die Qualität eines Hollandrades. Wenn Sie Qualität wollen, und Garantie natürlich, dann rate ich von dem Jugendrad ab."

„Ich will aber einen Sportlenker!", sagte Peter.

„Du hast hier gar nichts zu wollen!", sagte Karl Krezek nun doch etwas ungehalten. „Ich will – gibt es nicht. Wenn schon, dann ‚Ich möchte'! Immerhin wollen Oma und Opa dir das Rad zum Geburtstag schenken!"

„Der Sportlenker", fügte Herr Rohwer hinzu, „ist auch gar nicht so gut. Du musst dich vorlehnen. Das Gewicht deines Oberkörpers musst du dann abstützen, und das geht auf die Schultergelenke."

„Nicht ohne Grund nennt man den anderen Lenker auch ‚Gesundheits-lenker‘, so wie ihn dein Opa auch hat. Dann sitzt du immer gerade und bekommst keinen schiefen Rücken“, sagte Karl Krezek.

Eine Weile ging das Geplänkel weiter, bis die beiden Männer merkten, dass der Junge zunehmend unzugänglicher wurde.

„Gut, Herr Rohwer“, sagte Karl Krezek schließlich. „Ich glaube, wir kommen heute noch zu keiner Entscheidung. Vielen Dank für die Bera-tung!“

„Selbstverständlich!“, antwortete der Fahrradhändler und öffnete den beiden die Ladentür. „Hoffentlich wird der Straßentunnel bald gebaut!“, rief er ihnen zum Abschied hinterher und zeigte auf die stinkende Fahr-zeugschlange, die langsam durch die Altstadt kroch. „Die Drehbrücke geht ja wohl überhaupt nicht mehr zu!“

Auf dem Heimweg über den Schiffbrückenplatz und die Hohe Straße ging Karl Krezek noch einmal alles durch, Punkt für Punkt, aber er stieß auf einen Jungen, der nicht mehr zuhören wollte. Stur wiederholte Peter seine Ablehnung, gab dummerhaftige Antworten, die so unüberlegt wa-ren, dass sein Opa Absicht unterstellte und sich getroffen fühlte.

Seine Wut stieg wie die Flut am Deich, und als der Deich im Hausflur der Münzstraße Nummer eins brach, gab es kein Halten mehr, und es war sinnlos, sich den gurgelnden Massen entgegenzustellen. Karl Krezek hat-te die Kontrolle verloren.

Seine Niedergeschlagenheit dauerte, bis er in der Lage war, darüber zu sprechen. Als Elise zwei Tage später von der verfahrenen Situation er-fuhr, machte sie sich Sorgen. Es war eine Urangst in ihr: Ein Zwist in der Familie, ein ungelöstes Problem, das gärte und größer wurde, ein Unge-heuer, das alles durchdrang und schließlich alles zerstörte. Wie damals, als ihr Karl nach anderen Frauen sah.

Alles sollte gut sein. Niemand hatte das Recht, andere zu verletzen. Das passierte nur, wenn sich jemand benachteiligt fühlte. Und darum galt es, gerecht zu sein. Peter hatte seinen Opa verletzt. Warum?

„Vielleicht“, sagte Elise, „hat Peter Angst, dass er allein mit einem Hollandrad fahren muss. Alle anderen in seinem Alter haben ein Jugend-rad. Das kann ich verstehen.“

„Aber wir entscheiden! Es soll ein Geburtstagsgeschenk sein!“, warf Karl ein.

„Warum hast du ihn dann überhaupt mitgenommen, wenn er nichts zu sagen hat?“, hielt ihm seine Frau entgegen.

Schließlich waren sie sich einig, dass es nur zwei Möglichkeiten gab: Entweder sie schenkten ihrem Enkel etwas völlig anderes, oder sie gaben nach. Die Grundidee war ja gut: Bald würden ihre Kinder umziehen, und der tägliche Weg von der Gartenstraße zum Gymnasium in der Stadt war weit. Und Rolf und Hilde hatten gerade jetzt noch weniger Geld als sonst.

Peter hatte zwar erst im Juli Geburtstag, aber das Fahrrad brauchte er jetzt, auch als Belohnung für das Bestehen der Aufnahmeprüfung zum Gymnasium – das würden alle in der Familie verstehen. Das wiederum war aber Karl Krezek nicht zuzumuten, das hätte seine Niederlage besiegelt.

„Strafe muss sein!", sagte Peters Opa. „Da muss er eben bis zu den Sommerferien zu Fuß gehen!"

„Und er wird sich um so mehr freuen, wenn dann doch das blaue Rad an seinem Geburtstagstisch steht!", freute sich Elise und gab ihrem Mann einen aufmunternden Schlag auf seinen Oberschenkel.

Abschied vom Nachtjackenviertel (1957)

Die Planung des Anbaus in der Gartenstraße war nicht gar zu schwer gewesen. Aus Kostengründen wurde nur ein kleiner Keller konzipiert. Im hinteren Teil des alten Hauses unter der Terrasse von Sauers waren wegen der Anschlussleitungen sinnvollerweise Küche und Bad vorgesehen, und da der Kamin des Vorderhauses mit benutzt werden sollte, war auch der zentrale Kohleofen dort unterzubringen.

Selbstverständlich auch, dass das Wohnzimmer zum Garten hin lag, und so blieb für Schlafzimmer und Flur nur der Raum dazwischen. Die beiden Kinderzimmer unter dem schwach geneigten Satteldach konnten über eine steile Terrazzo-Steintreppe erreicht werden. 30 000 D-Mark wurden dafür bei der Stadt Rendsburg als Mitarbeiter-Darlehen aufgenommen – eine Furcht erregende Summe, weswegen Rolf gelegentlich Albträume plagten.

Während Frieda Erichsen weiterhin ans Bett gefesselt war, konnte Johannes ab April frisch pensioniert den Baufortschritt kontrollieren, von seiner Ärztin Ida Behre aufgepäppelt mit Barium Chloratum gegen den Bluthochdruck in seinen verkalkten Gefäßen.

Der Weg zum Anbau führte links am alten Haus vorbei. Man sah dann vor sich den „Küchenapfel"-Baum und dahinter das Stallgebäude mit Werkbank und Kohlenecke, und rechts davon die neue Haustür mit dem gelben „Buddelglas". Der Hühnerstall wurde von Karl Krezek überdacht und dem Stallgebäude zugeschlagen.

Die Kinderzimmer hatten Abseiten und schräge, dünne Wände, wie sie schon in der Münzstraße auf dem Trockenboden konstruiert worden waren. Fast sämtliche Fußböden wurden mit PVC-Platten beklebt, das war so unkompliziert, dass sogar Peter dabei helfen konnte. Als die Zimmer tapeziert und gemalt wurden, verschwand das Baustellen-Gefühl, und der Geruch nach Mörtel und frisch gesägtem Holz verflog. Es war Juni, und der Einzug stand bevor.

Die Kinder hatten mit Eifer ihre eigenen Sachen zusammengetragen, es sollte doch nichts verlorengehen. Das gab ihnen die Gelegenheit, ihre kleinen Geheimnisse unbemerkt unterzubringen, von denen Mutter und Vater nichts wissen sollten.

Peter hatte von seinem Geld, das ihm gelegentlich von Engelein oder dem kleinen Opa oder Besuchern seiner Eltern zugesteckt wurde, für Zeugnisse oder den Besuch des Jahrmarkts auf dem Paradeplatz, nicht nur das Sparkonto der Rendsburger Spar- und Leihkasse genährt, sondern sich davon auch Süßigkeiten oder „Schundhefte" gekauft. Besonders die schmalen Comics von Ritter Sigurd und Prinz Eisenherz hatten es ihm angetan. Der alte Rohtert von der Moltkeschule hatte noch gewarnt: „Da kauft ein Junge auf der Klassenfahrt ein Schundheft, um es auf der Rückfahrt zu lesen! Jungen, versteht ihr das? Das ist doch so, als sitze man am schönen Strand von Travemünde und dreht seinen Rücken zum Meer!" Aber auch Peters Vater hatte Stellung bezogen: Diese Schundhefte waren keine Literatur, die Sprache darin war doch verkümmert! „Sowas kommt mir hier nicht ins Haus, damit das klar ist!"

Also heimlich. Denn es waren nicht nur diese abenteuerlichen Zeichnungen. Es war vor allem der Geruch von frisch gedruckten Illustrierten und Heften, besonders der mehrfarbigen, wenn sie in großen Mengen in den Geschäften auslagen, bei Hellwig zum Beispiel oder im Kiosk am Altstädter Markt, wo sie der Mann mit dem Lederarm verkaufte.

Nun mussten sie gut verpackt werden, damit sein Vater sie nicht sah.

Zusammen mit den Büchern über Kriegshelden, die in dem Wohnzimmerschrank achtlos herumlagen. Sein Vater hatte sie als Jugendlicher eifrig gelesen, die Geschichten vom „roten Baron" und vom U-Boot-Krieg, doch jetzt erhob er keinen Anspruch mehr darauf und überließ sie seinem Sohn.

Peter hatte schon eine kleine Bibliothek zusammen und jedes Buch mit einem Stempel markiert. Auch sogenannte „Sammelwerke" hatte er von seinem Vater übernommen, vom „Cigaretten-Bilderdienst Hamburg-Bahrenfeld" – wer viel rauchte, bekam Sammelbilder dazu, die er dann in die Bücher kleben konnte. So entstanden umfangreiche Bände über die deutschen Gaue, über die deutschen Kolonien oder auch, sehr informativ, über die Natur. Sie hatten den Krieg überstanden. Der Band „Aus Wald und Flur" erhielt die Nr. 30. „Münzstr. 1" war daneben gestempelt, und, damit das Buch auch ja nicht in falsche Hände geriete, hatte Peter seine Initialen daneben geschrieben.

Aber auch eigene Bücher waren dabei, zum Geburtstag oder zu Weihnachten geschenkt, die ersten Karl-May-Bände oder Förster-Geschichten und die billigen Fischer-Bücher, die sich der Junge für 95 Pfennig gelegentlich selbst kaufte, „Dirk – der Burenheld", „Störtebecker und seine Vitalienbrüder", „Dietrich von Bern" und „Formica – die Ameisenkönigin".

Aber am letzten Tag in der Münzstraße war alles schon weggeschafft worden, die Kisten und Möbel, die Wäsche und das Küchengeschirr. Hilde und Rolf und Engelein und die große Oma aus der Alten Kieler hatten die leere Wohnung gefegt, die Spinnweben aus den Zimmerecken gewischt und sich bei Köhlers nebenan mit Saft erfrischt.

Es war ein Abschied, melancholisch und aufregend zugleich, ein letzter Blick auf einen Lebensabschnitt, der nun unwiederbringlich zu Ende war, und ungeduldige Neugier auf das, was kommt, denn „jedem Anfang wohnt ein Zauber inne". Wie recht der Dichter hatte! Rolf war beseelt von dem Gedanken, dass Aufbruch und Reise dem Leben einen Sinn gaben und nun die nächste Stufe erklommen war. Und seine Hilde, zuweilen ängstlich verzagt, war ihm gefolgt, zögernd erst, aber jetzt mit leuchtenden Augen.

Hilke und Peter waren hinunter gelaufen, Peter ein letztes Mal auf dem Geländer gerutscht. Draußen auf der Straße war es anders als sonst. Die Leute standen herum, mehr als sonst, aber abgewandt, als hätten sie mit sich selbst zu tun. Warum eilten sie nicht, um in ihr Haus zu gehen? Warum riefen sie nicht nach ihren Kindern, um sie zu ermahnen? Warum nicht laut über die Straße, ihre Nachbarn zu necken?

Selbst die Kleinen und Halbwüchsigen standen unbeteiligt herum, prellten gelangweilt Bälle gegen die Hauswand, wischten sich mit dem Handrücken die laufenden Nasen und schauten sich nur ab und an um und warfen trotzige Blicke auf die Münzstraße Nummer eins, wo die Erichsen-Kinder etwas ratlos standen und mit den geputzten Schuhen in den schmutzigen Fugen des Kopfsteinpflasters scharrten.

Was war das nur? Hatte Peter nicht mit ihnen gespielt, gerauft, war er nicht gemeinsam mit ihnen davon gerannt? Hatten sie nicht Kippen gesammelt und Kohlen? Und Völkerball gespielt? Einen Pott voller Marmeln gewonnen und wieder verloren? Und im Herbst die Blätter in der Herrenstraße zu Laubhöhlen aufgetürmt? Und mit dem Blockwagen seines Opas Alteisen in der Wrangelkaserne verkauft?

Jetzt schien es so, als hätten sie nie dazu gehört, als seien sie fremd in dieser Gegend. Der „Sohn von dem Lehrer" wurde Peter genannt, keiner wusste warum, und jetzt ging der natürlich aufs Gymnasium! Und Hilke, die Tochter von dem Lehrer.

Er hatte die Leute reden hören. Lehrer waren was Besseres, so klang es jedenfalls. Sollten sie das ruhig glauben, dachte Peter, und da sie nicht direkt zu ihm sprachen, wollte er auch nicht antworten.

Ein paar Jungen liefen umeinander herum und spielten Tickletzten und schoben sich dabei unauffällig heran. Dann schienen sie plötzlich keine Lust mehr zu haben.

„Peter, komm mal!", rief der Älteste von ihnen. Dieter wohnte auf dem Hinterhof von Nummer drei, da gab es öfter Lärm und Geschrei. Peter war das nicht geheuer. Was wollte er? Er hatte doch sonst nichts mit ihm zu tun gehabt, nie mit ihm gespielt, vielleicht, weil er zwei Jahre älter war. – „Was soll ich denn?", antwortete er.

„Ich will dir Tschüss sagen", sagte Dieter, trat ein paar Schritte auf Peter zu und streckte ihm die rechte Hand entgegen.

Es war eine Falle. Aber Peter vertraute dieser friedlichen Geste und ergriff Dieters Hand. Vielleicht hatte er tatsächlich nie dazu gehört, war zu brav erzogen, um sich wirklich auf das Nachtjackenviertel einzulassen, sich wirklich in Gefahr zu begeben. Denn wer wirklich Teil dieses Milieus war, der lernte sich durchzusetzen – unsentimental, hart – und, wenn nötig, frech zu sein.

Kaum hatte Dieter Peters Hand fest umschlossen, holte er mit seiner Linken blitzschnell aus und schlug dem „Lehrersohn" eine mächtige Ohrfeige, ließ ihn dann los und rannte mit den anderen lachend davon.

Peter war wie betäubt. Die Erfahrung prägte sich ihm tief ein, und er beschloss, ein besserer Mensch zu werden – zumindest besser als Dieter.

Zeitenwende für die Alten

Das Leben in dem Anbau in der Gartenstraße war eine Sensation. Die Familie Erichsen war jetzt nicht nur zu Besuch im Garten, sondern der Garten selbst war ihr Zuhause! Sie mussten keine Treppen mehr steigen! Sie hatten ein WC in der eigenen Wohnung! Und eine Zentralheizung! Und eine rosa Badewanne! Und einen Kühlschrank! Und für jedes Kind ein eigenes Zimmer!

Es war ein Traum. Einerseits.

Andererseits wurde Hilde nach ein paar Wochen Höhenflug von der Realität eingeholt. Der Schwiegervater, der doch nun nach Erreichen des

Ruhestandes hätte aufblühen können, pflegte mehr und mehr die Nörgelei, und sie hatte es zuvörderst auszuhalten.

Zugegeben, seine körperliche Leistungskraft hatte deutlich nachgelassen – und das war es nicht, was man sich für die letzte Phase des Lebens wünschte. Er fühlte sich um den Lohn seiner Lebensarbeit betrogen, und wenn er ehrlich war, hatte er auch noch nicht die demütigende Zwangspause nach dem Krieg verwunden. Wie einen Verbrecher hatte man ihn damals aus der Stadtkasse verbannt.

Wenn er zu Hause auf seine kranke Frieda sah, dann spürte er vollends, dass das Schicksal es nicht gut mit ihnen meinte.

Aber hatten sie nicht aus eigener Kraft das Haus gebaut, auf einem Stück Land, das ihnen so viel Freude machte? Und hatten sie nicht nach dem frühen Tod des Erstgeborenen einen tüchtigen Sohn, der in des Vaters Fußstapfen getreten war?

Ja, ja, ja! – Aber …!

Es war recht, dass die Jungen für die Alten sorgten – so war es immer gewesen. Aber die Alten konnten meist noch etwas geben, die Enkel hüten, das Essen kochen und die Strümpfe stopfen. Dagegen – was war ihnen geblieben? Oft waren sie ja beide schwach und hinfällig und riefen ihre Schwiegertochter, ihnen zu helfen.

Und dann der Kanaltunnel, der im Herbst gebaut werden sollte! Johannes nahm zur Kenntnis, dass die gute, alte Drehbrücke wohl ein Hindernis für den Schiffs- und Straßenverkehr geworden war. Das ließ sich nicht leugnen. Aber der Tunnel direkt hinter seinem Grundstück? Eine Schneise musste durch die Nachbargrundstücke gegraben werden, viele Meter tief und langsam abfallend zum Wasser hin, vier Fahrspuren zwanzig Meter tief durch die Tunnelröhre über den Grund des Kanals geführt! Vorbei war es mit der Ruhe einer Gartenlandschaft! Häuser mussten abgebrochen, verschoben werden! Abgeschiedenheit wurde durch Öffentlichkeit ersetzt! Durfte man zerstören, was ihm an Gutem geblieben war?

Und wo blieb das Grundwasser? Auslaufen würde es! Die Obstbäume verdursten! Wer schützte ihn, Johannes Erichsen, vor diesem Wertverlust?

Stunden verbrachte er am Ende des Gartenwegs und starrte durch den Liguster in den Garten der alten Landratsvilla, die nun bald abgerissen werden sollte. Immer wieder zog es ihn dorthin, wo er mit Frieda zahllose Kaffeestunden verbracht hatte, mit dem zufriedenen Blick über seine Bäume, Obststräucher und Beete. Nachdenken wollte er, eine Lösung ersinnen, doch meist war sein Kopf leer, und er kehrte verzweifelt zu seinem Haus zurück.„Das musst du mit Rolf besprechen! Davon verstehe ich nichts!", sagt Hilde oft, wenn ihr Schwiegervater klagte.

Rolf! Sein Sohn war ihm keine große Hilfe! Er stand auf der anderen Seite, beschwichtigte, hatte sich in der Stadt hochgedient zum Leiter des Steueramtes, am ersten Juli war sein Schulfreund Hans Heinrich Beisenkötter Bürgermeister der Stadt geworden! Was konnte man da erwarten!

„Dein Vater hat sich schon wieder bei mir ausgeweint!", sagte Hilde, als Rolf zum Mittagessen aus dem Rathaus kam. „Ich halt das bald nicht mehr aus!" – „Du glaubst gar nicht, was man alles aushalten kann", war seine Antwort. Als er sah, dass ihre Augen dunkel wurden, drückte er ihre Hand, um sie zu besänftigen. „Ich weiß, es ist schwer", sagte er leise. „Aber er hat sich sein Leben auch anders vorgestellt, das weißt du. Und er ist mein Vater."

„Es ist ja nicht nur das", erwiderte Hilde. „Ich bin ja fast mehr drüben als hier! Heute Morgen hab ich es gewagt zu sagen: Die Bügelwäsche muss bis morgen warten. Ich hab jetzt bei uns was zu tun. – Weißt du, was deine Mutter da sagt? – Wozu habe ich eine Schwiegertochter! Das seien nicht ihre Worte, sondern das hätte Frau Sauer gesagt, und irgendwie habe sie ja auch recht!"

Rolf schwieg. Er konnte Hilde ja verstehen. Aber er wünschte sich manchmal, sie wäre belastbarer. Er nahm ihr doch soviel ab! Er machte Besorgungen in der Stadt, er ging zur Sparkasse, er machte den Schriftverkehr für die Familie! Im Garten musste Hilde nichts machen! Die Kinder waren morgens in der Schule!

„Und", sagte Hilde, denn sie fasste das Schweigen ihres Mannes auf als stille Aufforderung, ihr Herz zu erleichtern, „das habe ich dir noch gar nicht erzählt! Ich glaube, es war vorgestern, da hat sie sich beschwert! Sie hat meine Eltern gesehen, als sie uns neulich besuchten. Hat wahrscheinlich hinter den Gardinen am Nähtisch gesessen, und wir dachten, sie liegt im Bett. ‚Uns wird ja nicht Bescheid gesagt!' Das waren ihre Worte! Das muss ich mir dann anhören!"

Sein Täubchen! Sein geliebter Mensch! Rolf lächelte innerlich. Wie hatte sie sich entwickelt seit damals! Sie war an ihren Aufgaben gewachsen, eine liebe Frau und gute Mutter. Und sie konnte sich in Rage reden so wie jetzt und hatte dann die Augen von Elise Krezek. So wie vor einem halben Jahr, als seine Eltern unbedingt einen direkten Zugang zum Anbau wollten und Hilde sich vehement zur Wehr setzte! Er hatte ihr damals schließlich recht gegeben.

Er drückte noch einmal ihre Hand und stand auf vom Mittagstisch. Die Kinder hatten abgedeckt und waren schon oben in ihren Zimmern. „Ich leg mich hin", sagte er. „Viel Zeit ist ja nicht mehr. – Ach ja, dein Haushaltsgeld!" Und er zog sein Portmoncc aus der Gesäßtasche.

Noch etwas, was er dankbar registrierte: Hilde beklagte sich nicht über die Zuteilung, sie wirtschaftete sparsam und hatte doch für ihn oft eine Extraportion. Er fühlte sich als Ernährer und Familienoberhaupt geliebt und geachtet.

Es war genau so, wie es sein sollte.

* *Der Tunnelbau beginnt*

Ab November 1957 quietschte der schwimmende Eimerkettenbagger gottserbärmlich fast Tag und Nacht, um die Kanalsohle im Bereich des künftigen Tunnels auf 22 Meter zu vertiefen. Hinzu kam das dumpfe „Tam-tam" der Dampframme, die unermüdlich Spundwände herstellte. Und in den nebligen Wintermonaten schoben sich hohe und tiefe Schiffssignale durch die kalte, graue Luft. Es war die schräge Sinfonie eines Industriehafens, mit der die Leute abends einschliefen und mit der sie, wenn die Natur es gut mit ihnen meinte, erst am Morgen wieder aufwachten.

Wo die Nordrampe des Tunnels entstehen sollte, wurden über dreißig Häuser abgerissen oder sogar aufwendig verschoben. Dann rückten die Raupenbagger an, und gelbe Muldenkipper von einer nie gesehenen Mächtigkeit mit über mannshohen Rädern fraßen sich in den gelbsandigen Untergrund. Peter konnte von seinem Zimmer unter dem Dach den Baufortschritt beobachten. Und wenn der Ostwind blies, wurde die Gartenerde hell bestreut, und die feinen Sandkörner drangen sogar durch die neuen Fenster des Anbaus und legten sich auf die Fensterbänke.

Es war wie eine Zeitenwende, der die Alten nicht gewachsen waren. Es gab Tage, da musste Hilde schon früh morgens hinüber, da beide das Bett nicht verlassen konnten, um sie frisch zu machen und mit Frühstück zu versorgen. Dann musste sie wischen, den Staub und die Fliegen vom Fensterbrett und das Klo und die Waschbecken. Und das Essen vorbereiten, wenn es ging, für beide Familien dasselbe, das war sinnvoll, engte aber auch ein. Wenn sie fertig war, schnell rüber, denn bald kamen die Kinder aus der Schule und Rolf aus dem Steueramt.

Es war nicht, dass sie ihre Entscheidung zum Umzug bereute. Unvergleichlich das Gefühl, das Haus und die vielen Räume zu durchschreiten – und dabei durch die Fenster immer den Garten zu sehen, den zu durchschreiten – oh Gott! – ein richtiger Spaziergang war, auf dem man Gladiolen oder im Herbst Äpfel oder Winterastern finden konnte! Aber es hatte seinen Preis. Wie alles im Leben. Es konnte durchaus noch schlimmer kommen.

Der Sohn wird ins Kinderheim geschickt (Sommer 1958)

„Du darfst mir gerne die Zunge rausstrecken!", sagte der Englischlehrer und war sichtlich stolz auf diese methodische Variante, die er gerne immer wieder in den Anfängerklassen einsetzte. Dabei grinste er sehr kontrolliert und tanzte geschmeidig durch die Reihen auf sein neues Opfer zu, elegant gekleidet mit Fliege und weit geschnittenem Anzug.

„So! Mach mir nach! Spuck mich ruhig an!" Dr. Gurcke ließ seine Zunge nach draußen schnellen und zog sie unter den nicht mehr ganz weißen Zähnen des Oberkiefers wieder hinein, dabei sonderte er ein gelispeltes Geräusch ab, das wie „thö" klang und dem englischen „tiäitsch" sehr nahe kam.

Peter war dieser geschmeidige Lehrer nicht ganz geheuer, hinter Freundlichkeit und Jovialität schienen sich Ablehnung und Distanz zu verbergen. Vielleicht aber hatte der Junge einfach nur kein Talent für die Fremdsprache.

Jedenfalls endete dieses erste Jahr mit einer Fünf in Englisch.

Überhaupt war alles anders auf dem Gymnasiumsberg, in diesem mächtigen Backsteingebäude mit den Reliefs berühmter Gelehrter an der Fassade. Peters Klassenraum war ausgestattet mit alten Schülerpulten, die noch schräge Schreibplatten und Löcher für die Tintenfässer hatten und außerdem wahrhaft geschichtsträchtige Kerben und Flecken. Und wenn die Jungen in die Pause stürmten, führte ihr Weg über hohe Korridore am Lehrerzimmer vorbei durch eine Eingangshalle mit Säulen und Treppen und kunstvollen Fliesen.

Peter wurde in die Quinta versetzt. Gleichzeitig erhielten die Eltern die beunruhigende Nachricht, dass ihr Sohn eine „Lungenschwäche" im Bereich der Hilusdrüsen habe und eine vorbeugende Kur in gesunder Gebirgsluft ratsam sei. Die Röntgen-Reihenuntersuchung in dem LKW des Gesundheitsamtes hatte die Diagnose zutage gefördert.

Diese Angst vor Tuberkulose! Hörte sie denn gar nicht auf? Sollte nun auch die nächste Generation davon betroffen sein?

Die Familie handelte schnell. In den Sommerferien 1958 fuhr der Junge mit dem Zug für sechs Wochen in den Schwarzwald. Das Gebirge erhob sich wie eine Wand aus schwarzen Wolken über der Rheinebene und verschluckte den Zug in seinen engen Tälern. Ziel war ein Kinderheim in Hinterzarten.

Überraschend schnell hatte sich Peter, der Neinsager, eingelebt – musste er sich doch mittags zur Ruhe begeben, seine Kleidung inklusive der Unterwäsche sorgfältig falten, wenn er abends ins Bett ging, auf den Spaziergängen in Zweierreihen marschieren, im Esssaal auf Kommando mit den Mahlzeiten beginnen und die morgendliche Haferschleimsuppe bei Strafandrohung herunterschlucken und einmal in der Woche bei der Grundeigentümerin Frau von der Straß Unkraut jäten. Bei Regelverstößen war eine Geldstrafe von zehn Pfennig fällig, oder man durfte an dem Tagesausflug nicht teilnehmen. Das Regiment im „Haus Waldwiese" war streng.

Aber auf der anderen Seite! Was gab es nicht alles zu sehen und zu erleben! Das enge Höllental, durch das sie gekommen waren! Das Kinderheim, das wie ein Schwarzwaldhaus aussah, und davor eine riesige Wiese, die sich hochzog bis zur Adlerschanze! Links davon endete die Bob-Bahn. Hier müsste man mal im Winter sein! Aber auch jetzt – die wilden Trollblumen mit den gelben Kugelköpfen!

Und die Wanderung zum Titisee! Sie kamen auf einer Anhöhe in einen Nadelwald, in dem die Arbeiter die unteren Äste abgesägt hatten. Die sammelten sie zusammen und bauten daraus Hütten und Krabbelgänge. Sie fühlten sich wie Indianer oder Ureinwohner irgendeiner fernen Inselgruppe und fielen schließlich übereinander her, wie das bei verfeindeten Stämmen so üblich war.

Zurück im Kinderheim gab es cremig süße Quarkspeise mit frischen Früchten zum Abendbrot, und wenn man Glück hatte, konnte man sich nachfüllen bis zum Platzen! Dann zog Peter sich zurück und schlug sein schwarzes Schulheft auf, in dem er seine Gedichte sammelte. Auf Seite zehn drängte ihn ein neues Werk, den Schwarzwald zu preisen:

Oh Schwarzwald, Schwarzwald, wie bist du so schön!
Deine Wälder, deine Wiesen, deine luftigen Höhn!
Immer wieder schau ich auf dein Bild,
auf deine Tiere, auf dein kostbares Wild.
Ein Axtschlag plötzlich erschallt,
es sind die Arbeiter im tiefen Wald.
Schon von Fern hör ich ein feines Singen,
es ist der Kühe Glockenklingen.
Eine Kapell und ein Bauernhaus,
ist es hier nicht schöner als zu Haus?
Ein Bächlein in das Tale fallt,
von dort es nach oben schallt
bis zu den luftigen Höhn:
Oh Schwarzwald, Schwarzwald, wie bist du so schön!

Die selige Stimmung wurde jäh zerstört.

Es war auf dem Heimweg von einem anderen Ausflug am übernächsten Tag, die Jungen waren vom Spielen erhitzt, und nun trotteten sie in Zweierreihen dem Ort Hinterzarten entgegen. Als die ersten Häuser zu sehen waren, gingen sie auf den Bürgersteig, wo es enger war.

Plötzlich flogen kleine Steinchen von hinten nach vorn, Unruhe entstand, bis ein spitzer Schrei erklang, ein wütendes Kindergesicht, das sich nach hinten umdrehte, immer noch mit Spuren von verdrecktem Schweiß, das rief „Lass das!", und ein anderer rief „Hört auf damit!"

Die beiden Frauen an der Spitze des Zuges blieben stehen und erhoben ihre warnende Stimme: „Seid ihr verrückt? Wollt ihr eure Kameraden verletzen? Dies ist eine letzte Warnung! Wir sehen alles!"

Aber wie wollten sie das anstellen? Sie hatten doch hinten keine Augen! Also sausten wieder Steinchen durch die Luft. Das Spiel konnte lange so weiter gehen! Die Mutigen feixten. Als die Zweierreihe wieder stoppte, freuten sie sich auf die nächste Ansprache.

Aber dann erschraken sie, als Schwester Alma zielstrebig an der Kinderreihe entlang stampfte. Ohne zu zögern griff sie sich Thomas, der vor Peter ging, zog ihn heraus, so dass ihn alle sehen konnten, und verdrehte ihm das Ohrläppchen, so dass sein Kopf ganz schief stand. Thomas jammerte. „So, Bürschchen", sagte Schwester Alma, „du kommst jetzt mit nach vorne!"

Peter verstand nicht, was da geschah. Hätte Thomas mit Steinen geworfen, dann hätte er das doch sehen müssen! Er war doch die ganze Zeit hinter ihm gewesen! Nein, Schwester Alma hatte sich aus irgendeinem Grund falsch entschieden. Das war ungerecht. Und er sagte: „Thomas war das nicht! Das weiß ich genau!"

Schwester Alma sah Peter verärgert an: „So, das weißt du genau!" Und der Thomas, an dessen Ohrmuschel immer noch gezogen wurde und dessen Kopf immer noch ganz schief stand, unterbrach sein Jammern, streckte den Arm aus und zeigte auf Peter: „Der da! Der hat geworfen! Das hab ich doch gesehen!"

In Schwester Almas Gesicht war Verblüffung zu sehen, Zweifel, Verunsicherung, doch dann glätteten sich ihre Züge, als schien ihr eine Erkenntnis zu dämmern: Natürlich! Das war gut möglich! Der kleine Bub kann es in seiner Naivität nicht ertragen, dass jemand anders beschuldigt wird! Weil er genau weiß, wer es war – er selbst! Durch seinen Entlastungsversuch hat er sich selbst verraten!

Schwester Gertrud, die zur Unterstützung ihrer Kollegin herangeeilt war, schien dasselbe zu denken. „Dann kommst du mit nach vorn!", sagte Schwester Alma zu Peter und legte ihre Hand wie eine Klammer um seinen Nacken. „Im Heim werden wir die Sache untersuchen."

Die Vernehmung nach ihrer Rückkehr lief nicht gut. Peter beharrte trotzig auf seiner Meinung, schimpfte und wurde laut. Da war der Verdacht Gewissheit. Das Urteil lautete: Zwei Tage Ausschluss von den Ausflügen, Brief an die Eltern.

Nun war der Schwarzwald nicht mehr so schön. Zumindest verdunkelte sich die Laune von Zeit zu Zeit. Seine größte Sorge war, dass seine Eltern schlecht vom ihm denken könnten. Die Schwestern nahmen nur offene Briefe an, um sie kontrollieren zu können. Also trug Peter ab sofort auf den Spaziergängen einen fertigen Brief in der Tasche und hielt Ausschau nach einem Postkasten. Auf dem Platz in der Ortsmitte in der Nähe der Zwiebelturmkirche entdeckte er einen, aber nie gingen sie direkt daran vorbei. Sich aus der Zweierreihe zu lösen und flink hinüber zu laufen, dazu war er nicht frech genug. Was hätte ihm passieren können? Ein weiterer Ausschluss von den Ausflügen, na und? Das war doch jetzt sowieso egal! Aber nein, es fehlte der Mut, und so packte er ihn schließlich in seinen Koffer, als es nach sechs Wochen Erholung wieder nach Hause ging.

Den Thomas strafte er mit Nichtachtung. Er war in der Gruppe der Norddeutschen der einzige Katholische – ob es da einen Zusammenhang gab?

Wie Rolf seine Kinder erzieht

Hilke und Peter wohnten in der Gartenstraße nun Tür an Tür. Das war eine neue Erfahrung und musste ausgekostet werden. Sie besuchten sich gegenseitig und fanden es schließlich interessant, vorher anzuklopfen, so wie es die Großen taten.

Dann kam eine Phase der wilden Überfälle, genährt vor allem durch Peters Indianer-Fantasien. Bälle flogen und – nach dem verordneten Zu-Bett-Gehen – auch Kissen, die ebenso dem Nahkampf dienten.

Hilke hatte sich zu einem kräftigen und selbstbewussten Mädchen entwickelt, mit einem Gespür für eigene Interessen und für die Erwartungshaltung anderer. Ihr Vater verlangte ein braves Mädchen, also war sie brav und zeigte sich sehr vernünftig für ihr Alter. Vater verlangte gute Schulleistungen, also schlug sich das Grundschulkind wacker und berechtigte zu großen Hoffnungen. Ihr Vater war an Sonntagsausflügen spendabel, also tat sie nichts, was die gute Laune stören konnte.

Ihr älterer Bruder war weniger flexibel. Er war immer noch ein Ollenhauer und wenig geschickt im Erreichen seiner Ziele. Mit ihm hatte Rolf

Erichsen wesentlich größere Schwierigkeiten, und er suchte die gewünschte Erziehung seines Sohnes mit Konsequenz und Härte durchzusetzen. Er verlangte die Einsicht in die Überlegenheit des Erwachsenen, insbesondere in die des Vaters, und so war die Forderung nach Gehorsam zwangsläufig und eine sture Verweigerung schlicht und einfach mit Schlägen zu bestrafen.

Rolf verlangte Folgsamkeit auch gegenüber der Mutter. Niemand sollte glauben, die beiden Eltern gegeneinander ausspielen zu können. Damit befand er sich auf dem Boden des gesunden Menschenverstands und scheute sich nicht, seine Expertise an andere weiterzugeben.

Aus diesem Grunde war er bass erstaunt und in der Folge recht erzürnt, als anlässlich eines Besuchs in der Alten Kieler Landstraße seine Schwiegermutter einen etwas gewaltsamen Erziehungsversuch wütend unterbrach. „Lass den Jungen in Ruhe, Rolf!", hatte sie laut gerufen. Dass Peter in ihrem Beisein gezüchtigt wurde, und das nur, weil er sich weigerte, seine – angeblich – sauberen Hände zu waschen, das war ihr nicht recht. Ihr gefiel die Gewalt nicht, sie erschien ihr unangemessen, und sie konnte ihre Augen ja nicht einfach schließen. Gutes Benehmen, ja, das war auch ihr wichtig. Und ja, ihr Enkel konnte so recht widerborstig sein. Damals im Laden: „Gib der Dame die Hand! Mach einen Diener!" Das wollte sie erzwingen, aber das hatte nicht funktioniert.

„Dein Sohn hat seinen eigenen Kopf", sagte sie bestimmt, als Rolf sie zur Rede stellte. „Das kannst du nicht herausprügeln, Rolf!" – „Und ich verbiete dir, meine Maßnahmen in Peters Beisein zu kritisieren!", antwortete Rolf scharf. Das Treffen endete unentschieden.

Für besonders schwerwiegende Fälle lag auf dem Küchenschrank ein Rohrstock, wie ihn Schneider Böck benutzen wollte und wie ihn Lehrer Lämpel rechtzeitig hätte benutzen sollen. Für Rolf war der Stock ein notwendiges Mittel zur Züchtigung seines widerspenstigen Kindes. Und es war nicht so, dass Peter unbeeindruckt gewesen wäre. Sein Vater sah Anzeichen für einen langfristigen Erfolg der Strategie.

In den abendlichen Neckereien zwischen den Geschwistern ging es zuweilen hoch her. Der Junge war vier Jahre älter, und ein Gefühl der Fairness gegenüber der jüngeren Schwester war ihm fremd. Da wurde gekitzelt und geknufft. Hilke wehrte sich, und der fröhliche Streit wurde ernst aus ihrer Sicht. Es kullerten die Tränen, ihr Bruder erkannte die Warnzeichen nicht. Hilke befreite sich und rannte nach unten. „Er hat mich in'n Bauch gehaun!", schrie sie.

Und plötzlich nahte das Unheil mit dumpfem Schall, zwei oder drei Stufen auf einmal nahm der unheimliche Rächer, riss die Tür auf und stürmte herein und zerrte die Bettdecke von dem kauernden Jungen, damit die Stockschläge auch ja gut trafen.

„Wie oft habe ich dir schon gesagt, dass du als der Ältere Rücksicht zu nehmen hast auf deine Schwester? Wie oft – habe ich – dir das – schon gesagt?"

Am nächsten Tag erlebte Peter eine Überraschung.

Er ging die steile Terrazzo-Steintreppe hinunter. Durch das gelbe Buddelglas von Haustür und Flurfenster fiel gedämpftes Licht. Er wollte zum Klo, das war unten neben der Küche. Da trat Rolf aus dem Schlafzimmer, griff mit der rechten Hand nach dem schmiedeeisernen Geländer, eine Aufforderung, stehen zu bleiben.

„Ich muss dir etwas sagen." Das Gesicht des Vaters zeigte keine Erinnerung an den gestrigen Abend. Es war ganz nah und auf gleicher Höhe. „Deine Mutter trägt ein Kind unter dem Herzen. Du bekommst also bald ein Geschwisterchen."

Peter starrte seinen Vater an. Die Botschaft war so ungewöhnlich wie die Situation. Er hatte ihn hier abgepasst, als dürfe niemand sonst davon erfahren, als wolle der Vater mit seinem Sohn ein Geheimnis teilen. Was sollte er dazu sagen? Danke, dass du mir das gesagt hast? Danke, dass du mir auf gleicher Augenhöhe begegnest? Nein, das zu sagen, setzte Souveränität voraus! Davon war der Zwölfjährige weit entfernt. Also schwieg er, nickte gleichgültig und setzte seinen Weg fort.

Rolf blickte ihm nach.

Musste ein Vater seinen Sohn, der fast noch ein Kind war, überhaupt informieren? Hätte er nicht warten sollen, bis der Junge Fragen stellte? Nun, aus irgendeinem Impuls, den er sich selbst nicht recht erklären konnte, hatte er ihn an diesem Morgen an der Treppe überrascht. Zuerst wollte er einfach sagen: Deine Mutter ist schwanger. Aber nach kurzer Überlegung fand er das zu direkt einem Kind gegenüber, ja geradezu unanständig, und er hatte sich für die – zugegeben – etwas antiquierte Formulierung entschieden. Hieß es nicht auch in der Bibel, Maria trage das Kind unter dem Herzen? Oder nein, sie bewahrte die Worte in ihrem Herzen, oder? Jedenfalls war es ganz ähnlich und für einen Zwölfjährighen durchaus angemessen.

Irgendwie hatte er gehofft, in den Augen seines Jungen ein Leuchten zu finden, eine schwer zu verbergende Freude, eine Dankbarkeit. Peter wusste ja nichts von der Sinnkrise seiner Eltern, die der Schwangerschaft vorausgegangen war. Von dem Wunsch seiner Mutter, nach acht Jahren doch noch einmal ein Kind zur Welt zu bringen, einen Nachkömmling, und von der Ablehnung ihres Mannes, der das Thema für abgeschlossen gehalten hatte.

Nun war das Kind unterwegs und Freude das Natürlichste der Welt. Rolf Erichsen ahnte nicht, welche Ratlosigkeit seine Worte hinterlassen hatten. Nie hatten sie sich gescheut, nackt durch die Wohnung zu laufen. Waren damit nicht die Kanäle geöffnet für die neugierigen Fragen der Kinder, die sie dann – wo auch immer – stellen würden? War das nicht ein gesunder Zugang zu den Geheimnissen der Geschlechtlichkeit? Ja, Rolf Erichsen hatte festgefügte Überzeugungen, gewonnen durch Nachdenken und Erfahrung, die nicht mehr in Zweifel zu ziehen waren. Das machte seine Stärke aus, damit verdiente er sich Respekt.

Aber sein Sohn war nicht nur unfähig gewesen, Freude auszudrücken, sondern wusste auch nicht, wie er diese Information seines Vaters einzuordnen hatte. Er wusste nicht, wie das Kind unter das Herz seiner Mutter geraten war. Er wusste nicht, was seine Eltern im Bett verrichteten. Er hatte nie etwas davon mitbekommen. Er wusste, dass es mit dem Geschlechtstrieb zu tun hatte, den er an sich selbst genau kannte. Aber wie war der große Zusammenhang?

Wie Johannes leidet und an sein Ende kommt (1959)

Im Winter des Jahres 1958 klingelte es morgens an der Tür, und als Hilde öffnete, sah sie ihre Schwiegermutter im Nachthemd und ohne Haarnetz stammeln: „Oh Hilde! Komm schnell! Hanne ist auf das Bett gefallen!"

Es stellte sich heraus, dass Johannes Erichsen noch Frühstück für seine bettlägerige Frau gemacht hatte und gerade abräumen wollte, als seine Beine nachgaben und er mit einem lauten Stöhnen auf seine Seite des Ehebetts gefallen war. Da lag er nun, als Hilde herüber geeilt kam, und der Anblick war so ungewöhnlich, dass sie sofort begriff, dass etwas Schlimmes passiert war. Ihr erster Gedanke galt dem Telefon, die Ärztin musste her.

Während sie auf Ida Behre warteten, gelang es Hilde nur mit Mühe, die Beine des großen Mannes auf das Bett zu heben.

Die Ärztin sah sofort, dass ihre anthroprosophische Medizin in diesem Falle verantwortungslos gewesen wäre und schon zur eigenen Absicherung nur das Krankenhaus in Frage kam. Und dort bestätigte sich der Verdacht auf Schlaganfall.

Als Johannes nach Wochen aus dem Krankenhaus zurückkehrte, ging er mühsam am Stock, das heißt während er sich links abstütze, schleifte er den rechten Fuß so weit es ging über den Boden nach vorne, der rechte Arm mit der einwärts gekrümmten Hand pendelte leblos am Körper.

Sein Sohn hatte ihm schon im Krankenhaus von seinen Bemühungen berichtet, eine Haushaltshilfe und Pflegekraft einzustellen. Doch dann meldete sich Johannes Schwester Magda Kruse aus Kappeln. Sie wurde von ihrem Heini im BMW-Beiwagen abgeliefert und dankbar einquartiert. Zusätzlich verlegte ein Kollege von den städtischen Stadtwerken eine Klingelleitung von den Betten der beiden Alten bis in das Schlafzimmer von Hilde und Rolf.

Währenddessen verschlechterte sich Friedas Zustand. Ihr Leib schwoll an und musste punktiert werden, was ambulant mit Blutungs- und Infektionsgefahr verbunden war. Ob es ein Versagen der Leber war oder die Folge von Tumoren oder die Herzinsuffizienz oder alles zusammen, das war nicht klar. Bei ihrer Atemnot bestand akute Lebensgefahr, und so kam sie ins Krankenhaus.

Magda meinte es gut, und natürlich war sie eine gute Hilfe. Aber sie konnte es nicht lassen, dem hilflosen Bruder die Blutwurst auszureden und ihn an Gott heranzuführen, an Jehova, und ihm Vorträge zu halten. „Magda, ich will das nicht wissen!", sagte er, sein Sprachzentrum war erfreulicherweise intakt, aber es half ihm nichts. Für die Zeugen Jehovas war die Mission eine selbstverständliche Lebensaufgabe, die auch gegen Widerstände durchgeführt werden musste. Wenn der Mensch das ist, woran er glaubt, wie Anton Tschechow sagte, dann war Magda für Johannes Erichsen nicht zu ertragen. Ihr Einsatz endete mit einem höflichen Hinauswurf.

Dafür kam Edith Kria.

Die untersetzte Frau mit dem Pferdegebiss und dem eingezogenen Kopf lebte in einer kümmerlichen Wohnung im Neuwerk, seit sie aus dem Osten geflohen war, von der Weichsel her – aus Ostpreußen über Pommern und Mecklenburg nach Schleswig-Holstein. Ihre Sprache war entsprechend gefärbt und klang hart und heiser.

„Ich mag sie nicht", sagte Johannes, als sie nach der Vorstellung gegangen war, aber Rolf und Hilde redeten ihm gut zu. Sie schien robust und handfest und würde dem kranken Mann schon den Weg weisen. Also sagten sie: „Das ist jetzt nur der erste Eindruck. Du wirst dich schon an sie gewöhnen. Sie wird gut für dich sorgen, und darauf kommt es an. Und für ihre Stimme kann sie ja nichts."

Damit begann eine schwere Zeit für alle Beteiligten.

Die Klingelleitung war gut gemeint, jedoch alarmierte sie die jungen Leute nebenan, die sich doch von der Pflegerin eine Entlastung versprochen hatten. Dann standen sie oft zu Dritt vor dem Bett von Johannes Erichsen, der nach Luft rang und sich nur langsam beruhigte.

Anfang März wurde der Nachkömmling geboren, und während Hilde mit der kleinen Frauke noch im Krankenhaus lag, gab es zu Hause einen Arbeitseinsatz der besonderen Art.

Rolf hatte bis vor ein paar Monaten das Steueramt der Stadt Rendsburg geleitet. In den gut vier Jahren hatte er es verstanden, durch Kompetenz und klare Führung auf der einen Seite sowie durch Zugewandtheit und Hilfe in persönlichen Angelegenheiten eine Belegschaft zu formen, die sich als Familie empfand. Sie taten ihren Dienst in den beiden Räumen links vom Torbogen des alten Rathauses, da, wo noch der Ring aus dem Mittelalter in dem Mauerwerk steckte, an dem früher die verachteten Gesetzesbrecher am Pranger standen. Diese besondere Lage mit dem eigenen Eingang förderte das Wohlbefinden.

Nun war Rolf im Oktober vergangenen Jahres Leiter des Hauptamtes geworden und musste hinüber in den ersten Stock des „neuen" Rathauses, dem ehemaligen Kaufhaus Böse, in die Nähe seines Jugendfreundes und Vorgesetzten Hans Heinrich Beisenkötter.

Aber seine bisherigen Mitarbeiter waren ihm immer noch sehr verbunden, und als beim Feierabendgespräch bekannt wurde, dass seine Frau ihr drittes Kind erwartete und er sie gerne mit einem tapezierten Wohnzimmer überraschen würde, wollten sie alle kommen und mithelfen, Helene Klinnert, Helmi Hass, Sieglinde Zeruhn, Günter Rahn und die anderen.

Frieda blieb im Krankenhaus, und es ging ihr nicht gut. Obwohl Johannes beim Gehen wenig Fortschritte machte und Frau Kria verfluchte, weil sie ihn ständig antrieb, entschloss er sich, einen Besuch bei seiner kranken Frau zu machen. Er ließ sich seinen Anzug anziehen und die Krawatte umbinden, wie er es gewohnt war. Dann fuhren sie mit dem Taxi und setzten ihn anschließend in einen Rollstuhl.

Das Wiedersehen war unbeholfen – für eine schicksalhafte Begegnung fehlten die richtigen Worte und die kleinen und großen Gesten. Sie konnten sich ja nicht in die Arme fallen. Aber es war doch vielleicht eine letzte Gelegenheit in diesem Leben! Sollte sie ungenutzt vergehen? Horchten die Frauen in den Nachbarbetten, obwohl sie so still lagen? Die Verlegenheit der beiden Alten war so bedrückend, dass Rolf und Hilde sich entschlossen, die beiden allein zu lassen.

„Ach, mein Hanne!", sagte Frieda, als die Tür des Mehrbettzimmers sich geschlossen hatte. „Was machen wir nur!" Ermattet lag sie in ihrem Kissen und bewegte ihre kleine Hand zur Bettkante. Johannes blickte sie traurig an und bemerkte, dass der Rollstuhl falsch herum stand, seine gelähmte Körperseite ihr zugewandt. Seine Versuche, ihn zu drehen, gelangen nicht, es war zu eng. Er konnte seine Frau nicht berühren. Da begann er still zu schluchzen.

Er sollte sie nicht wiedersehen. Frieda starb im Mai.

Zu Hause rieb er sich auf im Kampf mit seiner Haushälterin Edith Kria. Ihre harte Stimme passte auffallend zu ihrem schwerfälligen Gang, ihrem gnomhaften Körperbau und dem Mangel an Einfühlsamkeit, so dass jeder Auftritt auf Johannes wie ein Überfall wirkte. Selbst wenn sie ihm das Essen brachte und laut – durchaus freundlich gemeint – sagte: „Herr Ärrissen, das Essen is ferrdich!", erschrak er. Er verabscheute sie innerlich zutiefst.

Was war ihm geblieben? Selbst die geliebten Zigarren hatten ihm seine Ärztin und sein Sohn verboten!

Sein Telefon war ein Nebenanschluss zu Rolfs Diensttelefon und konnte abgehört werden. Als er bei Zigarren-Barlach im Jungfernstieg eine Bestellung aufgegeben hatte, machte sein Sohn ihm Vorhaltungen. Ob er denn gar nicht an seine Gesundheit denke? – Welche Gesundheit?, dachte Johannes. Er war doch sowieso am Ende!

Seine Trauer und seine Hilflosigkeit hatten ihn zu einem verbitterten, nörgelnden Patienten werden lassen, dem nichts recht zu machen war. Kaum ein Tag verging, an dem Hilde in der hinteren Wohnung nicht das „Tock! Tock!" des Gehstocks hörte, das sich näherte. Kaum ein Tag verging, an dem ihr Schwiegervater nicht sein Leid klagte und die sofortige Kündigung seiner Haushälterin verlangte. „Kriaaah! Kriaaah!", äffte er hasserfüllt ihre Stimme nach. „Die Krähe soll verschwinden!" Mit ziemlicher Sicherheit folgte ein Besuch von Edith Kria, die sich verzweifelt zu verteidigen suchte.

Dann kam der erste Schwarz-Weiß-Fernseher in die Familie. Er stand im ehemaligen Esszimmer, wo Peter einst geboren worden war, wo die geschwächte Frieda so oft auf ihrem Chaiselongue gelegen hatte und das jetzt als Schlafraum für Johannes diente. Das Gerät sollte in diesem deprimierenden Leben für ein wenig Entlastung sorgen.

* *Der große Opa stirbt*

Hilke und Peter waren nicht gern bei dem kranken Opa, der nicht viel sprach, in seinem Sessel saß oder quälend langsam durch die Wohnung schlurfte. Die Spannungen zwischen ihm und Frau Kria entluden sich zwar nicht im Beisein der Kinder, aber sie waren wie ein Klebstoff, der alles erstarren ließ und die Zeit anhielt.

Der Fernseher änderte einiges.

Peter durfte sogar nach der Tagesschau Bernhard Grzimek sehen. „Guten Abend, meine lieben Freunde!", sagte der Zoodirektor jedes Mal, wenn er ins Bild kam, zusammen mit irgendeinem Tier aus seinem Zoo. Der Affe war sensationell, wenn er sich friedlich wie ein kleines Kind an den Direktor klammerte und Grimassen zog und dabei ein bisschen aussah wie sein Herrchen. Grzimek erzählte mit einer eintönigen Stimme interessante Sachen, die man noch nie gehört hatte und die noch nicht einmal in Brehms Tierleben zu lesen waren, und zum Schluss warb er für Spenden zur Rettung der bedrohten Tiere. Auch das stand nicht in Brehms Tierleben, dass Tiere und ihre Lebensräume bedroht waren.

Außerdem lauerte unter der betulichen Sachlichkeit der Kommentare eine Tragik, die den Mann noch interessanter machte: Er hatte Anfang des Jahres seinen geliebten Sohn verloren. Sie drehten den Film „Serengeti darf nicht sterben", und dabei starb Michael Grzimek bei einem Flugzeugabsturz.

Der Knall in der Stille war heftig und kurz. Als wenn ein schwerer Hammer aus großer Höhe auf eine Holzplatte gefallen und dort, ohne nachzufedern, liegengeblieben wäre.

Peter saß nebenan vor dem Fernseher und drückte neugierig die rotsamtene Portiere zur Seite, die die beiden Zimmer voneinander trennte.

Da sah er seinen Opa, der vor dem großen Gemälde des Gammelbyer Bauernhofes in dem schweren Sessel gesessen und Zeitung gelesen hatte. Sein Kopf mit der Stirnglatze lag ganz still auf dem runden Tisch mit der braunroten Kelimdecke, die randlose Brille war ihm seitlich von der Nase gerutscht, sein gesunder Arm hing lang hinunter fast bis zum Boden und schien noch leicht zu schwingen.

Etwas Schlimmes war passiert, das war ihm klar. Aber er war nicht fähig, irgendetwas zu tun. Er hätte zu seinem Opa gehen können, etwas sagen, etwas fragen, die Brille unter dem Gesicht hervorziehen, damit sie nicht kaputt ging. Hilfe holen, irgendwas.

Aber er saß nur da und wartete. Frau Kria kam in die Stube geeilt: „Herr Ärissen! Herr Ärissen! Was ist denn?" Und als sie keine Antwort erhielt, verschwand sie, um kurz danach mit Rolf und Hilde wiederzukommen.

Rolf ging entschlossen auf seinen Vater zu und rüttelte ihn: „Vati? Vati? Sag was!" Doch dann hielt er inne, richtete sich auf und blickte schweigend auf seinen Vater hinunter. Dann sagte er: „Ich ruf Dr. Behre an." Er drehte sich zum Schreibtisch um und entdeckte Peter. „Und du gehst sofort rüber!"

Als Peter allein in seinem Zimmer war, warf er sich aufs Bett und fing an zu weinen. Es war merkwürdig, aber er folgte keinem echten Bedürfnis, er hatte nicht das überwältigende Gefühl von Trauer, das dem Verlust folgt. Er glaubte einfach, dass Weinen jetzt angemessen war. Und wie man das Feuer durch Blasen anfachen konnte, so wurde das Weinen immer herzzerreißender, bis der Dreizehnjährige in ein irres, nicht enden wollendes Schreien ausbrach und auch seine Mutter ihn nicht mehr beruhigen konnte, bis Rolf schließlich ins Zimmer kam und ihm eine Ohrfeige versetzte.

In den nächsten Tagen kehrte ruhige Sachlichkeit ein. Rolf fühlte sich vom Schicksal gefordert, er war jetzt mehr als bisher das Familienoberhaupt, auf das sie alle blickten, auf das sie sich verlassen mussten, und er spürte die Verantwortung und trug sie mit gewissem Stolz. Der Tod kommt immer, mal früher, mal später, und je mehr man ihn respektiert, desto besser. Natürlich, die letzte Verbindung zu seiner Kindheit, seiner eigenen Geschichte, war nun unwiederbringlich dahin. Schmerzhaft war das, aber unvermeidlich.

Hilde war erleichtert. Ihr Taktgefühl verbot ihr, es offen zu zeigen, und sie sorgte dafür, dass die vielen Dinge, die nun von Rolf erledigt werden mussten, nicht durch häusliche Hürden gebremst wurden. Peter schien seine hysterischen Reaktionen vergessen zu haben, und Hilke war ohnehin sehr rational mit den Vorgängen umgegangen und wollte gern mit zur Beerdigung auf den Neuwerker Friedhof. Und Frauke musste gefüttert und ausgefahren werden, was die Geschwister ab und zu gern übernahmen.

Am Tag vor der Beerdigung kam Elise Krezek und kochte Erbsensuppe für die Trauergäste.

Edith Kria hatte die Aufgabe, Lebensspuren zu beseitigen: das Bett abzuziehen, die Wäsche zu waschen, überall aufzuräumen und sauber zu machen und auch Manches wegzuschmeißen. Und sie musste sich auf ihren eigenen Auszug vorbereiten.

Manchmal kam sie rüber und fragte um Rat: Was soll ich hiermit machen? Das hab ich in der Speis gefunden! – Kann ich das wegschmeißen? – Frau Ärissen, komm Sie doch mal mit! Ich muss ihn' was zeigen! – Peter will heute Nachmittag ein Fußballspiel im Fernsehen sehen, darf er das?

Elise Krezek mischte sich ein: Ihr Enkel wollte fernsehen? In der Schlafstube seines toten Opas? Hatte sie da richtig gehört? „Hilde!", sagte sie bestimmt. „Du musst mit dem Jungen reden und ihm klar machen, dass das nicht geht!"

Hilde seufzte. Sie selbst sah das nicht so eng. Aber sie kannte ihre Mutter. „Schicken Sie ihn her", sagte sie zu Frau Kria.

In der Küche roch es würzig nach Erbsen, geräuchertem, durchwachsenem Speck und Kochwurst. Die Suppe in den beiden großen Töpfen köchelte vor sich hin. Sie war nun eigentlich fertig und musste nur noch hinausgestellt werden auf die Terrasse, wo ein grauer und ungemütlicher Novembertag für die nötige Kühlung sorgte.

Peter stand im Durchgang zum Flur. „Warum denn nicht?", sagte er. „Ich stör doch keinen!" – „Weil sich das nicht gehört!", rief seine große Oma aus dem Hintergrund. Sie konnte die Zurechtweisung nicht ihrer Tochter überlassen, die war viel zu nachsichtig. „Dein Opa ist noch nicht einmal unter der Erde, und du willst Fußball sehen? Das hat dein Opa wirklich nicht verdient. Das ist respektlos!" – „Aber er weiß doch gar nichts davon!" – „Wie kannst du nur so reden! Dies ist ein Trauerhaus, begreif das doch!" – „Aber das Spiel ist heute! Die deutsche Mannschaft spielt gegen …" – „Ich will nicht wissen, gegen wen die deutsche Mannschaft spielt! Das ist völlig egal! Hier geht es um Achtung und Respekt für deinen toten Opa! Und wenn du dafür kein Gefühl hast, dann nimm wenigstens Rücksicht auf uns!" – „Du solltest wirklich darüber nachdenken!", sagte Hilde. Elise blickte verzweifelt himmelwärts und wandte sich ruckartig um zu den Töpfen. Sie war wütend.

Es war nun so, dass nichts entschieden war. Wenn Rolf da gewesen wäre, hätte er sich auf dieses Hin und Her nicht eingelassen. „Heute wird kein Fußball geguckt. Punkt!", hätte er gesagt. „Und red nicht gegen an!", hätte er mit erhobener Stimme hinzugefügt. „Haben wir uns verstanden?"

Ein klein wenig konnte Hilde ihren Sohn verstehen. Und ihre Mutter war in dieser Beziehung wirklich etwas „etepetete" – immer schon gewesen! Ein Vorfall aus ihrer Kindheit: Hilde und Elfriede trugen rote Samtkleider, beide von Frau Schöttler genäht, sie waren so stolz! Sie drehten sich und liefen auf die Straße, um sich zu zeigen. Da kam ein Leichenzug vorüber, und die Mutter stürzte ihren Töchtern erschrocken hinterher. Angst! Angst war in ihrem Gesicht! „Rein! Rein!", rief sie und scheuchte die beiden hinein ins Haus wie die Gänse in den Stall. „Das gehört sich nicht", erklärte sie später. „Schwarz ist die Farbe der Trauer, nicht Rot. In einem roten Kleid tanzt und lacht man und hört Musik."

Ihre Mutter hatte Angst vor dem Tod, dachte Hilde. Vielleicht glaubte sie an den Gevatter Tod, der mit der Sense vor der Tür stand und jeden mitnahm, der seine Regeln nicht achtete. Auf dem Friedhof war es genauso. Man musste flüstern und durfte niemals lachen, um den Gevatter nicht auf sich aufmerksam zu machen.

Peter bemühte sich, unauffällig in Opas Wohnung zu verschwinden. „Ich darf fernsehen", sagte er zu der Haushälterin. Er setzte sich wie selbstverständlich neben das abgezogene Bett und verdrängte das Bild von dem Kopf mit der zur Seite gedrückten Brille, der nach dem harten Aufprall ganz still auf der Kelimdecke gelegen hatte.

Die deutsche Nationalmannschaft unter Sepp Herberger spielte vor 90.000 Zuschauern in Budapest gegen Ungarn und geriet schnell in Rückstand. Das hatte Peter nicht erwartet. Wir hatten doch 1954 gegen die Ungarn 3:2 gewonnen! Wir waren doch immer noch Weltklasse, auch wenn im letzten Jahr Brasilien zum ersten Mal den Titel gewonnen hatte!

Aber dann kam Uwe Seeler, schoss zwei Tore! Beinahe hätten die Deutschen die Aufholjagd noch geschafft. Am Ende hieß es 3:4.

Weihnachtsfeier in der Patengemeinde Broager (1959)

„Ich sehe, der Kaffee ist eingeschenkt!"

Landrat Carl Jacobsen räusperte sich. „Dann darf ich Sie jetzt recht herzlich im Namen des Kreises Rendsburg begrüßen. Vielen Dank, Herr Bürgermeister, Dr. Reinhard, Herr Erichsen, dass Sie meiner Einladung zu der heutigen Besprechung gefolgt sind. Herr Wendtland", und damit zeigte er auf seinen Mitarbeiter zur Rechten, „und ich wissen es sehr zu schätzen, dass Sie mit uns gemeinsam die Patenschaftsarbeit für unsere Landsleute in Nordschleswig vorantreiben. Wenn ich richtig informiert bin, jetzt im zehnten Jahr in Folge."

Jacobsen machte eine kleine Pause, um seinem Gegenüber die Möglichkeit zu geben, seinerseits das Begrüßungsritual zu ergänzen. Bürgermeister Hans-Heinrich Beisenkötter nahm das Angebot an.

„Herr Landrat, Herr Wendtland, Dr. Reinhardt! Im Namen der Stadt Rendsburg bedanken auch wir uns für die Einladung, wie alle Jahre hier in der vertrauten Umgebung sein zu dürfen. Dennoch wäre es für uns eine Ehre, wenn wir Sie im nächsten Jahr in meinem Amtszimmer begrüßen könnten! Betrachten Sie sich bitte jetzt schon als eingeladen! Ich verspreche Ihnen größtmögliche Anstrengungen, damit Sie sich bei uns ebenso wohlfühlen!"

„Danke, Herr Bürgermeister, darüber denke ich gerne nach", antwortete Jacobsen und rang sich ein Lächeln ab. Der Vorschlag von Beisenkötter kam unerwartet. Die Federführung des Kreises war bisher nie in Frage gestellt worden.

„Ich wiederhole auch gern meinen Vorschlag", revanchierte er sich, „von dem Sie wissen, dass er mir sehr am Herzen liegt: Beraten Sie bitte ernsthaft darüber, ob nicht die Gründung eines gemeinsamen Patenschaftsausschusses von Stadt und Kreis unsere Kräfte bündeln und Reibungsverluste mindern könnte!"

„Dazu kann Herr Erichsen, glaube ich, etwas sagen", sagte Beisenkötter und sah seinen Mitarbeiter und Jugendfreund an. „Herr Erichsen ist seit knapp einem Jahr Leiter des Hauptamtes und in dieser Eigenschaft mit Patenschaftsangelegenheiten befasst."

„Gerne, Herr Bürgermeister." Stadtoberinspektor Rolf Erichsen sammelte sich. Er hatte sich gerade eine Zigarette in die schwarze Spitze gesteckt, die nun aus seiner Faust zwischen Mittel- und Zeigefinger herausragte. Der Kaffee war, wie üblich, zu dünn für seinen Geschmack.

„Der Senat hat sich in der vergangenen Woche mit dieser Idee befasst. Er stimmt grundsätzlich zu, dass die Zusammenarbeit möglichst effizient sein sollte, hält aber die Realisierung für schwierig. Die Stadt hat zum Beispiel freundschaftliche Beziehungen zu einigen Städten wie Vierzon und Lancaster, die irgendwann in eine Art Patenschaft münden sollen. Das wiederum mag den Kreis nicht sonderlich interessieren. Umgekehrt hat der Kreis Beziehungen, die die Stadt nicht berühren. Kurz: Man befürchtet Doppelstrukturen. Und es stellt sich natürlich auch die Frage, wem der Ausschuss verantwortlich sein soll. Nach meiner Einschätzung ist der Senat für weitere Argumente offen, im Augenblick aber wenig geneigt, dem Vorschlag des Herrn Landrats zu folgen."

Jacobsen nickte mehrmals mit seinem kräftigen, seitlich rasierten Kopf, als hätte er diese Antwort erwartet. „Sehr schade, meine Herren. Nun, ich will noch einen weiteren Versuch machen und schriftlich auf die hier geäußerten Bedenken eingehen. In Anbetracht der uns zur Verfügung stehenden Zeit schlage ich aber vor, dass wir uns jetzt mit der Vorbereitung unseres Besuchs bei der Weihnachtsfeier in Broager beschäftigen. Sind Sie einverstanden?"

Die Herren nickten.

Doch noch waren die Klippen der Eitelkeiten nicht umschifft, denn es waren Fragen zu klären, die allzu leicht Gefühle der Eifersucht auslösten: Wer sollte der Delegation angehören? Wie gelangte man nach Broager? Wer hatte ein eigenes Kraftfahrzeug, wer musste mitgenommen werden? Wer würde die Begrüßungsrede halten? Welche Vorschläge gab es für ein Gastgeschenk? Wie würden die Unkosten gedeckt?

Wider Erwarten ging alles schnell, und die Einigkeit wurde nicht zuletzt erleichtert dadurch, dass Rendsburgs Bürgermeister seine persönliche Beteiligung absagen musste, mit großem Bedauern, wie er betonte, habe er doch eine besondere Beziehung zu dem nördlichen Nachbarland. Das änderte zwar nichts, Jacobsen war in jedem Falle der ranghöchste Repräsentant. Aber dem Landrat war es angenehmer so.

Dr. Reinhardt sollte als Ortsvorsitzender des Schleswig-Holsteinischen Heimatbundes im Namen der gesamten Patenschaft die Rede halten und

die Geschenke überreichen: eine Uhr, Tisch und Stühle und Blumenkästen für den Vorraum der Schule. Propst Krüger, der Bürgervorsteher Dr.
Jensen, Mitglieder des Senats und ein Vertreter des Kreissportverbandes
hatten ihre Beteiligung zugesagt – eine insgesamt recht ansehnliche Delegation.

Jacobsen war zufrieden. Es war zu erwarten, dass der Auftritt in der
Patenschaftsgemeinde angenehm sein würde. Die Nordschleswiger aus
Broager waren freundliche, humorvolle Menschen, aber vor allem waren
sie dankbar. Dankbar für zehn Jahre Unterstützung, finanziell und persönlich, denn die Nordschleswiger standen nach dem verlorenen Krieg
unter Generalverdacht, Nazihelfer gewesen zu sein, und litten unter der
schroffen Behandlung durch ihre dänischen Nachbarn. Ja, die Dänen
konnten gnadenlos sein. Sie waren nicht bereit, „die Vergangenheit vergangen sein zu lassen", wie Adenauer in seiner ersten Regierungserklärung gefordert hatte.

Natürlich hatten sie auch kein Interesse daran, die deutsche Minderheit
in Nordschleswig zu hegen und zu pflegen, sie war eher ein Stachel in
ihrem Fleisch. Und in den meisten Gemeinden waren die Deutschstäm-
migen zu schwach, um auf kommunalpolitischer Ebene mitzureden und
ihre Interessen wahrzunehmen.

Darum brauchten sie Hilfe von ihren Landsleuten südlich der Grenze.

Ebenso wurde ja auch die dänische Minderheit im Landesteil Schleswig von Kopenhagen unterstützt! Ja, zahlreiche Deutsche hatten den Dänen nach dem Krieg sogar schöne Augen gemacht, hatten einen Ausweg
aus ihrer vermasselten Geschichte gesucht und zum Dank Lebensmittel-
hilfen erhalten – „Speckdänen" wurden sie deshalb verächtlich genannt.
Es hatte sogar dänische Politiker gegeben, die eine Grenzverschiebung
an die Eider für möglich gehalten hatten. Erst 1955 waren die nationalen
Regierungen mit den Bonn-Kopenhagener Erklärungen zu einer vernünf-
tigen Minderheitenpolitik zurückgekehrt.

Dankbare Menschen sind wie fruchtbare Felder, sie geben das Emp-
fangene zehnfach zurück – das hatte Jacobsen irgendwo gelesen. Was
also konnte angenehmer sein, als dort als Wohltäter gefeiert zu werden?
Die Sympathie der Menschen diesseits der Grenze war ihnen ohnehin
gewiss. Herbert Puhlmann würde ebenfalls anwesend sein und über das
Ereignis berichten. Er gehörte zur Besuchsgruppe und war der stellvertretende Chefredakteur der Landeszeitung.

* *Weihnachtsfeier in Nordschleswig*
Dr. Reinhard war schon in Ordnung, dachte Peter. Dr. Reinhard, sein
Deutschlehrer, sein Klassenlehrer. Der war nicht fies, der tat auch nicht

so, als sei er dein Freund. Und er machte keine Scherze auf Kosten der Schüler. Irgendwie war er eine ehrliche Haut.

Und nun trafen sie das erste Mal außerhalb der Schule aufeinander. Hier in der kleinen Grundschule in Broager zur Weihnachtsfeier. Das war dann doch etwas unangenehm, störte die festgefügte Ordnung – da die Schule, da das Privatleben. Und dass er mit seinem Vater so dicke war! Und dass der blaue Brief durch seine Hände gegangen war – die Versetzung ist gefährdet wegen Englisch und Latein, in dem Stil. Und dass sie wahrscheinlich über ihn redeten oder geredet hatten wie über einen straffällig Gewordenen, und darüber, welche Maßnahmen zu ergreifen waren! Das war unangenehm.

Aber die Begegnung war dann doch nicht so schlimm. Peter hielt sich in dem allgemeinen Begrüßungstrubel zurück und war froh, wenn man ihn nicht beachtete, und reagierte erst, wenn er dazu aufgefordert wurde. Das war bei Frau und Herrn Johannsen so, die er von den Herbstferien im letzten Jahr kannte, da konnte er nicht anders. Oder bei Herrn Jacobsen, dem Landrat, und seiner Frau – die waren ja schließlich Nachbarn in der Gartenstraße.

Aber bei Dr. Reinhard war er gehemmt. Brauchte er aber nicht zu sein. Sein Lehrer brauste wie ein Wirbelwind heran, begrüßte mit hin und her schießenden Augen seine Eltern und seine Schwester Hilke und griff dann wie selbstverständlich durch die erste Reihe nach hinten, wo der hoch aufgeschossene dreizehnjährige Sohn der Familie stand, und fuhr sich dabei mit der anderen Hand durch die blonden Haare, die aussahen, als seien sie nicht zu zähmen: „Hallo, Peter! Endlich mal keine Schule, was?" und war dann schon wieder weg.

Hendrik war da. Und Marit. Und Uta. Ohne Führerschein den alten Opel gefahren, das war irre! Die Herbstferien im letzten Jahr. Das erste Mal im Ausland gewesen! Das war ein Gefühl! Vorher! Aber als er dann da war, war alles normal gewesen – bis auf das Zimmer im Bauernhof. Na ja, da musste man durch Privaträume der Familie gehen, bis man raus war. Aber dann, draußen, der Hof. Die Köpfe der Rinder im Stall so nah, wenn man durchging. Der Geruch von Stroh, Rinderdung und Silage. Silage – ja, das Wort kannte er jetzt!

Und dann morgens in der kühlen Sonne hinaus auf die Felder, so unglaublich sauber die Luft und die Farben, vorbei auf knirschendem Kies an Futterrüben und abgeernteten Feldern. Er fühlte sich so frei und so wohl und so selbstständig und ging bis zu dem Gehölz an der Ostseeküste, dahinter der Steilhang, und wieder zurück.

Diese Ferien auf dem Bauernhof für Peter und vierzehn weitere Kinder waren ein Dankeschön der Nordschleswiger an ihre Rendsburger Freunde. Aber Peter lag die Unterstützung der deutschen Volksgruppe nicht am Herzen. Er verstand nicht viel davon.

Sein Vater dagegen war in seinem Element. Schnell hatte er Freundschaft geschlossen, mit Schlachter Jepsen zum Beispiel, aus Egernsund. Jepsen freute sich diebisch über den Schnaps, den Rolf über die Grenze geschmuggelt hatte, und verschenkte im Gegenzug seine hervorragende Mettwurst.

Aber Rolf Erichsen ging es um mehr.

Er wollte Heilung.

Der fröhliche, der scherzende, kompetente und zupackende Erichsen, der fast mühelos auf der Karriereleiter und der Beliebtheitsskala geklettert war, suchte Heilung   nicht durch Beichte, sondern durch gute Taten. Die Verletzungen der Vergangenheit sperrte er weg.

Es hatte eine Zeit gegeben, in der hatte er versucht, sich mit ihnen auseinanderzusetzen, mit den Wunden der Seele, aber schnell festgestellt, wie zerstörerisch diese Versuche waren. Er hatte keine Antworten gefunden, sondern nur düstere Gedanken. Da betäubte er sie.

Mit wem hätte er über sie auch reden können? Mit seiner Familie? Völlig ausgeschlossen. Sie würde nichts verstehen, konnte es auch gar nicht, würde zerbrechen! Sie wusste doch nicht, wie es war: Für eine große Idee sich völlig, völlig verausgaben, alles, alles geben und dann betrogen werden! Von ein paar Größenwahnsinnigen! Und dann von den Siegern! Und dann von den eigenen Leuten!

Manchmal, mit den alten Kameraden, die Ähnliches durchgemacht hatten, gab es kurze, tastende, vorsichtige Dialoge: Jetzt hetzen sie wieder gegen Hans Globke[14]! – Erst die Kommunisten in Pankow[15], und jetzt natürlich die Opposition in Bonn. Was hat er denn getan? – Eben. Er hat seinen Beruf ausgeübt, nach bestem Wissen und Gewissen. Ein Jurist eben. – Ich kann das nicht mehr hören. – Ich auch nicht. Was wissen die denn, wie es damals war! – Wir haben unser Leben eingesetzt. Und es wird uns nicht gedankt. Es ist ein Trauerspiel.

Es gab auch die, die ihre Bitterkeit vor sich hertrugen und sich stolz zu ihrer Vergangenheit bekannten: Wir haben unsere Pflicht erfüllt! Für unser deutsches Vaterland! – Wir halten zusammen, komme, was da kommen mag! – Siegerjustiz! Das deutsche Volk wird belogen! – Die Leute von der Waffen-SS gehörten dazu, die sich trotzig zu ihrem HIAG-Jahrestreffen[16] im Schützenhof versammelten!

Das war nicht sein Weg. Irgendwo in einer Kammer seiner Seele spürte Rolf Erichsen zwar eine Last, einen leisen Phantomschmerz. Aber da er beschlossen hatte, an diesem unlösbaren Problem nicht zu zerbrechen, richtete sich sein Streben auf die Zukunft, die kommunale Selbstverwaltung, die Demokratie, die Freundschaft.

Waren nicht die römischen Verträge, die vor zwei Jahren zur Gründung der EWG[17] geführt hatten, eine wundervolle Idee? Überall gab es Menschen, die die Grenzen Europas überwinden wollten, Freundschaften wurden geschlossen. Bürgermeister de Haan hatte vorher schon Weitsicht bewiesen und Kontakte mit Lancaster geknüpft, was 1956 gekrönt wurde mit dem Besuch einer begeisterten englischen Delegation! Einen Jugendaustausch mit Vierzon in Frankreich hatte es gegeben! Kontakte mit Finnland!

Da passte die Patenschaft mit Broager gut hinein. Lasst Vergangenes vergangen sein!, hatte Adenauer gesagt. Richtet euer Augenmerk auf eine neue Zeit, eine Zeit der internationalen Freundschaft, die künftige Kriege verhindern wird!

Manfred Ritter, der Leiter der kleinen Grundschule in Broager, begrüßte die Gäste aus Rendsburg. Er stand neben der Falttür, die normalerweise die beiden Klassenräume trennte, ohne Rednerpult, und wenn er „Rennsborg" sagte oder die Gäste mit „Ssie" ansprach und dieses dänische „s" so entzückend und locker über seine Lippen kam, dann merkte man doch, dass die Nordschleswiger im dänischen Umfeld lebten. Es hätte nur noch gefehlt, dass er „Hanssens Leberpastede" pries, und die Gäste hätten es ihm nicht übel genommen.

Ansonsten waren die beiden Räume geschmückt, wie es die deutsche Tradition erwarten ließ. Die Kinder hatten die Fenster mit Sternen und vielerlei anderen weihnachtlichen Motiven beklebt, die Weihnachtsfichte mit Lametta und Bastelwerk behängt, und die Schultische zu einer langen, bunten Tafel zusammengestellt.

Dann sprach der Vorsitzende des Schulvereins. „Wie Ssie ssehen", sagte Christensen, „war die Falttür eine gude Investision. Dafür danken wir Ihnen, unseren Rennsborger Freunden. Wir haben nun für grose Veranstaltungen einen ssehr schönen Raum, den wir auch für nichtsulische Gelegenheiden nutzen können. Wir, die Nordsleswiger aus Broager und Broager-Land, ssagen danke!"

Beifall erklang, und er wurde noch einmal so stark, als die Türen sich öffneten und die kleinen Mädchen und Jungen hereinströmten, um zu den Klängen einer Gitarre Weihnachtslieder zu singen.

Nachdem sie brav wieder den Raum verlassen hatten, wurde endlich der Kaffee ausgeschenkt und der Blechkuchen angeschnitten, zu dem es reichlich Schlagsahne gab. Bei den Kindern waren die „pebernodder" besonders gefragt, in spitze Tüten gefüllte kleine Pfeffernüsse, die nach Zimt, Muskat und Kardamon rochen.

Irgendwann stand Dr. Reinhardt auf und schlug mit dem Kaffeelöffel an seine leere Tasse. Er überbrachte die Grüße der Daheimgebliebenen und betonte die besondere Verbundenheit mit der deutschen Volksgruppe in Dänemark, die sich in schweren Zeiten zu bewähren habe. Kreis und Stadt, die Herderschule und der Schleswig-Holsteinische Heimatbund seien hierbei in besonderem Maße engagiert. Er erwähnte die regelmäßigen jährlichen Zuschüsse von eintausend Mark und die Sonderzuweisungen, die auf Antrag geflossen waren, nicht zuletzt auch, um den Anbau der Schule zu ermöglichen, verwies auf die vielen Freundschaften, die entstanden waren, und den überaus erfolgreichen Besuch der Rendsburger Kinder im letzten Herbst. Und da er auch das Rendsburger Jungen-Gymnasium repräsentierte, vergaß er nicht das Stipendium für den Schüler Franz Christiansen und kündigte an, der begabte Schüler aus Broager werde im nächsten Jahr sein Abitur machen und dann wie geplant in Flensburg für ein Lehramt studieren.

Das war allen einen großen Beifall wert.

„Zuletzt", fuhr Reinhardt fort, „möchte ich meinem Wunsch Ausdruck verleihen, dass es zu einer Normalisierung der Beziehungen zwischen Dänen und Deutschen kommt! Dazu gehört, dass die deutsche Minderheit in Dänemark als auch die dänische Minderheit in Schleswig-Holstein mit Respekt und ohne Ressentiments behandelt werden!"

Beifall. Bravo-Rufe. Es muss doch endlich Schluss sein! Ein rebellischer Geist intonierte die Landeshymne, was nicht völlig spontan kam, denn einige Gesangsbücher lagen auf den Tischen:

Schleswig-Holstein, meerumschlungen,
deutscher Sitte hohe Wacht,
wahre treu, was schwer errungen,
bis ein schönrer Morgen tagt!
Schleswig-Holstein, stammverwandt, wanke nicht, mein Vaterland!
Schleswig-Holstein, stammverwandt, wanke nicht, mein Vaterland!

Dann standen alle auf, und es blieb unklar, ob jemand das Kommando gegeben hatte oder ob sie einer patriotischen Eingebung gefolgt waren. Und alle standen nun in einem Kreis um die Schülertische herum und reichten sich feierlich die Hände. Die Gitarre erklang mit kräftigen Akkorden, und nach dem Vorspiel sang die festliche Runde, zögerlich noch die ersten Takte, und dann immer stärker, wie sie es jedes Jahr tat:

Kein schöner Land in dieser Zeit
Als hier das unsre weit und breit!

Wo wir uns finden wohl unter Linden zur Abendzeit,
Wo wir uns finden wohl unter Linden zur Abendzeit.

Da haben wir so manche Stund
Gesessen wohl in froher Rund
Und taten singen, die Lieder klingen im Eichengrund,
Und taten singen, die Lieder klingen im Eichengrund.

Dass wir uns hier in diesem Tal
Noch treffen so viel hundertmal:
Gott mag es schenken, Gott mag es lenken, er hat die Gnad,
Gott mag es schenken, Gott mag es lenken, er hat die Gnad.

Nun Brüder, eine gute Nacht!
Der Herr im hohen Himmel wacht
In seiner Güten, uns zu behüten, ist er bedacht,
In seiner Güten, uns zu behüten, ist er bedacht.

Nur wenige konnten sich diesem Zauber entziehen, die anderen hielten
nur mit Mühe ihre Tränen zurück und fühlten sich anschließend erschöpft
und zufrieden.

Herbert Puhlmann von der Zeitung, der ehemalige Kreispropagan-
daleiter, war doch nicht mitgekommen. Dafür hatte er Karl Müller, den
Redakteur für „Heimatliches und Unterhaltung" geschickt. Der machte
sich nun Notizen und spielte einige Formulierungen durch vor seinem
inneren Auge. „Unsere Volksgruppe auf Broackerland" – ja, so wollte er
es schreiben, das brachte die Verbundenheit zum Ausdruck, wie er sie
jetzt fühlte, „unsere Volksgruppe muss in ihrem Selbstbehauptungskampf
unterstützt werden! Dieser Wille eint an diesem Tage alle, die in dieser
kleinen Schule in Nordschleswig stehen und sich an den Händen halten.
Kein schöner Land in dieser Zeit als hier das unsre weit und breit!"

Karl Müller seufzte ergriffen.

Ein Sonntagmorgen

Der süße Schlummer in der Wärme der Federn, das gelbgrüne Dämmerlicht des Morgens noch einmal überlistet und zurückgekehrt in einen
schönen Traum, wunderbar geborgen! Wunderbarer, sorgenfreier Friede
des Schlafs!

Und: Wie dieser gnädige Schleier jäh zerreißt und platzt und gleißender Blitz das Zimmer jäh verätzt und jedes Fühlen löscht, als sei der letzte Tag gekommen! In einer Bewegung fast: die Tür aufgerissen, die gelbgrünen Vorhänge rüde zur Seite gezerrt, den Kokon der Kälte preisgegeben und die ganze Kompanie geweckt: „Die Sonne steht am Firmament, die Waschfrau von Laboe ist da! Reise, reise, aufsteh'n!"

Rolf Erichsen ahnte wohl, dass sein Sohn ihn in diesem Moment hasste. Er hatte es selber gehasst, in der Kasernenstube, in der Kammer eines russischen Bauern oder in einer Senke hinter dem Wäldchen an der Front, wenn die erschöpften Männer nach völlig unzureichenden zwei Stunden Schlaf durch Beschuss zurück in den Überlebenskampf gerissen wurden. Aber er hatte sich daran gewöhnen müssen. Man gewöhnt sich an alles. Man kann gar nicht früh genug damit beginnen, sich zu gewöhnen. Gelobt sei, was hart macht.

Aber er war auch weit davon entfernt, seine Kinder militärischem Drill zu unterziehen. Und diese Sprüche waren überhaupt nicht ernst gemeint. Sie waren eher ein Scherz, völlig losgelöst von ihrem ursprünglichen Sinn. Hoppe, hoppe Reiter, wenn er fällt, dann schreit er, fällt er in den Sumpf, da macht der Reiter „plumps"! Ein Spiel eben.

Es ist nur: Man kann sich auch an das Bett seines Kindes setzen, ganz sachte, um es nicht zu erschrecken, und ein paar Sekunden liebevoll in das herrlich entspannte Gesicht schauen und ganz tief in sich hinein horchen. Und dann streicheln, die Wange, die Hand, und ganz sanft „Hilke!" oder Peter!" sagen, um den Traum beiseite zu pusten. Und dann sehen, wie die jungen Augen sich öffnen und dich anlächeln.

Aber das war nicht Rolfs Art, das mochte die Mutter tun. Aufwachen war unvermeidlich. Dann lieber kurz und schmerzlos.

Die Sprüche, die er dabei benutzte, hatten längst ihren eigentlichen Bezug verloren. Es waren lediglich Muntermacher, auf seine Art durchaus lieb gemeint. Absurd anzunehmen, die alten Marine-Wecksprüche trügen noch ihre alten vulgären Bedeutungen! „Seemann, mach den Dampfer klar – die Waschfrau von Laboe ist da!" Das war natürlich etwas ganz anderes! Soldaten! Die spricht man anders an! „Die Sonne steht am Firmament, ne Sacklaus längs der Sacknaht rennt. Doch plötzlich bleibt sie stehn und lauscht, wie der Urin vorüber rauscht." Na ja. „Reise, reise, aufstehn! Jeder weckt den Nebenmann, der erste stößt sich selber an!"

Rolf lächelt, als ihn flüchtig die Erinnerung streift. Er hat schon längst wieder die beiden Kinderzimmer verlassen und ist auf dem Weg nach unten. Während an diesem Sonntagmorgen die Familie nun zu sich kommt und jeder den Augenblick abpassen muss, dass das kleine Badezimmer frei ist, schnappt er sich Dolli, den Langhaardackel, und rennt mit dem begeisterten Hund in den nahen Gerhardshain zu seinem Früh-sport und berauscht sich an dem frischen Grün und dem Vogelgesang und ist ganz glücklich über diese Natur! Das kann er genießen, da braucht er keine psychologischen Tricks! Die Natur nimmt ihn so, wie er ist!

Und er nimmt die Natur, damit er gesund bleibt. Seit dem Kneipp-Ur-laub mit Hilde in Füssen läuft er an Werktagen morgens mit seinen „Bud-delbeinen" über den taufrischen Rasen und schneidet sich Äpfel über Haferflocken, die „Kernigen" aus den Kölln-Werken in Elmshorn, und kaut sie mit Milch gut durch.

Als er von seinem Frühsport im Gerhardshain nach Hause kommt, hat die Sonntagsroutine alle erfasst. Die Küche atmet Kesseldampf, der Kaf-feefilter saugt sich voll und verlangt nach mehr, die Tochter trocknet das Geschirr vom Abend zuvor, der Sohn turnt mit dem Staubtuch an den Wohnzimmermöbeln herum und versucht, seine Sache gut zu machen, und die Mutter betütelt die kleine Frauke, die sich noch nicht alleine wa-schen und anziehen kann. Hilke fängt an, im Wohnzimmer den Früh-stückstisch zu decken, und nebenbei läuft im Radio „Zwischen Hamburg und Haiti", und Peter hört, wie toll ein junger Spanier Deutschland fin-det. Alles klappt wie am Schnürchen.

Vergessen ist das brutale Wecken am Morgen. Vergessen ist auch die ekelhafte Sklavenarbeit in den Himbeersträuchern gestern, wo Hilke sich die Haut aufgeritzt und die Spinnen in panischer Angst von der Hand ge-schüttelt hatte, und, als sei das nicht genug der Demütigung, von ihrem Vater zum zweiten Mal hinein geschickt worden war, da sie das Unkraut zu „flusig" gezupft hätte! Vergessen sind die Wuttränen, die sie vergos-sen, und ihre wilden Flüche und ihr Tagtraum von einer unheilbaren Krankheit, der sie zum Opfer gefallen, und dem weinenden Vater, der an ihrem Bett gesessen und alles so bitter bereut hatte!

Wie kann man nur alles so schnell vergessen, wenn ein Sonntag seine zufriedene Gemächlichkeit über eine Familie spannt und der Kaffee duf-tet und das Eierwasser sprudelt! Wenn in Capri die rote Sonne im Meer versinkt, weil Oma Charlotte ihren sechzigsten Geburtstag feiert und ihre lieben Kinder Bertolt und Brigitte ihr dazu im Wunschkonzert der Ultra-kurzwelle des Norddeutschen Rundfunks herzlich gratulieren!

Selbst der politische Frühschoppen mit Werner Höfer gerät zur Folklo-re, auch wenn es um so ernsthafte Themen wie die unrechtmäßige Ent-führung von Adolf Eichmann aus Argentinien nach Israel geht. Die ge-mütlichen Herren fallen so streitlustig übereinander her, dass der Mode-rator mit seiner ruhigen Bassstimme sagt: „Meine Herren, bevor es hier zu hoch hergeht, erhebe ich mein Glas! Sehr zum Wohle!"

Und nachher gibt es „Kalle Blomquist, der Meisterdetektiv". Hilke und Peter summen die Melodie jetzt schon in Gedanken. Und dann werden sie wahrscheinlich einen Ausflug zur Lotsenstation machen, das deutet der Vater beim Frühstück an. Er ist gut gelaunt, das Wetter ist auch gut, und in der Lotsenstation kann man auf halber Höhe an der Böschung auf Gartenstühlen sitzen und Brause trinken und den Schiffen auf dem Nord-Ostsee-Kanal zusehen, wie sie vorbei stampfen und dichten, schwarzen Qualm aus langen Schornsteinen herausquellen lassen.

Jubiläumsregatta an der Obereider (Juni 1960)

Ein kräftiger Händedruck galt als Zeichen von Charakterstärke und Tatkraft. Entsprechend war das Entsetzen, wenn jemand Hugo Dittmer begrüßte, der ihn nicht kannte, und ihm die Hand gab. Wie ein trockenes Stück Rinderfilet! Nicht jeder konnte die Überraschung über diese unziemliche Eigenart verbergen, schon gar nicht sich vorstellen, dass dieser kleine, gut aussehende Mann mit Kapitänsmütze und Klubjacke ein Geschäftsmann war oder ein Rudersmann mit organisatorischem Geschick.

Da wurde getuschelt hinter seinem Rücken. Ob er verheiratet sei? Man könne sich keine Frau vorstellen, die sich an eine derartig schlaffe Hand gewöhne! Ein richtiger Mann, na ja, gut, streicheln müsse er auch manchmal, aber ansonsten doch eher zupacken können! Die Riemen durchziehen beim Rudern! Dazu seine zögernde, eher bedächtige Sprechweise! Und zu Hause, wie man hörte, hatte die Frau die Hosen an? Na, das passte ja!

Hugo Dittmer blieb das Gerede nicht verborgen, und eines Tages im Sommer 1959 zog er seinen Freund und Ruderkameraden Rolf Erichsen ins Vertrauen. Ihm sei hintertragen worden, dass man sich in Kreisen der Geschäftswelt und auch im Schleswig-Holsteinischen Regattaverein in Kiel über ihn lustig mache, weil man ihn der Homosexualität für verdächtig halte, die Anzeichen für diese Abartigkeit den Verdacht sogar mehr als rechtfertigten!

Er wolle nun juristische Schritte einleiten, um weiteren Schaden von seinem Geschäft und seiner Familie abzuwenden, und bitte ihn, seinen Freund, um ein Leumundszeugnis.

Dittmer hatte allen Grund für diesen Schritt, war doch Homosexualität nach Ansicht von Fachleuten und Gerichten ein lasterhaftes Treiben, auch Unzucht genannt, und führte zur Entartung des Volkes, wenn man ihr nicht Einhalt gebot. Das Strafgesetz spiegelte in seinem § 175 die sittlichen Anschauungen der Allgemeinheit und hatte umgekehrt eine Sitten bildende Kraft und sah deshalb Gefängnisstrafen vor.

Erichsen war empört über die haltlosen Vorwürfe. Er war der festen Überzeugung, dass eine Abartigkeit, wie es die Homosexualität zweifelsohne darstellte, dem näheren Umfeld seines Kameraden niemals verborgen geblieben wäre. Es war eine Ehrensache, hier zu helfen, und er schrieb unter anderem: „Ich kenne Herrn Dittmer seit 1946 persönlich durch meine Tätigkeit als Mitglied und unsere gemeinsame Vorstandsarbeit im Rendsburger Ruderverein und durch manche Ruderfahrten, die wir zusammen unternahmen. Herr Dittmer ist meines Wissens schon über 30 Jahre im Ruderverein, rudert noch selbst, kümmert sich eifrigst um die Belange des Rudersports, ist zweiter Vorsitzender des Schleswig-Holsteinischen Regattavereins in Kiel und ist seit fast zehn Jahren Regattaleiter der Rendsburger Ruderregatta. Ich kenne Herrn Dittmer nur als besten Kameraden, der stets hilfsbereit und allgemein beliebt ist.

Während meines langjährigen Kennens habe ich niemals die geringsten Anzeichen bemerken können, dass Herr Dittmer anormal veranlagt sei. Im Gegenteil habe ich stets feststellen können, dass Herr Dittmer ein sehr gutes Familienleben führt. Es wäre mir und anderen sicherlich aufgefallen, wenn Herr Dittmer zu einem Kreis von Menschen gehören würde, die anders als normal empfinden. Dies wäre von mir und auch anderen Ruderern und Bekannten bestimmt in unseren persönlichen Gesprächen etc. bemerkt worden."

Nun, ein Jahr später, schien Gras über die Sache gewachsen zu sein.

Das große Ereignis kam näher, beherrschte die Gedanken und saugte die Freizeit auf: Der Rendsburger Ruderverein wurde 50 Jahr alt, und dieses Jubiläum sollte im Juni 1960 würdig begangen werden.

Hugo Dittmer und Rolf Erichsen stürzten sich in die Vorbereitungen für die Jubiläumsregatta. Das grobe Raster des Ablaufs aus den Vorjahren war vorhanden, dennoch war viel zu tun. Dazu gehörten Bitten um finanzielle Unterstützung an die Geschäftswelt, die Ausschreibung der Rennen in der Verbandszeitung des Deutschen Ruderverbandes, das Verschicken von Einladungen an Vertreter von Kreis und Stadt und Ruderverband, Einrichtung des Geschäftszimmers im Obergeschoss und Gespräche mit dem Trainingsleiter und dem Ökonom – wie der Hausmeister, der seine Wohnung im Bootshaus hatte, genannt wurde. Nach Meldeschluss wurden die Liegeplätze für die Boote der Gastruderer auf dem insgesamt doch recht engen Gelände sowie Stellplätze für die zu erwartenden Bootsanhänger festgelegt und mit der Polizei abgestimmt. Erstmals sollte vom Begleitboot aus eine Sprechfunkverbindung hergestellt werden, um die hoffentlich zahlreichen Besucher dieser Großveranstaltung an Land über Lautsprecher zu informieren.

Rolf Erichsen übernahm zusätzlich die redaktionelle Arbeit für ein Jubiläumsheft des Vereins.

Die Feierlichkeiten begannen am Sonnabend, den 11. Juni mit einem Festakt im Bootshaus: Zahlreiche Gäste, zahlreiche Reden, der Vorsitzende des Deutschen Ruderverbandes Dr. Wülfing lässt seinen Geburtstagsbrief verlesen, der Rendsburger Vorsitzende Fredi Horst steckt dem noch lebenden Gründungsmitglied Fritz Albers die goldene Ehrennadel ans Revers, anschließend die Taufe von drei neuen Booten.

Währenddessen tauchen die ersten Bootsanhänger auf im Straßenbild der Stadt, stehen im Stau vor der Drehbrücke, denn der Tunnel wird erst im nächsten Jahr fertig sein. Auf der Obereider werden Markierungen ausgesetzt, im Hafen Zielmarken montiert. In der Landeszeitung sind umfangreiche Vorberichte erschienen. Selbst die Unkundigen merken, dass hier etwas passiert.

Überhaupt findet das Rudern größere Beachtung, seit Karl Adam in Ratzeburg den neuen Deutschland-Achter trainiert. Im vergangenen Jahr wurden die Deutschen Europameister, und nun stehen Ende August die Olympischen Spiele in Rom bevor. Die Hoffnungen sind gewachsen, und die Ruderer in der Provinz sind von diesem Schwung ergriffen und genießen den Ruhm, der jetzt irgendwie allen Deutschen zusteht.

Was heißt Provinz! Aus ganz Norddeutschland, aus dem dänischen Nordschleswig gar, strömen sie herbei, um auf der Obereider zu kämpfen, als sei es die Generalprobe für Olympia!

Sonntagmittag stehen die Schaulustigen dicht gedrängt, auch am Ufer des Rendsburger Primaner Ruderclubs auf dem Nachbargrundstück, und recken die Hälse, denn die Boote kommen von rechts aus der Richtung des Audorfer Sees, durch den der Kanal führt. Die längsten Strecken sind 2000 Meter lang. Man sieht sie noch nicht, der erste Kilometer ist vom Südufer der Eider verdeckt.

Aber der Lautsprecher gibt sich größte Mühe. „Oooohh!", hören die Zuschauer den Kommentator im Begleitboot. Es hört sich an wie der Torschrei von 1954. Dann knistert es in den großen Kästen vor dem RRV-Bootshaus, die Verbindung ist unterbrochen. Die Leute sind enttäuscht, ein neues Begleitboot mit Außenborder und einem Lautsprechermann, der den Verlauf des Rennens beschreibt, so lange man noch nichts sehen kann – das versprach echte Spannung. Was bedeutete nur dieses lang gezogene „Oooohh"? Nun, es ist ja noch nicht vorbei. Sie sind ja auch noch nicht zu sehen, die Senioren-Einer, mit dem prominentesten Teilnehmer des heutigen Tages. Der Lauenburger Hans-Peter Schmidt, der Bezwinger des Europameisters von Fehrsen aus Lübeck, ist heute Favorit!

Die Leute werden unruhig. Was ist denn nun? Dann wieder ein Knakken: „… nur noch die drei! Schade! Das Feld hat sich …" Wieder bricht die Übertragung ab. Nur noch drei Boote? Welche? Wer führt?

Dicht gedrängt stehen die Leute jetzt auf dem langen Bootssteg. Das geht natürlich nicht. Die Stimme aus dem Geschäftszimmer: „Bitte machen Sie den Bootssteg frei!" Und noch einmal, drängender: „Machen Sie sofort den Bootssteg frei!" Der ganze Zeitplan kommt durcheinander, wenn die teilnehmenden Boote des übernächsten Rennens nicht sofort zu Wasser gelassen werden! Sie müssen ja noch bis zum Start rudern!

Widerwillig lassen sich die Leute zurück treiben.

„Boot hoch!", schreit der Steuermann. „Und über Kopf!" Vier junge Männer haben ihren Vierer von den Böcken gehoben und tragen das Boot jetzt mit durchgestreckten Armen durch die Menschenmenge auf den Steg. Sie schwitzen schon jetzt und verströmen einen herben Duft, vermischt mit einer deftigen Prise Uferschlamm und Schmiere.

„Einen Krebs! Schmiedeknecht hat einen Krebs gefangen!", bölkt plötzlich der Lautsprecher, dass die Leute zusammenzucken. „Und kentert! Er kentert! Das Boot kieloben!"

„Vor den Bauch!", hört man den Steuermann. Seine Stimme klingt weit weg, mit dem Lautsprecher kann er nicht mithalten. „Boot ab!", hört man ihn noch.

Dann setzt wieder der Lautsprecher ein. „… wird Hans-Peter Schmidt nur noch von Jürgen Sell aus Hamburg gejagt. Lang zieht er durch! Weiß, dass er deutlich führt! Die Bootshäuser kommen in Sicht!"

Der Favorit führt – und hat nur noch einen Gegner! Der keine Chance mehr hat. Der führende Schmidt rudert am RRV-Bootshaus vorbei in den Obereiderhafen hinein, über die Ziellinie – und aus.

Der sommersprossige Karl-Heinz Freiwald rollt seinen Schreibblock zusammen. „Das war's dann!", sagt er zu Fredi Horst, und die anderen Damen und Herren neben ihm nicken. Ein Zeitungsreporter hat immer viele gute Bekannte, die ihm zustimmen, und er genießt das. Aber jetzt hat er genug. Ab in die Redaktion! Die Ruderer sind nun wirklich gut bedient worden. Ein abschließender Bericht für Montag, dann ist Schluss. – Na gut, in zehn Tagen noch mal, wenn sich das Jubiläum auf den Tag genau jährt. Wird sich wohl nicht vermeiden lassen. Sind ja ne Menge Anzeigenkunden hier versammelt, wenn man sich so umblickt! Das Leben ist ein ewiger Kompromiss!

„Hallo!", ruft der kleine Hans Jacobsen mit der Stirnglatze und den glatten Haaren auf dem viel zu großen Kopf, Rendsburgs Fotograf auf allen Hochzeiten. „Ich bring die Fotos nachher vorbei! Nur noch den Sieger von eben, den Einer! Den müsst ihr auf jeden Fall bringen!", ruft er Freiwald hinterher. Der winkt ab und wirft noch einen Blick auf die Rennergebnisse, die an den geöffneten Bootslagertüren hängen. Nein, die hat er schon. „Mookt wi!", hat Hugo Dittmer gesagt und ihm einen Satz Durchschläge übergeben. Sympathisch, hilfsbereit. Was tut man nicht alles für eine gute Presse! Mit wichtigem Schritt verlässt der Sportredakteur das Wettkampfgelände am Wickenhagenweg.

Am Ende des Tages geht es hoch her vor dem Tresen des Ökonomen. Einige Aktive sind noch unterwegs, um die Bahnmarkierungen abzubauen. Die meisten Gäste haben geduscht, sich umgezogen und sind abgefahren. Nun sind die Einheimischen fast unter sich und prosten sich zu.

Hinten wird das Geschäftszimmer langsam wieder in ein Vorstandszimmer umgewandelt. Dittmer und seine Mannschaft sind zufrieden. Irgendwas geht immer schief, das kennen sie schon. So auch diesmal. Ärgerlich waren die vielen Absagen kurz vor Beginn der Regatta, keiner weiß so recht, warum. 22 Mannschaften! Panik konnte so gerade eben vermieden werden, selbst die Profis mussten sich zusammenreißen. Zwei Rennen komplett gestrichen, andere mit einem Starterfeld von zwei bis drei Booten recht unattraktiv für die Zuschauer! Ärgerlich auch die technischen Störungen bei der Direktübertragung der Rennkommentare aus dem Begleitboot.

Aber egal. Nach vorne sehen. Immerhin: 20 Vereine waren zu Gast, 260 Ruderer hatten gekämpft! Die Kameradschaft war gut, zumindest gab es keine negativen Vorkommnisse. Viele Zuschauer, rauer Wind, aber kein Regen! Reibungsloser Ablauf des Programms!

Nebenan wurde laut gelacht. Erichsen und Dittmer stellten die Schreibmaschine in den Schrank und griffen nach ihren Jacken und Aktentaschen und gaben sich noch einmal die Hand. – „Danke!" – „Ja, danke!" – „Und Licht aus! Noch 'n Bier?" – „Das walte Hugo!"

Die beiden lachten und traten durch die Schiebetüren ein in das Licht der Schankstube.

„Und kennt ihr den?", fragte der Wortführer in der Bier trinkenden Runde und fing sogleich an zu erzählen. „An der Bäckerei hängt ein Schild: Ab 15 Uhr warme Berliner. Kommt einer rein und fragt: Sind die Jungs denn auch pünktlich?"

Wildes Gelächter, ja fast Geschrei, vielleicht dem Biergenuss geschuldet, zwei junge Damen darunter sorgten für eine besondere Mehrstimmigkeit. Und dann, wie auf ein Zeichen, nacheinander die Blicke nach hinten, und Ruhe kehrt ein, bis auf ein nachklappendes Glucksen.

Hugo Dittmer erstarrt, der Ökonom hinter seinem Tresen dreht sich irritiert um. Ein wenig zu lang, diese Schrecksekunde, dann sagt Dittmer halblaut zu seinem Freund „Kein Bier heute" und verlässt den Raum, sein Freund und Vorstandskollege hinterher. „Du glaubst doch nicht …", sagt Rolf. „Es spielt keine Rolle, was ich glaube", sagt Dittmer. „Die haben sich einen Witz erzählt, der dich nicht betrifft!", versucht Erichsen. „Die haben mit uns nicht gerechnet! Die wussten nicht, dass wir noch da waren! Das war … die haben einfach nur Respekt!"

Hugo Dittmer antwortete nicht mehr. Er war sehr dünnhäutig geworden.

Rolf leistet sich einen Zelt-Urlaub in Dänemark (1961)

Die weitere Zukunft lag in rosigem Licht.

Rolf Erichsens Wechsel ins Hauptamt und seine Beförderung zum Stadtoberinspektor Anfang 1959 ging zwar nicht ganz glatt über die Bühne, ein Mitbewerber hatte das Nachsehen, und das gab Gerede. Die Freundschaft mit Beisenkötter hatte daran keinen unwesentlichen Anteil. Aber das war schnell vorbei – zu gut war Rolf Erichsens Ruf, seine Qualitäten wurden nicht in Frage gestellt.

Es erwies sich auch als Vorteil, dass er frühzeitig über den Horizont der reinen Verwaltungstätigkeit hinaus gesehen, schon seit 1950 nebenamtlicher Verwaltungslehrer an der Gemeinde- und Sparkassenschule in Kiel und Bordesholm war und als ehrenamtlicher Sozialrichter in Schleswig gehandelt wurde.

Grüblerisch die Unruhe noch, als in der Gartenstraße 1957 der Neubau entstand. Wie sollten sie nur diese Schulden tragen! Doch der Abtrag blieb, wie er war, und das Einkommen war gestiegen, eine weitere Beförderung in naher Zukunft nicht unwahrscheinlich.

Das machte Mut.

Beim Neubau noch hatte Rolf kleinmütig auf ein Arbeitszimmer verzichtet, jetzt war es für ihn der nächste Schritt. Mit dem mächtigen Schreibtisch seines Schwiegervaters aus Eiche und zwei großen Fenstern, die den Blick öffneten zur Natur. Wie ein Glashaus der Botanik wirkte von hier der Garten, illuminiert durch zahlreiche Lampen und gekrönt durch eine weiße Fahnenstange, an der die Landesfarben Blau-Weiß-Rot oder Rendsburgs Stadtwappen wehte – Ausdruck seiner Hinwendung zu dem neuen Leben nach dem Krieg. Schwarz-Rot-Gold war Vergangenheit, lag auf dem Schrotthaufen der Geschichte.

Wolfgang Wulff vom Bauhof machte die Holzdecke für'n Appel und 'n Ei. Man war nett zueinander.

Dann die erste Waschmaschine!

Dann der Traum vom eigenen Auto, der wurde nun wahr. Wie gut, wenn man einen Freund hatte, der etwas davon verstand und nicht nur seinen eigenen Vorteil sah! Dieter Zander vom Autohaus Jürgensen in der Stoppstraße, wo seit fünf Jahren eine richtige Verkehrsampel installiert war, also sein Freund Dieter Zander empfahl den roten Käfer, gebraucht zwar, aber modern, jetzt ohne Winker, sondern mit blinkendem Abbiege-Signal! Nicht mehr Willi Lange fragen müssen! Nicht mehr abhängig sein!

Willi Langes VW, immer noch mit Winker! Wie oft hatten sie seine Dienste in Anspruch genommen, und sie waren natürlich dankbar dafür. Willi Lange, immer mit Zigarre, und er fuhr konsequent nicht schneller als fünfzig Stundenkilometer. Das war allmählich Grund zu Spott. Du meine Güte, fünfzig Stundenkilometer! Das letzte Mal nach Vemmingbund in die Nähe von Broager, in ein Sommerhaus, das viel zu teuer war, wo Frauke das Laufen lernte.

Und das führte zum nächsten Schritt: Wenn das Sommerhaus zu teuer war, dann musste Rolf ein Zelt haben für die Familie. Da konnte einem schwindelig werden – erst das, dann das, dann das! Hilde versuchte zu bremsen, aber Rolf war unerschütterlich ein Optimist. Das wird schon, Hildchen! Du wirst schon sehn! Und Urlaub machen, das wollen wir doch mit den Kindern, nicht wahr?

Planen, planen! Ein bisschen mehr Geld in der Hand, ein kleiner Kredit! Welche Möglichkeiten taten sich auf! Eine neue Zeit! Endlich vorbei mit dem Knickern und Knausern! Nein, ein Bruder Leichtfuß ist er nicht. Rolf lächelte bei dem Gedanken. Nein, er würde die Kontrolle nicht verlieren, er nicht! Es galt weiter die Devise: Sparen im Alltag, beim Haushaltsgeld. Wer Fleisch findet, gibt es in der Küche ab! Aber: Bei den Ausgaben Schwerpunkte setzen!

Also hin zu Johannes Kerath in Fockbek. Was empfiehlt er für eine fünfköpfige Familie? Ein Steilwandzelt von „Nordland". Gelb und grün wie die Gardinen in Peters Zimmer. Anbauen kann man, ein Vorzimmer, zwei Vorzimmer. Ein Schlafzelt hinein hängen? Ja, ganz schön. Aber nun doch zu teuer. Einfache Lösung tut's auch.

Transport? Ach ja! Der Raum unter der runden Kühlerhaube, die ja keine Kühlerhaube ist, weil der Motor hinten sitzt, der Platz ist lächerlich. Also einen Dachgepäckträger, der Käfer hat so eine Art Regenkante, daran lässt er sich gut befestigen. Dieter Zander besorgt einen.

Die Hütte aus Wellblech hat auch was gekostet. Sieht aus wie eine Nissenhütte[18], hat aber senkrechte Seiten. Steht jetzt im Vorgarten unter den hohen Kiefern, ist grün gestrichen und wird ab sofort Garage genannt.

Hinten im Garten steht das Steilwandzelt. Aufbau hat einige Zeit gedauert, Routine fehlt. Steht aber jetzt wie 'ne Eins. Peter und sein Freund Burkhard Matz wollen darin probeschlafen. Rolf hat Werkzeuge gesammelt, alles, was es so gibt. Man kann ja nie wissen. Eingewickelt in ein Sammeltuch, verstaut in einer alten Leder-Aktentasche von seinem Vater. Sieht sehr professionell aus, wie er findet. Soll keiner sofort merken, dass seine Fähigkeiten nur begrenzt sind. Organisation ist alles.

Zum Abschied sind die Schwiegereltern gekommen. Karl Krezek will in ihrer Abwesenheit was klütern – was, hat er nicht verraten. Und Dolli, der Langhaardackel, der schon etwas in die Jahre gekommen ist, kann ja nicht alleine bleiben. Anni Klinnert, die zusammen mit ihrer Schwester Helene jetzt unten ins alte Haus eingezogen ist, hängt im offenen Fenster hinter dem Rosenbeet und lacht freundlich – was insofern bemerkenswert ist, weil sie sich sonst gern mit ihrer Schwester zankt.

Das Leichtmetallgestänge auf dem Dach ist ausgeklügelt bepackt und mit Folie geschützt. Frauke, Hilke, Peter, Hilde, zum Schluss Rolf nach einem letzten prüfenden Blick hinein geklettert in den roten Käfer, der sich unter der Last ein wenig tiefer legt. Abfahrt.

Die große Oma und der kleine Opa winken, Karl hat dazu seinen Churchill-Hut abgenommen, seine Frau hat den Dackel auf dem Arm.

„Zelten!", sagt Elise verächtlich. „Zigeunerleben!

* *Die ersten Erfahrungen beim Zelten*
Dänemark!

Sehnsuchtsort!

Sie waren so anders, die Dänen. So gelassen. Sie hatten ja auch keinen Krieg verloren. Auf sie wurde nicht mit den Fingern gezeigt. Sie wurden nicht vors Gericht gezerrt. Sie waren sauber geblieben. Sie waren die Guten.

Da konnte man neidisch sein. Die glücklichen Dänen! Vielleicht, wenn wir uns ihnen etwas nähern? Gesellige Butterfahrten zum Beispiel, da kommt man den Dänen auf der Ostsee schon recht nah. Gesalzene Butter! Und so billig! Smørebrot! Diese bunt und köstlich belegten Weißbrotscheiben! Hat man das schon mal gesehen? Nordschleswiger müsste man sein, dann dürfte man in Dänemark leben.

Die Dänen mögen uns nicht, das steht fest. Ist ja auch nicht schön, von fremden Soldaten beherrscht zu werden. Wir haben was gutzumachen.

Deswegen fahren wir nach Dänemark! Wir wollen denen zeigen, dass wir nicht alle so sind!

Komisch. Vor dem Krieg, da waren wir in Büsum oder im Harz. Da war Dänemark nicht auf der Landkarte. Aber jetzt! In Broager, in Sonderburg waren sie schon gewesen! Letztes Jahr in Vemmingbund! Betriebsausflüge nach Mommark, nach Kollund! Tagesausflüge zu RITA hinter der Grenze in Padborg.

RITA, Dänemarks Schaufenster! Was man da kaufen kann! Eine Offenbarung!

Von der Butter ganz zu schweigen. Die ganz hervorragend zu den dänischen Brötchen passt! Ein Liter Joghurt mit Früchten in hohen Pappbehältern! Aprikosenmarmelade in Dosen! Süßsaure Heringshappen! Buttergebäck! Blätterteigstreifen mit Marzipan und Pudding, kein deutscher Bäcker kriegt das hin! Röstzwiebeln! Süßsaure Gurkenscheiben und gelbe Majonäse und süßer Senf und rote Würstchen für Hot Dogs, im Stehen gegessen! Ein MUSS! In Dänemark sein, heißt Hot Dog essen!

Und Käse! Dänemark ist ein Käseparadies! Das glaubt man nicht.

Und warum gibt es in Deutschland keine Saltlakritz? Diese Salzstangen und Salt Pastiller, kaum haben sie Kontakt mit deinen Mundschleimhäuten, explodieren die Geschmacksnerven, da kann man nur die Augen verdrehen und rückwärts in die Dünen fallen!

Hvide Sande an der Nordseeküste nördlich von Ribe ist Rolf Erichsens Ziel. Viele Rendsburger sind hier auf der schmalen Landzunge am Ringkøbing-Fjord schon gewesen und haben den Zeltplatz empfohlen. Jedes Jahr findet sich eine Rendsburger Kolonie zusammen. Ein klein wenig erinnert das an damals, an den Altenhofer Strand bei Eckernförde.

Aber doch ganz anders. Hier gibt es keinen Wald und keine Steilküste, sondern nur einen endlosen Strand und dahinter einen breiten Dünengürtel, vielleicht mit ein paar Kiefern. Und da, wo die Dünen flacher werden, haben sich die Dänen ihre Sommerhäuser gebaut und einen großflächigen Zeltplatz angelegt. Es ist eine ganz andere Welt, in der sich die Dünengräser silbrig biegen im Wind und die Brandung der Nordsee die Dünentäler mit ihrem Rauschen füllt. Rötlich blüht im Hinterland die Heide zwischen den fahlgrünen Gräsern und lässt hier und da ein Sandloch frei.

An der Einfahrt sind die Formalitäten schnell erledigt, einfach, unkompliziert. Eric, der Däne, ist kein nachtragender Mensch. Er lächelt und freut sich, dass die Neuankömmlinge aus Deutschland „Ericson" heißen. „Und wo sollen wir uns hinstellen?", fragt Rolf. „Da kanns du gehn was du wills", sagt Eric und bewegt seinen ausgestreckten Arm um neunzig Grad in die Nachmittagssonne hinein. „Du kanns suchen!"

Sie fahren auf den Kieswegen in die Landschaft hinein, verstreut stehen Zelte, aber es ist noch so viel frei. „Das ist aber wirklich schön hier!", sagt Hilde, als sei sie bisher nicht richtig überzeugt gewesen. Hilke und Peter laufen los und suchen einen Platz, der ihnen gefällt. „Hier!", ruft Hilke. „Nein hier!", ruft Peter. Schließlich entscheidet Vati sich für ein flaches Tal mit viel Gras und Sand und Dünenkanten, die ein wenig Sichtschutz geben.

Nun wollen die Kinder Pause machen und sich ins Gras setzen. „Nix!", ruft der Vater. „Erst wird das Zelt aufgebaut!"

Hilde und Peter helfen, halten die Stangen, ziehen die Leinen stramm und stecken Heringe in den Sand. Hilke kümmert sich um die kleine Frauke.

Es geht ganz gut, Rolf gibt den Heringen zum Schluss noch mal richtig einen auf den Kopf, damit sie sitzen. Er ist begeistert von seinem Zelt, er kann gar nicht aufhören und will jetzt auch noch die anderen Sachen aus dem Auto holen und einräumen, während die anderen maulen.

Endlich setzen sich alle auf die mitgebrachten Klappstühle. Es gibt Saft und die belegten Brote aus den Dosen, die noch übrig sind von der Mittagspause vor ein paar Stunden. Der Kaffee in der Thermosflasche ist lauwarm, aber Rolf macht das Beste daraus und steckt sich seine „Senoussi" in die Zigarettenspitze, schlägt seine „Buddelbeine" mit den Sandalen und den dunklen Socken übereinander und blickt zufrieden auf sein Zelt. „Buddelbeine" sagen seine Kinder manchmal, um ihren Vater aufzuziehen. Der kann Spaß verstehen, er teilt ja auch gerne aus, und seine Beine sind tatsächlich recht kräftig, Fußballerbeine mit dicken Waden.

Und so geht ein aufregender Tag zu Ende. Wie auf Capri versinkt eine rote Sonne hinter dem Horizont, und auf den Luftmatratzen kehrt Ruhe ein.

Der nächste Morgen ist ein Schock.

Schon in den frühen Morgenstunden war Hilde aufgewacht. Sie hatte geträumt, dass es am Bett klingelte. „Oh nein! Nicht schon wieder!", hatte sie gedacht, sich zu Rolf umgedreht und an seiner Decke gezerrt. „Rolf, wach auf! Bitte, geh du jetzt mal rüber zu deinen Eltern! Ich halt das nicht mehr aus!" Plötzlich war aus dem Flur ein rhythmisches „Tock! Tock!" zu hören, und das Entsetzen packte sie. Hilde fuhr auf und saß senkrecht im Bett, als ihr bewusst wurde, dass sie an den Rand einer Luftmatratze gerutscht war.

Der Wind fuhr an den senkrechten Zeltplanen entlang und ließ sie in Wellen erbeben, und irgendwo knallte regelmäßig Stoff aufeinander, als würde jemand ein Handtuch ausschlagen. Rolf war sofort auf den Beinen. Mit der Taschenlampe in der Hand riss er am Reißverschluss der Zelttür, ein kräftiges „Ziauu" ertönte, und augenblicklich wehte ein Windstoß herein.

Draußen war es stockfinster. Rolf zog die Leinen stramm.

Kaum war er zurück auf seine Matratze gekrochen, fielen die ersten Tropfen.

Nun war an Schlafen nicht mehr zu denken. Würde sich das Zelt bewähren? Hatten die Heringe genügend Halt im Dünensand? War das Zelt dicht?

Die Kinder schliefen unruhig, aber wachten nicht auf. Die beiden Eltern lauschten gebannt. Mittlerweile hatte sich ein regelrechter Regensturm entwickelt, Windböen warfen das Wasser prasselnd an die Wände, die jedes Mal unter dem Druck zurückwichen, um sich anschließend mit einem Knall wieder zu blähen.

Rolf war wieder draußen, als Hilde bemerkte, dass Hilkes Matratze im Wasser lag. Du meine Güte! Das auch noch! Sie riss sich zusammen, um nicht Panik zu verbreiten, und versuchte, die Klamotten und Decken und was sich sonst noch vollsaugen konnte, hoch zu legen. Sie rief ihren Mann mit gedämpfter Stimme, und da er nicht reagierte, lief sie ihm nach.

Als der Morgen kam, wurde es nicht richtig hell. Auf dem Dach hatte sich ein Wassersack gebildet, und sie machten den Fehler, ihn mit der Hand hoch zu heben. Nun bildeten sich Tropfen an der Unterseite der Plane.

Der Regen hatte nur eine kleine Pause gemacht, sie hatte gereicht, die Rinne um das Zelt herum fertig zu schaufeln, um das Wasser draußen zu halten. Peter war geweckt worden, um zu helfen, und er versank bis zu den Knöcheln in dem flüssigen Sand, was er durchaus als abenteuerlich empfand.

Als gegen Mittag der Regen nachließ, durften die Kinder hinaus. Sie waren frei von Sorgen und genossen das Spiel im Matsch.

Die Anspannung ließ nach, feucht gewordene Sachen wurden nach draußen geschafft, um sie zu trocknen. Hilde beschäftigte sich in der kleinen Zeltküche, die aus einem Bord und einem zweiflammigen Kocher bestand, mit der Zubereitung eines Mittagessens.

Doch Rolf hatte kein gutes Gefühl. Er hatte seine Frau zum Zelten überreden müssen, das Leben in der Natur und mit der Natur war ihre Sache nicht, Schwierigkeiten waren für sie keine stolze Herausforderung, sondern lästige Probleme. Sie war eben doch eine verwöhnte Krezek-Tochter, dachte er. Selbst der Wind war für sie eine Zumutung – traf er ihr Gesicht, so verwandelte sich das entspannte Antlitz in eine angestrengte Faltenlandschaft! Hilde und ihr Windgesicht! Rolf musste grinsen. Wenigstens ließ sich darüber trefflich scherzen, und sie nahm es nicht übel.

Doch der Einstieg in den Zelturlaub, der gestern so vielversprechend begonnen hatte, war nun doch zu einer Katastrophe geworden. Seine Frau ließ keinen Zweifel daran, dass sie ihre schlimmsten Befürchtungen bestätigt sah, und – überhaupt – alles viel zu primitiv war, um eine schöne Zeit verbringen zu können.

Als der Hinweis auf eine mögliche Wetterbesserung nicht half, und auch der Wert einer Erfahrung wie die von der letzten Nacht nicht gewürdigt und angesichts der Kosten ihrer neuen Zeltausrüstung der Appell zum Durchhalten nicht verfing, stand kurz die Abreise im Raume, bis Rolf mit einer rettenden Idee den Frieden so einigermaßen wiederherstellte.

Genau genommen war es die Idee eines anderen, eines Zeltnachbarn aus Büdelsdorf, der bedächtig den Kopf schüttelte, als er von der Geschichte hörte. Das gehe gar nicht, sagte er, zelten ohne Schlafzelt, und das in diesen Breiten! Er müsse sowieso am nächsten Tag nach Rendsburg, was erledigen. Da kann er auch gleich in Fockbek vorbei. Ob er behilflich sein könne?

Der nächste Morgen war immer noch grau und beseitigte letzte Zweifel. Der Nachbar fuhr los und war am späten Nachmittag wieder da – mit einem Schlafzelt, das Rolf sich vorher aus Kostengründen verkniffen hatte. Es wurde wie eine Kabine in das Steilwandzelt eingehängt. Wasser konnte nicht mehr eindringen, und gegen Kälte und Wind schützte gewissermaßen eine Luftschicht. Fast gemütlich, meinte Rolf. So weit wollte Hilde nicht gehen, aber es reichte ihr, um durchzuhalten.

Hansen ist sauer

Hansen hatte sich angemeldet. Er war einer von den jungen Verwaltungslehrlingen, für die sich Erichsen verantwortlich fühlte. Nicht erst jetzt, da er Leiter des Hauptamtes war.

Verantwortung war für Erichsen eine Freude, die er genoss. Es war die des Lehrers, der das Kind zu sich herauf zog, bis es ihm gleich oder gar überlegen sei, um sich dann wieder den Jungen und Unerfahrenen zu widmen.

Hansen sollte gern kommen, er wollte ihm schon Rat geben.

Mit seiner gewinnenden Art, mit seiner fast grenzenlosen Bereitschaft zu helfen, machte er Personalräte überflüssig und war sich der Dankbarkeit und Sympathie gewiss, die ihm anschließend entgegen schlugen. Meistens jedenfalls. Es gab auch Menschen, die sich alles anhörten und nachher doch taten, was sie wollten. Nun ja, das kannte man. Da half dann – wenn überhaupt – manchmal nur eins auf die Finger. Symbolisch gesprochen.

Übrigens konnte diese Verantwortung gegenüber den jungen Menschen zu Handlungen führen, die für ihn als Vorgesetzten durchaus unangenehm waren und eine Herausforderung darstellten, der er sich aber zu stellen verpflichtet fühlte. Angestellte und kommunale Beamte, die älter waren als er selbst und die er zurechtweisen musste.

Anke Dibbern fiel ihm ein. Sie kam – war es schon wieder ein Jahr her? – zu ihm ins Büro. Sie hatte ihre Ausbildung so gut abgeschlossen, dass ihr die Eignung zum gehobenen Dienst bescheinigt wurde. Das war einigen Herren in der Stadtkasse gar nicht recht – eine junge, ehrgeizige Frau störte die bestehende Ordnung, erlaubte sich Widerworte, wurde möglicherweise protegiert, weil sie eine Frau war?

Wer sucht, der findet. Und so sahen sie mit verklemmter Freude, wenn sie einen Fehler machte. Und sie zeigten ihr, wer das Sagen hatte: „Hier die Konten. Erklären brauch ich das wohl nicht. Du bist ja so schlau." Dibbern wehrte sich, aber das waren in den Augen der Herren völlig unangemessene und schnippische Widerworte.

Als die junge Frau bei Erichsen im Hauptamt saß, konnte sie die Enttäuschung und das Gefühl der Erniedrigung nicht verbergen. „Du gehst mir hier nicht in die Grütze!", sagte Erichsen schließlich und wies an, dass sie künftig bei Schneeberg im Ordnungsamt zu arbeiten habe. Interessanterweise hatte anschließend niemand nach einer Begründung für diese Versetzung gefragt. Schade eigentlich. Erichsen hätte eine gute Antwort parat gehabt.

Die Stadtkasse war eine Abteilung mit wenig Charme. Die Zahlen mussten stimmen, da gab es keinen Spielraum des Ermessens, da wurde nicht verhandelt und mit Menschen geplaudert und gelacht. Sein Vater hatte da hingepasst, ein funktionierender Technokrat, der das Menschliche nicht pflegte. Vielleicht war es der leicht verstaubte Kassierer mit den Ärmelschonern, der verantwortlich gemacht wurde für den geringen Lohn, der nie reichte? Der mit besonderer Akribie und gestochener Handschrift die Zahlen zusammentrug, die vorher die lärmende Rechenmaschine addiert und subtrahiert hatte? Vielleicht war es diese Männerwirtschaft, die sich gegen Bedeutungsverlust wehrte? Überweisungsträger statt Barauszahlung. IBM statt mechanischer Schreibmaschine. Das waren schon Schicksalsschläge!

Hansen hatte da auch nicht hingewollt. Der Umgang mit Zahlen sei absolut nicht seine Stärke, hatte er angegeben.

Aber wo gibt's denn sowas? Grad mit der Ausbildung fertig und damit für alle Abteilungen geeignet! Basta! Da war man nicht in der Position, Forderungen zu stellen!

Tat er ja auch nicht. Versuchte nur, das Beste für sich herauszuholen.

„Pass auf, Harald", hatte Erichsen gesagt. „Die in der Kasse brauchen frisches Blut. Das steht fest. Reimers fällt für lange Zeit aus. Aus dem Ordnungsamt kann ich niemanden abziehen. Das gilt auch für die anderen Abteilungen. Du bist der einzige, der zur Verfügung steht!"

Und als er Hansens ratloses Gesicht sah: „Was soll ich machen? – Pass auf: Du gehst für ein Jahr in die Stadtkasse! Für ein Jahr! Nicht länger. Kannst dich drauf verlassen."

Damit war die Sache entschieden, und Hansen hatte das Gefühl, dass sein Einspruch nicht ganz vergeblich gewesen war.

Erichsen hob den Kopf in Richtung Bürgermeisterzimmer. Die Stimme von Hans Heinrich hatte sich zornig erhoben. Selten war sie so scharf und schneidend, in der Regel eher sachlich und ruhig, ironisch manchmal vielleicht, oder belustigt.

„Überlegen Sie sich das. Wenn Sie hier was werden wollen." Die Tür zum Vorzimmer von Lotti Steinke öffnete sich. Der unbekannte Besucher verließ den Raum.

Vorsichtig klopfte Rolf Erichsen an der Verbindungstür. „Ja", kam die Antwort, Und als er seinen Freund sah: „Komm rein". Sein Kamerad aus alten Tagen, der jetzt mit Hilde Krezek verheiratet war. „Hilde, Hilde, ich bin über dich im Bilde!", hatte er als 17-jähriger Spund gerufen, nachdem er sie im Gerhardshain das erste Mal geküsst hatte!

Doch das war nur eine flüchtige Erinnerung an eine längst vergangene Zeit, die ihm manchmal kam, wenn er Rolf sah.

„Ich kann es absolut nicht leiden, wenn die Leute keinen Respekt zeigen! Wenn sie schon keinen Respekt haben, dann sollten sie ihn wenigstens zeigen! – Jöns, dieser Schnösel! Nur weil er mal auf der Tribüne neben mir gestanden hat, glaubt er, ich bin sein Kumpel! Und dann hat der RTSV auch noch verloren! Unglaublich!"

Hans Heinrich Beisenkötter hatte sich ein wenig echauffiert, aber ein fast unmerkliches Lächeln zeigte an, dass er es genoss, seine Macht zu demonstrieren. Theaterdonner musste manchmal sein.

„Was gibt's?", fragte er, als er wieder auf seinem Schreibtischstuhl saß.

„Die Vorlagen für den Senat", sagte Erichsen und legte ihm die Mappe auf den Tisch.

Wie unterschiedlich sie waren! Einerseits.

Am augenscheinlichsten war die Art, wie sie sich den Respekt ihrer Mitarbeiter erwarben. Erichsen war ein Ausbund an Leutseligkeit, hier ein freundliches Wort, dort ein gut gemeinter Rat, und machte sich gemein mit dem Volk. Das war Beisenkötters Sache nicht. Sparsam mit persönlichen Regungen, pflegte er die Distanz. Dem Dienstwagen entstiegen, eilte er des Morgens die breite Treppe hinauf in den ersten Stock des Rathauses und bewegte sich, wenn es sein musste und er mal keine auswärtigen Termine hatte, den übrigen Tag grußlos mit eingezogenem Kopf über die Flure und vermied es, den entgegenkommenden Mitarbeitern allzu offen ins Gesicht zu sehen.

Und doch entging ihm nichts. Und da er immer wieder unter Beweis stellte, dass er seinem Amte mehr als gewachsen war, jeden sichtbaren Moment mit seiner Geistesgegenwart beherrschte und durch kluges Reden und überlegenen Humor seine Gäste und wichtige Funktionsträger zu gewinnen vermochte, eilte ihm der Ruf voraus, genial und allgegenwärtig zu sein. Und da er Fehler und Verfehlungen im Rathaus streng mit Worten sezierte, gesellte sich zu der Bewunderung auch Angst vor seiner Omnipotenz.

Auch Erichsen spürte diesen Bannkreis, mit dem sich sein Freund umgab. Aber da er ihm untergeben war, fand er es in Ordnung – auch die Vereinbarung, die sie schon früh getroffen hatten, als absehbar war, dass sie Seite an Seite in der Stadtverwaltung arbeiten würden: dass sie einander niemals im Beisein Dritter duzen wollten. Niemand sollte vermuten dürfen, dass Bevorzugung und Kumpanei in den Amtsstuben herrschte.

So wie der Richter eine Robe trägt, und ist doch nur ein Mensch, so trägt er sie der edlen Absicht wegen.

Auch wenn die Menschen in den Büros sich – etwas beklommen – über die Verkleidung amüsierten, weil die meisten natürlich wussten von dem offensichtlichen Versteckspiel zwischen Erichsen und „Fiffi" – ja, sie kannten sogar Beisenkötters früheren Spitznamen – , so waren viele beruhigt und fanden die Botschaft, die von diesem Ritual ausging, angenehm.

Die Pflicht jedoch konnte nicht ein gewisses Bedauern verdecken, das Erichsen empfand. Die Förmlichkeit hatte eine Kluft entstehen lassen, die Bewunderung für den Freund veränderte die Balance. War es noch Freundschaft, wenn man sich nur in den Diensträumen begegnete? Warum wurden persönliche Fragen kaum noch gestellt? Wie geht es Hilde?

Wie geht es deinem Sohn? Was hat er erzählt von dem Jugendaustausch mit Kuopio?

Gut, zur Konfirmation hatte er gratuliert. Diese Aufmerksamkeit gehörte zum Amt.

Über politische Dinge nur, wenn sie außergewöhnlich waren. Die Niedergeschlagenheit, die im Rathaus nach dem Mauerbau im August herrschte! Was machen wir nun? Hier hatten sie sich mehr Kampfbereitschaft von Adenauer gewünscht! So wie der Regierende Bürgermeister von Berlin, Willy Brandt! Den sie beide nicht mochten, den Sozi, der als Herbert Frahm Deutschland den Rücken gekehrt und in Norwegen den Widerstand organisiert hatte! Aber seine Rede war hoch emotional und traf einen Nerv im Rendsburger Rathaus – besser als die „Wir-müssen-die-Ruhe-bewahren-Rede" vom Bundeskanzler!

Da hatten sie sich mal ganz persönlich unterhalten, die beiden Kameraden aus früher Zeit.

Oder über die Einweihung des Straßentunnels Ende Juli. Große Sache mit viel Prominenz. Der Bundesverkehrsminister war da, Christoph Seebohm. Nach der Zeremonie hatte er den Rendsburger Bürgermeister gefragt, ob er sich vorstellen könne, als sein Staatssekretär ins Verkehrsministerium nach Bonn zu wechseln. Er, der Bürgermeister, habe einen ausgezeichneten Ruf, der bis in die Bundeshauptstadt gedrungen sei. Also er, der Minister, würde sich darüber sehr freuen. Er könne tüchtige Leute gebrauchen.

Aber da hatte Seebohm sich verrechnet. Hans Heinrich Beisenkötter hatte nicht lange nachdenken müssen und abgelehnt. Überraschenderweise etwas undiplomatisch, war er doch sonst ein Meister der Formulierung. „Vielen Dank, Herr Minister", hatte er geantwortet. „Ich stehe lieber in der ersten Reihe!"

Peng, das hatte gesessen! Die Antwort hatte Seebohm gar nicht gefallen. Er war verstimmt gewesen.

„War das der wirkliche Grund für die Ablehnung?", fragte Rolf Erichsen. „Ich bin überzeugt, Hans Heinrich, du wärst ein ausgezeichneter Staatssekretär!" – „Davon bin ich auch überzeugt", schmunzelte Beisenkötter. Doch dann wieder ernst: „Wenn überhaupt, dann würde es mich nach Kiel ziehen! – Außerdem, der Seebohm! Ein unsicherer Kantonist! Das ist nicht immer ganz grundgesetzkonform, was er so von sich gibt. Und er spuckt in der sudetendeutschen Landsmannschaft ganz große Töne, und zwar so extrem, dass sogar seine Freunde von der CDU erschrecken! – Nein. Der würde mich mit runterziehen."

Damit beendete Beisenkötter das Thema. Das kleine Fenster, das einen Blick freigegeben hatte in sein halbprivates Leben, schloss sich wieder.

War es noch Freundschaft? Was von ihr geblieben war, das war die tiefe Überzeugung beider, das Richtige zu tun, vor allem für die Heimatstadt, aber auch für den Aufbau einer ganz anderen Nachkriegsgesellschaft – und sich dabei vollständig aufeinander verlassen zu können. Und das mit der festen Absicht, die preußischen Tugenden hoch zu halten. Dass beide Familien privat miteinander verkehrten und lustige Abende verbrachten, konnte sich Erichsen nicht mehr vorstellen. Zu sehr war Hans Heinrich gewachsen, seine intellektuelle Dominanz hätte ihm im Weg gestanden.

Als Erichsen in sein Zimmer zurückkehrte, wartete Harald Hansen schon vor der Tür.

Sie tauschten ein paar Gemeinplätze aus. Erichsen erkundigte sich nach seinen Eltern. Der Vater Bernhard Hansen war Kreisjugendpfleger und hatte zusammen mit seiner Frau im Sommer die Jugendgruppe nach Finnland begleitet. Peter Erichsen war dabei gewesen und begeistert zurück gekommen. „Wäre das nicht auch mal was für dich?", fragte Erichsen. „Den Jugendaustausch organisieren? Mit Kuopio? Vierzon?"

„Doch. Das kann ich mir vorstellen." Harald Hansen war nicht abgeneigt.

Erichsen hatte sich die Personalakte auf den Schreibtisch legen lassen. Und als sie Platz genommen hatten, fragte er: „Und wie war das Jahr in der Stadtkasse?"

Was sollte man da antworten? Als junger Berufsanfänger? Schlecht, Herr Erichsen! Es waren nicht nur die Zahlen, die mich gestört haben! Auch dass der Reimann sich vor dem Jahresabschluss gedrückt, seine Mitarbeiter damit allein gelassen hat! Wohl habe ich mich nicht gefühlt, Herr Erichsen, das kann ich mit Sicherheit sagen!

Aber natürlich sagte Hansen das nicht. Wie sah das aus! Der Berufsanfänger Hansen fühlt sich seinem Aufgabengebiet nicht gewachsen? Schwärzte sogar seinen Chef an?

Also räusperte er sich und sagte stattdessen: „Es war eine gute Erfahrung. Es ging doch besser, als ich dachte. Aber ich freu mich jetzt auf das Ordnungsamt. Vielen Dank, Herr Erichsen, dass Sie dafür gesorgt haben!"

„Das ist ja selbstverständlich, Hansen", sagte Erichsen und steckte sich die frisch bewehrte Zigarettenspitze zwischen die Lippen. Er genoss den ersten Zug seit einer Stunde und sehnte sich nach seiner Tasse Kaffee. „Was ich verspreche, das halte ich."

„Ich möchte noch etwas anderes ansprechen", sagte Hansen etwas steif. „Die Probezeit ist ja nun vorbei …" – „Fast!", unterbrach ihn Erichsen. „Fast vorbei!" – „Ja", bestätigte Hansen, „in drei Tagen. Und ich hoffe, dass ich die Probezeit bestanden habe?"

Erichsen nickte. „Davon können Sie ausgehen", sagte er.

„Wenn die Ratsversammlung meine neue Eingruppierung bestätigt, dann kann ich doch zum Ersten des Monats mit meinem neuen Gehalt rechnen?"

„Moment, Hansen, so einfach ist das nicht! Die Senatssitzung ist morgen!"

„Ja, aber die Ratsversammlung entscheidet doch erst in der nächsten Woche! Dann ist die Probezeit vorbei!"

Erichsen spürte einen Anflug von Ärger. Widerspruch von Berufsanfängern war er nicht gewohnt. Dieses „ja, aber"! Ja – aber – was? War er dem jungen Mann nicht schon entgegen gekommen? Vor einem Jahr hätte er auch sagen können: „Da gehst du hin, und da bleibst du erst mal! Und das ist jetzt amtlich!"

„Harald Hansen! Bei allem guten Willen – aber so ist das nun mal!"

„Aber Sie könnten doch in der Vorlage empfehlen …" – „Nein. Das kann ich nicht. Stichtag ist morgen."

Hansen blieb nichts anderes übrig, als den Rückzug anzutreten. Diesmal hatte er verloren. Verloren hatte er auch mindestens drei Monate Gehaltserhöhung, denn er musste nun auf die übernächste Ratsversammlung warten. Er war überzeugt, dass Erichsen auch anders hätte handeln können. Aber er hatte nicht gewollt. Aus irgendeinem Grund hatte nicht gewollt. Hansen war sauer.

Sein Chef war mit gemischten Gefühlen zurückgeblieben. Er hatte sich seinen Kaffee bringen lassen und dachte nach. Manchmal, dachte er, trifft man Entscheidungen aus dem Bauch heraus, beeinflusst von positiven oder negativen Gefühlen, von denen man gar nichts weiß. Hatte er richtig entschieden? – Unsinn! Er musste sich selbst ermahnen. Entscheidungen sind oft schwer zu treffen, aber sie sind notwendig und bei bestem Wissen und Gewissen niemals falsch. Punkt.

Weihnachtliches Familientreffen in der Alten Kieler (Dezember 1961)

Mit weißer Weihnacht war es wieder nichts geworden!

Rolf war nicht traurig darüber, bei Schnee und Eis mit dem lieb gewordenen VW-Käfer zu fahren, war ihm nicht geheuer und außerdem sehr unpraktisch, wie die erste Dezember-Woche gezeigt hatte: Die lange

Auffahrt zur Garage hatte geräumt werden müssen, morgens vor dem Dienst, der Sohnemann mit seinen fünfzehn Jahren nicht gerade begeistert über den Wintereinsatz, das Garagentor aus Blech schrammte hässlich über den gefrorenen Boden, und zu allem Überfluss gab es Probleme mit dem Anlasser, unter der Verteilerkappe hatte sich Feuchtigkeit gesammelt.

Auch die Erinnerung an die Fahrt mit dem alten P4 seines Schwiegervaters im Winter 1948 hatte er noch im Kopf: Um seine ausquartierten Eltern am Heiligen Abend in der Flurstraße zu besuchen, mit Frau und Kind auf der Vorderbank, denn der hintere Teil des Kleintransporters war eine Ladefläche für Viehtransporte, gerieten sie vor dem Kleinbahnhof in der Hindenburgstraße auf eine vereiste Fläche, die Räder reagierten nicht mehr. Plötzlich war ihr Leben nicht mehr in ihrer Hand, und entsetzliche zwei Sekunden drehte sich das Fahrzeug mit seinem lebendigen Inhalt um sich selbst.

Nein, Schnee und Eis konnten ihm gestohlen bleiben! Er vermisste die weißen Weihnachten nicht, als er in den Nachmittagsstunden an diesem zweiten Weihnachtstag mit Schwager Hannes Scharfenberg und Schwager Helmut Stietzel und seinem Sohn Peter spazieren ging.

„Und dann das Heizungsgebläse! Bis die Scheiben mal frei sind!", sagte Rolf. „Da geh ich lieber zu Fuß zum Rathaus. Da werd ich wenigstens warm."

In den Straßen der Stadt war es schon dunkel. Die drei Männer in Hut und Mantel und der halbwüchsige Peter, umwölkt von ihren Atemwolken, spazierten zügig durch die trübe, nasse Welt. Der feine Nebel dämpfte das Licht der wenigen Laternen und hinterließ auf dem Kopfsteinpflaster und auf den Gesichtern eine Schicht von Feuchtigkeit, dass es glänzte.

„So weit hast du es ja auch nicht bis zum Rathaus, oder?", sagte Johannes Scharfenberg, der Schwager aus Meldorf, mit geölter Stimme, die einen strengen Klang hatte.

„Was ist weit, Hannes?", antwortete Rolf. „Ich geh eine halbe Stunde. Ist das weit?"

„Ist das weit, Peter?", gab Hannes die Frage mit leichtem Spott an den Jüngsten weiter. Als Pädagoge schien es ihm angebracht, auch den Jungen an seiner Seite einzubeziehen. „Du hast doch fast denselben Weg!"

Peter war es nicht gewohnt, angesprochen zu werden, zu sehr waren die Männer mit ihren Männergesprächen beschäftigt. Er war nur Zuhörer, und manchmal trudelten seine Gedanken in andere Gefilde – so auch jetzt, als sein Onkel mit ihm sprach. Es dauerte eine Weile, bis er sich gesammelt hatte.

„Den Weg? Zur Schule? Ich fahr meistens mit dem Rad."

„Und zu Fuß?", fragte Onkel Hannes nach. Der Junge war manchmal etwas langsam.

„Wir dürfen eigentlich nicht mit dem Rad. Aber zu Fuß – das dauert richtig lange", antwortete sein Neffe.

„Und zum Rathaus ist es sogar noch ein Stück weiter!", griff Rolf nun ein. „Du kannst mir gerne glauben, Hannes!"

Es waren diese kleinen Eifersüchteleien, über die sich Rolf ärgerte. Sein Schwager wusste immer alles besser, ein Lehrer eben, genau gesagt Studienrat, und der hatte nun gerade versucht, den Jungen für seine Zwecke zu instrumentalisieren.

Das Gespräch wandte sich wieder den Kraftfahrzeugen zu, diesen sichtbaren Symbolen aufstrebender Familien, die wie Kinder gehätschelt wurden. Schwager Helmut Stietzel, der zusammen mit seinem Vater im Jungfernstieg ein stadtbekanntes Geschäft für Haushaltswaren betrieb, hatte sich mit seinem Opel Rekord in die Mittelklasse hoch gearbeitet. Durchaus beneidet von den beiden Beamten, die ihre gläsernen Taschen beklagten, in denen alles sichtbar blieb, während Helmut, der Geschäftsmann, doch allerlei steuerliche Vergünstigungen hatte, einen Opel auf Geschäftskosten laufen ließ, mit ihm aber selbstverständlich die Familie in den Dänemarkurlaub kutschierte.

Peter hörte nun aufmerksamer zu. Er war froh, überhaupt mitgehen zu dürfen, den Mädchenspielen entkommen zu sein.

Die Mädchen – das waren seine Schwester Hilke, vier Jahre jünger als er, kräftig und selbstbewusst hatte sie ein Weihnachtsgedicht vorgetragen, und seine kleine Schwester Frauke, der „Nachkömmling", noch zu klein zum Rezitieren. Und da waren Brigitte, die älteste Tochter von Onkel Helmut, die altersbedingt eine auffällige Zahnlücke im Oberkiefer hatte, und ihre kleine bezopfte Schwester Renate mit den roten Pausbäckchen – auch sie hatten sich vor dem geschmückten Baum bewähren müssen.

Sie waren jetzt alle in der warmen Wohnstube bei Opa und Oma Krezek. Vielleicht hockten sie am Plattenschrank, während Opa „Das alte Försterhaus, dort wo die Tannen steh'n" oder Lys Assia mit „Oh mein Papa, warr eine grosse Maan, oh mein Papa, warr eine grosse Künstlerr" abspielen ließ. Opa hatte viele Platten, auch die dicken, schweren, die aus Schellack hergestellten. Neuerdings hatte sich der alte Mann in die hübsche, blonde Heidi Brühl verguckt. „Wir wollen niemals auseinander geh'n" war jetzt sein Lieblingslied.

Vielleicht waren die Mädchen aber auch in die obere Wohnung gegangen. Die Nachbarin Frau Blieschke hatte ihren Wohnungsschlüssel bei den Krezeks hinterlassen und erlaubt, dass die Kinder ihren Fernseher benutzten. Heute Nachmittag sollte es „Sissi" geben.

Opa hatte auf den Spaziergang verzichtet, weil er stark hustete. Die drei Krezektöchter saßen im Wohnzimmer und schwatzten und gingen gelegentlich in die Küche, um ihrer Mutter zu helfen, die nach dem Kaffeetrinken vor dem Weihnachtsbaum jetzt das legendäre Abendbrot herrichtete, auf das sich alle ganz besonders freuten.

Zur gleichen Zeit standen die weihnachtlichen Spaziergänger auf dem Altstädter Markt auf dem nassen Kopfsteinpflaster und schauten hinauf zu den dunklen Fenstern des „neuen" Rathauses.

„Im zweiten oder im ersten Stock?", fragte Schwager Helmut.

„Im ersten", antwortete Rolf. „Ihr seht den Erker? Das ist das Bürgermeisterzimmer. Rechts davon. Im Hauptamt."

„Aha!", sagte Schwager Hannes, der Studienrat. „Man hat dich also befördert!"

„So ist es", antwortete Rolf. „Ab Februar bin ich Stadtamtmann. Aber an dein Gehalt reiche ich trotzdem nicht ran!"

Hannes lächelte. „A 11 vermutlich?" Rolf bestätigte. „Na ja", fügte Rolfs Schwager hinzu, „wir beide sind ja wohl noch nicht am Ende der Fahnenstange angelangt! Da ist ja noch Luft nach oben, was?"

Womit Hannes Scharfenberg das Gespräch in die gewünschte Richtung gelenkt hatte. Er war gerade von Elmshorn nach Meldorf versetzt worden und sprach gern über seine Ambitionen, mögliche Karrieresprünge, seine Beziehungen zu Politikern der Regierungsfraktion in Kiel und beantwortete geduldig die erwarteten, aber noch nicht gestellten Fragen. „Besucht uns mal in Meldorf! – Ein schöner Ort, besonders der Dom! Ich zeig euch alles! Sprungbrett würde ich es nicht nennen, aber es könnte eins werden!"

Ja, ein Gymnasium zu leiten, das traue er sich zu, und mit Hilfe seiner Freunde, hier erwähnte er namentlich den Ernst Engelbrecht-Greve, Mitglied des Deutschen Bundestages und des Europaparlaments, sei das wohl nicht ganz unwahrscheinlich. Bei seinen Verdiensten um die Mathematik. Ob sie wüssten, dass er Mitherausgeber eines in Schleswig-Holstein zugelassenen Schulbuches sei?

Ja, natürlich wussten sie. Und es war Schwager Helmut, dem es gelang, auf dem Weg durch die Hohe Straße beim Anblick des konkurrierenden Haushaltswarengeschafts von Gronau das Thema zu wechseln. Er blieb einfach stehen und zeigte anerkennend auf die Schaufensterauslagen. „Ausgezeichnet dekoriert!", sagte er. „Das ist das Werk von Erich Larisch. Tüchtiger Mann. Den würde ich gerne abwerben. Aber er will nicht."

Nun wollten auch die anderen nicht abseits stehen. Vom Dekorieren verstanden sie ja auch etwas, schließlich waren sie die Kunden, denen es gefallen sollte. Zum Fachsimpeln reichte es allemal.

Rolf schwärmte von seiner Kaffeekanne und dem Melittafilter, womit ihm seine Mädchen in der Verwaltung jeden Tag den köstlichsten Kaffee zubereiteten, natürlich nicht ohne vorher von ihm gründlich angelernt worden zu sein. Diesen Luxus gönne er sich. Dieser Duft! Den müsste Schwager Helmut mal in sein Geschäft lassen! Dann würden die Leute auf jeden Fall mehr kaufen!

Als leitender Bürobeamter habe Rolf demnächst doch gewiss einigen Einfluss, konterte spitzbübisch der Geschäftsmann. Er sei im letzten Jahr zu einem Empfang eingeladen gewesen und habe sich über den Zustand des städtischen Geschirrs gewundert. Was das denn für einen Eindruck mache! Wo sie das denn her hätten? Ob die Stadt nicht das Geld habe, sich bei Stietzels ein vernünftiges Service zu kaufen? Da sei Rolf doch der Richtige, um dieses Geschäft zu vermitteln!

Sie lachten.

Da fiel ihnen ein, dass sie noch ein weihnachtliches Abendbrot vor sich hatten und nun den Rückweg antreten müssten. Nach Kaffee und Kuchen am Nachmittag kehrte nun doch ganz deutlich der Appetit zurück. Schade, dachte Peter. Er hätte gern in die Schaufenster von Meenken geguckt. Er hatte lange nicht mehr ein grünes Lurchi-Heft in der Hand gehabt, hatte er doch diese Salamander-Bilder mit den gereimten Geschichten immer gern gelesen. Am Ende hieß es immer „Lange schallt's im Walde noch: Salamander lebe hoch!" Ob es wieder was Neues gab?

Meenken war überhaupt ein interessanter Laden, in dem es nach Leder roch. Faszinierend war der Leuchtkasten[19], mit dem man durch ein Okular sehen konnte, ob die Zehenknochen in den neuen Schuhen ausreichend Platz hatten. Blasse, weißliche Knochen auf bläulichem Grund. Irgendwie gruselig!

In der warmen Stube in der Alten Kieler war der Esstisch vor dem Weihnachtsbaum wie üblich reich gedeckt. Selbstverständlich mit den unterschiedlichsten Wurstsorten, da kannten sich die Schwiegereltern aus. Herzhaftes Schwarzbrot, Fleischsalat und Heringssalat in Weiß und Rot und Schwedenhappen mit dem süßsauren Geschmack, der so überwältigend nicht nur die Zunge, sondern die gesamte Mundhöhle erregte, dass man unwillkürlich die Augen schloss.

Nach dem Essen und dem Abräumen bat Helmut die Mitglieder der Familie, sich vor dem Stubenfenster zu drapieren, wo die Sitzgarnitur stand, und richtete seine Super-8-Kamera auf das konzentrierte Familienleben.

Hilde hatte sich bei Rolf auf den Schoß gesetzt, was ihr Mann als Aufforderung verstand, sie durch Kneifen in die Taille kräftig zu kitzeln. Das gab gewiss eine lustige Szene mit einer zuckenden Ehefrau – das Lachen und Juchzen würde man ja leider auf dem Stummfilm nicht hörbar machen können. Elfriede hatte Renate auf dem Schoß und lachte, weil sie die Kamera von der Seite spürte. Die kleine Frauke war aufgrund ihrer Körpergröße dem Teppich am nächsten und versuchte, den Dackel zu streicheln, was ihr aber nicht gelang, weil Onkel Hannes, der Hunde überhaupt nicht mochte, auf seine Knie klopfte, um den Hund zu locken. Hannelore saß bei ihrer Mutter auf der Sessellehne und schaute wie Gina Lollobrigida unverwandt in die Linse der Kamera. Und auf der Lehne bei seinen Eltern saß der halbwüchsige Peter mit roten Wangen und roten Ohren und machte mit seinen ungebändigten Haaren und seinem blassen Westover eine unglückliche Figur.

„Prost!", sagte Schwager Hannes zu seinem ihm gegenüber sitzenden Schwager Rolf und erhob den Rotweinkelch. Peter tat so, als sei er angesprochen, zeigte fragend auf sich und ergriff ein leeres Likörglas und meldete damit seinen Anspruch an, künftig dazu gehören zu wollen – auch wenn sein Äußeres diesen Anspruch noch nicht unterstrich.

„Prost!", sagte nun auch Rolf mit erhobener Stimme und legte seinen Kopf übertrieben weit in den Nacken, während er seinen Stonsdorfer bis zur Neige trank.

Zufrieden setzte Helmut seine Kamera ab.

Er hatte seine selbst auferlegte Pflicht erfüllt, ein weiteres Stück Familie für die Nachwelt festzuhalten, und genoss jetzt das volle Personenpanorama, das ihm die Kamera verwehrt hatte. Offensichtlich suchte Peter die Nähe seines Vaters. Der kleine Ollenhauer war groß geworden! Wie sehr er sich bemühte, allen zu gefallen!

Gerade vorhin, als sie vom Spaziergang zurückgekommen waren, hatte er Rolf beiseite genommen und nach Peter gefragt. Wie er sich denn mache, und ob er immer noch so ein Querkopf sei und widerborstig? „Den heff ick mi torech prögelt!", hatte sein Schwager lachend geantwortet.

Sollte Rolf Erichsen mit seinen Erziehungsmethoden tatsächlich erfolgreich gewesen sein? Ja, es sah ganz danach aus. Helmut Stietzel musste grinsen.

In der freien Wirtschaft verdient man besser
(September 1962)

„Deine Frau, Rolfff, ist eine Augenweide!" Karl Hans Hamsch ließ das
„f" kurz nachklingen, wie aus einem Ventil entweichende Luft. Er führte
Hildes Hand galant zu seinem Mund und deutete einen Kuss an, dabei
schlug er leicht die Hacken seiner Schuhe aneinander. Man hätte diese
Geste als leisen, aber gut gemeinten Spott begreifen können, schließlich
hatte hier niemand die Etikette auf dem Parkett der besseren Gesellschaft
einzuhalten. Aber Karl Hamsch war mit Stolz ein Mann der „alten Schule". Die demonstrative Verehrung der „Damen" war ihm ein Bedürfnis,
und wie der Begriff „Schule" zeigte, so war ihm das nicht angeboren,
sondern anerzogen worden.

Hilde war durchaus empfänglich für diese Schmeichelei und lächelte
verlegen. Dabei drehte sie sich kokett zur Seite, wie man es vor dem
Spiegel macht, um das Aussehen ins rechte Licht zu rücken. Dieser Mann
hatte wirklich Talent! Oder ein Gespür! Er konnte doch nicht wissen,
dass ihr gerade dieses Kleid so wichtig war!

„Ist das neu?", wollte nun Irmgard Hamsch wissen. Normalerweise
hätte sie das nicht gefragt, dazu wusste sie zu wenig von Hilde Erichsens
Garderobe. Aber es störte sie immer etwas, wenn sich ihr Mann vor den
„Damen" zu sehr spreizte, und sie lenkte deshalb das Gespräch auf die
fachliche Ebene der Damenschneiderei.

„Ich trage es heute zum ersten Mal!", sagte Hilde.

„Tatsächlich?" Irmgard war überrascht. „Wer hat das gemacht?"

Das war ein Organdy-Kleid, berichtete Hilde, oder auch Glasbatist genannt, in der Grünen Straße von ihrer Schneiderin genäht, fertig kaufen
sei viel zu teuer. Es hatte hell- und dunkelgraue Ornamente und eine kni-
sternde Steifheit, wie sie auch bei Abendkleidern modern war, eine Gewebe aus Baumwoll- und Chemiefasern.

„Was tut man nicht alles für seine Frauen!", warf Rolf ein mit komisch
verstellter Stimme. „Ach!", rief Irmgard. „Ihr wollt doch nur mit uns an-
geben!" Hilde fügte hinzu: „Außerdem hab ich das Kleid selbst bezahlt!"
– „Und was ist mit den vollen Regalen im Kleiderschrank?", rief Rolf.
„Ich hab so viel", sagte er und deutete mit beiden Händen eine Schulter-
breite an, „und meine Frau hat drei Meter!"

Kalli und Rolf zeigten ihr dröhnendes Männerlachen, durchdrungen
von der gackernden Altstimme Irmgards, während Hilde sagte: „Das
stimmt doch gar nicht! Das meiste hab ich mir selbst gekauft." – „Ja!",
lachte ihr Mann. „Aber nur, weil du mit dem Haushaltsgeld so gut wirt-

schaften kannst! Wenn ich Fleisch finde, muss ich das in der Küche abgeben, und die Frikadellen sind vom Bäcker!"

Der Besuch bei Familie Hamsch ließ sich gut an. Gleich zu Beginn ein Stimmungshöhepunkt! Auch Hilde lachte nun mit.

Während die Frauen sich nun der zehnjährigen Karin zuwandten und sie mit der kleinen Frauke bekannt zu machen versuchten, gingen die beiden Männer ins Wohnzimmer vor, gefolgt von der zwölfjährigen Hilke und dem sechzehnjährigen Peter. „Man muss vorsichtig sein in diesen Zeiten, Rolff", sagte Karl, Augen zwinkernd und immer noch mit den Lachfalten im Gesicht. „Frauen sind auf dem Vormarschsch! Gleichberechtigung[20] ist Programm! Sie dürfen sogar ihr eigenes Vermögen verwalten, das weißt du!?" – „Ja, ja. Ich hab auch nichts dagegen. Es ist nur so: Ich würde meiner Frau ja gern von meinem Vermögen abgeben. Hab sogar studiert und danach gestrebt ‚mit heißem Bemühen', aber ohne Erfolg. Wo nix is, is nix!", antwortete Rolf grinsend. – „Oh, was für ein Blick!"

Durch die zahlreichen Fenster sahen sie den Nord-Ostsee-Kanal, der glitzernd die Nachmittagssonne reflektierte, drüben am anderen Ufer die Schornsteine der Düngerfabrik und rechts davon die Obereider, die zu den Bootshäusern und der Innenstadt Rendsburgs führte.

Rolf blickte sich neugierig um. Das neue Haus seiner Freunde Karl und Irmgard Hamsch war wirklich einmalig in seiner Modernität. Es stand auf der Kanalböschung in Schacht-Audorf unweit der Fähre Nobiskrug und hatte einen versetzten Giebel, als sei er zerschnitten. Und unter den Fenstern an der Kanalseite waren hellblaue Flächen, eine völlig unübliche Farbgestaltung der Fassade.

„Karl-Heinzz! Gerd! Kommt maal und sagt Gutenn Taak!", rief Hamsch, und wenig später kamen die beiden Söhne aus ihren Zimmern, fünfzehn der eine und fast siebzehn der andere.

„Meine beiden Jungs!", präsentierte der Hausherr stolz. „Bei den Bauarbeiten mächtig in die Breite gegangen und Muskeln gebildet!" Und zu Peter gewendet: „Ihr kennt euch ja, wass?"

Ja, sie kannten sich. Eigentlich schon seit elf Jahren, als sie zusammen an der Altenhofer Steilküste spielten, weil ihre Eltern dort zelteten. Aber das war lange her, sie waren damals noch klein gewesen. Jetzt war Peter ein hoch aufgeschossener „Schlacks", der zumindest Karl-Heinz um fast Kopfeslänge überragte. Aber – wie Peter immer wieder neidisch feststellte – der so viel männlicher wirkte, mit seinem breiten Kreuz und seinem erwachsenen Gesicht! Er dagegen: Kindergesicht mit roten Backen, dünne, haarlose Beinchen mit Mettwurstmuster. Und seine Trichterbrust! Was nützte ihm da die Körpergröße?

Den Bruder hatte er seit damals nur selten gesehen, bei den gelegentlichen Sonntagsspaziergängen am Kanal waren die beiden nur selten. Aber Karl-Heinz, der wie sein Vater „Kalli" genannt wurde, besuchte auch das Gymnasium, die Herderschule in Rendsburg. Gemeinsam waren sie im Landschulheim Rantum auf Sylt gewesen, wo Karl-Heinz ihm gönnerhaft – wie es Peter schien – eine Freundin vermittelt hatte. „Du, Peter", hatte er gesagt, als sie zusammen auf der großen Treppe vor dem Heimeingang gestanden hatten, „die kleine Dunkelhaarige da hinten, die hat ein Auge auf dich geworfen! Geh da mal hin!" Und als Peter zögerte, fügte er hinzu: „Du musst sie ansprechen. Sie hat mir gesagt, dass sie dich toll findet! Nun geh schon! Sie heißt Heike, glaub ich."

Peter ging. Aber dass er nun seine erste Mädchenbekanntschaft nicht seiner eigenen Initiative verdankte, sondern sozusagen als Geschenk angenommen hatte, wurmte ihn. Karl-Heinz Hamsch war ihm mit seiner Gewandtheit und mit seinem Selbstbewusstsein überlegen, und das zu akzeptieren, fiel ihm schwer. Vielleicht war auch das ein Grund dafür, dass er bisher mit ihm nicht recht warm geworden war.

Dennoch: Die Bekanntschaft mit Heike Fröhlich aus Flensburg war nach einigen Spazierrunden um den ehemaligen Militärsportplatz und nach dem anschließenden Austausch einiger Briefe zwar nicht nachhaltig gewesen, aber eine Erfahrung, auf die sich aufbauen ließ. Das Schwierigste überhaupt, die Annäherung an das andere Geschlecht, hatte – endlich – zaghaft begonnen.

Nach der Besichtigung des Hauses servierte Irmi Hamsch Brot mit Mettwurst.

Rolf und Hilde Erichsen waren beeindruckt. Für sie war der Anbau in der Gartenstraße ein großes Wagnis gewesen, und das Arbeitszimmer im letzten Jahr wie ein Scheck auf die Zukunft, eine Hoffnung auf künftige Beförderungen, die natürlich nicht ganz unberechtigt war.

Aber ein Grundstück am Kanal, in allerbester Lage? Ein Einfamilienhaus mit modernsten Elementen? Wie konnten ihre Gastgeber sich das alles leisten? Bei dem holperigen Start nach dem Krieg! Internierung in Neuengamme[21]! Schwierigkeiten bei der Entnazifizierung, immerhin war Karl Hamsch Untersturmführer der Waffen-SS gewesen! Dann Jugendamnestie – wie bei Rolf, Gruppe V – trotzdem keine Rückkehr in den erlernten Beruf als Sparkassen-Angestellter! Arbeiter in einer Beton-Fabrik, dann Handelsvertreter bei LoLa[22].

Gut, Kalli Hamsch reiste nicht mehr von Kunde zu Kunde, um seine Bürsten zu verkaufen, er war jetzt eine Art Vertriebsleiter der LoLa-Werke. Aber verdiente man da so gut? Ein Gespräch darüber war ausgeschlossen – danach fragte man nicht. Aber nicht das erste Mal stellte Rolf fest, dass er als Beamter im öffentlichen Dienst gegenüber der freien Wirtschaft im Nachteil war.

Wie eine Gitarre helfen kann, erwachsen zu werden (1963)

Elfriede saß am Klavier, Hilde mit dem Akkordeon daneben, und Hannelore hielt die Blockflöte an die Lippen. Glücklich war Karl Krezek gewesen, damals, vor dem Krieg in der Obereiderstraße, oben in dem gut bürgerlichen Wohnzimmer über der Schlachterei. Seine drei Töchter machten Hausmusik! Das war immer sein Wunsch gewesen.

Er selbst hatte nie eine Chance dazu gehabt – er, der Schlachtergeselle auf Wanderschaft zu Zeiten der Österreichisch-Ungarischen Doppelmonarchie und des Deutschen Kaiserreiches vor dem Ersten Weltkrieg.

So war er nach Schacht-Audorf gekommen und hatte dort seine Frau kennengelernt. Seine Begabung für Sprachen hatte ihm in der Fremde geholfen. Er, der deutschsprachige Tscheche, lernte erstaunlich schnell Plattdeutsch, so dass er später mit den Bauern handeln konnte. Und er erfreute seine Familie mit eigenen Versen. Elise dagegen hatte nie gelernt, für etwas zu schwärmen, das man nicht essen konnte.

Seine Töchter waren keine Tonkünstler geworden. Irgendwann blieben sie in ihrer Entwicklung stehen und wandten sich anderen Dingen des Lebens zu. Ihr Vater hatte sich mehr gewünscht, aber er war doch sicher, dass Musik, und sei sie noch so bescheiden, eine Bereicherung für das Leben war.

Sein erster Enkel war Peter, und es schien so, als läge der Opa auf der Lauer, um jede Lautäußerung des Jungen auf eine verborgene Musikalität zu überprüfen. Seine Ohren öffneten sich weit, als das Grundschulkind auf der Blockflöte herum blies oder Interesse an der herumliegenden „Quetschkommode" seiner Mutter zeigte, die für den Kleinen aber noch zu schwer war. Der Enkel schien Gefallen an den schrägen Tönen zu finden, denn sie schreckten ihn nicht.

Doch war der Junge mit Vorsicht zu genießen. Er ließ sich nicht leicht lenken und hatte schon früh seinen eigenen Kopf. Die Erfahrung mit dem gut gemeinten Fahrradkauf im letzten Jahr war unvergessen. „Den Fehler mach ich nicht noch mal", sagte Karl zu seiner Frau, als sie über Weihnachten sprachen. „Aber so ein Instrument würde ich ihm schon gerne schenken." – „Du kannst ihn ja mal fragen", meinte Elise.

So geschah es, und so kam es, dass Peter zu Weihnachten 1958 von seinen Großeltern aus der Alten Kieler keine Schienen für seine Märklin-Eisenbahn, keine Legosteine für seine Walmdachhäuser und keine Modellbaubögen für Flugzeuge und Schiffe erhielt, sondern eine Wandergitarre von Bock & Hinrichsen und das Versprechen, die ersten zehn Unterrichtsstunden zu finanzieren.

Der Unterricht im Pulverschuppen ließ sich gut an, die Hornhaut an den Fingerkuppen gedieh unter Schmerzen, und bald klang aus dem Kinderzimmer in der Gartenstraße „Auf de schwäbsche Eisebahne, gibt's gar viele Haltstatione: Schtuguert, Ulm und Biberach, Mekkebeure, Durlesbach" in D-Dur, brav gesungen mit vorgestrecktem Kopf, damit der Text nicht verloren gehe.

Weihnachten 1961 schwelgte Peter in den süßlichen Melodien, aber fand auch Gefallen an herben Moll-Tönen, mit denen „Maria durch den Dornwald ging" oder das Schiff daher kam, „geladen bis an sein höchsten Bord". Es waren schon manchmal merkwürdige Texte, und so ganz verstand der Junge sie nicht. Aber sie wurden nicht hinterfragt – wie überhaupt alles Religiöse in festen Formeln erstarrt schien.

Zu der Tradition gehörte es, dass überall Weihnachtslieder gesungen wurden – in der Schule, im Fernsehen und in den Rundfunkprogrammen. Sie zogen sich wie eine Erkennungsmelodie durch die grauen Tage, so dass die Vorweihnachtszeit zu schweben schien und alles zu einem wunderbaren Höhepunkt strebte.

Am Heiligabend gingen die Kinder ins Martinshaus zum Weihnachtsgottesdienst. Hilde und Rolf hatten daran kein Interesse und freuten sich, dass sie nun in Ruhe die weiteren Vorbereitungen treffen konnten. Wenn die Kinder zurückkamen, war die Stube verschlossen, und hinter dem gelben Buddelglas der Tür ging ein Schatten hin und her, bis nacheinander die Kerzen aufblitzten und ein Glöckchen erklang.

Es war ganz so, wie wir es aus alten Geschichten kennen.

Es gehörte deshalb nicht gar zu viel Mut dazu, sich mit der Gitarre in diesen Reigen einzufügen und vor der Weihnachtsfichte mit den brennenden Kerzen die Eltern und Schwestern und später am Abend auch die Großeltern aus der Alten Kieler mit den Liedern zu erfreuen. Es war dem Jungen ja durchaus bewusst, dass das Musizieren irgendwann zwangsläufig ein Publikum benötigte, und er wollte sich dieser Herausforderung stellen.

Etwas anderes war es, das Instrument am zweiten Weihnachtstage mit in die Alte Kieler zu nehmen, wo sich jedes Jahr die größere Familie traf. Das hatte schon etwas von einer Tournee mit einem Auftritt vor größerem Publikum, und dem fühlte sich Peter nicht gewachsen. Das mühsame Ablesen der Texte war ihm peinlich, und die seltenen Versuche, ohne Textheft auszukommen, endeten fast unweigerlich in Tonstörungen. Und dann die Ungewissheit, wie die Verwandtschaft hinter vorgehaltener Hand Konzertkritik übte, allen voran Onkel Hannes, kinderloser Studienrat, Knigge-Anhänger und Großmeister des guten Benehmens, der ständig an der Kindern herummäkelte: „Zu Weihnachten stellt man den Fernseher nicht an!", „Die Hand führt zum Mund – und nicht umgekehrt." – „Die Hand hat im Gesicht nichts zu suchen – das gibt unreine Haut." – „Es heißt nicht Pommfritz, sondern Pommes de Fritt!"

Ungern erinnerte sich Peter an die Belehrungen seines Onkels, als er in den Ferien ein paar Tage in Elmshorn verbracht hatte. Seitdem wusste er, dass das Auto für reiche Leute und Bauern „Mercedes" hieß, und nicht „Mencedes". Diese Belehrung war vielleicht auch notwendig gewesen – wie hatte er nur so oberflächlich lesen können! Aber dass sein Onkel ihm beim Spazierengehen den „Knirps" zum Tragen in die Hand drückte, und ohne einen Funken Humor oder Ironie hinzufügte „Aber verlier ihn nicht!" – das hatte ihn gekränkt.

„Nimm die Gitarre doch mit!", sagte seine Mutter. „Dein Opa würde sich so freuen!" Ihr Bitten war vergeblich, und Rolf sagte nichts dazu.

Für Peter war dieses Nein das Eingeständnis seiner eigenen Unfähigkeit. Er wollte ja, aber er konnte nicht!

Vielleicht – mit der Zeit? Die Sicherheit, das Selbstvertrauen würde wachsen! Es musste schön sein, anderen eine Freude zu machen, und – natürlich! – musste es schön sein, gelobt zu werden. Das war ja untrennbar miteinander verbunden, das war ja das Faszinierende daran! In Kontakt zu treten mit anderen, mit Fremden sogar. Wie Hans Albers, Jørgen Ingmann, Cliff Richard! Heraus aus der Isolierung, auftreten können!

In den Ferien hatte Peter begonnen, Geld zu verdienen, bei Tönsfeld im Eisenlager Schrauben sortieren, im Kreishafen Säcke mit Erdnussschrot transportieren, Kartoffeln sammeln in Rade, im Lebensmittelgroßhandel von Schramm Ware zusammenstellen. Das unvergleichliche Gefühl genossen, sich verschwitzt mit den anderen Arbeitern zur Pause niederzulassen, zwischen den Säcken oder am Knickrand, die Brote aus der Blechdose mit schmutzigen Händen und größtem Appetit zu verzehren.

Ziel war der Kauf einer gebrauchten Schlaggitarre, gelb-rot-schwarz geflammte Lackierung, Tonverstärker am Schallloch, Saiten aus Metall. Schlaggriffe lernen, kleine Jazzstücke, „Lady be good" und „Some of these days", aber auch „Nimm mich mit, Kapitän auf die Reise". Volkslieder waren trotz der Bemühungen des Musiklehrers Karl Friedrichs langweilig geworden, flotter musste es sein, nicht so leierig, die Akkorde schlagen, nicht zupfen.

Mit dem neuen Instrument und dem wachsenden Repertoire wuchs das Dilemma: Immer nur im eigenen Zimmer zu sitzen und für sich zu spielen – bei aller Freude, die es machte, es blieb unbefriedigend. Davon träumte er doch: von dem Publikum! Aber allein der Gedanke daran ließ das Herz schneller klopfen. Wenn er nur unbefangener und sorgloser wäre! Auf Menschen zugehen, ihre Herzen gewinnen! Geschichten erzählen, interessant sein! Nicht den Kopf einziehen vor Angst! Reden, nicht schweigen! Daherplappern meinetwegen, wie andere es tun. Und wenn es dumm ist, das Plappern, oder ungeschickt, dann plappern sie frech noch mehr, bis es normal ist und nicht mehr dumm! So möchte ich sein, dachte Peter.

Aber er schwieg und atmete erleichtert auf, wenn er allein war. Und war doch bedrückt: Allein wie er aussah! Allein dafür musste man sich schon schämen. Andere hatten behaarte Beine und auch Haare auf der Brust. Andere hatten verwegene Frisuren, weil die Haare von Natur aus anders wuchsen. Ein Milchgesicht war er, mit roten Backen und Mettwursthaut an den dünnen Beinen! Klar, dass auch die meisten Klassenkameraden und die Mädchen ihn so sahen! Wie denn sonst! Wie konnte man so mit der Gitarre auftreten!

Nun ist es wohl ein Kennzeichen der Teenager-Zeit, dass man sich lange in seinem Körper nicht zu Hause fühlt, weil man nicht weiß, wer man ist und wer man sein will. Wohl dem, der ein Idol findet, dem er sich ganz hingeben kann, wie die schreienden Mädchen hinter der Absperrung im Angesicht von Peter Kraus, Rex Gildo oder den Beatles. Das hilft über manche Unsicherheit hinweg.

Peter gelang das nicht, er hatte ständig Zweifel. Er schmierte sich Brisk-Creme in die wilden Haare, trug vorzugsweise einen Anzug mit Schlips und Kragen wie die Schlagerstars auf der Bühne, aber fühlte sich wie ein Hochstapler kurz vor der Entlarvung. Er saß Weihnachten bei seinem Vater fast auf dem Schoß wie ein geschlagener Hund, der eben deshalb seinem Herrchen treu ergeben ist.

Und er setzte sich abends zu den Gästen seiner Eltern, weil er in dem Alter war, in dem er nicht mehr ins Kinderzimmer geschickt wurde. Aber er mochte das tantenhafte Getue dieser Frauen nicht, die bräsige Großzügigkeit der Männer, für die er natürlich kein echter Gesprächspartner war. Er ließ sich widerstrebend dazu überreden, seine Gitarre herunter zu holen, weil sein Vater sagte „Spiel uns doch mal was vor!" und Tante Ulla begeistert einfiel mit „Oh ja, Peter! Das wäre schön!" – als sei sie nur deshalb heute Abend gekommen, und Frank Baumert[23] dröhnte „Du kannst Gitarre? Da würdest du uns eine große Freude machen!"

Da konnte Peter nicht mehr nein sagen, und er wollte diese Herausforderung ja auch. Er spielte ganz leidlich und sang dazu, und Magda und Albert Peters und Frank und Elisabeth Baumert und Gerda und Wilhelm Martens und Ulla und Harald Freytag und Rolf und Hilde Erichsen lauschten andächtig und spendeten höflich Beifall. Dann sagte Ulla Freytag in guter Absicht: „Spiel doch mal ‚Wenn alle Brünnlein fließen‘. Das hör ich immer so gerne."

Wie bitte? Sind wir hier beim Wunschkonzert? Bin ich eine Juke-Box, ein Tausendsassa der Volksmusik? Selbst wenn ich die Melodie könnte, und ich glaube, ich bekäme das hin, woher soll ich den Text kennen? Diese Lieder interessieren vielleicht Karl Friedrichs in der Schule, aber doch nicht mich! Peter fühlte sich an einer empfindlichen Stelle verletzt.

„Das kann ich nicht", sagte er hilflos.

„Und was ist mit ‚Hoch auf dem gelben Wagen‘?", sagte Albert Peters. „Das kannst du doch bestimmt! Wir singen auch mit!"

„Das geht auch nicht", sagte Peter. „Ich müsste mir erst die Griffe überlegen."

„Dann spiel irgendwas anderes!" Rolf Erichsen sah die Sackgasse, in der sein Sohn steckte. Mit dem war kein Staat zu machen.

Peter schwitzte, seine Wangen waren glühende Apfelbäckchen, die nicht zu Schlips und Kragen passten. Es kostete ihn Beherrschung, sitzen zu bleiben und in einem Heft den Text zu finden, den er suchte. „Bei mir bist du schön", sang er.

„Please let me explain
‚Bei mir bist du schön‘ means you're grand
Bei mir bist du schön, again I'll explain
It means you're the fairest in the land.
I could say 'bella, bella' even 'sehr wunderbar'
Each language only helps me tell you how grand you are
I've tried to explain, 'bei mir bist du schön'
So kiss me and say you understand!"

Beifall. Frank Baumert zückte seine Geldbörse mit großer Geste und förderte ein Fünf-Mark-Stück zutage. „Musik muss gefördert werden!", sprach er, und während er die Münze überreichte, stieß Ulla ihren Mann an, und Magda sagte zu Albert: „Gib ihm auch was!" und Wilhelm hatte schon ein Geldstück in der Hand. Der hagere Albert aber stocherte mit seinem Spinnenfinger in seinem Münzvorrat herum und tat sich schwer.

Peter zeigte grinsend seine Dankbarkeit und zog sich schnell zurück. Geld war das Letzte, was er sich gewünscht hatte. Er wollte ehrliche Anerkennung oder auch ehrliche Kritik, damit hätte er etwas anfangen können. Er wollte erklären, warum er noch nicht so weit war. Aber er wollte nicht wie ein Bettler die Hand aufhalten.

Er hatte sich auf sein Bett geworfen und versuchte, die Gefühle von Aussichtslosigkeit und Hoffnungslosigkeit auszuhalten. Morgen früh würde er neuen Mut schöpfen und sich die Niederlage schön reden: Ich habe einen Auftritt gehabt, aus dem ich gelernt habe, und alles war ja auch nicht schlecht gewesen, und das Geld kann ich ja auch gebrauchen.

Von unten drang lautes Gelächter. Vielleicht hatte sein Vater wieder sein welliges Haar unordentlich in die Stirn gekratzt und sein Gebiss herausgenommen – das Vagabundengesicht mit den eingefallenen Wangen war immer ein Lacherfolg.

Peter hob seinen Kopf, um besser hören zu können. Oder lachten sie über ihn? Den schüchternen Möchte-Gern-Schlagersänger mit der Gitarre?

Jetzt öffnete sich die Wohnzimmertür, und die ineinander verschlungenen Stimmen platzten in der Flur. Rolf Erichsen schien eine schnatternde Prozession anzuführen. „Ich will euch mal was zeigen!", rief er. „Folgt mir!"

Er öffnete die Schlafzimmertür, dann den Kleiderschrank, und präsentierte mit ausladender Armbewegung die Kleider, Blusen und Pullover seiner Frau. „Tusch! Täterätä! Das, meine Damen und Herren, gehört alles meiner geliebten Frau!" Dann nahm er einen Stapel Blusen und ließ sie auf den Boden fallen. „Und, das Staunen nimmt kein Ende, dahinter sehen wir weitere Reichtümer! Soviel zum Thema ‚Reicht das Haushaltsgeld zum Leben?' – Und was bleibt mir?"

Die Vorstellung war ein Erfolg. Alle waren amüsiert und gackerten und lachten durcheinander. Auch Hilde strahlte. Rolf wollte sie nicht demütigen, sondern gab ihr das Gefühl, in diesem Stück eine wichtige Rolle zu spielen – schließlich wollten die Gäste unterhalten werden. Es war ein wenig wie im Zirkus, wenn der Weißclown mit seinem hohen Hut so naseweis spricht, damit sich der Dumme August neben ihm blamiert und tollpatschig in jede Falle rennt. Für einen Moment waren sie ein tolles Team.

Dann zogen sich alle wieder in das Wohnzimmer zurück. Wenig später waren die Gläser gefüllt, und Rolf intonierte seinen geliebten Trinkvers:

Prost, prost, Kamerad! Prost, prost, Kamerad!
Prost, prost! Prost, prost! Prost, pro-o-ost!
Wir wollen einen heben: Prost! Prost! Prost!

Man bediente sich aus dem Silberbecher mit den Stuyvesant-Zigaretten, und als Hilde den Käseigel herein trug, wurde sie mit „Ahhhs!" und

„Ohhhhs!" empfangen, und sie stellte das Kunstwerk beschwingt auf den Couchtisch.

In der Hochstimmung rief Harald Freytag: „Wolltest du vorhin nicht was singen, Albert?" Und bevor Albert wusste, was er meinte, stimmte Harald an:

„Hoch auf dem gelben Wa-a-gen sitz ich beim Schwager vorn!"

Darauf hatten sie gewartet, jetzt konnten sie alle etwas beitragen, und sie sangen so schön sie konnten. Und Rolf hin und wieder mit einem kurzen Lacher dazwischen – so glücklich war er, dass er die Stimme nicht halten konnte:

„Vorwärts die Rosse tra-a-ben,
lustig schmettert das Horn.
Berge, Täler und Auen,
leuchtendes Ährengold!
Ich möchte in Ruhe gern scha-a-auen;
Aber der Wagen, der rollt!"

Es war ganz so, als säße Heinz Rühmann auf dem Kutschbock und die fröhliche Gesellschaft hinter ihm. Die Welt war so schön!

Hilke ist nicht mehr die unkomplizierte Tochter (Februar 1964)

Peter Kraus! Ja, wenn Peter Kraus seinen Zeigefinger befeuchten würde! Und damit ihren nackten Oberarm berühr – sie hätte geschrien in fast religiöser Verzückung! Gekreischt, wie sie es im Fernsehen taten, wenn der Schlagerstar hinter der Absperrung auf sie zutrat! Oder sie wäre in Ohnmacht gefallen! Und mit ihr alle anderen Mädchen der Untertertia, die sich vorstellten, ihnen geschähe das Gleiche. Etwas Wundervolles, das sie ihr Leben lang nicht vergessen würden!

Aber der feiste Kerl, der an den Tischen der 14-jährigen Mädchen vorbeistrich und ihnen Englisch beibringen sollte, war einfach nur ekelhaft! Wenn sie das nur sagen, hinausschreien dürfte! Aber er war der Lehrer, kraft Amtes eine Autorität. Niemand hatte den Mut.

Als Hilke über das Spülfeld nach Hause ging, hatte sie ihren Groll verdrängt. Kein Grund, sich den Tag verderben zu lassen! So war sie eben, die Schule. Ein notwendiges Übel, ein ständiges Auf und Ab, ein ständiges Lavieren.

Eigentlich war das zu Hause nicht anders. Nie war ihr Vater zufrieden mit ihr. Hundertmal aufschreiben: „Ich muss mein Zimmer aufräumen!"

„Ich muss meine schmutzige Wäsche nach unten bringen!" Meine Güte! Man kann doch nicht immer nur daran denken! Man hat doch auch andere Sachen im Kopf! Das war sowas von idiotisch! Derartig sinnlos! Manchmal wünschte sie sich, weit weg zu sein, andere Eltern zu haben, zumindest einen anderen Vater! Oder krank zu sein, so krank, dass die Sorge des Vaters überwog!

Wenn die Konfrontation vorüber war, gelang ihr ein bemerkenswerter Stimmungswechsel. Sie konnte vergessen. Und auch ihr Vater trug ihr, das musste sie zugeben, nicht ständig alles nach. Es gab heitere Momente, am Wochenende oder wenn Besuch da war. Nur manchmal merkte sie, ganz tief in ihrem Bauch, ein Grundrauschen, einen Unterton, ein nagendes Gefühl, das sie beunruhigte – als sei da etwas unklar, nicht bereinigt oder falsch. Aber das ließ sich schnell verscheuchen.

In der Gartenstraße kam ihr Frauke entgegen, jeder Schritt mit einem Hopser garniert, in der einen Hand die schleudernde Milchkanne und in der anderen die Hundeleine mit Dolli, der süßen Dackeldame mit den treuen Augen, benannt nach ihrer Vorgängerin, die noch den Großeltern gehört hatte.

„Ich hol Mee-ech!", rief die Fünfjährige ihrer Schwester entgegen und strahlte. „Das seh ich", antwortete Hilke. „Du magst doch gar keine Milch!" – „Weiß ich!", grinste Frauke. „Trink ich auch gar nicht!" Und als Hilke sich zu dem Hund bückte, fügte sie hinzu: „Komm Dolli! Wir müssen Meech holn!" Und sie hopste auf dem sandigen Bürgersteig davon.

Frauke war ein zartes kleines Mädchen.

So zart, dass Frau Dr. Kruyck zum Milchtrinken riet. „Was? Sie isst keinen Fisch? Na ja, das ist bei Kindern oft so. Aber auch keine Milch? Das geht nicht, da müssen Sie ein wenig nachhelfen, Frau Erichsen!" Von da an ging das Gezerre los, alle Register wurden gezogen: Schimpfen, Drohen, Lügen, Bestechen und das Reden mit Engelszungen: „Du willst doch auch in die Schule gehen! Aber wenn die Kinder keine Milch trinken, werden sie nicht genommen! Wenn du das austrinkst, gibt es was Schönes!" – Rolf hielt sich da raus. „Das Mamakind", spottete er, und so ganz unrecht hatte er nicht. Der „lütte Lümmel", wie Karl Krezek seine Enkelin nannte, war Mamas spät geborener Liebling. Rolf hätte ihr die Milch wahrscheinlich eingetrichtert, kurzen Prozess gemacht, wie damals mit dem Lebertran bei Peter.

Die kleine, mütterliche Kaufmannsfrau Herta Müller mit der weißen Schürze und den runden, wachen Augen schöpfte mit dem Hohlmaß einen Liter frische Milch in die Aluminiumkanne und reichte sie Frauke zurück. „Und? Magst du einen Lolli?" Natürlich! Erwachsene stellen manchmal komische Fragen! Strahlend steckte sie sich den grünen Plastikstiel mit dem roten Kirschlolli in den Mund. „Komm, Dolli!", rief sie und verließ den kleinen Milchmannsladen an der Ecke zum Sommerkamp. Am Automaten mit dem Fächerkarussell blieb sie kurz stehen, steckte ein paar Pfennig hinein und drehte an dem Hebel. Sie suchte sich eine Tüte mit den rosa ummantelten Erdnüssen aus – heute keine Karamellbonbons und kein Brausepulver! Dann machte sie sich auf den Heimweg.

Zu Hause hörte sie ihren Vater im Wohnzimmer laut schimpfen. Ihre Mutter legte den Zeigefinger an die Lippen und sagte leise: „Geh da nicht rein!" – „Warum?" – „Vati ist böse auf Hilke."

Ja, der Vati war böse. Er war heute früher aus dem Rathaus nach Hause gekommen, denn er musste am Nachmittag nach Kiel. Und so hatten sie mit dem Essen nicht auf Hilke warten können. Es gab Pfannkuchen mit Zucker und Zimt, und für den Vater einen Teller Tomatensuppe, in die er sich Pfannkuchen hinein schnitt. Er aß stumm und mit wenig Appetit und legte sich dann auf die Couch im Wohnzimmer und sagte zu seiner Frau: „Und schick mir Hilke rein, wenn sie kommt!"

Und so sagte sie wenig später zu Hilke: „Wir haben heute früher gegessen. Ich mach dir gleich was in der Küche. Aber erst sollst du zu Vati kommen. Er hat sich schon hingelegt."

Gehorsam legte sie ihre Schultasche im Flur ab und öffnete die Stubentür mit dem gelben Flaschenglas. Ihr Vater schaute auf, schwang seine Beine von der Couch und griff im Sitzen zu seiner Zigarettenspitze. „Mach die Tür hinter dir zu!", sagte er unfreundlich. „Komm her", befahl er, „dann muss ich nicht so schreien!"

Hilke trat einen Schritt näher, die Hände hinter dem Rücken verschränkt. Von dem langen Schulweg war sie noch etwas verschwitzt, die kurzen dunkelblonden Haare verwirbelt. Den Mantel hatte sie im Flur gelassen. Mit der blauen Strickjacke über der gelben Bluse und dem karierten Rock wirkte sie wie eine junge Frau, die respektvoll, aber durchaus nicht eingeschüchtert vor ihrem Richter stand.

„Du hast", sagte ihr Vater mit mühsam kontrollierter Stimme, „eine Unterschrift gefälscht." Er betonte das Wort „gefälscht" so, dass es wie ein Messer in ein unschuldiges Opfer schnitt. „Du hast unter deine letzte Englischarbeit, die wieder einmal sehr schlecht war – eine Fünf! – meine Unterschrift gesetzt!" Er schaute seine Tochter bedeutungsvoll an, und als er keine Regung in dem Gesicht erkannte, das ihm jetzt geradezu frech vorkam, steckte er mit leicht bebender Hand eine Zigarette in die Spitze. „Weißt du, was das heißt?", sagte er und schaute wieder hoch.

„Das heißt", und jetzt wurde er laut, „dass du deine Lehrer und mich betrogen und angelogen hast! Das ist kriminell! Das sind Methoden, die Spione und Verbrecher benutzen, um sich zu bereichern! Eine Klassenarbeit – das ist ein Dokument! Ist dir das eigentlich klar? Dein Vater hat vor ein paar Jahren die Leitung des Steueramts übernehmen müssen, und weißt du warum? Weil mein Vorgänger ein Dokument gefälscht hatte! Der wurde abgesetzt! Und ich musste an seine Stelle treten!

Das ist das Schlimmste, was man tun kann, das Vertrauen seiner Mitmenschen zu missbrauchen! Wer soll dir dann noch vertrauen! – Ist dir das klar? – Ist dir das klar?"

Hilke nickte kaum merklich.

„Wenn du deine Pflichten ernst nehmen würdest, hättest du in der Schule auch keine Probleme! Ohne Arbeit hat das noch niemand geschafft! Auch ich nicht! Arbeiten, arbeiten, lernen, lernen! Verdammt noch mal, das weiß doch jeder! Warum bist du nur so faul? Träge, faul und dickfellig, das bist du!"

Und mit einer herrischen Geste fügte er hinzu: „Geh mir aus den Augen!" Hilke beeilte sich, das Wohnzimmer zu verlassen, und stürzte die Treppe nach oben in ihr Zimmer. Sie schlug die Tür hinter sich zu und warf sich auf ihr Bett. Jetzt flossen die Tränen, und die Decke zuckte im Rhythmus ihrer Wut.

Dieses Grundrauschen, diese Melodie aus Schuld und schlechtem Gewissen, vorhin hatte sie es noch gespürt, als sie ins Wohnzimmer vor ihren Vater getreten war. Aber jetzt fühlte sie nur noch hilflose Wut. Wut auf ihren Klassenlehrer Hahnenkamp – was hatte der nur ihrem Vater erzählt! Wut auf den ekelhaften Lehrer, bei dem ihr jede Lust auf Englisch vergangen war! Wut auf ihre Mutter, die sie nicht beschützte, die alles immer nur ihrem Rolf überließ, die sich geweigert hatte, die Arbeit zu unterschreiben. „Das macht dein Vater!", hatte sie gesagt. Vater! Was war das für ein Vater, der seine Tochter eine Kriminelle nannte! Der sie nur anschrie! Scheißkerl! Scheißkerl! Scheißkerl!

Und Rolf Erichsen saß unten auf der Couch und rauchte mit zittrigen Fingern. Was war nur aus seiner Tochter geworden! In der Grundschule lief doch alles noch so gut! Eine fröhliche kleine Tochter, gut bei Schick, unkompliziert und folgsam! Ganz im Gegensatz zu ihrem Bruder! Und jetzt? Was war passiert?

Rolf erhob sich. Heute war ihm die Mittagsruhe verdorben. Gleich würde ihn Karl Scheibe mit dem Dienstwagen abholen, Dienstfahrt nach Kiel, zusammen mit Hans-Heinrich.

Rolf zeigt Symptome der Überforderung (1964)

„Guck dir das mal an, Herr Tybussek! Mach dir mal Gedanken über ein paar gute Aufgaben für die Klausur! Ich hab einfach die Zeit nicht. – Diese scheiß Debeka-Abrechnungen sind auch noch nicht fertig!"

Rolf Erichsen fühlte sich nicht wohl.

Als Oberamtmann und leitender Bürobeamter war er gut ausgelastet. Er liebte das Gefühl, gebraucht zu werden, und er spürte den Zuspruch, wenn er um Rat gefragt wurde und helfen konnte. In fast jeder Situation ein freundliches Wort, einen Scherz sogar – das war eine Gabe, die jede nervliche Anspannung erträglich machte, nicht nur für ihn selbst, sondern auch für seine Mitarbeiter. Die Arbeit war rauschhaft, und er flog von einer Aufgabe zur anderen und konnte dann auch wieder elegant eine gemütliche Ruhepause einlegen und mit einem Besucher bei einer guten Tasse Kaffee plaudern.

Normalerweise.

In der letzten Zeit beschlichen ihn Zweifel, ob er auf dem richtigen Weg war. Die Wertschätzung, die er erfuhr, barg auch die Gefahr der Verführung, schmeichelte seiner Eitelkeit. Die sogenannten „Mittelstädte" fragten verstärkt nach Vorträgen des versierten und humorvollen Oberamtmanns aus Rendsburg über das Kommunalrecht, um ihre Volksvertreter in den Kommunalparlamenten zu schulen, und der Gefragte mochte nicht nein sagen. Zusammen mit seinem „Adjutanten" Bernd Tybussek würde er demnächst nach Elmshorn fahren – da hatte er schon zugesagt.

Das war eben so, wenn man nach oben stieg. Alle wollten was von einem. Immer mehr ehrenvolle Aufgaben wurden angetragen. Überall musste man sich sehen lassen – dafür bekam man im Gegenzug Hilfsbereitschaft und Loyalität. Eine Hand wäscht die andere. Dem Bürgermeister ging das nicht anders.

Dem Ruf von Karl Müller, dem Vorsitzenden des Kreisvereins für das Museum, konnte er sich auch nicht entziehen, und dort war er seit kurzem im Vorstand. „Einen Mann wie Sie brauchen wir!" – wer hörte das nicht gern? Beisitzer in der Dienststrafkammer in Schleswig war er geworden – welche eine Ehre und Anerkennung für sein Wirken! Ehrenamtlicher Richter am Sozial- und Arbeitsgericht auch. Und die vielen Fahrten nach Bordesholm zum Verwaltungsseminar, das nun „Gemeindeverwaltungs- und Sparkassenschule" hieß! Immer sonnabends!

Gott sei Dank hatte er Tybussek!

Bernd Tybussek, ein gut aussehender junger Mann, fleißig, loyal. Aus dem wird noch mal was! Macht sich gleich an die Klausuraufgaben, die er am Sonnabend braucht. Nich lang schnacken, ran an'n Speck!

Erichsen zog sich zurück in sein Dienstzimmer. Seine Kopfschmerzen meldeten sich wieder, ein leises Pochen nahe der Stirn.

Am 5. Mai sollte erstmals ein „Europatag" gefeiert werden, in Rendsburg ganz groß im Stadttheater, die Einladungen mussten raus. Hans-Heinrich Beisenkötter hatte das zur Chef-Sache gemacht. Na klar, aber ohne seine Hilfe ging das nicht! Der büroleitende Beamte aus dem Hauptamt arbeitete seinem Freund und Bürgermeister gerne zu. In stiller Freude beobachtete er, wenn Hans-Heinrich die Lorbeeren einstrich.

Vorher jedoch der Besuch einer Delegation aus Vierzon, Rendsburgs französischer Patenstadt. Er ging die Liste durch. Die Unterkunftsfrage war geregelt, das Besuchsprogramm in groben Umrissen auch. Aber wer macht was? Wer betreut die Gäste zum Beispiel am Mittwochmorgen beim Museumsbesuch? Senator Bothe kam ihm in den Sinn. Er wählte die Nummer.

„Herr Erichsen?" Irene Peter schaute vorsichtig zur Tür hinein. „Jetzt nicht!", schnauzte er seine Sekretärin an.

„Aber der Kaffee ist alle!"

Das war ein wichtiger Punkt. Erichsen stutzte und legte den Hörer auf. Und ihm wurde plötzlich bewusst, wie er ganz gegen sein Naturell soeben die Balance verloren hatte. „Das ist natürlich eine ernste Lage", sagte er und zückte seine Geldbörse. „Gut, dass ihr dran denkt!"

Während er nun seinen Anruf machte, erfolgreich übrigens, Senator Bothe war am Telefon und sofort bereit, übernahm „Tante Lucy", wie die Sekretärin Erika Kretschmann genannt wurde, den Botengang zu „Kaffee Paulsen" in der Nienstadtstraße und kaufte bei dem glatzköpfigen Ladeninhaber ein halbes Achtel frisch gemahlenen Kaffee. Es war ihr eine Ehre, im Wechsel mit den anderen Damen des Büros Herrn Erichsen diesen Dienst zu erweisen, jeden Tag, ja manchmal sogar zweimal am Tag, denn frisch musste er sein, der Kaffee, aufgegossen durch den Filter in die kleine, weiße Kanne, ausreichend für eine Tasse des schwarzen Getränks, in dem ein Löffel stehen konnte.

Tante Lucy sog den köstlichen Duft, diese Mischung aus Süßigkeiten, Schokolade und dem Aroma gemahlener Bohnen ein – allein dafür lohnte sich der Botengang. Dann eilte sie die Nienstadtstraße hinunter, bis sie vor dem „Landsknecht" endete, und kaufte bei Mutter Greve frische Sahne.

Sie ging die Schleifmühlenstraße zurück zum Altstädter Markt, hinauf in den ersten Stock des Verwaltungsgebäudes. Als sie das Hauptamt betrat, stand Erichsen in der Tür seines Dienstzimmers zusammen mit Peter Lensch vom Bauamt. Sie zeigte stumm auf ihre Kaffeetüte, Erichsen nickte und schloss seine Tür.

Es begann das tägliche Ritual in der kleinen Teeküche, in dessen Mittelpunkt die weiße Kaffeekanne stand. Tante Lucy machte sich ans Werk. Sie sah den weiteren Ablauf vor sich: Wie Rolf Erichsen an seinem Schreibtisch saß, eine Zigarette in die Spitze steckte und anzündete, so dass sich feiner Rauch kräuselte, dann die Tasse langsam mit Kaffee befüllte und die Beine übereinanderschlug. Sie spürte körperlich, wie der köstliche Türkentrank seinen Mund ausfüllte und seine Sinne betörte.

Bauingenieur Peter Lensch hatte nur hallo sagen wollen, und nun saß er hier bei seinem Personalchef vor dem Schreibtisch. Verabredet waren sie nicht – was hatte das also zu bedeuten?

„Wie geht's denn so?", fragte Erichsen. „Schon eingelebt?"

Sie tauschten ein paar Floskeln aus, wie er mit den Kollegen im Bauamt zurecht komme, ob ihm die Atmosphäre gefalle, welche Projekte jetzt gerade anstünden und woran er persönlich arbeite. Es hörte sich ganz harmlos an, aber Lensch wurde das Gefühl nicht los, dass er hier ausgefragt wurde.

„Ihr habt wie keine andere Abteilung im Rathaus Berührung mit denen da draußen", sagte Erichsen schließlich. „Mit den Hoch- und Tiefbaufirmen, mit Bauherren, mit Architekten und Ingenieuren und so weiter."

Es entstand eine bedeutungsvolle Pause, in der Erichsen an seiner Zigarettenspitze sog.

„Lensch! Tu mir einen Gefallen und pass auf, dass du nichts annimmst! Die Versuchung ist groß – ich weiß, wovon ich rede! Und wenn du nicht genau weißt, wie du dich verhalten sollst – komm erst zu mir!"

„Herr Erichsen, ich …" – „Brauchst nix dazu zu sagen. Du bist da jetzt neu, und du solltest wissen, wie der Hase läuft und dass ich Bescheid weiß."

Er erhob sich, gab Lensch freundlich lächelnd die Hand und begleitete ihn zur Tür.

„Noch etwas", sagte er und hielt inne. „In jeder Verwaltung gibt es ein paar Alkoholfreunde. – Ja, das ist so", fügte er hinzu, als er die erstaunten Augen seines Besuchers sah. „Mach da nich mit. Nicht im Dienst! Gibt nur Ärger!"

Vor der Tür wartete der Fahrer der Stadt.

„Ach Scheibe! Dich hatte ich fast vergessen! Komm rein!"

Erichsen schloss wieder die Tür, blieb aber stehen.

„Wir haben uns doch neulich über deine handwerklichen Fähigkeiten unterhalten." Scheibe nickte. „Kannst du mir eine Bude im Garten bauen? So als überdachter Sitzplatz, mit einer kleinen Gerätekammer, dachte ich."

„Natürlich, Herr Erichsen."

„Du musst das nicht umsonst machen, das ist natürlich klar."

„Nee, nee, Herr Erichsen, das geht schon in Ordnung."

Sie verabredeten einen Ortstermin.

Das wäre also auch erledigt, dachte Erichsen und kehrte zum Schreibtisch zurück. Schofför Scheibe war ein Mann mit vielen Fähigkeiten, mit dem man gut schnacken konnte. Und er konnte mit Werkzeug umgehen!

Oh, Erichsen hatte den allergrößten Respekt vor den Arbeitern der Faust! Gern würde er selbst zu ihnen gehören, und er gab sich tüchtig Mühe, den edlen Schweiß fließen zu lassen, wenn er in seinem Garten wühlte! Niemand sei sich zu schade dafür! Auch nicht der eigene Sohn, der leider nur allzu oft zwei linke Hände hatte. Und wie sehr wünschte er, auch mit handwerklicher Begabung gesegnet zu sein!

Er war eher der Arbeiter der Stirn, zuständig für Steuer- und Kommunalrecht und vieles mehr. Auch er konnte den Menschen dienen. Und so waren sie doch eins und konnten einander ergänzen. Wer ihn um Rat fragte, ging nicht ohne Antwort davon, und so, wie eine Hand die andere wäscht, war auch der einfache Mann mit Werkzeug und Geschick an seiner Seite, wenn Erichsen ihn brauchte.

Die Stadtgärtner Heinrich Breutzmann und Ernst Jacobs oder die Männer von der Hausmeisterei oder den Stadtwerken fühlten sich verstanden, und darum halfen sie ihm. Dass sie in ihm auch den Vorgesetzten sahen, mit dem man sich besser gut stellte, nahm er billigend in Kauf. Wer konnte das schon voneinander trennen!

* *Rolf Erichsen macht eine Grenzerfahrung*

Als Rolf Erichsen am Sonnabend in aller Frühe neben seiner noch schlafenden Frau erwachte, fühlte er sich weder erfrischt noch zu Tatendrang aufgelegt. Eine Weile lag er regungslos auf dem Rücken. Schrank, Frisierkommode und Vorhänge zeigten sich in schwachem Licht. Es war wohl soweit, seine innere Uhr hatte ihn geweckt.

Aber der Traum beherrschte ihn noch. Freiherr vom Stein hatte ihn im Steueramt aufgesucht und ihm eindringlich erklärt, warum die Stadt Rendsburg eine Selbstverwaltung brauche. „Aber die haben wir doch schon längst!", hatte er seinem Vorgesetzten geantwortet, aber der schien nicht zuzuhören und fuhr fort: „Wir müssen die Eigenverantwortung stärken, damit die Bürger sich mit Preußen identifizieren!" – „Wieso mit Preußen? Wir gehören doch zu Schleswig-Holstein!", hatte Erichsen geschrien. Plötzlich stand ein kleiner Knirps im Büro, vor seinem Bauch eine rot-weiße Trommel, die er wild mit seinen Stöcken schlug. „Und warum", schrie vom Stein zurück und zeigte auf den kleinen Kerl, „hat der noch keine Vergnügungssteuer gezahlt? Können Sie mir das mal erklären?" Der Freiherr hatte blitzende Augen und eine schneidende Stimme. Aber sein Gesicht verwandelte sich, und nun stand Hans Heinrich Beisenkötter da. Dann war der Traum aus.

Es war April. Ein Blick zum Fenster zeigte, dass die Schwärze der Nacht einem vorsichtigen Grau gewichen war. Es regnete.

Behutsam schälte er sich aus seinem Bett und schlich ins Bad. Nachdem er sich das Rasierwasser mit der flachen Hand mehrfach ins Gesicht geschlagen hatte, wollte die belebende Wirkung nicht eintreten. Mit der Unterhose bekleidet, öffnete er die Küchentür zur Terrasse und atmete die kalte feuchte Luft tief ein. Er wölbte die Brust und stieß die spitzen Ellenbogen zweimal zur Seite, deutete zwei, drei Boxschläge an und lief in den taunassen Rasen hinein. Die Kälte schnitt in seine nackten Füße, und als er in die Wasser gefüllte Zinkwannne stieg, konnte er ein geschütteltes, raues „Ohhh!" nicht unterdrücken. Er machte ein paar Laufschritte, dass das Wasser über den Rand schwappte, und sah zu, dass er schnell wieder ins Haus kam. Die Kälte heute Morgen war extrem, aber sie hatte ihn nun doch ins Leben zurückgeholt. Von der Kneipp-Kur vor vier Jahren im Allgäu hatte er einige Elemente in sein morgendliches Ritual einbauen können.

Als er das Haus in Hut und Mantel verließ, hatte sich noch niemand von der Familie gerührt. Im Vorgarten öffnete er die grüne Blechgarage, die wie eine Nissen-Hütte aussah, und bestieg seinen roten VW-Käfer, der erfreulicherweise schon beim zweiten Versuch ansprang. Als er den Straßentunnel in Richtung Süden durchfuhr, schien der Tag keinen Schritt vorangekommen zu sein, blockiert von der Tunnelröhre und einer regenschweren Wolkendecke. Die Scheibenwischer quietschten ohne Unterlass. Erst hinter Nortorf konnte er sie ausstellen.

Er fühlte sich nicht gut. Irgendwie nicht richtig da, irgendwie nicht Herr seiner Sinne, schwebend wie nach einer durchzechten Nacht. Ein leichter Druck hinter der Stirn. Und kalt war es. Die Heizung war voll aufgedreht, aber wo blieb die Wärme?

Da fiel ihm wieder der Traum ein.

Der Freiherr vom Stein! Ein Thema der heutigen Klausur! Welche Folgen hatten die Stein-Hardenbergschen Reformen für die Verfassungsgeschichte Deutschlands? Als Antwort auf jeden Fall die kommunale Selbstverwaltung! Wer das nicht wusste, war erledigt! Danke, Tybussek! Dir sei Dank, dass ich heute zwei ruhige Klausurstunden schiebe! An die Stunden danach, an die Korrekturen am heimatlichen Schreibtisch, mag ich jetzt nicht denken.

Und woher kenne ich den Zwerg, der wie ein Wilder auf die weiß-rote Trommel drischt? Ich kenne den! Ich kenne den!

Seine Gedanken driften ab. Er denkt an den Europatag. Was bleibt noch zu regeln? Ich habe mir Notizen gemacht. Das ist beruhigend. Ich bin verlässlich. Dann die Idee: Die Franzosen müssen bis zum Europatag in Rendsburg bleiben, im Stadttheater anwesend sein! Das hat Symbolcharakter! Macht sich gut!

Plötzlich ein Schatten. Reflexhaft krampft der Fuß auf dem Bremspedal. Der Wagen stellt sich gefährlich schräg und rutscht eine Ewigkeit auf dem nassen Asphalt, von 80 Stundenkilometern auf Null. Er würgt den Motor ab. Stille.

Was war das?

Nichts zu sehen! Aber da war was gewesen! Ein Reh vielleicht?

Sein Herz pocht in seinen Ohren. Gott sei Dank ist der Verkehr immer noch sehr dünn. Niemand hinter ihm!

Erichsen fuhr eng an den Straßenrand, hielt an und steckte sich eine Zigarette in die Spitze. Innehalten! Wenn's brenzlig wird, innehalten! Er spürte die Anspannung seit gestern, jetzt war er in akuter Gefahr. Innehalten! Sein zitternder Zeigefinger umklammerte die Zigarettenspitze, als er den Rauch langsam einsog.

Günter Grass! Am Mittwochabend hatten sie im Börsenclub über Günter Grass gesprochen! Daher kam der Traum von dem kleinen Kerl mit der Blechtrommel! Günter Grass war ein linker Schriftsteller und hatte vor ein paar Jahren diesen Roman geschrieben. Völlig versaut, die reinste Pornografie. Und dann hatte er noch mal nachgelegt mit einer Novelle, „Katz und Maus", wo Halbwüchsige um die Wette onanieren.

Keiner am Stammtisch hatte den Roman oder die Novelle gelesen, das tat sich keiner an. Aber die Jugend gefährdenden Textstellen waren doch wohl belegt! Noch nie hatte ein deutscher Schriftsteller derart Hohn und Spott gegen Staat und Kirche verspritzt, auf Moral und Autorität so bedenkenlos getrampelt. Da waren sich die Männer im Börsenclub alle einig – der Günter Tönsfeld, „Beton"-Peters, Dieter Zander, „Otti" Rettich, Herbert Scheil und Fritz Schuldt.

Sein Traum war nicht ohne Witz gewesen! Der Blechtrommler sollte gefälligst Vergnügungsteuer zahlen! Für Pornografie! – Rolf Erichsen musste grinsen. Selten, dass ein Traum einen so bleibenden Eindruck hinterließ.

Er zerdrückte seine „Laurens Extra" und blies einmal kräftig in die Spitze, um sie zu reinigen. Weiter ging's. Über Dätgen und Hoffeld nach Bordesholm. Dort wartete eine Tasse Kaffee im alten „Haidkrug". Die brauchte er jetzt dringend.

Die Schleswig-Holsteinische Gemeindeverwaltungs- und Sparkassenschule lag am Nordufer des Bordesholmer Sees. Mit dem „Alten Haidkrug" als Zentrum war durch zahlreiche Anbauten ein hofähnlicher Komplex entstanden, mit Unterrichtsräumen und Internatszimmern, in denen jeweils bis zu sechs Verwaltungslehrlinge oder Beamtenanwärter schlafen konnten. Die Lehrgänge dauerten mehrere Wochen, nur am Sonnabendnachmittag durfte man nach Hause.

Neben zwei hauptamtlichen Kräften wurde die Schule von nebenamtlichen Lehrkräften getragen – Kommunalbeamte wie Erichsen, Thomalla und Reimann aus Rendsburg, Harder aus Büdelsdorf oder Sparkassenangestellte wie der stellvertretende Direktor Lubinsky von der Spar- und Leihkasse Rendsburg.

Lange war Erichsen der einzige Rendsburger gewesen – schon 1950 hatte er sich für die nebenamtliche Tätigkeit qualifiziert   und war jetzt im Jahre 1964 ein alter Hase, geschätzt von dem Hauptamtlichen Hans Werner Hoffmann, seit kurzem Leiter der Schule, und mit Respekt und Ehrfurcht betrachtet von den meisten Schülern.

Hin und wieder ergab es sich, dass er auf seinem Rückweg einen Lehrling aus Rendsburg mitnahm, Anke Dibbern zum Beispiel, die seit dem letzten Jahr „Pfaffe" hieß, eine tüchtige junge Frau, die mit sachbezogener Zielstrebigkeit in die gehobene Beamtenlaufbahn eingebogen war. Oder Bernd Tybussek, der ihm gestern noch bei den Klausuraufgaben geholfen hatte. Gute Leute hatte er sich herangezogen! Mit denen er in Sympathie verbunden war.

Die Leistungen des Freiherrn vom Stein waren für Rolf Erichsen ein Meilenstein in der Verfassungsgeschichte Deutschlands. Er bewunderte den Mut und die Weitsichtigkeit des Preußen, der zusammen mit dem Fürsten von Hardenberg, mit unterschiedlichem Ansatz zwar, dann aber doch eine Reform des absolutistischen Staatswesens zuwege gebracht hatte, die dem preußischen Staat nach der verheerenden Niederlage gegen Napoleon 1806 neuen Schwung gab und die ein Wegbereiter der Demokratie war – mit der kommunalen Selbstverwaltung als sichtbarstes Leuchten.

„Wir müssen wissen, was vorher war", sagte er seinen Schülern. „Nur dann wissen wir zu schätzen, was wir haben!"

Er sah die Entwicklung zur Demokratie, die fast gradlinig verlief, als ein Beweis, dass sich doch die Welt zum Besseren füge. Das „Dritte Reich" störte ihn dabei wenig. Natürlich, das hatte er eingesehen, war der Nationalsozialismus in dieser Hinsicht ein Rückschritt gewesen. Aber wer weiß, vielleicht war gerade darum die Demokratie nach dem Krieg umso lebendiger und kräftiger entstanden! Sind es nicht die Fehler, aus denen wir lernen? Habe nicht auch ich gelernt?

Insofern, so führte Erichsen sein inneres Zwiegespräch fort und hätte beinahe den Lehrerfinger gehoben, ist unsere Geschichte ein Teil von uns. Wir müssen sie nicht lieben, wir müssen sie nicht hassen, sondern sie akzeptieren und dabei auch einsehen, dass nicht alles schlecht gewesen sein kann – sonst würden wir uns selbst zerstören.

„Es gibt Suppe! Kommen Sie mit?", sagte Hans Werner Hoffmann und riss Rolf Erichsen aus seinen Gedanken. „Es gibt doch immer Suppe am Sonnabend", antwortete der. „Eben! Das dürfen wir uns nicht entgehen lassen!", sagte Hoffmann und lachte. Gemeinsam gingen sie in den Speisesaal.

Als die Männer gesättigt waren, rauchten sie. „Besonders warm ist es hier nicht", bemerkte Erichsen und schaute sich um. – „Finden Sie?" – „Doch, schon! Und nicht nur heute. Obwohl", lenkte er ein, „ich heute nicht richtig auf dem Damm bin. Ich glaube, ich brüte was aus." Wie zur Bestätigung breitete er sein Stofftaschentuch aus und schnaubte hinein. Der missglückte Trompetenton sorgte an den Tischen kurzzeitig für Aufmerksamkeit.

„Na ja, bei dem Wetter", meinte Hoffmann, und beide blickten nach draußen. War das der Frühling? Ein dunkler Regen sprühte kalt hernieder, schon seit Stunden, und die meisten Narzissen wagten ihre zarten Hüllen nicht zu verlassen.

„Ganz unrecht haben Sie nicht", sagte Hoffmann. „Wir müssten einiges investieren. Es ist nicht nur die Heizung. Es sind die Flachdächer, es sind die Frostschäden, es sind die Fensterrahmen. Manchmal denke ich, es lohnt sich nicht mehr. Immer wieder angebaut, bis alles verbaut ist."

„Abreißen, neu bauen!", antwortete Erichsen. „Ja", sagte Hoffmann, „in diese Richtung denke ich auch."

Sie verabschiedeten sich.

Auf der Rückfahrt fühlte Erichsen sich einsam und verlassen. Nur selten begegneten ihm andere Fahrzeuge. Sie schienen von selbst zu fahren, die Fahrer hinter den betropften Scheiben waren nicht zu sehen.

Langsam verringerte sich der Abstand zu dem Lastwagen, der vor ihm kroch. Er schien schwer beladen, und vielleicht gab es eine Möglichkeit, ihn zu überholen. Die Chaussee von Nortorf nach Jevenstedt hatte nicht viele Kurven, und der Verkehr war – wieder fiel es ihm auf – wirklich sehr dünn, und das an einem Sonnabendnachmittag, an dem die Menschen nach Hause eilten.

Was dann geschah, war wie ein Ausatmen, wie ein letzter Seufzer, bevor das Universum in einer großen Stille versank. Ein erschreckend kurzer Augenblick, der in keinem Verhältnis zu der Fülle des Lebens stand. Ein unwirkliches Poltern wie aus dem Inneren der Erde, das sich urplötzlich befreite und die Windschutzscheibe auseinanderriss. Ein schreckliches Wesen griff blitzartig an Erichsens Kopf vorbei und atmete aus.

Dann war da die Stille.

Als Erichsen merkte, dass er lebte, wagte er nicht, sich zu regen, aus Angst, das Leben könnte es sich doch noch anders überlegen. Langsam kehrten die Empfindungen zurück, und er sah vor sich ein zerfranstes Loch in der zerbröckelten Windschutzscheibe. In diesem Loch steckte eine rostbraune Stange und wippte wie ein Riesenpfeil kurz nach dem Treffer. Und als Erichsen diese leichte Bewegung direkt neben seiner linken Schläfe spürte, wich er zurück und starrte entsetzt auf das Ding.

Als nächstes meldete sich seine Haut. Von vorn strömte Kälte in das Innere des Käfers.

Dann meldete sich sein Verstand: Er fuhr nicht mehr! Hatte er gebremst? War er verletzt? Und wo war der LKW?

Mit zitternden Händen tastete er sein Gesicht ab. Nichts!

Durch das zerfranste Loch und die zahlreichen Risse in dem Scheibenrest sah er jetzt lautlos eine Person auf ihn zukommen, mit langen Armen, die sich auf und ab bewegten. Sie schien zu schweben. Dann ein kalter Luftschwall von links, der Mensch hatte die Fahrertür aufgerissen, und Erichsen blickte in das Gesicht eines Mannes, dem die Verzweiflung Tränen in die Augen getrieben hatte, weit aufgerissene Augen, die nun bereit waren, das Schlimmste zu sehen.

„Du kommst aber spät!", sagte Hilde Erichsen, als ihr Mann den Flur betrat. Und dann, als sie sein Gesicht sah: „Du siehst krank aus! Ist etwas passiert?" Rolf Erichsen spürte, wie ihn jetzt, da er das Ende seiner Dienstfahrt erreicht hatte, seine Kraft verließ, und er ging unsicher, taumelnd fast, ins Schlafzimmer und setzte sich aufs Bett.

Er erzählte nur in großen Zügen, wie schwierig es war, ein Telefon zu erreichen. Ein Fremder sei schließlich hilfsbereit gewesen, nach Nienkattbek gefahren und habe die Polizei gerufen. Der LKW sei von der Firma Tönsfeld gewesen und hätte Ladung verloren. Die losen Teile der Windschutzscheibe seien herausgebrochen worden, und er habe den Wagen nach Rendsburg ins Autohaus Jürgensen gefahren, von dort habe man ihn nach Hause gebracht. Und jetzt müsse er dringend schlafen. Später mehr.

Er schlief bis in den nächsten Tag hinein, und sein Hausarzt Dr. Hellwig vom Schlossplatz schrieb ihn für weitere drei Tage krank, wegen psychischer Erschöpfung.

Zwei Freunde mit Familienanschluss verschwinden langsam (1965)

„Kinder! Wenn ihr ein Stück Hackfleisch findet: In der Küche abgeben!"

Hilke und Frauke grinsten. Der Witz war alt, und wenn Vater gute Laune hatte, zog er seine Frau gerne auf. Es sollte heißen: Punkt eins – es gibt zu wenig Fleisch. Punkt zwei – Wo bleibt das ganze Haushaltsgeld? Punkt drei – Meine Frau macht aus Resten ganz passable Gerichte.

Das heutige Gericht nannte Rolf die „Wochenübersicht". Heute war nämlich Freitag, und da gab es meistens Auflauf. Die Hackfleischkrümel stammten vom Dienstag, als zwei Frikadellen übrig geblieben waren. Ebenso der Blumenkohl. Die braungelben Stücke waren die Reste der Bratkartoffeln, die es Mittwoch zusammen mit dem Sauerfleisch aus dem Hause des Schlachtermeisters Krezek gegeben hatte.

Hilde hatte gelernt, dass nichts weggeworfen wurde. Aus Brotresten und Buttermilch machte sie manchmal Brotsuppe, oder, wenn es zu viel altes Brot gab, auch den „großen Hans", eine Art Brotpudding, der in einer hohen Form mit einem Loch in der Mitte gebacken, in Scheiben geschnitten und mit süßem Kompott gegessen wurde. Der Vater goss heißes Fett mit ausgebratenem Speck darüber. Das Hackfleisch für die Frikadellen wurde derartig mit alten „Bröt-Chen" gestreckt, dass Rolf lästerte, sie habe sie wohl beim Bäcker gekauft. Schon längst hatte sich deshalb für Frikadellen die Bezeichnung „Chen-Chen" durchgesetzt.

Hilde gab niemandem Rechenschaft über die Haushaltsführung – so wie damals in der Münzstraße, als sie jede Ausgabe in einem Heft vermerkte, weil ihr Mann es so wollte. Nein, die Zeiten waren Gott sei Dank vorbei. Und ob sie am Ende des Monats etwas übrig hatte, ging niemanden etwas an. Diesen kleinen finanziellen Spielraum hatte ihr Rolf gelassen – und er tat gut daran, konnte sich aber dennoch kleine Sticheleien, gerne im Beisein anderer, nicht verkneifen: „Guckt euch, nur mal als Beispiel, an, was meine Frau so alles in ihrem Schlafzimmerschrank hortet! Wo das wohl alles herkommt?"

„Wir wollen nächsten Mittwoch Engelein besuchen", sagte Hilde beiläufig. „Und wie kommt ihr dahin?", fragte Rolf. – „Willi Lange", antwortete Hilde. Überrascht blickte Rolf sie an. „Aber nur, weil meine Mutter mitkommt!", fügte sie hinzu.

Das Verhältnis zu diesem langjährigen Freund der Familie war längst nicht mehr so harmonisch wie vor Jahren. Dass der Kaufmann, Konditor und Zigarrenraucher aus der Idstedtstraße schon in den fünfziger Jahren ein Auto besessen hatte, dass er mit Karl und Elise Krezek befreundet war und regelmäßig zum Kartenspielen und zum Rumgrogtrinken in die Alte Kieler gekommen war, hatte ihm einen Sympathie-Vorschuss eingetragen und über seinen gelegentlichen Geiz hinwegsehen lassen.

Aber dann hatten Rolf und Hilde Erichsen ihn um einen privaten Kredit gebeten. Es sollte Schluss sein mit Hildes Fröstelei, endlich ein ordentlicher Wintermantel sollte her, den sie bei Grimme gesehen hatte, mit einem Pelzbesatz am Kragen, und der kostete mehr als zweihundert Mark, und das war eine große Stange Geld. Lange war Geschäftsmann und bestand auf einen schriftlichen Vertrag: Wurde das Geld nicht zurückgezahlt, sollten die Erichsens nach seinem Tode die Pflege seines Grabes übernehmen. Leichten Herzens unterschrieben sie. Es ging doch voran, das Leben! Was sollte da schon passieren!

Urlaub wurde gemacht, ein Zelt gekauft, ein Schlafzelt dazu, ein Anhänger, das Arbeitszimmer wurde angebaut. Und als Hilde das Zigeunerleben beim Zelten immer weniger ertrug, kaufte ihr Mann einen Wohnwagen, winzig zwar, kugelförmig, dazu einen hellen VW-Variant, Nachfolger des roten Käfers, und spätestens jetzt begann Willi Lange zu mekkern, hintenrum zuerst, beim Zwickern und bei Rommé, die nasse Zigarre zwischen den schmalen Lippen. Rolf hätte ja nun offensichtlich genug Geld. Da hätte er doch das Darlehen schon längst zurückzahlen können!

Seine Fahrdienste nur noch selten gefragt! Seine Frau Trudel gestorben, keine Verwandtschaft, bis auf die Tochter, aber die war weit weg! Was blieb ihm da noch außer Einsamkeit und dem Gefühl, benutzt worden zu sein?

„Na, dann fahrt man rechtzeitig los!", sagte Rolf. „Willi Lange fährt immer noch nicht schneller als 60! – Wie geht's Engelein denn?"

„Darf ich mit?", fragte die kleine Frauke.

„Kommt gar nicht in Frage!", wies ihr Vater sie zurecht. „Und wenn ich mit deiner Mutter rede, hast du Sendepause!"

„Das ist nichts für dich", antwortete ihre Mutter. „Engelein ist im Krankenhaus. Es geht ihr nicht gut."

Das war nicht die ganze Wahrheit. Anna Engeling war in Schleswig in einer Einrichtung, die der Volksmund „Irrenanstalt" nannte. Sie hatte da ein Bett in einem großen Schlafsaal mit hohen, vergitterten Fenstern und abgeschlossenen Türen. Sie sah aus wie ein Geist, ihre langen, weißen Haare hingen wirr um das graue Gesicht. Und während sie sich normalerweise ruhig verhielt, bestand die Belegschaft aus kranken Frauen, die in einer eigenen Welt mit fremden Wesen auf wundersame Weise zu kommunizieren schienen.

Engeling hatte nicht mehr allein in ihrer Wohnung in der Münzstraße Nummer eins wohnen können. Sie war zunehmend orientierungslos geworden, und nachdem sie zweimal fast einen Küchenbrand verursacht hatte, aus dem leicht eine Katastrophe hätte entstehen können, wurde sie in die Anstalt eingewiesen.

Enger noch als Willi Lange war Anna Engeling mit den Krezeks verbandelt. Durch ihren längst verstorbenen Mann war sie von Thüringen nach Schleswig-Holstein gekommen, hatte Karl und Elise im Sachsen-Thüringer-Verein kennengelernt und war schon in den zwanziger Jahren eine unentbehrliche Freundin in Haushalt und Geschäft der Obereiderstraße 19 gewesen. Rührend hatte sie die erste Tochter gepflegt, die mit sechzehn Jahren an Tuberkulose gestorben war, und war auch für die anderen Töchter Elfriede, Hilde und Hannelore eine vertraute Begleiterin gewesen.

Für sie war der Familienanschluss ein Glück und bewahrte sie vor Einsamkeit. Wenn auch der Schlachtermeister Karl Krezek ihre ständige Präsenz nur schwer ertrug und sie insgeheim verdächtigte, sich im Laden bereichert zu haben, und auch die anderen Familienmitglieder sich innerlich von ihr zurückzogen, weil ihre Schrullen im Alter schärfer hervortraten, so war es ihr dennoch gelungen, einen festen Platz zu behaupten. Sie hatte ihr Patenkind Peter Erichsen ins Herz geschlossen und ihm das Geldsparen als Lebensaufgabe nahegelegt und sich im übrigen überall durch ihre Hilfsbereitschaft nahezu unentbehrlich gemacht. Sie war bei der großen Wäsche dabei, bei den Krezeks, den Stietzels, den Erichsens, beim Nähen und Stopfen, beim Einkochen und Einmachen. Stundenlang konnte sie auf einem Hocker in den Johannesbeeren hocken und die Pflückeimer füllen.

Und nun war sie im Irrenhaus.

Kein Ort für kleine Kinder. Hilke, die große Schwester, hatte ohnehin keine engere Beziehung zu „Engelein" und war an einem Besuch in Schleswig nicht interessiert.

„Fertig?", fragte die Mutter, und die beiden Töchter nickten. „Seid ihr satt geworden?"

„Dann abräumen! Zack, zack!", fügte der Vater hinzu.

Und während Hilke und Frauke aufstanden, fragte Hilde: „Bleibt es bei heute Abend?" Und als ihr Mann nickte: „Hast du mit Elisabeth Baumert gesprochen?"

„Ich hab sie angerufen. Sie war ganz gefasst am Telefon."

„Weiß sie denn schon Näheres?"

„Sie weiß nur, dass Frank während des Krieges in einem Konzentrationslager in Polen beschäftigt war. Er hat ihr erzählt, dass er nur Schreibarbeiten im Büro gemacht hat. Völlig unbegreiflich, dass man ihm jetzt einen Strick daraus drehen will! Und dann dieser völlig unangemessene

Auftritt der Kripo-Beamten! Frank vor den Augen der Kollegen im Sozialamt wie einen Schwerverbrecher abführen!"

„Weiß sie, wo sie ihn hingebracht haben?"

„Hab ich sie nicht gefragt. Nach Kiel, glaube ich. Wir können sie ja heute Abend fragen."

„Ach, die Arme!" Hilde stand auf. Sie nahm die Tischdecke ab und faltete sie. „Dann leg dich man noch ein bisschen hin!"

Sie schloss die Stubentür hinter sich und ging in die Küche.

Rolfs Sohn geht eigene Wege

„Du bist heute aber spät dran!", rief sie aus, als sie ihren hochaufgeschossenen Sohn bei Hilke am Tisch stehen sah. Er füllte einen Teller mit dem Rest der „Wochenübersicht" und setzte sich.

„Er hat Anke nach Hause gebracht", sagte Hilke. „Ja", fügte Peter hinzu. „Thiessen hat den Vorstand vom GMRC abgesetzt und das Training gestrichen. Da muss ich sie doch trösten!"

Peter hatte eine Freundin. Sie war im Mädchen-Ruderclub des Helene-Lange-Gymnasiums, er war im Primaner Ruderclub der Herderschule. Sie pflegte das Stilrudern im Doppel-Vierer mit Steuermann. Er hatte mit dem Renntraining im Gig-Vierer mit Steuermann begonnen und gerade die ersten Siege auf der Gig-Regatta in Hamburg eingefahren. Studienrat Walter Thiessen war der Protektor des Mädchen-Ruderclubs, ein Haudegen im wahrsten Sinne des Wortes, physisch erkennbar an dem markanten „Schmiss" im Gesicht, und ansonsten bekannt für sein strenges Regiment und seinen geraden Sitz auf dem Fahrrad, das er rücksichtslos bei jedem Wetter benutzte.

Die Mädchen, die allesamt den Clubvorstand bildeten, hatten den Aufstand geprobt. Das war aus der Sicht von Thiessen ungeheuerlich, und er hatte nicht lange gefackelt und hart durchgegriffen.

Am liebsten wäre ihm eine Rundfunkmeldung gewesen, um die Mädchen zu bestrafen – so sehr war er in Rage geraten. So dankten sie ihm, der ihnen stets wohlgesonnen gewesen war! Immerhin schrieb er an den Kreisjugendpfleger Hansen, an den Vorstand des schleswig-holsteinischen Schüler- und Jugendruderverbandes in Kiel sowie an die jungen Ruderer des befreundeten RPRC, der Vorstand des GMRC sei „wegen grober Disziplinlosigkeit" abgelöst worden. „Die erste Mannschaft mit dem Vorstand erschien nicht zum verabredeten Training und stellte sich nicht der vorgesehenen Steuermannsprüfung. Das geplante Training für die Teilnahme an den Auswahlregatten findet nicht mehr statt."

Anke war die Tochter eines Bäckermeisters aus Büdelsdorf, und so begleitete Peter seine Freundin durch die Stadt zum Obereiderhafen und dort am Bahndamm entlang über die Brückenstraße in den Nachbarort, um ihr sein Mitgefühl zu zeigen. Doch er stellte fest, dass der Blondschopf an seiner Seite nicht sehr erschüttert war. Thiessen konnte ihr und ihren Freundinnen Mück und Brötchen gestohlen bleiben.

Peter war seit zwei Jahren aktiv im Rendsburger Primaner Ruderclub und hatte dort eine neue Erfahrung von Selbstständigkeit und Unabhängigkeit gemacht. Die jungen Leute hatten ein ganz eigenes Clubleben, in das ihnen niemand hineinredete, und das geprägt war vom studentischen Verbindungswesen, über Jahrzehnte gewachsen durch den Einfluss der Alten Herren, die, mittlerweile zu Status und Wohlstand gekommen, aus wohltuender Entfernung ihre schützende und wohltätige Hand über den Club hielten.

Peter trug Verantwortung als Haus- und Gartenwart und hatte in der letzten Saison die ersten Rennen gefahren. Und jetzt hatten sie das große Ziel, bei den Jugendbestenkämpfen in Mannheim am 1. August Meister zu werden. Glücklicherweise hatte es einen Ruderer aus dem Olympiaachter von Rom als Referendar an die Herderschule in Rendsburg verschlagen. Er hieß Walter Schröder, nahm sich der Rennmannschaft an, brachte ihr das Intervall-Training nahe, das er von dem Ruderpapst Karl Adam aus Ratzeburg übernommen hatte, und versorgte sie mit einem Trainingsplan.

Ja, Peters Weg führte fort von zu Haus. Dazu hatte auch der Jugendaustausch mit der finnischen Stadt Kuopio beigetragen, den Peter 1963 zum zweiten Mal mitgemacht und der ihm das erste Mal das mächtige Gefühl geschenkt hatte, das man Liebe nennt. Die erste Liebe, die ihre höchste Erfüllung in leidenschaftlichen Küssen fand und zwangsläufig ein tränenreiches Ende nahm, als die Zeit in Finnland zu Ende ging.

Aber die erste Liebe, deren Ende oft besonders schmerzhaft empfunden wird, gibt letzten Endes Stärke für den nächsten Lebensschritt, zeigt sie doch, dass ein fremder Mensch dieses Gefühl zurückgeben kann. Das erste Mal in seinem Leben erfuhr der Junge, dass er liebenswert war – nicht als Sohn, Bruder oder Enkel, sondern als Mann. Welch unglaubliches Geschenk! Vergessen waren die formalisierten Annäherungen an das andere Geschlecht auf dem Parkett der Tanzschule Schmolke auf einem Hinterhof der Berliner Straße, dieses „Was-sich-gehört" und „Wieman-sich-benimmt" unter den Augen der Eltern beim Abtanzball im Conventgarten, die quälenden und nie gestellten Fragen: Bin ich nun mit meiner Tanzpartnerin in irgendeiner Weise besonders verbunden? Gefalle ich ihr wenigstens ein wenig? Hält sie mich für langweilig, weil ich nicht weiß, was ich mit ihr reden soll?

Ach Gott, wie unglücklich hatte er sich gefühlt in dieser Zeit! In diesem Körper! In diesem Geist, der seine Zunge lähmte statt sie zu beflügeln! Das ganze Getue mit den Mädchen war so gewollt, so zwanghaft. Und peinlich. Peinlich!

Ha! Das war gestern! Jetzt wurden Hanteln gestemmt. Die Muskeln aufgebaut. Männerschweiß verströmt. Rennen gewonnen auf den Regatten in Kiel, Lübeck und Hamburg! Und siehe da, sogar der Vater wachte auf! Mein Sohn – auch ein Ruderer! Hab ich doch nicht alles falsch gemacht! Alle Achtung!

Und am Himmelfahrtstag fährt er nach Lübeck und gratuliert seinem Sohn auf dem Anlegesteg, ihm und Hans Christian Schramm und Niels Christensen und Reinhard Christmann und Bernd Lühnstedt aus dem siegreichen Vierer und dann noch mal als Mitglied im siegreichen Schüler-Achter des RPRC. Fotografiert mit seiner Agfa Silette. Peter freut sich.

Gerne vergisst sein Vater in diesem Moment, wie schwer er es ihm gemacht hat: Am Sonnabend wird im Garten gearbeitet! – Aber ich muss ins Bootshaus! Da bin ich Haus- und Gartenwart! – Gartenwart bist du hier in der Gartenstraße! – Aber wir müssen trainieren! – Keine Widerrede! Erst wenn du hier fertig bist!

„Wenn es um Arbeit geht, hat mein Sohn zwei linke Hände!", kommentiert Rolf Erichsen gern Peters wachsenden Widerstand vor anderen Leuten. Und manchmal stürzt er sich in den Garten und arbeitet wie ein Tier, und Peter will es so vorkommen, als sei dies eine Demonstration: Seht her! Obwohl der Vater so wenig Zeit hat, opfert er sich auf bis zur Erschöpfung. Und was macht der liebe Sohn? Linst verschämt an den Gardinen vorbei und hat dabei hoffentlich ein schlechtes Gewissen!

Ja verdammt! Das hatte er! Manchmal trieb ihn das schlechte Gewissen hinaus, dem Vater zu helfen, manchmal siegte der Trotz. Es war ja nicht so, dass ihm der Garten verhasst war! Dafür hatte schon sein großer Opa gesorgt, als der ihm ein kleines Stück zur Bewirtschaftung überlassen, als er noch klein gewesen war. Nein, da war schon Leidenschaft in ihm, aber frei musste sie sein, diese Leidenschaft, nicht durch Vorschriften gehemmt. Blätter unter den Sträuchern – mein Gott, lass sie doch liegen! Die stören doch nicht! Der Weg im Vorgarten im Zick-Zack geharkt! Nur weil das immer schon so gemacht wurde und die Spaziergänger manchmal stehenblieben und das gepflegte Grundstück lobten! Wenn das nicht spießig war!

Ein klein wenig war Peter stolz darauf, dass er mit seiner Schwester Hilke zusammen noch vor einigen Jahren hinter der Buchenhecke an der Straße gelegen und diese Spaziergänger gefoppt hatte! An einem dünnen Zwirnsfaden hatten sie ein altes Portemonnaie auf den sandigen Fußweg gelegt, und immer, wenn einer ausrief „Oh! Guck mal, was hier liegt!" und sich bückte, zogen die beiden Kinder an dem Faden, und das Portemonnaie verschwand im Gebüsch! War das ein Herzklopfen! Und dann schnell weg!

Natürlich war das ein aufmüpfiger Spaß gewesen! Erwachsene ärgern war gefährlich, nicht jeder hatte Humor! Aber heute will es Peter so vorkommen, als hätten sie damals schon die Spießer vorgehabt, die ein paar Meter weiter vor der weiß gestrichenen Pforte stehen blieben und das Weinlaub berankte Haus und das Zick-Zack-Geharke bewunderten.

Wie die Selles in die Gartenstraße kommen (1963 bis 1966)

„Peter!!"

Ich werd verrückt! Was machst du denn hier?, wollte Barbara Selle hinzufügen, aber ihre Stimme versagte.

Sie war fassungslos. Ihr Freund – Quatsch! – ihr Mann, nein, ihr Ehemann! Stand vor ihr und zerrte an ihrem Oberarm. Vor einem Jahr geheiratet – und dann? Ab in den Westen! Und jetzt, plötzlich, unvermittelt, war er da und wollte, dass sie aufstand.

Er sagte etwas, aber sie hörte es nicht. Es war ein Rauschen in ihren Ohren, und für einen Moment befürchtete sie, das Bewusstsein zu verlieren. Dann wurde ihr klar, dass hier irgendetwas überhaupt nicht stimmte, und ihr Widerstand wurde wach. „Lass das!", sagte sie verärgert. „Was machst du denn da?"

„Steh auf!", sagte der Fremde, der ihr Mann war. „Wir müssen hier weg! Hast du bezahlt?" – „Na klar hab ich bezahlt!", antwortete sie entrüstet. „Nun sag mir doch! Was ist los?"

Die beiden verließen das Café und eilten die breite Stalinallee hinunter in Richtung Alex. Stalinallee! In ihrem Denken war es immer noch die Stalinallee, obwohl der große Generalsekretär des ZK der KPDSU wegen seiner Verbrechen nicht mehr als Lichtgestalt des Sozialismus geachtet wurde und die Straße vor drei Jahre in Karl-Marx-Allee umbenannt worden war.

Großzügige Grünanlagen und zweistöckige Verkaufspavillons standen vor den Fassaden der zehnstöckigen Plattenbauten, den „Arbeiterpalästen", von denen einige noch im Bau waren.

Barbara Selle war wie betäubt. Die Erklärungen ihres Mannes erreichten sie, ohne irgendetwas auszulösen, keine Angst, kein Aufbegehren, keine Freude, nur manchmal ein hilfloses „Warum denn?" und ein leises „Aber…", auf das sie keine Antwort erhielt.

Der Mann an ihrer Seite lebte seit fast einem Jahr im Westen, nachdem er im Juli 1963 bei Niendorf in Mecklenburg die Elbe durchschwommen hatte. Er hatte sie mitnehmen wollen, aber ihre Angst, von den Volkspolizisten am „antifaschistischen Schutzwall" der DDR entdeckt und beschossen zu werden, war zu groß gewesen. Da hatte er es allein gewagt, in der festen Absicht, seine Frau nachzuholen.

Sie hielten Kontakt über gemeinsame Freunde. So hatte Barbara die Nachricht erhalten, sie müsse an diesem Frühlingstag des Jahres 1964 in das Café kommen, ein Bekannter werde sie über die weitere Planung unterrichten. Nach der Flucht ihres Mannes war sie von der Stasi verhört worden und stand seitdem unter Beobachtung. Sie sollte deshalb zusehen, dass sie nicht verfolgt wurde. Ein Haus mit zwei Eingängen und dergleichen, die Tricks lernte man.

Die Straße war belebt. Junge Kommunisten aus Westdeutschland überall, mit Matrosenhütchen posierend, die jungen Frauen mit hoch toupierten Frisuren, dazwischen die Blauhemden der FDJ. Auf dem Alexanderplatz eine unübersehbare Menge, eine Veranstaltung zum Deutschlandtreffen der Jugend.

Peter und Barbara Selle gingen die Karl-Marx-Alle bis zum Ende und bogen dann nach links ab in die Karl-Liebknecht-Straße. Er blieb stehen.

„Was ist?", fragte seine Frau ängstlich. „Sicherheitshalber", antwortete Peter. „Wenn uns jemand folgt, dann kommt er demnächst um diese Ecke."

Sie warteten zehn Minuten, ohne dass sie einen Passanten entdeckten, der sich merkwürdig verhalten hätte. Dann gingen sie weiter.

Peter hatte sich in Westdeutschland einen falschen Pass besorgen können – echtes Bild, falscher Name. Die Einreise nach Ostberlin war kein Problem gewesen, niemand war mit seinem Pass in das Hinterzimmer gegangen, um die Personalien mit der Fahndungsliste abzugleichen. Damit war der erste Teil des Plans gelungen. Peter hatte aufgeatmet, die Anspannung hatte sich auf seinen Verdauungstrakt ausgewirkt, und so führte ihn sein erster Gang in Ostberlin aufs Klo.

Aber er war auch stolz auf sich, hatte sich trotz seiner fürchterlichen Unruhe äußerlich nichts anmerken lassen. Routine vielleicht? Nicht zum ersten Mal erlebte er brenzlige Situationen! Konspirative Gespräche mit

Fluchthelfern, die erfolglos blieben. Die gemeinsame Reise an die Schwarzmeerküste, um den Fluchtweg in die Türkei auszukundschaften. Und die Entscheidung, allein durch die Elbe zu schwimmen! Und es dann zu tun!

Das war seine Stärke, die einmal getroffene Entscheidung unbeirrt durchzuziehen, sich nicht mit Zweifeln zu quälen. Und seine „Bambi", seine junge Frau mit der dunklen Kurzhaarfrisur und den rehbraunen Augen, hatte diese Stärke nicht. Wenn man ihr zu lange Zeit gab, nahm das Denken überhand – und damit das Zögern. Das konnte gefährlich sein, sehr gefährlich.

Sie musste vor vollendete Tatsachen gestellt, überrumpelt werden. Im letzten Juli, damals an der Elbe, war das dennoch nicht gelungen. Aber jetzt ging es ums Ganze, und sie hatte sich gut gehalten bisher.

Sie sprachen nicht über ihr Leben – sie in Potsdam, er in Schleswig-Holstein. Sie sprachen nicht über Sehnsucht und Angst, wie sie die letzten Monate überstanden. Nur einmal, ganz kurz, nahm er seine Frau in den Arm und drückte sie. „Ich will, dass wir zusammen sind. In Freiheit", sagte er nur. „Darum konzentrier dich auf das, was vor uns liegt. Denk dran: Wir machen etwas völlig Normales. Wir sind aus Westdeutschland und wollen nur wieder zurück. Wir legen unsere Pässe vor – und fertig! Du bist Dorothea Voß und kommst aus Heide. Hast im nächsten Monat Geburtstag und wirst 18."

„Aber der Pass! Woher hast du den?" Ein schwacher Versuch, zu verstehen.

„Frag nicht!", sagte Peter Selle. „Das erklär ich dir später!"

Sie überquerten die Schlossbrücke und bogen wenig später in die Friedrichstraße ein. Hinter der S-Bahn-Überführung betraten sie das Bahngelände. Vor dem tunnelartigen Dach über den Gleisen war im letzten Jahr ein gläsernes Abfertigungsgebäude gebaut worden – für die Westbürger, die die DDR wieder verlassen wollten.

„Alles ganz normal!", murmelte Peter Selle, als sie an den Menschen vorübergingen, die sich voneinander verabschiedeten.

Die erste Kontrolle der Pässe erfolgte direkt an der Tür. Barbara hatte immer noch das Gefühl, nicht ganz sie selbst zu sein. Ihre Augen richteten sich in die Unendlichkeit, als träumten sie, und als Peter sagte „Wir müssen uns hier anstellen!", bemerkte sie, dass sie das erste Hindernis hinter sich hatten. Die Kameras an den Wänden, die Beobachtungsfenster in der oberen Ebene, die Zollkontrollen rechts und links, der Hundeführer, der mit seinem Schäferhund den Gang entlang schritt – das alles nahm sie kaum wahr. Peter machte sich Sorgen: War ihr Verhalten normal? Wäre es nicht besser, sie würde die Polizisten ansehen, ihre Gesichter zumindest streifen? Er war kurz davor, ihr das zuzuflüstern – aber dann dachte er, sie wäre nicht abgebrüht genug, Angst könnte sich in ihrem Gesicht zeigen. Dieser abwesende Gesichtsausdruck – vielleicht war er doch ganz gut und schützte sie vor sich selbst. Also schwieg er.

Als sie nach einem kurzen unterirdischen Gang den Bahnsteig des U-Bahnhofs erreichten, umarmte er sie. „Was ist?", fragte sie etwas überrascht, und er flüsterte ihr ins Ohr: „Wir sind durch!" – „Wir sind durch?" – „Ja, wir sind durch! Aber wir bleiben vorsichtig, ja? Man kann nie wissen! Noch sind wir nicht in Westberlin!" – „Ach, Peter!", sagte sie. „Ich weiß gar nicht, wie wir da durch sind! Ich hab einfach nischt gemerkt!"

Sie stiegen in Tempelhof aus, wurden ausgelassen von Freunden begrüßt, stiegen leicht und beschwingt in den Flieger nach Hamburg, dann in den Bus und meldeten sich nach einem langen, erschöpfenden Tag in einem Notaufnahmelager.

Dort wurde Peter Selle verhaftet.

* *Im Brennpunkt der Öffentlichkeit*

Es war ein frecher Betrug. Und es war der zweite Versuch, den ersten mit einer jungen Krankenschwester hatte er abgebrochen, im letzten Moment erschienen ihm ihre grünen Augen zu riskant.

Und jetzt ein 17-jähriges Opfer, nämlich Dorothea Voß, die noch einen Hilferuf an ihre Eltern in Heide absetzen konnte, bevor sie an der Grenze verhaftet, verhört und in ein Stasi-Gefängnis geworfen wurde. Mit wachsender Unruhe hatte sie in einem Café auf Peter Selle gewartet, der unter einem Vorwand im Straßenbild verschwunden war. Er war ihr Freund, sie war verliebt. Auch ihre Eltern fanden diese knabenhafte Schönheit ganz reizend und hatten ihrer Tochter die Reise nach Berlin erlaubt.

Die Stunden vergingen. Es musste etwas passiert sein! Und dann fiel ihr plötzlich ein, dass er beide Pässe eingesteckt hatte. Aus Unruhe wurden Angst und Hilflosigkeit und später im Gefängnis die Gewissheit, dass sie betrogen worden war.

Peter Selle war das egal. Natürlich bedauerte er, was mit Dorothea Voß geschehen war, natürlich tat sie ihm leid. Aber es ging nicht anders. In der Not ist sich jeder der Nächste. Und waren sie nicht in Not gewesen? Zwei Liebende, durch eine unerbittliche Grenze getrennt? Bambi in einem System, das keine Freiheit kannte? Oh Freiheit! Zu sagen, zu scherzen, zu tun! Ein Menschenrecht!

Er war bereit, die Folgen zu tragen. Fast gleichmütig wartete er in Flensburg auf seinen Prozess. Es gab eine Gewissheit, die stimmte ihn heiter: Ich werde verurteilt, das ist in Ordnung. Aber dennoch! Wir haben es geschafft! Die Zukunft!

So stellte sich ganz grundsätzlich die Frage, welcher Mensch uns lieber sei: Der für seine Ideale kämpft und alles einsetzt, sein Leben sogar? Der alle Mittel heiligt, auch wenn am Wegesrand unschuldige Opfer bleiben? Der die historische Notwendigkeit erkennt, dass echter Fortschritt nicht sanft und friedlich daherkommen kann?

Oder wollen wir den mitfühlenden Menschen, eines fernen Ideals gewiss, aber doch so weit entfernt, dass ihm das Hier und Heute wichtiger ist? Dem die kleinen Schritte genügen, die den Menschen achten und seine Unvollkommenheit, auch wenn er in seinem Biedermeier verharrt?

So klein und unbedeutend der Mensch Peter Selle gewesen sein mag – seine Verwegenheit erschütterte die Gesellschaft. Sympathie und Empörung hielten sich die Waage, Sympathie für den „Republikflüchtling", der es der „sowjetischen Besatzungszone", die ihre Menschen einsperrte, mal richtig gezeigt hatte, und Abscheu für den rücksichtslosen Egoisten. Die Medien interessierten sich natürlich für derlei Widersprüchlichkeit und machten die Protagonisten für ein paar Monate berühmt.

Hinter den Kulissen rangelten Diplomaten und Staatsanwälte auf beiden Seiten um eine Verhandlungslösung, und man durfte davon ausgehen, dass sie eine fanden. Barbara Selles Mutter Gisela war in Sippenhaft genommen und kam ebenso wie Dorothea Voß nach sechs Wochen frei.

Zum Prozess im November 1964 in Flensburg reisten sie alle an – ein interessierter Anwalt aus Ostberlin, Barbara aus München, wo sie eine Anstellung am Krankenhaus gefunden hatte, Dorothea mit ihren Eltern, der Passfälscher und die Medien, allen voran Erich Kuby vom SPIEGEL. Nach zwei Tagen war alles vorbei. Peter Selle wurde zu einem Jahr Haft verurteilt – ein halbes Jahr wurde angerechnet, und vier Wochen später war er rechtzeitig zum Weihnachtsfest wieder frei, auf Bewährung natürlich.

Er hatte eine Anstellung als Bauingenieur bei Koth & Sohn in Rendsburg und zog mit seiner Frau in den Sommerkamp. Ein Jahr später erhielt Peter Selle einen Tipp von der stellvertretenden Bürgermeisterin Emma Faupel: In der Gartenstraße 27 sei eine Wohnung frei geworden.

Eine kümmerliche Existenz in der Nachbarschaft (Herbst 1966)

Siegi von nebenan war nicht mehr da.

Doch wen störte das? Otto Hohensee und seine Frau Grete waren Unpersonen, zwei Menschen, die in einem eigenen Kosmos von Hühner- und Schweinedreck lebten, einem Kosmos, der so verschieden war von der gutbürgerlichen Nachbarschaft, dass es nicht einmal den Versuch gab, sie zu verstehen.

Und Siegfried, der als Kleinkind irgendwann nebenan auftauchte, war genauso rätselhaft. Grete Hohensee war nicht schwanger gewesen. Bei aller Abgeschiedenheit, aber das hätte man in der Nachbarschaft doch bemerkt! Außerdem konnte sich niemand Grete schwanger vorstellen! Diese hagere, knochige Frau, die immer etwas abwesend schien, zerbrechlich wirkte sie mit den wirren Haaren, wie hingehaucht! Und einen Mann braucht es dafür ja auch! Otto Hohensee! Ein schmächtiger Krüppel mit kleinem Kopf, der sich mit Krücken und Rollstuhl fortbewegte, weil seine Beine ihn nicht mehr trugen. Was hatte er? Eine Kriegsverletzung?

Nein, Siegi war plötzlich da gewesen.

Wurde er adoptiert? Oder waren die Hohensees gar eine Pflegefamilie? Aber wie konnte das sein? Kümmerte sich niemand darum, wo das Kind lebte? Es gab doch ein Jugendamt!

Er wuchs heran, manchmal hörte man Schreierei, die hohe Sandpapierstimme von Otto immer dabei, die trotzige Verachtung des Jungen nicht zu überhören.

Dann lange nichts, nur das Gackern der Hühner und das Lärmen der Gänse. Durch die Buchenhecke zu sehen die hinfällige Gestalt, wie sie sich in den hinteren Garten schleppt, an den Ställen vorbei, von denen man nicht weiß, was sie verbergen. Dann Hohensee, wie er durch die Erde kriecht und seine Blumenbeete pflegt – die Maderl-Blumen zum Beispiel, von denen er Peter Jahre zuvor einige geschenkt hat. Oder wie er im Vorderhaus die kleine Mauerhöhle, in der er ein Schwein mästet, ausmistet, dass es stinkt, immer auf den Knien. Es stinkt ja eigentlich immer, vom Hühnerhof, vielleicht auch von toten Küken, aber Schweinemist hat einen besonderen Geruch, und wird gerade da verströmt, wo die Erichsens vor ihrer Küche eine Terrasse haben.

Da soll sich mal das Gewerbeaufsichtsamt drum kümmern! Der Mann tut einem ja leid, keine Frage, aber muss es so stinken? Mit dem Jungen war er offensichtlich heillos überfordert, nach dem, was man so mitkriegte. Da muss er sich eben Hilfe holen, wenn er das alleine nicht schafft!

Aber nun war Siegi nicht mehr da.

Frauke Erichsen wusste es zuerst.

Sie hatte sich ihren Radius erkämpft, wie es Kinder zu tun pflegen. Tante Klinnert aus der vorderen Wohnung, Tante Plöhn von gegenüber, Tante Ströh und vor allem Tante Martens – Frauke war überall zu Hause.

Rüber zu Hohensee, das hatte ihr Vater verboten. Man hatte gehört, der Siegfried sei kriminell, in einem Erziehungsheim gewesen. Doch was halfen Verbote, deren Einhaltung nicht überprüft wurde? Rolf Erichsens Erziehungsversuche ließen nach. Zwar gab es noch die eine oder andere Ohrfeige, zum Beispiel wenn seine jüngste Tochter log. Dann fühlte er sich augenblicklich herausgefordert, Empörung loderte und ließ seine Hand explodieren.

Aber er war auch ein wenig müde geworden, Peter und Hilke hatten ihn gefordert. Zwar war manches zum Guten geraten, doch hatte es auch Niederlagen und Fehler gegeben. Das wusste er, aber er hütete sich, sie offen einzugestehen.

Oder waren es die dienstlichen und ehrenamtlichen Verpflichtungen? Immer seltener war er abends nach Dienstschluss zu Haus. Als leitender Bürobeamter der Stadt waren seine Aufgaben auch außerhalb der normalen Dienstzeit gewachsen. Hinzu kamen Sitzungen in diversen Ausschüssen, Betriebsfeste, Vorträge – aber auch ehren- und nebenamtliche Verpflichtungen als Fachlehrer an der Gemeindeverwaltungs- und Sparkassenschule in Bordesholm, als Richter im Arbeits- und Sozialgericht, als Beisitzer in der Dienststrafkammer des Landes. Der freundliche und stets humorvolle Rolf Erichsen war im Rathaus zu einer festen Größe geworden.

Seine jüngste Tochter sah ihren Vater nicht so oft. Sie kannte es nicht anders und konnte ihn deshalb auch nicht vermissen. Andererseits profitierte sie wohl auch von seiner fehlenden Präsenz. Der „lütte Lümmel", wie Frauke von ihrem Opa genannt wurde, hatte also die Hohensees nebenan sehr wohl besucht, ohne große Konsequenzen befürchten zu müssen. Vor allem die Tiere zogen sie an.

Dabei lernte sie Siegfried kennen. Der Junge war neun Jahre älter als sie. In seinem unübersichtlichen Zimmer war der Plattenspieler ein magisches Zentrum. Er liebte es, dem kleinen Mädchen Rockmusik zu präsentieren und darüber zu reden, und er liebte vor allem die Rolling Stones. Für Frauke war diese Erfahrung prägend.

Oft gibt es im Leben Weichenstellungen, die uns der Zufall schenkt oder die er uns zu unserem Schaden aufdrängt. Anders ist es wohl nicht zu erklären, warum das Kind Spinat nicht mag oder Leberwurst oder Fisch. Seit Peter seine kleine Schwester in Büsum mit Quallen beworfen hatte, hasste Frauke dieses Glibberzeug. Und seit sie im Zimmer von dem großen, ungepflegten Siegfried mit seinen langen Haaren Musik von den Rolling Stones gehört hatte, ergriff sie ein neues Lebensgefühl, das eine Bereicherung war.

Draußen hinter dem Haus zeigte ihr Siegfried die Stallungen mit den Brutanlagen. Die Lampen erwärmten die Eier von Hühnern, Puten und

Gänsen, bis die Küken schlüpften. Sein „Vater" wagte sich auch an schwierige Geflügelzucht mit Flugenten und Fasanen.

Die Küken wurden dann auf dem Schlossplatz oder bei der Nordmarkhalle auf dem Wochenmarkt verkauft, zusammen mit den Pflanzen, die Hohensee in seinem Garten zog. Im Herbst kamen Äpfel hinzu. Für den Transport hatte er ein dreirädriges Versehrtenfahrzeug Marke „Mayra" mit grüner Karosserie und einer Anhängerkupplung.

So groß war Fraukes Faszination, dass sie sogar den Uringestank ertrug, wenn sie mit Siegfried durch die Küche und die anschließende Veranda ging, wo Bettzeug und Laken zum Trocknen lagen. Erst wenn es in ihrem Beisein zu hässlichen Wortwechseln kam, in denen Siegi seine Überlegenheit ausspielte, die darin bestand, dass der behinderte Otto Hohensee ihm nichts tun konnte – erst dann suchte sie das Weite, das konnte sie nicht ertragen.

Und nun war Siegi verschwunden.

Das erste Mal wurde sie noch abgespeist mit den Worten „Er ist nicht da", das zweite Mal hieß es „Er ist nicht mehr da", und als Frauke nachfragte, hieß es „Er ist ausgezogen", und das klang so endgültig, als wäre er gestorben.

Ab und zu half die Siebenjährige drüben noch. Hohensee war dankbar für jede kleine Handreichung, die ihm zusehends schwerer fiel. Genau wie ihr großer Bruder Peter Jahre zuvor musste sie dann allerdings lange an der Veranda warten, bis Hohensee mit seinen Krücken herangeschlurft kam, um ihr den versprochenen Groschen zu geben.

Nach Siegi fragte sie nicht mehr.

Nicht lange danach stand ein Leichenwagen vor dem Harbeck-Haus. Grete Hohensee, geborene Harbeck, war gestorben.

Wie sollte der arme Mann nun allein zurechtkommen? Wie wollte er seine Küken verladen und verkaufen? Er konnte doch nicht einmal ohne Hilfsmittel stehen! Wie ernährte er sich? Und wer bezog das Bett, wenn die Wäsche getrocknet war? Warum stank es überhaupt immer nach Urin? Hatte das was mit seiner Kriegsverletzung zu tun?

Es war nicht so, dass sich die Nachbarschaft fiebrig und raunend mit diesen Fragen beschäftigte. Es hätte Verrat und moralischer Niedertracht bedurft, um mit eifersüchtiger Leidenschaft über Nachbarn herzuziehen. Dafür war die Frau im ersten Stock besser geeignet, auf deren Fensterbank angeblich ein Lichtlein brannte, wenn der Ehemann dienstlich unterwegs war.

Otto Hohensee erregte nicht die Gemüter, über ihn sprach man gelegentlich im Ton trauriger Endgültigkeit. Seine unfassbare Existenz war eine Tatsache, an der man nichts ändern konnte.

Und man staunte, als Frau Ströh von gegenüber, die den verschwundenen Siegfried am besten gekannt und von ihm wohl einiges erfahren hatte, der Theorie von der Kriegsverletzung widersprach. Nein, sagte sie, Hohensee leide an multipler Sklerose und trage einen Katheter, den er nicht beherrsche. Und er sei ein studierter Agrarökonom.

Diese letzte Information rief Skepsis hervor, zu sehr widersprach sie dem Bild, das man sich von Hohensee gemacht hatte, von „Otto Hodensack", wie er von Rolf Erichsen gelegentlich zur Freude seiner Zuhörer genannt worden war.

Auf der anderen Seite seines Grundstücks gab es mehr Nachdenklichkeit. Dort stand das Martinshaus, das im Volksmund immer noch „Weißes Haus" genannt wurde. Das war keine Nachbarschaft im üblichen Sinne, sondern ein Internat für Schüler der Herderschule, dem Rendsburger Gymnasium für Jungen, entstanden aus der Not der Nachkriegszeit, um begabte Flüchtlingskinder zu fördern.

Natürlich waren diese Halbwüchsigen keine besseren Menschen. Sie kletterten über Zäune, klauten Äpfel, heckten heftige Streiche aus, wenn sie einen ihrer Erzieher nicht mochten, und rümpften die Nasen über den Gestank bei Hohensee.

Aber das Martinshaus war auch eine Einrichtung der evangelischen Landeskirche. Offensichtlich gelang es dem Personal und vor allem dem Vikar, in Morgenandachten und Gottesdiensten Achtung und Respekt zu wecken. Der Nachbar trug das von Gott auferlegte Schicksal, ohne zu hadern, arbeitete unermüdlich unter extrem erschwerten Umständen und kam doch jeden Sonntag zum Gottesdienst in die Kapelle des Hauses, streng riechend, aber respektabel gekleidet, und ließ beim Hinausschlurfen großzügige Spenden in den Klingelbeutel gleiten – so zumindest wurde erzählt.

Die Gesellschaft wandelt sich – ein Problem für die Eltern (1967)

„Irgendwas läuft gewaltig schief", dachte Rolf Erichsen.

Dieser ständige Streit mit seinem Sohn. Die Gammler auf den Straßen. Die aufsässigen Demonstranten, die gegen alles waren, aus Prinzip, gegen den Vietnamkrieg, gegen die Amerikaner, gegen die Leistungsträger der Gesellschaft, die Deutschland wieder aufgebaut hatten! Dabei ging es ihnen so gut wie nie!

Noch schlimmer: Das, was Rolf heilig war, der eherne Bund der Ehe, das Privileg, ein großes Geheimnis zu hüten, das sich nur in der Zweisamkeit offenbarte – das wurde in die grelle Öffentlichkeit gezerrt. Begonnen hatte das Unglück mit der Anti-Baby-Pille[24], durch die die jungen Leute sich von der Verantwortung entbunden fühlten. Und die so genannte sexuelle Aufklärung[25] in Illustrierten wie QUICK und NEUE REVUE war da nur die konsequente Fortsetzung des sittlichen Verfalls, der darin gipfelte, dass in einem Film eine Geburt gezeigt wurde. Mit finanzieller Unterstützung der Bundesregierung[26]!

Einer Bundesregierung, an der die Sozis beteiligt waren! Die Sozis mit der CDU in einem Bett! Irgendwie hing alles zusammen.

Und alles schien sich in seinem Sohn zu spiegeln. Zwar trug er noch keine Matte auf dem Kopf und kleidete sich noch halbwegs manierlich. Aber seine Ansichten!

Mein Gott! Als er selbst einundzwanzig war, Soldat, an der Front in Russland, für das Vaterland gekämpft! Obergefreiter! Schon ausgezeichnet mit der Ostmedaille! Da war er nicht mehr grün hinter den Ohren!

Wenn er seinen Sohn jetzt sieht! Unreif! Er hat doch keine Ahnung von den wirklich ernsten Dingen des Lebens! Milchgesicht! – Nein, aussprechen würde er das niemals. Peter war schließlich sein Sohn, und Rolf spürte, dass hier eine Verletzlichkeit war. Da lauerte die Katastrophe, wenn man zu weit ging.

Aber es war schwer zu ertragen.

Es war ja jetzt schick, gegen den Krieg in Vietnam zu sein, auf der Seite der Kommunisten zu stehen – als wenn die Unterstützung nötig hätten! Auf Seiten von Mao Tse-tung, das muss man sich mal vorstellen! So genau hatte sein Sohn das nicht gesagt, aber er hatte sich den linken Jungdemokraten[27] angeschlossen. Eine Jugendorganisation der FDP, und dann links! Erich Mende[28] war doch ein vernünftiger Mann! Was ging da nur vor?

Und dann als Student in Kiel. Da war man auch Einflüssen ausgesetzt. Besonders in den Großstädten. Vor ein paar Monaten in Berlin beim Besuch des Schahs aus Persien[29] hatte es bürgerkriegsähnliche Unruhen gegeben. Egal, wie man über den Schah denkt: Er war ein Gast! Behandelte man so Gäste? Hatten die Studenten überhaupt keinen Anstand mehr?

„Aber der Schah ist ein Diktator!", hatte sein Sohn gesagt. „Er lässt in seinem Land foltern und töten!" – „Was meinst du, wie viele Länder es gibt, in denen gefoltert und getötet wird!", hatte er geantwortet. „In der Politik muss man trotzdem miteinander reden! Die Welt besteht nicht nur aus Schwarz und Weiß. Bei uns ist auch nicht alles nur gut." – „Oh ja!", hatte sein Sohn fast höhnisch eingeworfen. „Wir haben das Demonstrationsrecht! Aber wenn wir demonstrieren, dann werden wir verprügelt und von der Polizei verfolgt!"

Rolf Erichsen schüttelte den Kopf. Immer diese Vereinfachungen! Diese Einseitigkeit!

„Das stimmt so nicht!", antwortete er. „Die Studenten in Berlin haben die Polizisten auf das Schlimmste beleidigt und mit Steinen beworfen! Müssen die sich das gefallen lassen? Meinst du das?"

Sein Sohn war in der Defensive. „Also … nein, das mit den Steinen war natürlich nicht gut." – „Ein Polizist ist dadurch schwer verletzt worden", setzte Rolf Erichsen nach. – „Und ein Student ist erschossen worden! Hast du das vergessen?" – „Das war keine böse Absicht!" – „Sagst du!" – „Nein! Sagt das Gericht!"

Hilfe suchend wandte sich Peter Erichsen an Peter Selle. „Sag doch auch mal was!" Doch der Nachbar aus dem Vorderhaus war rübergekommen, um ein kurzweiliges Schwätzchen zu halten und dabei nahezu nebenbei ein paar Mieterwünsche loszuwerden. Nun war er in eine Auseinandersetzung zwischen Vater und Sohn hineingeraten und fühlte sich sichtlich unwohl. „Da misch ich mich nicht ein", sagte er in leichtem sächsischen Dialekt. „Ich versteh nichts von Politik."

„Aber du hast doch auch davon gehört! Du hast doch bestimmt eine Meinung dazu!" Peter Erichsen war enttäuscht. Der junge Architekt war nur wenige Jahre älter als er und hatte seine Frau Barbara unter dramatischen Umständen aus der DDR über die Grenze gebracht. Jetzt lebten sie seit einem guten Jahr in der vorderen Wohnung und hatten durch ihre Unkompliziertheit und Frohnatur schnell eine freundschaftliche Beziehung zu den Erichsens entwickelt.

„Ich weiß nur eins", sagte Peter Selle. „Von den Kommunisten hab ich die Schnauze voll!"

Peter Erichsen verstand den Zusammenhang nicht. „Was hat das denn mit den Kommunisten zu tun? Es geht doch um den Schah-Besuch!"

„Deine Studenten sind mehrheitlich auch Kommunisten!", griff nun Rolf Erichsen wieder ein. „Das sind doch dieselben, die auch gegen die Amerikaner auf die Straße gehen! Die die Partisanen des Vietkong verteidigen! Kommunistische Partisanen, die ihre eigenen Landsleute im Süden meucheln! Partisanen, die zu feige sind, eine Uniform anzuziehen!"

„Aber das ist doch klar, dass sie keine Uniform tragen können! Dann hätten sie gegen die Amerikaner keine Chance!"

„Hast du schon mal von der Haager Landkriegsordnung gehört?" – „Nein, hab ich nicht." – „Das ist internationales Recht! Daran hat sich jeder zu halten! Da ist geregelt, dass sich jeder als Soldat zu erkennen geben muss, damit es ein fairer Kampf ist!"

„Aber das ist doch Selbstmord!"

„Selbstmord?", schrie Rolf Erichsen. „Mord! Mord ist das, wenn Partisanen so tun, als wären sie ganz harmlose Menschen, und dann heimtückisch, aus dem Hinterhalt die regulären Soldaten umbringen! Ich hab davon nie gesprochen, aber jetzt muss ich es tun: Ich hab das alles selbst miterlebt in Frankreich! Weißt du, wie du dich fühlst, wenn deine eigenen Kameraden, mit denen du gestern noch am Feuer gesessen und – vielleicht auch – gelacht hast, am nächsten Morgen …"

Seine Stimme brach, die Feuchtigkeit in seinen Augen glitzerte. Er rang um Fassung und sprach dann leise weiter: „Am nächsten Morgen lagen zwei Kameraden nicht weit vom Lager auf den Felsen am Fluss, mit durchschnittener Kehle. Mit heraus … geschnittenen Geschlechtsteilen."

Nun war es passiert. Rolf Erichsen hatte nie darüber sprechen wollen, nicht in der Familie, schon gar nicht gegenüber seiner Frau. Und er hatte es mehr als zwanzig Jahre durchgehalten – bis jetzt. Tausende Male hatten ihn diese Bilder aus der Vergangenheit aufgeschreckt, besonders nachts oder in den seltenen Momenten der Stille und Zurückgezogenheit. Sie waren unauslöschlich, und er hatte sich daran gewöhnt.

Anders jedoch war es, diese Bilder in Worte zu fassen. Es war, als hauche er ihnen Leben ein, so dass sie lebten und erzählten von Tod und Grausamkeit. Sie auszusprechen, vor seinem Sohn, erschütterte ihn zutiefst, wie er es nie für möglich gehalten hätte nach so langer Zeit.

Und gleichzeitig war ihm, als hätte er die Angst besiegt, an den düsteren Bildern zu zerbrechen. Sie in Worte zu fassen, nahm ihnen die teuflische Magie und ordnete sie ein ins Verzeichnis seines Lebens, war wie ein seelischer Stuhlgang, den er lange nicht zugelassen und der für ihn doch in anderen Lebensbereichen immer wichtig gewesen – etwa wenn er über das „Scheißwetter" himmelwärts fluchte.

* *Gleichberechtigung gibt es nicht*

Hilde hatte sich nie für Politik interessiert.

Warum sollte sie wissen wollen, was die Welt im Innersten zusammenhält? Das schien nicht sehr kompliziert zu sein. Da waren auf der einen Seite die Politiker, die sich darum kümmerten. Und auf der anderen Seite die Menschen, die sich nicht darum kümmern mussten. Die lebten manchmal in gesicherten Verhältnissen wie die Krezeks, und manchmal ärmlich, wie die Handwerker und Arbeiter in der Münzstraße und drum herum, oder wie die Verwandten in Schacht-Audorf, die nach dem Krieg unterstützt werden mussten.

Mutter und Vater hatten sich aus der Politik herausgehalten und ihre Töchter gebremst, wo es nur ging. BDM-Veranstaltungen waren für die

Kinder ungemein attraktiv, aber die Mutter fand Vorwände, um Besuche zu verhindern. Und die Teilnahme an den NS-Kundgebungen zum ersten Mai auf dem Paradeplatz wurde verboten, weil die vorgeschriebenen weißen Socken viel zu kalt wären an einem frischen Frühlingstag.

So wuchsen die Schwestern auf, ängstlich umsorgt von den Eltern, die 1930 ihre erste Tochter 16-jährig durch Tuberkulose verloren und die zweite beinahe auch, hätte nicht der Ernst Bamberger[30] all seine Menschlichkeit und Fähigkeit eingesetzt, um sie vor einer Sepsis zu retten.

Der Vater legte viel Wert auf Bildung, vor allem auf die musische, und hatte wohl auch eine Berufsausbildung für seine Töchter im Auge – allein die Zeit war nicht reif dafür. Es gelang nur bei der Ältesten, bei Elfriede, doch auch sie musste sich letztlich der Regel fügen, dass die Männer für den Broterwerb zuständig seien und die Frauen für die Häuslichkeit, und wenn es hoch kam, gereichten sie ihrem Manne zur Zierde.

So war auch für Hilde die Welt wohl geordnet. Sie kam nicht auf die Idee, die Probleme der Gesellschaft zu ergründen und für ihre Veränderung zu werben. Ihr Mann war für sie gelegentlich das Fenster nach außen, durch ihn lernte sie Menschen kennen, die ihre Freunde wurden. Aber während ihre Schwester Elfriede an der Seite von Hannes Scharfenberg, der nun in Glückstadt Direktor des Gymnasiums geworden war, mit halbem Ernst den inoffiziellen Titel der „First Lady" trug, war Hilde nur selten die offizielle Begleiterin von Rolf, der kurz vor der Ernennung zum Oberamtsrat stand.

Selbst zu Hause hatte sie nicht uneingeschränkt das Sagen. Ihr Mann nahm ihr alles ab, was sich am Schreibtisch oder am Bankschalter erledigen ließ. Hilde hätte kein Überweisungsformular ausfüllen können und fühlte sich durch diese Fürsorglichkeit geehrt und geliebt.

Männer waren ohnehin vom Gesetz dazu bestimmt, ihre Frauen zu behüten und zu beschützen und hatten deshalb zwangsläufig oft das letzte Wort[31]. Zwar hatte der Bundestag vor einiger Zeit beschlossen, dass Frauen ihr eigenes Vermögen verwalten durften – was bei Hilde ohne Wirkung blieb, da sie kein Vermögen und deshalb auch kein Konto hatte. Verfügen konnte sie nur über Barmittel, die ihr bei sparsamer Haushaltsführung vom Haushaltsgeld übrig blieben.

Ohne Erlaubnis ihres Mannes hätte sie keine Erwerbsarbeit aufnehmen können – jedoch auch das war kein Problem, da ihr niemals der Gedanke gekommen wäre, nebenher etwas zu verdienen.

Da Rolf als Ernährer der Familie galt, weil er das Geld verdiente, blieb ihm wenig Zeit, sich mit Erziehung zu beschäftigen. Die Mutter war den ganzen Tag ansprechbar, hörte sich an, was die Kinder an Sorgen und Erlebnissen mit nach Hause brachten – und war doch in entscheidenden

Momenten ohne Macht. Nicht sie, sondern ihr Mann engagierte sich in Elternversammlungen, wurde bei Problemen von der Schule informiert und ließ sich in der Regel die Klassenarbeiten zur Unterschrift vorlegen. Ihr Mann bestrafte die Kinder, wenn sie ungehorsam oder faul waren, mit Worten, Arbeitsaufträgen oder – mit der Zeit abnehmend – mit Schlägen und nahm dabei auch angedeutete Klagen seiner Frau zum Anlass, damit sie als die Schwächere im Erziehungsprozess geschützt werde.

Rolf Erichsen handelte nach alten Überzeugungen, die er schon im eigenen Elternhaus kennengelernt hatte. Die seit 1958 geltende gesetzliche Gleichberechtigung in der Kindererziehung hatte sich noch nicht herumgesprochen. Oder: In den Köpfen kam nicht an, was die Herzen verweigerten – denn das Herz war nicht nur ein Ort der Liebe, sondern auch ein Archiv der überlieferten Werte.

Obwohl Hilde in dieser Tradition lebte und sie nicht in Frage stellte, regte sich gelegentlich Widerstand. Fast überfallartig gerieten manchmal die Aktionen ihres Mannes, so dass sie selbst erschrocken war und sich schuldig fühlte, obwohl sie es nicht war.

Frauke hatte im Schlafzimmer vor der Frisierkommode ihrer Mutter gestanden und sich mit der Schere den Pony geschnitten. Jeder versucht das einmal und stellt fest, wie tückisch das Spiegelbild, wie die eigene Hand verzaubert scheint und genau das Gegenteil des Gewünschten macht. Der Pony in der Stirn des Kindes missriet, und nur mit Mühe konnte Frauke das herausgeschnittene Haar durch weiteres Schnippeln so weit ausgleichen, dass das fehlende Dreieck nur demjenigen auffiel, der danach suchte.

Und da sie mit der Gewissenhaftigkeit einer Hausfrau noch nicht so bekannt war, aber doch schon wusste, dass die dünne Haarstreu auf der Glasplatte nicht dort bleiben durfte, wischte und pustete sie die Überbleibsel hinter die Kommode – in der kindlichen Annahme, dass etwas weg war, wenn man es nicht mehr sah.

Als sie zum Essen an dem Tisch der Küchenterrasse saßen, blickte ihr Vater ihr ins Gesicht und fragte: „Was hast du mit deinen Haaren gemacht?" Die Frage klang beiläufig und war deshalb umso mehr hinterhältig, hatte er doch seine Tochter beim Hantieren mit der Schere gesehen und seither geschwiegen. – „Nichts", sagte Frauke.

Da kam ihr Vater so plötzlich hoch von seinem Gartenstuhl, dass er gegen die Tischkante stieß und die kleine Blumenvase zum Tanzen brachte, versetzte ihr mit seiner Rechten eine Backpfeife und rief gleichzeitig, um den Effekt zu verstärken, aber auch weil er ehrlich empört war: „Lüg nicht!"

Worauf bei Frauke augenblicklich die Tränen spritzten und sie laut aufheulend ins Haus rannte.

Hilde sagte nichts. Stumm aßen sie ihr Mittag. Dann räumte sie ab, und ihr Mann zog sich ins Wohnzimmer zurück, um seinen Zwanzig-Minuten-Schlaf zu beginnen. Er hatte sich gerade auf das Sofa gelegt, als Hilde eintrat. „Ich muss mit dir reden!", sagte sie.

Rolf war überrascht. Diesen Ernst in ihrer Stimme erlebte er selten, und ihre Augen wirkten zornig und erinnerten ihn an die „schwatten Oogen" seiner Schwiegermutter Elise Krezek. Für Hilde war dieser Auftritt eine enorme Kraft- und vor allem Willensanstrengung. „Was sollte das eben beim Essen?", sagte sie.

„Was meinst du?", fragte Rolf zurück.

„Das weißt du ganz genau!", erwiderte seine Frau. „Warum hast du Frauke geschlagen?"

„Das ist doch wohl ganz offensichtlich", sagte Rolf. „Sie hat mir ins Gesicht gesehen und frech gelogen!" Und dann erzählte er ihr, was er im Schlafzimmer beobachtet hatte.

Hilde war fassungslos. „Aber das ist doch keine Lüge gewesen!"

„Wie bitte?", rief ihr Mann. „Das war keine Lüge? Ich frag sie, was sie mit ihren Haaren gemacht hat, und sie antwortet mit ,nichts'?"

„Ja, aber für deine Tochter ist das nichts!", rief Hilde. „Sie ist mit ihren Haaren nicht zufrieden und hat die Schere genommen! Das mach ich auch manchmal, da geh ich nicht gleich zu Weber!"

„Frauke ist acht Jahre alt! Da ist sie verdammt noch mal alt genug, um zu wissen, dass man seinem Vater nicht eine solche flapsige Antwort gibt!", schrie Rolf. „Und in ihrem Alter hat man sich nicht selbst die Haare zu schneiden! Da hat sie gefälligst zu fragen!"

„Mein Gott!", rief Hilde. „Bist du stur!" Wütend ging sie zur Tür.

„Ich stur? Ich lege nur Wert auf Erziehung – im Gegensatz zu dir!"

„Und ich will nicht, dass du sie wegen einer solchen Lappalie schlägst!" Mit lautem Knall schlug sie die Tür hinter sich zu, so dass das gelbe Buddelglas schepperte.

„Tür ist zu!", hörte sie ihren Mann rufen. Wieder hatte er das letzte Wort! „Mutter ist wütend!", sagte er in solchen Situationen auch manchmal. Er nahm sie nicht ernst. Aber sie widerstand der Versuchung, noch einmal zurückzukehren und den Kampf wiederaufzunehmen.

Jedenfalls hatte sie ein Zeichen gesetzt und ihr Kind verteidigt.

Aber sie war keine Frau, die ihre Wut tagelang konservierte und ihren Mann mit Nichtachtung strafte. Im Nachhinein konnte sie sogar darüber schmunzeln, wenn Rolf brüllte „Mutter ist wütend!" – steckte darin nicht auch eine gewisse Anerkennung?

Aber was die Auseinandersetzungen zwischen Rolf und Peter betraf, fühlte sie sich machtlos. Meistens ging es um Politik, und davon verstand sie nichts.

* *Die Kinder wollen nicht so, wie der Vater will*

Schon wieder! Hilke seufzte leise und legte ihren Stift auf den Schreibtisch. Es hatte keinen Zweck, sich die Ohren zuzuhalten. Man musste es ertragen.

Ihr Bruder und ihr Vater! Kaum trafen sie zusammen, schrien sie sich an. Wenigstens kam ihr das so vor. So wie jetzt. Unten auf dem Flur.

Dieser ständige Streit war auch für sie belastend. Schlechte Stimmung sorgte für falsche Wahrnehmungen, harmlose Wörter wurden missverstanden, aus menschlicher Wärme wurde kühle Sachlichkeit. Es war, als habe der frühe Winter mit seinem schneelosen Frost sich durch die dünnen Türen gezwängt.

Wie schnell konnte auch sie wieder im Brennpunkt stehen! Wenn ihr Vater erst erfuhr, wie ernst sie ihr Gejammer über die Hauswirtschaftsschule in Lunden[32] meinte, dass sie es einfach nicht mehr ertragen konnte! Sie war doch nur eine Putzhilfe, die an der regulären Ausbildung nicht teilnahm, ein auf Empfehlung der stellvertretenden Bürgermeisterin Emma Faupel[33] gnädigerweise dort geparktes und ausgenutztes Aschenputtel! Was würde geschehen, wenn sie den Mut aufbrachte, ihm die Wahrheit zu sagen: Ich will da weg! Egal, was dann kommt, aber ich will da weg!

Alles würde wieder hochkommen: Ihr Scheitern an der Helene-Lange-Schule! – Scheitern? Nein, nur ihr Vater sah das so. Warum hatte sie das Schuljahr nicht wiederholen dürfen? Und dann dieses demütigende Schauspiel, als ihr Vater sie eine Kriminelle nannte, weil sie eine Unterschrift gefälscht hatte!

Sie hatte damals zur Christian-Timm-Schule wechseln wollen. Trotzig hatte sie darauf bestanden. Hatte ihr Vater sie nicht genau dahin getrieben? Mit seinen ständigen Vorwürfen, dem Geschimpfe? Bitte! Kann er haben! – Und es blieb ihm auch gar nichts anderes übrig als zuzustimmen.

Drei Jahre war sie da gewesen, bis zu ihrem Realschulabschluss. Und – welch Ironie! Sie hatte sich in dieser neuen Umgebung nicht einmal besonders anstrengen müssen – eigentlich genau das Gegenteil von dem, was ihr Vater ständig einforderte: Arbeiten! Arbeiten! Nichts fällt einem in den Schoß! Merk dir das!

Alles würde wieder hochkommen: Du weißt ja nicht, was du willst! Du bist einfach nur zu bequem! Man muss auch mal was durchhalten! Nur noch weitere drei Monate, dann hast du schon mal was in der Hand! Ausbildung ist nie ein Zuckerschlecken! Egal wo! Warum willst du nicht Krankenschwester werden? Dein Vater hat die besten Beziehungen zum Krankenhaus! Das kannst du jetzt immer noch!

Ein Schauder erfasste Hilke. Sie fühlte sich in einer Sackgasse, als ginge es nun nicht weiter, als sei alles am Ende. So wie damals, als ihr Vater so gemeine Sachen gesagt hatte. Aber damals hatte sie Wut im Bauch, jetzt war es ein Gefühl der Enge in der Brust, eine dumpfe Hilflosigkeit. Der Streit da unten auf dem Flur, den hatte sie noch vor sich.

Ihre Gedanken schweiften ab. Sie dachte an das Kartoffelfeuer an der Steilküste bei Altenhof, als sie Hamschs besuchten, die dort zelteten. Wie viel Spaß sie gehabt hatten! Wie entspannt ihr Vater gewesen war! Überhaupt, Ausflüge an den Wochenenden waren meistens schön.

„Soziologen! Soziologen!", höhnte Rolf Erichsen unten in der Küche. „Auch wieder so eine Erfindung! Was willst du als Lehrer mit Soziologie!" – „Das hat jetzt nichts mit ‚Lehrer' zu tun. Ich rede von den Gastarbeitern!" – „Wie der Name schon sagt: Sie sind Gäste in unserem Land und arbeiten eine Zeit lang, und dann kehren sie wieder zurück in ihre Heimat." – „Aber die Soziologen sagen, dass viele von ihnen schon mehr als zehn Jahre hier leben und sich oft als Menschen zweiter Klasse fühlen!" – „Deine Soziologen, will ich dir mal sagen, sind die geistigen Urheber der Gewalt auf den Straßen! Ihre sogenannte Wissenschaft wiegelt die Menschen auf, weil sie Probleme erfinden! Die Gastarbeiter, glaub mir, wollen gar kein kommunales Wahlrecht. Die leben ganz gern unter sich, und wenn sie genug verdient haben, geht's ab in die Heimat! Glaubst du …" – „Die Jungdemokraten …" – „Glaubt ihr, du und deine Jungdemokraten, dass die Gastarbeiter auch nur einen kleinen Teil von dem verstehen, was in einer deutschen Kommune vor sich geht? Fragezeichen? Dazu müssten sie erst mal die deutsche Sprache sprechen!"

Der Streit zwischen Vater und Sohn drehte sich im Kreise. Natürlich hatte Rolf recht: Wer sich als Gast in einem Lande aufhielt, brauchte nicht das kommunale Wahlrecht, um sich wohlzufühlen. Aber waren die Arbeiter aus Italien, Spanien, der Türkei wirklich Gäste? Wieso arbeiteten die Gäste? Und warum waren sie oft schon jahrelang hier? Waren sie nicht längst Mitbürger? Da hatte sein Sohn recht.

Wie mussten sich die Gastarbeiter fühlen?, fragte Peter sich. Sie zahlten Steuern, entrichteten Sozialabgaben, unterwarfen sich den deutschen Gesetzen, holten ihre Familien nach, weil sie die Trennung nicht mehr ertrugen, wohnten aber in den letzten Absteigen in völliger Isolation.

„Du mit deiner Psychologie!", schimpfte sein Vater. „Brotlose Kunst! – Idealist!"

Im Grunde war sein Vater enttäuscht über seine Berufsentscheidung.

Nach dem Abitur vor gut einem Jahr wollte er noch Medizin studieren. Rolf Erichsen war als Stadtoberamtmann und Leiter des Hauptamts „Personalchef" und seit kurzem vom Senat mit der Vertretungsvollmacht ausgestattet worden – d. h. er konnte in Abwesenheit des Bürgermeisters – und der war oft abwesend – Arbeitsverträge und Nebenabreden rechtsverbindlich unterzeichnen.

Das städtische Krankenhaus war ihm in dieser Eigenschaft sehr vertraut. Es ergaben sich Kontakte, die von großer gegenseitiger Wertschätzung Zeugnis gaben, so dass das Verhältnis zueinander weniger von hierarchischer Abhängigkeit denn partnerschaftlichem Geist geprägt war. In diesem Umfeld trugen Erichsens Humor und Leutseligkeit dazu bei, dass auch Freundschaften gediehen.

So bedurfte es nur eines Anrufs, um seinem Sohn die Erfahrungen eines Praktikums zuteil werden zu lassen. Und das ließ sich auch gut an. Der Praktikant wurde in einen weißen Kittel gekleidet und – dergestalt ausgezeichnet und auf eine höhere Daseinsstufe gehoben – wehte er durch die Flure der Inneren und verrichtete motiviert allerlei Hilfsdienste und empfand die Verabreichung eines Einlaufs in den After eines Patienten als Höhepunkt seiner vormedizinischen Ausbildung.

Mit gutem Appetit ging er mittags wichtigen Schritts durch die Anlagen zum dahinter liegenden Gebäude mit dem Uhrenturm, um dort im Kreise der Angestellten und Ärzte in der Kantine zu essen. Und weil man dem Sohn des städtischen Personalchefs etwas bieten wollte, fragte ihn Günther Krug, der Chirurg, ob er beim Operieren zusehen wolle. Na klar wollte er das! Das war mehr, als er erwarten konnte, und so stand er am nächsten Morgen in der dritten Reihe und versuchte so viel wie möglich zu erhaschen.

Nur wenn am Krankenbett Spritzen gesetzt wurden, hatte er Probleme: Einfach so in lebendes Fleisch zu stechen! Wie war das möglich, die Vene zu treffen? Und wenn es vorbeiging? Und wenn man es immer wieder versuchte und der Arm wie ein blau-violett unterlaufener Fremdkörper aussah? Wie schrecklich!

Eines Tages teilte er seinem Vater mit, dass er das Praktikum abbrechen werde. Er habe sich entschieden. Er wolle Lehrer werden.

Auf die unvermeidliche Frage nach dem Warum antwortete er ausweichend. So genau könne er das auch nicht sagen. Vielleicht die Tatsache, dass man als Arzt immer nur mit kranken Menschen zu tun habe? Auch die Spritze erwähnte er. Und Blut, Blut könne er auch nicht so gut sehen.

Und als der Vater sah, dass er nichts mehr ausrichten konnte, empfahl er noch einmal dringend, ein Architektur-Studium ins Auge zu fassen. Sie hätten doch mit Peter Selle einen Architekten quasi im Haus!

Tatsächlich hatte Peter auch diese Idee erwogen. Mit großem Elan hatte er in den Oberstufenjahren im Kunstunterricht bei Hein Cordes Kunstschrift ausprobiert und Häuser entworfen, Grundrisse und Seitenansichten akribisch gezeichnet und mit Scriptol nachgezogen. Aber mit dem Entwerfen sei es nicht getan, hatte ihm Peter Selle gesagt, und für das Zeichnen habe man im Büro seine Fachkräfte. Vielmehr komme es auf das Verständnis für die verschiedenen Gewerke an, eine praktische Ausbildung an einer Baufachschule wie in Eckernförde sei absolut wünschenswert.

Und dann war da seine Freundin, die bei der Volksbank eine Ausbildung zum Bankkaufmann machte. Sie würde in absehbarer Zeit ihr eigenes Geld verdienen, und er hätte dann noch Jahre des Studiums vor sich gehabt! Eine gemeinsame Zukunft wünschte er sich. Sie versprach Freiheit.

Fünf lange Jahre würde das Medizinstudium mindestens dauern. Unvorstellbar, so lange täglich immer wieder in das Elternhaus zurückkehren zu müssen, wo er sich abgeschnitten fühlte, wo seine erwachenden politischen Ideen keinen positiven Widerhall fanden, wo sein Vater im Garten Flaggen hisste und die geselligen Abende unerträglich dominierte mit „Prost, Prost, Kamerad" und dem „schönen Westerwald", und wo der Sohn Pflichten zu erfüllen hatte.

Endlich entwickelte sich Peters Selbstbewusstsein, nicht zuletzt durch das Clubleben im RPRC, aber zu Hause in der Gartenstraße steckte er fest. Mit dumpfer Hartnäckigkeit brachte er Themen über Gesellschaft und Politik zur Sprache, angeregt durch die Arbeit bei den Jungdemokraten und das Studium, und wusste doch mittlerweile genau, wie überlegen und allwissend sein Vater sich fühlte und dass deshalb nur wenig Spielraum für echte Diskussionen bestand. Rolf Erichsen machte seinem Sohn oft genug deutlich, unwissend und naiv zu sein, ein Greenhorn und Idealist – und das war ja auch so falsch nicht, und alle Väter dieser Welt haben hier einiges auszuhalten.

Aber der Sohn in dieser Familie konnte in diesem Kampf nichts gewinnen, und er merkte, dass ihn dieses vergebliche Anrennen aussaugte und ihm die Kraft nahm, die er doch für das Leben brauchte. Und so war die Entscheidung für das Lehrerstudium wohl doch eine Flucht gewesen: Drei Jahre, und dann schon mal das erste Geld, von dem man selbstbestimmt leben konnte! Das war eine Perspektive.

Die tägliche Fahrt nach Kiel mit der Bahn oder mit der Isetta eines Mitstudenten nahm er in Kauf. Die Zeit der Sparsamkeit war in der Familie noch sehr präsent, und die Spötteleien über die Kochkünste der Mutter, über die „Wochenübersicht" am Freitag und die „Frikadellen vom Bäkker" hielten den Eindruck von Knappheit am Leben. Deshalb kam Peter nie in den Sinn, ernsthaft eine Studentenbude in Kiel zu fordern. Er fragte nicht, und niemand bot es ihm an.

Er hatte keine Lust mehr gehabt, sein Studium und die Fächer Soziologie und Psychologie zu verteidigen. Für ihn waren das wichtige Wissenschaften, für seinen Vater brotlose Künste – vielleicht ein Widerhall aus der Nazi-Ideologie, in der zumindest die Psychologie als jüdische Erfindung galt.

Der Streit in der Küche hörte einfach auf, weil Peter nichts mehr sagte und seinen Vater stehen ließ – aber der war ohnehin mit dem Aufguss seines Kaffees beschäftigt.

„Unter den Talaren – Muff von 1000 Jahren" – den genialen Spruch hatte Peter vor ein paar Tagen in der Zeitung gelesen. Hamburger Studenten hatten das Spruchband vor den Professoren entrollt, die bei der feierlichen Amtseinführung des neuen Hochschulrektors in schwarzen Talaren und weißer Halskrause würdevoll dahin schritten und nicht wussten, was über ihnen geschrieben stand. Peter war angespannt und frustriert, aber der Gedanke an die ahnungslosen Würdenträger zauberte ihm augenblicklich ein Grinsen ins Gesicht. Er öffnete die Zimmertür seiner Schwester und scherzte: „Wir sind fertig. Du kannst rauskommen!"

Hilke lachte kurz.

„Opa!", dachte sie in diesem Moment. Sie brauchte ihren Opa! Sie musste ihm von ihrem Kummer erzählen. Bitte, bitte, Opa! Sprich mit Vati! Auf mich hört er nicht! Lunden ist die Hölle, ich muss da weg! Ihr kleiner Opa, so nannte sie ihn immer noch, obwohl der große Opa schon längst tot war, ihr kleiner Opa, der so witzig sein konnte und so viel Humor hatte. Er wird mir helfen!

Zwei Familien lernen sich kennen (1967/68)

„Never mind!", sagte Chrischan und streckte seinen Arm aus. Seine fleischige Hand lag nun geöffnet auf dem Couchtisch vor dem jungen Mann, aufdringlich, auffordernd. „Schlag ein!", sagte die stumme Hand, und Chrischan nickte aufmunternd.

Peter quälte sich zu einem Lächeln und legte seine Hand hinein. Er fühlte sich ausgeliefert.

Der behäbige Handwerksmeister mit dem großen Kopf und der Kurzhaarfrisur lächelte großzügig. Er schien seine Gewohnheiten zu lieben und zu genießen. Und dazu gehörte, dass der Verlobte seiner Tochter, wenn er am Sonntag erschien, zunächst zu ihm in die gute Stube kam. „Was gibt's Neues?", war die Standardfrage und brachte den jungen Mann regelmäßig in Verlegenheit. Er hätte irgendetwas sagen können, dass morgen Regen vorausgesagt war, dass der Zug nach Kiel am Freitagmorgen fünf Minuten Verspätung hatte, dass er bei der Vorlesung über deutsche Märchen fast eingeschlafen wäre – es war egal, Ankes Vater wäre zufrieden gewesen. Aber das war ihm so zuwider, einfach nur zu plappern.

Dabei gab es so viel zu berichten, in diesem Frühjahr des Jahres 1968. Die Amerikaner hatten in Vietnam ein ganzes Dorf ausgelöscht[34] – das war neu! Martin Luther King[35] ermordet, Rudi Dutschke[36] niedergeschossen! Die Notstandsgesetze[37]! – Aber das war dünnes Eis! Die Amerikaner – und die Engländer erst recht, bei denen hatte Christian Stabel höchst eindrucksvolle vier Jahre in Kriegsgefangenschaft verbracht – das waren unsere Freunde! Right or wrong – my country! Er liebte es, englische Redensarten ins Gespräch einfließen zu lassen! My home is my castle! Und weil Peter diese selbstgerechten Monologe voller Weisheit ungern ertrug, kamen bestimmte Themen eher nicht in Frage.

Also saß er lieber da und ließ sich vorführen. „Was gibt es Neues?", fragte Christian Stabel, und Peter wand sich und machte Ausflüchte. „Nichts für ungut!", sagte sein künftiger Schwiegervater.

Erleichtert registrierte Peter, dass Ankes Mutter nebenan im Esszimmer den Kuchenteller auftrug. „Kommt rüber zum Kaffee", sagte sie.

Dann saßen sie da, zusammen mit den beiden jüngeren Brüdern, der Älteste studierte in Kiel und war fast nie dabei, und der „pater familias", wie der Vater sich selbst nannte, stellte Fragen und erteilte das Wort. Wenn er ausgetrunken hatte, streckte er den Arm mit der leeren Tasse demonstrativ über den Tisch, und seine Irmi füllte sie wortlos wieder auf. Es war wie ein uraltes und nie hinterfragtes Ritual, das Peter befremdete, weil es der Ehefrau eine dienende Rolle zuwies. Das, da war sich Peter sicher, würde in seiner Ehe ganz anders sein.

Dabei war Ankes Mutter alles andere als unterwürfig. Sie ließ ihrem „Pascha" die eine oder andere Marotte durchgehen und verstand es geschickt, ihm das Gefühl der Wichtigkeit zu geben, das, was die Buchhaltung für das Geschäft und die Oberaufsicht unten in der Bäckerei anging, auch durchaus berechtigt war – aber in Wirklichkeit war sie mit ihrer scharfen Zunge und spröden Sachlichkeit die unentbehrliche Zentrale von Haushalt und Betrieb.

In diese Familie war Peter nun hineingeraten.

Es war im letzten Sommer, als er seinen Pflichtbesuch in der Stube machte und er die unvermeidliche Frage zu beantworten hatte: Was gibt's

Neues? Als sein Herz schneller schlug, weil er sich nun vorgenommen hatte, die entscheidende Weichenstellung für seine Zukunft vorzunehmen. Und er antwortete: „Ich bitte Sie um die Hand Ihrer Tochter!"

Das war nun endlich einmal etwas Neues. Oder doch nicht? Hatten die Frauen hinten herum die Nachricht schon gestreut? Jedenfalls zog der „pater familias" seine Augenbrauen nicht erstaunt in die Höhe und fragte auch nicht kritisch nach, ob er denn überhaupt eine Frau ernähren könne. Überhaupt hatte Peter das unangenehme Gefühl, mit seiner Aktion völlig aus der Zeit gefallen zu sein. Aber er hatte Ankes Vater als Anhänger der „alten Schule" kennengelernt und glaubte, dass dieser Auftritt seiner Eitelkeit schmeichelte und sich gut machen würde. Außerdem war Peters achtzehnjährige Freundin noch minderjährig[38], das Einverständnis der Eltern ohnehin nötig – für die Verlobung nicht, aber für die fest ins Auge gefasste Heirat ein Jahr später, wenn das Studium geschafft war.

Sobald Rolf Erichsen erkannte, wie ernst es die beiden jungen Leute meinten, fügte er sich. Hätte sein Sohn allein eine Entscheidung getroffen, die er nicht billigte, hätte er anhaltend Widerstand geleistet. Aber hier war ein junges Mädchen beteiligt und deren Familie involviert, und der Christian Stabel war ihm entfernt bekannt aus der Vorkriegszeit. Das war etwas anderes.

Und außerdem, so sagte er sich, konnte sich eine Verlobungszeit hinziehen. Hauptsache, sie warteten noch, denn für eine Heirat, da war er sich mit Stabel einig, waren die beiden viel zu jung. Viel zu jung!

Aber nun half es nichts, da konnte man nicht so tun, als sei nichts gewesen. Die Anke war ja ein nettes Mädel und nicht auf den Mund gefallen. „Was sollen wir tun?", sagte Rolf, denn diese Situation war neu für ihn. Hilde meinte: „Wir können sie ja mal einladen." Dazu kam es auch, und zur Silvesterfeier Ende 1967 in der Gartenstraße sollte die Familie aus Büdelsdorf endgültig aufgenommen werden.

Die Feier wurde aufwendig vorbereitet, der ganze Wohnzimmerbereich einschließlich des angebauten Arbeitszimmers umgeräumt. Der Reiz der Verfremdung lag darin, dass man mit ganz anderen Augen auf die eigenen vier Wände schaute, als habe man sich bei einer Gaststätte eingemietet – was selbstredend nicht in Frage kam, da viel zu teuer – und man also nur Gast sei.

Üppige Mengen von Papierschlangen setzten der Stehlampe eine Perücke auf und zogen sich durch die Zimmerluft, die bald nebelig und kratzig war von den verbrannten ATTIKA- und LUX-Zigaretten und Peter Selles Zigarillos. Vom Sackband hingen Krepp-Papier-Streifen und träge taumelnde Luftballons. Sämtliche Tischlampen waren mit Tüchern abgehängt und verbreiteten ein schwüles Licht, von dem man annahm, dass es typisch für Nachtlokale war – was Christian Stabel mit seinen Erfahrungen in Pariser Etablissements Augen zwinkernd bestätigte. Der Mann von Welt genießt seine angeblichen Erfahrungen und redet darüber.

Schon auf dem Flur, der mit einer verfugten Natursteinwand tapeziert war, tauchten die Gäste ein in die Halbwelt der Gartenstraße, schwüles Licht auch hier und eine Skulptur aus Peddigrohr mit aufgespießten und verklebten Illustriertenseiten, Reklame für Cinzano und die Titelseite des STERN mit einer erotischen Bikinischönheit und der Schlagzeile „Ist die Bundeswehr zu nichts nütze?". Und wie es sich für eine gute Wirtschaft gehört, wird mit gemalten Schildern darauf hingewiesen, wie man zum Klo kommt.

Schnell ist die Stimmung gut, Rolf Erichsen in seinem Element mit seinen Späßen, und Peter Selle – hier ist er seinem Vermieter sehr ähnlich, legt den Gästen eine Pupsblase unter den Hintern, bevor sie sich setzen, und das Gelächter beginnt immer von neuem, wenn die Überraschung gelingt. Nur Hannes Scharfenberg, der Schuldirektor aus Glückstadt, scheint etwas indigniert. Das Wort „Pups" ist ihm zu unanständig, er sagt lieber „Tuts" und zeigt damit, dass er sich nicht ausschließen will. Aber er passt sehr gut auf, dass ihm die „Tutsblase" nicht untergeschoben wird.

Papphütchen mit den dünnen Gummibändern werden ausprobiert, Plastikbrillen mit Glupschaugen ebenfalls, und sie wandern von Kopf zu Kopf und bleiben schließlich an den Kindern hängen, an Frauke, Gerhard und Christian junior, und das macht ihnen die Erwachsenenrunde erträglich – das und ihre Albernheiten, die sie sonst selten erleben.

Auch der Plattenteller dreht sich, und einmal dreht Peter Selle den Ton sehr laut, denn es ertönt eine etwas jazzige Blaskapelle, und am Ende einer Strophe bricht sie ab, und in die Stille hinein wird zur Überraschung der Silvestergesellschaft laut und vernehmlich und genussvoll gerülpst. Die Kinder ersticken fast an ihren Lachanfällen, und auch die Erwachsenen haben Tränen in den Augen. Zwischendurch wird aus dem Weinspender, der wie ein miniaturisierter Gärballon in einer schwarzen Metallspirale hängt, die kalte Ente ausgeschenkt, mit der man den Tabakrauch hinunterspült. Häppchen werden angeboten und Knabberzeug, und wieder ist es Peter Selle, der mit Rolf mithalten kann, denn eine Eingebung sagt ihm, dass die Zwiebelringe wie Arschlöcher aussehen, und als er seine Beobachtung Hilke in die Ohren flüstert, ist die nicht mehr zu halten, und alle wollen wissen, was denn da wieder los ist. Seitdem sind die Zwiebelringe nicht mehr das, was sie waren.

Es kommt auch eine Ermüdungsphase, in der die Stabels und die Erichsens und die Stietzels und die Scharfenbergs und die Selles halbwegs ernste Gespräche führen und Rolf sich schon Sorgen macht.

„Komm! Ich geb dir einen aus!", sagt Peter Selle zu Hilke, und sie stellen sich an die improvisierte Bar, hinter der gut sichtbar alle Flaschen stehen, die die Gastgeber auftreiben konnten, auch Ladenhüter dabei, die endlich einmal ausgetrunken werden müssten.

Hilke lässt sich gern verführen von dem jungenhaften Mann, für den sie schwärmt, der aber leider mit Bambi verheiratet ist. Gut sieht sie aus, mit ihrer Kurzhaarfrisur, und sie fühlt sich auch gut, denn sie muss nun nicht mehr nach Lunden zurück, in diese Hauswirtschaftsschule in Dithmarschen, wo sie als Putze missbraucht wurde und halbwegs eingesperrt war. Das hat sie ihrem Opa zu verdanken, der sich Rolf zur Brust genommen hat. Der Vater hat nun endlich nachgegeben, und es hat sich gefügt, dass sie Kindermädchen bei Dietrich und Hannelore Zander wird. Damit gibt es die Chance, im August in der Erzieherfachschule in Kiel anzufangen, weil sie ein Praktikum vorweisen kann. Eine große Last ist ihr genommen, und sie genießt das Glas mit Cinzano auf Eis und verschluckt sich fast, als Peter plötzlich einen Zwiebelring vor ihren Augen tanzen lässt.

Sie albern und schäkern. Auf einem Bein kann man nicht stehen, auch nicht auf zwei, drei oder vier Beinen. Mit überdrehter Neugier betrachten sie die Flaschen mit Polar-Rum, mit Scharlachberg und Schwarzem Kater. Sie leben ganz im Jetzt und kichern und denken nicht weiter als bis zum nächsten Probieren, und als Peter seine schwarzes Brillengestell absetzt und jetzt noch jünger aussieht und sich ein frisches Zigarillo anzündet, muss Hilke ganz schnell mal aufs Klo. Kaum sitzt sie dort in der Stille des Örtchens, das erste Mal an diesem Abend herausgerissen aus dem Lärm, kommt ihr alles unwirklich vor, als gehöre sie nicht dazu.

Sie hat jetzt ein anderes Problem. Sie verliert jede Beziehung zu ihrer Umgebung, sieht und hört nichts mehr und schließt die Augen, um sich selbst wieder zu finden. Sie möchte nur sie selbst sein, denken können und handeln, aber da ist nichts, eine schwindelige Leere in ihrem Kopf. Als sie aufsteht, poltert sie gegen die Tür und erinnert sich, dass sie geöffnet werden muss. Aber wie öffnet man eine Tür? Instinktiv wendet sie sich um zum Fenster und reißt an dem Hebel. Kalte Luft strömt ihr entgegen, und sie spürt ein Rumoren im Bauch.

Sie muss hier raus. Unbeholfen klettert und rutscht und strauchelt sie, landet auf allen Vieren und taumelt in den Garten. Allein möchte sie sein. Aber es ist nur ein dumpfer Gedanke, eigentlich ist ihr alles egal.

Und dann kehrt sich ihr Inneres nach außen und sauer ätzender Mageninhalt schießt heraus, und sie windet sich in gewaltigen Spasmen.

„Na? Geht's schon besser?" Onkel Hannes sitzt an ihrem Bett und hält mit der einen Hand ihren Kopf und tupft mit dem Handtuch an ihrem Mund herum. Hannes Scharfenberg? Der seine Verwandtschaft damit nervt, dass er immer alles besser weiß? Der die Kinder penetrant belehrt? Der auch mal lustig sein will und dabei nicht merkt, dass er in sämtliche Fettnäpfchen tritt?

Hilke wundert sich über den fürsorglichen Onkel, der sie im Garten gefunden und ohne viel Aufhebens in ihr Zimmer gebracht!

„Ich geh dann wieder runter", sagt Onkel Hannes. „Schlaf dich erst mal aus!"

* *Verlobung*

Die Silvesterfeier 1967 in der Gartenstraße war gelungen.

Das sagten auch die Stabels. „Der Rolf Erichsen ist ja eine Stimmungskanone!", schwärmte Irmgard. „Und der Peter Selle war auch nicht ohne! Wie kann man als erwachsener Mann nur so albern sein!", ergänzte Christian. „Es war aber manchmal auch hart an der Grenze!", antwortete Irmgard.

Nun aber der nächste Schritt! Die Verlobung! Da wollen wir uns nicht lumpen lassen!

Die jungen Leute legen den 15. März fest. Längst haben sie festgestellt, dass sich die Familien so fremd gar nicht sind. Die Freundeskreise überschneiden sich. Die Zanders sind mit Erichsens bekannt, gehören aber zu der Stabel-Sippe: „Dieter" Zander vom Autohaus Jürgensen, bei dem Rolf seine Autos bisher gekauft hat und mit dem er im Börsenclub sitzt. Georg Faschin, der Freund aus Jugendtagen, der vor fünfzehn Jahren Peters Klassenlehrer in der Moltkeschule war. Irmgard ist eine geborene Reimers, und mit denen sind die Erichsens über mehrere Ecken verwandt.

Die beiden ineinander übergehenden Wohn- und Esszimmer in der Hollerstraße sind mit zwei langen Tafeln vollgestellt. Größer hätten die Familien nicht sein dürfen, Frauke Erichsen ist die Jüngste, und Oma und Opa Stabel aus der Meynstraße sind die Ältesten. Sogar Hans Henning Stabel, der älteste Sohn, ist mit seiner Freundin dabei, ein vielversprechender Student, der aber ziemlich nach links abgedriftet ist.

Nach dem Essen werden Reden gehalten. Und dann hat Rolf seinen großen Auftritt. Er sitzt an einem kleinen Tisch in dem Durchgang zwischen beiden Zimmern und dreht die Wählscheibe an dem grünen Telefon. „Hallo, Liebling!", säuselt er in die Muschel, und das Säuseln nimmt so schnell kein Ende. Die paar welligen Haare, die sich zwischen Rolfs Geheimratsecken gehalten haben, bummeln wirr über seine hohe Stirn – das gehört zu seiner Verkleidung, wenn er sich als Clown zur Schau stellt. Während er Ankes Verführungskünste am Telefon demonstriert, streift er von Zeit zu Zeit mit der freien Hand die Haartolle zur Seite. Jeder weiß, was gemeint ist: Hatte sie doch vor einiger Zeit noch einen dichten Vorhang blonder Haare, der ihr ständig über das linke Auge fiel und den sie in einem Dauerreflex zur Seite schob – was natürlich überhaupt nichts half, wie Sisyphos bestätigen kann. Diesen Tick nimmt er jetzt aufs Korn, obwohl die junge Frau schon längst ihre Frisur geändert hat.

Dann nimmt er den Hörer in die andere Hand. „Aber Muschi, das geht doch nicht! Wir müssen doch sparen für unsere Verlobungsreise!", spricht Rolf jetzt mit Peters Stimme. Und wieder wandert Hörer ans andere Ohr: „Das krieg ich schon hin! Schließlich ist das mein Geld! Und das Kleid von Heinz Oestergaard ist ein einmaliges Angebot!" Wusch! Und wieder wischt sie sich die Haarmatte vom linken Auge und zuckt dabei nervös mit dem Kopf. Das macht er gut, der Rolf. Er weiß, dass sich die Wirkung steigern lässt, wenn man den Witz ständig wiederholt. Das Publikum dankt es ihm.

Das Kleid von dem Modeschöpfer Heinz Oestergaard! Das zielt auf den zweiten Tick, den seine Schwiegertochter hat – den Kleidertick! Wie gut, dass Hilde nicht so ist, auch wenn er sich über ihre vielen Blusen und Pullover lustig macht. Und Gott sei Dank schminkt sie sich nicht – und wenn, dann so dezent, dass es gar nicht merkt. Das findet Rolf Erichsen gut, alles andere findet er unbegreiflich. Er ist so durchdrungen von der Richtigkeit seiner Einstellung, dass er sich verpflichtet fühlt, den mahnenden Zeigefinger zu heben.

Aber er ist auch Pragmatiker. Er weiß, wie gering seine Chancen sind, seine Schwiegertochter zu beeinflussen. Er sagt oder deutet an, was er denkt, und hat damit seine Pflicht getan. Das Schicksal nehme seinen Lauf! Er hat den jungen Leuten nahegelegt, mit Verlobung und so weiter zu warten. Aber sie wollten nicht, und nun stürzt er sich in den Familienbund, als habe er nie etwas anderes vorgehabt. Das muss man ihm lassen: Er weiß, wann er verloren hat, und richtet dann den Blick nach vorn und macht aus seiner Niederlage einen Sieg! Keine bittersüße Miene an diesem Tag! Alle strahlen und wünschen dem Verlobungspaar alles Glück dieser Erde.

Christian Stabel ist nicht nur FDP-Vertreter im Gemeinderat von Büdelsdorf, sondern auch Brieftaubenzüchter und Kleingärtner und Besitzer eines Wochenendhauses am Wittensee. Seine Tauben, sagt er, können nicht nur hervorragend fliegen und sich orientieren, sondern sie schmekken auch gut. Dabei schmatzt er mit den Lippen und verdreht genießerisch die Augen, als berichte er von den Frauen im Moulin Rouge zu Paris nach der Besetzung Frankreichs.

Es ist schon ein Ausdruck seiner besonderen Wertschätzung für die Familie seines Schwiegersohnes, dass er einige Tage später Hilde Erichsen zwei tote Tauben auf die Türschwelle legt. Er kann ja nicht wissen, dass die Tochter des Schlachtermeisters Karl Krezek kein totes Tier anfassen geschweige denn rupfen und ausnehmen kann! Gut, dass „Tante Jensch" da ist, die resolute Haushaltshilfe, die für 60 Pfennig die Stunde Hilde entlastet. Sie freut sich über das Geschenk.

Wenn Rolf dabei ist, gibt es immer Spaß (1969)

Vor der überdimensionalen Clubfahne des ADAC, die an der Rückwand der Bühne hing, spielten die Herren des „Hansa Quintett" einen Tusch.

Unten auf dem Parkett vor dem langen Tisch mit den Tombola-Gewinnen stand Rechtsanwalt Schüler, schlank, Halbglatze und wie die meisten im Smoking, da festliche Kleidung vorgeschrieben war, und tippte mit dem Finger auf die Membran eines Standmikrofons. Die dumpfen Schläge wurden laut in den Saal übertragen.

Er hatte ja schon mit seinen Vorstandskollegen zu Beginn des Abends im Foyer des Conventgartens gestanden, jeden Gast des traditionellen „Winterfestes" begrüßt und den Damen ein Fläschchen Duftwasser überreicht.

Doch jetzt kam der offizielle Teil, und der ADAC-Vorsitzende hob in seiner Ansprache einige Honoratioren besonders hervor. Schüler ermunterte zum Kauf der Lose, die einem guten Zweck, nämlich dem Alters- und Pflegeheim in der Schleswiger Chaussee, zugute kommen sollten, und zeigte auf die jungen Leute, die mit den Sektkübeln bereits herumgingen. Kurz berichtete er über die Clubaktivitäten des vergangenen Jahres, die mit Dämmerschoppen, Verkehrsforen, Skat- und Clubabenden wieder sehr abwechslungsreich gewesen, und bevor er zu sehr in einen Rechenschaftsbericht verfiel, wies er darauf hin, dass es für einen Verkehrsclub durchaus angemessen sei, auf Verkehrsregeln zu achten, die auf dem Tanzparkett zu gelten hätten. Beim Wiener Walzer zum Beispiel tanze man im Kreise wie in einer Einbahnstraße, alles andere führe zu Kollisionen. Wenn man sich den Schmuck der Damen heute Abend ansehe, müsse man allerdings keine Blechschäden befürchten.

Dergestalt in Stimmung gebracht, applaudierten dankbar die Gäste, und aus dem Beifall erhob sich übergangslos die Melodiegitarre und leitete zum Tanzen über. Und weil die Herren noch nicht alle Pflichttänze erledigt hatten, füllte sich die Tanzfläche rasch.

Günther Tönsfeldt war der stellvertretende Vorsitzende und Schriftführer des Clubs und hatte dafür gesorgt, dass er mit seinen Freunden Rolf Erichsen, Jochen Schottke und Harald Freytag zusammen an einem Tisch saß. Es waren Männerfreunde, die sich aus vielerlei Gründen zusammengefunden, und man konnte nun nicht mehr erkennen, welcher von diesen Gründen entscheidend gewesen war. Ob eher die Sympathie? Oder waren es frühe Begegnungen in der Hitler-Jugend oder Erfahrungen des Krieges? Die dienstlichen und beruflichen Kontakte, die für beide Seiten von Vorteil waren? Oder gar die Ehefrauen? Kolle Tönsfeldt war doch ein so lustiges Haus!

Egal. Das Knäuel war nicht mehr zu entwirren. Man war befreundet, und da die Frauen, die ja keine Wahl gehabt hatten, sich auch ganz gut verstanden, verbrachten sie gemeinsam vergnügte Stunden.

„Wie findest du die Musik?", fragte Rolf Erichsen seine Frau. Sie tanzten in der Nähe der Bühne und versuchten, einen Blick auf die Tombola-Gewinne zu werfen. Die Nummer 6 war ihr Gewinn, alle anderen Lose waren Nieten gewesen.

„Gut", antwortete Hilde. „Ich frag mich nur, wie die einen Wiener Walzer spielen sollen! Mit Gitarren und Trommeln?" Rolf lachte.

„Mit wem hast du bisher getanzt?", fragte er.

Das war für ihn eine wichtige Frage. Für die Freunde an seinem Tisch war klar, dass jeder die anderen Ehefrauen mindestens einmal betanzte. Das gebot der Anstand und war Pflicht. Wenn aber seine Frau so begehrenswert war, dass sie auch von anderen Männern aufgefordert wurde, dann konnte man schnell den Überblick verlieren.

„Dieter Zander und Martin Clausen", sagte Hilde. „Sehr gut", sagte Rolf. „Martin und Gertrud Clausen habe ich schon gesehen, sie sitzen da hinten am Fenster. Aber weißt du, wo ich Dieter und Hanne finden kann?"

„Weiß ich nicht. Dieter hat mich nur zu unserem Tisch zurückgebracht."

„Kolle hab ich auch noch nicht geschafft", sagte Rolf. „Immer ist jemand vor mir da!"

So war das mit den Pflichten, dachte er. Sie sind gut, sie sind richtig. Wo kämen wir hin, wenn es sie nicht gäbe! Sie halten unsere Gesellschaft zusammen. Aber es ist auch gut, wenn man sie erledigt hat. Erst die Arbeit, dann das Vergnügen! – Obwohl, das stimmte auch wieder nicht so ganz, schalt er sich. Pflichterfüllung kann auch Freude machen, keine

Frage! War es etwa kein Vergnügen, die Frauen im Tanze zu bewegen? Die meisten bedankten sich mit leuchtenden Augen!

„Ach, das ist aber dumm!", rutschte es Hilde raus, als sie im Foxtrott an der Bühne entlang tanzten. Ihr Mann schaute sie fragend an. „Eine Mettwurst von Heitmann!"

Die Losnummer 6 hatte ihnen eine Mettwurst beschert. Die Tochter von Schlachter Krezek war enttäuscht. Irgendwie hatte sie gedacht, die Nummer 6 sei nah an der 1, also nah an dem Hauptgewinn. Allein, so war die Tombola nicht organisiert.

Als sie in der nächsten Tanzpause wieder Platz genommen hatten, hielt Rolf Erichsen die Wurst triumphierend in die Höhe. „Die Ernährung ist gesichert!", rief er. Und da der Kellner gerade in der Nähe war, fügte er mit todernstem Gesicht hinzu: „Herr Stadthaus! Ein scharfes Messer, bitte!"

„Das kannst du doch nicht machen!", sagte Hilde mit gespielter Empörung.

Dem erfahrenen Kellner war keine Anspielung fremd, kein Scherz, der ihm nicht schon einmal untergekommen war. Keine plumpen Taktlosigkeiten, mit denen ehrenwerte Gäste Eindruck machen wollten, wenn sie betrunken waren.

Ausdruckslos nahm der schmächtige Mann mit dem glatten, schwarzen Haar und der schwarz gerahmten Brille die Bestellung entgegen, nickte unmerklich und ging weiter, spielte den beherrschten Butler, der nie die Fassung verlor.

Die anderen am Tisch waren amüsiert: Kolle, Ulla und Harald und Ilse und Jochen. Nur Günther Tönsfeldt verhielt sich reserviert. Er trug Verantwortung für den heutigen Abend und war über die Jahre durch die Vorgespräche mit Karl Ernst Schulze zur Genüge darüber informiert, was den Wirt des Conventgartens besonders aufregte. Dazu gehörte die Unverfrorenheit mancher Gäste, den essbaren Tombola-Gewinn sofort zu verspeisen oder auszutrinken, anstatt den Häppchen-Teller der Gastronomie zu bestellen und zu bezahlen. Für Schulze war das ein unmögliches Benehmen für Menschen, die etwas auf sich hielten – und Knickerigkeit obendrein.

Tönsfeld nahm seine große Brille ab und putzte die Gläser, um ein leichtes Unbehagen zu überspielen. Er registrierte aus den Augenwinkeln, wie sein Freund Rolf die ausgewickelte Mettwurst Ulla Freytag unter die Nase hielt und dabei einen Kussmund machte. Und ohne auf das Gelächter zu achten, raunte er seiner Frau zu, er müsse sich mal um die jungen Leute kümmern, und stand auf.

Die „jungen Leute" gehörten zum ADAC-Nachwuchs. Sie hatten im Ballsaal die Lose für eine Mark das Stück verkauft. Immer wieder waren sie herangerufen worden, nachdem die Ehepaare neugierig an dem Tombola-Tisch vor der Bühne entlang getanzt waren. Uwe Spitzbarths Reisebüro hatte eine Reise mit der STENA-LINE gestiftet! Das STIETZEL-Geschäft präsentierte ein sechsteiliges Kaffee-Service! LEDER-FREYTAG hatte eine Aktentasche spendiert. Drogerie SCHULDT war mit einem Fläschchen Eau de toilette dabei. Ein Kinderfahrrad, eine Heizdecke, Bücher, Schnäpse, Wurstwaren – es war einfach zu schön, mit den Augen zu stöbern und sich vorzustellen, man würde gewinnen.

Nicht dass irgendjemand darauf angewiesen gewesen wäre. Aber Wohlstand und sogar Reichtum schützten nicht vor dem Wunsch, noch mehr zu besitzen. War doch jeder Gewinn wie ein Zuwachs an Glück – so wie jeder private oder berufliche Erfolg ein Zuwachs an Macht und Selbstwertgefühl und jedes Lob Balsam für die Seele. Die meisten Ballgäste an diesem Abend waren ganz gewiss nicht bedürftig, und ihre Sehnsucht zu gewinnen, mochte lächerlich wirken, aber sie verhielten sich doch nur wie alle Menschen.

Tönsfeld traf die jungen Leute im Wintergarten, wo sie etwas aßen und tranken und sich fröhlich unterhielten. Draußen auf dem Nord-Ostsee-Kanal glitten die Lichter eines größeren Schiffes durch die Nacht.

„Alles verkauft?", fragte er sie. – „Und ob!", sagt der eine. „Die haben uns die Lose aus der Hand gerissen! Wir hätten bestimmt noch mehr loswerden können!" – Und der andere fügte hinzu: „Wir haben sogar noch welche nachgekippt!" Und als er Tönsfeldts fragende Augen sah, fügte er hinzu: „Nur Luschen! Die Gewinnnummern waren ja schon zwischen den ersten 2000 Losen."

Die anderen grinsten.

„Vielleicht", sagte der erste, „könnte man den Verkauf auf fünf Lose pro Person begrenzen?"

Tönsfeldt ging darauf nicht ein. „Ist ja für 'n guten Zweck", sagte er.

Dennoch, dachte Tönsfeldt, korrekt sollte es schon zugehen! Gar nicht auszudenken, wenn das ruchbar wurde! Dass zum Schluss fast nur noch Nieten verkauft worden waren!

Es hatte im Vorfeld des heutigen Abends schon Ärger genug gegeben. Eigentlich war es immer dasselbe: Die Eintrittskarten für den Ball waren heiß begehrt. An einem Wochenende zwei Wochen vorher wurden 300 Stück offiziell verkauft. Karl Ernst Schulze saß dann ab 9 Uhr im Restaurant mit einer Kasse, den Karten und einem Grundriss, auf dem die nummerierten Tische eingezeichnet waren. Besonders begehrt diejenigen direkt an der Tanzfläche. Einen kleinen Vorteil müssen wir ja auch haben, sagten einige ADAC-Vorstandsmitglieder. Dafür, dass wir ehrenamtlich den Laden aufrecht erhalten, möchten wir den ersten Zugriff auf die Plätze!

Am ersten Tag des Kartenverkaufs standen die ersten Enthusiasten schon zwei Stunden vor Beginn im Foyer, beauftragt von Freunden und Bekannten. Wenn sie dann hörten, Tisch 2 oder Tisch 8 sei schon vergeben, witterten sie Schiebung. Wie kann das denn sein, Herr Schulze?, empörten sie sich. War ich nicht früh genug da heute Morgen? – Meinetwegen. Dann hätte ich gern Tisch 15. – Was? Der ist auch schon vergeben? An wen denn, bitte schön? – Was? Sie wollen uns das nicht sagen? Das ist doch wohl die Höhe! Muss man hier Beziehungen haben zu allerhöchsten Kreisen? Ohne Vitamin B geht hier wohl gar nichts! Haben Sie auch einen Tisch für Normalsterbliche? – Ach, da hinten in der Ecke hinter dem Pfeiler?! Na großartig! Darf man fragen, Herr Schulze, wo Sie persönlich Ihre Freunde untergebracht haben? Sie sitzen doch an der Quelle, nicht wahr?

Hotelier Schulze – ja, er war seit kurzem auch Hotelier, nachdem am Ende des Saals ein stattliches Gebäude mit Zimmern hochgezogen worden war – Hotelier Schulze zuckte mit den Schultern, beschwichtigte, erklärte, entschuldigte und fragte sich nicht zum ersten Mal, warum er sich das alles anhören musste, nahm sich zum wiederholten Male vor, mit Tönsfeldt ein ernstes Wort zu reden – was er dann auch tat.

„Ach was", dachte Günther Tönsfeldt, „was schlage ich mich mit diesen Gedanken herum! Heute Abend läuft es gut, die Stimmung ist bestens. Und jetzt muss ich zu meiner Frau. Die muss bewegt werden!"

Er trat hinaus ins Foyer. Hier hatten sie vor ein paar Stunden die Gäste empfangen, die rechts am Ende des Flures durch die Drehtür herein gekommen waren und ihre Garderobe abgelegt hatten. Die Sektbar außerhalb des Saales, aufgebaut an der Fensterseite, war jetzt umlagert von eleganten Gestalten. Das Stimmengewirr war beträchtlich, zumal es sich gegen die Musik, die durch die Saaltür heraus drang, behaupten musste.

„Tönne!", rief jemand. „Komm ran hier!" Natürlich Rolf. Voller Energie, wie immer. Tönsfeldt grinste und ging rüber. „Wurst macht Durst!", rief jetzt Harald, und unter Gelächter wurde der Spruch vielfach verstärkt und wiederholt: „Wurst macht Durst! Wurst macht Durst!"

Rolf legte ihm den Arm um die Schulter und drängte sich durch zur Bar. „Darf ich dir vorstellen? Lotti! Als junges Mädchen hat sie bei meinen Eltern in der Gartenstraße ‚gedient'. Darf ich das so sagen, Lotti?"

Lotti nickte. „So war das früher", sagte sie. Lieselotte Eske hatte nach ihrer Anstellung bei Erichsens Anfang der 50er Jahre Arbeit im Conventgarten gefunden. Ihr Stammplatz war seitdem der Ausgabetresen gegenüber vor der Küche. Doch jetzt stand sie in der Sektbar, mit kurzen, blonden Haaren und hoch aufgeschossen und lächelte. Und während sie noch mit anderen Gästen beschäftigt war, sagte Rolf: „Und noch ein Glas Sekt für Tönne, Lotti! – Du musst dir keine Sorgen machen, Günther, wir haben die Wurst nicht aufgegessen. Nur jeder ein Stück probiert."

„Wieso? Hab ich was gesagt?", sagte Tönsfeldt. – „Nee. Gesagt nicht. Aber für einen Moment hast du's uns zugetraut. Gib's zu! Aber: Spaß muss sein! Prost!"

In diesem Moment platzte ein Gelächter nebenan. Käte Tönsfeldt, genannt Kolle, stand im Mittelpunkt, und die Lachtränen standen ihr im Gesicht. Rolf und Günther stellten sich dazu.

„Ich erzähl gerade, Rolf, wie wir gelacht haben, als ich mit Olaf schwanger war! Als wir bei euch waren in der Gartenstraße! Mein Gott, haben wir gelacht! Modder, maak dat Water hitt! Modder maak dat Water hitt!" Wieder musste sie lachen und betupfte die Tränen. „Modder maak dat Water hitt! Hubertus kommt!"

Das war vor einem Vierteljahr in der Gartenstraße mit Martens, Ahrens und Peters. Hineingesteigert hatten sie sich in diesen Blödsinn, nur weil Kolle sich über ihren strammen Leib gestrichen und dabei leise gestöhnt hatte. Aufgesprungen war Rolf, die Situation war günstig für einen Spaß, und gerufen hatte er „Hubertus kommt! Hubertus kommt!" Und: „Modder maak dat Water hitt!"

Warum sie auf Hubertus gekommen waren, konnte nachher keiner mehr sagen. Hubertus, das ist doch der Schutzpatron der Jäger!, wusste jemand. Darauf fing Wilhelm Martens an zu singen: Ein Jäger aus Kurpfalz! Das konnten sie alle, und so stimmten sie mit ein. Im Wald und auf der Heide, da such ich meine Freude! Auf, auf, zum fröhlichen Jagen, auf in die grüne Heid! Trara, es tönt wie Jagdgesang, wie wilder und fröhlicher Hörnerklang! Ich bin ein freier Wildbretschütz und hab ein weit Revier!

Es war ein fröhliches Singen, ungelenk zum Teil, da der Text oft nicht geläufig war, und in jeder Pause schrie Rolf „Hubertus kommt! Hubertus kommt! Modder maak dat Water hitt!", lief dann irgendwann selbst in die Küche und erschien mit dem Wasserkessel, den er durch die Luft schwenkte, und trieb damit das Lachen derartig auf die Spitze, dass Magda Peters aufs Klo rennen musste, und es ansonsten schwer war, genügend Luft in die ausgepressten Lungen zu saugen, um das nächste Lied in Angriff zu nehmen.

Zum Schluss sangen sie nur noch „Ich bin ein freier Wildbretschütz", weil die Männer den Text besonders gut kannten. Irgendwann schnappte

Kolle nach Luft und krächzte: „Ich kann nicht mehr, Günther. Ich muss nach Hause. Das Kind kommt!"

Das alles hatte Kolle Tönsfeldt so anschaulich erzählt, dass auch die anderen Gäste an der Sektbar zuhörten und sich amüsierten. „Wie geht's Hubertus denn?", fragte Rolf. Wieder Gelächter. Und ohne die Antwort abzuwarten, intonierte er „Ich bin ein freier Wildbretschütz und hab ein weit Revier!"

Bald sang ein ganz ansehnlicher Chor und ließ sich durch die Tanzmusik im Saal nicht stören, während immer mehr Damen und Herren neugierig um die Ecke blickten und nach dem Toilettenbesuch ihre Schritte auffällig verzögerten.

„Ich bin ein freier Wildbretschütz
Und hab ein weit Revier
So weit die braune Heide reicht,
Gehört das Jagen mir.
Horrido, horrido,
horrido, horrido, horrido, horrido!
Horrido, horrid,
Horrid, horrid, horrid!

Doch weiß ich ein fein's Mägdelein
Auf das ich lieber pirsch
Viel lieber als auf Has und Huhn
Auf Rehbock oder Hirsch
Horrido …

Und dass sie einem andern g'hört
Macht keine Sorge mir
Ich bin ein freier Wildbretschütz
Und hab ein weit Revier
Horrido …

Die Herren konnten nur mit Mühe ihre Beine zügeln, denn der Marschschritt steckte ihnen noch in den Knochen. In dem stummen Takt am Ende jeden Satzes hörte man die Stiefel auf das Pflaster knallen, hundert Kehlen dröhnten „zwo, drei, vier!"

Doch der Zauber dieser wilden Singerei in der Gartenstraße im letzten Oktober wollte sich nicht wieder einstellen, und so entschieden sie sich nach einer Weile der Verlegenheit und nachdem sie ausgetrunken hatten, zurückzugehen in den Saal.

Es war kurz nach Mitternacht, als die Freunde an einem Punkt waren, der nach Veränderung rief. Sie waren des Tanzens müde, aber gut gelaunt und noch nicht bereit, ins Bett zu flüchten. Selbst Harald Freytag, dessen schönstes Vergnügen es war, zu Hause nach Feierabend Whisky trinkend in seinem Sessel zu versinken, und der nur unter Aufwand größter Überredungskunst für den Abend zugesagt hatte, war aufgekratzt und überraschend angetan von dem bisherigen Verlauf des Balls.

„Was gibt's denn morgen bei euch zu Mittag?", fragte Rolf. „Rinderbraten!", antwortete Ulla Freytag.

Darauf erhob Rolf Erichsen die Stimme: „Alle mal herhör'n! Bei Ulla gibt es Rinderbraten! Aufbruch in zehn Minuten!"

Und tatsächlich! Während die Tönsfeldts sich ohnehin schon zu dem harten Kern der ADAC-Aktivisten abgesetzt hatten und auf Nachfrage meinten, sie hätten nun doch als Veranstalter die Pflicht, durchzuhalten bis zum bitteren Ende, spazierten die anderen wenig später fröhlich schwatzend über die Berliner Straße bis zu Freytags Ledergeschäft gegenüber dem Amtsgericht, rechts rum in die Grafenstraße und dann über die dunkle Hofzufahrt in die stille, dunkle Wohnung und erfüllten sie mit Licht und Leben.

Dass Ulla nun den Rinderbraten opfern musste, war ihr nicht recht, und es erforderte einige Beherrschung, damit ihr Unwille nicht sichtbar wurde. Aber das allgemeine Hallo und die Aussicht auf ein herzhaftes Nachtmahl, das die ausgehungerten Bäuche zufrieden stellen würde, riss alle mit. Da fügte sie sich in das Unvermeidliche, und als man das Fleisch über alle Maßen lobte und mit Grunzlauten den Geschmack kommentierte, war sie versöhnt – ja, mehr noch: sie fühlte sich geschmeichelt.

Harald schenkte von seinem guten Whisky ein, und die Frauen genossen den Wein. Es wurde noch etwas geschludert, besonders bei Tönne hätte es klingeln können in den Ohren: Konnte er seiner Frau nicht mal ein neues Ballkleid von Bliemeister spendieren? Nicht mal einen Fernseher hatten sie zu Haus! Sie konnten es sich doch nun wirklich leisten! Beamte mit ihren gläsernen Taschen, ja, bei denen war es anders. Hilde hatte auch nur ein einziges Ballkleid, und Rolf nicht einmal einen Smoking – gut, ihr seid entschuldigt! Aber Tönsfeldts?

Aber sonst war es ein schöner Ball gewesen!

Zum Abschied legte sich Rolf Erichsen vor die Wohnungstür und mimte den betrunkenen Landstreicher – den Mantel hatte er schon angezogen, und der Hut war ihm halb vom Kopf gerutscht. In dieser Rolle hatte er einst Heinz Rühmann gesehen, und es gefiel ihm, dass seine Freunde zwischen ihm und dem berühmten Schauspieler eine große Ähnlichkeit sahen.

Doch als die Gäste kichernd über ihn hinweg stiegen, sogar seine Hilde, da gab er auf. Einmal musste jeder schöne Tag zu Ende gehen.

Die Nazi-Vergangenheit holt Rendsburg ein (1969/70)

Schweigen.

Eine Methode, Wahrheiten zu verbergen. Denn das Reden macht aufmerksam und führt zu weiteren Fragen. Unangenehmen Fragen, die uns irgendwie alle betreffen. Mehr oder weniger.

Es gab einen Konsens in der Gesellschaft, dass gewisse Dinge ruhen sollten. Dass irgendwann einmal Schluss sein musste mit den Gespenstern aus vergangener Zeit. Das Leben musste doch weitergehen. Und das ging nicht in einem Nest, das immer wieder aufs Neue verschmutzt, infiziert wurde.

Aber dann tauchte im Dezember 1969 dieses Flugblatt auf in Rendsburgs Straßen, im Stegen vor dem Theater, auf dem Altstädter Markt, in der Hohen Straße – herausgegeben vom Deutschen Gewerkschaftsbund, der am Schiffbrückenplatz in der ehemaligen Stechmann-Klinik zu Hause war. „Sind Sie damit einverstanden?" stand oben drüber. „Sind Sie damit einverstanden, dass Sie im Sozialamt unserer Stadt von einem ehemaligen NS-Kripobeamten bedient werden, der 1968 wegen Beihilfe zum Mord vom Kieler Schwurgericht zu sechs Jahren Zuchthaus verurteilt wurde?"

Irgendjemand hatte nicht dichtgehalten. Vielleicht der Personalrat[39]? Willi Thode und sein Gremium, mit dem Dr. Ströhla als hauptamtlicher Senator und Stellvertreter des Bürgermeisters zusammen mit Erichsen, dem Personalchef der Stadtverwaltung, angeblich lange verhandeln mussten, bis er der Wiedereinstellung des Beschuldigten zustimmte? Oder irgendein anderer Mitarbeiter, der verwundert registrierte, dass Frank Baumert im Sozialamt an einem Schreibtisch Platz genommen hatte, nachdem er von einem anderen Schreibtisch im Steueramt vor vier Jahren vom Fleck weg verhaftet worden war?

Die Frustration war groß. Man war sich doch einig gewesen, dass man den Fall dieses Schreibtischtäters nicht zu einem öffentlichen Thema machen wollte. Zumal sein Urteil vom Bundesgerichtshof aufgehoben worden war und er dadurch als unschuldig und unbestraft zu gelten hatte! Bei den Haupttätern aus der NS-Zeit war die Öffentlichkeit nicht zu verhindern gewesen und wohl auch in Ordnung, die Nürnberger Prozesse nach dem Krieg zum Beispiel, oder die Auschwitz-Prozesse, die gerade zu

Ende gegangen waren. Aber Baumert? Das war doch ein kleiner Fisch gewesen, der gar nicht anders konnte, als mitzuschwimmen!

Und – man kann es gar nicht oft genug betonen – dessen Urteil vor einem halben Jahr höchstrichterlich aufgehoben worden war!

Aber nun war das Thema in der Welt, und die SPD-Fraktion stellte kritische Fragen an den Bürgervorsteher Hellmuth Brodersen, die auf der Sitzung der Ratsversammlung am 18. Dezember unter Punkt „Anfragen und Mitteilungen" beantwortet werden sollten. Deshalb, und weil die Bürger im Flugblatt zum Kommen aufgefordert worden waren und weil im kommenden April Kommunalwahlen anstanden, fand die öffentliche Sitzung eine ungewohnte Aufmerksamkeit.

Lag nun, wie Redakteur Karl Heinz Freiwald am nächsten Tag in der Landeszeitung schrieb, „alles andere als eine friedfertige Weihnachtsstimmung über der Runde der Rendsburger Ratsfrauen und Ratsmänner"? Warf die Kommunalwahl im nächsten Jahr ihre Schatten voraus, nur weil die SPD-Fraktion den „Nachtrag zum Krankenhaustarif" nicht schon rückwirkend zum 1.Juli in Kraft setzen wollte, weil sie das sittenwidrig fand? Oder fühlte sich der eine oder andere unbehaglich, als dennoch ein Punkt nach dem anderen mit Einstimmigkeit behandelt wurde? Die Benutzungsordnung für die Obdachlosenunterkünfte – na ja, da gab es auch ein wenig Streit – aber ist das nicht normal? Der Bebauungsplan für das Gelände der abgebrannten Holzhandlung Gehlsen an der Gerhardstraße, die Straßenausbaukosten für die Friedhofsallee, die Änderung des Flächennutzungsplans für die Ausweisung eines neuen Industriegebiets nördlich der Husumer Bahnlinie – war so viel Einigkeit verdächtig? Wurde dadurch nicht das politische Profil der Rathausparteien verwischt bis zur Unkenntlichkeit?

Drängte es deshalb Senator Paulsen von der CDU, mit Lob zu zündeln, als er scheinheilig erklärte, er freue sich über die SPD, weil sie „so klar in kommunalen Dingen" mitziehe? War er auch erfreut, als der SPD-Fraktionsvorsitzende Ernst Fleischner pflichtgemäß sich empörte und eifersüchtig feststellte, die SPD sei kein Anhängsel der CDU, die zurzeit „noch" die Mehrheit in der Ratsversammlung habe? War das nun endlich die Störung der Weihnachtsruhe?

Ach! Wie harmlos war doch dieses Geplänkel! Warteten doch alle auf den Punkt „Verschiedenes" – hier sollte es endlich schwer zur Sache gehen.

Ein Flugblatt! War jemals ein aggressiveres Flugblatt dieser Art in Rendsburgs Straßen verteilt worden? Ein Instrument aus der Waffenkammer der Randalierer, die Staat und Gesellschaft verunsichern wollten, in großen Metropolen wie Frankfurt und Berlin! Aber hier? War das nicht mit Kanonen auf Spatzen schießen? Ein radikaler Angriff auf die Ruhe einer kleinen Stadt? Ein Flugblatt gegen den ehemaligen Kripo-Beamten, der doch nur ein kleines Licht gewesen? Ein Flugblatt gegen die Entscheidungsträger der Stadt!

Oberamtsrat Rolf Erichsen gehörte zu den Betroffenen, die sich Sorgen machten. Er war im doppelten Sinne betroffen: Einmal als Vorgesetzter, der zu prüfen hatte, ob die Voraussetzungen für eine Wiedereinstellung des Frank Baumert gegeben waren. Und zweitens, weil dieser Baumert – und das wurde natürlich nicht auf den Markt getragen – zu seinen Freunden zählte, die sich nicht selten zum Feiern trafen. Tante und Onkel Baumert wurden sie von den Kindern genannt. Der bullige Frank, breites Kreuz, mit seiner dröhnenden Bassstimme, die ein wenig schlesisch klang. Immer ein schickes Auto vor der Tür, ein Porsche oder ein Alpha, wie konnte er sich das nur leisten? Immer gut gelaunt, immer großzügig, ein wenig großspurig, immer ein Stück Silbergeld für Rolfs Kinder, wenn sie zu Besuch waren! Und seine Frau, die Elisabeth, die so gut nähen konnte!

„Meine Damen, meine Herren! Wir kommen nun zum Punkt Anfragen und Mitteilungen", begann Bürgervorsteher Hellmuth Brodersen. „Die SPD-Fraktion hat zur Wiedereinstellung des Stadtangestellten Frank Baumert fünf Fragen an den Senat der Stadt Rendsburg gerichtet. Bevor ich Ihnen und damit auch der Öffentlichkeit, die hier so zahlreich vertreten ist, eine Stellungnahme verlese, mache ich Sie mit den Fragen bekannt."

Im Wesentlichen wollte die SPD wissen, welche strafrechtlichen Tatbestände dem Stadtangestellten zur Last gelegt worden waren und ob er durch die Aufhebung des Urteils durch den Bundesgerichtshof rechtlich und moralisch voll rehabilitiert war.

Sodann verlas Brodersen die Antwort des Senats:

„Der Stadtangestellte Frank Baumert ist am 19.3.1968 vom Schwurgericht in Kiel zu einer Freiheitsstrafe verurteilt worden. Ihm wurde zur Last gelegt, Beihilfe zu Aussiedlungs- und Vernichtungsmaßnahmen im ehemaligen Generalgouvernement geleistet zu haben.

Das Urteil ist nicht rechtskräftig geworden, weil Baumert von dem Rechtsmittel der Revision Gebrauch gemacht hat. Daraufhin hat der Bundesgerichtshof am 20. 5. 1969 folgendes Urteil gefällt:

‚Auf die Revision des Angeklagten wird das Urteil des Schwurgerichts in Kiel, soweit es ihn verurteilt, aufgehoben. Das Verfahren wird eingestellt. Die Kosten fallen der Landeskasse zur Last'.

Die Aufhebung des erstinstanzlichen Urteils und die Einstellung des Verfahrens erfolgten, weil die Verjährungsfrist für die Baumert vorgeworfenen Handlungen bereits verstrichen war, bevor es deswegen zu der ersten richterlichen Maßnahme gegen ihn gekommen war.

Durch das Urteil des BGH ist Baumert rechtlich rehabilitiert, weil die ihn verurteilende Entscheidung des Schwurgerichts sowohl hinsichtlich der tatsächlichen Feststellungen als auch bezüglich der rechtlichen Würdigung in vollem Umfang aufgehoben wurde.

Es gilt als ein fester Grundsatz jeder demokratischen Rechtsordnung, dass derjenige, der nicht überführt und rechtskräftig verurteilt worden ist, als unschuldig und unbestraft anzusehen ist.

Bei dieser Sachlage kann der Senat in einer öffentlichen Sitzung der Ratsversammlung keine weiteren Einzelheiten aus dem nicht mehr existenten Urteil des Schwurgerichts bekannt geben. Eine solche Handhabung wäre ein unzulässiger Eingriff in die Persönlichkeitsrechte des Stadtangestellten Baumert und zugleich ein nicht zu rechtfertigender Verstoß gegen die Fürsorgepflicht.

Für die erneute Übernahme des Frank Baumert in den öffentlichen Dienst wurde neben der Tatsache, dass er unbestraft ist, vor allem berücksichtigt, dass er bereits 15 Jahre zufriedenstellend in der Stadtverwaltung gearbeitet und der Personalrat einstimmig seine Zustimmung zu der Wiedereinstellung erteilt hat.

Außerdem war die Erwägung maßgebend, dass, nachdem der Staat selbst einen Strafanspruch nicht erhebt, die Stadt keinen strengeren Maßstab gegenüber einem Mann anlegen sollte, der mit dem niedrigsten Polizeidienstgrad unter Zwang und Gewissensnot in das verhängnisvolle Geschehen der Vergangenheit verwickelt wurde."

Für die Ratsmitglieder der SPD war diese Stellungnahme höchst unbefriedigend. Was hatte Baumert denn getan? Was war denn genau gemeint mit „Beihilfe zu Aussiedlungs- und Vernichtungsmaßnahmen"? Man wurde doch nicht umsonst zu sechs Jahren Zuchthaus verurteilt! Und die Urteilsgründe? Hatten sich die „tatsächlichen Feststellungen" im ersten Urteil nun in Luft aufgelöst? Hatten sich die Anschuldigungen als falsch erwiesen? War er nun tatsächlich rehabilitiert? Oder hatte er einfach nur Glück gehabt, weil die Strafrechtsreform für diese Art von Verbrechen eine Verjährung eingeführt hatte?

Auch die Verfasser des Flugblatts konnten nicht zufrieden sein, hatten sie doch bei dem Versuch der Zuspitzung einige Informationen unterschlagen – oder, was noch wahrscheinlicher war: Sie wussten es nicht besser.

Woher auch? Über den Prozess war nicht berichtet worden. Offensichtlich war eine Prozessbeobachtung für die Presse viel zu aufwendig, und die Neugier der Öffentlichkeit auf die NS-Vergangenheit hielt sich in

Grenzen. Auch über das Urteil und die Urteilsbegründung kein Wort. Niemand kannte jemanden, der dabei gewesen war. Schriftliches existierte nicht. Es war Recht gesprochen worden „im Namen des Volkes" – aber das Volk wusste von nichts.

Und die Verwaltung?

Baumert hatte das Berufungsurteil zur Verfügung gestellt, sonst hätte auch die Verwaltung beziehungsweise der Senat von nichts gewusst und auch keine Stellungnahme für die Ratsversammlung verfassen können. Es blieben viele Fragen, die lieber nicht gestellt wurden.

* *Einige hören nicht auf zu bohren*

„Das darf ich dir eigentlich gar nicht sagen", sagte Rolf Erichsen.

Sein Sohn Peter hatte das Gespräch gesucht über Frank Baumert, den Freund der Familie. Wollte wissen, was sein Vater wusste. Hatte das Flugblatt des DGB dabei und machte sich Notizen.

„Aber", fuhr Erichsen fort, „er hat seinen Lebenslauf freiwillig ergänzt, als er ins feste Angestellten-Verhältnis übernommen wurde. Insofern stimmt der Vorwurf nicht, er habe seine Vergangenheit bewusst verschwiegen."

Peter schrieb mit.

„Aber das darfst du nicht in der Öffentlichkeit verwenden!", fügte er hinzu.

Dem Jungen kann geholfen werden, dachte Rolf Erichsen. Das würde jedenfalls nicht schaden. Vieles, was in dem Flugblatt gestanden hatte, war falsch oder unfair verkürzt – und das wollte er ihm gern darstellen. Sein Sohn hatte die Nase in die Politik gesteckt, was ja grundsätzlich nicht schlecht war, und konnte die Informationen vielleicht weitertragen.

Und es schmeichelte ihm, dass Peter, scheinbar vorurteilsfrei, nach Informationen fragte. Er musste nur aufpassen, dass er als Protokollführer der Senatssitzungen nicht zu viel ausplauderte.

Überhaupt schien sich das Verhältnis zwischen Vater und Sohn versachlicht zu haben, seit der Junge ausgezogen und mit seiner jungen Frau nun eine kleine Dachgeschosswohnung in Büdelsdorf bewohnte. Eine neue Qualität der Beziehung, die mit einer schönen und traditionellen Hochzeit im Juni besiegelt worden war. Die beiden Elternpaare hatten ihren Frieden gemacht mit dem Willen der jungen Leute, sich so früh zu binden.

„Und was hat Frank Baumert in Oberschlesien gemacht?", fragte Peter.

„So genau wissen wir das nicht", antwortete sein Vater. „Frank selbst hat immer davon gesprochen, dass er in der Schreibstube gesessen hat."

„In einem Konzentrationslager?" – „Sobibór in Polen, soweit ich weiß." – „Und wofür ist er verurteilt worden?" – „Das ist es ja eben! Man gibt ihm als Schreibtischtäter eine Mitschuld! Man macht daraus Beihilfe zum Mord. Dabei hat er nie aktiv an den Verbrechen mitgewirkt!" – „Steht das nicht im Urteil? Ich meine, ein Urteil muss doch begründet werden!" – „Uns steht eine schriftliche Urteilsbegründung nicht zur Verfügung." – „Wieso nicht? Ist das ein Geheimnis? Das war doch eine öffentliche Verhandlung!" – „Ja, aber es gibt nichts Schriftliches darüber." – „Aber im Gericht muss es doch ..." – „Ja, aber das Gericht darf es nicht herausgeben, um den Beschuldigten und seine Angehörigen zu schützen! Außerdem ist das Urteil vom BGH aufgehoben worden." – „Wir wissen also nicht, was wirklich dort in dem Lager passiert ist ..." – „So ist es." – „Und woher weißt du das alles?"

Rolf Erichsen zögerte.

„Wir haben einen Juristen, der das BGH-Urteil begutachtet hat. Er hat darüber dem Senat berichtet." – „Ihr habt also doch etwas Schriftliches?" – „Nur das BGH-Urteil. Ich darf dir nicht sagen, woher unser Jurist das hat. Auf jeden Fall darf daraus nicht zitiert werden. Frag nicht weiter. Ich komm sonst in Teufels Küche. – Aber merk dir eins: Es ist ein rechtsstaatlicher Grundsatz, dass jemand als unschuldig zu gelten hat, so lange er nicht verurteilt wurde. Das ist hier der Fall: Das Urteil ist aufgehoben worden. Damit gilt Frank für die Stadt als unschuldig."

Sein Sohn schien es ihm abzunehmen. Und Rolf Erichsen hatte kein Interesse daran, tiefer einzusteigen in Franks persönliches Schicksal. Sie hatten in der Stadt einen guten Weg gefunden mit dem Gutachten des Senators Dr. Ströhla. Darauf konnten und wollten sie sich verlassen. Der Bürgervorsteher hatte daraus in Abstimmung mit Ströhla eine Stellungnahme für die Öffentlichkeit formuliert, als Antwort auf die Fragen der SPD-Fraktion. Damit war gewissermaßen das letzte Wort gesprochen, auf mehr hatte die Öffentlichkeit keinen Anspruch.

Mehr wollte er auch nicht wissen. Schau nach vorn und nicht zurück!

Aber – es hätte ihm klar sein müssen – sein Sohn gab keine Ruhe. Nicht dass Peter den Bodensatz der Vergangenheit hätte aufwirbeln wollen, nein, da hatte das Gespräch wohl seine Wirkung getan. Aber sich noch einmal einmischen, das letzte Wort haben müssen, sich mit der Zeitung und dem DGB anlegen! Warum hielt er nicht einfach die Klappe!

Zunächst sprach ihn „Kalle" Freiwald an, der Redakteur der Rendsburger Lokalredaktion, mit dem er sich seit einer fröhlichen Nacht an der Sektbar im Conventgarten duzte.

„Wusstest du", bellte er in seiner direkten Art, „dass dein Sohn ein Neunmalkluger ist? Er hat mir eine ‚sprachliche Analyse' meines Berichts von der Ratsversammlung geschickt! Eine ‚sprachliche Analyse'! So mit dem Tenor: Sehr geehrter Herr Redakteur! Sie müssen noch mal auf die Schulbank! – Der Herr Student will mir erklären, wie man Artikel und Kommentare schreibt! Das ist unglaublich! Wie findest du das?"

Rolf Erichsen machte sich nicht die Mühe, dem aufgebrachten Redakteur zu erklären, dass sein Sohn mittlerweile kein Student mehr war, sondern an der Christian-Timm-Schule II seine erste Lehrerstelle angetreten hatte. Er hatte auch keine Lust, dem guten Mann enthusiastisch beizupflichten, dass auch er seinen Sohn für einen hoffnungslosen Idealisten hielt. Das ging niemanden etwas an, der außenstehend war.

Aber Freiwald hatte es auch nicht leicht: Immer dieser Zwang, als Journalist objektiv, neutral zu sein, so zu tun, als habe man Interesse für die unterschiedlichsten Ansichten! Und er gab sich wirklich Mühe, damit man seinen Berichten nicht anmerkte, dass er manchmal kotzen mochte, dass er doch so voller Meinung steckte, nämlich seiner eigenen, dass er doch eigentlich ein Vollblutpolitiker war, leider ohne Mandat.

Er gab sich Mühe, und doch wussten das viele nicht zu schätzen, pulten in seinen Texten herum, bis sie etwas gefunden zu haben glaubten, das sie ihm um die Ohren schlagen konnten! Aber er hatte die Größe, auch Kritik gelegentlich zu veröffentlichen – so wie die von den Jusos, die ebenso wie Rolfs Sohn in der Berichterstattung über die Ratsversammlung Parteinahme für die CDU entdeckt zu haben glaubten! Nun denn! Das war Journalismus!

Eine Weile ging das so weiter in der Rendsburger Zeitung. Interessanterweise griff Rolfs Sohn in einem Leserbrief den DGB an, dem er „Un- und Halbwahrheiten" in dem berüchtigten Flugblatt unterstellte, was natürlich eine Reaktion des Gewerkschaftsbundes provozierte. Parteipolitisches Geplänkel! Peter Erichsen mischte mit in der FDP, die mit der Gewerkschaft gleichgesetzte SPD war sein politischer Gegner in der bevorstehenden Kommunalwahl! Wunderbar! Sollen die sich nur streiten, dachte Freiwald.

Aber dann wiederum, wie es so oft war bei kleinstädtischen Scharmützeln zwischen Möchtegern-Politikern, wurde es auch schnell peinlich, und als Journalist musste man darauf achten, das Pferd nicht tot zu reiten.

Die Stadtverwaltung sah das auch so und war bestrebt, die Diskussion abzuschließen.

Mitte Januar gab es noch einmal einen Aufreger, als die linke Zeitschrift „Konkret" des Klaus Rainer Röhl[40] auf Seite 50 einen halbnackten Skihasen abbildete („Der zweiteilige strapazierfähige Sprungschanzenanzug garantiert, vor allem offen getragen, sensationelle Weiten") und daneben einen großen Bericht mit dem Titel „Kriegsverbrechen: Herr

Baumert ist ein beliebter Mann" platzierte. „Es ist mehr als geschmacklos", wurde der DGB-Kreisvorsitzende Alfred Lausch zitiert, „dass dieser Mann, der die menschliche Würde missachtet hat, jetzt für die Menschen tätig sein soll." Und: „Herr Dr. Ströhla und Herr Erichsen haben einen ganzen Vormittag auf den Personalrat eingewirkt, bis dieser keine Einwände mehr gegen die Einstellung hatte." Und der vom DGB inspirierte Artikel endete mit einer Pointe: „In derselben Woche stellte die Hansestadt Hamburg einen wegen Diebstahls verurteilten Mann als Müllarbeiter nicht ein. Begründung: Im öffentlichen Dienst muss man eine weiße Weste haben."

Mehr war aus der Sache nicht herauszuholen.

Senat und Kreisvorstand des DGB trafen sich zu einem Gespräch, tauschten die nach wie vor unterschiedlichen Ansichten über den Sachverhalt und die Rechtslage aus, stellten fest, dass sie sich nicht angenähert hatten, dass aber beide eine Grundlage für eine harmonische Zusammenarbeit wünschten. Harmonie statt Kritik. Entscheidend war angeblich, dass der Stadtangestellte Baumert „nicht mehr an einem Arbeitsplatz mit Publikumsverkehr" eingesetzt werden sollte. In einer gemeinsamen Presseerklärung wurde damit Ende Januar 1970 offiziell das Kriegsbeil begraben.

* *Kein Interesse an Schuld und Moral*

Hätten sie doch alle mehr gewusst!

Aber die Akten über den Prozess gegen Baumert und zwei andere Mitangeklagte blieben für die Öffentlichkeit tabu, so wollten es die Regeln über die „schutzwürdigen Belange der Betroffenen". Wo waren die Journalisten, die den Prozess verfolgt und darüber geschrieben hatten? Sie wären die einzigen gewesen, der Wahrheit zur Ehre zu verhelfen, zu schreiben über ein Gericht, das Beweise suchte in einem Nebelwald.

Wo war das Herz, „sich des Bedrängten zu erbarmen"? Wo waren die Tränen für das Leid, als alles vorüber war? Warum wurde nicht getrauert – wenigstens das?

Sie wollten es wohl nicht wissen. Sie waren geübt darin, ungeheure Ahnungen zu verdrängen. Sie hatten ihr eigenes geschichtsloses Leben zu sichern und glaubten nicht an die reinigende Kraft der Katharsis[41].

Nur so war es zu erklären, dass Ärzte unbehelligt praktizierten, die Tausenden den Tod gebracht hatten durch Spritzen und Versuche. Dass Richter in Amt und Würden waren, die für unsägliche Todesurteile gesorgt hatten. Dass Soldaten Kriegsverbrechen begangen hatten und nie dafür zur Rechenschaft gezogen.

Wer vorwitzig war und von Schuld und Moral zu reden wagte, wurde schnell von der Gesellschaft, die gerade überlebt hatte, zurechtgewiesen: So geschehen der Evangelischen Kirche in Deutschland, als sie, noch erschüttert von dem eigenen Versagen, im Oktober 1945 bereits das „Stuttgarter Schuldbekenntnis" beschloss. Welche Ungeheuerlichkeit! Die Menschen hungerten und froren – und sollten sich jetzt auch noch den letzten Rest ihrer Kraft durch Selbstvorwürfe zermürben lassen?

Und der Anwalt des Staates mit Namen Fritz Bauer, der trotzdem frech seinen Kopf in den Wind stellte und die Prozesse gegen Verbrecher möglich machte, so dass kein Deutscher anschließend mehr sagen konnte, er kenne das Wort Auschwitz nicht – dieser Fritz Bauer beschrieb 1963 seine Befindlichkeit mit den Worten: „Wenn ich mein Büro verlasse, betrete ich Feindesland."

So blieb es.

Aber es wuchsen Menschen heran, die Fragen stellten.

* *Wie es wirklich war: Krakau 1942*[42]

Nur ein Tag.

Nur ein Baum im Nebelwald, einer so grau wie der andere, der aus der Ferne verschwimmt zu einer unzugänglichen Vergangenheit. Wer mag sich noch erinnern, was er an jenem Tag getan hat? Wie hoch war die Feuchtigkeit der Luft, und schien darüber gar die Sonne?

Zum Beispiel der 28. Oktober 1942.

Die zweite große Aussiedlung[43] aus dem Krakauer Ghetto[44], das nach der Juni-Aktion verkleinert worden war und in dem Ende Oktober aber immer noch mindestens 12 000 Juden lebten, begann damit, dass das Ghetto von SS und Gendarmerie umstellt wurde. Dem Ordnungsdienst (OD) wurde befohlen, listenmäßig 4 000 bis 5 000 arbeitsunfähige Juden zur Aussiedlung zu bestimmen.

Am frühen Morgen kamen SS- und Gestapo-Angehörige unter Leitung von H. ins Ghetto. Sämtliche Juden mussten sich entsprechend ihrem Arbeitskommando in Gruppen mit Schildern in Fünfer- oder Sechserreihen in den Straßen in der Nähe des neuen Tores an der Wegierska zur Selektion aufstellen.

Bei diesen Selektionen kam es schon zu grauenhaften Szenen, weil durch das wahllose Vorgehen Familien getrennt oder den Frauen die Kinder weggenommen wurden. Einerseits versuchten die Eltern, zu ihren Kindern zu kommen, andererseits liefen die Kinder zu den Eltern zurück.

Dies sollte verhindert werden. Deshalb begannen zunächst K. und der Angeklagte Baumert, mit Pistolen auf die Menschen zu schießen. Andere anwesende SS-Leute schossen später auch. Schon infolge der ersten Schüsse fielen Juden um und waren offensichtlich tot. Mindestens einer von ihnen wurde von Baumert erschossen.

Es mag sein – und das nimmt das Gericht zugunsten des Angeklagten hier an – dass nicht er mit dem Schießen begonnen hat, dass also die Initiative nicht von Baumert ausgegangen ist.

Bei der Selektion in der Josefinska hat Baumert herumkommandiert und für eine ordnungsgemäße Aufstellung der Arbeitskolonnen gesorgt und auch mit seiner Reitpeitsche geschlagen.

Die Zeugin B. war mit angetreten. Bei sich hatte sie die damals 14-jährige Ludmilla K. Die Eltern des Mädchens waren bereits der Juni-Aussiedlung zum Opfer gefallen. Das Mädchen hatte sich seinerseits der Zeugin angeschlossen. Als die Arbeitskolonne von K. und Baumert selektiert wurde, wurde das Mädchen mit zur Aussiedlung herausgezogen. Ludmilla K. lief kurz darauf wieder in die Kolonne zurück und klammerte sich an die Zeugin.

Der Angeklagte sah das. Er kam heran und schlug dem Mädchen mit einer Reitpeitsche derart über den Kopf, dass es blutüberströmt zusammenbrach und bewegungslos liegenblieb.

Kurz darauf musste die Zeugin, gegen deren Glaubwürdigkeit keine Bedenken bestanden, mit dem Arbeitskommando, das durch die Selektion von 200 auf ca. 70 dezimiert worden war, durch das Ghettotor zur Arbeitsstelle abrücken. Sie sah Ludmilla K. nicht wieder. Als sie abends von der Arbeit zurückkam, hörte sie von anderen, dass das Mädchen tot sei.

Nicht bewiesen ist jedoch, dass das Mädchen durch den Schlag getötet worden ist, wie die Zeugin annimmt. Wäre die Spitze der Peitsche mit einer Metallkugel versehen gewesen, wie die Zeugin glaubt, hätten auch die anderen Geschlagenen erhebliche Verletzungen davontragen müssen.

Unter diesen Umständen hätte der Angeklagte insoweit nur wegen gefährlicher Körperverletzung zur Verantwortung gezogen werden können. Eine Bestrafung wegen Körperverletzung kann indes nicht mehr erfolgen, weil die Tat inzwischen verjährt ist (§ 67 Abs. I Ziff. 3 StGB).

Später am Vormittag wollte eine Anzahl Juden in das Allgemeine Krankenhaus in der Josefinska 14, weil sie sich dort vor der Aussiedlung sicher wähnten. Es sind dann H., K., Baumert und mindestens noch der SS-Mann P. in einem Auto erschienen. Sie haben die in das Krankenhaus drängenden Juden bemerkt und kurz mit einem OD-Mann gesprochen. Die SS-Leute haben dann gemeinschaftlich auf die Juden geschossen, sind dann um das Haus herumgegangen, um dort die zu diesem Ausgang heraus laufenden Juden – die möglicherweise wegen der Schießerei auf der anderen Gebäudeseite in Angst geraten waren – zu beschießen. Im Hof des Allgemeinen Krankenhauses in der Josefinska 14 befand sich eine Sammelstelle für die Leichen.

Das Gericht stellt auf Grund von Zeugenaussagen fest, dass Baumert jeweils mindestens einen Menschen dabei selbst erschossen hat. Es kann nicht ausgeschlossen werden, dass zu dem Schießen ein ausdrücklicher Befehl vorlag.

Am Morgen des 28. Oktober 1942 war das Altersheim von der Gendarmerie umstellt worden. Die Insassen wurden in den Hof transportiert, wo sie teils auf Bahren, teils einfach halb an die Wand gelehnt liegenblieben. Im Laufe des Vormittags erschien dann eine Gruppe von fünf oder sechs SS-Leuten, darunter K. und der Angeklagte Baumert, und erschossen die Insassen des Altersheimes. Die überwiegende Zahl der Kranken wurde dabei getötet. K. und Baumert schossen mit Pistolen, die übrigen SS-Leute mit Gewehren. Die Gruppe entfernte sich alsdann, kam aber nach einiger Zeit zurück und schoss erneut in gleicher Weise auf die noch Lebenden, bis alle tot waren. Baumert hat beim ersten wie beim zweiten Erscheinen mindestens jeweils einen Menschen getötet.

Da sich dieses Vorgehen im Rahmen der Aktion abspielte und dem allgemeinen Schema derartiger Aktionen entsprach, nämlich transportunfähige alte und kranke Juden der sog. „örtlichen Aussiedlung" zuzuführen, d. h. sie an Ort und Stelle zu erschießen, ist davon auszugehen, dass der Liquidierung des Altersheimes ein besonderer Befehl zugrunde lag, dass Baumert jedenfalls nicht der unmittelbar Verantwortliche für diese Aktion war.

Der Angeklagte Frank Baumert hat sich an der Durchsuchung der Häuser nach versteckten Juden und an ihrem Transport zum Platz Zgody beteiligt. Die Angeklagten K. und Baumert liefen mit Pistolen in den Händen von Haus zu Haus.

Die bei der Durchsuchung der Häuser aufgespürten, bis dahin versteckt gewesenen Juden schleppte man teils zum Platz Zgody, teils erschoss man sie sofort. Auf den Platz Zgody kam es zu erneuten Selektionen. Die endgültig für die Aussiedlung bestimmten Juden wurden zum Bahnhof Plaszow getrieben, dort in Waggons verladen und zur Vernichtung nach Belzec und Auschwitz abtransportiert.

Der Angeklagte Baumert hat bei allen Aktionen mit selektiert und hat – im Rahmen seiner Befugnisse und Anweisungen – damit wesentlich mitbestimmt, wer ausgesiedelt werden sollte. Er hat damit einen nicht unwesentlichen Tatbeitrag geleistet.

Seine Mitwirkung an den Erschießungen der Alten und Kranken im Krankenhaus jedoch zeigt einen viel größeren persönlichen Einsatz und ein weitaus größeres Maß vorwerfbarer persönlicher Schuld.

Es ist berücksichtigt worden, dass er nicht mehr getan hat, als er nach den ihm erteilten Anweisungen tun sollte, dass er in [zwei] Einzelfällen Juden gewarnt und möglicherweise gerettet hat. Baumert hat sich auch in keinem Falle durch besondere Brutalität hervorgetan und hat keinen Hang zu unnötigen Quälereien erkennen lassen. Unter Berücksichtigung all dieser Erwägungen erschien die Verhängung lebenslangen Zuchthauses nicht vertretbar.

Der Angeklagte Baumert ist schuldig der gemeinschaftlichen Beihilfe zum gemeinschaftlichen Mord in sechs Fällen. Die einzelnen Strafzumessungen sind gemäß § 74 StGB auf eine Gesamtstrafe von sechs Jahren Zuchthaus zurückgeführt worden.

Die Verwaltung tanzt in Welmbüttel

„Die Sonne – the sun. Der Mond – the moon. Die Sterne – the stars. Wir wiederholen!" Es fehlten nur die süßen Kinderstimmen. Aber sonst klang es ganz nach Roy Black, was die fünf Musiker in ihren Seargent-Pepper-Fantasieuniformen zuwege brachten.

Die Draufgänger unter den Tänzern zuckten zurück, als die Schmusemusik erklang. Gerade noch rechtzeitig besannen sie sich darauf, dass sie nicht allein, sondern mit ihren Frauen gekommen waren. Ein kurzes Nikken mit dem Kopf: Wollen wir? Natürlich wollten sie, die Frauen. Schmusemusik war nur für Paare. Unterstehe sich der Kerl, gerade jetzt mit der Schreibkraft aus dem Büro zu schwofen!

„Du bist das Mädchen, das zu mir gehört!", sang mit weicher Stimme der Peter-Maffay-Verschnitt auf der Bühne. Hilde Erichsen lehnte sich in die feuchten Arme ihres Mannes und schaute in seine vergnügten Augen.

„Das nächste Mal nehmen wir aber wirklich ein zweites Hemd für dich mit!", scherzte sie. „Du kannst wohl nicht anders!"

„So ist es!", antwortete Rolf Erichsen. „Ich kann sie doch nicht allein an ihren Tischen sitzen lassen!"

Mit „sie" meinte er die Frauen aus der Stadtverwaltung – die jungen Dinger, die in der Ausbildung waren, oder die Alleinstehenden oder die armen Frauen, deren Männer keine Lust gehabt hatten, sie auf dem Betriebsausflug zu begleiten. Es war Pflicht, auch ihnen ein paar vergnügte Stunden zu bereiten, besonders dann, wenn man ihr Vorgesetzter war.

Hier war sie wieder – die Idee von der großen Familie, die in Kameradschaft und Zusammenhalt Großes bewirken konnte. Schon im Ruderverein hatte er fast verzweifelt darum gekämpft, dass diese Idee nicht verloren gehe!

Mit drei Bussen waren sie gekommen, hatten zuvor Mittag gegessen im Roten Haubarg, waren dann weiter gefahren nach Friedrichstadt, hatten an einer Führung teilgenommen, waren in Tönning ein wenig spazieren gegangen, damit der Bauch wieder frei werde für das Abendessen, das sie in Welmbüttel bestellt hatten.

Der Festausschuss hatte auch die Baustelle des Eidersperrwerkes in Erwägung gezogen, bei einem vorbereitenden Besuch jedoch festgestellt, dass der Kleiboden von den Baufahrzeugen tief zerfurcht war und daher wenig besucherfreundlich, so dass es besser schien, auf die Fertigstellung in etwa zwei Jahren zu warten. Eine Besichtigung der Heider Ölraffinerie hätte auch etwas Sensationelles gehabt, weil die Anlage so unvermutet aufragte in der flachen Marsch, aber sie hatte schon vor zwei Jahren auf dem Programm gestanden. Und Büsum wurde heftig diskutiert: Ob es zumutbar sei, dass die Bediensteten der Stadt nachmittags ihre Schuhe ausziehen mussten, um ins Watt zu gehen, wenn sie abends tanzen sollten. Und ob nicht grundsätzlich ein Frühlingstag noch zu frisch war.

Aber die Reisegesellschaft machte sich all diese Gedanken nicht. Dankbar ließ sie sich kutschieren von Ort zu Ort.

Welmbüttel, ein kleines Dorf in der Nähe von Tellingstedt, mit einem Gasthof, der regional bekannt war. „Zur Dithmarscher Schweiz" hieß er, und der Name wies darauf hin, dass die Lokalpatrioten teilhaben wollten an dem Ruhm weit entfernter Landschaften und dass die Eiszeit hier einige Sandinseln zurückgelassen hatte, die sich zu einer gefälligen Hügellandschaft fügten.

Der Gasthof war ein einstöckiger Winkelbau mit schwach geneigtem Satteldach, gemauert aus gelben Ziegeln, die mit der Zeit grau geworden waren. Oben waren Fremdenzimmer. Darunter die Gaststube. Die Gäste gingen, nachdem sie durch den Eingang mit dem vielfarbigen Rundbogenfenster in die Diele eingetaucht waren, an ihr vorbei, um nach hinten durch eine Falttür in den flachen Anbau zu gelangen.

Hier war der schmucklose Saal mit der Bühne am Ende, und an den Seiten vor den Fenstern mit den geblümten Übergardinen standen die Tische etwas erhöht zwischen dem hölzernen Ständerwerk. Eine lange Stufe führte hinunter auf das Tanzparkett.

Die „Blizzards" waren dabei, ihre Instrumente aufzubauen, und die Bedienung leitete die Reisegesellschaft nach links in den Nebensaal. Dort waren Tischreihen geschmackvoll gedeckt und warteten auf die hungrigen Gäste, die nun schnatternd und gestikulierend herein strömten und witternd ihre Köpfe hoben, denn es sollte Schnitzel geben, und die dufteten schon aus der nahen Küche.

Nachdem nun alle Platz gefunden und die Bedienung erste Getränkewünsche aufgenommen hatte, gab es einige Unruhe, als zwei oder drei wieder aufstanden, leichte Sommerschals, Strickjacken und dergleichen zusammenrafften und damit zurück in den Tanzsaal eilten. Es hatte sich schnell herumgesprochen, dass befreundete Gruppen oder zumindest in Sympathie verbundene Mitarbeiter sich Tische sichern wollten, damit sie ungestörter lästern und lachen konnten. Es begleiteten sie amüsierte, aber auch ablehnende Gesichter, die das ungehörig fanden, und als trotz des Stimmengewirrs ein Schrei hörbar wurde und nun auch andere aufstanden, um nachzusehen, und kurz danach eine verlegen lächelnde Mittvierzigerin humpelnd aus dem Saal zurückkehrte, da schauten einige strafend ernst: Was machen die Rendsburger hier für einen Eindruck? Was sollen die in Welmbüttel von uns denken!

Doch der Bürgermeister wäre nicht der Bürgermeister Beisenkötter gewesen, hätte er nicht diesen kleinen Unfall zu seinen Gunsten umgedeutet. Er stand auf und begrüßte seine Mitarbeiter das erste Mal an diesem Tag und fügte hinzu: „Und ich begrüße ganz besonders Sie, Frau Schenk! Und wünsche Ihrem Fuß baldige Genesung!" Gelächter. Beifall. Beisenkötter genoss, wie immer in solchen Momenten, den Erfolg, seine Miene aber verzog sich nicht. „Ich dachte schon, sie wollten nichts mehr mit uns zu tun haben!" Gelächter. „Aber ich nehme an, sie spürten plötzlich auch diesen köstlichen Duft und eilten, etwas zu eilig, zu uns zurück!" Gelächter, Beifall. „Willkommen, Frau Schenk!" Beifall.

Ein holder Blutrausch überzog das Gesicht von Elisabeth Schenk. Derartig in den Mittelpunkt gerückt zu werden, war ihr nicht unangenehm, und das aus dem Munde des Bürgermeisters wie eine Ehre. Sie war frech genug, den verunglückten Stolperschritt vom Seitenpodest aufs Tanzparkett sich selbst nicht anzulasten, zumal sie unbedingt einen Blick auf die Musiker hatte werfen wollen. Und so lachte auch sie.

Dann machte Beisenkötter noch einige Bemerkungen zu der Zeit, die seit dem letzten Betriebsausflug vergangen war, und übergab das Wort an der Vorsitzenden des Personalrats.

„Ick glöv", sagte Wolfgang Wulff, „ick heff nu nich meer so veel Tied, wat to vertelln. Denn ick höör schon dat Grummeln ut dien Buuk, Werner!" Lachen. „Un ook in dien Liev, Elisabeth, meld sick de Hunger naa denn Schock, dat weet ick gewiss! Aver een Geschich mutt ick noch loos-warrn.“

Wulff, der Zimmermeister vom Bauamt, schauspielerte für die Nieder-deutsche Bühne, und für ihn war es eine willkommene Gelegenheit, die geliebte Sprache, die nach dem Krieg unter Nützlichkeitserwägungen so arg gelitten hatte, trotzig zu präsentieren. Und es wurde ihm mit großem Beifall gedankt.

„Föör all de Lüüd“, sagte er zum Schluss, „de nich mehr so goot to Foot sünd un gau ut de Pust, foort de eerste Bus Klock tweeuntwinnig. De annern köönt blieven, bit de Hahn kreiht!“

In das Gelächter mischte sich das Klappern der aufgetragenen Teller und Schüsseln, sehnsüchtig erwartet von glänzenden Augen.

Nach dem Essen, als die Musik erklang, ergab es sich, dass Beisenköt-ter, wie so oft ohne Ehefrau, am Tisch saß zusammen mit Ernst Ewald und den Ehepaaren Wulff und Lensch. Sie hatte es getroffen, oder sie waren nicht findig genug gewesen – jedenfalls hatten sie jetzt die Ehre, mit dem Bürgermeister an einem Tisch zu sein. Das war ein zwiespälti-ges Glück, denn so sehr sie auch Respekt und Achtung empfanden, so vermittelte ihnen der Chef immer das Gefühl, ihnen überlegen zu sein durch die Distanz, die er durch Gesten und Worte schuf. Nie schien er seine Selbstkontrolle zu verlieren, nie erlaubte er einen noch so kurzen Blick in sein wahres Wesen.

Die andern waren froh, ihm entkommen zu sein, nicht jedes Wort ab-wägen zu müssen, ungeschützt plaudern und über Kollegen herziehen zu können – auch über „Fiffi“, ihren Chef. Aber das nur nach einem Seiten-blick, denn der „Fiffi“, so glaubten einige fest, bekam alles mit. Die Ar-men! Die bei „Fiffi“ sitzen mussten!

Doch so schlimm war es nicht. Beisenkötter wusste sehr wohl, was er in dieser geselligen Situation seinen Mitarbeitern zumutete, in welche Verlegenheit er sie brachte, und so plauderte er so unbefangen, wie er konnte.

„Ich finde das übrigens“, sagte er fast beiläufig, „ganz fabelhaft, Herr Wulff, wie Sie Ihre Ansprache formuliert haben, und dass Sie das auf Plattdeutsch machen! Sie leisten damit geradezu einen wichtigen kultu-rellen Beitrag!“

Wulff blickte ihn unsicher an. War da auch wirklich kein Spott in den Augen?

„Wenn Sie das so sehen! Ich sehe das auch so. – Wir haben in zwei Wochen unsere nächste Premiere. Wie ist das? Wollen Sie nicht doch mal kommen mit Ihrer Frau?“

„Sie wissen", antwortete der Bürgermeister, „mein Herz hängt am Theater, und die Arbeit im Verwaltungsrat ist mir wirklich sehr wichtig. Aber Niederdeutsch! – Ich bin sehr dafür, die Sprache zu fördern, und ich freue mich, dass es die Niederdeutsche Bühne in unserer Stadt gibt. Aber ich bin mit dieser Sprache nicht aufgewachsen, und infolgedessen verstehe ich nicht alles, und an Sprechen ist gar nicht zu denken. Trotzdem freue ich mich über Ihre regelmäßigen Einladungen! Ich wäre Ihnen sehr dankbar, wenn Sie meinen Dank an Ihren Vorstand weiterleiten würden!"

Das war sehr freundlich, aber auch sehr formell.

Wulff war auf der Hut. Er wusste, dass der Bürgermeister einen Personalrat grundsätzlich für entbehrlich hielt. Für Kummer und Sorgen wäre lieber Beisenkötter als Vorgesetzter verantwortlich gewesen. Hatte er nicht oft genug Fairness und Hilfsbereitschaft bewiesen und guten Rat gegeben? Außerdem war der Personalrat eine Nebeninstanz mit nicht ganz unwesentlichen Rechten – was den großen Nachteil hatte, dass der Chef nicht mehr uneingeschränkt Herr im eigenen Haus war! Wo gab's denn sowas!

Und wenn ihm etwas so gegen den Strich ging, konnte er bockig werden. Auch einmal probehalber um sich treten.

Das hatte Wulff erlebt, als er für eine Personalratsfortbildung in Berlin einen Antrag auf Beurlaubung stellte. Nach dem Personalratsgesetz eine Formalität, auch die Kosten waren von der Stadtkasse zu erstatten. Doch wenige Tage vor der Reise lag sein Antrag auf seinem Schreibtisch mit dem Vermerk „Nicht genehmigt".

Nun war Wulff nicht ohne Grund zum Personalratsvorsitzenden gewählt worden. Zwar hatte auch ihn eine gewisse Unruhe befallen, wenn er an die bevorstehende Auseinandersetzung mit dem allseits respektierten Bürgermeister dachte, aber in seiner Natur existierte eine rebellische Grundströmung, die ihm gebot, standhaft zu bleiben. Also war er ohne weitere Rücksprache nach Berlin gefahren.

Wider Erwarten hatte seine Eigenmächtigkeit zunächst keine Folgen gehabt. Keine Einbestellung ins Bürgermeisterzimmer, nicht einmal ein indirekter Verweis. Beisenkötter hatte getan, als sei nichts gewesen.

In Wirklichkeit war er empört über die Widersetzlichkeit des Personalrats. Dieser hatte sich frech gegen ihn gestellt, seine Autorität angezweifelt. Ärgerlich nur, dass dieser Wulff in seiner Stellung ziemlich unangreifbar war. Deshalb war dem Bürgermeister sofort klar gewesen, dass er in offener Feldschlacht nicht bestehen würde. Es blieb ihm die Taktik der kleinen Stiche, und so hatte er – sei es, dass die Wut seine Vernunft überwog, sei es, dass er die gesellschaftliche Sprengkraft einer Mitbestimmung im Betrieb unterschätzte – Anweisung gegeben, die Reisekosten nicht zu erstatten.

Nun war auch der gesamte Personalrat unter Führung von Wolfgang Wulff empört, es schien keinen anderen Weg zu geben als die Klage. Doch da hatte der Referendar Wilfried Kaminski die Rettung gebracht. Er hatte sich die Geschichte angehört und den Bürgermeister anschließend davon überzeugt, dass eine Klage vor Gericht für ihn – und damit für die Stadt – zu einer peinlichen Niederlage führen werde. Beisenkötter hatte daraufhin in aller Stille seinen Widerstand aufgegeben.

Und nun saßen die beiden in Welmbüttel am gleichen Tisch und gaben sich heiter. Die „Blizzards" hatten gerade ihre Schmusemusik mit dem Titel „Let it be" von den Beatles beendet und machten eine Pause. Die Tanzenden verteilten sich wieder an den Tischen, Frau Wulff und Ehepaar Lensch kehrten verschwitzt zurück und prosteten sich zu, der Durst war in dem aufgeheizten Saal beträchtlich.

Beisenkötter hob sein Bierglas und lehnte sich vor: „Prost, Herr Ewald! Wir haben auf dem Parkett zwar nichts geleistet, aber zu trinken haben wir trotzdem etwas!" – „Prost, Herr Bürgermeister!" Ernst Ewald trank und grinste dabei. Als sie abgesetzt hatten, fuhr Beisenkötter fort: „Ich hätte Sie ja gern zum Tanzen aufgefordert, aber Sie tanzen ja nicht mit Männern!" Ewald lachte und erwiderte: „Ich tanze überhaupt nicht!" und wies mit dem Daumen nach unten auf seine Füße, die seit einem Unfall verunstaltet waren.

„Natürlich", sagte Beisenkötter, „das ist der zweite Grund, warum ich Sie nicht aufgefordert habe!" Und nach einer Pause fügte er hinzu: „Wir müssen mal wieder ein Feierabendbier trinken! Das haben wir lange nicht gemacht. Wir sind doch eine nette Runde!"

Das gut durchblutete Gesicht von Ernst Ewald strahlte. Ja, das hatten sie ein paar Mal gemacht. Zusammen mit Anke Pfaffe und Rolf Erichsen am Freitagabend gegenüber der Schauburg in der Schleifmühlenstraße. Der Wirt war mit Beisenkötter verwandt.

Nach der Pause drehte die Kapelle auf. Michael Holms „Mendocino", Christies „Yellow River", Mungo Jerrys „In the Summertime" – nicht die Pflicht trieb die Tänzer aufs Parkett, sondern eine Ausgelassenheit, die nicht nur der guten Laune der Musiker geschuldet war, sondern auch eine außerordentliche Zufriedenheit mit dem Verlauf dieses Betriebsausflugs widerspiegelte.

„Grüezi wohl, Frau Stirnimaa!", grölte Rolf Erichsen wie im Rausch, unterbrach sich immer wieder selbst, weil er lachen musste, und versuchte mit Karin Wohlfeil einen Foxtrott. „Grüezi wohl, Frau Stirnimaa! Sage si, de dabi di, de dabe di de daa!" Es war ausgeschlossen, den Text richtig zu verstehen und zu singen. So blieb ihm nur alberne Lautmalerei, und das passte hervorragend zu der Stimmung auf dem Parkett und zu der lustigen Karin: „Sage si, di dabe di, de dabe dabe daa!" Die kurze Trocknungsphase von vorhin war vergessen, das Tanzen und Singen und Lachen hatte wieder alle Schweißporen geöffnet, und als der Tanz vorüber war, merkte Erichsen, dass er sich völlig verausgabt hatte.

Er brachte Wohlfeil zurück an ihren Platz, verabschiedete sich mit einer angedeuteten Verbeugung und kam auf dem Weg zu seinem Tisch bei Werner Strehlow vorbei. „Herr Strehlow! Ich kann nicht mehr! Bewegst du jetzt meine Mädchen?", rief er ein wenig zu laut, damit auch andere davon gut hatten. Strehlow lachte.

Es war wirklich ein gelungener Tag.

Das lag auch an den Spitzen der Verwaltung. Nichts ist tödlicher für die Stimmung in der großen Familie, als wenn das Oberhaupt mit gequältem Lächeln auf das Treiben der Seinen herab blickt. Aber wenn ein Vorgesetzter wie der Oberamtsrat Erichsen mit seinem Körper und seinem Wesen Ausgelassenheit und Freude versprüht und auch vor derben Scherzen nicht zurück schreckt, dann ist die Welt in Ordnung.

Selbst der Bürgermeister hatte gelegentlich getanzt und sah freundlich aus, und einige Frauen waren von seinem charmanten Auftreten begeistert. Das war nach den alltäglichen Erfahrungen im Rathaus nicht zu erwarten gewesen.

Rolf lässt sich am Fuß behandeln (1971)

Der menschliche Körper ist wundervoll und rätselhaft.

Manchmal kann sich der Mensch ganz konzentrieren auf die Lebensfreude und den Genuss, weil der Körper alles macht, was man verlangt. Er ist wie ein warmes Bett, in dem man sich genüsslich streckt, wie eine Rüstung, die unverwundbar macht. Welch herrliches Gefühl!

Aber er kann auch zickig sein. Dann zwickt es plötzlich unerklärlich, es sticht und juckt ein fehl geleitetes Gefühl, nicht nur dort, wo eine Ursache zu vermuten – ein Stoß, den man nicht bemerkt, ein Gelenk, dem man viel zugemutet – sondern an ganz und gar unverdächtigen Stellen. Und wenn man nicht ganz teilnahmslos durchs Leben läuft, dann weiß man schon, dass etwas Ernstes lauern kann. Aber es kann auch, kaum hat man an etwas anderes gedacht, verschwunden sein, ein kurz gestörtes Gleichgewicht, eine aufgeregte Nervenzelle, die bald eingefangen wird von der Gesundheitspolizei.

Das war das, was Erichsen dachte.

Seit dem Betriebsausflug und dem Tanzabend in Welmbüttel war es seine rechte Ferse, die ihm Sorgen machte. Hatte er sich den Fuß vertreten? War es ein winziger Splitter im Gewebe? Ein Insektenstich?

Er erwartete, dass es vorüberging. Hilde gab ihm eine Salbe, er versuchte es mit Kühlung und essigsaurer Tonerde. Dann ging er zu Dr. Bottler in die Gerhardstraße.

Der Orthopäde tippte auf Fersensporn und verschrieb ihm Massagen und eine Reizstrombehandlung mit dem Iono-Modulator.

Krank sein ist nie schön, sagten die Leute, die ihn humpeln sahen und den Mut hatten, ihn zu fragen. Da muss man durch, sagten sie. Aber warum wird es nicht besser?, fragte Rolf. Das ist eben manchmal langwierig, antworteten sie. Ich hatte auch mal was Ähnliches, am Daumen!, sagte einer, und er erzählte die Geschichte. Und wenn man zurückblickt, sagte ein ganz Schlauer, dann stellt man fest: Wie oft hatte ich schon hier mal was und da mal was, und es war unglaublich unangenehm. Aber eines Tages war es weg, und heute fällt es mir schwer, mich daran noch zu erinnern! Ja, der Körper ist wunderbar und rätselhaft!

In der Praxis von Dr. Bottler wurde Rolf Erichsen behandelt von einer lebhaften jungen Frau mit halblangen, blonden Haaren. Sie war die Tochter des Frauenarztes Stechmann – derselbe, der 1946 nach der Geburt seines Sohnes in die Gartenstraße gekommen war. Damals war er gerade dabei gewesen, eine Klinik am Schiffbrückenplatz zu eröffnen, und die hatte sich, auch nachdem sie Ende der 50er Jahre in die Hollesenstraße umgezogen war, in der Stadt einen guten Ruf erworben.

Eines Tages erschien Rolf Erichsen zur Behandlung in Pantoffeln. Die rechte Sohle war ausgehöhlt. „Es geht nicht mehr", sagte er. „Nicht mal die Sandalen!" Die Schwellung hatte zugenommen und schien Hitze auszustrahlen, als seien Parasiten dabei, sich durch die Haut zu brennen. Schweigend begann die junge Frau mit der Massage. Kein Gespräch heute, keine Frage nach dem Wetter und dem „Wie geht's". Hin und wieder zog er scharf die Luft ein, wenn die Stelle gar zu sehr schmerzte.

Nach einer Weile seufzte Erichsen und sagte abwesend vor sich hin und mehr zu sich selbst: „Was ist das nur? Was ist das nur?"

Als er die Praxis verließ, beschloss er, die Behandlung abzubrechen.

* *Tybussek baut die EDV-Abteilung auf*
Stadtinspektor Bernd Tybussek hatte sich eine Liege ins Büro gestellt.

Zuerst war es eine Angewohnheit gewesen, nicht mehr auf den Dienstschluss zu achten. Er hängte einfach die eine oder andere Stunde dran, indem er sich ein Ziel setzte: Sehen, ob das korrigierte Programm nunmehr fehlerfrei lief! Dann war Schluss für heute!

Schon seit Wochen ging das so. Die Umstellung auf die elektronische Datenverarbeitung in der Rendsburger Stadtverwaltung war mühsam.

Eine Datentypistin war eingestellt worden und hatte von den alten Karteikarten die Daten Rendsburger Bürger auf Lochkarten übertragen. Dazu saß sie im klimatisierten EDV-Raum an einer Tastatur. Hatte sie die Informationen über eine Person eingegeben, wurde die Pappkarte an fest definierten Stellen gelocht. Hastig ratterte die Maschine, und die frisch gestanzten Datenträger flitzten von links nach rechts und wurden anschließend ausgelesen und ihr Inhalt auf Magnetplatten gespeichert.

Tybussek wiederum hatte das Programmieren gelernt. Das Ziel war, der Maschine, die ja nun alle notwendigen Informationen geschluckt hatte, beizubringen, korrekte Wohngeldberechnungen auszuspucken – und das in einer Geschwindigkeit, die an Zauberei grenzte! Tybussek kriegte den Gedanken nicht mehr aus dem Kopf: Die unglaubliche Effizienzsteigerung in der Verwaltung seiner Stadt! Und sein Name würde damit verbunden sein, mit dem Einstieg der Stadt Rendsburg in das Zeitalter der Datenverarbeitung!

Es ging ja weiter: Die ganze Einwohnermelde-Kartei auf Magnetplatten speichern! Bescheinigungen und Benachrichtigungen jederzeit ausdrucken können! Auch Rechnungen für Patienten des Krankenhauses! Für Kunden der Stadtwerke!

Aber noch lief es nicht rund. Es gab so unendlich viele Variationen, gerade im Wohngeldrecht! Wie viele Erwachsene, wie viele Kinder? Wie alt sind die Kinder? Was gehört zum Familieneinkommen? Wie hoch ist die Miete? Und die Wohnfläche? Ist jemand arbeitsunfähig? Gibt es Unterhaltszahlungen? Und so weiter. Und für jede Konstellation muss ein eigenes Programm geschrieben werden! Das ganze Wohngeldgesetz in Programme übersetzt! Du meine Güte!

Kein Wunder, dass die Kollegen im Rathaus und in den städtischen Betrieben, die betroffen sind, murren und offen Widerstand leisten! Warum muss das alles sein, fragen sie. Es ging doch bisher auch! Mit EDV geht alles schneller? Dass ich nicht lache!

Habt Geduld, sagt Tybussek. Es ist nur für eine Übergangszeit, dass ihr mir zuarbeiten müsst! Wenn erst die Programme laufen! Ihr werdet euch wundern!

Aber er spürt diesen Druck. Der Druck und seine Begeisterung für das große Ziel befeuern ihn und treiben ihn an zu größerem Tempo. Darum die Nachtstunden.

Seine Frau ist hin und her gerissen. Sie versteht nichts von dem, was ihr Mann macht. Am liebsten möchte sie sagen: Du bist verrückt mit deinem Ehrgeiz! Mal Überstunden, na gut, das kommt vor. Aber hinter dem Schreibtisch eine Liege aufbauen und da sogar übernachten, wie jetzt immer häufiger! Das ist wirklich verrückt! – Aber dann möchte sie ihm auch glauben, dass er einer großen Sache auf der Spur ist. Sie liebt ihn doch!

Es läuft noch nicht rund, weil es immer wieder vorkommt, dass die EDV zu einem anderen Ergebnis kommt als die konventionelle Berechnung durch das Sozialamt. Immer wieder schleicht sich ein Fehler ein, und die Programmierung muss korrigiert werden. Darum bleibt Tybussek in seiner EDV-Abteilung, und er fiebert dem Augenblick entgegen, wo er das korrigierte Programm ausprobieren kann. Das dauerte manchmal Stunden. Endlich Antwort auf die durchaus spannende Frage: Hatten die mühevolle Kleinarbeit und das Warten Erfolg?

Und wenn? Halleluja! Wenn es dann stimmte! Siebenundsechzig Mark und acht Pfennige! Genau der Betrag, den auch das Sozialamt ausgerechnet hatte! Das war ein Gefühl!

Eine Rechnung mit zwei Unbekannten, die aufging! Ein Motorrad, das schon jeder aufgegeben hatte und jetzt nach einer mühsamen Reparatur tatsächlich ansprang! Und wieder ein Schritt weiter auf dem Weg zur Perfektion!

Als sein Chef sich am nächsten Morgen in der EDV-Abteilung sehen ließ, war Tybussek in Hochstimmung. Er freute sich schon auf Erichsens Kommentar, meistens lästerlich und humorvoll. Wollte ihn oft auf den Arm nehmen, sein Chef, und hatte doch von Tuten und Blasen keine Ahnung. Kam herein, klopfte ihm auf die Schulter und sagte: „Was?? Weida biss noch nich?"

Tybussek grinste erwartungsvoll. Und wie immer in diesen Momenten erfasste ihn ein Gefühl der Wärme, der Verbundenheit mit diesem väterlichen Mann, der – Tybussek spürte es genau – hinter seinem Humor nichts anderes versteckte als seine Bewunderung für den Jüngeren: Mensch, Herr Tybussek! Ich hab doch gewusst, dass du das schaffst, das mit der EDV!

Ja, er hatte es gewusst. Er hatte es ihm zugetraut. Und, da war sich der Stadtinspektor sicher, Rolf Erichsen hatte seine Karriere fördern wollen.

Obwohl – begeistert war er von der Idee zunächst nicht gewesen, als sie vor knapp zwei Jahren aufkam. Die Spitze der Verwaltung mit dem Bürgermeister und dem Kämmerer und dem büroleitenden Beamten hatte das beschlossen, nachdem umfangreiche Reparaturen und Ersatzbeschaffungen in Stadtkasse und Einwohnermeldeamt anstanden und stattdessen ein neues System zur Datenerfassung diskutiert wurde – die EDV. Die Datenzentrale in Altenholz war noch im Aufbau. Darauf konnte man nicht warten, also wollten die Rendsburger ein eigenes System. Erichsen, der seine Leute am besten kannte, sollte den Plan umsetzen.

„Komm mal. Ich hab was mit dir vor!", hatte er am Telefon gesagt. Und als Bernd Tybussek bei seinem Chef Platz genommen hatte: „Du wirst die elektronische Datenverarbeitung in Rendsburg aufbauen."

Tybussek fühlte sich von der direkten Art seines Vorgesetzten überrumpelt. Er war zufrieden mit dem, was er tat. Routine und Professionalität gewannen die Oberhand, er hatte seine Arbeit im Griff. Das jetzt aufgeben?

Und was Erichsen hinzufügte, vergrößerte nur sein Unbehagen: „Das wird eine große Sache. Zuerst müssen wir uns informieren. Also mit ‚uns' meine ich den Bürgermeister, dich und mich. Welches System wollen wir haben? Wie hoch sind die Kosten? Wie lange dauert die Ausbildung, die du machen musst?"

Ausbildung? Eigentlich war der Stadtinspektor froh, dass er seine Ausbildung hinter sich hatte, und das sagte er auch.

„Du bist noch jung", sagte Erichsen. „Ich will damit nichts zu tun haben, ich bin schon zu alt. Aber du willst weiterkommen, du hast den Ehrgeiz, das weiß ich." Und als er weitere Einwände vorbringen wollte, wakkelte seine Hand mit dem ausgestreckten Zeigefinger: „Jetzt machst du das erst mal ordentlich!"

Es war nicht leicht gewesen, seine Frau zu überzeugen. Monatelang war er auf Lehrgängen in Köln und Frankfurt und kam nur an den Wochenenden nach Haus. Aber es hatte ihn gepackt. Er lernte das Programmieren und konnte es kaum erwarten, das Gelernte in Rendsburg als Leiter der neu gegründeten EDV-Abteilung auszuprobieren. Zwei Mitarbeiter wurden ebenfalls ausgebildet: Hans Jürgen Thomalla und Hermann Kühl.

Nun nahm das Projekt Gestalt an. Langwierig, auch mit Rückschlägen – ja. Aber die Erfolgserlebnisse nahmen zu. Es funktionierte! Erichsen nahm lebhaften Anteil daran. Kam in die Abteilung, staunte über den riesigen Schrank mit Kernspeicher, Festspeicher und Datenleser, der das halbe Zimmer ausfüllte, über die Magnetplatten-Einheiten und das Steuerpult, fragte auch mal dies und das, ohne die Aussicht darauf, jemals auch nur halbwegs zu verstehen, was er sah. Und er freute sich.

So wie heute. Kam in die EDV-Abteilung. Tybussek erwartete ein munteres „Guten Morgen!" und irgendeine scherzhafte Bemerkung oder eine dienstliche Aufgabe.

Stattdessen ging Erichsen ohne viel Aufhebens auf seinen Inspektor zu, legte ihm die Hand auf die Schulter, sagte tonlos „Guten Morgen" und fügte hinzu: „Komm mal. Ich muss dir was zeigen".

Erstaunt erhob Tybussek sich von seinem Bürostuhl. Sein Chef öffnete die Tür zu der kleinen Materialkammer und winkte ihn herein.

Eine absolut lächerliche Situation! Was sollte er mit seinem Chef in diesem winzigen Raum, in dem man sich zwischen den Regalen kaum rühren konnte?

„Guck dir das mal an!", sagte der Oberamtsrat. Er stützte sich mit der linken Hand an ein Regalbrett und zog seinen rechten Fuß aus dem Pantoffel – tatsächlich aus einem Pantoffel, wie Tybussek überrascht feststellte! Dann streifte er seine Socke vom Fuß.

Es war eine intime Geste, die unziemlich schien und Unbehagen auslöste.

Doch dann sah er unterhalb der Ferse die Schwellung, die wie eine Pestbeule aussah, und eine andere Empfindung, nicht minder unangenehm, ersetzte das Unbehagen. Der rot und gelblich schimmernde Fremdkörper war grotesk, denn er gehörte dort ganz und gar nicht hin – er erschreckte ihn. Und gleichzeitig rechnete er seine Lebenserfahrung dagegen: Eine akute Erkrankung, eine hässliche Wunde – das alles konnte schlimm aussehen und war doch, nachträglich betrachtet, nur eine kurze Phase des Schmerzes und der Unannehmlichkeiten. Die Selbstheilungskräfte des Körpers waren enorm.

„Das sieht entzündet aus", sagte er.

„Ja. Wahrscheinlich Fersensporn", sagte Erichsen. „Aber das muss doch mal besser werden!"

„Waren Sie beim Arzt?"

Erichsen nickte. „Dr. Bottler, Artur Schulz. Der eine verschreibt mir Massagen, der andere rät mir, das im Krankenhaus untersuchen zu lassen."

„Massagen?", fragte Tybussek und schaute zweifelnd auf den Fuß. „Sowas kann man doch nicht massieren!"

„Nee. Irgendwie leuchtet mir das auch nicht ein."

„Und ins Krankenhaus? Was würden die denn machen?"

„Aufschneiden. Gewebe untersuchen. – Ich weiß nicht, was ich tun soll…"

„Aber Herr Erichsen! Das ist doch keine Frage! Ich würde sofort ins Krankenhaus gehen."

„Danke, Bernd. Ich warte noch ein bisschen. Wenn Anke aus dem Urlaub kommt und es noch nicht besser ist, dann geht's gleich los. Wir können nicht beide gleichzeitig fehlen."

* Erichsen zieht lieber seine Arbeitskollegen ins Vertrauen

Was war in ihn gefahren?

Warum zog er Bernd Tybussek und Anke Pfaffe derartig ins Vertrauen? In einer Angelegenheit von größter Privatheit und Diskretion? Wäre dafür nicht die Familie zuständig gewesen?

Natürlich hatte er seine Frau eingeweiht, indem er sie informierte. „Ick heff wat anne Hack", sagte er. „Ich kann gar nicht richtig auftreten!" Aber er hielt ihr den Fuß nicht vors Gesicht. Er sagte nicht „Fühl mal!" oder „Kannst du mal deine Mutter fragen, was man da tun kann?" Und Hilde war es so ganz recht, und sie war es ja auch gewohnt, dass ihr Mann seine Angelegenheiten selbst regelte. Außerdem war sie nicht der Mensch, der mit Nachdruck und Autorität Handlungsempfehlungen gab. Sie zeigte sich besorgt, sagte aber lediglich „Wenn du meinst" und „Das musst du wissen" und „Was sagt denn Artur?", kannte sie doch den starken Willen und die Selbstgewissheit ihres Mannes. Der aber erlebte nun einen der seltenen Momente, in denen er selbst der Führung bedurfte.

Es war nicht so, dass er sich vorgenommen hätte, die jungen Leute im Rathaus zu fragen. Er folgte eher einer Eingebung, als er auf dem Besucherstuhl bei Anke Pfaffe saß und die Socke von seinem rechten Fuß zog – genau wie er es danach bei Bernd Tybussek getan.

„Mein Gott, Herr Erichsen, wie sieht das denn aus!", rief Pfaffe. Und als er das Krankenhaus erwähnte, sagte sie sehr bestimmt: „Dann verschieb ich meinen Urlaub, bis Sie das hinter sich haben!"

Anke und Lutz Pfaffe wollten in den Harz. Die Stadt hatte zwei Pensionen in Altenau schon seit Jahren unter Vertrag, um dort Bediensteten und ihren Ehepartnern im Rahmen der Erholungsfürsorge einen kostengünstigen Urlaub zu bieten – die meisten hatten im Laufe der Zeit diese Möglichkeit genutzt – der Harz war schön und nicht weit weg. Die beiden Wirtsleute gehörten fast zur Familie.

„Nee, nee", sagte Erichsen. Durch Pfaffes Vorstoß fühlte er sich zu einer Entscheidung genötigt, als hätte sie ihm Leitplanken gesetzt und dadurch eine Orientierung geboten. Jetzt kleinlaut nachgeben war so, als würde er in Selbstmitleid versinken. Das kam nicht in Frage.

„Ihr beide fahrt jetzt in Urlaub. Wenn ihr zurück seid, geh ich ins Krankenhaus – wenn es dann noch nötig ist."

Diese Entscheidung tat ihm gut. Er hatte fürs erste die Selbstbestimmung wiedergefunden, und seine Seele war dabei etwas gestreichelt worden.

Jetzt noch kurz in die EDV-Abteilung zu Tybussek, mal sehen, was der sagte.

Es bedeutete ihm viel, sich diesen beiden Menschen zu offenbaren. Er fühlte sich ihnen verbunden, als seien sie Tochter und Sohn. Er hatte ihnen viel gegeben, und er spürte ihre Wertschätzung und Dankbarkeit. Dieses reine Verhältnis wurde nicht gestört durch Alltagssorgen der Familie und Erziehungsversuche, durch die vielen unsichtbaren Beziehungslinien, das unterirdische Geflecht aus Liebe und Enttäuschung.

Irgendwie fand er es ganz in Ordnung, seine Familie da rauszuhalten. Sein eigen Fleisch und Blut kam als Kamerad nicht in Frage.

* *Erichsen wird 50 und feiert im Garten*

Der 5. Juni 1971 fiel auf einen Sonnabend. Rolf Erichsen wurde an diesem Tage 50 Jahre alt, und es wurde die Nachricht verbreitet, der Jubilar würde sich über einen Besuch am späten Vormittag sehr freuen.

Der Garten hatte sich im Laufe der Jahre erheblich verändert. Vergangen waren die Zeiten, als Engelein stundenlang in den Beerensträuchern gesessen und gepflückt hatte. Als in der feuchten Küchenluft Hildes Mutter beim Einmachen geholfen hatte und die Weck- und Marmeladengläser im Sterilisator haltbar gemacht worden waren.

Heutzutage war doch alles leichter. Erbsen und Wurzeln, Bohnen und Gurken, Kürbis und Konfitüren, alles wurde günstig angeboten in den Supermärkten, die es seit einigen Jahren gab. Selbst Elise Krezek hatte die Vorteile der Selbstbedienung erkannt und kaufte als ehemalige Schlachtersfrau sogar Fleisch bei ROT-WEISS in der Friedrich-Voß-Straße.

Es war also, wenn man es sich leisten konnte, ein Nutzgarten nicht mehr nötig. Und überhaupt: Wer hätte die Arbeit machen sollen? Das Ernten und Einmachen, das ewige Unkrautjäten oder das Umgraben vor dem Winter und das Anlegen der Beete im Frühling? Erichsen hatte dazu kaum noch Zeit, der Sohn war aus dem Haus, und die älteste Tochter besuchte die Fachhochschule für Technik und Sozialwesen in Kiel.

Der Garten mit dem Mittelweg war nun eine große Rasenfläche, die Blumenbeete hatten sich an die Ränder zurück gezogen. Nur die Regentonne aus Beton stand noch in der Mitte, und hinten hing lustlos die Schaukel an Opa Krezeks Gerüst und wurde von „lütte Lümmel", wie die zwölfjährige Frauke gelegentlich noch genannt wurde, nicht mehr oft benutzt.

Es war schon am Tag zuvor sehr warm gewesen, und auch am Geburtstagsmorgen lag der Garten in heller Sonne. Ein paar Tulpen hatten sich noch gehalten, aber ihre Farben verblassten. Dafür blühten üppig die Vergissmeinnicht, der erste Rittersporn und die stark duftende Männertreu. Die Clematis an der Hauswand hatte dichtes Laub und vielversprechende Knospen.

Angenehm war auch, dass vom Nachbarn in der letzten Zeit nicht mehr viel zu hören war. Ein paar Hühner waren wohl noch da, man hörte es an den gemütlichen Gack-Tönen, mit denen sie ihr Scharren im Sand begleiteten. Aber unangenehme Gerüche wie aus dem Schweinekoben oder der Kükenbrüterei gab es nicht, und demzufolge auch keine Fliegen, die sich auf die Erbsensuppe stürzen könnten. Sie war gestern gekocht worden mit dem Fleisch, das Elise Krezek bei ROT-WEISS gekauft hatte, und wurde nun hochgeholt aus dem winzigen Keller. Die Sorge, sie könnte bei den Außentemperaturen sauer geworden sein, erwies sich Gott sei Dank als unbegründet.

Hinter dem Anbau waren vier Gartentische unterschiedlicher Größe in dem Versuch zusammen gestellt, eine lange Tafel zu bilden. Vier unterschiedliche Tischdecken wurden mit kleinen Blumenväschen geschmückt, und 25 höchst unterschiedliche Sitzgelegenheiten waren in Haus und Schuppen gefunden worden – vom Liegestuhl bis zum weiß lackierten Küchenmöbel, vom Leichtmetall-Rohrgestänge, mit Weichplastik bespannt, bis zum sesselähnlichen Holzklappstuhl. Und da das nicht reichte, wurden sogar zwei von den neuen Teakstühlen aus dem Esszimmer dazugestellt.

Eine bunte Gesellschaft fand sich alsbald zusammen, zumeist mit dienstlichem Bezug, beispielsweise aus den städtischen Schulen, für die Rolf Erichsen zuständig war, oder aus der Verwaltung, mit Hans Heinrich Beisenkötter an der Spitze. Aber auch einige aus dem privaten Freundeskreis: Freytag, Baumert, Martens und Artur Schulz. Die drei zarten Sonnenschirme boten nur wenig Schatten, und so hatten die beschlipsten Herren bald ihre Jackets ausgezogen. Nachbar und Freund Wilhelm Martens war frech genug, seine Jacke in den alten Martini-Apfelbaum zu hängen.

Rolf Erichsen hielt das Ereignis mit seiner Agfa Silette fest.

Er humpelte noch immer etwas und musste auf Nachfragen immer wieder seine Geschichte erzählen, wie er schließlich doch ins Krankenhaus gegangen und unters Messer geraten war, damit das Gewebe herausgeschnitten und untersucht werde. Und wie nach ein paar Tagen gerade seine Frau an seinem Bett gesessen habe, als Dr. Jaquet freudestrahlend hereingestürmt sei und gerufen habe: „Herr Erichsen! Gute Nachricht! Da ist nichts!"

„Wieso?", wurde er hin und wieder gefragt. „Was hat er denn gesucht, der Jaquet?" – „Na, bösartiges Gewebe natürlich!", antwortete Erichsen lachend. Er konnte jetzt darüber reden, nachdem die Last von ihm gefallen war. Darüber lacht man doch nicht, hatte manch einer gedacht und ein sehr ernstes Gesicht gemacht. Eigentlich spricht man darüber auch nicht.

Und man gibt der teuflischen Krankheit keinen Namen. Und wenn sie dennoch siegt, und sie siegt eigentlich immer, heißt es in der Todesanzeige, der liebe Mensch sei nach einer langen und schweren Krankheit eingeschlafen. Keine schlafenden Hunde wecken!

„Wo ist denn der lustige Peter Selle?", fragte Herbert Ahrens, der Verwaltungsleiter des Stadtkrankenhauses. Er bewunderte alle Unterhaltungskünstler, die damit begabt waren, private Gesellschaften zum Lachen zu bringen. Sein Freund Rolf Erichsen gehörte dazu, und Peter Selle, der Nachbar aus dem Vorderhaus. Ahrens gab sich größte Mühe, auch ein wenig dazu beizutragen, versuchte Witze zu erzählen – allein sein Naturell war von Unausgeglichenheit und aufbrausendem Temperament geprägt. Da er also nicht in sich ruhte und Schalk nicht sein kleiner Bruder war, wirkte seine Komik absichtsvoll und war ohne Eleganz.

„Ach", sagte Hilde Erichsen, die neben ihm saß. „Peter und Bambi haben Kummer. Denen ist im Moment nicht nach Feiern."

Und so erfuhr die Geburtstagsgesellschaft von dem ersten Kind der Selles, der kleinen Petra, knapp zwei Jahre alt und sehr krank, mit einem viel zu großen Herzen. Vielleicht war es eine Herzmuskelentzündung, Frau Dr. Kruyk hatte eine Behandlung mit Kortison begonnen. Kortison? Davon hatte man schon gehört. Aber geht das überhaupt? Das Kind ist doch erst zwei Jahre!

Und so fällt ein Schatten auf die bunte Sommerrunde in Erichsens Garten.

* Die Untersuchungen bleiben ohne Befund

Es war schon später Abend, als es an der Haustür rumpelte, als könne jemand das Schlüsselloch nicht finden.

Hilke war schnell wach. Sie verließ eilig das warme Bett und zog sich etwas über.

Jetzt war unten die Tür geöffnet worden, und ein Stimmengewirr erfüllte schlagartig den Flur, eine Frau, die lachte und plötzlich quiekte, als habe man sie gekniffen. „Pscht!", sagte eine andere so laut, als wolle sie jemanden wecken. „Die Kinder schlafen doch!" Daraufhin lachte meckernd ein Mann. „Pscht!" noch einmal.

„Hilke ist bestimmt noch wach!", hörte Hilke ihren Vater. „Geht schon mal durch ins Wohnzimmer!"

Klar bin ich wach!, dachte Hilke. Genau das wird von mir erwartet, dass ich noch wach bin, wenn meine Eltern nachts zurückkommen von irgendeiner Einladung oder vom Kino, wenn sie sich zu munter fühlen, um den Tag zu beenden, sondern im Gegenteil einen Teil der Nacht noch zum Tag hinzufügen möchten. Kein Ende finden können!

Ihre Schwester Frauke blieb in ihrem Zimmer. Sie ließ sich nicht stören.

Hilke stellte sich vor, wie diese Gesellschaft zustande kam. „Kommt! Wir gehen zu uns!", sagte der Vater mit einer lustigen Bestimmtheit, die keinen Widerspruch erwartete. Und wenn dann doch jemand eine Flappe zog und zu einer Ausrede ansetzte: „Nun nicht schlapp machen! Bei uns gibt es Spiegeleier!"

Oder Leberwurst!, dachte Hilke.

Sie ging halb die Treppe hinunter, als sie hörte, dass alle Gäste im Wohnzimmer verschwunden waren. Ihr Vater stand noch da und grinste. „Machst du uns was?", sagte er. Manchmal genügte ein Augenzwinkern, bevor er seinen Gästen hinterherging.

Seine Tochter, gerade volljährig geworden, studierte in Kiel, aber am Wochenende kam sie meist nach Haus. Sie war sehr geschickt darin, in kurzer Zeit eine Platte mit Leberwurstschnittchen appetitlich herzurichten, dekoriert mit Gurkenstücken und Petersilie. Sie war der gute Geist. Sie zauberte den Imbiss für die Nacht.

Es tat ihr gut. Es war diese still schweigende Übereinkunft mit dem Vater, die ihr das Gefühl gab, wertgeschätzt zu werden, Partner zu sein in einem wichtigen Gefüge, einen Beitrag zu leisten, den nur sie leisten konnte. Sie brauchte kein lautes Lob.

In diesen Momenten verdrängte sie den Groll, den sie manchmal empfunden hatte dem Vater gegenüber, der sie ob ihrer Unordentlichkeit beschimpft und wegen ihrer nachlassenden Leistungen zum Schulwechsel genötigt hatte, der sie zum Arbeiten in den Garten geschickt, ohne Rücksicht auf ihre Ängste, der sie bestraft hatte mit hundert mal „Ich muss immer aufräumen" und nicht wusste, was in ihrem Kopf geschah. In diesen Momenten fühlte sie sich als geliebtes Kind eins mit ihren Eltern. So wie vor einem Jahr, als sie ihrem Vater erklärte, sie wolle nun doch nicht als Kindergärtnerin arbeiten, sondern in Kiel Sozialpädagogik studieren. Oh wie da die väterlichen Augen strahlten! Wie schnell verzeiht ein Kind! Es will doch geliebt werden!

Hilke huschte in die Küche. Ihre Mutter holte Geschirr und Bestecke aus den Schränken.

„Du hast doch bestimmt schon geschlafen!", sagte sie. „Du musst das nicht tun!"

„Ich weiß", antwortete die Tochter. „Aber ich mach das doch gerne!"

Hilde Erichsen fand das nicht richtig, das Kind nachts aus dem Bett zu holen. Das Kind braucht seinen Schlaf! Ihr Rolf war wirklich manchmal rücksichtslos!

Dieses „Du musst das nicht tun" war jedoch für die Mutter die höchste Form des Aufbegehrens, und Rolf durfte das nicht hören. Sie wollte ihm ja nicht in den Rücken fallen. Und wenn ihre Tochter nichts dabei fand – dann sollte es eben so sein.

Als Hilke die fertige Leberwurstplatte ins Wohnzimmer trug, jubelten die späten Gäste: „Oh! Ah! Hilke! Danke! Darauf haben wir gewartet!" Sie genoss das Lob und zog sich lächelnd zurück.

„Liebe Freunde", sagte Rolf Erichsen. Er hatte sich vom Sessel erhoben und hielt eine Papierrolle in der Hand. „Wir sitzen ja nun nicht das erste Mal hier und essen Opa Krezeks köstliche Leberwurst, so hervorragend präsentiert von meiner ältesten Tochter. Vor einiger Zeit, lieber Harald, liebe Ulla, hattet ihr die tolle Idee, den Schlachtermeister und meinen Schwiegervater Karl Krezek mit einem Orden auszuzeichnen. Und da ihr ein Ledergeschäft habt, besteht dieser Orden natürlich aus – Leder!

Ich habe heute die Ehre, die Danksagung des geehrten Wurstmachers zu verlesen. Nun denn!"

Er entrollte das Blatt Papier und verlas den Text im Stile eines mittelalterlichen Ausrufers:

„Ich bedanke mich für die feierliche Überreichung der Leberwurst-Urkunde mit Echt-Ledermedaille. Dazu ist zu sagen, dass mir diese Ehrung nicht alleine gehört, sondern auch meiner treuen Helferin und Mitarbeiterin, die sich schon über 50 Jahre mit mir herum schlägt und trotz allem immer treu mitwirkt.

Ich habe daher die Medaille geteilt, und wir tragen beides mit Stolz.

Aus der neuen Produktion unseres Hauses überreichen wir hiermit eine Kostprobe und wünschen guten Hunger. – Die Preisgekrönten Oma und Opa Krezek."

Die Verlesung rief Heiterkeit hervor. Auch Rolf war vergnügt wie lange nicht mehr und erhob sein Glas: „Prost, prost, Kamerad! Prostprost, prostprost, prostprost! Wir wollen einen heben! Prost! Prost! Prost!"

Erleichterung schwang mit. So hatte er nicht nur den Eingriff im Krankenhaus ohne ernsten Befund überstanden, sondern auch eine Prozedur in Kiel, bei der er 24 Stunden still auf dem Rücken liegen musste. Die Ärzte versprachen zusätzliche Sicherheit, wenn anschließend keine Krebszellen in den Lymphbahnen nachgewiesen werden konnten. Und so kam es.

Es blieb nur die unscheinbare Frage, warum es überhaupt zu der Schwellung unter dem Fuß gekommen war. Aber es gab so viele Rätsel zwischen Himmel und Erde, die auch Ärzte nicht auflösen konnten. Und so verschwand dieses Thema in der Bedeutungslosigkeit, je besser Rolf sich fühlte.

Wenn man etwas lange Zeit entbehren muss, wächst das Verlangen und bricht sich irgendwann Bahn. Die lange Zeit des Hungers in der Kriegsgefangenschaft, und dann nach Hause kommen und ein ganzes Weißbrot essen! Rolf hatte es erlebt!

Und jetzt, nach dieser Monate langen Humpelei und der Ungewissheit! Wieder frei sein, bewegungsfrei! Da ging er zu Meenken in der Hohen Straße und kaufte sich Schuhe.

Neue Lebenslust erfasste ihn. Der nächste Urlaub an der Nordsee. Das unvergleichliche Lebensgefühl, das alle teilten, die auf dem Zeltplatz in der Büsumer Perlebucht in den Tag hinein lebten! Alles war offen, nahezu transparent, der Wind wehte hinein in die Familien und nahm die Sonne mit in die Herzen. Selbst wenn die grauen Wolken jagten, lauerte ja doch die Sonne darüber, und unten genossen die Menschen den frischen Wind und die schaumgekrönten Wellen und sogar das kühle Regenwetter, denn dann zogen sie sich zurück hinter Zeltbahnen und Wohnwagenwände und freuten sich über das kleine, trockene Plätzchen, das sie viel intensiver erlebten als zu Hause hinter Alltagsmauern.

Oder sollten sie diesmal etwas Neues wagen? Ein moderner Campingplatz in St. Peter sollte eröffnet werden, mit Waschräumen und einem Laden, direkt an einem Kiefernwäldchen gelegen. Wenn man da hindurch ging, geriet man in bewachsene Dünen, und dahinter, auf dem Deich, öffnete sich ein gewaltiger Blick über ein nassgrünes Vorland bis zu dem flachen Strand, der sich endlos dehnte, und in dem drei Pfahlbauten steckten.

Ganz anders als Büsum, aber auch sehr schön. Ganz anders, ja, so sollte es sein, in diesem Jahr ganz anders! Wir fahren in diesem Jahr nach St. Peter Ording!

Und wo wir schon mal dabei sind: Unsere kleine Wohnwagenkugel, so lieb wir sie auch haben – sie ist doch sehr beengt. Gut, Peter ist nicht mehr dabei, und Hilke auch immer weniger. Aber wenn man so guckt, was HOBBY[45] anbietet, das hat ein gewisses Verführungspotential. Rolf guckt sich gerne um und nimmt Witterung auf und läuft sich warm. Frauen machen das so, wenn sie in einem Modehaus einkaufen gehen. Aber so schnell kauft er nicht, hier geht es ja schließlich um Summen!

Trotzdem ist er schon auf einer Klebespur, er weiß es nur noch nicht.

Eines Tages kommt er nach Hause und sagt: „Ich habe einen neuen gebrauchten Wohnwagen gekauft!" Hilde schaut ihn entgeistert an. Sie hat zwar gewusst, wovon ihr Mann träumt. Aber jetzt, so plötzlich? Und als sie hört, dass er sechseinhalb tausend Mark kostet, denkt sie an die vielen Einschränkungen, mit denen sie fertig werden musste, an die Resteverwertung im Speiseplan der Familie, den Großen Hans, die Aufläufe, die

Wochenübersicht, die es immer freitags gab, an das knappe Haushaltsgeld! Und sie denkt an die vielen Pullover, Blusen und Kleider, die sie sich dafür hätte kaufen können!

Rolf berichtet stolz, dass der Preis günstig sei. Es handele sich um ein Modell „de Luxe" mit eingebauter Eieruhr und Thermometer. Klöndöör, vier Aufstellstützen, verstellbares Stützrad, Druckwasserversorgung, Gasregler und Gasleuchte. Und eine Schiebetür vor dem Schlafabteil! Rolf ist begeistert, und Hilde dann auch.

Und da der Campingplatz von Hans Rönckendorf neu ist, können sich die Erichsens einen Platz direkt am Kiefernwäldchen aussuchen. Um die neu entstandene Verbundenheit zu besiegeln, hisst Rolf Erichsen an der Einfahrt zusammen mit seiner jüngsten Tochter Frauke die schleswigholsteinische Flagge.

Als die Schulferien zu Ende sind, und damit auch Rolfs Urlaub, fangen die neuen Schuhe von Meenken an zu drücken.

Alles geht von vorne los.

Anfang Oktober kann Erichsen nicht mehr gehen. Er ist nun nicht mehr dienstfähig.

Rolf ist dienstunfähig (1971/72)

Was macht ein Mann, wenn man ihm seine Leidenschaft nimmt?

Er schrumpft. Er schrumpft zur Bedeutungslosigkeit und verschwindet langsam.

Oder er sucht sich einen Ersatz, der ihn wie eine Krücke noch eine Weile trägt.

Johannes, der Vater von Rolf, hatte das erlebt.

1946 war er von der Besatzungsmacht aus seinem Amt als Leiter der Stadtkasse entfernt worden, weil er Parteigenosse bei den Nazis gewesen war und einige Aufgaben für sie übernommen hatte. Plötzlich zu Hause! Für seine kranke Frau ein Segen. Aber war es vorher nicht auch ohne ihn gegangen?

Er hatte versucht, es sich einzureden: Ganz da sein für die kranke Ehefrau! Außerdem hauptamtlich Gärtner sein, und das war ja auch eine Leidenschaft, für die ihm vorher die Zeit gefehlt hatte.

Bis die Besatzer kamen. Sie nahmen ihm Haus und Hof, und er fand sich wieder in einer halb fertigen Gartenhütte. Es gab etwas Garten, aber das war nicht dasselbe.

Johannes Erichsen litt fast vier Jahre lang. Dann war er entnazifiziert, das Haus wurde zurück gegeben, und er wurde wieder eingestellt.

Der Oberamtsrat Rolf Erichsen, die rechte Hand des Bürgermeisters, Inhaber zahlreicher Ehrenämter, erfolgreich und beliebt, hatte einen kranken Fuß.

Er hatte eine geliebte Frau und drei Kinder. Er hatte gepflanzt und gebaut. Das Feld war bestellt. Was sollte er zu Haus?

Die Erklärung für seine Lage war einfach: Er war krank geschrieben. Das kommt vor im Leben. Jetzt hieß es, wieder gesund zu werden. Natürlich war es beunruhigend, dass er schon so lange damit herum hühnerte, aber „datt nütt dscha nix", da musste er nun durch.

Und die Zeit zu Hause nutzen!

Das Wichtigste war also der Fuß. Im Stadtkrankenhaus war er in guten Händen. Der Krebsverdacht war ausgeräumt. Das Röntgenbild stützte die Vermutung, ein Fersensporn sei der Übeltäter. Es gab einige Therapien, die ausprobiert werden konnten.

Aber Erichsen hatte nicht vor, nur an seine Krankheit zu denken. Schon seit geraumer Zeit beschäftigte ihn die Idee, ein Buch zu schreiben. Er war nun seit den 50er Jahren nebenamtlicher Lehrer an der Gemeindeverwaltungsschule und hatte sich bei der Vorbereitung seines Unterrichts derartig in das Geschichtsstudium vertieft, dass er den Wert dieser Kenntnisse für das heutige Verständnis der Demokratie erkannt zu haben glaubte. Ein Buch schreiben! Warum nicht? Das Wissen, die Quellen hatte er. Und die Erfahrung des Unterrichtens: Wie hatten seine Verwaltungslehrlinge reagiert? Was hatte ihnen eingeleuchtet? Wann zeigten sie sich besonders interessiert? Und wo hatte der Lehrer nacharbeiten müssen?

Rolf verbrachte viel Zeit am Schreibtisch im Arbeitszimmer, sah draußen die Blätter fallen, blätterte in seinen Büchern, grübelte und machte erste Notizen.

An einem dieser Tage schaute Peter Selle herein. Sie setzten sich vor die breite Fensterbank in die beiden Sessel, und Hilde brachte ihnen Kaffee.

„Rolf", sagte Selle, nachdem sie ihre Befindlichkeiten gegenseitig ausgetauscht hatte, „wir haben uns das überlegt. Wir kaufen das Haus."

Es war nämlich so, dass der junge Bauingenieur bisher äußerst erfolgreich gewesen war. Er hatte Mühe, in seinem Ingenieurbüro für Hochbau in der Königstraße die Aufträge abzuarbeiten, und trotz seiner Erfolge trieb ihn wie alle Selbstständigen die Sorge um, es könnte auch mal anders herum laufen, weshalb er niemals nein sagen konnte und lieber das Wochenende und die Nächte im Büro verbrachte. Peter Selle war der Frosch im Butterfass, der strampelte und strampelte, um oben zu bleiben

– mit dem Unterschied, dass ihn dabei keine Panik ergriff. Vielmehr wurde das Strampeln zum Inhalt seines Lebens, und so kam es, dass er längst feste Butter unter den Füßen hatte und dennoch nicht aufhören konnte.

Auf jeden Fall verdiente er gut. „Wir wollen uns verändern", hatte er vor einiger Zeit gesagt. „Vielleicht neu bauen. Was ist mit deinem Elternhaus? Könntest du dir vorstellen, es zu verkaufen? Das wäre auch eine Option."

Darüber hatte Rolf nachgedacht und sich von Rechtsanwalt Oskar Paulsen beraten lassen. Und so nahm die Idee Gestalt an, in einem großen Wurf die Zukunft zu sichern: Vor dem Hauseingang eine Garage für PKW und Wohnwagen, mit Werkstatt und Durchgang zum Garten. Die Gasheizung erneuern. Einen Teil der Verkaufssumme als lebenslange Leibrente auszahlen lassen.

Und nun signalisierte sein Freund und Nachbar Zustimmung. Und verriet ein Geheimnis: Seine Frau Bambi war wieder schwanger. Ein Grund mehr, der jungen Familie ein festes Zuhause zu geben.

Mit Selles Zusage wurden die Gedankenspiele aufregend konkret. Es ging nun also los! Der Schuppen mit der kleinen Werkbank und der ehemaligen Kohlenkammer und dem ehemaligen Hühnerstall musste weg. Über die Umstellung auf eine modernere Gasversorgung musste mit den Stadtwerken gesprochen werden, ein Angebot auf den Tisch. Eine Zeichnung der geplanten Räumlichkeiten übernahm selbstverständlich Peter Selle.

„Du hast Platz genug", sagte er. „Gegen eine Grenzbebauung wird Landrat Jacobsen nichts einwenden, die ist ja jetzt schon gegeben. Du willst einen neuen Windfang für die Haustür? Das ist zu klein gedacht! Ich entwerf dir eine schicke neue Diele mit Garderobe!"

Nachbar Carl Jacobsen würde ohnehin bald ausziehen. Er hatte den Ruhestand vor Augen und sah sich nach einem Alterssitz um. Vielleicht würde er im hinteren Teil des großen Grundstücks bauen. Als Landrat durfte es nicht schwer sein, die Gremien günstig zu stimmen. Die Erschließung war schon ein größeres Problem, dafür musste er das Diakonische Werk gewinnen. Eine Stichstraße vom Martinshaus auf der Böschung der Tunnelsenke entlang – das wär's doch! Davon würden auch seine Nachbarn Erichsen und Hohensee profitieren!

Doch Rolf Erichsen wusste von den geheimen Plänen des Landrats nichts. Er rechnete mit dem Wohlwollen seines langjährigen Nachbarn und stellte den Antrag auf Grenzbebauung an den Kreis. Außerdem musste das neue Selle-Grundstück vermessen, das Stadtbauamt wegen der Zuwegung, der Teilung, der Auflassung beteiligt werden. Und dann der Bauantrag!

Es gab also viel zu tun!

Der erste Schritt war der Kaufvertrag über 150.000 Mark. Er wurde im Dezember geschlossen.

* *Schlimme Nachricht*

Wenn beim Essen alle schweigen, auf den Tellern nur das raue Reiben von Metall auf Porzellan zu hören ist, wenn Gabeln sich unter das Kartoffelmus schieben, das Klicken und Klacken der Messer, wenn sie Fleisch zerteilen auf hartem Untergrund. Das Ächzen der Stühle, wenn sich jemand bewegt. Der Sekundenzeiger der Uhr auf dem Teakbord ruckt voran.

Es war wie ein böser Zauber. Er machte sie stumm, und sie hatten Angst, den Bann zu brechen. Verbissen konzentrierten sie sich auf die Nahrungsaufnahme, als könnten sie nur so überleben.

Die zwölfjährige Frauke spürte die fremde Macht, die über sie gekommen war. Sie sah es in den Gesichtern ihrer Eltern, in die sie nicht direkt zu blicken wagte. Jede Regung schien aus ihnen verschwunden, nur eine tiefe Traurigkeit hatte sich um die Augen eingegraben, während die Kiefer sich mechanisch auf und ab bewegten. Was hatte ihr Vater für große Tränensäcke! Das war ihr noch nie so aufgefallen wie jetzt.

Irgendetwas war geschehen. Nichts Gutes.

Es war ein Anruf. Sie hatten schon am Mittagstisch gesessen, und Fraukes Mutter war rangegangen. Ihr Vater hatte einen schlimmen Fuß und konnte nicht so gut gehen, also hatte sich ihre Mutter angewöhnt, einige Dinge zu tun, wenn es eilig war. Sie ging zum Schreibtisch im Arbeitszimmer und nahm den Hörer ab.

Sie sagte: „Erichsen?". Dann sagte sie nichts mehr, hielt nur den Hörer an ihr Ohr. Nach einer Weile hörte man: „Ja. Einen Augenblick."

Sie kam zurück. „Jaquet möchte dich sprechen", sagte sie zu ihrem Mann.

Schwerfällig erhob er sich, als wäre er ein alter Mann, nahm den Handstock, der für alle Fälle an der Rippenheizung lehnte, und humpelte nach nebenan.

Als er wieder kam, war nichts mehr wie vorher.

* *Erichsen trifft eine schwere Entscheidung*

„Ach wie gut, dass niemand weiß, dass ich Rumpelstilzchen heiß!", sang spöttisch das kleine Männchen und tanzte um das Feuer. Einst hatte er der Müllertochter geholfen, Gold aus Stroh zu spinnen, und bevor sie Königin wurde, hatte sie ihm zum Dank ihr erstes Kind versprochen. Als es so weit war, erschrak die junge Königin. Sie sollte ihr Liebstes geben?

In einem Akt der Großzügigkeit kam das Männchen ihr entgegen: Wenn sie seinen Namen errate, könne sie ihr Kind behalten. Aber er war sich sicher: Niemals wäre sie dazu imstande!

Die Königin war verzweifelt. Wenn sie den Namen sagte, war sie gerettet. Wenn sie ihn nicht sagte, war sie verloren.

Rolf Erichsens Krankheit hatte einen Namen. Aber der Chirurg vom Rendsburger Stadtkrankenhaus sagte ihn nicht. Am Telefon wollte er nur einen Termin vereinbaren, um die Ergebnisse der feingeweblichen Untersuchung zu besprechen, sprach dann aber, als Erichsen insistierte, von bösartigen Zellen, die sie gefunden hätten. Leider seien die Untersuchungsmethoden noch nicht so ausgereift, sonst wäre man vor einem Dreivierteljahr schon fündig geworden. Aber eine Amputation könne helfen, sonst würden sich die Zellen im ganzen Körper ausbreiten.

„Aber lassen Sie uns in Ruhe darüber reden. Kommen Sie zu mir! Gleich heute Nachmittag? Oder wollen Sie die Information erst einmal sacken lassen?"

Sich fallen lassen, dachte Erichsen. Am liebsten wollte er sich fallen lassen. Jetzt, in diesem Augenblick. An nichts denken. Alle Körperlichkeit hinter sich lassen und anmutig hinübergleiten in einen ewigen Traum.

Die Furcht, die ihn begleitet hatte die letzten Wochen, seit eine erneute Biopsie unausweichlich gewesen war, weil sich an seinem Zustand nichts ändern wollte. Die Furcht abends, bevor endlich der Schlaf kam, und morgens, wenn ein neuer Tag ins Schlafzimmer blinzelte ohne das Versprechen auf eine Zukunft.

Er hätte das alles gern hinter sich gelassen, in diesem Augenblick.

Aber wie?

Nein, es gab diesen Weg ja nicht. Er würde heldenmütig weiter wandern durch das irdische Tal. Das sollte man ihm nicht nachsagen, dass er schwach wurde, dass er seine Hilde damit belastete, was nur er allein ertragen durfte.

Blicke zurück! Was hatte sich nicht alles in seine Seele eingebrannt! Besonders die Bilder des Krieges! Aufgeschlitzte, geschändete Kameraden, wie sie in der Sonne lagen auf den glatten Granitfelsen am Fluss! Ihr Leben hatte gerade begonnen.

Er dagegen! Er hatte eine Familie gegründet, ein Haus gebaut, war in der Stadtverwaltung aufgestiegen, hatte sich für die Demokratie und Europa begeistert und im Rahmen seiner bescheidenen Möglichkeiten daran mit gebaut. Ein geachteter Bürger seiner Heimatstadt! Welch ein Reichtum!

Erichsen nahm die Herausforderung an.

Es begann eine qualvolle Zeit. Wohl konnte er Verzweiflung und Trä-
nen verbergen, die ihn plagten, wenn er alleine war. Doch auf dem Feld
der Medizin, das er nicht beherrschte, schien er unschlüssig. Welchem
Ratschlag sollte er folgen? Dem seines Freundes Artur Schulz, der für
Sicherheit plädierte? Bein ab? Oder dem des Chirurgen Günter Hubertus
Jaquet, der ein Weiterleben mit einem halben Bein für möglich hielt?

Auch Hilde Erichsen war in Aufruhr. Auch ihr Leben drohte zu zerbrechen. Auch sie vermied es meist, das Wort zu sagen, als könne sie dadurch das Schlimmste verhüten. Ein Richter musste am Ende des Prozes-
ses das Urteil verkünden, nur dann konnte es vollstreckt werden. Er musste laut und deutlich sagen: Krebs! Tod durch qualvolles Siechtum! –
Dazu wollte sie nicht beitragen.

Wer vom Schicksal hineingeworfen wird in diesen Kampf, will sich
zuerst nicht fügen. „Es kann nicht sein!", heißt es dann. Und später: „Warum ich?". Wenn die Akzeptanz geschafft ist, beginnen hektische Erklä-
rungsversuche, verbunden mit einer Suche nach Informationen und
Heilsversprechen.

In dieser Phase befanden sich beide, aber da Rolf Erichsen seine Frau
nicht einbezog, um sie zu schonen, und sich eher mit Freunden und Be-
rufskollegen beriet, machte sich Hilde allein auf Beratungstour und nutzte jede Gelegenheit, mit Nachbarinnen und den Ehefrauen der Männerfreunde zu neuen Erkenntnissen zu kommen. Geschichten gab es eine
Menge, geniale Therapien, für deren Erfolge es immer auch Zeugen gab.
Aber was half es, wenn sie mit ihrem Mann nicht darüber sprach?

Neue Hoffnung keimte auf bei ihr, als Hans Heinrich Beisenkötter vorsichtig anfragen ließ, ob sie zu einem vertraulichen Treffen in seinem
Hause in der Königskoppel zusammen mit anderen Freunden bereit sei,
ohne Rolfs Wissen natürlich. Sie fand einen Vorwand und setzte sich in
den grünen VW-Käfer ihrer Tochter, nachdem sie ein paar Fahrstunden
zur Auffrischung ihrer Kenntnisse genommen hatte.

Natürlich hatte Beisenkötter keine Lösung des Problems, keine Ret-
tungsidee. Wie sollte er auch schlauer sein als alle anderen! Und doch
hatte sie darauf gehofft und war enttäuscht, als er die Freundesrunde mit
den Worten begrüßte: „Wir haben uns hier zusammengefunden, weil wir
uns gegenseitig beistehen sollten. Nicht nur Rolf Erichsen muss eine exi-
stentielle Krise bewältigen, sondern auch seine Freunde müssen wissen,
was sie wollen, wie sie mit Rolfs Krankheit umgehen und wie sie ihm
helfen können. Deshalb sind wir hier."

Es folgte ein angesichts des ernsten Hintergrunds durchaus lebhafter
Austausch von Meinungen und Gedanken. Anke Pfaffe, Martin Clausen
und seine Frau Gertrud und Artur Schulz gaben sich Mühe, alle Aspekte

zu beleuchten, und am Ende waren sich alle einig, dass Hilde sich an jeden wenden möge, wenn sie Gesprächsbedarf habe; dass alle bereit waren, Rolf so oft wie möglich zu besuchen und Mut zuzusprechen, vielleicht sogar regelmäßig, freitagabends nach Dienstschluss etwa, das hätte den Vorteil, dass man zu zweit oder zu dritt mit größerer Leichtigkeit ein Gespräch führen könne; und dass drittens das Rathaus mit seinen Fachleuten jederzeit zur Verfügung stehe, da Hilde zum Beispiel in Amtsgeschäften und mit Schriftverkehr nach eigenem Bekunden zu unerfahren sei.

Nur in einem Punkt war die Runde uneins: Was sollte man ihm raten, wenn er, wie schon einige Male geschehen, um Entscheidungshilfe für die bevorstehende Amputation bat? Für Schulz war die Sache klar: „Es handelt sich hier um ein Osteosarkom. Das sind seltene und äußerst aggressive Tumorzellen, und wir wissen nicht, wie weit sie schon gewandert sind. Rolf sollte kein Risiko eingehen und das Bein bis zum Hüftgelenk abnehmen lassen. Ich habe ihn auch dahingehend beraten.“

Beisenkötter zeigte sich betroffen. „Bein ab?“, sagte er. „Damit würde ich nicht leben wollen.“

„Verstehen Sie mich nicht falsch“, sagte Schulz, „aber ich möchte einmal die Frage stellen: Was ist eigentlich so schlimm daran? Wenn dadurch das Leben gerettet werden kann? Wir haben alle den Krieg erlebt! Wie viele Leben sind durch Amputationen gerettet worden! Sehen Sie sich um auf unseren Straßen! Unsere Kriegsversehrten leben, gehen teilweise einer Arbeit nach! Haben Familie!“

Die Runde schwieg. Jeder kannte jemanden. Schulz hatte recht.

Und doch: War nicht alles anders im Krieg? Da hatte man doch genau gewusst, dass nur die Amputation half, das Leben zu retten! Und man schnitt nur das ab, was unwiederbringlich zerschmettert oder im Begriff war abzusterben!

Hilde hatte Tränen in den Augen. „Ich weiß einfach nicht, was ich ihm sagen soll“, schluchzte sie.

„Sei einfach für ihn da und tröste ihn“, sagte Schulz. „Das andere machen wir.“

* In jedem Ende steckt ein Neuanfang

Unter der dünnen Decke sah Frauke eineinhalb Beine. Es war verrückt. Zumindest da, wo der rechte Fuß sein sollte, wölbte sich nichts. Sie haben also tatsächlich …?

Draußen schien die Aprilsonne, es war schon so warm wie im Mai. Der Himmel war blau, und sie trug eine Sommerbluse.

Aber der Fuß war weg. Wie geht das? Man kann doch nicht einfach etwas abschneiden oder absägen! Und dann einfach weiterleben!

Stumm saß sie auf dem Besucherstuhl und beobachtete ihre Eltern. Sie taten, als sei nichts gewesen.

„Der Stall ist weg", sagte Hilde. „In der nächsten Woche geht es los mit dem Fundament."

„Vielleicht bin ich dann schon zu Hause", sagte Rolf. Ganz fahl war seine Haut und faltig. Vom langen Winter und dem Kummer. „Wie geht es denn Bambi und dem Kind?"

„Gut", antwortete Hilde. „Sie ist glücklich."

„Ist es gesund?"

„Ja, Steffi ist gesund."

„Und Petra?"

„Wie immer. Sie ist so schwach."

Als der Garagenanbau mit den Nebenräumen vollendet war und Hans Struck von den Stadtwerken die Gastherme installiert hatte, kam es Rolf und Hilde vor, als habe wieder eine neue Zeit begonnen. Gemeinsam standen sie vor den kleinen blau leuchtenden Flammen des Durchlauferhitzers in der Küche. Rolf auf seinen Krücken. Er war ja jetzt ein Krüppel, wie er sich in Momenten der Bitterkeit selbst nannte. Aber auch das gehörte zu der neuen Zeit.

Ein Durchlauferhitzer! Mehr nicht!

Aber wieso brannten ständig diese Flammen? Trieb das nicht den Verbrauch in die Höhe?

Hans Struck konnte sie beruhigen. Die Flammen zeigten an, dass der Betrieb funktionierte, sie dienten sozusagen der Sicherheit und kosteten höchstens Pfennigbeträge.

Also alles gut!

Und dieser neue Flur! Ein Wärmepuffer vor den alten Räumen der Wohnung. Und wie großzügig das wirkte mit den roten Fliesen und dem Garderobenschrank!

Mit Durchgang zu der langen Garage. Zwar mussten bei dem neuen Wohnwagen Oberlicht und Lüftungsrohr abgeschraubt werden, sonst passte er nicht durch das Garagentor und unter die Deckenbeleuchtung – aber was war das schon angesichts der Tatsache, dass er ab sofort in einem trockenen Winterquartier ganz nah bei ihnen stand! Und der VW-Variant dahinter. Und hinten zum Garten eine helle Werkstatt und Platz genug, später vielleicht eine Sauna einzubauen!

Die Wunde am Stumpf wurde massiert und heilte ohne große Komplikationen. Dann fuhren sie das erste Mal zu Kowsky nach Neumünster, für Hilde ein Abenteuer, hatte sie doch drei Jahrzehnte nicht mehr hinterm Steuer gesessen und wie selbstverständlich ihrem Mann alles überlassen, als sie 1960 ihr erstes Auto kauften. Die paar Fahrstunden vor einigen Wochen hatten zur Auffrischung genügen müssen.

Jetzt also nach Neumünster! Erstes Vermessen, Abdrücke machen.

Zu Hause Besuch von dem alten Kumpel aus HJ-Zeiten, Jonny Kruse von der Sparkasse Nortorf. Hatte seinen Unterschenkel bei einem Motorradunfall verloren. Kam mit seiner Prothese bestens zurecht, zog sich aus, zeigte ihm alles, wie man die weiche Socke über den Stumpf zog, damit es keine Druckstellen gab. Zog alles wieder an und stellte sich hin vor ihn, drehte aufgekratzt einen Dreiertakt: „Guck mal, Rolf! Man kann sogar tanzen! Tanzen!!"

Na ja! So leicht wird es wohl nicht werden. Das wäre ja zu schön! Aber trotzdem eine Botschaft, die Mut machte.

„Und hast du denn gar keine Schmerzen mehr?", fragte Rolf. Statt zu antworten, sagte Jonny: „Wo hast du Schmerzen? Im Stumpf?" – „Ja, da auch. Aber das ist besser geworden. Nein – im Fuß!" – „Der nicht mehr da ist?" – „Der nicht mehr da ist. Der Schmerz kommt meistens ganz plötzlich. Als hätte ich keine Betäubung bekommen. Damals, als das Gewebe rausgeschnitten wurde." – „Also Phantomschmerz." – „So nennt man das wohl, ja."

„Also …", sagte Jonny und dehnte die Silben, als wollte er Zeit gewinnen. Dann setzte er sich wieder. „Also das ist natürlich ein Problem. Ich hab das auch noch ab und zu. Ist aber weniger geworden. – Kennst du das auch, wenn du im Bett liegst, ganz entspannt, und plötzlich sticht was in deiner Beinmuskulatur, an einer ganz bestimmten Stelle? Und das tut richtig weh? Wenn du die Stelle dann anfasst und reibst und der Schmerz nach kurzer Zeit wieder verschwindet, wie er gekommen ist, dann merkst du: Da ist nichts! – Damit vergleich ich das immer. Manchmal spielen die Nerven verrückt! So ist das!"

Jonny Kruses Erfahrungen halfen etwas.

Aber wenn in der Folgezeit die Prothese so sehr drückte, dass er sie ausziehen musste, und sie deshalb wieder nach Neumünster fahren mussten, oder wenn der Phantomschmerz wieder unerbittlich zuschlug, dann überfielen ihn bisweilen düstere und kleinmütige Gedanken. Und obwohl es für die Schmerzen Erklärungen gab, plagte ihn die Vorstellung, der Krebs sei zurückgekehrt. Die Vernunft sprach: „Was hat denn eine Druckstelle mit Krebs zu tun! Mach dich nicht verrückt!" Aber die Vorstellung kannte keine Logik und wimmerte: „Artur hat dich gewarnt! Die Zellen sind schon längst woanders!" Und die Vernunft widersprach: „Warum war Jaquet anderer Meinung als dein Hausarzt, hä? Kannst du mir das mal sagen? Ist er nicht der eigentliche Fachmann? Mach dich nicht verrückt!"

Selbst wenn, dachte Rolf Erichsen und zog das Resümee aus diesem inneren Monolog: Dat nütt dscha sowieso nix!

Dann kam eine große Ruhe über ihn, und er fühlte sich als Held, der furchtlos dem Schicksal entgegen tritt, und er wünschte sich sehnlichst, immer diese Kraft zu haben. Leider kehrte die Angst zurück, sobald sich die Augen auf das Äußere richteten und die vertraute Welt zeigten, die er um Gottes Willen nicht verlieren wollte.

Die Zeit half auch.

Je mehr die Zeit vor der Amputation verblasste, das ahnungslose Gehumpel zu ahnungslosen Ärzten, der eisige Schreck, als er die Nachricht erhielt; je mehr die Routine seiner Genesung den Alltag beherrschte, die Massage, den Stumpf einreiben, den Strumpf überziehen, den künstlichen Unterschenkel anlegen, das Aufstehen – je mehr er also den Krüppel akzeptierte, desto leichter wurden seine Gedanken.

Sein Hang zur Selbstdarstellung, der aus der Reaktion seines Publikums größte Befriedigung sog, sorgte dafür, dass Rolf Erichsen nicht nur mit seinem Gebiss spielte, sondern nun mit seiner Prothese die braven Mitmenschen provozierte.

Für neugierige Besucher entblößte er gern sein Bein und genoss die schaudernden Blicke, die so viel Offenheit nicht gewöhnt waren. Und wenn er in St. Peter am Strand „abschnallte" und sich in das flache Salzwasser setzte, fühlte er sich erleichtert, als habe ihn bisher ein Korsett am Atmen gehindert, und nun, da die Hüllen fielen, freute er sich über die Freiheit, die nur ein Nudist empfinden kann – und war sich doch immer der Aufmerksamkeit der anderen Badenden und der Strandwanderer gewiss.

Es war ein glücklicher Umstand, dass ihm die Natur diese rücksichtslose Unbefangenheit gegeben hatte und so die Last der Angst mehr und mehr von seiner Seele nahm.

Im späten Sommer stellte sich heraus, dass der VW behindertengerecht und relativ leicht umgerüstet werden konnte und somit der genehmigte Gehaltsvorschuss nun nicht mehr zum Kauf eines neuen Wagens nötig war.

* *Selles haben eine schwere Zeit*
Bau-Ingenieur Peter Selle war ungeduldig. Er hatte ja das Vorderhaus für seine Familie gekauft und wollte es ganz und gar umgestalten. Noch war er nicht frei in seinen Entscheidungen, hatte er doch die Mieter der oberen Wohnung mit übernommen.

Andererseits war die Krankheit der kleinen Petra für die Eheleute so sehr belastend geworden, dass in ihren Herzen eigentlich kein Raum war für Umbaupläne. Und so hatte Selle in seinem Ingenieurbüro in der Königstraße zwar heimlich Vorarbeiten angefangen, auf der Basis neuer Grundrisszeichnungen waren schon erste Ideenskizzen entstanden, aber seine Frau war mit den beiden Kindern allein und flehte um Hilfe.

Im Sommer 1972 musste Bambi Selle jeden Tag ins Krankenhaus, um auf der Kinderstation ihre dreijährige Tochter zu füttern. Endlich war eine Therapie mit Kortison begonnen worden, Atemnot und Schwäche des zarten Kindes waren wohl Folgen einer Herzmuskelentzündung, meinte Frau Dr. Kruyk.

Währenddessen saß Rolf Erichsen bei gutem Wetter hinten im Garten auf der Hollywood-Schaukel und hütete die Zwillingskarre, in der normalerweise beide Kinder lagen, aber jetzt nur die kleine Steffi, die ein halbes Jahr alt war.

Zeit hatte er zum Denken und zum Grübeln. Dann nahm er ein Buch in die Hand. Komikerverse von Heinz Erhardt, Eugen Roth und Wilhelm Busch konnten ihn begeistern, weil sich damit ein Publikum trefflich unterhalten ließ. Aber ansonsten war schöne Literatur seine Sache nicht, Literatur musste Wirklichkeit dokumentieren und nicht erfinden. Nur damals, in der Gefangenschaft, da war es anders gewesen. Das kleine Büchlein mit Gedichten von Goethe! Das war damals ein Schatz, ein Rückzugsort für seine Seele inmitten der Trostlosigkeit des Lagers, mit dem er seinen physischen Hunger eine Zeitlang verdrängen konnte.

Heute interessierte ihn deutsche Geschichte. Was ist die Aufgabe einer guten Geschichtsschreibung? Was müssen die jungen Leute lernen, damit sie die deutsche Demokratie zu schätzen wissen? Mit einem gesunden Blick auf die Vorteile dieser Staatsform, aber auch auf die unzweifelhaft bestehenden Nachteile? Sie sei schlecht, hatte Winston Churchill gesagt, aber es gebe keine bessere!

Das Buch über die Demokratie nahm immer mehr Gestalt an in seinem Kopf. Er schlug den Band auf, der auf seinen Knien lag. Golo Manns erzählende Geschichtsschreibung faszinierte ihn, sie war leichter zu lesen als manches andere.

Nach einer Weile gab die kleine Steffi Babylaute von sich. Sie war aufgewacht und spielte mit ihren Händchen.

Rolfs Blick schweifte wie so oft über seinen Garten. Es waren widerstreitende Gefühle, wenn vor seinem inneren Auge die alte Obst- und Gemüseanlage auferstand und er sie mit der heutigen Rasenfläche verglich. Und doch entschied er sich am Ende immer wieder für das heutige Bild. Als säße er in einem kleinen Park!

Durch den jetzt gerade Bambi auf ihn zuging – über die Trittsteine im Rasen, die den alten Mittelweg markierten. Sie war aus dem Krankenhaus zurück.

Ihr Blick war ernst, als sie fast tonlos „Hallo, Rolf!" sagte und sich über Steffi beugte. „Na du?", sagte sie und streichelte eine Weile die rosigen Händchen. Dann setzte sie sich.

„Und? Was macht sie?", fragte Rolf.

„Was soll sie schon machen! – Nix! Nix macht sie! Es hilft alles nichts!" Bambis Stimme bebte, ihre brauen Augen schwammen unter einem Tränenfilm. „Ach Rolf! Petra kommt nun wieder nach Hause. Nicht weil es ihr besser geht, das brauchst du nicht zu glauben! Frau Dr. Kruyk hat Angst, dass Petra sich im Krankenhaus was wegholt. Ihr Immunsystem ist zu sehr geschwächt, und im Krankenhaus fliegen doch die Keime nur so rum! Nun kommt sie wieder nach Hause. Das Kortison hat überhaupt nicht angeschlagen!"

Rolf Erichsen nahm ihre Hand und schwieg.

Am nächsten Tag kam Petra Selle nach Hause in die Gartenstraße. Klein und zart mit einem wunderhübschen Mädchengesicht von großem Ebenmaß, als hätten ihr die drei Monate vergeblicher Therapie nichts ausgemacht. Auf Anraten der Ärzte musste sie aber die Eltern alsbald wieder verlassen, damit in der Kieler Kinderklinik eine Herzkatheter-Untersuchung durchgeführt werde. Dabei gab es Komplikationen, und Petra wurde ins Leben zurückgeholt.

Diese Nachricht war schlimm genug. Aber es sollte noch schlimmer kommen.

Es wurde eine seltene Arteriosklerose der Lungenarterien festgestellt, und nun war klar, woher der Sauerstoffmangel kam und warum das Herz vergrößert war. Eine Heilung gab es nicht. Vielleicht noch ein Jahr, meinten die Ärzte.

Am zweiten Oktober 1972 fuhr Oberamtsrat Rolf Erichsen mit seinem umgerüsteten VW ins Rathaus und nahm seinen Dienst wieder auf.

Rendsburger Bürger kämpfen um ihr altes Rathaus (1973)

Tief unten in den nächtlichen Eingeweiden war es still und regennass. Schmale Straßen durchzogen wie leere Adern den alten Kern der Stadt. Das Kopfsteinpflaster glänzte im Licht der wenigen Laternen.

Die Hauptader war den Fußgängern vorbehalten. Vom ehrwürdigen Stadttheater führte sie an der alten Post vorbei in den „Stegen", wo die Häuser so eng zusammen rückten, dass sie eine hohle Gasse bildeten.

Die beiden Männer hielten einander umklammert, als suchten sie Wärme und Schutz in dieser kühlen Nacht Anfang März, aber ihr unsteter Gang wies eher auf einen erfolgreichen Kneipenbesuch. Ihre Stimmen und Schritte waren die einzigen in dieser Nacht, in einer Stadt, die ohne Leben schien.

Vor Tchibo löste sich der eine aus der Umklammerung und bog sich in einem lautlosen Lachkrampf nach vorn. Als seine Lunge fast leer war und sein Kumpel sich von dem rhythmischen Ausstoßen der Luft anstecken ließ, atmete er geräuschvoll wieder ein. Nun lachten sie lauthals einander an, es war ein rohes, hässliches Lachen, das auf nichts Rücksicht nahm und so weit zu tragen schien, dass die ganze Altstadt in Aufruhr geriet.

Als sie auf den Altstädter Markt hinaus traten, verloren sich ihre Stimmen ein wenig, und sie schienen zur Besinnung zu kommen. Bevor sie in den dunklen Torbogen des historischen Rathauses eintauchten, blieb der Ältere stehen und hielt den anderen an der Jacke fest. „Du nich?", rief er jetzt laut. „Wer pissen muss, muss pissen!"

Dann bogen sie hinter dem Karstadt-Gebäude rechts ab und pinkelten kichernd an der Rathausmauer in ein schmales Beet und sangen alberne Kinderverse. „Lalala – la – lala!"

Aus dem Geniesel wurde ein feiner Schnürregen. „Hast du keinen Regenschirm?", fragte der Jüngere. „Regenschirm?", fragte der andere zurück und brach in ein irres Gelächter aus. „Regenschirm! Regenschirm!", sang er und tanzte dazu. Und dann: „Komm! Wir holn uns ein'!" Sie prüften die Rathausfenster, die sie erreichen konnten. Als sie alle verschlossen fanden, durchstieß der Ältere kurzerhand eine Scheibe mit dem Ellenbogen, und sie stiegen ein.

Die Räume des städtischen Steueramts, das jetzt rechts vom Torbogen zu Hause war, kannten sie nicht, aber auf der anderen Seite eines amtlichen Schreibtisches zu stehen, hatte einen gewissen Rciz. Sie fanden es witzig, die Amtssprache der Stadtangestellten nachzuäffen und mit den Papieren zu spielen, die ihnen Macht verliehen.

„Diese Formulare sind ungültig", deklamierte der Ältere. „Die werden jetzt verbrannt!" Als er das Zündholz anriss und den Papierhaufen auf dem Schreibtisch entflammte, erhob sich ein Triumphgeschrei, und es klang ein wenig auch nach Hysterie und Angst.

* *Rendsburg erwacht und sieht das Rathaus brennen*

Heilke Swart eilte durch die nassen Straßen. Sie hatte den Mantelkragen hochgeschlagen und hielt ihn am Revers zusammen, damit ihr die kalte Luft nicht in den Ausschnitt drang. Mit der anderen hielt sie mühsam ihren „Knirps", der in dem aufkommenden Wind ruckte und zuckte.

Ihr Kopf war jetzt schon unterkühlt. Zu ärgerlich, dass sie die Mütze vergessen hatte! Auf ihrem Weg von Neuwerk hatte sie kurz erwogen, deshalb noch einmal umzukehren, aber die innere Unruhe war zu groß und trieb sie zur Eile.

Es hatte eine Weile gedauert, bis ihr der Ernst der Lage ins Bewusstsein gedrungen – der Anruf von der Stadt, der sie aus dem Schlaf gerissen, die eigenen Versuche, Müller oder Franzen vom Museumsverein zu erreichen, schließlich die Verabredung mit dem Beiratsmitglied Böhrnsen, der sich an Ort und Stelle informieren wollte, und der Rückzug ins warme Bett – und das alles in dem Gefühl, gut funktioniert und alles Nötige unternommen zu haben.

Bis ein weiterer Anruf kam: Die Schlüssel für die oberen Museumsräume würden dringend gebraucht, man müsse retten, was noch zu retten war. Mein Gott! So schlimm? Das Museum, das Rathaus gar – kurz vor der Vernichtung? Die alten Museumsstücke, fast alle durch ihre Hände gegangen! Ihre Arbeit und die vieler anderer, die – wie Hans Schlothfeldt – nach dem Krieg einen Wiederaufbau zuwege gebracht – alles umsonst?

Hastig hatte sie sich angekleidet und die Wohnung verlassen. Um die Schlickeider herum am Gymnasiumsberg entlang, auf dem noch das leere Schulgebäude stand, in die Schleifmühlenstraße, die für den Verkehr gesperrt war. Vom Schauburg-Kino war schon der Feuerschein zu sehen. Die Flammen tanzten auf der Fassade des Wendtschen Lampengeschäfts einen wilden Tanz und beleuchteten weißen Qualm, der unter dem Gerippe des Dachstuhls immer wieder neu hervorquoll und sich schnell in dem schwarzen Regenhimmel verlor.

Hinter der Absperrung standen stumm ein paar dunkle Gestalten. Sie beobachteten die Feuerwehrmänner, die ihre große Leiter ausgefahren hatte und nun ihre Spritzen von oben in das Feuer hielten. Kommandos hallten über den Altstädter Markt. Der rauschende Wasserstrahl verursachte ein dumpfes Zischen in der Glut, und hin und wieder stieg ein Funkenregen auf, wenn in dem Knistern und Prasseln des Feuers irgendetwas stürzte.

Es war kein brüllendes Inferno, nicht das unterirdische Grollen eines Vulkans. Trotz des schlimmen Verlusts, der sich abzeichnete, waren die Geräusche in dem anhaltenden Regen dezent und passten zu der Stille der Stadt.

„Guten Morgen, Herr Bürgermeister!", sagte Heilke Swart, als sie das Gebäude der Stadtverwaltung erreichte. Beisenkötter reagierte nicht sofort. Er stand dort, eingehüllt in einen dicken Wollmantel mit Fischgrätenmuster, den Herrenhut auf dem Kopf, Lederhandschuhe, einen Schirm in der Hand, und versuchte zu denken. Was würde sich nun ändern? Einiges würde man retten können. Wohin damit? Das alte Gymnasium, das nun leer stand, fiel ihm ein. Erst mal alles abstellen! Aber abgesehen vom Museum: Die Sitzungen der Ratsversammlung! Die Empfänge!

Das Stadttheater? In dieser Notsituation? Als Mitglied im Verwaltungsrat des Landestheaters hatte er Einfluss. Stadttheater! Da sollte er in ein paar Stunden auftreten! Große Sache! Die Spar- und Leihkasse Rendsburg feierte heute in einem Festakt das 150-jährige Bestehen! Presse, NDR. Ehrengäste.

Seine Rede hatte er fertig. Aber er würde abweichen müssen vom Text. Das Rathaus brennt! Ein Jahrhundertereignis, eine Katastrophe! Wer kann da zur Tagesordnung übergehen? Wie würde Direktor Lubinski darauf reagieren? Die Sparkasse hatte in ihrer Geschichte immer schon Bürgerprojekte großzügig unterstützt, Gemeinsinn bewiesen. Jetzt erlebten sie wieder eine Schicksalsstunde, in der alle zusammenhalten mussten. Ein ganz besonderer Tag, ohne Frage.

„Guten Morgen, Herr Bürgermeister!", wiederholte Heilke Swart. Beisenkötter drehte ihr sein großes, fleischiges Gesicht zu. – „Ein schöner Morgen, Frau Swart!", antwortete er ernst. – „Das ist ja schrecklich!", sagte sie, ohne auf seinen Sarkasmus einzugehen. – „Ja, schrecklich." – „Weiß man schon …?" – „Nein, ich weiß noch nichts." – „Ich muss da rein", sagte sie. „Herr Müller und Herr Franzen kommen auch gleich. Ich hab die Schlüssel für oben mitgebracht." – „Das wird nicht gehen, Frau Swart! Das ist lebensgefährlich." – „Aber ich muss! Denken Sie an die unersetzlichen Stücke!" – „Wenden Sie sich an den Wehrführer! Aber der wird Ihnen auch nichts anderes sagen!"

Gegen vier Uhr war der Brand unter Kontrolle. Unter Begleitung von Hauptbrandmeister Petersen betraten Müller, Franzen, Böhrnsen und Swart erstmalig die unteren Räume. Die Trachten, vorgeschichtlichen Exponate und Bücher schienen unbeschädigt. Aber es war Wasser durch

die Decke gesickert und im „Thormann-Zimmer" in Heilke Swarts Fußsack getropft. Ihr geliebter Fußsack, der ihr auf dem kalten Steinboden
des winzigen Büros bisher so gute Dienste geleistet!

Der Feuerwehrmann drängte zur Eile. „Über uns sieht es mit Sicherheit dramatischer aus", sagte er. „Gehen Sie lieber erst mal nach Hause!
Wir müssen erst prüfen, wie groß die Einsturzgefahr ist. Wenn es hell
wird, wissen wir mehr."

* *Rettungsversuche*

Hans Heinrich Beisenkötter hatte lange den Rettungsversuchen zugese-
hen. Ordnungsamtsleiter Harald Hansen stand bei ihm, dann der Vorsitzende des Museumsvereins, Karl Müller. Und Max Franzen, der Stadtar-
chivar. Zu sagen gab es eigentlich nichts, die ständige Wiederholung, wie
betroffen man sei, wie unersetzlich das mittelalterliche Rathaus und die
heimatkundliche Sammlung darin – das alles war müßig angesichts der
Fakten. Dann aber doch, als Franzen geäußert hatte: „Wir gehen nachher
da rein, retten, was zu retten ist", da hatte sich die Frage ergeben, wohin
die geretteten Sachen zu bringen seien, und so hatte diese traurige Versammlung sogar ein Ergebnis: Das leer stehende Herder-Gymnasium
kam in Frage. Hansen hatte sich bereiterklärt, trotz der frühen Stunde den
Bauamtsleiter aus dem Bett zu klingeln, damit städtische Fahrzeuge vor-
fahren konnten.

Dann war Karl-Heinz Freiwald von der Lokalredaktion gekommen
und hatte die unvermeidlichen Fragen gestellt. Karl Müller konnte den
Verlust der Biologiesammlung beklagen, von Professor Harre aus Kiel
mit liebender Sorgfalt zusammengestellt, „von der Muschel bis zum Geweih eines mächtigen Hirsches", und er bezweifelte, dass von den Seg-
lermodellen aus der Eider-Schifffahrt noch viel übrig sei. An das andere
mochte er gar nicht denken, das könne erst eine Besichtigung vor Ort ergeben. Aber ohne Frage sei dieses Geschehen heute Nacht „der härteste
Schlag seit Bestehen des Heimatmuseums". Freiwald hatte eifrig mitge-
schrieben, nicht ohne innere Bewegung, war er doch auch ein Heimatfor-
scher, dessen Herz schlug für diese Stadt.

Beisenkötter hatte sich traurig gefühlt wie der Kapitän eines sinkenden
Schiffes, der aus Pflichtgefühl nicht weichen mochte. Schließlich war die
legendäre Emma Faupel, die bei der letzten Kommunalwahl nicht wieder
angetreten, aber immer noch Vorsitzende des Frauenrings war, neben ihn
getreten, zierlich neben dem vollschlanken Bürgermeister, mit hoch ge-
steckten grauen Haaren über dem kleinen Raubvogelgesicht, und hatte
ihm einen strengen, aber doch irgendwie auch mütterlichen Rat gegeben:
„Nun gehen Sie man nach Hause, Herr Bürgermeister! Hier können Sie

nichts mehr tun! Nachher beginnt die große Feier, und da dürfen Sie nicht fehlen!" – „Schlafen lohnt sich ja doch nicht mehr!", hatte er sich noch gewehrt. Aber dann war er davon gezogen.

Besonders hell wurde es nicht an diesem Morgen des 2. März. Wer raus musste, hatte einen anderen Grund, als sich das geschundene Rathaus anzusehen, denn die Nachricht von dem Brand war noch nicht durch die Presse gegangen.

Doch spätestens bei der Absperrung der Schleifmühlen- und Mühlenstraße merkten die wenigen Fußgänger und Radfahrer, dass hier etwas los war. Dann der Brandgeruch und die Feuerwehrleute, die die Brandruine untersuchten. Der Leiterwagen, der noch auf dem Marktplatz stand, als sei noch nicht alles vorüber.

Heilke Swart hatte sich ein paar Stunden Schlaf gegönnt und war nun wieder zurückgekehrt. Zusammen mit anderen Vereinsmitgliedern trug sie unermüdlich Museumsstücke aus dem ersten Stock nach unten, zwischengelagert in den fast unversehrten Zimmern des Erdgeschosses. Aber die Angst vor dem Einsturz der Geschossdecken war groß. Besonders die im zweiten Stock, wo die biologische Abteilung untergebracht war, schien gefährdet, denn allerlei Schutt und Löschwasser drückte auf das alte Konstrukt aus Lehm und Stroh und Torfmull. Und so war es eine Erleichterung zu sehen, dass das Stadtreinigungsamt vorfuhr, um die Gegenstände in den ersten Stock des alten Herder-Gymnasiums zu transportieren.

An der Karstadt-Seite hatte sich das Feuer vom Steueramt im Erdgeschoss bis ins Dach gefressen und von dort das gesamte Obergeschoss bis zu dem Giebel an der Mühlenstraße zerstört. Der Gebäudeteil zum Marktplatz mit dem alten ehrwürdigen Ratssaal allerdings war unversehrt. Immerhin – ein Erfolg der Löscharbeiten!

* *Strehlow will Schlimmeres verhüten*
Oberamtsrat Rolf Erichsen war auch informiert und quälte sich schon vor Dienstbeginn die Treppe im Verwaltungsgebäude hoch in den ersten Stock zu seinem Dienstzimmer. „Scheiße! Scheiße!", flüsterte er. Er zog sich an dem Geländer von Stufe zu Stufe, und jedes Mal, wenn er sein rechtes Bein mit der Prothese aufsetzte und nach außen drehte, spürte er die wunde Stelle.

Es war kein guter Tag. Sein Schlaf war nicht erholsam gewesen – das war er schon lang nicht mehr. Der Anruf vom Rathaus, den seine Frau entgegennahm, ein Schock. Der mühsame Weg zum Bad, das Waschen und Ankleiden anstrengender als sonst. Die Entdeckung der roten Druckstelle am Stumpf deprimierte ihn, und die Aussicht auf die Wege, die er zwangsläufig gehen musste, ließ ihn schaudern. Die Hoffnung, der graue Himmel möge aufreißen und mit dem Licht auch seine Stimmung aufhellen, erfüllte sich nicht. Und der Weg zur Blechgarage im Vorgarten war eine kalte Dusche.

„Von wegen tanzen!" Es kam in letzter Zeit häufiger vor, dass er Selbstgespräche führte. Jetzt auf dem Weg nach oben in sein Dienstzimmer lachte er laut auf. Es war ein hässliches Geräusch, nicht sein herzhaftes, oft ansteckendes Lachen, das ihn so sympathisch machte. Er dachte an seinen Bekannten Jonny Kruse aus Nortorf, wie der ihm vorgeschwärmt hatte, was man trotz Prothese alles schaffen konnte, fast wie ein normaler Mensch. „Ich kann sogar tanzen, Rolf!", hatte er gelacht. „So, dass keiner merkt, dass mir das Bein fehlt!"

Rolf Erichsen hatte es geglaubt, wollte es glauben. Der Besuch von Jonny Kruse hatte ihm gut getan, er war gerade richtig gekommen in einer Zeit der Verzweiflung.

Im Hauptamt war noch nichts los. Er setzte sich hinter seinen Schreibtisch und streckte seufzend den künstlichen Unterschenkel aus, betastete ihn, als könne er so den Stumpf massieren. Aber er fühlte nur den Plastikschaft, über den sich die Anzughose spannte wie über ein Rohr.

Eine Tür klappte. „Oh, Sie sind schon da?" Anke Pfaffe schaute herein. „Nein, es ist nur mein Geist", antwortete ihr Vorgesetzter ernst. – „Ist irgendwas?", fragte sie. „Sie sehen nicht gut aus." – „Ich fühl mich beschissen", war die Antwort. „Komm mal her!", winkte er sie heran. „Taste mal meinen Rücken ab! Irgendwas tut da weh. Aber ich weiß nicht, wo." Er beugte sich vor. „Nee, weiter nach rechts! – Ja, und jetzt nach unten. Du kannst ruhig kräftiger drücken!"

Die Untersuchung endete ohne klaren Befund. Eine Verspannung schien es nicht zu sein, dann hätte sie einen empfindlichen Punkt finden können.

Eigenartiges Gefühl. Vertraut miteinander waren sie schon immer, weil sie sich mochten. Rolf Erichsen war schon Anfang der sechziger Jahre als Leiter des Hauptamts für das Personal zuständig gewesen, hatte sie unterstützt und gefördert und in fürsorglicher Weise in Schutz genommen, wenn es nötig war. Nebensächlich eigentlich, aber Pfaffe war besonders gut im Gedächtnis geblieben der Tag, an dem sie gemeinsam das Verwaltungsgebäude am Markt verließen und sie mit ihren Stöckelschuhen auf das Gitterrost am Eingang zulief, das zum Abstreifen der Schuhe gedacht war. Plötzlich fasste er sie an den Arm und sagte: „Vorsicht! Dass du da nicht hängenbleibst!"

Das war lange her. Jetzt waren die Rollen vertauscht – das heißt, nicht ganz. Die Fürsorge und Rücksichtnahme, die Rolf Erichsen jetzt nötig hatte, galt seiner Krankheit, seinem Schicksal, das er nicht verdient hatte. Und der Ungewissheit, die über allem schwebte.

Sie war bei dem „Geheim-Gespräch" dabei gewesen, damals, vor der OP. Sie hatte die Worte von Artur Schulz noch im Ohr: „Das Bein muss ganz ab! Das Risiko ist sonst zu groß!" Und sie sah vor sich, wie Beisenkötter so betroffen reagierte. Er hatte doch auch den Krieg erlebt und musste doch wissen, was alles möglich war, ja, sein musste. Und doch hatte er mit fast kindlichem Trotz gesagt: „Ein Bein würde ich mir nie abnehmen lassen!" Lieber würde ich sterben, sollte das wohl heißen.

„Haben Sie das Rathaus schon gesehen?", fragte Anke Pfaffe. – „Ja. Natürlich. Eine Tragödie. Ursache?" – „Es gibt Gerüchte", sagte Pfaffe. – „Ach ja?" – „Ein Wachmann von Karstadt hat gegen zwei Uhr den Brand gemeldet, das heißt, er hat wohl Rauch im Steueramt gesehen. Ein Fenster soll eingeschlagen gewesen sein." – „Also ein Einbruch? Klingt logisch. Wie soll auch nachts um zwei ein Brand im Steueramt entstehen! Einfach von allein!" – „Das sehe ich auch so", sagte Pfaffe. „Soll ich Ihnen einen Kaffee machen?"

„Das wäre wundervoll!", sagte Erichsen. „Ich glaub, heute brauch ich zwei!" – „Das glaub ich auch!", sagte Pfaffe im Hinausgehen. „Zumal Sie heute auch noch Stallwache haben!"

„Stallwache"! Heute war er sozusagen der Ranghöchste im Büro. Der Bürgermeister und mit ihm sein Stellvertreter Dr. Speck, der Bürgervorsteher Hellmuth Brodersen und der gesamte Senat waren Gäste bei der 150-Jahr-Feier der Spar- und Leihkasse im Stadttheater. Ausgerechnet! Die Wirklichkeit hatte ihn wieder.

Das Büro füllte sich. Die Stimmung war gedrückt. Sie standen an den Fenstern und konnten es nicht fassen.

Werner Strehlow erschien in der Tür. „Guten Morgen, Herr Erichsen! Darf ich Sie kurz mal sprechen?" – „Natürlich. Komm rein … setz dich!"

Strehlow, zuständig für die Bauunterhaltung, war seit fast drei Jahren in den Diensten der Stadt. Seine Dienststelle, die Hochbauabteilung unter Amtsleiter Peter Lensch, war etwa zur gleichen Zeit vom Hinterhof am Markt in ein Gebäude hinter dem Pelli-Hof verlegt worden. Mit den steigenden Anforderungen an die Verwaltung wurde der Platz knapp. Irgendwann würde sie komplett umziehen müssen.

Strehlow hatte an diesem Morgen die zerstörten Teile des alten Rathauses begutachtet.

„Eigentlich wollte ich zum Bürgermeister. Aber der ist ja nicht da", sagte er und begann mit seinem Bericht. Zum Schluss fasste er zusam-

men: „Der Fachwerkgiebel an der Mühlenstraße hat keine Verbindung
mehr zum Dachstuhl und steht völlig frei. Er kann jederzeit einstürzen.
Die Geschossdecke oben liegt voller Schutt und hat sich mit ziemlicher
Sicherheit mit Löschwasser und Regen vollgesogen. Sie wird bald durch-
brechen. Ich schlage vor, dass sofort eine Baufirma beauftragt wird, die
notwendigen Sicherungsmaßnahmen durchzuführen."

Erichsen sah ihn nachdenklich an. „Ich verstehe", sagte er schließlich.
„Aber, Strehlow, ich kann eine solche Entscheidung nicht treffen! Wir
müssen auf den Bürgermeister warten." – „Könnten Sie nicht im Stadttheater anrufen?" – „Ich wüsste nicht, wen ich da anrufen soll! Die Kasse
hat geschlossen! Und die Festveranstaltung läuft. Wie stellst du dir das
vor?" – „Aber wir dürfen keine Zeit verlieren! Dass da die Leute vom
Museumsverein ein- und ausgehen, ist unverantwortlich! Und denken
Sie an den wertvollen Giebel! Der muss doch erhalten werden für den
Wiederaufbau!"

Erichsen stöhnte leise. Strehlow hatte ja recht. Aber er konnte doch
nicht … er durfte doch nicht seine Kompetenzen überschreiten!

„Herr Erichsen, es ist wirklich dringend!"

„Weißt du was, Strehlow? Mach, was du willst! Ich steh hinter dir!"

* *Eine Entscheidung wird nachträglich gebilligt*

Immer war etwas dazwischen gekommen, wenn die Spar-und Leihkasse
Rendsburg einen „runden" Geburtstag hatte. 1823 gegründet, wäre der
25-jährige Geburtstag 1848 eine prächtige Gelegenheit gewesen, aber da
waren die Bürger mit den Vorbereitungen zur schleswig-holsteinischen
Erhebung[46] beschäftigt. 1873 war die rauschhafte Zeit nach der Reichsgründung[47] – ein Sparkassengeburtstag erschien irgendwie unbedeutend
angesichts des nationalen Höhenfluges. 1898 beschäftigte man sich mit
dem Bau eines neuen Gebäudes, was äußerste Sparsamkeit erzwang, und
1923 herrschte eine deprimierende Inflation[48].

1948 kurz nach der Währungsreform war der Weltkrieg allgegenwärtig, inmitten von Flüchtlingsnot und Hunger konnte man sich – immerhin
– zu einer sehr bescheidenen Feier aufraffen. Mehr war nicht drin.

Nun aber, im Jahre 1973, als die Bundesrepublik nach den rasanten
Wiederaufbau-Jahren eine Verschnaufpause eingelegt hatte und es den
Menschen gut ging, war die Zeit günstig. Das erste Mal eine große Jubi-
läumsfeier für eine Institution, die sich von Anfang an einem sozialen
Auftrag verpflichtet gefühlt hatte. So bestimmte Kaufmann und Gründer
Johann Georg Röhling 1823, dass die Überschüsse der Armenanstalt zu-
fließen und später zur Errichtung eines „Krankenhauses für Dienstboten"
verwendet werden sollten. Dieses erste „Zivilhospital" war für 30 000

Courantmark[49] in der Münzstraße Nummer eins eingerichtet worden und hatte 1848 seinen Betrieb aufgenommen.

Diese Geschichte erfüllte Sparkassendirektor Erwin Lubinski mit Stolz, und stolz breitete er sie aus vor der Festgesellschaft aus Wirtschaft und Politik, die sich nach dem Empfang in den oberen Räumen des Stadttheaters nach unten in die mit Samt bezogenen Zuschauerränge begeben hatten.

Doch dann, gegen Ende seiner Begrüßungsansprache, wurde er ernst: „Mit Entsetzen haben wir alle heute Morgen zur Kenntnis genommen, dass unser altehrwürdiges Rathaus durch einen Brand teilweise zerstört wurde – vielleicht sogar einem Brandanschlag zum Opfer gefallen ist. Aber, meine sehr verehrten Damen und Herren, Herr Bürgervorsteher, Herr Bürgermeister, nach Augenblicken des Schocks und der Trauer über diesen Verlust wollen wir dennoch nach vorne blicken und uns Mut machen: Das Rathaus wird wieder aufgebaut!"

Stürmischer Beifall brandete auf, war doch der Rathausbrand bei dem vorangegangenen Empfang als prägende Sensation empfunden und als Schicksalsschlag diskutiert worden. Und nun dieser Tatendrang! Lubinsky hatte die richtigen Worte gefunden, und er fuhr fort: „Ich habe sofort dafür gesorgt, dass ein Spendenkonto mit der Nummer 9000 eingerichtet wird und habe bereits einen namhaften Betrag einzahlen lassen!"

Wieder Beifall. Die Verzagten müssen aufgerichtet werden! In der Stunde der Not halten wir zusammen – das war die Botschaft!

Und Lubinsky konnte nun auf die großen Dienste verweisen, die die Sparkasse den Bürgern der Stadt schon in der Vergangenheit erwiesen hatte. Nicht nur für die Unterstützung unbemittelter Rendsburger, sondern auch für das neuzeitliche Krankenhaus, für das Hospital zum Heiligen Geist, die Rendsburger Schulen, für Stipendien und nicht zuletzt für den Bau des Stadttheaters, das um die Jahrhundertwende als Stadthalle gebaut worden war und in dem sie jetzt die Ehre hatten, ihr 150-jähriges Jubiläum zu feiern.

Es war ein feiner Höhepunkt, den sich der Direktor anlässlich der aktuellen Ereignisse einfallen ließ, und ging weit über den Charakter einer Begrüßung hinaus. Die zahlreichen Grußworte, die nun folgten, bezogen sich gern darauf, lobten das Spendenkonto als Zeichen wachen Bürgersinns, hatten aber auch Eigenes im Übermaß beizutragen, da ließ man sich nicht lumpen, und es war ja auch eine Gelegenheit, sich selbst in ein öffentliches Licht zu rücken.

Auf der Bühne saß das verstärkte Orchester der Landesbühne unter der Leitung von Musikdirektor Hans-Joachim Marx und brachte nun anschließend die Ouvertüre „Titus" von Wolfgang Amadeus Mozart zu Gehör. Das war eine wohlklingende Pause. Man lehnte sich entspannt zurück.

Es folgte der Festvortrag des Bürgermeisters als Höhepunkt der Jubiläumsfeier. Die meisten Gäste, die den Redner kannten, hatten sich auf ihn gefreut, denn er war bekannt dafür, frei schwebend aus dem Stegreif und genussvoll launige Ansprachen zu halten und humorvolle Anspielungen und Seitenhiebe einzubauen. Allein, ein Blick auf das Programm der Feierstunde hätte genügt, sich auf etwas anderes einzustellen. „Die Stadt – gestern, heute, morgen" lautete der Titel des wohl eher akademisch konzipierten Vortrags.

Und so wich die Wachheit in den Gesichtern der Honoratioren, die ein selbstverständliches Interesse ausstrahlten, mit fortschreitender Zeit einer gewissen Erschlaffung, die Augenlider glitten langsam herab. Aber das kannte man ja, auch diese Veranstaltung war kein Zuckerschlecken. Sie gehörte dazu, wenn man dazu gehören, wenn man jemandem die Ehre erweisen wollte, die einem auch selbst irgendwann einmal zuteil werden mochte. Und man fühlte sich wohl in einer Gesellschaft von hervorragenden Persönlichkeiten. Jede Einladung war eine Bestätigung der Wertschätzung, die man genoss.

Um die Mittagszeit gingen Hans-Heinrich Beisenkötter und Senator Dr. Speck gemeinsam zu Fuß zurück zum Rathaus. Sie nahmen denselben Weg wie die Brandstifter in der Nacht zuvor, ohne sich dessen bewusst zu sein, sprachen aber über nichts anderes als über das zerstörte Kleinod der Stadt. Sie rochen das verkohlte Dachgestühl, noch bevor sie den Altstädter Markt erreichten.

Nichts bleibt, wie es ist, dachte Beisenkötter. Immer wieder gibt es Rückschläge, aus denen sich etwas Neues entwickelt! Natürlich würde das alte Rathaus wieder aufgebaut. Aber ob das Museum dort wieder einziehen wird? Und wo wohl die Sitzungen der städtischen Gremien künftig stattfinden? Würden die Überlegungen zum Bau eines neuen Verwaltungsgebäudes einen neuen Schub erhalten? – Gedanken aus seinem Festvortrag kamen ihm in den Sinn: Jahrhunderte lang war die Stadt etwas Statisches gewesen, das Rathaus mit seinem Markt hatte sich kaum verändert. Doch dann, besonders nach dem Ende des Krieges, mit der Wohnungsbewirtschaftung, der Flüchtlingsproblematik und dem sozialen Elend, wuchsen die Aufgaben der Verwaltung, und das ehemalige Kaufhaus Böse wurde bezogen. Nun reichte auch das nicht mehr. Die Büroräume krochen von Haus zu Haus bis zur Neuen Straße, Abteilungen wie das Bauamt wurden ausgelagert. Die Stadt wuchs, ihre Entwicklung war schon längst ein dynamischer Prozess geworden.

„Haben Sie die Baufirma Schärff beauftragt, Herr Bürgermeister?", fragte Dr. Speck, als sie von Lampen-Wendt auf die Ruine blickten. Arbeiter waren dabei, im Erdgeschoss und im ersten Stock Stützen einzuziehen und den Giebel zu sichern, der keine Verbindung zum Dachstuhl mehr hatte. „Nicht, dass ich wüsste", antwortete Beisenkötter. „Sie können sich ja mal darum kümmern. Ich muss hoch." Daraufhin eilte er ein paar Schritte zurück und betrat das Verwaltungsgebäude.

Senator Speck nahm Witterung auf. Hatte hier jemand seine Kompetenzen überschritten? Er blickte in den zerstörten Eingang wie in einen dunklen, verdreckten Flur, Schalbretter, Werkzeug, verschmutztes Wasser auf dem Boden, wie ein halbfertiger Rohbau sah es aus. Zwei Bauarbeiter sägten Holz zurecht. „Hallo, Sie da!", rief Speck, und als sich der eine fragend zu ihm drehte: „Können Sie mir sagen, wer das hier … angeordnet hat?"

„Nee!", antwortete der Mann. Nun zeigte sich das Gesicht des anderen und mischte sich ein: „Vorhin war da einer vom Bauamt! Vielleicht weiß der was!" Und nach hinten gewandt: „Ede? Ist der vom Bauamt noch bei dir?"

Speck hörte im Innern des Hauses Stimmen. Der Bauarbeiter rief nach hinten: „Hier ist ein Herr, der möchte ihn sprechen!"

Es dauerte eine Weile, bis jemand auftauchte, mit Jacket und Schlips und guten Schuhen, und mühsam auf Zehenspitzen das Gleichgewicht haltend die Wasserpfütze überwand. Er hielt sich am Türpfosten fest und blickte überrascht: „Oh! Dr. Speck! – Sie wollten mich sprechen?" Und als der Senator ihn fragend anblickte, fügte er hinzu: „Strehlow! Werner Strehlow! Hochbauabteilung!"

„Ach so. Ja. Ich möchte nur wissen: Wer hat die Firma Schärff beauftragt?"

Strehlow wusste sofort, was nun kam, und wappnete sich. Er fühlte sich ertappt, doch war sich seiner Sache sicher. „Das war ich", sagte er, und als Speck ihn heftig unterbrechen wollte: „Warten Sie! Ich weiß, ich habe dazu nicht das Recht. Aber ich habe das mit Herrn Erichsen abgesprochen. Es musste sein! Der Giebel …", und dabei zeigte er nach oben, „der Giebel wäre uns sonst auf die Straße gekippt! Und die Geschossdecken …" – „Herr Strehlow!", unterbrach ihn nun der Senator. „Ihnen ist also klar, dass Sie Ihre Kompetenzen weit überschritten haben. Ich werde das klären. Sie hören von mir."

Damit drehte er sich um und eilte auf den Eingang des Verwaltungsgebäudes zu.

Beim Bürgermeister fand gerade eine Besprechung statt, als er hereingebeten wurde. Brandmeister Petersen, Oberamtsrat Erichsen und ein Herr Sievers von der Landesbrandkasse.

„Nun", sagte Beisenkötter, „Dr. Speck kennen Sie ja. – Dr. Speck! Wir besprechen gerade die Situation. Herr Petersen hat seine Männer schon vor ein paar Stunden abgezogen. Seitdem werden gefährdete und beschädigte Sammlungsstücke rübergebracht ins alte Herderschulgymnasium. Die Leute vom Museumsverein sind jetzt noch dabei. Die Firma Schärff ist – aber das haben Sie ja selbst gesehen – damit beschäftigt, die Geschossdecken abzustützen."

„Ja, das habe ich gesehen", sagte Speck. „Nur der Ordnung halber: Die Auftragsvergabe an die Baufirma ist nicht autorisiert!"

„Gibt es da Unstimmigkeiten?", warf Sievers ein. „Keine Unstimmigkeiten!", antwortete Speck. „Denn es ist völlig klar, dass nur der Bürgermeister beziehungsweise sein Stellvertreter befugt sind, einen Auftrag zu erteilen!"

„Ich verstehe", sagte Sievers. „Ich wollte nur sagen: Egal, wer den Auftrag erteilt hat – es war gut! Dadurch ist Schlimmeres verhütet worden."

„Der Meinung bin ich auch", pflichtete der Brandmeister bei. „Ich kann Ihnen nur sagen: Der Giebel hätte nicht mehr lange gestanden! Der Dachstuhl ist ja völlig weggebrannt, keine Stütze mehr!"

„Sehr schön", sagte Speck. „Dann ist das ja gut gelaufen. Dennoch haben wir in der Stadt klare Zuständigkeiten, und die gehören zu einer geordneten Verwaltung, besonders in einem Notfall wie diesem. – Was mich mal interessiert: Warum haben Sie, Herr Erichsen, nicht im Stadttheater angerufen? Dann wär doch alles in Ordnung gewesen!"

Nun blickten sie alle in das gar nicht so fröhliche Gesicht des Oberamtsrats. Tiefe Falten, schwere Tränensäcke in einer grauen Gesichtslandschaft, die Zigarettenspitze in typischer Weise umklammert mit dem Ringfinger, saß er da, ungewöhnlich defensiv, als sei sein Wille erloschen.

„Ich habe angerufen. Da war eine Dame am anderen Ende. Sie sagte, die Veranstaltung sei im Gange und sie könnte unmöglich stören. Als ich mich damit nicht zufrieden gab, versprach sie mir, den Bürgermeister bei der nächsten Gelegenheit herauszuholen. Er würde dann zurückrufen."

Erichsen zog an seiner Spitze. Etwas Zeit gewinnen.

Er bemerkte die fragenden Blicke und wusste, er würde noch etwas hinzufügen müssen. Die Erklärung, die er gegeben hatte, war zu schwach. Zu schwach für Rolf Erichsen, den Oberamtsrat, der gewohnt war, sich durchzusetzen!

Was war mit ihm los? Zitterte seine Hand? Er strich sich flüchtig über den Kopf, als wollte er seine Haarlocken ordnen, die über die Jahre dünn geworden waren, bedrängt von den runden „Geheimratsecken".

Er musste Werner Strehlow raushauen, das war klar. Ich stehe hinter dir, hatte er zu ihm gesagt. Und da gab es nur eine Möglichkeit. Ärgerlich nur, dass ihm nun zwei Personen zuhörten, die nicht zur Verwaltung gehörten.

„Ich weiß", fuhr er fort, „das war falsch. Ich habe mich abfertigen lassen. Ich glaub, das ist heute nicht mein Tag."

Die Herren schwiegen. Bis auf den Vertreter der Landesbrandkasse hatten alle die gleichen Gedanken: Sie stellten sich vor, wie es war, mit dem Krebs zu leben. Ein ganzes Jahr hatte Rolf Erichsen dem Dienst fernbleiben müssen. Jetzt war er wieder da, mit einer Beinprothese. Ob der Krebs besiegt war? Niemand konnte das wissen! Schrecklich! Schrecklich musste das sein. Was war dagegen ein kleiner Moment der Schwäche!

Beisenkötter räusperte sich. „Ich stelle fest", sagte er, „dass Herr Erichsen uns im Stadttheater nicht erreichen konnte. Die Maßnahme, die Herr Strehlow vom Bauamt mit Billigung von Herrn Erichsen ergriffen hat, war unbedingt notwendig, goldrichtig, sozusagen. Meine Herren, ich danke Ihnen allen für die gute Zusammenarbeit an einem schwierigen Tag!"

Eine Ehe scheitert

„Da gibt man doch nicht gleich auf!", erregte sich Rolf Erichsen. „Sex ist nie so, wie ein Mann sich das vorstellt!"

Sein Sohn hatte dieses Wort noch nie gehört aus dem Munde seines Vaters, und obwohl er überrascht war, wollte er nicht weiter in die Einzelheiten gehen. Er hatte mit seiner Frau Anke beschlossen, ihre Eltern zeitgleich über ihren Entschluss zur Scheidung zu informieren. Das hatte er getan. Und als sein Vater daraufhin seine maßlose Enttäuschung zeigte und mit lautem „Warum?" eine Erklärung forderte, war Peter Erichsen zunächst darauf eingegangen und hatte von Harmonie im Bett gesprochen – was er sofort bereute.

Sein Vater sprang augenblicklich darauf an, als hätte er das Hauptübel erkannt und wüsste nun die Heilungsstrategie.

Es ging ja gar nicht um Sex, wenngleich die beiden jungen Leute ohne jedwede Erfahrung in die Ehe gestolpert waren. Das konnte nur gelingen, wenn sich beide mit großer Neugier auf einen gemeinsamen Weg machten.

Es ging ja im Kern eher um verschiedene Lebensentwürfe, um Familiengründung – und es war ihrer Unerfahrenheit geschuldet, dass sie sich darüber nicht vorher Klarheit verschafft hatten. In ihrer Naivität hatten sie gedacht, das würde sich schon ergeben, wenn sie erst einmal verheiratet wären.

Rolf Erichsen fühlte sich betrogen.

Er und Ankes Vater Christian hatten es gewusst, dass die jungen Leute noch nicht reif gewesen, aber verhindern konnten sie die Ehe nicht. Liebe ist frei und wild, sie plant nicht und sie kennt kein Ende. Darum taten sie alles, um ihren Kindern den Anfang so schön wie möglich zu machen.

Und entgegen dunkler Ahnungen schien alles gut zu laufen, nicht den kleinsten Hinweis hatte es gegeben auf Probleme in der Zweisamkeit – und so waren die Eltern bereit, erleichtert zuzugeben, sich geirrt zu haben. Anke und Peter hatten in Büdelsdorf sogar ein kleines Häuschen gekauft.

Jedes Mal, wenn sie zu Besuch kamen, war der zwanghafte Gedanke: Ob sie uns jetzt die frohe Botschaft bringen? Und wenn er es gar nicht mehr aushalten konnte, machte Rolf scherzhafte Bemerkungen. Dahinter steckte ärgerliches Unverständnis, das sich gelegentlich entlud, wenn die jungen Leute nicht dabei waren. Halb im Ernst fluchte er dann über die „Scheiß Pille", die ihm das Recht vorenthielt, Großvater zu werden.

Trotzdem war er klug genug, sich seine Ungeduld nicht anmerken zu lassen.

Und dann kommt sein Sohn zu ihm in die Gartenstraße und berichtet über die vorgesehene Scheidung!

Das Gespräch nahm keinen guten Verlauf, und als Peter schließlich das Gefühl hatte, dass die Wut seines Vaters nicht zu besänftigen war, sagte er schroff: „Ich geh dann besser!" – „Dann hau doch ab!", schrie Rolf ihm hinterher. „Ja", dachte Peter. „Ich hau jetzt ab! Und komm so bald nicht wieder!"

Doch wenige Tage später ließ er seinen Vorsatz fallen. „Dein Vater und Chrischan sitzen hier und halten Kriegsrat!", hatte seine Mutter am Telefon gesagt. „Sie wollen eure Ehe retten." Da setzte er sich in seinen VW-Käfer und fuhr in die Gartenstraße. „Ihr braucht euch keine Mühe zu geben", platzte er in die Besprechung vor dem großen Fenster in Rolfs Arbeitszimmer. „Es ist alles entschieden!"

Der Scheidungstermin am Landgericht Kiel war für den Juli angesetzt.

Rolf verliert sein Gebiss in der Nordsee (1973)

Rolf Erichsen starrte in das Waschbecken.

Der Schaum, den er nach dem Putzen der Zähne hinein gespuckt hatte, war nicht weiß, sondern rötlich.

Einen Augenblick vermochte er sich nicht zu rühren. Ein Schauer knisterte über seine Kopfhaut, die sich zusammen zog. Flüchtig waren alle Gedanken.

Doch dann kamen sie mit Macht zurück: Was um Himmels Willen bedeutete das? Rot wie Blut, Blut wie Tod? Habe ich nicht den Göttern geopfert, um sie gnädig zu stimmen? Einen Fuß! Ein halbes Schienbein! War das nicht genug? Schlug jetzt, in diesem Augenblick, die Uhr?

Vorsichtig nahm er wieder Wasser in den Mund und gurgelte behutsam, um das Biest nicht zu wecken. Und spuckte aus – und wieder Blut! Noch einmal Wasser zum Ausspülen, Angst zu spucken, nur heraus laufen lassen über erschlaffte Lippen. Ein Speichelfaden seilt sich ab ins Becken, das immer noch rot war. Aber schon weniger – oder täuscht er sich?

Ein paar Mal spült er noch, dann ist er sicher: Es hat aufgehört.

Aber er ist noch so aufgewühlt, dass er alle Rücksicht fahren lässt. Er sagt zu seiner Frau, die gerade hereinschaut: „Ich hab Blut gespuckt. Guck mal!" Und er zeigt ins Waschbecken und spült dann sofort alles weg. „Was kann das sein?"

„Weiß nicht", sagt sie. „Irgendwo drauf gebissen?"

„Unsinn", sagt er. „Das hätt ich doch gemerkt!"

„Vielleicht ist was geplatzt. Beim Zähneputzen, wenn du alles aus deinem Hals heraus hustest. Das ist ziemlich laut. Du hast auch vorhin die Nase geputzt. Mit dem üblichen Trompetenton. Da muss ja mal was platzen."

Rolf beruhigte sich langsam. Es gab viele natürliche Erklärungen für Blut im Mund. Natürlich.

Er dachte an Artur Schulz, der ihm neulich die Leviten gelesen hatte. „Hör auf", hatte er gesagt, „in jedem Zipperlein einen Tumor zu vermuten! Hast du nicht auch früher mal hier, mal da etwas Unangenehmes gespürt? Die Nerven spielen uns manchmal einen Streich, es juckt und piekt ohne erkennbaren Grund!"

Jonny Kruse hatte ihm etwas ganz Ähnliches erzählt, als er ihm vor einem Jahr seine Prothese vorgeführt hatte. Jonny, der Optimist! Ja, ja, der Jonny. Ganz so toll war es dann doch nicht geworden. Aber das kann ja noch werden. Ich bin zu ungeduldig, dachte er. Das ist erst ein gutes Jahr her! Das ist gar nichts! Die bei Kowsky haben auch gesagt, dass es Jahre dauert, dass sich der Stumpf immer wieder verändert und die Prothese angepasst werden muss.

Bald verlor der Vorfall für Rolf Erichsen an Bedeutung. Es ging ihm gut, und wenn auch die Prothese immer wieder zu hässlichen Druckstellen führte und die Phantomschmerzen nicht nachließen, so fügten sich diese Unannehmlichkeiten doch mehr und mehr in den Alltag ein.

In der Verwaltung und in den politischen Gremien war der Wiederaufbau des alten Rathauses ein wichtiges Thema geworden – eine Weile noch begleitet von öffentlichen Emotionen.

So war es ein verständlicher Reflex der biederen Leute, in einem akuten Fall von sinnloser Kriminalität nach Strafverschärfungen zu rufen und mit dem Finger auf die angeblich Schuldigen zu zeigen. Im Rathaus gingen böse Briefe ein, die in der Forderung gipfelten, den Tätern die rechte Hand abzuhacken, damit in Rendsburg endlich wieder Ordnung herrsche.

Dass Jugendliche derartig sinnlose Taten begingen, sei auch zurückzuführen auf ein gesellschaftliches Klima, in dem aufmüpfige Studenten die demokratischen Institutionen unterwanderten! In dem eine sozial-liberale Bundesregierung in falsch verstandener Liberalität sich dazu versteige, sogar Schule und Familie „demokratisieren" zu wollen[50]! Von dem Ausverkauf deutscher Interessen ganz zu schweigen, schließlich hatte Bonn durch den Grundlagenvertrag[51] dem DDR-Regime eine ganz und gar unnötige internationale Anerkennung verschafft!

Aber auch diese Erregung flaute ab mit der Zeit. Im Rathaus ging es um die Frage, ob das Museum nach dem Wiederaufbau an alter Stelle eingerichtet werden sollte – oder vielleicht im Wagenhaus, in dem jetzt noch der Bauhof untergebracht war.

Und in der Landeszeitung konnte Erichsen zusammen mit Hans-Heinrich, Thomalla, Tybussek und Kühl stolz die Fortschritte bei der Einführung der EDV präsentieren.

Während also der Oberamtsrat seine dienende Rolle wiedergefunden hatte und nach vorne sah, wie er es gewohnt, bemerkte er nicht die Panik, die seine Frau nach dem Blick aufs Blut ergriffen hatte. Sie machte sofort einen Termin bei Artur Schulz.

„Das hört sich nicht gut an, Hilde", sagte Schulz. „Ich fürchte, das ist das Ende." Und als er Hilde Erichsens entsetztes Gesicht sah, fügte er hinzu: „Vielleicht noch ein paar Monate. Du musst jetzt stark sein."

Hilde hatte ihre Faust in den offenen Mund gelegt, als wollte sie hinein beißen und so den Schmerz betäuben. „Ich weiß", sagte Schulz, „was du mich gleich fragen willst! – Nein! Wir können nichts dagegen tun. Wir haben schon mal darüber gesprochen: Es gibt nichts!"

Für eine Weile war es im Behandlungszimmer still. Artur Schulz ließ der Frau seines Freundes Zeit. Sie starrte vor sich hin.

Dann erhob er sich langsam. „Und: Nichts sagen, hörst du?" Hilde Erichsen nickte stumm.

Ein ungeheures Verhängnis war über sie gekommen, Verzweiflung füllte sie ganz aus, kein vernünftiger Gedanke stellte sich dem entgegen. Keine Frage, kein Ausruf kam ihr in den Sinn.

Es war ein Schock, und erst, als sie vor ihrer Haustür stand, sah sie Wege in der Finsternis: Erstens, jetzt sich nichts anmerken lassen. Ach, er war ja noch im Dienst. Dann: Sich so verhalten wie immer. Ich habe jetzt eine Verantwortung. Wenn ich zusammenbreche, kommt es zur Katastrophe, zu einer Kurzschlusshandlung. Also muss ich stark sein. Nicht über die Krankheit reden – er redet ja auch nicht mit mir darüber, und dass er es nicht tut, signalisiert mir, dass er es nicht will. Gott sei Dank ist das so, denn ich habe schreckliche Angst vor einem Gespräch über Leben und Tod. Ich kann das nicht!

Allmählich tauchten Fragen auf: Gab es nicht irgendwo Rettung? Artur wusste doch auch nicht alles! Wen konnte sie fragen? Wem durfte sie sagen, was sie wusste? Konnte es ein Leben geben ohne Rolf? – Nein! Diese Frage ließ sie nicht zu. Der Gedanke war ganz und gar ungehörig! Ein Verrat!

Bald merkte sie, dass sie das Wissen nicht allein ertrug. Peter, Hilke zog sie ins Vertrauen – Frauke nicht, sie war mit ihren vierzehn Jahren noch zu jung. Die Frauen von Rolfs Männerfreunden? Gerda Martens, Bambi Selle? Nein, das wagte sie nicht. Die Gefahr, dass Rolf über Umwege doch etwas erfuhr!

Seit vor einem Jahr die Krankheit mit ihren verstörenden Tentakeln in ihr persönliches Umfeld gekrochen war, war das Thema in der Welt. In ihrer persönlichen Wahrnehmung schien die Zahl der Opfer plötzlich gestiegen zu sein, die ängstliche Neugier auf schaurige Details geradezu ansteckend. Und jetzt erst recht, da der Arzt und Freund so negativ sich geäußert hatte.

Die Illustrierten lebten gut mit der Faszination der drohenden Auswegslosigkeit. So erfuhr Hilde von der Mistel-Therapie. Säfte der Natur, in denen noch viele Geheimnisse steckten! Das gab ihr Hoffnung, und sie überredete ihren großen Sohn, mit ihr zusammen einen Besuch bei Artur Schulz zu machen. Doch der, ganz Schulmediziner, winkte ab: Der Saft von geeigneten Mistelblättern werde dabei unter die Haut gespritzt, aber das sei eine ganz und gar nutzlose Behandlung, für irgendeine Wirksamkeit fehle jeder Beleg.

Hilde Erichsen erinnerte sich auf ihrer Suche nach Heilsversprechen an eine alte Freundin, die jetzt in Lörrach in der Nähe von Basel lebte: Frida Jörck. Sie war die Mutter von Hellmut, dem Arzt, der vor 27 Jahren dem kleinen Peter die Hungerödeme aufgeschnitten – auf dem Küchentisch in der Obereiderstraße – und behauptet hatte, Säuglinge hätten noch keine

Empfindungen für Schmerz. Dass sie damals empört gewesen war, spielte jetzt keine Rolle. Die Mutter eines Arztes, der anders war, der mit Naturmedizin und Edelsteinen Erfolge hatte – warum sollte der – oder sogar sie? – nicht eine Idee haben, wenn alle anderen versagten?

Die alte Freundin antwortete prompt. Sie zeigte sich „zutiefst erschüttert über Rolfs neuerliche Erkrankung" und riet zu einer sofortigen Kontaktaufnahme mit Dr. Hadamowski, einem Anthroposophen und hervorragenden Arzt, der leider kürzlich nach Kiel umgezogen – was aber auch als glücklicher Umstand gelten könne, da er ja nun in Rolfs Nähe praktiziere. Dieser Arzt könne für eine Überweisung in das Gemeinschaftskrankenhaus in Herdecke sorgen. Das alles sei natürlich nur mit Rolfs Einverständnis möglich, und dazu müsse man ihn wohl oder übel über seinen wahren Zustand aufklären.

So war auch dieser Ausweg verschlossen, denn sie hatten sich zum Schweigen verschworen.

Aber Hilde lebte weiter in dem Gefühl, dass der Tod in ihrem Leben nichts zu suchen habe, einfach nicht vorstellbar war.

* *Rolf Erichsen fühlt sich wohl in St. Peter*
Die Landschaft am westlichen Rand der Halbinsel Eiderstedt war grandios.

Vor dem Deich lag ein tiefes Vorland aus Schlick und Sand, auf deren höheren Teilen Süßgras wuchs und Schilf und wo im Sommer die Rinder standen. Aber die Gräben und Kolke waren durch gelegentliche Überflutungen mit dunklem Wasser gefüllt, und so mancher Wanderer auf dem schmalen Plattenweg schaute beklommen, weil er an die abgrundtiefen Moorlöcher im Inland dachte.

Aber hier war kein Moor. Die lila Blüten des Strandflieders und das laute „Pik-pik-pik" der Austernfischer und das „djüü" der Rotschenkel gab der grün-lila-rot schimmernden Fläche eine eher heitere Note – erst recht, wenn der Kiebitz mit seinen ausgefransten Flügellappen wie toll durch die Luft navigierte und „kieh-wit" rief.

Wenn Ebbe war, sah man kein Meer, oder, wenn die Sonne schien, nur ein schmales Glitzern am Horizont. Davor lag der Strand mit seinen vorgelagerten Sandbänken, und obwohl manchmal bis zu zwei Kilometern breit, schrumpfte auch er zu einem gelben Strich, auf dem die drei Pfahlbauten hockten wie übergroße Vögel.

So war die wundervolle Erde nur ein schmales Band aus Grün und Gelb und Weiß, und drüber lag die gewaltige Landschaft des Himmels, die hier an der Nordsee die meisten Blicke auf sich zog.

Diese Nordseewelt hatte sich Rolf Erichsen ausgesucht. Hier wollte er seine Freizeit verbringen mit Hilde und Frauke, Besuch empfangen von der Familie, von seinen Kindern Hilke und Peter, die ja nun berufstätig waren. „Hier bin ich Mensch, hier darf ich's sein", dachte er, oder er fühlte es vielmehr, wenn er seine Zigarettenspitze mit Zeige- und Ringfinger umklammert hielt, auf dem Campingstuhl hinter dem Windschutz saß und auf die Geräusche lauschte: Die Stimmen, mal ein Rufen, mal ein Lachen, alles gedämpft, wie es sich für rücksichtsvolle Nachbarn gehörte. Selbst das Klappern von Töpfen oder Geschirr schien den Anstandsregeln zu folgen. Gelegentlich fuhr ein PKW im Schritttempo an seinem Stellplatz vorbei. Timsen von nebenan trug einen Wasserkanister heran, bei jedem Schritt schlug das Knie gegen den gefüllten Plastikkörper, und es folgte ein leises Glucksen, bis er ihn im Vorzelt abgestellt hatte.

Dann war wieder Stille, so dass Rolf sogar die unermüdliche Lerche zwitschern hörte. Er legte den Kopf in den Nacken und suchte sie hoch oben, doch das flirrende Blau des Himmels blendete ihn, und er senkte den Blick und sah seine Frau, wie sie fürsorglich im Vorzelt die Unterwäsche in einer Schüssel spülte. Dann versuchte er es ein zweites Mal, und diesmal sah er den kleinen dunklen Punkt, der still zu stehen schien, in der Verlängerung der Fahnenstange, an der sich die Rendsburg-Flagge leicht im Wind bewegte.

„Heute bleibt die Küche kalt!", rief er zufrieden. „Heute gibt's Fischbrötchen zu Mittag!"

Hilde trat heraus aus dem Schatten des Vorzelts, mit den ausgewrungenen Wäschestücken in der Hand. „Aber ich hab doch schon …" – „Macht nichts", sagte ihr Mann. „Dann stellst du es eben wieder zurück. Das wird schon nicht schlecht."

Als die Mädchenstimmen näher kamen, hatte Rolf Erichsen sich gerade wieder in sein Buch vertieft: „100 Jahre Deutschland 1870 – 1970" von Hans-Adolf Jacobsen und Hans Dollinger. Das Vorwort von Richard von Weizsäcker gefiel ihm, er legte einen Zettel zwischen die Seiten.

Das Buchprojekt über die „Demokratie" nahm ihn mehr und mehr gefangen. Zahlreiche Notizen lagen zu Hause in der Gartenstraße in seinem Bücherbord, geschichtliche Werke und Zeitschriften mit Anmerkungen und Lesezeichen, das Material wuchs und wuchs. Und hier war wieder was: Vielleicht geeignet für ein Vorwort! Aus einem Vorwort für mein eigenes Vorwort! Warum nicht? Wenn es passt?

„Wir können den Wandel des Urteils über die deutsche Geschichte nutzen", schreibt Weizsäcker, „indem wir uns die eigene Geschichte kritisch zueigen machen, ohne sie zu verdrängen, zu verherrlichen oder zu hassen. Denn sie bestimmt uns doch, ob wir es merken oder nicht."

Das war genau die Richtung, die ihm vorschwebte. Erstens: Das Urteil über die deutsche Geschichte wandelte sich mit der Zeit. Und ja – es schmerzte, wenn man las, wie Historiker sich dem Nationalsozialismus näherten. Aber Rolf Erichsen wollte sich diesem Prozess stellen.

Und zweitens: Sich zur eigenen Geschichte bekennen, aber sie nicht einseitig verherrlichen oder verdammen. Es war eben nicht alles schlecht!

Und drittens: Wir sollen anerkennen, dass es eine geschichtliche Kontinuität gibt, dass die Demokratie nur verständlich ist, wenn man die Entwicklung dieses Begriffes in der Geschichte kennt!

Und wenn er auch nicht die jüngste Vergangenheit allzu sehr thematisieren wollte, so hatte er doch geradezu gierig die „Erinnerungen" von Albert Speer gelesen. Es war ein Versuch der Selbsterforschung: War er als junger Mann einem unmenschlichen Teufel zum Opfer gefallen, oder war Hitler nicht doch auch ein Mensch gewesen? Dass Speer, der seine große Nähe zum „Führer" betonte und damit seinen Erinnerungen Glaubwürdigkeit verlieh, sympathische Züge an Hitler entdeckt hatte, war für Rolf Erichsen eine Offenbarung, und er fühlte sich seltsam beruhigt.

Und nun freute er sich auf die Hitlerbiografie von Joachim Fest, die im September erscheinen sollte.

„Wann gehen wir zum Strand?"

Die beiden Mädchen waren um die Zeltecke gebogen. Frauke und Birgit, beide vierzehn Jahre alt, füllten das stille Viereck zwischen Windschutzwänden und Kiefernwäldchen mit ihrer Lebhaftigkeit, als wollten sie sagen: Was ist? Wollt ihr da ewig sitzen? Es ist warm, die Sonne scheint. Hoch mit euch!

„Birgits Eltern sind schon los!", sagte Frauke, kraulte Dolli, den Langhaardackel, und griff sich die Tüte mit den Cornflakes. Gemeint waren Hellmuth Brodersen und seine Frau Ursula, die jüngeren Geschwister Hendrick und Christina waren inbegriffen und wurden nicht gesondert erwähnt. Sie bewohnten ein Zelt fünfzig Meter weiter.

„Lass die Cornflakes lieber stehen", sagte Hilde Erichsen. „Dein Vater lädt uns ein zum Imbiss."

Die Aussicht auf eine Portion Pommes Frites war eine gute Nachricht für Frauke. Innerhalb kurzer Zeit waren die Strandsachen gepackt, und während die Mädchen vorliefen, stiegen Fraukes Eltern in den VW-Variant. Rolf konnte zwar ganz passabel gehen mit seiner Prothese, und ein ungeübtes Auge erkannte nicht gleich die Behinderung, aber er hatte sich angewöhnt, unnötige Wegstrecken zu vermeiden. Der Imbiss an der Böhler Landstraße lag vor dem benachbarten „Camping Silbermöwe" und somit auf dem Weg zum Böhler Krug, wo für die Überfahrt zum Strand eine Gebühr fällig wurde.

„Da steht er wieder!", sagte Hilde, als sie sich dem Wirtschaftsgebäude und der Ausfahrt näherten. Es war ja schön hier, aber dass der Rönckendorf den stinkenden Müll auf einem offenen Anhänger sammelte, dort, wo jeder vorbeiging, das empörte sie ständig aufs Neue.

Auch Rolf fand das nicht gut. Er dachte an den übernächsten Campingplatz bei Kniese, der mit einem Schlagbaum gesichert war, wo sich jeder Besucher anmelden musste und überhaupt eine strengere Ordnung herrschte. Einmal hatten sie dort Andreas und Ose Paulsen besucht, alte Zeltnachbarn aus Dänemark – mein Gott, wie lang war das her! – und Teepunsch getrunken.

Danach hatten sie das Gefühl, in die Anarchie zurückzukehren. Klaus Rönckendorf stand da ohne Körperspannung, in seinem Gesichtsausdruck spiegelte sich keine Neugier und keine Energie.

Und doch: Irgendwie mochte er den Mann. Es lief ja – irgendwie. Rönckendorf hatte nicht studiert, war in gewisser Weise einfach, aber er hatte etwas geschaffen, und er, Rolf Erichsen, war ein Gast der ersten Stunde und hatte zur Einweihung des Platzgebäudes die Fahne gehisst. Das verbindet.

Sie konnten sich als erste Gäste den Stellplatz aussuchen – rechts hinten, wo ein schmaler Trampelpfad in das Kiefernwäldchen hinein und wieder hinaus in das Dünengelände führte, vorbei an den versteckt liegenden Bungalows des Blindenvereins, wo die Versehrten Urlaub machen durften, hinauf zum Deich, wo sich der Blick öffnete über das grüne Vorland auf die ausgedehnten Sandbänke von St. Peter!

Gab es etwas Schöneres?

* Erichsen ist albern und muss dafür bezahlen

„Ein Männlein steht im Walde ganz still und stumm!"

Rolf stand in der Nordsee auf seinem linken Bein und sang.

Einen größeren Gegensatz konnte es nicht geben.

Zumal er auch keineswegs stillstand, sondern auf dem einen Beim im knietiefen Wasser herum hoppte, um das Gleichgewicht zu halten. Dabei schwebte der nackte Stumpf am abgespreizten Bein zitternd und tropfend über der Oberfläche.

Hilde war an Albernheiten gewöhnt. Aber jetzt war es ihr doch ein wenig peinlich, und sie schaute flüchtig zur Seite und stellte sich vor, wie andere Urlauber entgeistert starrten.

Doch als ihre Tochter, die gerade die Krücken zum Spülsaum zurück getragen hatte, laut auflachte, fiel sie mit ein. Wie schön, dass Rolf sang, dachte sie. Dass es ihm so gut ging! Und dass er jetzt lachte, wie verrückt lachte! Und sich nun wirklich nicht mehr halten konnte und zusammenbrach in einem Strudel schäumenden und spritzenden Wassers und hinein lachte in die salzige Flut, wieder hoch kam und immer noch lachte.

Doch dann hörte er plötzlich auf. Als habe ihm jemand eine Ohrfeige verpasst, damit das Lachen nicht hysterisch werde.

Er schien jetzt im Wasser zu knien, sein Hintern schaute halb heraus und ruckte mal nach rechts, mal nach links.

„Helft mir! Verdammte Scheiße! Helft mir!", rief er, ohne sich umzudrehen. Für einen Moment glaubten sie an eine Fortsetzung der Clownerie. Doch dann fuhr Hilde ein stumpfer Schreck in die Eingeweide, und während sie mit ihren dünnen Beinen auf ihren Mann zustakste, klopfte ihr Herz wie wild.

Rolf durchpflügte das Wasser vor ihm mit seinen Armen wie ein Säbelschnäbler. „Scheiße!", keuchte er. „Mein Gebiss! Mein Gebiss ist rausgefallen! Helft mir suchen!"

Augenblicklich fielen Hilde und Frauke auf ihre Knie. Und so sah man drei Menschenrücken, die nicht schwammen, wie es zu erwarten war für Badegäste, sondern krabbelnd den Meeresgrund mit den Fingern kämmten.

Bald wussten sie nicht mehr, wie weit sie von der Stelle entfernt waren, wo alles angefangen, wo sich der Unsinn in Schreck verwandelt hatte. Hilde und Frauke kamen auf die Idee aufzustehen, um mit kühlem Blick von oben durch das einigermaßen klare Wasser auf den sandigen Grund zu sehen. Das war doch Erfolg versprechender, denn der Sand war nicht durch Muschelschalen und Algen verdeckt, sondern unglaublich sauber und von welliger Struktur.

Und die Strömung? Hatte der Sog schon längst alles in die Tiefe gerissen? Aber nein! Es war kein ablaufendes oder auflaufendes Wasser, ein Gleichgewicht der Kräfte auf dem Scheitel der Flut, als stünde alles still wie in einem See. Da müsste es möglich sein, eine Zahnprothese wiederzufinden, oder zwei sogar, denn das Meer hatte ihm beide herausgespült, die aus dem Ober- und dem Unterkiefer.

Sie suchten lange. Sogar andere Badegäste beteiligten sich neugierig daran, nicht immer wissend, worum es eigentlich ging. Irgendetwas war verlorengegangen, und der Sammlerblick war geübt vom endlosen Wandern am endlosen Saum des Meeres auf der Suche nach Bernstein und interessanten Schalen der Muscheln und Schnecken.

Der Weg mit den Krücken zurück zum Strandkorb fiel ihm schwer. Rolf Erichsen fühlte nicht die Nässe auf seiner Haut, nicht die klebende Badehose und den aufkommenden Wind, der die Wärme aus dem Körper zog. Er hatte ein Bild in seinem Kopf: Er sah sich von außen, wie er in einem trostlosen Zug humpelnd und gleichmütig das Lager erreichte, die geschlagene Armee auf dem Weg in das Gefangenenlager in der Normandie, mit nichts als Leere in den Köpfen.

Im Strandkorb war es warm. Hilde half beim Trocknen und Anziehen.

Und Rolf Erichsen begann wieder zu denken. Die ganze Situation kam ihm bekannt vor: Innerhalb von Sekunden hatte sich eine neue Lage ergeben, eine neue Beurteilung war nötig geworden. Alte Gewissheiten galten nicht mehr, das vorbereitete Essen fassen und das schützende Nest aufgegeben, das eben noch bequem durch die Adern fließende Blut gewaltig angeschoben. Entscheidungen! Jetzt sofort Entscheidungen treffen! Jedes Zögern war Schwäche und führte ins Verderben. Alle mal herhörn! Abmarsch in fünf Minuten!

„Pass mal auf!", sagte Rolf, und mit seinem zahnlosen Mund vernuschelte er die Konsonanten. „Ich fahr jetzt zum Wohnwagen zurück. Und dann fahr ich zu Heinz-Jürgen nach Westerrönfeld."

* *Der Vetter aus Westerrönfeld ist der Retter*

Heinz-Jürgen Reimers war Zahnarzt und Rolfs Vetter, Sohn von Erna Reimers und „Hein Gummi" Reimers, der die Niederlassung der „Eiche"-Brauerei in der Gerhardstraße 10 leitete.

Reimers war Zahnarzt und Dentist, konnte also nicht nur Zähne bohren und füllen oder rausreißen, sondern auch Zahnersatz und Prothesen selbst herstellen. Seine gleichmäßig freundliche und sanfte Vorgehensweise, die er konservativ nannte, weil sie auf Zahnerhaltung hinauslief, war sogar geeignet, den widerspenstigen Sohn von Rolf Erichsen zu zähmen, der in den 50er Jahren in einem Zustand von höchster Verteidigungsbereitschaft die Emaille aus dem Behandlungsstuhl von Oetken in der Königstraße geschlagen hatte.

So war Heinz-Jürgen Reimers aus der Dorfstraße 14 in Westerrönfeld im Laufe der Zeit der Zahnarzt für die ganze Familie geworden.

„Das kannst du doch nicht machen!", sagte Hilde Erichsen, als ihr Mann seinen Entschluss verkündet hatte. „Es ist Wochenende! Das ist ein bisschen viel verlangt!"

Dabei wusste sie doch, dass sie keine Chance hatte, ihn umzustimmen. Sie sagte es auch nicht mit der Glut und Bestimmtheit, mit der ihre Mutter Elise Krezek Durchsetzungskraft demonstrierte, sondern mit leiser Resignation in der Stimme. Und sie sah das eingefallene Gesicht ihres Mannes, das vorhin noch, gebräunt in der gesunden Nordseeluft, Zuversicht und Lebensfreude ausgestrahlt, sich nun innerhalb kurzer Zeit verschlossen hatte, mit einem fremden Blick, der zu fragen und gleichzeitig zu wissen schien.

Hilde Erichsen versuchte, ihn zu trösten, legte ihm die Hand auf den Arm, streifte flüchtig seine Wange. „Ich kann dir ja eine leckere Suppe machen!“, scherzte sie. Aber mit dem Mitleid durfte sie es auch nicht übertreiben, sonst, so fürchtete sie, schöpfte er Verdacht. Woher diese übertriebene Fürsorge?, könnte er denken. Verschweigt sie mir was? Hält sie mich für verloren? Hat sie keine Hoffnung?

Und dann war da noch die Sache mit Hannes Scharfenberg, dem Mann von Hildes Schwester Elfriede. Er lag in Barmstedt im Krankenhaus und wollte nichts mehr essen. Den schwarzen Hautkrebs im Nacken hatte niemand rechtzeitig gesehen. „Ich hab da was“, hatte er gesagt, aber kam nicht auf die Idee zu sagen: „Elfriede, kannst du mal gucken?“ Vielleicht wäre sie stutzig geworden, sie hatte doch mal ein paar Semester Medizin studiert! Welch seltsame Fremdheit der Körper! War es nicht so, dass selbst die Affen sich lausten?

Jeden Morgen gegen halb zehn ging Hilde über den Trampelpfad in das Kiefernwäldchen und dann in Richtung der Böhler Landstraße. Dort stand neben einem Büro für Feriengäste eine gelbe Telefonzelle. „Wie geht's Hannes?“, war die Standardfrage an ihre Schwester in Glückstadt. „Schlecht“, war die Antwort. „Er will nichts essen.“ – „Immer noch nicht?“ – „Gestern hat er an einem Keks geknabbert.“ – „Mir ist eingefallen, dass er rote Grütze mag. Versuch das doch mal!“ – „Ja.“ – „Vielleicht ein bisschen gekühlt!“ – „Ja.“ – „Aus Kirschen. Himbeeren müsste es jetzt auch schon geben.“ – „Ich kann das ja mal versuchen.“

Rolf wusste von ihren täglichen Anrufen, aber reagierte sehr sparsam auf ihre Berichte, so dass sie bald nichts mehr sagte. Zweimal fragte er noch nach, dann überhaupt nicht mehr. Er geht davon aus, dachte Hilde, dass sein Krebs besiegt ist. Deshalb will er mit dem Thema nichts mehr zu tun haben. Er möchte völlig normal behandelt werden.

Aber warum diese dramatische Reaktion, nachdem die Prothesen in der Nordsee verschwunden waren? Sicher, es war ein herber Verlust – aber doch keiner, den man nicht wieder ausgleichen konnte! Wo war sein Humor geblieben?

Sie musste vorsichtig sein.

Rolf packte ein paar Sachen. Dann fuhr er davon, als wollte er fliehen.

„Du brauchst dich nicht zu entschuldigen“, sagte Heinz-Jürgen Reimers nach der Begrüßung. „Du hast aber auch Glück, dass wir zu Hause sind. Was ist denn genau passiert?“

Und während sie vom Wohnhaus nach vorne gingen in das alte Gebäude an der Dorfstraße, formte Rolf seine Worte nur mit Zunge und eingefallenen Lippen. Heinz-Jürgen, schlank und groß mit blonden Kurzhaaren, schaute aus blauen Augen seinen Vetter teilnahmsvoll von der Seite an. Rolf war einen halben Kopf kleiner als er und von untersetzter Gestalt. „Er sieht alt aus", dachte er. Die gebräunte Haut hatte einen grauen Ton, als seien zwei Gesichter miteinander im Widerstreit. Das seitlich zurückweichende Haar über einer Landschaft aus Falten und Tränensäkken – nein, das war nicht das Gesicht eines, warte mal – eines 52jährigen Mannes! Wahrscheinlich hatte er seine Amputation immer noch nicht verkraftet.

Aber warum diese Dringlichkeit? Man konnte auch ein paar Tage ohne Zähne leben! Nicht, dass er ihm nicht helfen wollte – aber merkwürdig war das schon.

Er sagte nichts. Das gebot ihm der Respekt vor einem Menschen, den er als vernunftbegabt erkannte. „Hüüt giff dat keen Lachgas!", versuchte er zu scherzen. Rolf war nämlich ein Schisser, wenn es um Schmerzen ging, und hatte deshalb beim Ziehen seiner letzten Zähne vor vier Jahren die Vorzüge dieser Schmerz lindernden Sedierung schätzen gelernt – besonders die Begleiterscheinungen mit den äußerst angenehmen Visionen.

„Nimm schon mal Platz", sagte Heinz-Jürgen, nachdem sein Vetter nur müde gelächelt hatte. „Ich mach jetzt erst einmal Abdrücke von Ober- und Unterkiefer", sagte er, schaute prüfend auf den Instrumententisch und begann, das Alginat mit Wasser zu verrühren.

Es wurde ein langer Abend. Gegen 22 Uhr machte er Schluss, und sie verabredeten sich für den nächsten Morgen um neun.

Rolf Erichsen fuhr in die Gartenstraße und wanderte unruhig durch die stille Wohnung.

Er fühlte sich einsam.

Kein Geräusch. Keine Heizung, die ansprang, weil heißes Wasser gebraucht wurde. Kein Klappern aus der Küche. Nicht einmal Dolli tapste mit seinen kleinen Krallen über die Fliesen der Küche. Das leise Klingeln der Hundemarke blieb stumm.

Er machte sich eine Dosensuppe warm und löffelte die würzige Flüssigkeit mit aufgestützten Ellenbogen gierig in den schlaffen Mund. Er hatte ganz vergessen, dass er Hunger hatte.

Der erste Schritt war getan. Nun ging alles seinen Lauf. Das war doch gut!

Oder war er voreilig gewesen? „Es ist Wochenende!", hatte seine Frau gesagt. „Das kannst du doch nicht machen!" Er hatte sich darüber hinweggesetzt. Die Vorstellung, tagelang nicht mehr richtig essen zu können, hatte ihn zutiefst erschreckt. Das ist doch kein Leben, wenn man nicht essen kann!, hatte er gedacht. Und sofort gehandelt.

Bei der Erinnerung daran spürte er ein heißes Kribbeln im Kopf, einen plötzlichen Schauer, einen Schreck, als sei ihm gerade eingefallen, dass er eine heikle Prüfung vor sich habe. Seine Selbstgewissheit, die ihm so lange eine feste innere Stütze gewesen und ihm Statur gegeben, schien sich aufzulösen, sein Körper dem äußeren Druck nachzugeben. Und da, wo vorher eine uneinnehmbare Festung gewesen war, hatten sich dunkle Geister zu einem wilden Tanz getroffen, begleitet von dem Klang eines wild pochenden Herzens.

Wie der Lichtblitz einer längst verglühten Sonne traf Rolf Erichsen plötzlich ein Bild, wie er als Knabe in seinem Zimmer in der Wilhelmstraße saß, sich unbeobachtet und sicher fühlend in seinen eigenen vier Wänden, und ein stechender Schreck ihn erstarren ließ, als sein Vater völlig unerwartet hoch aufragend in der Tür stand mit strengem Gesicht. Er wusste nicht mehr, warum er so erschrocken gewesen war. Vielleicht hatte er sich bei etwas Verbotenem ertappt gefühlt, und der Vater war erschienen, um ihn zu bestrafen. Er wusste auch nicht mehr, was schlimmer war: die bevorstehende Strafe oder die eigene Scham.

Er schämte sich! Schlagartig war ihm das klar. Er hatte etwas getan, was er nicht hätte tun dürfen. Er hatte gehandelt wie ein Kind, das nur seine eigene Befindlichkeit kennt und schreit, wenn die Erwachsenen seine Bedürfnisse ignorieren. Mein Gott, er hatte sein Gebiss verloren! Na und?

Er fühlte sich völlig überrumpelt. Heiße Scham überkam ihn, und seine Augen füllten sich mit Tränen. Diese Empfindung, die ihn jetzt erschütterte, war ihm so fremd geworden! Er stand doch mit beiden Beinen im Leben! Mit Stolz hatte er die Wirrnisse und Rückschläge, die jeden Menschen trafen, gemeistert! Und sehr früh schon hatte er sich im Feuer des Krieges gestählt! Hatte sich danach gefühlt wie in Drachenblut gebadet, und das neue Leben mit Mut und Lust begonnen. „Abitur mit Lebenserfahrung", wie es damals genannt wurde, war sein Kapital gewesen!

Warum jetzt diese Schwäche? Wie konnte er sich nur dazu hinreißen lassen, bei einer Kleinigkeit, die ja durchaus auch sehr komische Elemente enthielt, Selbstmitleid und Betroffenheit zu demonstrieren? Und in diese lächerliche Vorstellung auch noch seinen Vetter hineinzuziehen?

Rolf saß eine Weile zusammengesunken vor seinem leeren Suppenteller und versuchte, die ungewohnten Selbstzweifel mit seinen Erfahrungen in Einklang zu bringen.

Ganz langsam regte sich Widerstand. Hatte er nicht doch die Lage richtig eingeschätzt? War Heinz-Jürgen nicht nur sein Vetter, war er nicht auch sein Freund? Der Freund eines vorgeschädigten Verwandten, den ein ungerechtes Schicksal krank gemacht hatte und der deshalb der Hilfe bedurfte?

Rolf war sich plötzlich sicher, dass Heinz-Jürgen nicht nur so tat, sondern tatsächlich vollstes Verständnis für ihn hatte. Und dass er seinen

Vetter viel mehr unter Druck gesetzt hätte, wäre er erst am Montag gekommen, wenn der normale Praxisbetrieb lief.

Er empfand tiefe Dankbarkeit.

Das wollte er ihm sagen.

* *Hilde Erichsen hat eine Idee*

Rolf Erichsen verbrachte viele Stunden im Labor, bis sein Vetter die zahlreichen Arbeitsschritte bewältigt hatte und die Prothesen hergestellt waren und saßen. „In Rekordzeit!", wie Heinz-Jürgen beim Abschied lachend feststellte. „Ich bin selbst stolz darauf!"

Nun sehnte sich Rolf zurück ins Urlaubsleben. Es konnte ihm nicht schnell genug gehen, und sein Hochgefühl übertrug sich auf seinen Wagen, der heute besonders kraftvoll zu überholen schien. Sein Herz flog ihm voraus, und er sah sich, wie er seine Frau in die Arme schloss mit der Kraft und der Sehnsucht eines heimkehrenden Kriegers.

Als er am Sonntagnachmittag den Campingplatz in St. Peter Böhl erreichte, war es schon zu spät für einen Strandaufenthalt, aber er wollte unbedingt sehen, ob alles noch so war wie vorher, und sie fuhren über den Deich, wo der Kassierer sich bereits gnädig zurückgezogen hatte, und fanden neben dem Pfahlbau mit der Strandaufsicht einen freien Strandkorb, in den sie sich setzten. Rolf rauchte seine durchgeschnittenen „Laurens Extra" in der Spitze, erzählte von dem heldenhaften Zahnarzt, der ihn gerettet, von dem Garten, den er dank der beiden Stadtgärtner Ernst Jacobs und Heinrich Breutzmann in einem tadellosen Zustand vorgefunden hatte. Dabei schauten sie auf die wandernde Sonne, die am Horizont in ein graues Wolkenschiff eintauchte, während ihre Hündin vor ihnen auf dem noch feuchten Sand einem Rüden geschickt auswich, der sie bespringen wollte.

Am Montagmorgen blies ein kräftiger Wind aus Nordwest, und immer wieder flogen Wolkenschatten über das Land. Die Camper ließen sich Zeit. Heute würden sie am Strand nicht viel versäumen, deshalb dehnten sie sich und gähnten besonders herzhaft, wenn sie ihre Zeltmatratzen verließen oder die Schlafkajüten ihrer Wohnwagen, bevölkerten schwatzend die Waschräume und wuschen und rasierten und duschten sich mit besonderer Inbrunst und Gründlichkeit, als müssten sie sich auf den heiligen Sonntag vorbereiten.

Hinter den Windschutzwänden der Erichsens war es herrlich warm, wenn die Sonne aus einer Wolkenlücke plötzlich hervorbrannte. Frauke hatte die Brötchen geholt und den Tisch gedeckt und auch verziert mit einer winzigen Vase und gelben Blumen, die sie in den Dünen gepflückt hatte. Es begann ein behagliches Frühstück – für Rolf die schönste Mahlzeit des Tages.

Danach umklammerte er seine befüllte Zigarettenspitze und lehnte sich zurück, trank von Zeit zu Zeit ein kleines Schlückchen von dem starken Kaffee, dessen Duft sich hinein kräuselte in Reste von Tabakrauch, der beim Trinken aus seinen Lungen durch die Nase entwich.

Rolf kraulte Dolli mit der linken Hand und lauschte. Er liebte die gedämpfte Betriebsamkeit, das unsichtbare Leben auf diesem Platz, in dieser Siedlung von Gleichgesinnten, in der bescheidene Lebensformen sich paarten mit der Liebe zu Luft, Licht und Wasser. Und über allem sang die unscheinbare Lerche.

Aber was ist ein Tag in St. Peter, ohne auf der Sandbank gewesen zu sein? Frauke wollte nicht länger warten und hatte sich mit Birgit Brodersen schon zu Fuß auf den Weg durch das Vorland gemacht, Mutter und Geschwister wollten mit dem Auto folgen.

Hein Möller von gegenüber, der Hausmeister aus Elmshorn, blickte auf seine blau-weiß-rote Fahne, die stramm stand in der strömenden Luft, schüttelte den Kopf und gab seiner Sonnenblume weiter oben einen neuen Halt, weil sie gewachsen war. Seine Frau wollte heute am Zelt bleiben.

Hilde war wieder zur Telefonzelle gegangen, und obwohl das Wäldchen ihr etwas Schutz gab, fror sie. Die Nachrichten aus Barmstedt veränderten sich seit Tagen nicht. „Kommt doch mal!", sagte Hildes Schwester am Telefon. „Hannes würde sich sehr freuen!"

Zurück am Wohnwagen zog sie sich eine Strickjacke über. „Oh, du machst dich schon fertig! Dann können wir ja gleich los!" Rolf grinste spitzbübisch, wusste er doch, dass sie Wind überhaupt nicht mochte. Ihr nahezu faltenfreies Gesicht wehrte sich gegen die anströmenden Luftmassen mit einer angestrengten Grimasse, als wollte sie mit übermenschlicher Kraft einen Widerwillen überwinden. „Mama hat wieder ihr Windgesicht!", pflegte er zu sagen, wenn andere dabei waren.

Auf der Sandbank waren deutlich weniger Menschen als an den Tagen zuvor. Das Wasser war zu dieser Tageszeit schon weit zurückgewichen, und die wenigen Urlauber, die baden wollten, hatten einen langen Weg vor sich über das nasse Watt mit seinen Pfützen und Prielen und schützten sich vor dem auskühlenden Wind mit Blusen und Jacken. Am Horizont, wo das Wasser noch war, trotteten in einer Reihe sechs Reiter, kleine schwarze Figuren im Gegenlicht.

Frauke und Birgit hatten gehofft, ein stilles Plätzchen in einer Sandburg zu finden, um zu schwatzen und zu lesen. Doch der Wind trieb beständig einen Schleier feinen Sandes von sich her und verdarb ihnen die Gemütlichkeit. Sie standen auf und warfen sich einen blaugelben Plastikball zu, aber die Flugbahn war schwer vorauszusehen und das Fangen eine Glückssache. Und so freute Frauke sich, als sie in der Nähe des Pfahlbaus mit der Gaststätte ihre Eltern mit Dolli aus dem Auto steigen sah. „Wir können ja mit Dolli spazieren gehen!", rief sie und lief ihnen entgegen.

Ein Strandkorb war heute sehr ratsam als Schutz vor Sandflug und Wind. Leider kamen auch die spärlichen Sonnenstrahlen aus westlicher Richtung. So musste der Korbwächter mit der weißen Schirmmütze den schweren Korb durch den trockenen Sand der höher gelegenen Sandbank so lange hin und her reißen, bis ein Kompromiss gefunden war zwischen Windschatten und Sonnenlicht.

Rolf nahm seine Prothese nicht ab. Der Sand war heute überall und konnte sich hineinstehlen in das Innere und die Haut des Stumpfes reizen. Das war das, was er, neben den Schmerzen aus dem verlorenen Fuß, am meisten fürchtete – tagelang nicht richtig gehen zu können, ein hilfloser Krüppel zu sein.

Er richtete sich ein mit Zigaretten und Brille und „100 Jahre Deutschland" und konnte sich wieder seinem Buchprojekt widmen.

Hilde hatte sich ein dünnes Tuch um den Kopf gebunden und lief den beiden Mädchen nach. Wind hin und Wind her, sie musste sich bewegen, um warm zu werden. Sie stakste vorsichtig an den Sandburgen entlang. Die meisten waren verlassen. Sie standen sehr eng, und die glatt geklopften Wälle waren mit Muschelmustern verziert, die Hilde nicht zerstören wollte.

Am Ende der Strandkorbzone begann der feste Boden. Nach ein paar Schritten blieb sie stehen und blickte in die Ferne an den Pfahlbauten vorbei, bis sie die beiden Mädchen entdeckte, die in Richtung Norden gegangen waren, dort, wo die Sandbank unendlich schien.

Sie setzte sich wieder in Bewegung, als sie plötzlich einen Schmerz spürte im rechten Zeh. Im ersten Moment dachte sie an eine Muschelschale, auch das leise Knacken erinnerte sie daran – es wäre nicht das erste Mal gewesen, dass sie sich daran schnitt.

Es war eine aufgeplatzte rote Kuchenform aus Plastik. Daneben lagen eine Schaufel mit Holzstiel, ein rundes Plastiksieb und ein Trichter, mit dem man Tischtennisbälle schießen und auffangen konnte. Hilde guckte sich um, aber die Besitzer dieser Spielsachen waren nirgends zu sehen.

Sie widerstand dem Impuls, alles aufzuheben. Was hätte sie auch damit tun sollen! Die Kinder würden schon merken, was ihnen fehlte.

Doch dann war da dieser Gedanke.

Neugierig näherte sie sich dem Pfahlbau mit der DLRG-Aufsicht. Sie hielt sich an dem kräftigen Geländer fest und stieg behutsam die steile

Außentreppe hinauf. Die sandigen Holzstufen hatten Kerben und raue Stellen, die sie normalerweise nur mit Sandaletten betreten hätte.

An der geschlossenen Tür oben waren mit weißer Farbe die Buchstaben DLRG gemalt. Sie klopfte. Als sich nichts regte, drückte sie die Klinke. Aber die Tür gab nicht nach.

„War ja nur so eine Idee", dachte sie und wandte sich zum Gehen. Da knirschte und schrammte es hinter ihr, und es folgte ein trockener Knall, als wäre ein Holzscheit von einer Axt getroffen, und die Tür schlug auf.

„T'schuldigung", sagte der bärtige junge Mann in T-Shirt und Shorts. „Die Tür klemmt. Kommen Sie rein!"

Hilde trat in eine Art Büro, alles schien aus rohem Holz gezimmert wie in einer Gartenlaube. Hinter einem Schreibtisch öffnete sich der Blick durch ein Sprossenfenster auf die Sandbank, die bis zum Horizont feucht glitzerte.

„Ich wollte nur fragen: Werden bei Ihnen auch Fundsachen abgegeben?"

„Na klar!", antwortete er. Der zweite Jüngling am Schreibtisch drehte sich um. „Das haben wir auch unten angeschlagen", sagte er etwas vorwurfsvoll.

„Unten? – Ach so, unten!" Sie erinnerte sich. „Das hatte ich vergessen."

„Was suchen Sie denn?", fragt der erste.

Jetzt war der Moment gekommen. Jetzt würde sie sich lächerlich machen, und die beiden Jünglinge mit ihren DLRG-Shirts würden gequält lächeln. Aber das war egal, sie kannten sich ja nicht.

„Werden hier manchmal auch Gebisse abgegeben?"

Der junge Mann lachte. Die Frau, die vor ihm stand, tat so, als würde sie eine dumme Frage stellen, für die sie sich eigentlich schämte. Und sie schien die Antwort zu fürchten, sie fürchtete ein klares Nein: Wer verliert denn in der Nordsee ein Gebiss, beste Frau! Wer ist denn so dämlich und verliert in der Nordsee sein Gebiss!

„Kommt Ihnen das unwahrscheinlich vor?", sagte er. „Gerade gestern sind zwei abgegeben worden!" Hilde erstarrte. „Sie glauben mir nicht? Rudi, reich mir doch mal die Schale mit den Gebissen vom Regal!"

Mit dieser Antwort hatte sie tatsächlich nicht gerechnet. Es war wie ein Glücksspiel: Ich kann ja mal mitmachen. Aber ich weiß natürlich, dass ich nicht gewinnen kann, das ist völlig unmöglich.

Und jetzt doch?

Aufgeregt blickte sie in die herübergereichte Schale. Es waren nicht zwei Gebisse – woher sollten die jungen Leute das auch wissen. Aber es waren zwei Prothesen mit je einer Zahnreihe, und sie lagen da, als wären sie lebendig, weiße Zähne in rotem Fleisch. Gehörten sie Rolf? Unge-heuerlicher Gedanke! Sie wusste es nicht, hatte sich Rolfs Prothesen nie richtig angesehen, hatte davor zurückgescheut wie vor einer verbotenen Intimität.

„Ich muss meinen Mann fragen", sagte sie leise und drehte sich zum Gehen. „Ich komme wieder!", fügte sie fast fröhlich hinzu, als sie schon an den Stufen war.

Wenig später stand Hilde Erichsen mit ihrem Mann am Fuße der Trep-pe. Sie seien jetzt hier und würden gern die Zahnprothesen sehen, rief sie dem jungen Mann zu, der gerade herunter kam. Ob er sie bitte bringen könnte, ihr Mann sei nicht so gut im Treppensteigen, und sie zeigte auf die Unterschenkelprothese, die sich wie ein lebloses Puppenglied deut-lich vom Oberschenkel abhob.

„Natürlich!", rief der Mann und eilte, die Schale zu holen.

Rolf blickte entgeistert, als er sie sah, und war einen Augenblick sprachlos. Dann räusperte er sich und sagte: „Kannst du die mal halten?" Seine Hand fuhr zum Mund, und mit einem kaum hörbaren „Klack, klack" nahm er das feuchte Gebiss heraus und legte es Hilde in die Hän-de. Dann nahm er die beiden Fundstücke und ließ sie elegant in seiner Mundhöhle verschwinden.

Jetzt bemerkte er die gespannten Blicke. Augenblicklich zog sich die Oberlippe in einer angewiderten Grimasse nach oben und zog dabei Nase und Wangen mit, so dass die ohnehin schon kleinen Augen nur noch Schlitze waren.

Hilde erschrak.

Dann ging die Grimasse in ein Grinsen über. „Passt!", rief Rolf und lachte. „Passt! Das ist ja unglaublich!"

Er nahm seine Frau in den Arm. „Du bist die Beste!", sagte er, und dann küsste er sie. „Merkst du was?", fragte er. „Salzig!", lachte sie. „Ja", antwortete er, „und sandig! Muss mal gewaschen werden!"

Niemand sagte das Wort (1973/74)

Johannes Scharfenberg war so stolz gewesen, dass in seiner Amtszeit als Schuldirektor ein neues Gymnasium in Glückstadt entstehen sollte. Aber er erlebte die Fertigstellung nicht mehr, auch nicht seine Pensionierung, die er mit einem eigenen Heim versüßen wollte, und starb Anfang August 1973. Er hinterließ eine Frau, die, herausgerissen aus dem gesellschaftlichen Leben, das sie ihrem Mann verdankte, mehr und mehr der Schwermut verfiel.

Sie nahm ihre Trauer mit zu ihren Eltern, die sie in Rendsburg nun häufiger besuchte.

Elise und Karl Krezek freuten sich, hin und wieder ein paar Tage ihre Tochter bei sich zu haben. Aber es war eine verhaltene Freude – lieber wäre es ihnen gewesen, Elfriede glücklich in Glückstadt zu wissen.

„Man muss ja zufrieden sein", sagte Elise hin und wieder. „Uns geht es gut. Aber es ist nicht recht, wenn die Jungen vor den Alten sterben!"

Ihre Mutter Anna Bruhn war vor sieben Jahren begraben worden – mit 91 Jahren, so war es recht. Die sechs jüngeren Schwestern lebten noch und freuten sich ihrer großen Nachkommenschaft. Das war das Glück, das ihnen blieb nach einem harten Leben und zwei Weltenstürmen, die auch das beschauliche Schacht-Audorf nicht unberührt gelassen – nicht so sehr durch Zerstörung, sondern durch Verführung, Hunger und Tod.

Leider war mit dem Ableben der alten Frau auch das Familiennest verloren, das so vertraut gewesen und in dem man immer wieder zusammenkam, trotz aller Verschiedenheit sich leidlich vertrug, sich gegenseitig half und Trost gab und auch fröhlich war bei Kaffee und Kuchen und Schnaps. Die Räucherkate aus dem 19. Jahrhundert in der Alten Straße wurde verkauft.

Doch ist es die Natur des Menschen, die Einschränkungen und Verluste gegen Ende eines Zeitalters nicht so zu erkennen, wie sie sind. Sie haben in ihrem langen Leben gelernt sie zu ertragen – mit Gelassenheit die einen, mit dumpfer Ergebenheit die anderen.

So waren auch Karl und Elise alt geworden und teilten ihre Gebrechen nicht einmal mit den Kindern, sondern ertrugen sie. Elise zwang Tag für Tag ihre Gedärme mit einem Bruchband zurück in den Bauch – seit der viel zu frühen Menopause war die Muskulatur durch mehrere Operationen zerstört worden. Nach außen zeigte sie einen festen Leib und krümmte sich nur ab und zu unter den Attacken des Ischias.

Und Karl, der früher gern Zigarren geraucht hatte, hustete. Das hingegen ließ sich nicht verstecken, und so machte der kleine Opa aus der Not eine Tugend, indem er die Enkel in seine rote Pulmoll-Dose greifen ließ, die er immer bei sich trug. Und wenn jemand einen hartnäckigen Schnupfen hatte, durfte er seinen Kopf in Opas riesigen Kopflichtkasten stecken, in dem vier Kohlefaser-Birnen eine grell glühende Hitzehöhle erzeugten. Karl benutzte das Gerät zur Behandlung seiner Bronchitis und der chronisch entzündeten Nebenhöhlen. Die verursachten regelmäßig Kopfschmerzen und hatten ihm – was noch schwerer wog – den Riechnerv zerstört. Nicht riechen können hieß auch, nicht schmecken können, und das war ein großer Verlust an Lebensqualität.

Alles in allem war die Stimmung in diesem Spätsommer getrübt. Unter anderen Umständen wäre die diamantene Hochzeit im September zu einem großen Familienfest geworden – so wie vor zehn Jahren das goldene Ehejubiläum, damals mit einer langen Tafel und einer Tanzkapelle im Germania-Hotel am Paradeplatz. Jetzt wurden die Jubilare mit einem Zeitungsartikel geehrt, in dem zu lesen stand, dass der Tod eines nahen Verwandten und die Erkrankung der Ehefrau ein fröhliches Fest verbiete.

Auch in der Gartenstraße war die Stimmung gedrückt, ja an manchen Tagen lag ein Bann über Haus und Garten, unter dem jede Bewegung zu erstarren schien, jeder laute Ruf sich verlor. Der Alltag war ein Wartesaal, in dem die Wartenden allerlei sinnlose Dinge taten; sie saßen auf Bänken und lasen in fremden Illustrierten oder wanderten an den Schaltern und Auslagen entlang und schauten mit leeren Blicken auf die Plakate und Kunstdrucke, die an den Wänden hingen.

Auch brachte der Herbst manch unangenehme Tage mit Stürmen und Regen, und die Blätter wurden von den Bäumen gerissen, anstatt in herbstlicher Sonne anmutig auf den Boden zu sinken.

Rolf Erichsen spürte dann die frühe Kälte in seinen Gelenken, und der Rücken war schmerzhaft verspannt. Er war wohl wetterfühlig geworden.

An einem Tag im Oktober stand Peter Selle vor der Tür seiner Freunde.

„Die Petra", sagte er, als Hilde öffnete. Dann versagte seine Stimme.

Da er stehenblieb und nichts weiter sagte, verstand Hilde, dass er sie holen wollte. Sie folgte ihm ins Vorderhaus bis ins Schlafzimmer. Bambi lag im Ehebett mit unordentlichen Haaren und dem Kind in den Armen, als hätte sie gerade eine Geburt glücklich überstanden.

Aber ihre braunen Augen waren verweint und unendlich traurig, und das Kind war schon vier Jahre alt. Petra war ein überaus schönes Kind, mit ebenmäßigen Gesichtszügen und langem, blondem Haar, das über die Schulter ihrer Mutter floss.

„Se hat uffgehört ze atmen", sagte Bambi.

* *Rendsburg und Lancaster beschwören die Freundschaft*

Der Besuch einer riesigen Delegation aus der Patenstadt Lancaster im April 1974 war kein Pappenstiel.

Für die Stadt nicht, und auch nicht für die Christian-Timm-Realschulen I und II[53], die einen Besuch ihrer Partnerschule „Skerton" erwarteten.

Die beiden Direktoren Horst Wilm und Helmut Wenderoth, nicht unbedingt in Freundschaft einander zugeneigt, mussten nun gemeinsam ein Programm entwickeln, konnten sich jedoch auf eine angenehme Zusammenarbeit mit der Stadtverwaltung verlassen. Besonders Oberamtsrat Erichsen war ein hilfreicher Mann, durch seine Zuständigkeit für die Rendsburger Schulen wohlbekannt, und immer ehrlich und fair. Er sagte, was ging, und redete nicht drumrum.

So manches inoffizielle Gespräch ebnete den Weg für die Planung der beiden Schulen. Die Fürsprache der Stadt ermöglichte die Unterbringung der Gäste in der DEULA[54] und der Heimvolkshochschule am Gerhardshain und am ersten Tag den freien Eintritt im Hallenbad, bevor die Gäste auf deutsche Familien verteilt wurden.

Die Stadt war selbstverständlich bereit, die achtzig Kinder und sieben Begleiter aus Lancaster am zweiten Tag im Conventgarten offiziell zu empfangen und sie mit einem Mittagessen zu versorgen. Man war wie immer bei Besuchen ausländischer Gäste spendabel.

In seiner Ansprache nannte Beisenkötter nicht ohne Stolz die Zahl von 65 Begegnungen seit der ersten Kontaktaufnahme 1952 zwischen dem damaligen Bürgermeister Dr. De Haan und dem Verwaltungschef Middleton aus Lancaster. Bereits drei Jahre später hatte De Haan den Vorschlag einer vertraglich besiegelten Freundschaft zwischen beiden Städten gemacht und zu einem Besuch in Rendsburg eingeladen.

Und der habe 1956 stattgefunden, so Beisenkötter, eine hochrangige Delegation der Stadt Lancaster, untergebracht in prominenten Gastfamilien, bei den Direktoren von Ahlmann und der Düngerfabrik zum Beispiel, und bei Emma Faupel, die nun nicht mehr politisch aktiv sei. Ja, seitdem habe sich viel verändert. Aber vor allem hätten die Begegnungen nun alle gesellschaftlichen Schichten erfasst, und das sei doch besonders augenscheinlich am heutigen Tag. Damit sei in Erfüllung gegangen, was sich alle gewünscht hätten.

Beisenkötter wandte sich an die vielen Kinder und Jugendlichen, die an langen Tischen vor ihrer Limonade saßen und sehnsüchtig auf das Mittagessen warteten. „Euch allen", sagte Rendsburgs Bürgermeister, „noch einmal ein herzliches Willkommen. Ich wünsche einen guten Appetit! Bon appetit! Oder wie ihr auf Englisch sagt: Enjoy your meal!"

Damit hatte die Stadt ihren Beitrag geleistet. Wie gut, dass die freundschaftlichen Begegnungen nun auch von anderen gesellschaftlichen Gruppen selbstständig durchgeführt wurden! Die Völkerverständigung und das vereinte Europa waren auf einem guten Weg!

Das fand auch Rolf Erichsen.

Deshalb wollte er unbedingt am Freitagabend an dem Abschlusskonzert in der Aula des Herderschul-Gymnasiums teilnehmen. Er war nicht nur der wichtigste Ansprechpartner für die Schulen, weshalb ihn Horst

Wilm angerufen hatte, um ihn ganz persönlich einzuladen. Sondern es war ihm ein tiefes Bedürfnis.

Eric Simpson, der frühere Bürgermeister der Patenstadt, und seine Frau Dorothee waren einige Male seine Gäste in der Gartenstraße gewesen. Seine Tochter Hilke war vor sechs Jahren mit der „Prinz Hamlet" von Hamburg nach Harwich gefahren, um Eric und Dorothee und die Tochter Jean zu besuchen. Im darauf folgenden Jahr war Erichsen zusammen mit einer städtischen Delegation in Lancaster.

Sie nannten sich Freunde, wenngleich die Zeit wohl bisher nicht gereicht hatte, sich in schweren Zeiten zu prüfen – so wie die sprachlichen Hürden sie davon abhielten, intensiv Gedanken auszutauschen. Aber dass es möglich war, nach dem Krieg, der für alle so viel Leid gebracht hatte, mit Menschen an einem Tisch zu sein, die früher deine Feinde waren! Zu scherzen, zu lachen und zu trinken und festzustellen, dass wir in allem doch gleich waren! Auch wenn wir weinen! Oder lieben! Das ist eine Freundschaft wert!

Darum muss Europa gelingen, damit wir erkennen, dass wir alle Menschen sind!

Oberamtsrat Erichsen hatte feuchte Augen.

Als das Telefon klingelte und er zum Hörer griff, stöhnte er leise. Die Bewegung spürte er als Schmerz am Schulterblatt. „Erichsen!" –„Bonjour, Monsieur. C'est Madame Dupont de Vierzon a l'appareil…"

„Anke! Kommst du mal?", rief er durch die geöffnete Tür. „Da ist jemand aus Frankreich am Telefon!" Französisch sprechen konnte er nur mühsam, hatte er damals 1944 in Südfrankreich nicht so richtig lernen können. Sie waren im Feindesland gewesen! Da redet man nicht und hört nicht zu.

Wenn Franzosen aus Vierzon bei ihm waren, versuchte er es mit ein paar Brocken, das musste man tun, das war eine Sache des Respekts. Aber dann weiter mit Englisch, auch Hilde mischte sich ein, und die Gesten und Verrenkungen und Grimassen waren oft so komisch, dass alle lachen mussten. Das waren Momente großer Einigkeit. Auch wenn sie sich zuprosteten oder mit anerkennenden Gemurmel den Kuchen lobten. Diese Momente waren das Fundament für alles, was noch kommen sollte.

Wenn es gut lief, löste sich dann die Verlegenheit, die entsteht, wenn nur einer spricht und alle ihn ansehen mit bemühter Aufmerksamkeit. Wenn es gut lief, lösten sich Zunge und Lippen und wandten sich dem Sitznachbarn zu. Und plötzlich war alles ganz leicht, manches fremde Wort schien sich selbst zu erklären, und die Gesichter röteten sich vor Eifer.

Aber hier jetzt am Telefon! Erichsen hätte radebrechen können, normalerweise hätte er es versucht. Aber eine seltsame Nachlässigkeit wehte ihn an, eine gelegentliche Unlust, sich der Pflicht zu stellen. Und so rief er lieber nach Anke Pfaffe.

Es stellte sich heraus: Eine Mutter aus Vierzon hatte ihre Tochter dringend sprechen müssen, aber die deutsche Telefonnummer nicht zur Hand. Die Tochter vom Gymnasium war mit einer Schülergruppe in der Helene-Lange-Schule zu Gast. Pfaffe konnte aushelfen und legte auf.

„Ganz schön viel los in Rendsburg", meinte sie. „Sind Sie nachher auch dabei?"

„Selbstverständlich", antwortete Erichsen. „Ich muss nur noch mal zu Schulz. Das tut wieder so weh."

„Vorher noch 'n Kaffee?"

„Oh ja!"

„Ich kann ja Ihnen und Ihrer Frau in der ersten Reihe einen Platz freihalten!", fügte Pfaffe hinzu. Erichsen nickte. An diese Rücksichtnahme konnte er sich gut gewöhnen.

Artur Schulz hatte ihm angeboten, jederzeit in die Praxis im Westbankhaus zu kommen. Immerhin sei er sein Freund, das sei doch selbstverständlich. Auch dieses Angebot nahm Erichsen gerne an.

„Was ist das nur?", fragte er, als er seinem Arzt gegenüberstand.

„Das weißt du doch, Rolf", sagte Artur Schulz.

„Nein. Weiß ich nicht!", sagte Erichsen. Seine Stimme klang ungewohnt streng, fast vorwurfsvoll. So sprach er manchmal zu seinen Verwaltungslehrlingen in Bordesholm, wenn ihm etwas gegen den Strich ging und er seine Autorität wahren musste – aber nie zu seinem Freund. „Es dauert einfach zu lange. Und es wird nicht besser."

„Eine Neuritis dauert lange, das …" – „Ich weiß, ich weiß!", unterbrach ihn Erichsen. „Aber Neuritis! Das ist irgendein Wort!" – „Das ist meine Diagnose!", sagte Schulz. – „Aber ich glaub da nicht mehr dran", antwortete Erichsen. Seine Stimme verlor die Härte und wankte. „Bei meiner – meiner Vorgeschichte."

„Hör mir zu, Rolf!" Artur Schulz erhob sich, rollte seinen Stuhl um den Schreibtisch herum und setzte sich vor ihn. Er hatte in etwa dessen Statur, der weiße Kittel bildete einen starken Kontrast zu den schwarzen Haaren und der Locke, die ihm in die Stirn gefallen war. Außerordentlich ernst blickte er auf seinen Freund.

„Hör mir zu! Es ist eine Neuritis! Ich kenne die Ursache noch nicht, das gebe ich gern zu. Das ist aber nicht verwunderlich, denn es gibt zahlreiche Auslöser. Einen Infarkt haben wir ausgeschlossen. Schmerzen, die ausstrahlen, zum Beispiel in die Arme, hast du bisher nicht …" – „In der Schulter …" – „Ja, gut, aber nur in der Schulter. Weiter: Erkrankungen des Stoffwechsels haben wir bisher nicht feststellen können, die Blutwerte waren unauffällig. Auch eine Infektion ist es nicht, sonst hätte ich dir Antibiotika verschreiben können. Bleiben noch psychische oder orthopädische Ursachen.

Bist du psychisch belastet? Ich glaube ja. Deine Amputation hast du noch nicht weggesteckt. Deine Gedanken kreisen um Folgeerkrankungen. Hier können Psychopharmaka helfen.

Oder sind es Verschleißerscheinungen im Bereich der Wirbelsäule? Das Röntgenbild, ich hab's dir gezeigt! Das Röntgenbild ist unspezifisch: Es kann da was sein, es kann aber auch nichts sein. Vielleicht – wir haben schon darüber gesprochen – ist die Ursache auch eine jahrelange Fehlhaltung bei deiner sitzenden Tätigkeit im Büro. Oder eine Störung der gesamten Statik durch ein leichtes Ungleichgewicht beim Gehen, bedingt durch deine Prothese.

Also, Rolf: Wir behandeln weiter mit Schmerzmitteln, die gleichzeitig entzündungshemmend sind. Du versuchst Schmerzlinderung entweder mit Rotlicht oder mit Kühlung …" – „Rotlicht." – „Richtig. Du reagierst besser auf Rotlicht. Wir können auch mal Reizstrom versuchen. Und – ganz wichtig: Es kann lange dauern. Monate! Stell dich darauf ein!"

Artur gab seinem Freund eine Spritze. Und der – gleichermaßen erleichtert und von tiefer Sorge erfüllt – verließ die Praxis und horchte in sich hinein, während er an der Schlickeider den Jungfernstieg entlang ging. Das Schmerzmittel schien jetzt schon zu wirken. Aber was zeigte das? Die Schmerzen wurden bekämpft, aber nicht die Ursachen!

Konnte er seinem Freund glauben? Vielleicht wollte Artur ihn nur schonen? Ein letzter Freundschaftsdienst? Würde er für ihn dasselbe tun?

Seine Frau Hilde kam ihm in den Sinn. Nie würde er ihr die Wahrheit sagen! Das gebot die Ritterlichkeit. Sie war eine Frau, er würde sie beschützen bis zuletzt. Er war der Mann. Er wollte siegreich untergehen, ohne zu jammern. Erichsen gefiel sich in der heldenhaften Pose, sie gab ihm ein wenig Mut.

Aber noch war es ja nicht so weit.

Als er das Herder-Gymnasium im Stadtseegelände erreichte, war alles voller Leben. Auf der Bühne herrschte Konfusion, immerhin waren ein Blasorchester, eine Schülerband und zwei Chöre unterzubringen. Die musikalischen Leiter Betty Wilson und Wilko Schierhorn hatten Mühe, den Überblick zu behalten.

Die Zuschauerränge waren gut gefüllt mit den vielen Eltern der Rendsburger Schüler, die auch in der Freizeit Gastfamilien gewesen waren. Hinzu kamen die Kollegien der beiden Rendsburger Realschulen und offizielle Gäste. Hilde war schon da und wartete auf ihn. Es war gut, dass

Anke Pfaffe für ihren Chef einen Platz ganz außen in der ersten Reihe reserviert hatte.

Es war eine fröhliche Abschiedsfeier. Die Schülerband aus Lancaster überraschte mit flotten Pop-Songs. Dabei schüttelten sie mächtig ihre Pilzköpfe. Und die Chorleiter hatten im Vorfeld eine entzückende Idee gehabt, die nun ihre Wirkung entfaltete: Die englischen Gäste trugen deutsche Frühlingslieder vor, und die deutschen Gastgeber sangen englische, und beide bezauberten damit das Publikum. Es war eine volkstümliche Hymne auf die Freundschaft, die fast alle Herzen ergriff.

Die Älteren erinnerten sich an den ersten Besuch einer englischen Delegation vor fast zwanzig Jahren, als die vorwiegend männlichen Würdenträger ihre Würde geradezu vor sich hertrugen und vor lauter Höflichkeit nicht zu husten wagten. Zwölf Tage wurden sie herumgereicht in Rendsburgs Oberschicht, und zum Schluss saßen sie in der Christkirche und lauschten mit vorgetäuschter Sachkenntnis einem Orgelkonzert, und Studienrat Karl Friedrichs sang zwei Arien von Händel und Bach.

Wie hatte sich doch alles so gut entwickelt!

Realschuldirektor Wilm, der wegen seines geraden Rückens und seiner welligen Haare von den Schülern „John Steed"[55] genannt wurde, ging in seiner Rede auf die lange Geschichte der Freundschaft ein und erinnerte an ein Erlebnis, bei dem er leider persönlich nicht dabei gewesen, das ihm aber von den Beteiligten als besonders ergreifend geschildert worden war. Im April 1968 hatte das gerade gegründete Jugendblasorchester, damals noch unter der Leitung von Schierhorn senior, auf seiner England-Reise einen Besuch in Coventry gemacht – durchaus mit bangem Herzen, war Deutschland doch noch vor dreiundzwanzig Jahren Englands Feind gewesen und hatte im November 1940 die Altstadt von Coventry zerbombt und fast 600 Menschen getötet. Die berühmte Kathedrale lag ebenfalls in Trümmern.

Nun stellte sich das Jugendblasorchester auf die neuen Stufen des Gotteshauses – links dahinter die Ruine und rechts davon der moderne Neubau, und machten Musik. Würden nun erboste Engländer über sie herfallen oder zumindest vor ihnen ausspucken?

Nichts dergleichen geschah. Freundlich dreinschauende Menschen blieben stehen und zückten ihre Kameras, unter ihnen auch ein älterer Herr im Blazer, mit dem Abzeichen der Royal Air Force auf der Brust.

Wilm hätte hinzufügen können, dass kurz nach dem Krieg der Propst Howard aus Coventry die Versöhnung vorantrieben und der Rache abgeschworen, indem er die Schuldigen auf beiden Seiten gesehen hatte. Waren nicht auch die Menschen in Kiel, Hamburg und Dresden unschuldige Opfer gewesen?

Wilm erwähnte das nicht. Auch er war auf der Suche nach Vergebung und spürte die unausgesprochene Macht der düsteren Verbrechen, die alle Deutschen lähmte und ihr Selbstvertrauen erschüttert hatte. Diese Macht, die größer war als alle Schuld und Gegenschuld, die der Krieg hervorgebracht. Dass darum der Veteran vor der Kathedrale von Coventry freundlich lächelnd die Abzeichen des Krieges trug. Krieg war Krieg, hatte er wohl sagen wollen.

Aber Wilm fügte hinzu, dass kurz nach diesem denkwürdigen Auftritt auf den Stufen von Coventry Martin Luther King ermordet worden war und dass diese Nachricht die Besucher getroffen hätte zu einer Zeit, in der sie ohnehin überwältigt gewesen seien von Schuldgefühlen – weshalb sie dieses zufällige Zusammentreffen von historischen Ereignissen nie vergessen würden.

Als der Beifall verklungen war, gab es Bewegung auf der Bühne, denn alle Kinder kreuzten die Arme und ergriffen die Hände ihrer Nachbarn. Und da die Gäste im Publikum dasselbe taten, folgten bald alle diesem Beispiel, und von der Bühne erklang eine Melodie, die, in England als schottisches Abschiedslied bekannt, regelmäßig zum Abschied der „Last Night Of The Proms"[56] gesungen wurde.

Oberamtsrat Rolf Erichsen, der am Ende der ersten Reihe saß, erhob sich spontan und mit untrüglichem Instinkt. Er stand da zwischen Publikum und Bühne, etwas schief, da er sein Gewicht auf das gesunde Bein verlagert hatte, kreuzte die Arme und musste sie ordentlich strecken, damit er das erste Kind auf der Bühne und seine Frau im Publikum erreichte. Und so war er das fehlende Glied in der Kette der Freundschaft und der Generationen und sang laut das Lied mit, ohne den Text zu kennen:

Should auld acquaintance be forgot
And never brought to mind?
Should auld acquaintance be forgot
and days of auld lang syne?

For auld lang syne, my dear,
For auld lang syne,
We'll take a cup of kindness yet,
For auld lang syne.

And here's a hand, my trusty friend
And give me a hand o'thine
We'll take a cup o'kindness yet
For auld lang syne.

* *Rolf Erichsen findet den Ausweg nicht*

Was soll man sagen angesichts eines zu frühen Endes?

Das Leben ist nicht vollendet, das ist gewiss. Es ist noch nicht alles ausgereift, was ahnungslos an den Bäumen hängt. Vielleicht würden ein paar schöne Tage den Früchten eine überraschende Süße geben?

Rolf Erichsen hatte Rilkes Gedicht nicht gelesen. Aber er hatte eine Ahnung von den Verheißungen des Herbstes und – wer weiß? – wäre mit der Zeit der Einsamkeit entkommen.

Als er im Juni nicht mehr zum Dienst erschien, weil ihn die Schmerzen plagten, gab es immer noch kein offenes Wort zwischen Mann und Frau.

Hilde Erichsen blieb dabei zu schweigen. Sie konnte Rolf davor bewahren, etwas Dummes anzustellen, so lautete der Beschluss. Doch die Wahrheit dahinter hatte sie nie verstehen wollen, der Tod überstieg ihre Vorstellungskraft. Natürlich würden sie weiterleben wie bisher. Was denn sonst?

Auch Rolf Erichsen wankte nicht in seinem Entschluss. Er spürte, dass Hilde einem Gespräch über die letzten Dinge des Lebens nicht gewachsen war und wollte sie schonen, wie er es immer gemacht hatte. Manchmal war er stolz auf seinen Mut, aber die Ungewissheit wütete mehr und mehr in ihm mit Schauern der Angst.

Nur wenn Arbeitskollegen aus dem Rathaus kamen, öffnete sich hin und wieder ein kleines Ventil für seine düsteren Gedanken.

„Laufen Sie nicht gleich wieder weg!", sagte Hilde Erichsen, als Werner Strehlow Ende Juni vor der Tür stand, um die Akten des Jugendaufbauwerks abzuholen. Sie wusste ja, wie schwer sich manche taten, unbefangen und mitteilsam zu bleiben, ohne sich krampfhaft an die Einzelheiten der Krankengeschichte zu klammern. Und wie erleichtert sie waren, wenn sie die Audienz beendet hatten! Oh ja, sie dachte an sich selbst! Wie schwach sie war!

„Trinken Sie Kaffee?", fragte sie. Und als Strehlow nickte, öffnete sie die Stubentür und rief fröhlich: „Du hast Besuch!"

Es war eines der guten Gespräche, befreit von Angst und Oberflächlichkeit. Strehlow musste zwei Cognac-Schwenker aus dem Schrank holen und einschenken. Sie tranken mit Genuss und rauchten dazu eine Laurens Extra – jeder eine Hälfte, und mit Spitze. Es war wie eine heilige Handlung.

„Ich danke Ihnen noch einmal dafür, dass Sie mich damals bei dem Rathausbrand rausgerissen haben", sagte Strehlow beim Abschied. – „Ach was", sagte Erichsen. „Ich lass dich doch nicht im Regen stehen. Im Übrigen hatte ich dir das versprochen." – „Ja, aber trotzdem. Ich wollte das noch mal gesagt haben." – „Weißt du was, Strehlow? Wir haben alles richtig gemacht!"

Sie gingen zur Tür.

„Bleiben Sie doch sitzen, Herr Erichsen!", sagte Stehlow, mit der gewünschten JAW-Akte unter dem Arm. „Ich finde den Weg alleine!"

„Ja, ist vielleicht besser", antwortete Erichsen. „Meine Frau ist wahrscheinlich in der Küche." Er gab seinem Arbeitskollegen die Hand und sah ihn an. „Mit mir steht es schlecht, Strehlow. Wir werden uns auf dieser Erde wohl nicht wiedersehen."

Strehlow erstarrte. So schlimm? Natürlich, man musste immer mit allem rechnen. Aber so ... schlimm? Was sagte man in so einem Moment?

„Aber ... Herr Erichsen", stotterte er. „Das ... das weiß man doch nie!"

„Stimmt, das weiß man nie", sagte Rolf Erichsen, wandte sich ab und ging zurück zu seinem Sessel.

Es gab einen Zeitpunkt, an dem ihn jeder Mut verließ. Als er schon bettlägerig war, mit gedämpften Sinnen, ein Bündel Mensch, das zu schrumpfen schien, mit dem Schmerz als Dauergast, und seinem Freund Artur Schulz mit der täglichen Spritze, als er keine Fragen mehr stellte, als er reduziert war auf einen noch lebenden Körper mit Funktionen – da spielte Deutschland gegen Holland. Es war das Endspiel der Fußballweltmeisterschaft und wurde im Fernsehen übertragen.

Das hatte man ihm erzählt.

Und als er durch die geöffneten Türen die Stimme des Kommentators hörte, war in ihm die Sehnsucht, dieses Spiel zu sehen, nur dieses Spiel und sonst gar nichts, als gäbe es sonst nichts auf der Welt, das lebenswert wäre. Er war, ohne sich dessen bewusst zu sein, ein Kind, das eigensüchtig die sofortige Befriedigung seiner Bedürfnisse verlangt. All seine hehren Grundsätze, die Leitlinien seines bisherigen Lebens, die seinem Charakter Struktur und Festigkeit gegeben hatten, waren dahin: Er hatte doch nie Schwäche zeigen wollen! Immer selbstgewiss und zupackend nach vorne schauen und die Ehefrau vor den Widrigkeiten des Lebens schützen!

Aber jetzt kam er unter Aufbietung aller Kraft und wimmernd vor Schmerzen auf Händen und Knien ins Wohnzimmer gekrochen. Entsetzt sprangen alle auf, die da saßen: Peter Selle und Bambi Selle, Hilke und natürlich Hilde, seine Ehefrau. „Aber Rolf! Das geht doch nicht!", rief Bambi. Und als sie seinen verzweifelten Willen erkannten, hoben sie ihn gemeinsam in den Sessel. Aber es waren nur wenige Minuten, die er ertragen konnte, und so brachten sie ihn gemeinsam ins Schlafzimmer zurück.

Was war das? War es auch ein Schrei? Ihr seht doch, was mit mir ist! Wollt ihr euch nicht meiner erbarmen? Nun sagt doch endlich, was ich nicht sagen kann!

Was es auch immer war – es war alles schon längst entschieden.

Zum Schluss

„Ich möchte mich meinem sehr früh verstorbenen Vater nähern" – so oder so ähnlich lauten die Motive der Menschen, die – meist im „reiferen" Alter – ihr Interesse für ihre Biografie entdecken und darüber forschen. Sie möchten im Nachhinein verstehen lernen, was damals geschehen ist, und wie die Gegenwart werden konnte, wie sie ist. Ein Ansatz, der jedem Berufshistoriker zur Ehre gereicht.

Meistens ist diese Suche nach Sinn und Wahrheit nicht für die Öffentlichkeit gedacht, sondern soll der Familie ein Bewusstsein ihrer Geschichtlichkeit geben – das Gefühl, ein wichtiger Teil der gesellschaftlichen Entwicklung zu sein.

Wenn aber beim Forschen und Schreiben so viele Einzelheiten und Zusammenhänge auftreten, dass sie über die eigene Familie hinausweisen, wenn eine vergangene Zeit in Teilen lebendig wird, dann können auch andere dieser Geschichte etwas abgewinnen.

So ist auch bei mir aus einem zunächst sehr persönlichen Projekt mit der Zeit mehr geworden. Ich tauchte ein in die Gesellschaft, mehr als ich das je getan, traf auf Zeitzeugen, die meinen Vater gut kannten, und lernte, meine eigenen Erinnerungen mit der jüngeren Geschichte meiner Heimatstadt zu verknüpfen.

Ich habe diese Arbeit gemeinsam mit meiner Mutter unternommen. Nur mit ihr und ihren Erinnerungen konnte das Projekt einen derartigen Umfang annehmen – wenngleich ich aus gestalterischen Gründen eine Menge der gesammelten Informationen nicht verwenden konnte.

Es ist ein großes Glück, in meinem Alter noch eine Mutter zu haben, die sich zudem mit großem Enthusiasmus in die gemeinsame Erinnerungsarbeit gestürzt hat. Zahllose Gespräche kreisten um unsere Vergangenheit, und auch, als ihre Erinnerung ausgebeutet schien, kamen immer wieder überraschende Einzelheiten zutage. Besonders ihr verdanke ich die weitgehende Echtheit der erzählten privaten Ereignisse.

Aber wenn etwas so weit zurückliegt, bleiben viele Lücken. Dann habe ich einige mit Produkten meiner Fantasie ausgefüllt – aber immer so, dass man sagen kann: Ja, so könnte es gewesen sein!

So mögen also die Leser, die sich auf abweichende Erinnerungen berufen können, mir meine Darstellung verzeihen. Dokumentarische und fiktionale Elemente bilden eine – wie ich hoffe – glaubwürdige Mischung und vermitteln ein wirklichkeitsnahes Bild von fast 30 Jahren Nachkriegszeit in einer norddeutschen Kleinstadt.

Ich hatte viele große und kleine Helfer, denen ich Details, Geschichten und Ratschläge verdanke oder die sich immer für meine Erinnerungsarbeit interessiert haben. Meine Frau und meine Kinder gehören dazu. Darüber hinaus möchte ich einige hier aufführen und ihnen danken.

Aus der engeren Familie:
    Hilde Erichsen, Hilke Erichsen, Frauke Erichsen,
    Helmut und Hannelore Stietzel, Elfriede Scharfenberg (gest. 2011)
Aus der weiteren Familie:
    Elisabeth Böcker, Inge Haecks , Heinz-Jürgen Reimers,
    Karin Erichsen
Meine Freunde und Weggefährten:
    Helmut Bustorf, Gerd Kruse, Harald Jockenhövel,
    Karl Heinz Hamsch, Fritjof Wilken, Horst Reibisch, Peter Boysen,
    Bernd Hinrichsen, Gerhard Felten
Ehemalige Nachbarn in Neuwerk:
    Käthe Panten, Günther Gonschorowski, Almut Büsing,
    Edmund Köpke, Karl Meier, Peter Albers
Ehemalige Nachbarn in der Gartenstraße und Umgebung:
    Hans Georg Guse, Jochen Thurow-Meseritz,
    Magdalena Fleischer (gest. 2015), Siegfried Schmidt, Barbara Selle,
    Gerda Martens, Hildrun Jacobsen, Lieselotte Eske,
    Eva vom Scheidt (gest. 2015), Peter Selle
Ehemalige Mitarbeiter der Stadt Rendsburg:
    Anke Pfaffe, Werner Strehlow, Karin Hauser, Gerhard Rohwer,
    Bernd Tybussek, Harald Hansen, Günter Rahn, Peter Lensch,
    Wolfgang Wulff
Andere:
    Ulla Freytag (gest. 2013), Käthe Tönsfeldt, Karl-Heinz Prasmo,
    Dr. Regina Becker, Arnold Staack, Jürgen Greve (Breiholz, gest. 2016),
    Hans Piening (gest. 2016), Lottchen Piening, Kirsten Jacobs,
    Dieter Glindemann, Margit Döhlert, Dr. Frauke Dettmer,
    Hannelore Dittmer, Wilhelm Delfs (gest. 2015),
    Sparkasse Mittelholstein (Sven Samuelson, Helmut Hartwich),
    Wolfgang Krambeck, Dr. Henning Schiller, Dr. Günter Schulz,
    Wolfgang Dudek, Karin Wrage (Welmbüttel),
    Margrit und Volquard Schulze, Günter Neugebauer, Anke Wunsch,
    Rolf Schwarz, hilfsbereite Leute bei den Ämtern (stellvertretend:
    Klaus Kanter von der Kreisverwaltung).

Peter Erichsen

Anmerkungen

1 Gammelby: Johannes Erichsen wurde in Scheggerott (Angeln) geboren und wuchs auf in Gammelby (Schwansen) auf dem elterlichen Hof

2 Stalingrad: Die Vernichtung der 6. Armee vor Stalingrad Anfang 1943 gilt als Wendepunkt des Krieges Hitler-Deutschland gegen die Sowjetunion

3 NARAG-Heizung: Bildete mit dem gusseisernen Kochherd eine Einheit und erwärmte die Rippenheizkörper in den anderen Zimmern (ohne Pumpe: warmes Wasser steigt, kaltes Wasser fällt)

4 Fräulein: Während die unverheiratete Frau schon in den dreißiger Jahren auf Antrag die Anrede „Frau" erwerben konnte, wurde die Anrede „Fräulein" in amtlichen Schreiben (Verfügung von Bundesinnenminister Genscher) erst 1972 völlig abgeschafft. Die Frauenbewegung der 70er Jahre setzte sich dafür ein, dass auch in der Bevölkerung das Wort „Fräulein" als Zeichen der Diskriminierung allmählich vollständig aus dem Sprachgebrauch verschwand.

5 „Die deutsche Mutter und ihr erstes Kind" (1934) von Johanna Haarer (Ärztin und überzeugte Nationalsozialistin): Haarers Ratgeber wurde empfohlen und fand eine große Verbreitung, z. B. in den Kursen der „Reichsmütterschule". Die Grundzüge ihres Erziehungsideals waren Zucht, Unterwerfung, Reinlichkeit, Härte, Opferbereitschaft.
Die Erziehung wird bei Haarer zu einer Technik, die durch die Ablehnung von Freude, Zuneigung oder Trösten gekennzeichnet ist. Wenn das Kind schreit und auch der Schnuller als „Beruhigungsmittel" versagt, „dann, liebe Mutter, werde hart! Fange nur ja nicht an, das Kind aus dem Bett herauszunehmen, es zu tragen, zu wiegen, zu fahren oder es auf dem Schoß zu halten, es gar zu stillen." Dem Mann und Vater kommt in ihren Büchern keinerlei Bedeutung zu.
Eine von Nazivokabular „gereinigte" Fassung wurde 1949 unter dem Titel „Die Mutter und ihr erstes Kind" aufgelegt und war in der Bundesrepublik bis in die 70er Jahre weit verbreitet. Die letzte Auflage erschien 1996.

6 Weihnachtsbäume, auch Tannen- oder Christbäume genannt, waren Leuchtkörper, die von Vorauskommandos der angreifenden Bombengeschwader abgesetzt wurden und zur Erde schwebten. Das war die Zielmarkierung für den Bombenabwurf.

7 Sperrzonen in Schleswig-Holstein: Auf großen Arealen in Ostholstein und Dithmarschen wurden Hunderttausende von besiegten deutschen Soldaten zusammengedrängt und mussten unzureichend ernährt dort selbst für ihre Unterkunft (oft genug Erdlöcher) sorgen, hatten aber weitgehende Bewegungsfreiheit.

8 Nürnberger Prozess: Der erste und einzige Prozess vor dem Internationalen Gerichtshof gegen die Hauptkriegsverbrecher fand statt von November 19 45 bis Oktober 1946

9 Cornell: Cedrick A. Cornell war britischer Kreis-Resident-Officer in Rendsburg und vertrat in dieser Eigenschaft die Besatzungsmacht. Im Juli 1954 starb er während einer Segeltour vor der dänischen Insel Seeland durch einen Unfall. Die Besetzung Deutschlands endete im Mai 1955.

10 Währungsreform 20.06.1948: Die Bevölkerung wurde zwei Tage vorher informiert. Jeder erhielt ein „Kopfgeld" von 40 Deutsche Mark (plus 20 DM einen Monat später). Guthaben wurden umgetauscht: 6,50 DM je 100 Reichsmark.

11 Tuberkulose: eine (unbehandelt) meist tödlich verlaufende bakterielle Infektionskrankheit, die besonders oft die Lunge befällt (auch Schwindsucht genannt). Erreger wurde zuerst von Robert Koch 1882 beschrieben. Den meist wirkungslosen Luftkuren (Thomas Mann, Der Zauberberg) folgten im 20. Jahrhundert als Therapie die Lungenresektionen (Entfernung von befallenen Lungenabschnitten) und nach dem zweiten Weltkrieg der Einsatz der ersten Antibiotika. „Gesunde Luft" galt noch lange nach dem Krieg als erfolgversprechendes Therapiekonzept in der Bevölkerung. Durch zunehmen-

de Resistenzen der Bakterienstämme wird die TB auch in Europa zunehmend wieder ein Problem.

12 Schwibbogen: In alten Bauernhäusern ging die Diele ohne Abgrenzung in den Küchen- und Wohnbereich über. Über der Feuerstelle auf dem Boden gab es entweder einen hölzernen Rahmen oder einen gemauerten Schwibbogen, an dem die Töpfe hingen.

13 Schnüsch: Gericht aus Angeln/Schleswig-Holstein, Gemüse (insbesondere Karotten) in Mehlschwitze (Milch, Sahne)

14 Hans Globke: Verwaltungsjurist, der im Nationalsozialismus u. a. an der Formulierung der Nürnberger Rassegesetze im Reichsinnenministerium mitgearbeitet hat. War unter Adenauer trotz der Kritik im In- und Ausland von 1953 bis 1963 Chef des Bundeskanzleramtes

15 Pankow: Bezirk in Ostberlin, bis 1964 Sitz des Staatsrates der DDR, wurde im Kalten Krieg vom Westen als Synonym für „Regierungssitz der sowjetisch besetzten Zone" benutzt

16 HIAG: Die Hilfsgemeinschaft auf Gegenseitigkeit der ehemaligen Angehörigen der Waffen-SS e.V. (HIAG) wurde 1951 als „Traditionsverband" begründet. Da sie sich nicht konsequent von Kriegsverbrechern und nationalsozialistischem Gedankengut abgrenzte, wurde sie zeitweilig vom Verfassungsschutz beobachtet. Eines der erklärten Ziele der HIAG war die Änderung der gesellschaftlichen und juristischen Wahrnehmung der Angehörigen der Waffen-SS als normale Soldaten. – Die Franzosen aus Rendsburgs Patenstadt Vierzon waren so entsetzt über die HIAG-Aktivitäten, dass daran die Freundschaft fast zerbrochen wäre.

17 EWG: Die 1957 durch die Römischen Verträge gegründete Europäische Wirtschaftsgemeinschaft (Belgien, Frankreich, Italien, Luxemburg, Niederlande, BR Deutschland). Vorläufer der EG und der EU (seit 1992).

18 Nissenhütte: 1916 entwickelte Wellblechhütte in Fertigbauweise (wie ein halbiertes Rohr, ohne gerade Seitenwände), besonders vom Militär genutzt. Nach dem zweiten Weltkrieg als einfache Flüchtlingsunterkunft verwendet.

19 Leuchtkasten: Fluoroskop oder Pedoskop genannt, stand bis in die späten 60er Jahre in den Schuhläden, meist auf einem Podest in edler Mahagoni-Ausführung. Besonders bei Kindern sollte er vermeiden helfen, dass ungesunde, drückende Schuhe gekauft wurden. Die gefährlichen Röntgen-Strahlen konnten sich ungehindert verbreiten.

20 Gleichberechtigung von Mann und Frau: Bis zum Gesetz über die Gleichberechtigung von Mann und Frau, das am 3. Mai 1957 verabschiedet wurde, verwaltete der Mann das von seiner Frau in die Ehe eingebrachte Vermögen und verfügte allein über die daraus erwachsenen Zinsen und auch über das Geld aus einer Erwerbstätigkeit der Ehefrau.

21 Neuengamme: Ehemaliges KZ im Südosten Hamburgs, nach dem Krieg Internierungslager für NS-Funktionäre und SS-Führer (bis 1948)

22 LOLA-Werke: Eine Bürstenfabrik, die auf dem Gebiet des „Lockstedter Lagers" (ab 1956 „Hohenlockstedt" in der Nähe von Kellinghusen) bestand und später nach Krempdorf umzog.

23 Baumert (Frank und Elisabeth): Namen verändert

24 Die Pille: Die so genannte Anti-Baby-Pille wurde erstmals von der Berliner Schering AG 1961 auf den deutschen Markt gebracht.

25 Sexuelle Aufklärung: Der Aufklärungsfilm „Helga" kam 1967 mit Unterstützung des Gesundheitsministeriums (K. Strobel) ins Kino und zeigte erstmalig, neben viel nackter Haut, die Geburt eines Kindes.

26 Bundesregierung: Erste „Große Koalition": 1966 bis 1969 unter Kurt-Georg Kiesinger mit Willy Brandt als Vizekanzler und Außenminister

27 Deutsche Jungdemokraten (DJD): seit 1919, nach dem Krieg neu gegründet als radikaldemokratischer, linksliberaler Jugendverband der FDP

28 Erich Mende: Bundesvorsitzender der FDP bis Jan. 1968. Nachfolger: Walter Scheel

29 Schah von Persien: Der Schah Reza Pahlewi war einerseits ein autoritärer Herrscher, unternahm aber einiges, um den Iran zu demokratisieren und zu modernisieren. Er musste 1979 das Land verlassen.

30 Bamberger: Ernst Bamberger war jüdischer Herkunft, aber protestantisch getauft. Er praktizierte in Rendsburg als angesehener Chirurg. Er nahm sich 1941 nach Berufsverbot und gesellschaftlicher Ächtung das Leben.

31 Gleichberechtigung: In Bayern mussten Lehrerinnen noch in den 1950er Jahren im Sinne des Lehrerinnenzölibats ihren Beruf aufgeben, wenn sie heirateten. Bis 1958 konnte ein Ehemann das Dienstverhältnis seiner Frau fristlos kündigen. Erst 1977 tritt die Reform des Ehe- und Familienrechts in Kraft: Jetzt benötigt die Ehefrau nicht mehr die Erlaubnis des Mannes, wenn sie eine Arbeit aufnehmen will (Überwindung der „Hausfrauenehe", wie sie im BGB von 1900 definiert worden war).
1979 wurden die väterlichen Vorrechte bei der Kindererziehung vollständig beseitigt.

32 Lunden: Ort in Dithmarschen in der Nähe von Heide, in den 60er Jahren mit einer Hauswirtschaftsschule

33 Emma Faupel: ehemalige Schulleiterin der Schule Altstadt, Senatorin (CDU) und stellvertretende Bürgermeisterin, Vorsitzende im Frauenring

34 Vietnam: Am 16. März 1968 wird das vietnamesische Dorf My Lai von amerikanischen Truppen ausgelöscht (504 tote Zivilisten)

35 Martin Luther King: Pastor und Bürgerrechtler in den USA („I have a dream"), am 4. April 1968 ermordet

36 Rudi Dutschke: deutscher Soziologiestudent und Studentenführer, wurde bei Attentat am 11. April 1968 schwer verletzt

37 Notstandsgesetze: Am 30.Mai 1968 von der ersten „Großen Koalition" gegen massive Proteste der außerparlamentarischen Opposition (APO) beschlossen. Sie schränkten Freiheitsrechte ein im Falle einer Gefahr für die freiheitlich-demokratische Grundordnung.

38 minderjährig: Erst ab dem 1. Januar 1975 galt die Volljährigkeit mit 18 Jahren.

39 Personalrat: Bestand in Rendsburg aus vier Arbeitern, vier Angestellten und einem Beamten.

40 Klaus Rainer Röhl: Herausgeber der ehemaligen Studentenzeitschrift und in „konkret" umbenannten Zeitschrift für Politik und Kultur. Röhl-Ehefrau Ulrike Meinhoff hatte sich 1969 aus der Redaktionsarbeit zurück gezogen, weil sie das Blatt auf dem Weg sah, ein „Instrument der Konterrevolution" zu werden.

41 Katharsis: die Befreiung von seelischen Konflikten und inneren Spannungen durch Beschäftigung mit der Schuld

42 1942: Dieser Abschnitt enthält fast nur wörtliche Zitate aus dem Schwurgerichtsurteil vom 19.03.1968 (Abt.352.3, Nr. 16566). Mit Genehmigung durch das Landesarchiv Schleswig-Holstein.

43 Aussiedlung: Wer für die „Aussiedlung" herausgesucht wurde, war für die sofortige Ermordung im Vernichtungslager bestimmt.

44 Krakau: 1941 wurden 15 000 Juden in ein Ghetto umgesiedelt, in dem vorher nur 4 000 Menschen gewohnt hatten. In den Jahren 1942 und 1943 fanden insgesamt drei „Aussiedlungen" statt, d. h. die Bewohner der Ghettos wurden nach und nach alle für die Vernichtung in Belzec und Auschwitz „ausgesiedelt".

45 HOBBY: 1967 baute Harald Striewski aus Fockbek seinen ersten Wohnwagen und gründete eine Firma, die heute zu den größten Wohnwagenherstellern weltweit gehört. Nach Aufkauf von „Fendt Caravan" (1998), der Rendsburger Feuerverzinkerei und der Nordland Zeltfabrik aus Fockbek ist eine Unternehmensgruppe entstanden (Konzern).

46 Schleswig-holsteinische Erhebung: 1848 vereinigten sich die Herzogtümer Schleswig und Holstein und bildeten eine provisorische Regierung (Überrumpelung der dänischen Garnison durch einen Zug aus Kiel mit 50 Freiwilligen). Ziel war eine eigene Verfassung. Dieser Kampf um Eigenständigkeit scheiterte drei Jahre später.

47 Reichsgründung: Nach der Niederlage Frankreichs im deutsch-französischen Krieg traten die süddeutschen Staaten dem Deutschen Bund bei. Mit der Kaiserproklamation am 18. Januar 1871 in Versailles entstand daraus das „zweite" deutsche Reich.

48 Inflation: Als Folge des ersten Weltkriegs gab es in Deutschland eine radikale Geldentwertung, die im November 1923 mit der Währungsreform endete.

49 Courantmark (oder Mark Courant): Ein im Ostseeraum übliches Zahlmittel (Rechnungseinheit für Silbergeld), Vorläufer der nach 1871 reichsweit eingeführten Mark

50 sozial-liberale Bundesregierung: Mit dem Satz „Wir wollen mehr Demokratie wagen" in seiner ersten Regierungserklärung im Oktober 1969 nahm Brandt Forderungen der Jugend auf und provozierte wütende Reaktionen in der Opposition.

51 Grundlagenvertrag: Im Rahmen der neuen Ostpolitik der Regierung Brandt/Scheel („Wandel durch Annäherung") handelten die Staatssekretäre Egon Bahr (BRD) und Michael Kohl (DDR) den Grundlagenvertrag aus, der am 21.12.1972 unterzeichnet wurde und die Beziehungen der beiden Staaten auf eine feste Grundlage stellte. Nach Ratifizierung durch die beiden Parlamente trat er am 21.06.1973 in Kraft. Die Opposition sprach vom Ausverkauf deutscher Interessen; die bayrische Staatsregierung erhob Verfassungsklage, weil u.a. das Wiedervereinigungsgebot nicht berücksichtigt sei. Als Folge dieses Vertrages wurden beide Staaten am 18.09.1973 in die UN aufgenommen.

52 Albert Speer: Durch seine umfangreichen Aufzeichnungen, die der ehemalige Rüstungsminister Speer aus dem Gefängnis schmuggeln ließ und die dann in Veröffentlichungen bekannt wurden („Erinnerungen", „Spandauer Tagebücher"), stilisierte er sich zu einem „Gentleman-Nazi", der zwar seine Mitverantwortung einräumt, aber eigentlich ein „fehlgeleiteter Idealist" und „unpolitischer Technokrat" gewesen sei. Er habe von den Massenmorden der Nazis nichts gewusst, behauptet er in einem späteren Interview.
Journalist und Historiker Joachim Fest, der als Berater an den Veröffentlichungen mitgewirkt hatte, äußerte später, Speer habe „uns allen mit der treuherzigsten Miene der Welt eine Nase gedreht".

53 Christian-Timm-Realschulen: Zwei Schulen in einem Gebäude, bis 1972 nach Mädchen (I) und Jungen (II) getrennt.

54 DEULA: Die „Deutschen Lehranstalten für Agrartechnik" bieten meist im Internatsbetrieb Lehrgänge an (z. B. für Schlepper und andere Landmaschinen). Träger in Rendsburg: Landwirtschaftskammer, Am Kamp (südlich des Kanals).

55 John Steed: Agent aus der englischen Fernsehserie „The Avengers", seit 1966 auch in Deutschland unter dem Titel „Mit Schirm, Charme und Melone" ausgestrahlt (Partnerin „Mrs Emma Peel").

56 Last Night Of The Proms: In London finden während der Sommermonate täglich „Promenadenkonzerte" mit klassischer Musik statt. Die Last Night Of The Proms ist das Abschlusskonzert in der Royal Albert Hall. Es endet (nach der Nationalhymne) meistens mit „Auld Lang Syne". Inhalt: Alte Freunde sollten nie vergessen werden … wir reichen uns die Hände und nehmen einen Schluck auf längst vergangene Tage.

Benutzte Literatur

Bode, Sabine, Nachkriegskinder, Klett-Cotta, Stuttgart 2011

Bogsch, Walter, Die Rendsburger Bürgermeister seit 1853. Aus: Rendsburger Jahrbuch 1975, hrsg. vom Kreisverein für das Museum in Rendsburg

Böke, Wilhelm, Geschichte der Universitäts-Augenklinik Kiel 1888 – 1988, Karl Wachholtz Verlag, Neumünster 1988

Buss, Klaus, Wie Eckernförde meine Heimat wurde. Aus: Jahrbuch der Heimatgemeinschaft Eckernförde e.V., 69. Jahrgang 2011

Carstens, Uwe, Leben im Flüchtlingslager, Husum Druck- und Verlagsgesellschaft, Husum 1994

Chronik Schacht-Audorf, Gemeinde Schacht-Audorf (Hrsg.), RD Druck & Verlagshaus OHG, Osterrönfeld 2006 /650 Jahre Schacht-Audorf (Festschrift), Verlag Heinrich Möller Söhne, Rendsburg 1980

Dettmer, Frauke, Hinaus aus der Festung. In: Gerhard Paul (Hrsg.), Menora und Hakenkreuz, S. 317, Wachholtz Verlag, Neumünster 1998

Dettmer, Frauke, Warum sind diese Gebäude ein Museum? In: Gerhard Paul (Hrsg.), Menora und Hakenkreuz, S. 799, Wachholtz Verlag, Neumünster 1998

Diercks, Willy (Hrsg.), Flüchtlingsland Schleswig-Holstein, Westholsteinische Verlagsanstalt Boyens, Heide 1997

Ehlert, Christel, Wolle von den Zäunen, Rowohldt Taschenbuch Verlag, Reinbek 1968

Eiselt, Nicole, 100 Jahre Schule Neuwerk, RD Druck- und Verlagshaus, Osterrönfeld 2009

Frahm, Hinrich, Der steinige Weg des Lehrers Joachim Krohn während der nationalsozialistischen Zeit. Aus: Jahrbuch der Heimatgemeinschaft Eckernförde e.V., 69. Jahrgang 2011

Gudd, Alfred, Der Adel an der scharfen Ecke, Verlag der Buchhandlung Reichel, Rendsburg 2009

Gudd, Alfred, Über den Dächern von Rendsburg, Schleswiger Druck & Verlagshaus, 2006

Heidrich, Hermann/ Hillenstedt, Ilka E. (Hrsg.), Fremdes Zuhause, Wachholtz-Verlag, Neumünster 2009

Hoop, Edward, Geschichte der Stadt Rendsburg, Heinrich Möller Söhne, Rendsburg 1989

Hoop, Edward, Rendsburg und sein Gymnasium, Heinrich Möller Söhne Rendsburg, 1981

Jöhnk, Karl-Wilhelm/Scibbe, Bodo, Rendsburg in dunklen Tagen, Verlag Heinrich Möller Söhne, Rendsburg 1986

Kitzinger, Sheila, Schwangerschaft und Geburt, Kösel-Verlag, München 1998

Knopp, Guido, Die große Flucht, Econ-Verlag, München 2001

Kulturdenkmale in Schleswig-Holstein, Band 4.1, Wachholtz-Verlag 2008

Maletzke, Erich, Die Zeitungsmacher, Verlag der Buchhandlung Reichel, Rendsburg 2008

Maletzke, Erich, Nun aber mal hopp, Verlag der Buchhandlung Reichel, Rendsburg 2007

Müller-Boysen, Carsten, Auf der Suche nach „ardent Nazis", Die Anfänge der Entnazifizierung in Schleswig-Holstein. Aus: Rendsburger Jahrbuch 1996, hrsg. vom Kreisverein Rendsburg für Heimatkunde und Geschichte e.V.

Piening, Holger, Als die Waffen schwiegen, Verlag Boyens & Co., Heide 1995

Prasmo, Karl-Heinz, „88 Jahre Weißes Haus am Kanal" Aus: Hundert Jahre Nord-Ostsee-Kanal, Sonderdruck des Diakonischen Werks Schleswig-Holstein anlässlich des Kanaljubiläums, 06/95

Prozessakten des Schwurgerichts Kiel (1968) und des Bundesgerichtshofs (1969), Abt. 352.3, Nr. 16553, 16562 und 16566, Landesarchiv Schleswig-Holstein

Quedenbaum, Gerd, Lustiger Karl, Eider-Verlag Düsseldorf

Rathjen-Couscherung, Ilse, Eckernförde unter britischer Besatzung, Nr. 14 der Schriftenreihe der Heimatgemeinschaft Eckernförde e.V. (Hrsg.), 2008

Schnieders, Gerhard (Hrsg), 800 Jahre Rendsburg, 1. Auflage, Media-Verlag Breiholz , 1998

Siegle, Dorothea, Trägerinnen echten Deutschtums, Rendsburger Jahrbuch-Beihefte, Band 2, Wachholtz-Verlag Neumünster, 2004

Swart, Heilke, Meine Erinnerung an den Rathausbrand vom 2. März 1973. Aus: Rendsburger Jahrbuch 1983, hrsg. vom Kreisverein Rendsburg für Heimatkunde und Geschichte e. V.

Westphal, Martin, Archivbilder Rendsburg, Sutton Verlag, Erfurt 2000

Wieben, Hans Jürgen, Wir bauen seit 100 Jahren, Heinrich Möller Söhne Rendsburg, 1989

Weitere Romane aus dem Boyens Buchverlag

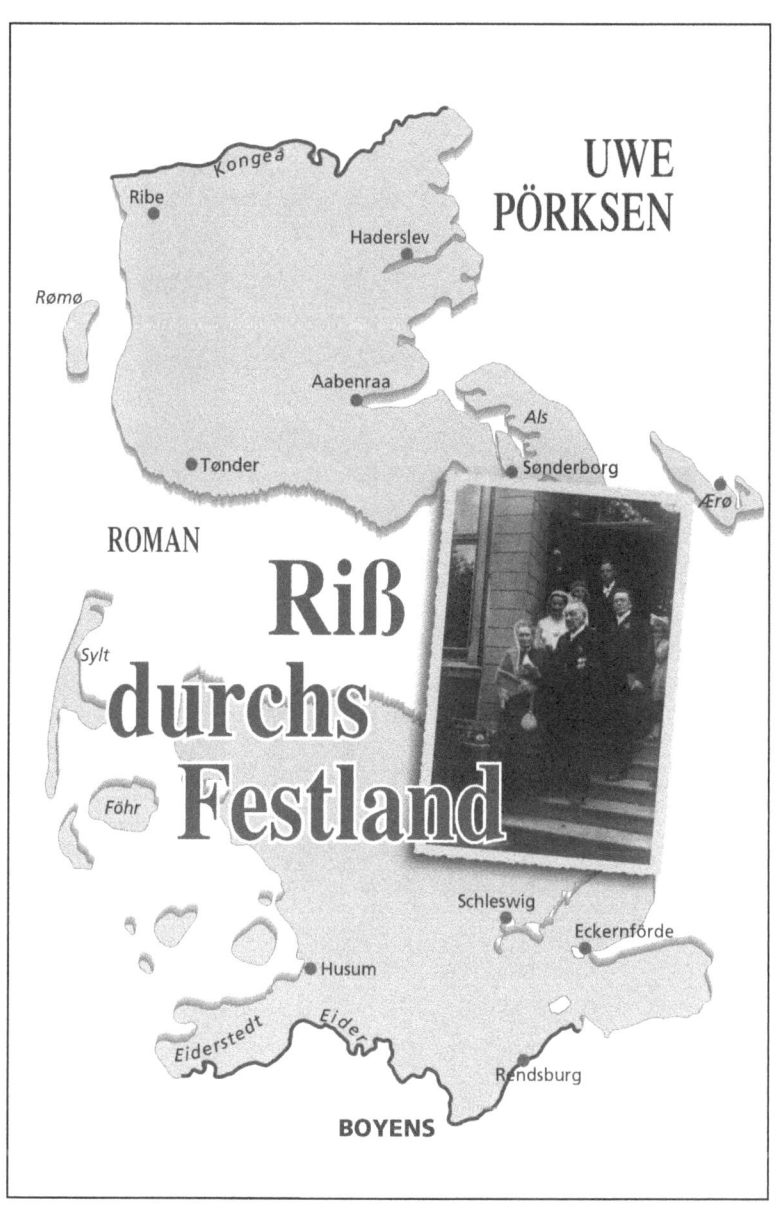

UWE
PÖRKSEN

ROMAN

Riß
durchs
Festland

BOYENS

ISBN 978-3-8042-1344-9

Jörg Thiessen

DEN FLUTEN ZUM
TROTZ

Historischer Roman aus dem 17. Jahrhundert

BOYENS

ISBN 978-3-8042-1389-0

RENATA PETRY

Das Geheimnis
vom
Thorsmoor

Die Angeln-Saga

BOYENS

ISBN 978-3-8042-1299-2